August Emanuel von Reuss

Die Bryozoen, Anthozoen und Spongiarien

des braunen Jura von Balin bei Kraukau

August Emanuel von Reuss

Die Bryozoen, Anthozoen und Spongiarien
des braunen Jura von Balin bei Kraukau

ISBN/EAN: 9783744658805

Hergestellt in Europa, USA, Kanada, Australien, Japan

Cover: Foto ©ninafisch / pixelio.de

Weitere Bücher finden Sie auf **www.hansebooks.com**

DENKSCHRIFTEN

DER

KAISERLICHEN

AKADEMIE DER WISSENSCHAFTEN.

MATHEMATISCH-NATURWISSENSCHAFTLICHE CLASSE.

SIEBENUNDZWANZIGSTER BAND.

WIEN.

AUS DER KAISERLICH-KÖNIGLICHEN HOF- UND STAATSDRUCKEREI.

1867.

INHALT.

Erste Abtheilung.

Abhandlungen von Mitgliedern der Akademie.

Zweite Abtheilung.

Abhandlungen von Nicht-Mitgliedern.

[1]) Um das Erscheinen dieser Abhandlung nicht zu verzögern, wurde dieselbe ausnahmsweise in die Abtheilung für Abhandlungen
von Nichtmitgliedern eingereiht.

A *

VERZEICHNISS

DER

MITGLIEDER DER KAISERLICHEN AKADEMIE DER WISSENSCHAFTEN

MIT ENDE NOVEMBER 1867.

Ehrenmitglieder der Gesammt-Akademie.

Genehmigung vom 1. Februar 1848

Erzherzog **Franz Karl.**

Genehmigung vom 12. November 1856.

Freiherr von **Bach**, Alexander.

Genehmigung vom 17. November 1860.

Graf **Thun-Hohenstein**, Leo.

Genehmigung vom 13. Juni 1861.

Erzherzog **Rainer.**

Genehmigung vom 14. Juni 1862.

Ritter von **Schmerling**, Anton.

Genehmigung vom 29. Juni 1867.

Erzherzog **Albrecht.**

Freiherr von **Wüllerstorf-Urbair.**

Mitglieder der philosophisch-historischen Classe.

im Inlande.

Wirkliche Mitglieder.

(Nach dem Alter geordnet)

Ernennung vom 14. Mai 1847

Grillparzer, Franz . . . . Wien.	**Jäger**, Albert . . . . Wien.
Hügel, Karl Freiherr von . . . . . d. Z. in Brüssel.	**Münch-Bellinghausen**, Eligius Freih. v. . Wien.
Palacky, Franz . . . . Prag.	**Auer**, Alois, Ritter von Welsbach . . Wien.
Stülz, Jodok . . . . St. Florian.	

segment Denkschriften der mathem.-naturw. Cl. XXVII. Bd.   B

Ernennung vom 1. Februar 1848.

Bergmann, Joseph Ritter von . . . Wien.
Pfismaier, August . . . . . Unter-Döbling.

Karajan, Theodor Georg von , d. Z.
Präsident der Akademie . . . . Wien.

Ernennung vom 26. Juni 1848.

Diemer, Joseph . . . . Wien.

Ernennung vom 19. Juni 1849.

Springer, Johann . . . . Wien.

Ernennung vom 28. Juli 1851.

Seidl, Johann Gabriel . . . . Wien.
Birk, Ernst . . . . . . Wien.
Meiller, Andreas von . . . . . Wien.

Miklosich, Franz Ritter von , d. Z.
Secretär der philosophisch-histo-
rischen Classe . . . . Wien.

Ernennung vom 21. Juli 1852.

Prokesch-Osten, Anton Freiherr von . . . . . . d. Z. in Constantinopel.

Ernennung vom 2. Juli 1854.

Kandler, Peter . . . . Triest.

Phillips, Georg . . . . Wien.

Ernennung vom 12. November 1856.

Aschbach, Joseph . . . . Wien.

Ernennung vom 4. September 1857.

Boller, Anton . . . . Wien.

Ernennung vom 17. November 1860.

Pfeiffer, Franz . . . . Wien.

Ernennung vom 14. Juni 1862.

Arneth, Alfred Ritter von . . . . . . Wien.
Vahlen, Johann . . . . Wien.

Ernennung vom 24. Juni 1863.

Siegel, Heinrich . . . . Wien.

Ernennung vom 14. Juni 1864.

Fiedler, Joseph . . . . Wien.

Ernennung vom 3. August 1866.

Ficker, Julius . . . . Innsbruck.

Ernennung vom 29. Juni 1867.

Sacken, Eduard Freiherr von . . . . . Wien.
Höfler, Constantin . . . . . Prag.

Correspondirende Mitglieder.

Genehmigung vom 1. Februar 1848.

Gar, Thomas . . . . . Trient.
Goldenthal, Jakob . . . Wien.
Keiblinger, Ignaz . . Melk.

Toldy, Franz . . . . Pest
Wolny, Gregor . . . . Raygern.

Genehmigung vom 26. Juni 1848.

Bauernfeld, Eduard Edler von . . . Wien.

Reméle, Johann Nep. . . . . . . Wien.

Genehmigung vom 19. Juni 1849.

Csörnig, Karl Freiherr v. Czernhausen. Wien.

Bye-Glunek, Anton Ritter von . . . Wien.

Genehmigung vom 28. Juli 1851.

Galsberger, Joseph . . . . St. Florian.	Schlechta-Wssehrd, Ottokar Freih. v . . Wien.
Fritz, Franz . . . . An-felden.	Woerl, Johann Erasmus . . . . Prag.

Genehmigung vom 17. November 1860.

Eitelberger v. Edelberg, Rudolph . . Wien.	Lott, Franz . . . . Wien.

Genehmigung vom 13. Juni 1861.

Gindely, Anton . . . . Prag.	Lorenz, Ottokar . . . . Wien.

Genehmigung vom 14. Juni 1862.

Erben, K. J. . . . . Prag.	Heider, Gustav . . . . Wien.

Genehmigung vom 24. Juni 1863.

Schenkl, Karl . . . . Graz.

Genehmigung vom 14. Juni 1864.

Kenner, Friedrich . . . . Wien.	Sickel, Theodor . . . . Wien.

Genehmigung vom 11. Juni 1865.

Dudik, Beda Franz . . . . Brünn.

Genehmigung vom 3. August 1866.

Mussafia, Adolf . . . . Wien.

Genehmigung vom 29. Juni 1867.

Huber, Alfons . . . . Innsbruck.	Tomaschek, Johann A. . . . . . . Wien.
Kvičala, Johann . . . . Prag.	Zingerle, Ignaz . . . . Innsbruck.
Tomaschek, Karl . . . . Graz.	

Im Auslande.

Ehrenmitglieder.

Genehmigung vom 1. Februar 1848.

Guizot, Franz Peter Wilhelm . . . . Paris.	Reinaud, Jos. Toussaint . . . . Paris.
Pertz, Georg Heinrich . . . . Berlin.	

Genehmigung vom 19. Juni 1849.

Rau, Karl Heinrich . . . . Heidelberg.

Genehmigung vom 13. Juni 1861.

Diez, Friedrich . . . . Bonn.

Genehmigung vom 14. Juni 1864.

Ritschl, Friedrich . . . . Leipzig.

Correspondirende Mitglieder.

Ernennung vom 14. Mai 1847.

Cittadella-Vigodarzere, Andreas Graf v. . . . . Padua.

Genehmigung vom 1. Februar 1848.

Cibrario, Giovanni Antonio Luigi Nobile. Turin.	Maelen, Philipp van der . . . . . Brüssel.
Flügel, Gustav Lebrecht . . . . . Dresden.	Michel, François Xavier . . . . . Bordeaux.
Haupt, Moriz . . . . Berlin.	Mohl, Julius von . . . . Paris.

Genehmigung vom 26. Juni 1848.

Bland, Nathaniel . . . . London.	Stälin, Christoph Friedrich . . . . Stuttgart.
Gervinus, Georg Gottfried . . . . . Heidelberg.	Wilkinson, John Gardener . . . . London.

B *

Mitglieder der mathematisch-naturwissenschaftlichen Classe.

Im Inlande.

Wirkliche Mitglieder.

(Nach der Altersprecedenz)

X

Genehmigung vom 11. Juni 1865.

Hochstetter, Ferdinand Ritter von . . Wien.	**Tschattas**, Franz Ritter von . . . . Wien.
Koristka, Karl, ... Prag.	**Sepharovich**, Victor Ritter von . . Prag.
Hilitzer, Hermann . . . . Wien.	

Genehmigung vom 3. August 1866.

Tschermak, Gustav . . . . Wien.

Genehmigung vom 29. Juni 1867.

Loschmidt, Joseph . . . . . Wien.	**Schmarda**, Ludwig . . . . Wien.
Mach, Ernst . . . . . . Prag.	**Steindachner**, Franz . . . Wien.
Reichich, August . . . . . . Wien.	**Weiss**, Edmund . . . . . Wien.

Im Auslande.

Ehrenmitglieder.

Genehmigung vom 1. Februar 1848.

Liebig, Justus Freiherr von . . . . . . München.

Genehmigung vom 19. Juni 1849.

Herschel, Sir John . . . . London.

Genehmigung vom 2. Juli 1853.

Dumas, Jean Baptiste . . . . Paris.

Genehmigung vom 26. Jänner 1860.

Mohl, Hugo von . . . . . Tübingen. | **Neumann**, Franz E. . . . . . Königsberg.

Genehmigung vom 14. Juni 1862.

Bunsen, Robert Wilhelm . . . . Heidelberg.

Genehmigung vom 11. Juni 1865.

Baer, Karl Ernst von . . . . . . St. Petersburg.

Correspondirende Mitglieder.

Ernennung vom 14. Mai 1847.

Santini, Johann Ritter von . . . . . . Padua.

Genehmigung vom 1. Februar 1848.

Elie de Beaumont, Léonce . . . . Paris.	**Steinheil**, Karl August . . . . . München.
Martius, Karl Friedrich Philipp von . München.	**Tschudi**, Johann Jakob von . . . Wien.
Meyer, Hermann von . . . . Frankfurt a. M.	**Weber**, Ernst . . . . Leipzig.
Poggendorff, Johann Christian . . . Berlin.	**Weber**, Wilhelm Eduard . . . . Göttingen.
Quetelet, Lambert Adolphe Jacques . Brüssel.	**Wöhler**, Friedrich . . . . . . Göttingen.

Genehmigung vom 26. Juni 1848.

Agassiz, Louis . . . . . Cambridge bei Boston.	**Müller**, Johann Heinrich . . Bonn.
Bischoff, Theodor Ludwig Wilhelm . München.	**Milne Edwards**, Henry . . Paris.
Dove, Heinrich Wilhelm . . . . Berlin.	**Owen**, Richard . . . . . London.
Ehrenberg, Christian Gottfried . . . Berlin.	**Schleiden**, Mathias Jakob . . . Dresden.
Grunert, Johann August . . . . Greifswald.	

Ernennung zum w. M. vom 1. September 1857.

Ludwig, Karl . . . . Leipzig.

Genehmigung vom 19. Juni 1849.

Barrande, Joachim . . . . Paris.

Genehmigung vom 28. Juli 1851.

Argelander, Friedrich Wilh. August . Bonn. | **Du Bois-Reymond**, Emil Heinrich . . Berlin.

Brewster, Sir David . . . . . Edinburgh.

Genehmigung vom 26. Jänner 1860.

Helmholtz, Heinrich . . . Heidelberg. | **Plücker**, Julius . . . . . Bonn.

Genehmigung vom 14. Juni 1862.

Kirchhoff, G. . . . . Heidelberg.

Genehmigung vom 24. Juni 1863.

Hofmann, A. W. . . . . Berlin.

Genehmigung vom 11. Juni 1865.

Siebold, Karl Theodor von . . . . . München.

MIT TODE ABGEGANGEN SEIT GRÜNDUNG DER AKADEMIE.

Ehrenmitglieder der Gesammt-Akademie:

Abbeck von Kübau, Karl Friedrich Freiherr v., 11. September 1855.

Inzaghi, Karl Graf von, 17. Mai 1856.

Metternich, Fürst Clemens, 11. Juni 1859.

Kolowrat-Liebsteinsky, Graf Franz Anton, 4. April 1861.

Pillersdorf, Franz Freiherr v., 22. Februar 1862.

Erzherzog **Ludwig Joseph**, 21. December 1864.

Graf **Münch-Bellinghausen**, Joachim Eduard, 3. August 1866.

Erzherzog **Stephan**, 19. Februar 1867.

Se. Majestät, **Maximilian I.** Kaiser von Mexico, 19. Juni 1867.

Philosophisch-historische Classe.

Im Inlande.

Wirkliche Mitglieder:

Wenrich, Georg, 15. Mai 1847.

Pyrker, Franz Ladislaus von Felsö-Eör, 2. Dec. 1847.

Wucher, Albert von, 6. Juni 1849.

Feuchtersleben, Ernst Freiherr v., 3. September 1849.

Grauert, Wilhelm, 10. Jänner 1852.

Litta, Pompeo, 17. August 1852.

Kudler, Joseph Ritter von, 6. Februar 1853.

Exner, Franz, 21. Juni 1853.

Labus, Johann, 8. October 1853.

Teleky, Joseph Graf v., 15. Februar 1855.

Kemeny, Joseph Graf von, 12. September 1855.

Hammer-Purgstall, Joseph Freiherr von, 23. Nov. 1856.

Weber, Beda, 2?. Februar 1858.

Chmel, Joseph, 28. November 1858.

Ankershofen, Gottlieb Freiherr von, 6. März 1860.

Schafarik, Paul, 26. Juni 1861.

Fell, Joseph, 29. October 1862.

Arneth, Joseph Ritter von, 31. October 1863.

Wolf, Ferdinand, 18. Februar 1866.

Correspondirende Mitglieder:

Spann, Anton Ritter von, 26. Juni 1849.

Kiesewetter, Raphael Edler von, 1. Jänner 1850.

Frast, Johann von, 30. Jänner 1850.

Fischer, Maximilian, 26. December 1851.

Schlager, Johann, 18. Mai 1852.

Jaxay, Paul von, 29. December 1852.

Jilk, Michael, 19. Februar 1854.

Sappert, Georg, 22. November 1859.

Firnhaber, Friedrich, 19. September 1860.

Hanka, Wenzel, 12. Jänner 1861.

Wartinger, Joseph, 15. Juni 1861.

Günther, Anton, 24. Februar 1863.

Karadschitsch, Wuk-Stephanowitsch, 8. Februar 1864.

Blumberger, Friedrich, 14. April 1864.

Klun, Rudolph, 20. August 1864.

Schaller, Johann Karl, 10. Mai 1865.

Beidtel, Ignaz, 15. Mai 1865.

Edlauer, Franz, 22. August 1866.

Im Auslande.

Ehrenmitglieder:

Hermann, Johann Gottfried, 31. December 1848.

Mai, Angelo, 8. September 1854.

Ritter, Karl, 28. September 1859.

Wilson, Horaz Hayman, 8. Mai 1860.

Grimm, Jakob Ludwig, 20. September 1863.

Boeckh, August, 3. August 1867.

Bopp, Franz, 23. October 1867.

Correspondirende Mitglieder:

Letronne, Anton Johann, 14. December 1848.

Orelli, Johann Kaspar von, 6. Jänner 1849.

Burnouf, Eugène, 28. Mai 1852.

Schmeller, Andreas, 27. Juli 1852.

Baranda, Sainz de, 27. August 1853.
Stenzel, Gustav, 2. Jänner 1854.
Raoul-Rochette, Desiré, 6. Juli 1854.
Creuzer, Friedrich Georg, 16. Februar 1858.
Thiersch, Friedrich von, 25. Februar 1860.
Dahlmann, Friedrich Christoph, 5. December 1860.
Fallmerayer, Jakob Philipp, 26. April 1861.
Gfrörer, August Friedrich, 10. Juli 1861.

Ibland, Ludwig, 13. November 1862.
Voigt, Johannes, 23. September 1863.
Böhmer, Johann Friedrich, 27. October 1863.
Kopp, Joseph Eutychius, 25. October 1866.
Gerhard, Eduard, 12. Mai 1867.
Kerckhove-Varent, Joseph Romain Louis Comte de, 10. October 1867.

Mathematisch-naturwissenschaftliche Classe.

Im Inlande.

Wirkliche Mitglieder:

Baibl, Adrian Edler von, 13. März 1848.
Zuccani, Maurus, 27. März 1849.
Presl, Johann Swatopluk, 7. April 1849.
Doppler, Christian, 17. März 1853.
Prechtl, Johann Ritter von, 28. October 1854.
Partsch, Paul, 3. October 1856.
Heckel, Jakob, 1. März 1857.
Leydolt, Franz, 10. Juni 1859.

Kollar, Vincenz, 30. Mai 1860.
Kreil, Karl, 21. December 1862.
Zippe, Franz, 22. Februar 1863.
Stampfer, Simon, 10. November 1864.
Baumgartner, Andreas Freiherr v., 30. Juli 1865.
Koller, Marian, 19. September 1866.
Diesing, Karl, 10. Jänner 1867.

Correspondirende Mitglieder:

Corda, August Joseph, im Jahre 1849.
Presl, Karl, 2. October 1852.
Petzina, Franz, 27. Juni 1855.
Salomon, Joseph, 2. Juli 1856.
Bruschauer, Franz, 21. Juni 1858.
Russegger, Joseph Ritter von, 20. Juni 1863.
Weiser, Max Ritter von, 10. October 1863.

Wertheim, Theodor, 6. Juli 1864.
Schott, Heinrich, 5. März 1865.
Kussek, August, Edler von Lichton, 31. März 1865.
Hessler, Ferdinand, 11. October 1865.
Kotschy, Theodor, 11. Juni 1866.
Freyer, Heinrich, 21. August 1866.

Im Auslande.

Ehrenmitglieder:

Berzelius, Johann Jakob Freiherr von, 7. August 1848.
Buch, Leopold von, 4. März 1853.
Gauss, Karl Friedrich, 23. Februar 1855.
Müller, Johannes, 28. April 1858.
Brown, Robert, 10. Juni 1858.

Humboldt, Alexander von, 6. Mai 1859.
Biot, Jean Baptiste, 3. Februar 1862.
Struve, Fr. G. Wilhelm, 23. November 1864.
Faraday, Michael, 25. August 1867.

Correspondirende Mitglieder:

Jacobi, Karl Gustav Jakob, 18. Februar 1851.
Fuchs, Wilhelm, 28. Jänner 1853.
Fuss, Paul Heinrich vom 24. Jänner 1855.
Gmelin, Leopold, 13. April 1855.
Fuchs, Johann Nepomuk von, 5. März 1856.
Hausmann, J. F. Ludwig, 26. December 1859.
Bordoni, Anton, 26. März 1860.

Bell, Joseph, 1. Juni 1860.
Wertheim, Wilhelm, 20. Jänner 1861.
Carlini, Franz, 29. August 1862.
Mitscherlich, Eilard, 28. August 1863.
Rose, Heinrich, 27. Jänner 1864.
Sachs, Johann Franz, 26. August 1865.
Paulsza, Bartholomäus, Ritter von, 17. April 1867.

Erste Abtheilung.

Abhandlungen von Mitgliedern der Akademie.

Mit 22 Tafeln.

DIE
BRYOZOEN, ANTHOZOEN UND SPONGIARIEN

DES

BRAUNEN JURA VON BALIN BEI KRAKAU.

VON

Prof. Dr. A. E. REUSS,

WIRKLICHES MITGLIED DER KAIS. AKADEMIE DER WISSENSCHAFTEN.

(Mit 4 lithographirten Tafeln.)

VORGELEGT IN DER SITZUNG DER MATHEMATISCH-NATURWISSENSCHAFTLICHEN CLASSE AM 4. FEBRUAR 1869.

Bei Gelegenheit einer umfassenden Bearbeitung der fossilen Fauna des Jurakalkes von Balin wurde ich von meinem verehrten Freunde, Herrn Prof. Suess, aufgefordert, die Untersuchung und Bestimmung der Bryozoen, Anthozoen und Spongiarien vorzunehmen [1]). Ich unterzog mich derselben um so lieber, als schon eine flüchtige Betrachtung eine grosse Übereinstimmung mit den entsprechenden Fossilresten des Grossoolithes von Ranville bei Caen wahrnehmen liess und sie daher für die Bestimmung des geologischen Niveau's des genannten Kalksteines nicht erfolglos zu sein versprach. Das untersuchte Materiale gehört zum grössten Theile dem k. k. Hof-Mineraliencabinete, zum kleineren der k. k. geologischen Reichsanstalt an und ist während einer längeren Reihe von Jahren von den Herren Director Dr. Hörnes, Bergrath Ritter von Hauer, Professor Suess und von Herrn Bilimek, derzeit Custos des naturwissenschaftlichen Museums in Mexico, gesammelt worden [2]).

Ich lasse vorerst die Beschreibung der aufgefundenen Arten folgen.

---

[1]) Von Foraminiferen vermochte ich trotz aller Bemühung in dem vorliegenden Materiale keine Spur aufzufinden.
[2]) Ich fühle mich auch hier wieder gedrängt, meinem verehrten Freunde, Herrn Director Hörnes, für die grosse Liberalität, mit der er mir die Sammlungen und die reiche Bibliothek des k. k. Hof-Mineraliencabinetes zur freien Benützung öffnete, den herzlichsten Dank auszusprechen.

I. Bryozoen.

a) Tubuliporideen.

Stomatopora Bronn.

1. St. dichotoma Lamx. sp. (Taf. 1, Fig. 4).

Alecto dichotoma Lamouroux expos. méthod. des genres de l'ordre des polyp. p. 84, Taf. 81, Fig. 12—14. — M. Edwards in Annales des scienc. nat. 2. sér. IX, pag. 208, Taf. 15. Fig. 4. — J. Haime in Mém. d. l. soc. géol. de France. 2. sér. V. 1, p. 160, Taf. 6, Fig. 1 a—d.

Sie findet sich in ziemlich seltenen, oft durch Incrustation undeutlich gewordenen Bruchstücken aufgewachsen auf *Ammonites discus* Sow., *A. funatus* Opp. und *Sphaera Madridi* d'Arch.

Beträchtlichere Bruchstücke bilden ein lockeres Netzwerk mit grossen, im Allgemeinen rhomboidalen, jedoch häufig unregelmässigen Maschen. Die ziemlich dicken Stämmchen spalten sich gabelförmig. im untern Theile unter stumpfem, im obern unter beinahe rechtem Winkel. Innerhalb zweier benachbarter Verästelungen zählt man 1—3 Mündungen. Die Stämmchen breiten sich an ihren Rändern etwas aus und sind in ihrer gesamten Länge ziemlich gleichbreit. Der vordere Theil der Zellen biegt sich unter einem fast rechten Winkel nach aufwärts und bildet eine cylindrische Röhre. die etwa halb so dick ist als der hintere Zellentheil, aber im wohlerhaltenen nicht abgebrochenen Zustande in der Länge demselben beinahe gleichkömmt. Die Mündungen sind kreisförmig. Ihre wechselseitige Entfernung beträgt etwa das Zwei- bis Vierfache ihres Durchmessers. Die Oberfläche der Stämmchen erscheint fein und ungleich quergerunzelt und zeigt bei stärkerer Vergrösserung feine ziemlich entfernte Poren.

Die Species ist in dem Calcaire de Ranville bei Caen, im Grossoolith von Hampton-Cliff und in den Bradford-Mergeln, so wie im braunen Jura Schwabens verbreitet.

2. St. Bouchardi J. Haime.

J. Haime l. c. p. 164, Taf. 6. Fig. 6 a. b.

Die vorliegenden Exemplare von Balin stimmen mit der von Haime l. c. gebotenen Abbildung, welcher jedoch nur eine unvollständige Beschreibung beigegeben ist. Die Bestimmung kann daher nicht als vollkommen sicher gelten. Die Stämmchen sind beträchtlich schmäler als bei voriger Art und gabeln sich meistens unter beinahe rechtem Winkel. Sie wechseln überdiess etwas in ihrer Breite. indem die Zellen an ihrem hinteren Ende oftmals sich verschmälern. Besonders findet diess an den jüngsten Zweigen Statt. Die sehr kleinen Mündungen ragen in Gestalt ziemlich hoher Röhrchen rechtwinklig empor und stehen um das Drei- bis Vierfache ihres Durchmessers von einander ab. Die älteren Zweige tragen gewöhnlich je zwei Zellenmündungen. Die Oberfläche der Stämmchen ist ebenfalls mit sehr feinen ungleichen Querrunzeln und mit zarten Poren bedeckt, welche letztere jedoch gedrängter stehen, als bei *St. dichotoma.*

H a i m e führt die Species aus den Oxford-Mergeln von Boulogne an. Bei Balin ist sie nicht selten, aufgewachsen auf *Hinnites abjectus* Phil. welcher dem Grossoolith, auf *Lima Lycetti* Lbe. = *Limatula gibbosa* Sow., welche dem Unteroolith und Grossoolith angehört, so wie auf *Pecten lens* Sow., welcher aus dem Unteroolith bis in die Oxford-Gruppe hinaufreicht.

3. St. dichotomoides d'Orb.

D'Orbigny Paléontol. franç. Terr. crétacés. V, p. 835. — J. Haime Mém. d. l. soc. géol. d. Fr. 2. ser. V, p. 163, Taf. 6, Fig. 2.
Alecto dichotoma Michelin Iconograph. zoophyt. p. 10, Taf. 2, Fig. 10. — Quenstedt Handbuch d. Petrefactenkunde, p. 638. Taf. 56, Fig. 21, 22.
Alecto dichotomoides d'Orbigny Prodr. de paléont. I. p. 248, Nro. 466.

Es liegen Bruchstücke vor, welche dieser Species angehören dürften, obgleich wegen zu unvollständiger Erhaltung ihre Bestimmung nicht als vollkommen sicher gelten kann. Sie sind in Gesellschaft der echten *St. dichotoma* Lamx. auf *Ammonites discus* aufgewachsen.

Die sehr dünnen Stämmchen spalten sich mehrfach gabelförmig, so dass auf jede Verästelung oft nur eine Mündung kömmt. Die Zellenröhren sind an der Basis zusammengezogen und besitzen daher eine langkegelförmige Gestalt. Die Mündungen verengern sich zum halben Querdurchmesser der Zellenröhre. Die Schalenoberfläche erscheint, besonders gegen die Zellenbasis hin, mit gröberen Poren besetzt.

Sie findet sich im Unteroolith von Croizille und Saintvigors in Frankreich, so wie in jenem von Postlip in England. Orbigny führt sie aus gleichalten Schichten von Bayeux und Moutiers an.

Pavotubigera d'Orb.

1. P. minuta Rss. (Taf. 2, Fig. 8).

Sehr kleine aufgewachsene fächerförmige Ausbreitungen. Aus ihrer gewöhnlich eingebogenen Basis strahlen von einem kurzen wenig vorragenden Stiele ziemlich hohe rippenartige Leisten mit senkrechten Seitenwänden gegen den bogenförmigen oberen Rand aus. Im weiteren Verlaufe spalten sie sich nicht selten gabelförmig, oder es schieben sich kürzere in die zwischen ihnen gelassenen weiteren Lücken ein. Auf dem freien Rande tragen diese Leisten eine einfache Reihe kleiner rundlicher oder elliptischer Zellenmündungen. An den Seitenflächen bemerkt man feine etwas gebogene Furchen, die Begrenzungen der einzelnen Zellenröhren. Die tiefen Zwischenfurchen der Rippenleisten erscheinen glatt.

Die Orbigny'sche Gruppe *Pavotubigera*, zu welcher auch *P. flabellata* d'Orb. aus der weissen Kreide (Paleontol. franç. Terr. cret. V. p. 767, Taf. 752. Fig. 4—8), so wie die miocäne *Defrancia dimidiata* Rss. (Die Polyp. d. Wiener Beckens, p. 39, Taf. 6, Fig. 6) gehört, unterscheidet sich von den fächerförmigen *Tubulipora*-Arten (z. B. *T. flabellaris* Fabr. sp. Busk Crag Polyzoa, p. 111, Taf. 18, Fig. 3; Taf. 20, Fig. 9 u. a.) nur dadurch, dass bei ihr die Röhrenzellen zu radialen Reihen verwachsen sind. Von *Actinopora* d'Orb. (Paléont. franç. Terr. cret. V, p. 762) weicht sie aber darin ab, dass bei ihr die radialen Zellenreihen nicht von einem Centralpunkt gegen alle Seiten der Peripherie ausstrahlen, sondern

nur gegen ein grösseres oder kleineres Segment derselben, so dass ihr Ausgangspunkt ein
lateraler ist. Dieses Verhältniss scheint bei seiner Beständigkeit jedenfalls einer Berücksichtigung werth zu sein, wenn es gleich der subjectiven Ansicht überlassen bleibt, ob man diese
Gruppen als selbständige Gattungen oder nur als Unterabtheilungen einer dann von sehr
weiten Grenzen umschriebenen Gattung *Tubulipora*, wie sie M. Edwards und neuerdings
Busk aufstellen, ansehen will.

b) *Diastoporideen.*

Berenicea Lamx.

Die Gattungen *Berenicea* und *Diastopora* sind nicht scharf von einander geschieden, und
jede Begrenzung derselben, mag man sie auf welches Kennzeichen immer gründen, ist mehr
oder weniger künstlich und willkührlich. Von Lamouroux[1] wurde die Gattung *Berenicea*
für incrustirende einschichtige Arten, deren Typus *B. diluriana* ist, gegründet; *Diastopora*
dagegen für die frei in die Höhe wachsenden ästigen oder gelappten Formen, welche nur auf
einer Seite Zellen tragen. Für die wenigen damals bekannten Arten genügte diese Eintheil-
lung vollkommen.

Später aber wurden in nicht unbedeutender Anzahl Arten entdeckt, welche in keiner
der beiden genannten Abtheilungen untergebracht werden konnten. Sie mussten zu systema-
tischen Änderungen führen. Diese konnten auf doppelte Weise vorgenommen werden, entweder indem man die alten Gattungen in ihrem ursprünglichen Umfange festhielt und für
die neuen Formen auch neue generische Begriffe schuf, oder indem man den Umfang der
alten auf entsprechende Weise veränderte und erweiterte, um die neuen Arten in dieselben
einordnen zu können. Beide diese Wege wurden auch von verschiedenen Paläontologen eingeschlagen.

Schon Blainville[2] schuf für die blättrig-lappigen, aus zwei an der Rückenseite mit
einander verwachsenen Zellenschichten bestehenden Species die Gattung *Mesenteripora*.
Milne Edwards[3] vereinigte alle früher gesonderten Species, deren Verwandtschaft unter
einander und mit *Tubulipora* er darlegte, in der einzigen Gattung *Diastopora*, innerhalb welcher or drei Gruppen unterschied:

a) überrindende einschichtige Arten, die in Folge von Überrindung cylindrischer Körper, welche in der Folge zerstört wurden, auch hohle Röhren darstellen können, — einen
Theil von *Berenicea* und *Diastopora* umfassend —;

b) incrustirende mehrschichtige Arten — einen Theil der *Berenicea*-Arten in sich be-
greifend —;

c) zweischichtige freiwachsende Arten — der Gattung *Mesenteripora* entsprechend —.

Orbigny, der unwesentliche Formenverschiedenheiten oft viel zu sehr berücksichtigte,
wurde dadurch genöthigt, das von M. Edwards einheitlich zusammengefasste Genus *Diastopora* vielfach zu zersplittern. Die einschichtigen incrustirenden Arten wies er der Gattung *Berenicea* zu, welcher er aber selbst, seinem Principe untreu, einzelne mehrschichtige
einverleibte. Ja selbst der Typus der Gattung *Berenicea diluriana* gehört in diese Zahl.

---

[1] Exposition méthod. des genres des polypiers, p. 80.
[2] Man. d'actinologie. 1834, p. 452.
[3] Mémoire sur les Crisies, Horaères et plus. autr. polyp. etc. p. 39, extr. des ann. des sc. nat.

Der engeren Beschränkung des Gattungscharacters zu Liebe sah er sich bemüssigt, für die weiter entwickelten mehrschichtigen Colonien dieser, so wie anderer Species, die Gattung *Reptomultisparsa* zu schaffen. Auf ähnliche Weise beschränkte er die Gattung *Diastopora* auf die freiwachsenden einschichtigen Formen, während er die aus zwei mit dem Rücken an einander gewachsenen Zellenschichten bestehenden Arten, wenn sie gebogene Blätter bilden, in dem Blainville'schen Genus *Mesenteripora* unterbrachte, für analoge baumförmig ästige Arten aber die Gattung *Bidiastopora* errichtete. Die mehrschichtigen freiwachsenden Species endlich fasste er, sobald sie nur einseitig waren, in der Gattung *Semimultisparsa*, die auf beiden Flächen Zellen tragenden aber als *Multisparsa* zusammen. Abgesehen von anderen speciellen Formen zerlegte er also *Diastopora* in sieben Gattungen.

Dieser Zersplitterung wurde von anderen Seiten später wieder entgegengetreten. Busk[1] kehrte zu den drei von M. Edwards unterschiedenen Gruppen zurück, betrachtete sie jedoch als gesonderte Gattungen, indem er unter *Diastopora* die einschichtigen, unter *Berenicea* die incrustirenden, unter *Mesenteripora* dagegen die zweischichtigen Arten begriff. Zu letzterer Gattung wird mit Recht auch v. Hagenow's *Ditaxia*[2]) gezogen.

J. Haime in seiner Beschreibung der jurassischen Bryozoen[3]) geht in der Zusammenziehung noch weiter und kömmt dabei wieder auf die ursprünglichen zwei Gattungstypen Lamouroux' zurück, denen er jedoch einen etwas abweichenden Umfang gibt. Unter *Berenicea* begreift er die meistens incrustirenden, seltener theilweise freien, in der Jugend einschichtigen, im Alter oft mehrschichtigen Arten; unter *Diastopora* dagegen die theilweise freiwachsenden blättrigen oder ästigen Formen, die entweder eine einfache oder zwei von einander abgewendete Zellenschichten tragen. Die letzteren werden in drei Gruppen zerspalten: die *D. simples*, die zweischichtigen — *D. proprement dites* —, und die ebenfalls zweischichtigen netzförmigen — *D. reticulées*. — Die Sonderung der dritten Gruppe ist aber nicht gerechtfertigt, da auch bei den Arten der zweiten Gruppe die Blätter oder Äste seitlich nicht selten verschmelzen, und daher eine Hinneigung zum netzförmigen Baue verrathen.

Stoliczka[4]) schliesst sich in Betreff der Anordnung der *Diastopora*-Arten ganz den Ansichten von Busk an, indem er auch die drei Gattungen: *Berenicea*, *Diastopora* und *Mesenteripora* annimmt. Ersteren weist er die incrustirenden mehr weniger scheibenförmigen Arten zu, der zweiten die freiwachsenden einschichtigen, der letzten endlich die freiwachsenden zweischichtigen, wobei er besonders das Vorhandensein einer mittleren Germinalplatte betont, die übrigens schon Haime in seine Diagnose von *Diastopora* aufgenommen hatte. Durch diese sondert er auch *Mesenteripora* Blainv. schärfer von *Bidiastopora* d'Orb., welche d'Orbigny nur durch ihre baumförmig-ästige Gestalt characterisirt hatte. Dadurch geschah es aber, dass in dieser Gattung sehr verschiedenartige Elemente vermengt wurden. Insbesondere fanden zahlreiche Arten Eingang, welche man nur für zusammengedrückte Entalophoren ansehen muss. Auf diese hat nun Stoliczka die Gattung *Bidiastopora* beschränkt.

Meiner Ansicht nach lassen sich vor Allem zwei Haupttypen unterscheiden, die durch ihre verschiedene Entwickelungsweise wesentlich characterisirt werden. Ein Theil bildet

[1]) The Crag Polyzoa in Paleontograph. Soc. 1857, p. 109.

[2]) v. Hagenow. Die Bryozoen der Maastrichter Kreidebildung, 1851, p. 49, Taf. 4, Fig. 9, 10.

[3]) Mémoires de la soc. géol. de Fr. 2. sér. V, p. 175 ff.

[4]) Foss. Bryozoen der Orakei-Bay bei Auckland, p. 96 ff. in d. Novara-Expedit. Geol. Theil, I, 2.

niedliche fächerförmige oder durch Verwachsung mehrerer neben einander gebildeter Colonien gelappte Ausbreitungen, die stets mit ihrer ganzen Rückenseite aufgewachsen sind. Ursprünglich bestehen sie nur aus einer einfachen Zellenschichte; durch spätere Fortbildung
werden sie oft, wenn auch nicht alle, mehrschichtig. Sie bilden die Gattung *Berenicea* Lamx.
Von ihr muss wegen der abweichenden Entwickelungsweise die von J. Haime hieher gerech-
nete *B. Lucensis* ausgeschlossen werden.

Zur zweiten Gattung: *Diastopora* Lamx. dagegen rechne ich sämtliche, nur mit der
Basis aufgewachsene, später frei in die Höhe wachsende, entweder blättrige oder baumför-
mig-verästelte Arten. Innerhalb derselben machen sich aber zwei Formengruppen geltend.
Die eine umfasst die einschichtigen Species, die aber durch successive Überlagerung mehrschichtig werden können; die andere die aus zwei verwachsenen, von einander abgewende-
ten Zellenschichten bestehenden Formen, an denen beide Schichten durch eine compacte
Epidermoidal-Zwischenschichte geschieden werden. Ich würde diese beiden Gruppen unbedingt als selbständige Gattungen geschieden haben, wenn sich nicht vermittelnde Übergänge zwischen ihnen zeigen würden. Bei manchen zweischichtigen Arten treten nämlich
beide Zellenschichten stellenweise auseinander, so dass man an manchen Exemplaren den
ein- und zweischichtigen Typus unmittelbar vergesellschaftet findet, z. B. bei *D. Lamourouxi*, wo die einfache Zellenschichte sich bisweilen verdoppelt.

1. **B. diluviana** Lamx. (Taf. 1, Fig. 1, 2).

Lamouroux Expos. méthod. des genres des polyp. p. 81, Taf. 80, Fig. 3, 4. — J. Haime l. c. p. 177, Taf. 7,
Fig. 2 a—d.
Diastopora diluviana M. Edw. Ann. d. sc. nat. 2. sér. IX. p. 228, Taf. 15, Fig. 3.

Die Species scheint je nach der verschiedenen Altersstufe eine sehr abweichende Physiognomie zu besitzen. Im Allgemeinen ragen an Jugendexemplaren die Vorderenden der
Zellen stärker hervor. Mit zunehmendem Alter werden ihre seitlichen Begrenzungen überhaupt undeutlicher. Bei Balin sind Formen sehr häufig, die sich durch kein schärfer ausge-
sprochenes Merkmal von der Lamouroux'schen Species unterscheiden lassen. Sie sitzen
auf Schalen von *Sphaera Madridi* d'Arch., *Mytilus imbricatus* Sow., einer mit *Lima semicircularis* sehr verwandten Species und anderen.

Es scheinen durchgehends jugendliche Colonien zu sein, denn sie stellen fächerartige,
rundliche oder gelappte Ausbreitungen von geringem Durchmesser dar; nie umhüllen sie
Gasteropodenschalen ganz und in mehreren Schichten, und nie bedecken sie Conchylien in
weiter Ausdehnung. Die röhrigen durch schwache Furchen gesonderten Zellen sind kaum
mehr als zweimal so lang als breit, verschmälern und erheben sich am Vorderende nur wenig
und sind auf der Oberfläche glatt, nicht quergestreift.

Die Species ist im Grossoolith verbreitet: in der Umgegend von Caen, Ranville, Langrune, Luc u. s. w.; bei Gueret (Sarthe), in den Ardennen; in England (Bradford, Hampton-
Cliffs, Bath u. s. f.). Von de Ferry wird sie im Bajocien (calcaire à entroques) von Flacé
und (calc. à collyrites ringens) von Pouilly bei Maçon angeführt.

2. **B. insignis** Rss. (Taf. 1, Fig. 3).

Gelappte und fächerförmige Ausbreitungen (auf *Tancredia donaciformis* Lyc. und
Sphaera Madridi d'Arch.), deren halbröhrige Zellen (2 Millim. lang, 5—6mal so lang als

breit) in ihrer gesamten Länge beinahe gleichbreit und durch deutliche Furchen geschieden sind. Mit ihrem vorderen Viertheile biegen sie sich ziemlich stark in die Höhe, so dass das Vorderende in nicht unbedeutender Ausdehnung frei emporragt. Die in unregelmässigen Querreihen stehenden Mündungen sind rund. Die Oberfläche der Zellen erscheint fein und ungleich quergestreift und zart porös.

Die in Beziehung auf die Länge der Zellen ähnliche *B. (Aulopora) compressa* Goldf. (Petref. Germ. 1, p. 84, Taf. 38, Fig. 17) aus dem oolithischen Thoneisenstein von Rabenstein und Gräfenberg unterscheidet sich durch kleinere, mehr niedergedrückte Zellen und das weniger aufgerichtete Vorderende derselben. Ob ihre Oberfläche quergestreift sei, konnte ich an den mir vorliegenden Exemplaren nicht erkennen. Die Goldfuss'sche Abbildung zeigt keine Spur davon.

Die ebenfalls ähnliche *B. striata* J. Haime (l. c. p. 179, Taf. 7, Fig. 8) aus dem Lias von Valière hat breitere und verhältnissmässig kürzere Zellen mit weniger aufgerichtetem Vorderende und eine sehr deutliche Querstreifung.

3. B. striata J. Haime (Taf. 1, Fig. 5).

J. Haime l. c. p. 179, Taf. 7, Fig. 8.

Bei Balin kommen, aufgewachsen auf *Modiola imbricata* Sow. und *Sphaera Madridi* d'Arch., kleine rundliche und fächerartige Ausbreitungen vor, die ich von der durch Terquem im Lias von La Valière entdeckten Species nicht zu trennen vermag. Die schmalen halbcylindrischen Zellen sind 3—4mal so lang als breit ($^3/_4$—1 Millim.) und verschmälern sich vorne nur wenig. Sie sind ziemlich gewölbt und seitlich durch sehr deutliche Furchen geschieden. Das Vorderende biegt sich sehr allmälig, aber ziemlich bedeutend, von der Unterlage ab. Die kleinen rundlichen Mündungen stehen sehr regellos und nach allen Richtungen in ziemlich gleicher Entfernung. Ungleiche sehr deutliche Querstreifen zieren die Oberfläche der Zellenwand.

4. B. verrucosa M. Edw. sp. (Taf. 1, Fig. 7).

Idmonopora verrucosa M. Edwards in Ann. des scienc. nat. 2. ser. IX, p. 229, Taf. 11, Fig. 2. — Michelin Iconogr. zoophyt. p. 242, Taf. 56, Fig. 14.

Mit den vorigen Arten finden sich bei Balin einzelne Exemplare, die sich durch ihre stark hervorragenden Zellenröhren sehr auszeichnen und mit der Abbildung und Beschreibung von M. Edwards übereinstimmen. Haime sieht sie nur für Jugendformen von *B. diluviana* Lamx. an. Aber selbst bei viel kleineren offenbar jugendlichen Formen der letztgenannten Species tritt das oben erwähnte Merkmal nie in so hohem Maasse hervor, so dass ich nach dem Vorgange von M. Edwards *B. verrucosa* für eine selbstständige Species zu halten geneigt bin.

Die vorliegenden Zellencolonien erreichen bisweilen einen Durchmesser von 2 Centimetern. Die walzigen Zellen sind $2^1/_2$—3mal so lang als breit, trennen sich schon in der Hälfte ihrer Länge von ihrer Unterlage und steigen röhrenförmig in schräger Richtung empor. Das etwas verschmälerte Vorderende trägt die kleine rundliche Mündung. In seitlicher Richtung sind die Mündungen kaum um ihren eigenen Durchmesser von einander entfernt. Die Schalenoberfläche erscheint fein quergestreift. Gegen die Peripherie der Ausbreitung hin nehmen die Zellen zwar allmälig eine weniger geneigte Stellung an, ragen aber auch dort immer noch mehr hervor als bei *B. diluviana*.

Die Species wird aus dem Grossoolith von Bath angeführt.

5. B. microstoma Mich. sp. (Taf. 1, Fig. 6).

J. Haime l. c. p. 178, Taf. 7, Fig. 8 a—d.
Diastopora microstoma Mich. Iconogr. zoophyt. p. 242, Taf. 57, Fig. 1.
Diastopora undulata Mich. l. c. p. 242, Taf. 54, Fig. 15.

Die mir vorliegenden Baliner Exemplare stimmen vollkommen mit J. Haime's Beschreibung und Abbildung überein. Es sind ein- oder mehrschichtige rundliche Ausbreitungen, in denen die seitliche Begrenzung der kurzen niedergedrückten Zellen nur im vordern Theile sichtbar ist. Übrigens sind sie von den Nachbarzellen äusserlich nicht geschieden. Besonders bei älteren Colonien macht sich dieser Umstand geltend. Die Zellen sind nur 1½—2 mal so lang als breit und verschmälern sich kaum nach vorne. Ihre Länge beträgt etwa 1 Millim., ihre Breite ⅓ Millim. Die gewöhnlich nahe stehenden Mündungen sind rund oder breit-oval und ragen nur wenig hervor. Über die Oberfläche der Zellen verlaufen sehr zierliche und regelmässige, stark ausgesprochene, wellenförmig gebogene Querfurchen.

Die Species findet sich im Grossoolith von Ranville, Langrune, Luc, Marquises, von Hampton-Cliffs, Pound Poll u. a., so wie nach de Ferry im Bajocien (calcaire à collyrites ringens) von Pouilly im Maçonnais.

6. B. tenera Rss. (Taf. 1, Fig. 9).

Ich fand sie nur selten auf den Schalen von *Monotis Münsteri* Bronn aufgewachsen. Sie ist der *B. striata* J. H. sehr ähnlich, aber schon durch die zarteren Ausbreitungen und viel kleineren Zellen davon verschieden. Die rundlichen sehr dünnen Colonien bestehen aus in wenig regelmässigen gekrümmten Querreihen stehenden Zellen, die 3—4mal so lang als breit, beinahe in ihrer gesamten Länge gleichbreit, wenig gewölbt und durch seichte Furchen geschieden sind. Sie richten sich in ihrer ganzen Ausdehnung nicht von ihrer Unterlage auf. Die runde Mündung wird von einem niedrigen etwas angeschwollenen Rande umgeben. Die derselben Querreihe angehörigen Mündungen stehen etwa um ihren eigenen Durchmesser von einander ab. Die Oberfläche der Zellenwandungen ist mit äusserst zarten ungleichen Querstreifen bedeckt.

7. B. exilis Rss. (Taf. 2, Fig. 3).

Man trifft dieselbe nicht selten, aber gewöhnlich sehr schlecht erhalten, auf *Ostrea eduliformis* Schloth. und auf *Ammonites discus* aufsitzend an. Doch auch in diesem Zustande bietet sie Merkmale dar, in denen sie von verwandten Arten abweicht. Besonders die Kleinheit der Zellen fällt schon bei flüchtigem Anblicke in die Augen.

Die rundlichen, fächerförmigen oder gelappten kleinen Ausbreitungen erlangen durch mehrfache Schichtenüberlagerung bisweilen eine nicht unbeträchtliche Dicke. Die im peripherischen Theile derselben ziemlich deutlich gesonderten Zellen sind sehr klein, 1½—2mal so lang als dick und im vordern Theile etwas breiter. Das wenig vorragende Vorderende trägt die kleine breit-ovale Mündung. Die in querer Richtung kaum um ihren eigenen Durchmesser von einander abstehenden Mündungen sind auch in radialer Richtung nicht viel weiter von einander entfernt. Die Oberfläche der Zellenwand lässt auch an den am besten erhaltenen Stellen nur Spuren von Querstreifung erkennen. Gewöhnlich sind die Zellen in Folge späterer Zerstörung der Vorderwand beinahe ihrer ganzen Länge nach geöffnet.

8. D. concatenata Ros. (Taf. 1, Fig. 8).

Ziemlich grosse, rundliche oder unregelmässige mehrschichtige Ausbreitungen, deren halbröhrige Zellen mehr oder weniger in gerade oder etwas gebogene ausstrahlende Reihen geordnet sind, die jedoch oft unregelmässig werden. Die Zellen derselben Reihe decken einander, da sie in schräger Richtung aufsteigen, und verschmelzen zu einer leistenförmig vorragenden Rippe, auf deren oberem Rande nur die ziemlich grossen etwas ovalen Mündungen sichtbar sind. Nur die centralen Zellen treten in ihrer ganzen Länge deutlich hervor. Die radialen rippenartigen Zellenreihen werden durch tiefe Furchen gesondert. Im Centrum der Colonie überzeugt man sich, dass die Röhrenzellen ziemlich dick, höchstens $1^1/_4$—2mal so lang als breit und auf der Oberfläche fein und ungleich quergestreift sind.

Die Species scheint bei Balin sehr selten zu sein.

Diastopora Lamx.

a/ **D. simplices**. Aus einer einfachen Zellenschichte bestehend.

1. D. Lamouroxxi M. Edw. (Taf. 2, Fig. 4).

Milne Edwards in Ann. des sc. nat. 2. ser. IX, p. 225, Taf. 15, Fig. 2. — Michelin l. c. p. 239, Taf. 56, Fig. 7. — J. Haime l. c. p. 153, Taf. 9, Fig. 1.

Hohle gabelig-ästige Cylinder, die aus einer einfachen Zellenschichte bestehen. Die Zellen stehen in unregelmässigen Längs- und schrägen Querreihen und sind sehr lang und schmal, beinahe in ihrer gesamten Länge gleichbreit: nur nach unten hin, wo sie sich zwischen die Nachbarzellen einschieben, verschmälern sie sich. Auf die Länge von 5 Millim. kommen beiläufig vier Zellen zu stehen. Ihre Länge übertrifft die Breite 4—5mal. Sie sind flach gewölbt und in ihrer ganzen Ausdehnung durch deutliche Längsfurchen geschieden. Nur das vorderste Ende biegt sich etwas aufwärts und trägt die kleine runde Mündung. Die Zellenwand ist sehr zart quergestreift und porös. Stellenweise sind die Mündungen in ziemlich deutliche Spiralreihen geordnet.

Im Grossoolith von Ranville, Luc und Lebisey.

b/ **D. confertae**. Aus vielen sich deckenden Zellenschichten, deren Mündungen sämtlich nach einer Seite gerichtet sind, bestehend.

2. D. Lucensis J. Haime.

Berenicea Lucensis J. Haime l. c. p. 160, Taf. 7, Fig. 4 a—c.
Diastopora diluviana var. M. Edwards l. c. IX, p. 225, note (5), Taf. 14, Fig. 4.
Multispora Lucensis d'Orbigny Paléont. franç. terr. cret. V, p. 870.

Die Baliner Exemplare sind sehr schlecht erhalten, stimmen aber mit der Abbildung und Beschreibung Haime's, so weit es sich erkennen lässt, gut überein. Sie sind baumförmig ästig. Die meisten walzigen, aber oft gebogenen und etwas knotigen Äste theilen sich unter spitzigem Winkel gabelförmig und bestehen aus zahlreichen concentrisch um einander gewickelten Zellenschichten. Die Beschaffenheit der Zellen ist nur stellenweise zu erkennen.

Sie sind in der Regel 1½mal so lang als breit, wenig gewölbt und durch sehr seichte Furchen geschieden. Die sehr kleinen runden Mündungen zeigen eine regellose Stellung. Gewöhnlich ist ihre Vorderwand zerstört, und dann erscheinen die Äste mit in senkrechter Richtung langgezogenen enge an einander gedrängten Öffnungen bedeckt. Öfter sind die Stämmchen auch mit *Serpula*-Röhren so dicht umwickelt, dass ihre Oberfläche gar nicht zum Vorschein kommt.

Im Grossoolith von Luc und Marquises und von Hampton Cliffs, im Bradford-Clay von Pound Pill, im Cornbrash von Laycock; nach J. Haime auch im Unteroolith von Saint-Quentin bei Metz. Eug. Deslongchamps führt die Species wohl aus den höheren Litoral-schichten von Langrune, aber nicht aus der tieferen Caillasse von Ranville an. (Etudes sur les étages jurass. inférieurs de la Normandie. 1864. p. 151, 153.)

c) **Heteripora** Blainv. Lappig-blätterig oder baumförmig-ästig, aus zwei mit der Rückenfläche an einander gewachsenen Zellenschichten bestehend. Die Mündungen auf beiden entgegengesetzten Seiten des flachgedrückten Stämmchens sich öffnend.

3. D. Michelini M. Edw.

M. Edwards in Ann. des sc. nat. 2. ser. IX, p. 226, Taf. 13, Fig. 1 a—d.
D. *Michelini* et *foliacea* Michelin l. c. p. 239, 240, Taf. 56, Fig. 8, 10.
D. *Michelini* J. Haime l. c. p. 188, Taf. 8, Fig. 8 a—c.

Die vorliegenden Exemplare lassen in Beziehung auf ihren Erhaltungszustand sehr viel zu wünschen übrig, so dass die Bestimmung nicht vollkommen sicher genannt werden kann. Jedoch stimmen die meisten Charactere überein. Die Species bildet kugelige oder halbkugelige Massen, die aus von einem kurzen dicken Stiele aufsteigenden vielfach gewundenen und mit einander anastomosirenden, keine weiten Zwischenräume lassenden Blättern zusammengesetzt sind. Sie sind jedoch im grössten Theile ihres Umfanges von der umgebenden Gesteinsmasse verhüllt. Jedes Blatt besteht aus zwei mit dem Rücken an einander gewachsenen Zellenlagen. Am obern Rande nimmt man die undurchbohrte dünne Trennungslamelle beider Schichten wahr zwischen den in mehreren unregelmässigen Reihen stehenden polygonalen, durch viel schmälere Zwischenwände gesonderten Germinalporen.

Die Seitenflächen der Blätter sind mit langen und schmalen, gedrängten, in wenig regelmässige schräge Reihen gestellten Zellen besetzt, welche an der Oberfläche halbcylindrisch vorragen und mit dem vordern Ende in ziemlich weiter Erstreckung frei werden, ohne jedoch sich weit von der Ebene der Blätter zu entfernen. Die Mündung ist an wohlerhaltenen Zellen rund, die Schalenoberfläche fein porös.

Durch Verwitterung tritt in dem äussern Ansehen eine bedeutende Änderung ein: besonders nimmt die Mündung durch theilweise Zerstörung ihres Hinterrandes eine mehr weniger längliche Gestalt an.

Die Species wird im Grossoolith von Ranville und Lebisey, von La Jonellière (Dép. de la Sarthe), aus den Ardennen und von Hampton Cliffs, so wie im Unteroolith von Montvaux bei Metz angegeben.

4. D. conferta Rss. (Taf. 2, Fig. 6).

Sie besteht ebenfalls aus dünnen vielfach gewundenen und stellenweise sich verbindenden Blättern, die von einer kurzen dicken Basis entspringen und in ihrer Verbindung eine halbkugelige Masse bilden. Sie besitzt unter allen verwandten Arten die kleinsten Zellen. Sie sind sehr gedrängt, gewöhnlich nicht länger als breit, wenig gewölbt und durch schwache Furchen geschieden. Die ebenfalls sehr gedrängten, in schrägen Reihen stehenden Mündungen berühren sich beinahe und sind von einem schärferen erhabenen Rande umgeben, rundlich oder etwas dreieckig, im untern Theile breiter als oben. Meistens stehen 6—7 Zellen in einer Strecke von 2 Millim. über einander.

Im untern Theile der Blätter werden die Zellen etwas länger und die Mündungen in Folge von theilweiser Zerstörung der Zellenwand verlängert.

Sehr selten.

8. D. fenestrata Res. (Taf. 2, Fig. 5).

Im Habitus ähnelt sie der *D. cervicornis* Mich. (l. c. p. 241, Taf. 56, Fig. 12), von welcher sie jedoch in der Beschaffenheit der Zellen abweicht. In Beziehung auf letztere nähert sie sich theilweise der *D. lamellosa* Mich. und *ramosissima* d'Orb. sp. Sie bildet 3—7 Millim. breite, stark zusammengedrückte, sich oftmals gabelförmig spaltende Stämmchen, die stellenweise mit einander seitlich zu breiteren Flächen verschmelzen, sich netzförmig verbinden und unregelmässige grosse Lücken zwischen sich lassen. Bisweilen trennen sich beide mit der Rückseite verwachsene Blätter, aus welchen sie bestehen. Die Seitenflächen der Stämmchen sind mit schmalen verlängerten Zellen bedeckt, die etwa ¾ Millim. lang und halb so breit sind und durch einen schmalen leistenförmig erhabenen gemeinschaftlichen Rand seitlich begrenzt werden, so dass ihre flache Vorderwand eingesenkt erscheint. Sie stehen, gleichwie bei *D. cervicornis* und *ramosissima*, in unregelmässigen von innen nach aussen aufsteigenden Reihen. Am obern Ende steht die kleine, von einem schmalen erhabenen Rande umgebene runde Mündung. Die Zellenwandungen zeigen sich bei stärkerer Vergrösserung fein porös und mit zarten ungleichen wenig regelmässigen Querlinien bedeckt.

Sehr selten.

c) Cerioporideen.

Ceriopora Bronn.

1. C. cristellata Res. (Taf. 2, Fig. 7).

Sie bildet ästige Stämmchen mit gewöhnlich 7—9 Millim. dicken höckerigen Ästen, welche theilweise mit einander anastomosiren und ein grobes Netzwerk mit etwa 6 Millim. langen schmal-elliptischen Maschen bilden. Die sehr entfernt stehenden Höcker sind von wechselnder Grösse, bald ziemlich spitzig und kurz-konisch, bald wieder gerundet und wenig, bisweilen sehr wenig vorragend. Die Oberfläche der Äste wird von kleinen, sehr wenig ungleichen, unregelmässig polygonalen Mündungen bedeckt, die, kaum ¼ Millim. im Durchmesser haltend, dicht an einander gedrängt sind und durch etwa halb so dicke kantige Zwischenwände geschieden werden. Oft ragt die Stelle, an der die Zwischenwände von 3—4 Zellen zusammenstossen, in Gestalt eines kleinen Höckerchens über die Umgebung vor. Der Scheitel der vorerwähnten grösseren Höcker ist gewöhnlich, jedoch nur in sehr geringer Ausdehnung, compact und von ihm laufen nach allen Richtungen unregelmässige sich verästelnde, sehr schmale und sehr wenig erhabene, ebenso undurchbohrte radiale Streifen aus. In ihrer Vereinigung bilden sie eine Art sehr regelloser Sterne, welche aber weit von einander abstehen und nur wenig deutlich hervortreten.

2 *

Durch dieses Merkmal, so wie durch die Gesamtform der Stämmchen unterscheidet sich unsere Species leicht von allen anderen *Neuropora*-Arten. Am nächsten verwandt erscheint sie mit *N. spinosa* Lamx. (J. Haime l. c. V, 1. p. 214, Taf. 10, Fig. 9 *a—f*) aus dem Gross-oolith Frankreichs und Englands, welche aber dünnere Äste, zahlreichere stärkere und spitzigere Hücker besitzt. Letztere sind am Scheitel im weiteren Umfange compact und mit deutlicheren Sternen besetzt.

Heteropora Blainv.

1. **H. conifera** Lamx. sp. (Taf. 1, Fig. 10, 11, 12; Taf. 2, Fig. 1).

J. Haime l. c. p. 208, Taf. 11, Fig. 1 x—ζ.
Millepora conifera, dumosa, pyriformis Lamx. l. c. p. 87, Taf. 82, Fig. 7, 8; Taf. 83, Fig. 5—7.
Heteropora pyriformis, fruticosa und *ramosa* Michel. l. c. p. 244, Taf. 57, Fig. 2—4.
Ceriopora conifera und *ceryphoea* Michel. p. 245, 246, Taf. 57, Fig. 8, 9.
Heteropora ramosa und *Ceriopora globosa* Quenstedt Hdbch d. Petrefactenk. p. 641, Taf. 56, Fig. 42, 43.

In dieser Species werden zahlreiche von Anderen aufgestellte Arten zusammengefasst, in Betreff deren ich auf J. Haime l. c. p. 208 verweise. Ich habe hier nur jene Werke genannt, in denen Abbildungen unserer Species enthalten sind.

Auch die bei Balin vorkommenden Formen sind sehr mannigfaltig, bald einfach kugelig, knopf- oder pilzförmig, bald rasenförmig verästelt, mit kurzen sehr verschieden gestalteten Ästen. Die Mündungen, welche, dicht an einander gedrängt, die Oberfläche bedecken, sind sehr ungleich; grössere ziemlich runde werden von kleineren, in der Form sehr wandelbaren in wechselnder Zahl und Stellung umgeben. Alle sind am Grunde kleiner Vertiefungen von polygonalem Umrisse und nahezu gleicher Grösse eingesenkt, welche durch scharfrückige Zwischenwände geschieden werden, so dass die Oberfläche des Zellenstockes von einem sehr feinen, ziemlich gleichen, eckig-maschigen Netzwerk bedeckt erscheint. An etwas abgeriebenen Exemplaren ist der scharfe Rücken der Zwischenwandungen verschwunden und es kömmt eine feine Grenzfurche zum Vorschein.

Die auch bei Balin nicht selten auftretende Species ist bekannt aus dem Unteroolith von Postlip, so wie aus dem Grossoolith von Ranville, Langrune, Luc, Lebisey, La Jonellière, Marquises, Hampton Cliffs, Laycock, Pound Pill.

II. Anthozoen.

1. Astraeidae simplices.

Montlivaltia Lamx.

1. **M. trochoides** M. Edw. et H. (Taf. 3, Fig. 4, 5, 6).

M. Edwards et Haime Brit. foss. corals. p. 129, Taf. 26, Fig. 2, 3, 10; Taf. 27, Fig. 2, 4. — Bronn, Leth. geogn. 3. Aufl. II. 4, p. 112, Taf. 16, Fig. 17.

Eines der vorliegenden Exemplare stimmt in der Gestalt vollständig mit der Abbildung von M. Edwards (Taf. 26, Fig. 2) überein. Es ist regelmässig trichterförmig mit mässig grosser Anheftungsfläche an dem etwas abgestutzten unteren Ende. Die stark concentrisch gestreifte Epithek reicht bis in geringe Entfernung vom obern Rande hinauf.

Andere Exemplare, deren Höhe von 22—60 Millim. wechselt bei einer Dicke von 22—30 Millim., zeigen jedoch eine sehr abweichende viel unregelmässigere Gestalt, die überhaupt sehr wandelbar zu sein scheint. Einige sind kurz, beinahe cylindrisch, mit breiter Basis aufsitzend; andere verlängern sich walzenförmig und sind dabei mehr weniger verbogen, höckerig, bisweilen proliferirend. Bei Allen ist die Epithek dick und bis nahe an den obern Rand vorgeschoben, die sehr seichte Sternzelle beinahe kreisrund. Die Septallamellen stossen im Centrum zusammen, ohne eine Columella zu bilden. Ihre Zahl schwankt zwischen 96 und 110. Sie bilden daher fünf volle Cyclen, zu denen gewöhnlich noch ein nur in einigen Systemen entwickelter sechster Cyclus hinzu kömmt. Im Allgemeinen sind sie dünn, gerade und seitlich gekörnt, jene der ersten drei Cyclen gleichdick und auch fast gleichbreit, da die des dritten Cyclus an Breite nur wenig nachstehen. Die Lamellen des letzten Cyclus dagegen sind sehr dünn und kurz.

An den Stellen, wo die Epithek zerstört ist, kommen abwechselnd dünnere, am Rande gekörnte Längsrippchen zum Vorschein.

Im Unteroolith von Charlcomb. Bronn führt die Species aus dem Jurakalk von Basel ohne nähere Bestimmung der Etage an.

2. M. insignis R-ss. (Taf. 3, Fig. 3).

Trotz ihrer Ähnlichkeit mit mancher der beschriebenen Arten stimmt sie doch mit keiner derselben völlig überein. Ich stelle sie daher vorläufig als selbstständige Species auf, ohne die Möglichkeit abzuweisen, dass an zahlreicheren besser erhaltenen Exemplaren sich doch noch die Identität mit schon bekannten Formen könne nachweisen lassen.

Das grösste und vollständigste Exemplar ist 31 Millim. hoch, breit- und kurz-becherförmig, mit sehr kurzem dickem Stiele aufsitzend. Oberhalb desselben schwillt das Gerüste etwas bauchig an, um sodann mit beinahe senkrechter Wand bis zum Rande aufzusteigen. Die Sternzelle übertrifft an Ausdehnung die Höhe des Gehäuses nur wenig und ist sehr breit-elliptisch (die Axen wie 40 : 35 Millim.). Übrigens ist sie seicht vertieft, axenlos, mit etwas verlängertem Columellarraum. Man zählt beiläufig 134 Radiallamellen, welche im Allgemeinen dünn sind und den Sternrand mässig zu überragen scheinen. Die Lamellen der ersten drei Cyclen sind nahezu gleich dick, und zwölf derselben reichen bis zum Centrum. Die folgenden zwölf sind nur wenig kürzer, die jüngeren nehmen aber allmälig an Länge und Dicke ab. Im Ganzen entsprechen sie fünf vollständigen Cyclen; ein sechster ist nur theilweise entwickelt, und seine Lamellen sind sehr kurz und dünn. An den Seitenflächen erscheinen die Septa mit in aufsteigende Reihen geordneten Körnern bedeckt.

An den vorliegenden Exemplaren ist die Epithek völlig zerstört; es ragen überall scharfe abwechselnd viel dünnere Längsrippen vor.

3. M. multilamellosa Rss. (Taf. 3, Fig. 8).

Auch hier ist an den untersuchten Exemplaren die Epithek zerstört. Die Species unterscheidet sich aber von den meisten Montlivaltien durch die sehr grosse Anzahl der dünnen Septallamellen. In dieser Beziehung kömmt sie mit *M. tenui-lamellosa* M. Edw. et H. aus dem Unteroolith von Dunkerton und English-Batch (Brit. foss. corals, p. 130, Taf. 26, Fig. 11) überein, von der sie sich aber schon durch ihre Gestalt wesentlich unterscheidet.

Sie ist kurz-becherförmig, 35 Millim. hoch bei 34 und 37 Millim. Länge und Breite am Sternrande, sitzt mit ziemlich breiter Basis auf, verbreitert sich nach oben allmälig. Die Sternzelle ist, wie sich aus den namhaft gemachten Maassverhältnissen ergibt, beinahe rund, seicht, ohne Axe. Die zahlreichen Lamellen (beiläufig 200 — sechs vollständige Cyclen) sind sämtlich dünn, jene der letzten Cyclen sehr dünn und nahe an einander gedrängt. Zwischen je zwei etwas dickere sind 3—5 sehr dünne eingeschoben.

Die Aussenfläche des Polypenstockes wird von gedrängten feinen Längsrippchen bedeckt. Auch hier findet man zwischen zwei dickere in der Regel drei sehr feine eingeschaltet.

4. M. decipiens Goldf. sp.

M. Edwards et Haime Hist. nat. des corall. II, p. 390.
Anthophyllum decipiens Goldfuss Petref. German. I, p. 218. Taf. 65, Fig. 3.

Die Bestimmung dieser Species muss wegen des unvollkommenen Erhaltungszustandes der zu Gebote stehenden Exemplare zweifelhaft bleiben. Die Epithek ist überall völlig verschwunden.

Der Polypenstock ist cylindrisch oder conisch, bei dem grössten Exemplare 35 Millim. hoch bei 22—24 Millim. Breite am obern Ende. Er sitzt mit ziemlich breiter Basis (von 15—16 Millim.) auf und nimmt nach oben nur langsam und wenig an Breite zu. Der runde Zellenstern zeigt nur eine sehr kleine seichte Centraldepression. Fünf vollständige Cyclen von Radiallamellen (96) mit stark bogenförmigen, den Sternrand beträchtlich überragendem oberem Rande. Beiläufig zwölf derselben von gleicher Dicke erstrecken sich bis zu dem axenlosen Centrum des Sternes. Auch die tertiären Lamellen stehen an Dicke und Länge nur wenig nach. Erst die Lamellen der letzten zwei Cyclen werden sehr dünn und ihre Länge erreicht kaum die Hälfte des Sternhalbmessers. Auf den Seitenflächen tragen sie in aufsteigende Reihen zusammenfliessende feine Rauhigkeiten.

Die Aussenwand des Polypenstockes erscheint mit Längsrippen bedeckt, deren abwechselnde gewöhnlich sehr fein sind und die durch entfernt stehende zarte Endothecallamellen verbunden werden.

Eines der vorliegenden Exemplare ist nur 21 Millim. hoch, bauchig-conisch, am obern Ende 25 Millim. dick und trägt nur Spuren einer sehr kleinen Anheftungsstelle an sich.

Die Species wird aus dem Unteroolith von Plapperville-les-Metz und von Morville-lez-Vic angeführt. Goldfuss nennt Buxweiler im Elsass (Fullers-earth) als Fundort.

5. M. Waterhousi M. Edw. et H.? (Taf. 3, Fig. 7).

M. Edwards et Haime Foss. brit. corals, p. 111, Taf. 27, Fig 7.

Ein Exemplar der vorliegenden Baliner Montlivaltien kömmt in der Gestalt vollkommen mit den englischen Exemplaren überein, ohne jedoch in Betreff der übrigen Merkmale eine vollständige Übereinstimmung zu zeigen. Die Bestimmung ist daher nur als eine vorläufige zu betrachten, welche erst durch Untersuchung zahlreicherer besser erhaltener Exemplare ihre Bestätigung oder Widerlegung erfahren wird.

Der Polypenstock ist 25 Millim. hoch, am untern Ende beinahe abgerundet, ohne Spur einer Anheftungsstelle. Der seicht vertiefte Zellenstern elliptisch, ohne Axe, mit verlängerter Columellardepression. Etwa 100 sehr ungleiche Radiallamellen, von denen die Hälfte sehr dünn und viel kürzer ist als die übrigen. Die Epithek ist an dem einzigen vorliegenden Exemplare zerstört.

M. Waterhousi stammt aus dem Grossoolith von Minchinhampton.

6. M. sp.

Nebst den oben beschriebenen Arten liegen noch mehrere Exemplare vor, deren Erhaltungszustand aber zur Bestimmung der Species keineswegs genügt. Das besterhaltene Stück besitzt eine seichte Sternzelle mit wenig verlängertem Columellarraum, deren Axen sich wie 35 : 30 verhalten. 160—170 dünne Lamellen, deren jüngste sehr dünn und kurz sind. Sie sind jedoch grösstentheils zerstört und nur die Ausfüllungen ihrer Zwischenräume erhalten. Die stark concentrisch gerunzelte Epithek reicht bis in die Nähe des obern Randes des Polypenstockes. Die Gestalt desselben scheint kurz conisch gewesen zu sein; jedoch fehlt das untere Ende.,

Das beschriebene Exemplar ähnelt der *M. dispar* Phil. sp. (M. Edwards Brit. foss. Corals, p. 80, Taf. 14, Fig. 7) aus dem Coralrag, ist jedoch schon durch die kürzere conische Gestalt verschieden.

2. Astraeidae ramosae.

Thecosmilia M. Edw. et H.

1. Th. sp. (Taf. 3, Fig. 9).

Es liegt nur ein Bruchstück vor, das trotz des vollständigen Mangels der Epithek zu *Thecosmilia* gehören dürfte. Es besteht aus drei bis an das obere Ende verwachsenen Ästen, von denen jedoch nur einer vollständig erhalten ist. Von den anderen zwei sind nur sehr kleine Partien vorhanden. Im Allgemeinen hat das Fragment grosse Ähnlichkeit mit *Th. gregaria* M'Coy sp. (M. Edwards Brit. foss. Corals, p. 135, Taf. 28, Fig. 1) aus dem unteren Oolith von Dundry u. a. O., unterscheidet sich jedoch durch die grössere Anzahl der Radiallamellen. Ich zählte an dem einzigen sichtbaren Sterne beiläufig 102—103 Lamellen, von welchen nur 10—12 bis zum Sterncentrum reichen.

3. Astraeidae genuinae.

Isastraea M. Edw. et H.

1.? Is. laxa Rss. (Taf. 4, Fig. 1, 2).

Das vorliegende Exemplar ist sehr schlecht erhalten und lässt nur in Quer- und Längsschliffen einigermassen den inneren Bau erkennen. Die Beschaffenheit der 7—9 Millim. grossen Sternzellen ist nicht wahrnehmbar. In Folge der Auswitterung erscheinen sie sehr tief. Überdiess sind im Verlaufe des Versteinerungsprocesses alle Vertiefungen und Hohlräume des Zellensternes durch feste gelbliche Kalkmergelmasse ausgefüllt worden, während im Gegentheile die Septallamellen selbst, so wie die Coenenchymblättchen zerstört und verschwunden sind oder durch eine lockere dunkler gefärbte Steinmasse wieder ersetzt wurden.

Von den verwandten Arten unterscheidet sich das in Rede stehende Fossil hauptsächlich durch die geringe Anzahl (17—27) der ziemlich weit von einander abstehenden und dünnen Radiallamellen. Die secundären stehen den primären nur wenig an Länge nach. Dagegen sind die tertiären nicht viel mehr als halb so lang und jene des nur bisweilen partiell entwickelten vierten Cyclus sehr kurz. In Betreff der Dünne stimmen sie aber alle überein. Die Axe fehlt. Das Coenenchym ist reichlich vorhanden in Form sehr dünnwandiger Bläschen.

In Folge der früher angeführten Umstände ist jedoch die generische Bestimmung des Fossilrestes ziemlich unsicher.

Dimorphastraea d'Orb.

1. D. stipitata Rss. (Taf. 4, Fig. 3, 4).

Auf einem kurzen mehr weniger dicken Stiele sitzt eine flache scheibenartige scharfrandige Ausbreitung. Die Mitte ihrer obern Fläche nimmt ein etwas vorstehender, etwa 10—14 Millim. im Durchmesser haltender Stern ein, der in der Mitte seicht eingedrückt ist und 56—60 beinahe gleiche Radiallamellen darbietet, von welchen aber nur etwa 20 das Centrum des Sternes erreichen, während die übrigen früher oder später mit den Nachbarlamellen zusammenfliessen.

Dieser Centralstern wird an grösseren Exemplaren von zwei, an kleineren nur von einer Kreisreihe kleinerer Sterne umgeben. Die Centra der innern Sternreihe stehen von dem Centrum des Mittelsternes etwa 10—12 Millim. ab. Die Entfernung der Sterncentra beider concentrischen Reihen beträgt dagegen nur 6—7 Millim. Eben so viel misst beiläufig der Durchmesser der peripherischen Sterne.

Der obere freie Rand sämtlicher Septallamellen erscheint sehr regelmässig und gleich gezähnt. Die Lamellen des centralen Sternes strahlen regelmässig nach allen Seiten aus; die seitlichen Lamellen der Nebensterne aber wenden sich rasch und sich mehrfach spaltend nach aussen, um sodann in gerader Richtung ihren Lauf zum Rande des Polypenstockes fortzusetzen. Die Axe ist körnig, wenig entwickelt.

Die gewöhnlich incrustirte Aussenwand des Korallenstockes erscheint mit fast gleichen Radialrippchen bedeckt.

Mir lagen bei der Untersuchung acht Exemplare vor, von denen jedoch fünf sehr schlecht erhalten sind.

Thamnastraea Lesaur.

1. Th. Defranciana Mich. sp. (Taf. 4, Fig. 5).

M. Edwards et Haime Brit. foss. corals. p. 139, Taf. 29, Fig. 3, 4.
Astraea Defranciana Michelin Iconogr. zoophyt. p. 9, Taf. 2, Fig. 1

Sie ist die häufigste der Baliner Anthozoen. Denn ich konnte 22 Exemplare untersuchen; jedoch befand sich auch hier der grössere Theil in einem sehr schlechten Erhaltungszustande. Das Baliner Fossil bot zwar grösstentheils etwas grössere Sternzellen dar, als sie M. Edwards und Michelin abbilden; aber bei der Übereinstimmung der übrigen Merkmale kann diess keinen genügenden Grund zur Aufstellung einer besonderen Species abgeben.

Der Polypenstock ist bald kuchenförmig, bald niedrig kreiselförmig, mit ebener oder wenig gewölbter oder selbst etwas concaver Oberseite. Die Unterseite zeigt in der Mitte bald eine grössere, bald nur eine sehr kleine Anheftungsstelle und ist in ihrem übrigen sanft nach aussen ansteigenden Theile mit einer dicken stark concentrisch gefalteten Epithek bedeckt.

Der quere Durchmesser der untersuchten ganzen Exemplare wechselt von 30 bis 80 Millim.; doch scheint nach einzelnen vorliegenden Scheibenbruchstücken die Grösse bisweilen noch eine weit beträchtlichere zu sein. Die Oberseite ist mit gedrängten 4—5 Millim. im Durchmesser haltenden Sternen bedeckt, welche im Centrum nur schwach vertieft sind und bisweilen mehr weniger deutliche concentrische Reihen bilden. Diese stehen etwa 4 bis 6 Millim. von einander ab, während die derselben Reihe angehörigen Sterne sich in sehr wechselnder Entfernung von einander befinden.

Die Axe ist rudimentär. In jedem Sterne zählt man 20—28 beinahe gleich dünne sehr genäherte Septallamellen, welche durch zahlreiche, beinahe regelmässige, kurze Querlamellen mit einander verbunden werden. Die meisten verlaufen, besonders in der äussern Sternreihe, in radialer Richtung zur Peripherie des Polypenstockes.

Die ähnliche *Th. Bayardi* From. (Fromentel Introduct. à l'étude des polyp. foss. p. 216, Nr. 7) aus dem Callovien vom Mont Bayard besitzt einen deutlichen Centralstern, der unserer Species fehlt.

Th. Defranciana ist bekannt aus dem Unteroolith von Moutiers, Bayeux, Croizille, Dundry.

2. Th. biformis Rss. (Taf. 3, Fig. 1).

Der kreiselförmige bis 45 Millim. im Querdurchmesser haltende Polypenstock sitzt mit ziemlich dickem kurzem Stiele auf, breitet sich aber oben zur obenen am Rande gelappten Scheibe aus.

Die nur in der Mitte schwach eingedrückten 7—10 Millim. grossen Sterne zeigen 18—24 sehr ungleiche und theilweise sehr dicke Lamellen, von denen 11—12 bis zum Sterncentrum reichen. Sie sind am oberen Rande stark und scharf gekörnt. Die Axe ist rudimentär.

An den dem Rande des Polypenstockes zunächst gelegenen Sternen, welche kleiner und unregelmässiger werden, werden die dem peripherischen Rande zugewandten Lamellen zahlreicher und viel dünner, so dass dort ihre Zahl auf das Doppelte steigt. Die Aussenwand des Polypenstockes trägt gedrängte feine gekörnte Längsrippchen.

In den meisten Merkmalen stimmt unsere Species mit *Th. Desori* M. Edw. et H. (Hist. nat. des corall. II. p. 558. — *Astraea Lamoureuxi* Mich. l. c. p. 228, Taf. 54, Fig. 9) aus dem Unteroolith von Caen überein. Da aber nirgend der sich am Aussenrand der peripherischen Sterne so auffallend vergrössernden Zahl der Septallamellen Erwähnung geschieht, so muss ich zögern, unseren Fossilrest mit dem französischen zu verbinden.

3. Th. papillosa Rss. (Taf. 3, Fig. 2).

Bis 48 Millim. breite kreiselförmige Polypenstöcke mit kurzem dickem Stiele und ziemlich ebener Oberseite. Die 8—9 Millim. grossen Sterne sind in der Mitte ziemlich stark vertieft und mit einer deutlich entwickelten papillösen, im Querschnitte spongiösen Axe versehen. 44—48 wenig ungleiche Septallamellen, die schwach gebogen sind und mit den Nachbarlamellen nur selten verschmelzen, sondern grösstentheils einfach bis zum Centrum reichen.

In dieser Beziehung, so wie in Betreff der Axe nähert sich unsere Species einigermassen der
Th. arachnoides Park. sp. (M. Edwards Foss. brit. corals, p. 97, Taf. 18, Fig. 1.)

Die Aussenwand des Polypenstockes ist immer sehr abgerieben und zeigt stellenweise feine gedrängte wenig ungleiche Längsrippen. Von der Epithek ist keine Spur wahrnehmbar.

4. Th. fungiformis M. Edw. et H.?

M. Edwards et Halme Brit. foss. corals, p. 141, Taf. 30, Fig. 4.

Es liegen nur schlecht erhaltene, bis 35 Millim. im queren Durchmesser haltende, kreiselförmige oder kurz- und dick-gestielte Polypenstöcke mit schwach convexer Oberseite vor.
Die Sterne sind 6—7 Millim. gross, im Centrum wenig vertieft, mit 46—50 dünnen, etwas
ungleichen, wenig verästelten Lamellen. Die Axe ist sehr rudimentär. Die Unterseite des
Polypenstockes ist mit einer stark concentrisch gerunzelten Epithek überkleidet. Es bleibt
aber immerhin noch zweifelhaft, ob unser Fossil mit der genannten Species wirklich identisch ist. Letztere stammt aus dem Unteroolith von Charlcomb, Marquises, La Miette.

5. Th. concinna Goldf. sp.?

M. Edwards et Halme Brit. foss. corals, p. 100, Taf. 17, Fig. 5.
Astraea concinna Goldfuss Petref. Germ. 1, p. 64, Taf. 22, Fig. 1.

Ob die Baliner Exemplare wirklich der genannten Species angehören, ist noch man-
chem Zweifel unterworfen, da dieselben stellenweise durch Incrustation sehr entstellt sind.
Es sind knollige Polypenstöcke mit ziemlich obener oder höckeriger Oberfläche, bedeckt mit
6—7 Millim. grossen fast ebenen, nur in der Mitte etwas vertieften Sternen. Die Axe ist
bis auf eine compacte Papille reducirt. Man zählt 22—24 ziemlich dicke, abwechselnd
ungleiche, gebogene Lamellen, die am oberen Rande regelmässig gezähnt sind. Aber nur
6—8 derselben reichen bis zum Mittelpunkte des Sternes.

Th. concinna gehört vorzugsweise dem Coralrag an; doch wird sie auch aus dem
Grossoolith von Minchinhampton und aus dem Unteroolith von Cheltenham und von Coomb
Hay angeführt.

Poritidae.

Microsolena Lamx.

Mir sind nur einige kleine Bruchstücke zu Gesicht gekommen, die überdiess noch so
unvollständig erhalten sind, dass an eine Bestimmung der Species nicht zu denken ist.

III. Spongiarien.

Jerea Lamx.

1. J. blcops Rss. (Taf. 2, Fig. 9).

Bis 80 Millim. hohe walzige oder etwas zusammengedrückte Schwämme, die sich im
oberen Drittheil in zwei sich verschmälernde und stumpf endigende Köpfe theilen. Jeder
derselben trägt am Scheitel eine rundliche ziemlich grosse Vertiefung, in welcher 7—8 müs-

sig weite. kreisförmig um einen centralen gestellte Canäle ausmünden. Die Substanz des mit einigen kurzen Wurzeln angeheftet gewesenen Schwammes besteht aus einem sehr unregelmässigen Gewebe ziemlich grober Fasern, die zahllose an Form und Grösse sehr ungleiche Poren zwischen sich lassen.

Mit der Gattung *Jerea* muss offenbar das von Fromentel (Introduct. à l'étude des éponges foss. 1859, p. 33) davon getrennte Genus *Polyjerea*, so wie die von Laube aufgestellte Gattung *Palaeojerea* (Die Fauna der Schichten von St. Cassian. I, p. 13, Taf. 1, Fig. 14) vereinigt werden, da sie auf unwesentlichen Merkmalen beruhen. Auch die zusammengesetzten Formen sind ursprünglich einfach und würden daher als Jugendformen der Gattung *Jerea*, im erwachsenen verzweigten Zustande aber der Gattung *Polyjerea* zugezählt werden müssen.

Noch weniger kann das Vorhandensein kreisförmiger Einschnürungen an dem Schwammkörper, der überhaupt so zahlreichen und mitunter noch weit auffallenderen Formenverschiedenheiten unterworfen ist, zu einem generischen Character erhoben werden. In den meisten Fällen wird man ihm selbst nicht den Werth eines die Species begründenden Merkmales zuzugestehen berechtigt sein.

Siphonocoelia (From.).

Den bei der vorigen Species ausgesprochenen Grundsätzen folgend, vermag ich die einfachen Siphonocoelien nicht von den zusammengesetzten Formen zu trennen, welche Fromentel zumeist als *Polycoelia* bezeichnete, und die später mit dem Namen *Discoelia* belegt wurden. Dieser zweiten Gruppe der *Caespitosae* gehört auch die zu Balin gefundene Species an.

1. S. gregaria Ros. (Taf. 4, Fig. 7).

Sie bildet unregelmässige Knollen, die aus kurzen dicken, unter verschiedenem Winkel ausspriessenden Ästen bestehen, welche wenigstens bis zu der Hälfte ihrer Länge mit einander verschmolzen sind. Dieselben sind etwas bauchig und verdünnen sich gegen das obere Ende hin, welches die enge aber tiefe rundliche Scheitelöffnung trägt, wieder etwas, wodurch ihre Gestalt zitzenförmig wird. Die Substanz des Schwammes besteht aus einem lockern sehr unregelmässigen Gewebe grober, vielfach gewundener und anastomosirender Fasern, welche sehr regellose grobe Poren zwischen sich lassen, so dass die Oberfläche ein runzliges Ansehen gewinnt.

Von den drei vorliegenden Exemplaren misst das kleinere wohlerhaltene 27 Millim. in der Länge und 20 Millim. in der Breite bei 18 Millim. Höhe.

Von den verwandten Arten *S. cymosa* Mich. sp. (Iconogr. zoophyt. Taf. 58, Fig. 3), *S. pistilliformis* Mich. sp. (l. c. Taf. 58, Fig. 4), *S. furcata* Goldf. sp. (Petref. Germ. I, Taf. 2, Fig. 6) u. a. m. unterscheidet sich unsere Species durch die Gesamtform, die Art der Verästelung und die Gestalt der Äste genügend.

Ob die Species mit der von de Ferry aus dem Calcaire à entroques von Flacé erwähnten *Discoelia glomerata* übereinstimme, kann bei der ungenügenden Beschreibung und dem Mangel einer Abbildung nicht entschieden werden. (Mém. de la soc. Linnéenne de Normandie, 1862. Note sur l'étage bajocien des environs de Mâcon, p. 15, 16). Die von de Ferry angeführte Höhe von 2 Centimeter macht es nicht sehr wahrscheinlich.

Cupulospongia d'Orb.

1. C. helvelloides Lamx. sp.

D'Orbigny Prodr. de paléont. I, p. 326, Nro. 519.
Spongia helvelloides Lamx l. c. p. 87, Taf. 84, Fig. 2, 3. — Michelin l. c. p. 248, Taf. 57, Fig. 11.

Es liegen nur Fragmente vor, an denen die dünne Ausbreitung abgebrochen ist. Sie stimmen aber nach vorgenommener Vergleichung von Originalexemplaren von Ranville mit der Lamouroux'schen Species überein. Wie sie sich zu der durch de Ferry davon gesonderten *Cupulochonia subhelvelloides* verhalten (de Ferry Note sur l'étage Bajocien des env. de Mâcon in Mém. d. l. soc. Linn. de Norm. 1860—61, XII, p. 17), muss ich aus Mangel an Autopsie der letzteren unentschieden lassen. Auch ist es unklar, in welchen Merkmalen die Ferry'sche Species von der Lamouroux'schen abweiche, da dieselben von de Ferry nicht hervorgehoben werden. Die von diesem Forscher betonte Structur findet sich auch bei *C. helvelloides* Lamx., denn schon Lamouroux sagt ausdrücklich: „tissu intérieur grossièrement poreux et sans oscule, extérieurement réticulé, à fibres longitudinales plus sensibles et plus fortes que les transversales, très souvent interrompues dans leur longueur", was man durch die Untersuchung französischer Exemplare bestätigt findet.

Die Berliner Stücke sind verhältnissmässig klein und, wie schon erwähnt wurde, sehr fragmentär. Doch erkennt man deutlich, dass das grobe Schwammgewebe durch ziemlich dicke, vom Basalende ausstrahlende, nach oben hin sich spaltende, oft unregelmässig werdende Lamellen gebildet wird, welche durch kurze, etwas dünnere Querlamellen unter beinahe rechtem Winkel verbunden werden. In dieses Gewebe sind an Grösse und Form sehr wechselnde Poren eingesenkt. In dieser Beziehung stimmt die Structur sowohl mit jener von *C. helvelloides*, als auch mit der von de Ferry für *C. subhelvelloides* angeführten überein.

Limnorea Lamx.

1. L. mammillosa Lamx.

Lamouroux Expos. méth. des genres de l'ordre des polyp. 1821, p. 77, Taf. 79, Fig. 2—4. — Michelin l. c. p. 247, Taf. 57, Fig. 10. — Orbigny Prodr. de paleontol. strat. 1, p. 325.
Limnorea Michelini d'Orb. l. c. 1, p. 325. — Cours élément. de paléont. II. p. 213, Fig. 337.
Lymnoreeheles Michelini Fromentel Introduct. à l'étude des éponges, p. 35.
Cnemidium tuberosum Goldf. Petref. Germ. 1, p. 16, Taf. 30, Fig. 4

Orbigny trennt die von Michelin abgebildeten Formen unter dem Namen *Limnorea Michelini* von jenen, welche schon Lamouroux, wenngleich in wenig entsprechender Weise, abgebildet hatte. Beide stammen von demselben Fundorte (Ranville). Ich bin der Ansicht, dass diese Trennung, die übrigens von Orbigny nicht motivirt wird, nicht mit der nöthigen Schärfe durchführbar ist. Die Species ist offenbar einem grossen Wechsel unterworfen und selbst die einzelnen Lappen desselben Knollens zeigen eine sehr verschiedene Bildung.

Der Schwamm ist bald einfach, halbkugelig, kugelig, keulenförmig, bald verästelt, in zwei oder mehrere, mitunter zahlreiche kürzere oder längere, am freien Ende gerundete Lappen getheilt. Der untere Theil des Knollens und selbst der längeren Äste ist bis zu beträchtlicher Höhe mit einer dicken, stark concentrisch gerunzelten Epithek überkleidet.

Der oberste nackte Theil der Lappen oder Äste zeigt dagegen ein Gewebe, das aus groben vielfach anastomosirenden und unregelmässig verflochtenen Fasern besteht, welche zahlreiche grobe und unregelmässige Poren zwischen sich lassen. Der Scheitel eines jeden Lappens oder Astes trägt eine nicht sehr tiefe Grube, von der kurze, bisweilen verästelte unregelmässige Furchen nach allen Seiten ausstrahlen. Längs derselben ordnen sich die Poren gewöhnlich etwas regelmässiger, indem sie eine reihenweise Stellung annehmen. Mitunter sind am Scheitel eines Astes 2—3 Gruben vorhanden, die dann kleiner sind, oder sie fehlen auch gänzlich, oder es mangeln bei dem Vorhandensein des Osculums doch die radialen Furchen. Diese wechselnde Beschaffenheit hat man zuweilen Gelegenheit, an den Lappen desselben Knollens zu beobachten.

Die Species ist aus dem Grossoolith von Ranville, Luc u. a. O. bekannt.

Actinospongia d'Orb.

1. **A. ornata** d'Orb. (Taf. 4, Fig. 6).

D'Orbigny Prodr. de paléont. strat. I, p. 326, Nro. 515.
Actinofungia ornata Fromentel Introduct. à l'étude des éponges foss. p. 49.

Halbkugelige Knollen, deren Unterseite mit einer starken unregelmässig concentrisch gerunzelten Epithek überzogen ist. Die gewölbte Oberseite besteht aus mit einander verschmolzenen, nur durch breite seichte Depressionen geschiedenen Höckern, deren jeder auf dem gerundeten Scheitel einen unregelmässigen Stern von einem Grübchen ausstrahlender seichter gabelförmig verästelter Furchen trägt. Die Schwammsubstanz stellt ein lockeres Gewebe mit zahllosen gedrängten kleinen unregelmässigen Poren dar.

Nach den angeführten Merkmalen scheint das Baliner Fossil wohl mit der Orbigny'schen Species aus dem Bathonien von Luc übereinzustimmen; doch fehlt die Gewissheit, da mir keine Originalexemplare der letzteren zur Vergleichung vorlagen, um so mehr als Orbigny darüber nichts sagt, als: „Espèce en mamelons isolés ou aggregés, fortement radiée du centre au pourtour."

Inwiefern *Actinofungia Matisconensis* de Ferry (l. c. p. 18) damit übereinkomme oder davon verschieden sei, muss bei dem Mangel einer Abbildung und Beschreibung unentschieden bleiben.

—   —

Tabellarische Zusammenstellung

der beschriebenen Bryozoen, Anthozoen und Spongiarien der Schichten von Balin.

Namen der Species	Vorkommen in Frankreich	Vorkommen in England
Stomatopora dichotoma Lamx. sp. . . .	Grande Oolite: Calcaire de Ranville, Conches de Langrune.	Great-Oolite und Bradfordclay: Hampton-Cliffs etc.
„ *Bouchardi* J. Haime . . .	Oxfordmergel von Boulogne.	—
„ *dichotomoides* d'Orb. . . .	Unteroolith: Croisille, Saintvigors, Bayeux, Moulers.	Inferior Oolite: Fostlip.

Namen der Species	Vorkommen in Frankreich	Vorkommen in England
Favorahipora minuta Res.	—	—
Berenicea diluviana Lamx.	Grande Oolite: Ranville, Langrune, Luc, Guéret, Ardennes. Bajocien: Flacé, Pouilly.	Bradfordclay: Hampton-Cliffs, Bath u. s.
„ *insignis* Res.	—	—
„ *striata* J. Haime	Lias: La Vallère.	—
„ *verrucosa* M. Edw. sp. . . .	—	Great-Oolite von Bath.
„ *microstoma* Mich. sp.	Grande Oolite: Ranville, Langrune, Luc, Marquises. Bajocien: Pouilly.	Great-Oolite: Hampton-Cliffs, Pound-Pill u. a.
„ *tenera* Res.	—	—
„ *exilis* Res.	—	—
„ *consentanea* Res.	—	—
Diastopora Lamourouxi M. Edw. . . .	Grande Oolite: Ranville, Luc, Lebisey.	Great-Oolite: Hampton-Cliffs;
„ *Lucensis* J. Haime	Grande Oolite: Ranville, Langrune, Luc, Marquises. Inferior-Oolite: Saint-Quentin.	Bradfordclay: Pound Pill; Cornbrash: Laycock.
„ *Michelini* M. Edw.	Grande Oolite: Ranville, Lebisey, La Jonellière, Ardennes. Inferior Oolite: Montvaux.	Great-Oolite: Hampton-Cliffs.
„ *conferta* Res.	—	—
„ *fenestrata* Res.	—	—
Neuropora verrucilata Res.	—	—
Heteropora conifera Lamx. sp.	Grande Oolite: Ranville, Langrune, Luc, Lebisey, La Jonellière, Marquises.	Inferior Oolite: Postlip. Great-Oolite: Hampton-Cliffs, Laycock, Pound-Pill.
Monticulipora trochoides M. Edw. et H. .	—	Inferior Oolite: Charlcomb.
„ *incrassata* Res.	—	—
„ *multilamellosa* Res.	—	—
„ *decipiens* Goldf. sp.? . . .	Inferior Oolite: Plappeville-les-Metz, Morville-les-Vic.	—
„ *Waterhousi* M. Edw. et H.?	—	Great-Oolite: Minchinhampton.
Isastraea? lans Res.	—	—
Dimorphastraea stipitosa Res.	—	—
Thamnastraea Defranceana Mich. sp. . .	Inferior Oolite: Moutiers, Bayeux, Croisille.	Inferior Oolite: Dundry.
„ *biformis* Res.	—	—
„ *papillosa* Res.	—	—
„ *fungiformis* M. Edw. et H.?	Inferior Oolite: Marquises, La Miotte.	Inferior Oolite: Charlcomb.
„ *concinna* Goldf. sp.? . . .	—	Great-Oolite: Minchinhampton. Inferior Oolite: Cheltenham, Coomb Hay.
Seris biceps Res.	—	—
Siphonocoelia gregaria Res.	—	—
Cupulospongia helralloides Lamx. sp. .	Grande Oolite: Ranville.	—
Limnorea maxillosa Lamx.	Grande Oolite: Ranville, Luc.	—
Actinospongia ornata d'Orb.	Grande Oolite: Ranville, Luc.	—

Aus der voranstehenden tabellarischen Übersicht der von mir untersuchten Fossilreste lassen sich einige Folgerungen ableiten, welche mit den aus der Untersuchung der übrigen Petrefacten dieser Schichten sich ergebenden Schlüssen recht wohl im Einklang stehen. Die Fossilreste stammen durchgehends aus einer wenig mächtigen Ablagerung mergeliger etwas oolithischer und eisenschüssiger Kalksteine, welche, der Trias aufgelagert und von jüngeren Juraschichten überdeckt, bei Balin durch den Bau der sie durchschneidenden Eisenbahn aufgeschlossen worden sind. In die Schilderung ihrer geognostischen Verhältnisse näher einzugehen, liegt keine Nöthigung vor, da dieselben ohnediess von meinem Freunde, Herrn Prof. Suess, in seiner umfassenderen Arbeit über diesen Schichtencomplex, von welcher meine Abhandlung einen integrirenden Theil zu bilden bestimmt ist, einer näheren Erörterung werden unterzogen werden.

Die von mir untersuchten fossilen Reste sind grösstentheils sehr fragmentär und lassen in Folge der porösen groboolithischen Beschaffenheit des umschliessenden Gesteins in Betreff ihres Erhaltungszustandes viel zu wünschen übrig. Die oolithischen Körner sind mit ihrer Oberfläche, besonders an den Zellensternen der Anthozoen, meistens so fest verwachsen, dass die Blosslegung derselben nicht oder nur sehr unvollständig gelingt. Der Epithecalübergang der Montlivaltien ist zum grossen Theile durch Zerstörung verloren gegangen u. s. w. Es kann daher nicht verwundern, dass eine grössere Zahl der vorliegenden Bruchstücke bei Seite gelegt werden musste, ohne ihre Deutung auch nur zu versuchen. Andere gestatteten nur die Feststellung der Gattung, welcher sie angehören, wie z. B. *Thecosmilia*, *Montlivaltien*, *Microsolena*. Bei einigen endlich, deren nähere specielle Bestimmung wohl vorgenommen wurde, kann das Resultat nur mit Zögern und mit Vorbehalt ausgesprochen werden. Die Bestätigung oder die etwaige Änderung derselben muss der künftigen Untersuchung vollständigerer Exemplare überlassen werden. So z. B. bei *Stomatopora Bouchardi*, *Montlivaltia decipiens* und *Waterhousi*, *Thamnastraea fungiformis* und *concinna*.

Die Zahl der von mir der Prüfung unterzogenen Arten beläuft sich im Ganzen auf 36, von denen 19 den Bryozoen, 12 den Anthozoen und 5 den Spongiarien angehören. Den Bryozoen gebührt in Hinsicht nicht nur auf die Zahl der Species und Individuen, sondern auch auf ihre Bedeutung der Vorrang. Sie gehören sämtlich den cyclostomen Bryozoen an, und zwar 4 den Tubuliporideen, 13 den Diastoporideen (den Gattungen *Berenicea* und *Diastopora*) und endlich 2 den Cerioporideen. Acht Arten dürften bisher noch nicht beschrieben sein, während 11 (beinahe 68 Procent) schon aus den Gebirgsschichten anderer Länder bekannt sind.

Von den letztgenannten wurden 5 bisher im Grossoolith Frankreichs und Englands, 1 im Unteroolith, 3 in beiden zugleich beobachtet. *Stomatopora Bouchardi* ist bis jetzt nur in den Oxfordmergeln, *Berenicea striata* von Terquem im unteren Lias von La Valière wahrgenommen worden. Bei beiden ist aber, was die Baliner Exemplare betrifft, die Bestimmung noch unsicher, so dass ihrem Vorkommen kein Gewicht beigelegt werden kann. *Berenicea*- und *Stomatopora*-Arten begegnet man zwar auch im braunen Jura Schwabens; sie sind aber noch viel zu wenig genau verglichen worden, so dass es am gerathensten erscheint, die nicht ganz sicheren Bestimmungen vorläufig bei Seite zu lassen.

Von den 12 Anthozoen-Arten scheint die Hülfte neu zu sein. Von den übrigen werden 4 im Unteroolith, 1 im Grossoolith und ebenfalls 1 in beiden Etagen zugleich angeführt.

Von den 5 Spongien-Arten endlich sind 3 schon lange aus dem Grossoolith von Ranville beschrieben worden.

Wenn man daher in der Gesamtreihe der Bryozoen, Anthozoen und Spongien von den zwei aus den Oxfordmergeln und dem Lias angeführten Species absieht, bleiben im Ganzen 16 Arten zur Vergleichung übrig. Von diesen gehören 9 dem Grossoolith, 5 dem Unteroolith und 4 beiden zugleich an. Aus dieser einfachen Betrachtung ergibt sich sogleich, dass in Betreff der von mir untersuchten Thierclassen die Baliner Juraschichten theils dem Unteroolith, theils dem Grossoolith gleichzustellen seien. Dieser Schluss findet aber auch noch in einigen anderen Betrachtungen eine nicht unwesentliche Stütze.

Fasst man ausschliesslich die Bryozoen in das Auge, so verrathen die Baliner Schichten eine höchst auffallende Analogie mit dem Calcaire à polypiers der Normandie (dem Bradfordclay und Forestmarble der Engländer) und insbesondere mit den Kalken von Ranville bei Caen, und zwar in doppelter Beziehung. Einerseits spricht sich in beiden derselbe Grundcharacter der Bryozoen-Fauna aus. Auch bei Ranville fehlen die chilostomen Bryozoen beinahe gänzlich, und die reiche Entwickelung der Diastoporideen gibt sich durch das Auftreten von 9 Arten kund [1]).

Von den 11 Bryozoenspecies Balins, die sich in den Gebirgsschichten anderer Länder wiederfinden, sind 7 auch von Ranville bekannt. Andere Arten stehen solchen von Ranville so nahe, dass man sie als Parallelformen zu betrachten das Recht hat, wie z. B. _Neuropora raristellata_ Rss. von _N. spinosa_ Lamx. sp. Der einzige auffallende Unterschied zwischen beiden Faunen liegt in dem Fehlen der Entalophoren, Spiroporen, Apseudesien, Terebellarien, Theonoen u. a. bei Balin, — ein Mangel, der durch fernere Untersuchungen vielleicht noch wenigstens theilweise behoben werden kann oder, wenn auch wirklich vorhanden, doch nur locale Bedeutung besitzt.

Auch die fossilen Spongiarien von Balin, so unbedeutend auch das von ihnen bisher gestellte Contingent ist, tragen vollkommen den Character der Fauna von Ranville an sich. Von den 5 beobachteten Arten sind drei mit ausgezeichneten und längst bekannten Formen von Ranville identisch. Die übrigen zwei stehen französischen Arten wenigstens sehr nahe.

Die Anthozoen dagegen fehlen den Schichten von Ranville und Langrune beinahe gänzlich und scheinen überhaupt noch wenig untersucht zu sein. Wohl aber findet man sie in den tieferen Juraschichten der Normandie reichlich entwickelt, sowohl in der unteren Etage des Grossoolith, welche Deslongchamps mit dem Namen Oolite miliaire bezeichnet und dem Great Oolite der Engländer parallelisirt, als auch im Unteroolith von Bayeux. Bei Balin liegen sie aber mit den Bryozoen und Spongien von Ranville und Langrune in denselben Schichten beisammen. Dadurch wird es wohl sehr wahrscheinlich, dass das Bajocien und Bathonien der Normandie zugleich durch den Jurakalk von Balin vertreten werden. In der Normandie werden beide durch ein System von Mergeln und Kalken — die Fullers-earth — von einander geschieden, deren Grenze gegen den Unteroolith nach Deslongchamps' eigener Angabe (l. c. pag. 175) wenig deutlich und scharf ausgesprochen ist. Die Fullers-earth erscheint als eine locale Bildung oder Facies, die in anderen, selbst benachbarten Gegenden fehlt, so dass dann der Grossoolith unmittelbar auf den Unteroolith folgt.

De Ferry [2]) vereinigt dasselbe selbst unmittelbar mit den oberen Bildungen des Bajocien als eine exceptionelle Facies derselben. Bajocien und Bathonien haben aber selbst

---

[1]) J. Haime Descr. des bryozoaires foss. de la format. jurass. 1854. (Extrait des mém. de la soc. géol. de France. 2. sér. Tome V.)

[2]) Note sur l'étage Bajocien des environs de Mâçon in Mém. de la soc. Linn. de Normandie. Vol. 12, p. 58.

viele Thierformen mit einander gemeinschaftlich (Deslongchamps l. c. p. 109), woraus sich ihre nahe wechselseitige Beziehung ergibt. De Ferry führt im unteren Bajocien (calcaire à entroques) des Maçonnais eine lange Reihe der für die Kalke von Ranville charakteristischen Bryozoen an.

Es wird dadurch leicht begreiflich, dass beide, wenn sie — ohne Zwischenschichte — unmittelbar auf einander gelagert sind, in Folge gleichmässiger, durch keine bedeutenden Störungen unterbrochener Bildung in einen einzigen Schichtencomplex zusammenfliessen, wie es bei Balin wohl unzweifelhaft stattgefunden hat. Die Schichten von Balin scheinen aber auch noch als Vertreter des Callovien aufgefasst werden zu müssen, wie denn auch in der Normandie die jüngsten Schichten des Grossoolith, gleich den Baliner Kalken, ausgezeichnete Formen des Callovien umschliessen (Deslongchamps l. c. p. 143).

Ich glaube hier eine Thatsache, die klar für diese Auffassungsweise spricht, nicht mit Stillschweigen übergehen zu dürfen. Man sieht bei Balin dieselben Species incrustirender Bryozoen Molluskenschalen überrinden, welche an anderen Orten theils dem Bajocien, theils dem Bathonien, theils dem Callovien angehören oder auch durch sämtliche drei Etagen hindurchgehen. Reiche Sammelplätze solcher Bryozoen bilden z. B.: *Tancredia donaciformis* Lyc. (Unteroolith und Grossoolith), *Modiola imbricata* Sow. (Grossoolith — Cornbrash, brauner Jura δ), *Arcula Münsteri* Bronn (Bajocien?, Bathonien, brauner Jura γ, δ), *Ostrea eduliformis* Schloth. (Brauner Jura δ), *Sphaera Madridi* Arch. (Bathonien [Frankreich], Unteroolith und Grossoolith [England]), *Pecten lens* Sow. (Unteroolith, Grossoolith, brauner Jura α—γ), *Limatula gibbosa* Sow. (Unteroolith, Grossoolith), *Hinnites abjectus* Phil. (Unteroolith, Grossoolith), *Ammonites discus* Sow. (Cornbrash), *Ammonites funatus* Opp. (Macrocephalenschichten Schwabens) u. s. w. Sie liefern den deutlichen Beweis, dass die Typen der anderwärts geschiedenen Etagen bei Balin in derselben Schichtengruppe vergesellschaftet liegen, da sie daselbst die Träger derselben Bryozoenspecies von Ranville bilden.

Das Studium des Jura von Balin bietet aber noch Veranlassung zu einer anderen interessanten Erwägung. Die grosse Übereinstimmung, welche derselbe in mancher Beziehung mit den entsprechenden Schichten Frankreichs und Englands erkennen lässt, ist eine sehr auffallende Erscheinung, um so mehr, als er von diesen durch weite Länderstrecken geschieden wird. Die zwischenliegenden Jurabildungen zeigen eine weit geringere Conformität, tragen vielmehr einen in mancher Hinsicht sehr abweichenden Character an sich. Die Korallen und Bryozoen des deutschen Jura ermangeln zwar bisher noch einer gründlichen streng wissenschaftlichen Bearbeitung, indem ihnen selbst von den eifrigsten Forschern eine, wie es scheint, zu geringe Bedeutung beigelegt und daher auch nur wenig Aufmerksamkeit zugewendet wurde. Aber selbst das Wenige, was uns darüber bisher bekannt geworden ist, lässt auf keine solche Conformität mit dem Jura der Normandie schliessen, wie wir sie in den Schichten von Balin ausgeprägt finden. Und doch liegen diese weit nach Osten gerückt und hart an der Grenze des Gebietes, in welchem die älteren sedimentären Bildungen den sehr abweichenden alpinen Character annehmen. Denn schon in geringem Abstande, südlich von der Weichselniederung, tragen die dort auftauchenden Juragebilde den rein alpinen Character an sich. Erst weit gegen Südosten stösst man wieder auf Sedimentgebilde, die dem nordischen Entwickelungstypus angehören. So umschliessen die von Herrn Professor Peters in der Dobrudscha am Kanara-See bei

Küstendsche aufgefundenen und von mir auf ihren Gehalt von Foraminiferen und Ostracoden untersuchten Kreidegebilde [1]) eine Fauna, die vollkommen übereinstimmt mit jener der nordischen Schreibkreide. Dagegen entfernen sie sich in allen ihren Charactoren weit von dem Typus der alpinen und mittelmeerischen Kreidebildungen.

[1]) Die Foraminiferen und Ostracoden der Kreide am Kanara-See bei Küstendsche. In den Sitzungsber. d. kais. Akademie d. Wissensch. Bd. 62.

Erklärung der Tafel I.

Fig. 1. *Berenicea diluviana* Lamx. *a.* in natürlicher Grösse; *b.* ein Theil vergrössert.

„ 2. Dieselbe. *a.* in natürlicher Grösse; *b.* ein Stückchen vergrössert.

„ 3 *a.* *Berenicea insignis* Rss. und *Stomatopora dichotoma* Lamx. sp. in natürlicher Grösse; *b.* erstere theilweise vergrössert.

„ 4. *Stomatopora dichotoma* Lamx. sp. Einige Äste vergrössert.

„ 5. *Berenicea striata* J. H.? *a.* in natürlicher Grösse; *b.* theilweise vergrössert.

„ 6. *Berenicea microstoma* Mich. sp. *a.* in natürlicher Grösse; *b.* ein Stück vergrössert.

„ 7. *Berenicea verrucosa* M. Edw. sp. *a.* in natürlicher Grösse; *b.* ein Stückchen vergrössert.

„ 8. *Berenicea concatenata* Rss. *a.* in natürlicher Grösse; *b.* ein Stückchen vergrössert.

„ 9. *Berenicea tenera* Rss. *a.* in natürlicher Grösse; *b.* ein Stückchen vergrössert.

„ 10, 11, 12. *Heteropora conifera* Mich. sp. Drei Knollen in natürlicher Grösse.

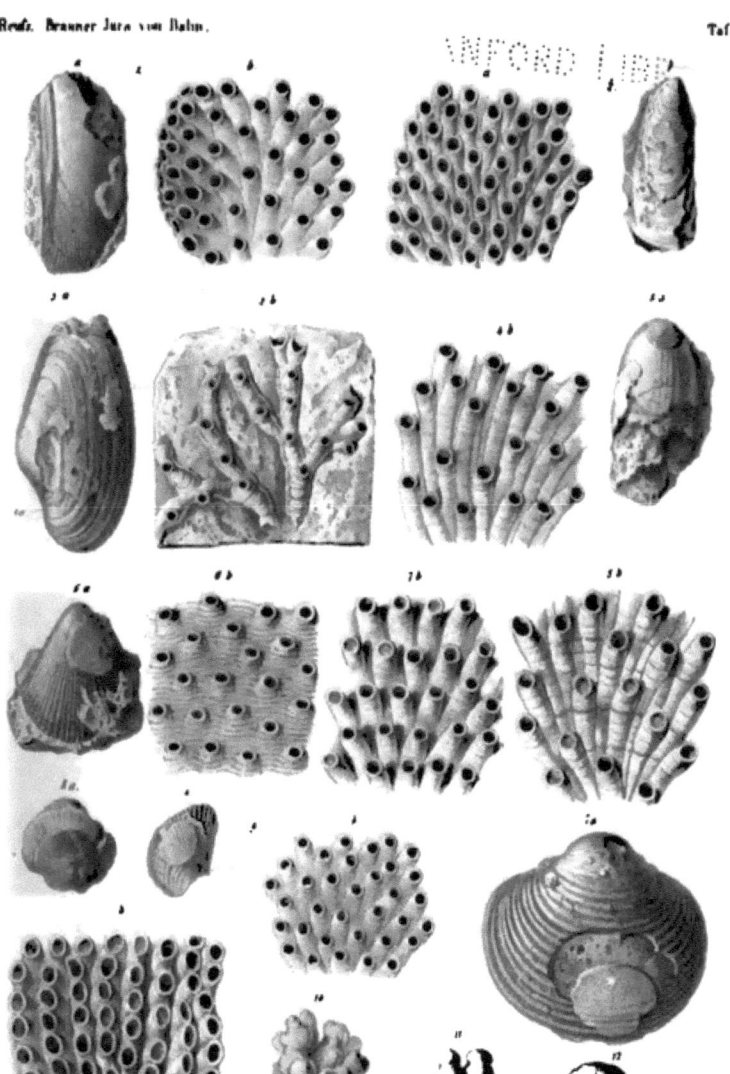

Erklärung der Tafel II.

Fig. 1. *Heteropora conifera*. Ein Stück der Oberfläche vergrössert.

„ 2. Dieselbe. Ein Stück der Oberfläche eines etwas abgeriebenen Knollens vergrössert.

„ 3. *Berenicea exilis* Rss. *a.* in natürlicher Grösse; *b.* ein Stück vergrössert.

„ 4. *Diastopora Lamourouxi* M. Edw. *a.* in natürlicher Grösse; *b.* ein Stückchen vergrössert.

„ 5. *Diastopora fenestrata* Rss. *a.* in natürlicher Grösse; *b.* ein Stückchen vergrössert.

„ 6. *Diastopora conferta* Rss. *a.* in natürlicher Grösse; *b.* ein Stückchen vergrössert.

„ 7. *Neuropora caristellata* Rss. *a.* in natürlicher Grösse; *b.* ein Stück vergrössert.

„ 8. *Parotubigera minuta* Rss. *a.* in natürlicher Grösse; *b.* eine Colonie vergrössert.

„ 9. *Jereca biceps* Rss. *a.* in natürlicher Grösse; *b.* vergrösserte obere Ansicht eines Kopfes.

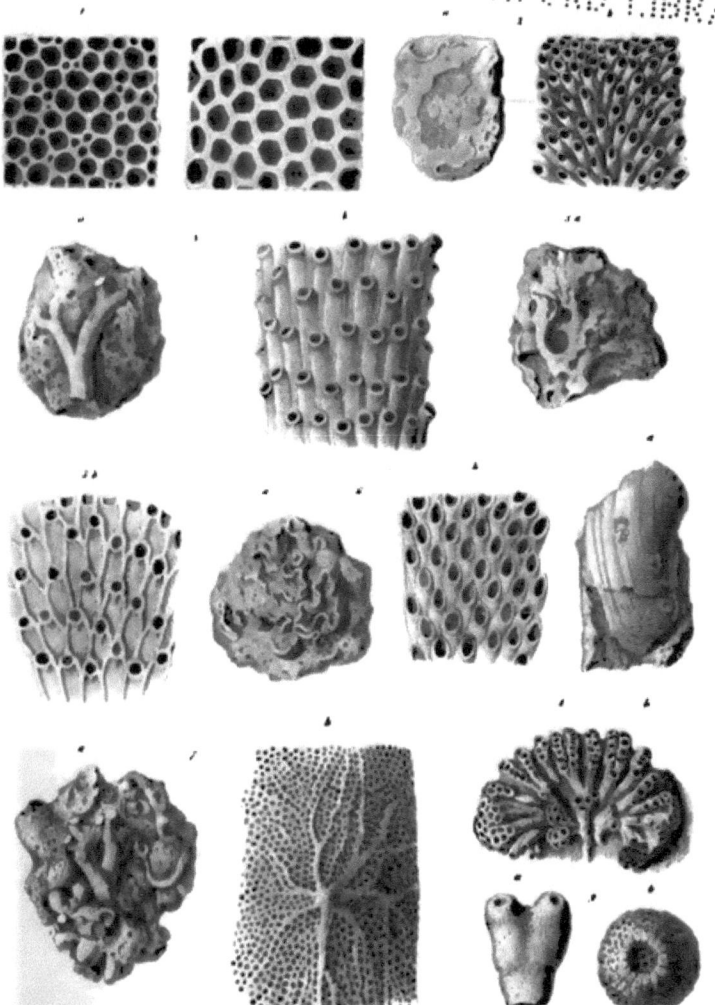

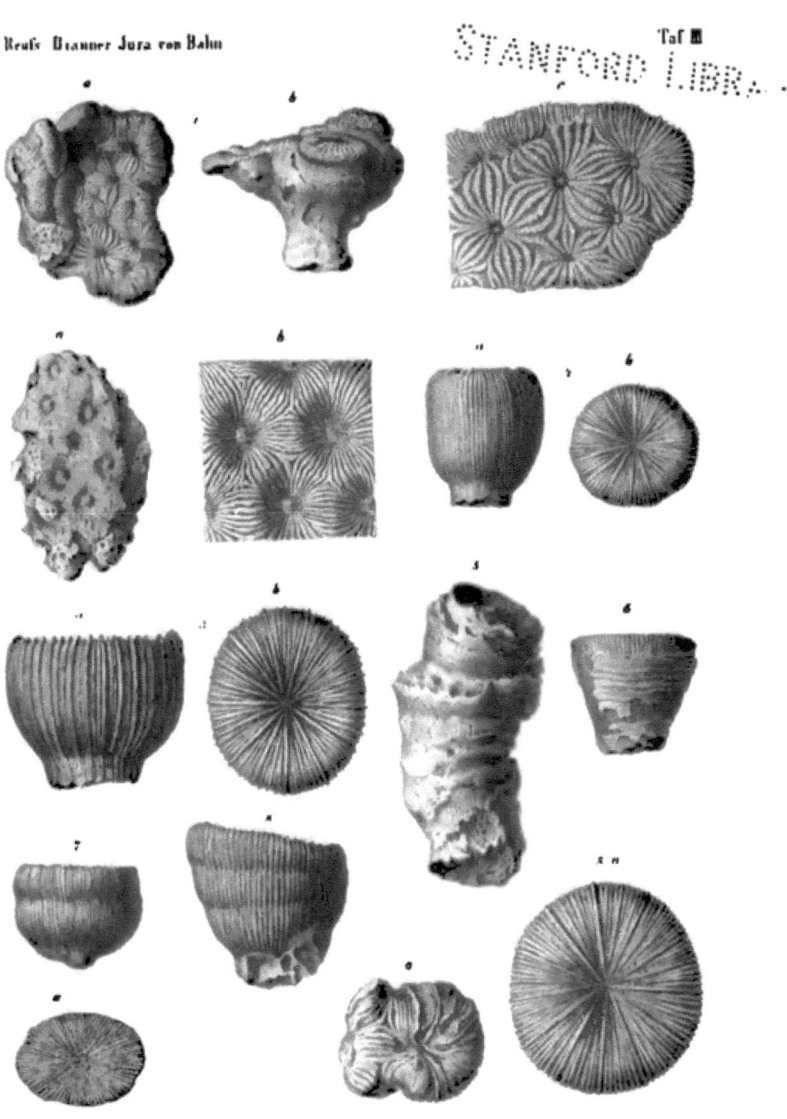

Erklärung der Tafel IV.

Fig. 1. *Isastraea laxa* Rss. *a.* obere Ansicht in natürlicher Grösse; *b.* ein Theil des Querschnittes vergrössert.

„ 2. Dieselbe. Vergrösserte Ansicht eines theilweisen Verticalschnittes.

„ 3. *Dimorphastraea stipitata* Rss. Oberseite in natürlicher Grösse.

„ 4. Dieselbe. *a.* Oberseite in natürlicher Grösse; *b.* ein Segment derselben vergrössert.

„ 5. *Thamnastraea Defranciana* Mich. sp. *a.* Oberseite in natürlicher Grösse; *b.* ein Stück derselben vergrössert; *c.* Unterseite in natürlicher Grösse.

„ 6. *Actinospongia ornata* d'Orb. *a.* Oberseite in natürlicher Grösse; *b.* ein Stück derselben vergrössert.

„ 7. *Siphonocoelia gregaria* Rss. *a.* in natürlicher Grösse; *b.* ein Kopf vergrössert.

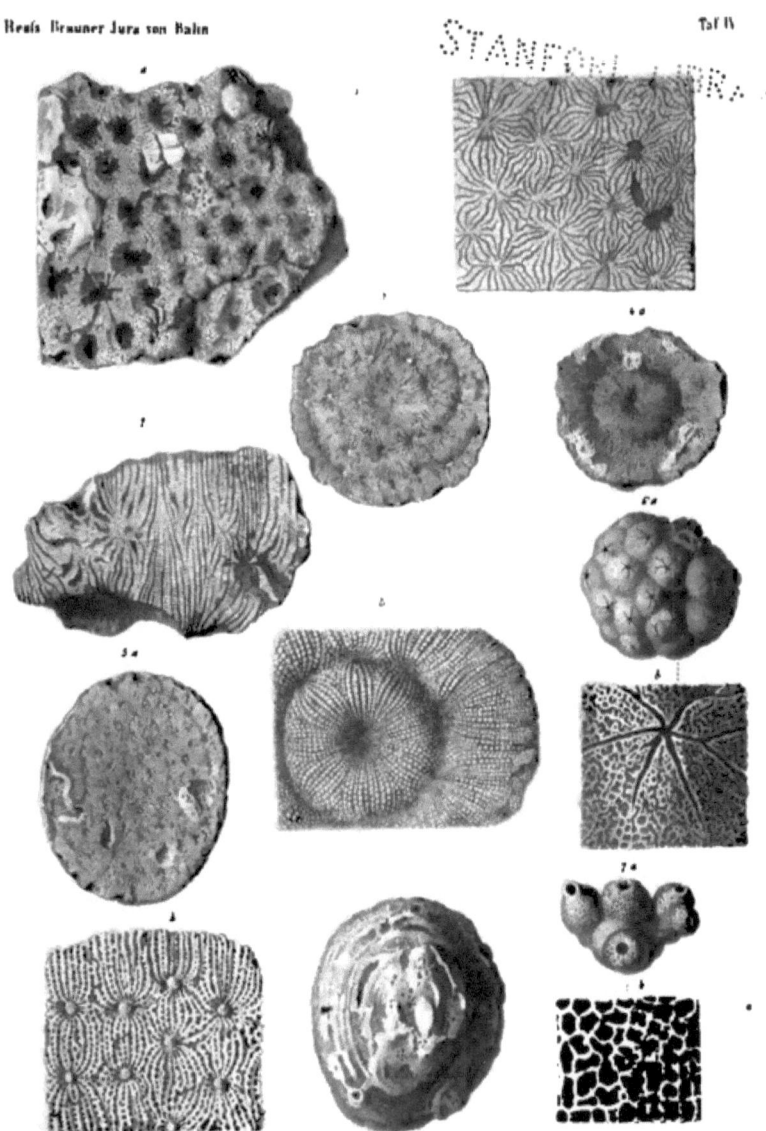

DIE

FOSSILE FLORA VON KUMI

AUF DER

INSEL EUBOEA.

VON

Prof. Dr. F. UNGER,

WIRKLICHEM MITGLIEDE DER KAISERLICHEN AKADEMIE DER WISSENSCHAFTEN

(Mit 17 Tafeln.)

(VORGELEGT IN DER SITZUNG DER MATHEMATISCH-NATURWISSENSCHAFTLICHEN CLASSE AM 5. JULI 1866.)

Die Braunkohlenlager von Kumi und die sie begleitenden organischen Reste bieten ein grösseres geologisches Interesse als jede andere gleichzeitige Ablagerung von Pflanzenresten Europa's durch die Funde zu Pikermi, welche damit in Beziehung stehen und wie wenige ein vollständiges Charakterbild jener Zeitperiode geben.

Beide Ortschaften in Griechenland sind zwar weit von einander entfernt; Pikermi liegt in Attica am nordöstlichen Fusse des Pentelikon, Kumi dagegen ist eine Seestadt der grossen Insel Euboea, in deren Nähe sich die genannten Braunkohlenflötze ausbreiten. Pikermi ist durch die Knochen vorweltlicher Säugethiere bekannt, welche in einem eisenschüssigen Thone eingebettet nicht nur in grosser Menge, sondern auch in einer Mannigfaltigkeit vorhanden sind, die wenig zu wünschen übrig lassen. Sie gewähren uns eine vollständige Übersicht der Säugethierfauna jener Periode, von der wir zwar auch im westlichen Europa zahlreiche Anzeichen besitzen, die jedoch weder an Menge noch an der Vortrefflichkeit der Erhaltung mit jenem Fundorte wetteifern können.

Aus den Untersuchungen der Herren Roth, Wagner, Gaudry u. Anderen geht hervor, dass die hier vorgefundenen Knochenreste den verschiedensten Familien und Abtheilungen der Säugethiere angehören, und dass die Zahl der Arten in den letzten Aufsammlungen sich auf 51 beläuft, jede derselben in so zahlreichen Individuen, dass sich darunter allein 20 Schädeln von Affen, 23 Individuen von Raubthieren, 26 vom Rhinoceros, 74 von Einhufern und 150 von Antilopen sich befinden.

4 *

Die fossilienführende Schichte von Pikermi gehört wie die ganze dortige Ablagerung der Miocänperiode an. Auf dem krystallinischen Kalk des Pentelikon, welcher mit Schiefer in gestörten Lagen wechselt, befindet sich ein 200 Meter mächtiger Süsswasserkalk mit Conglomerat und thonigem Sand in stark gehobenen Schichten. Auf diesem liegt der etwa 28 Meter starke rothe, gleichfalls mit einem Conglomerate wechselnde Lehm — die Lagerstätte der fossilen Knochen. Die fast horizontalen Schichten derselben sind nur wenig oder gar nicht gestört. Endlich bedeckt das Ganze Sand und Conglomerat der jüngsten Zeit in einem 1—3 Meter starken Lager.

Der gleichen Zeit angehörig sind aber auch die Braunkohlenlager, die an mehreren Punkten in Attica, aber vorzüglich auch bei Kumi auf der Insel Euboea erscheinen. An der Gleichzeitigkeit der Bildung beider Schichtensysteme ist nach den Lagerungsverhältnissen derselben nicht zu zweifeln, und wenn auch jede Localität ihre Eigenthümlichkeiten darbietet, so steht doch so viel fest, dass sie einer Periode angehören; die rothen Thone scheinen somit nur durch Örtlichkeitsverhältnisse bedingte Bildungen zu sein, die der Periode der Ablagerung der Süsswasserkalke und Thone untergeordnet sind, und gleichzeitig mit diesen erfolgten.

Wir können daher mit gutem Fug behaupten, dass in den Lagerstätten von Kumi die Arten jener Pflanzen niedergelegt und erhalten sind, deren sich die von Pflanzen lebenden Thiere von Pikermi dereinst zu ihrer Nahrung bedienten, und es lässt sich daher erwarten, dass beide sich in ihrem Charakter gewissermassen entsprechen müssen, wenn anders die gemachten Voraussetzungen richtig sind.

Bevor wir nun in eine nähere Untersuchung dieses Gegenstandes eingehen, sei es uns erlaubt, vorerst einen Blick auf die Lagerungsverhältnisse jener pflanzenführenden Schichte von Kumi zu werfen, und zu sehen, ob mit den eingeschlossenen Vegetabilien nicht auch Thierreste vorkommen, die sich wenigstens ihrem Charakter nach an jene von Pikermi anschliessen.

Sämmtliche Ablagerungen von Kumi und seiner Umgebungen zeichnen sich durch einen Wechsel von sandigen, mergeligen und kalkigen Schichten aus, die zusammen eine Mächtigkeit von 200—300 Fuss, dort und da auch 1000 Fuss erreichen. Zum Complexe derselben gehören fast überall auch Lager von Lignit und Braunkohle, die mit ihren Zwischenmitteln bis zu 16 Fuss anschwellen, obgleich die eigentlichen Lignite selten mehr als eine Mächtigkeit von 4 Fuss erreichen.

Eben dadurch und durch die beigemengten Schwefelkiese erlangt die Braunkohle eine geringere Brauchbarkeit in der Anwendung als Feuerungsmittel und zu technischen Zwecken.

Die Süsswasserablagerung von Kumi durch ihre dem Süsswasser sowohl als dem Brakwasser angehörigen Fischreste und Conchylien als Absatz eines maritimen Beckens charakterisirt, hat eine nicht geringe Ausdehnung und bietet durch den leicht verwitterbaren Mergelschiefer einen verhältnissmässig fruchtbaren Boden. Sie ist durchaus von Kalksteinmassen, deren Natur aus Mangel an Petrefacten schwer festzustellen ist, eingeschlossen und an vielen Stellen durch Serpentin, Trapp- und Trachytmassen durchbrochen, welche die regelmässige Schichtenlage mannigfach heben und verwerfen. Das beifolgende Profil gibt einen Überblick der Lagerungsverhältnisse dieser Süsswasserformation und zeigt dieselbe in Verbindung mit den angrenzenden Gebirgsgesteinen und den Hebungsmassen. Der Kalkdiabas, welcher hier als Eruptivgestein auftritt, ist von einem dunkelrothen Kalk und einer

Kalkbreccie begleitet, deren Bestandtheile Kalksteintrümmer mit einem kalkigen Cement bilden. Die Kalke selbst, aus denen sie entstanden, sind stark aufgerichtet und streichen Stunde 20—23, doch wechselt ihr Verflächen bald nach Südwesten, bald nach Osten. Auch die Süsswassermergel, welche die Kohlenflötze begleiten und einschliessen, sind unter gleichem Streichen gehoben, und verflächen in einem Winkel von 30° nach Westen.

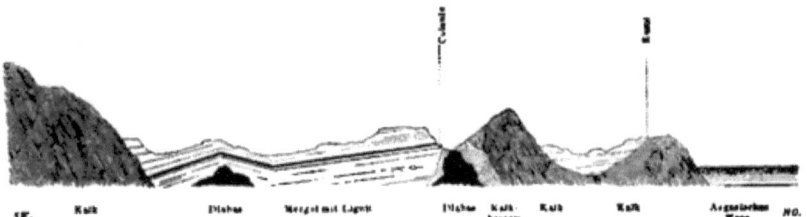

SW.   Kalk   Diabas   Mergel mit Lagen   Diabas Kalk-breccie Kalk   Kalk   Ausgewaschene Masse   NO.

Nur die oberen Schichten, die bald kreideartig und mürbe, bald fest, kalksteinartig und dem lithographischen Schiefer ähnlich sind, enthalten organische Einschlüsse. Durch den Umstand, dass diese Kalk- und Mergelschiefer sich als leicht zu bearbeitende Bausteine, die dünnblättrigen Schichten sogar zum Decken der Häuser brauchbar erweisen, sind sie durch zahlreiche Steinbrüche aufgeschlossen. Man hat demnach in der Bergwerkscolonie von Kumi, die jetzt keine Kohle mehr liefert, das beste Feld, sich reiche Sammlungen solcher Petrefacte zu verschaffen, und als ich im Frühjahre 1860 mich selbst an dieser Stelle einfand, gelang es mir eine nicht unbedeutende Sammlung derselben zu Stande zu bringen, die ich in einem Reisewerke unter dem Titel: „Wissenschaftliche Ergebnisse einer Reise in Griechenland und in den jonischen Inseln, mit 45 Holzschnitten, 27 Abbildungen in Naturselbstdruck und einer Karte, 1862, 8°, und zwar unter der Aufschrift „Die fossile Flora von Kumi auf Euboea" veröffentlichte.

Die mir damals hilfreiche Hand des bei dem Bergwerke bediensteten Herrn Wourlisch, durch deren Zuthun es mir gelang, eine Sammlung von 200 Stücken zu Stande zu bringen, hat sich auch in der Folge dienstfertig bewiesen. Durch drei auf einander folgende Sendungen innerhalb weniger Jahre hat sich der Überblick über diese Pflanzenreste auf mehrere Tausend Exemplare ausgedehnt, und wenn ich gegenwärtig auch nicht behaupten kann, den Reichthum dieser Lagerstätte vollkommen ausgebeutet zu haben, so bin ich doch allerdings in den Stand versetzt, über die Beschaffenheit derselben mehr sichere und erfolgreiche Daten anzugeben, als es mir ehedem bei dem beschränkten Gesichtskreise möglich war.

Früher, gleichzeitig und etwas später haben auch andere Naturforscher den organischen Einschlüssen von Kumi ihre Aufmerksamkeit zugewendet.

Schon Sauvage [1] spricht nach einem Besuche in der ersten Hälfte der Vierziger Jahre dieses Jahrhunderts von den schönen Blattabdrücken von Kumi, ohne jedoch nähere Angaben damit zu verbinden. Einige Jahre später besuchte Capitän Spratt [2] dieselbe Localität, und brachte Sammlungen daselbst zu Stande, welche E. Forbes bestimmte. Die im Quart. Journ. VIII, Appendix genannten Pflanzenabdrücke beschränken sich auf die Angabe einiger nicht

[1] Observations sur la géologie d'une partie de la Grèce continentale et de l'île d'Eubée. Ann. des Mines. 1846. Vol. X.
[2] On the Geology of a part of Euboea and Boeotia. Journ. of the geol. Soc. Vol. III, 1847, p. 67.

näher bezeichneten *Fagus-*, *Quercus-*, *Laurus-*, *Nerium-*, *Salix-*, *Celtis-* und *Pinus-*Arten, die sich durch spätere Funde allerdings grösstentheils bewährten. Neuere Aufschlüsse hat uns über das Petrefactenlager von Kumi Herr A. Gaudry gegeben. Er schreibt an Elie de Beaumont[1]), dass die Pflanzenabdrücke da häufig vorkommen, ausserordentlich gut erhalten, am häufigsten Blätter, ausserdem aber auch Stengel und Samen vorhanden seien. Der Rest einer Blume, den er gefunden hat, wird wohl nichts anders als der Kelch der von mir später zu beschreibenden *Royena graeca* gewesen sein. Als vorherrschend wird ganz richtig *Glyptostrobus europaeus (Taxodium europaeum)* angeführt.

Später hat A. Brongniart die von A. Gaudry veranstaltete Sammlung von 60 Exemplaren geprüft und darüber einen ausführlichen Bericht erstattet[2]).

Dieser ausgezeichnete Paläontolog spricht sich darin zuerst über die Schwierigkeiten aus, die der sicheren Bestimmung der Pflanzenreste allenthalben entgegentreten, indem man es in der Regel mit wenig mehr als unvollkommenen Blattresten zu thun hat, die so sparsam charakteristische Merkmale darbieten, dass man oft nicht einmal die Gruppe oder Familie, viel weniger die Gattung zu eruiren vermag, denen sie angehört haben. Dass in dieser Beziehung die Bestimmungen der Pflanzenpaläontologen unsicher sind und nur zu oft den beschränkten Werth haben, nicht mehr als blos auf das Vorhandensein dieser oder jener Form aufmerksam gemacht zu haben, ist allerdings nicht zu leugnen; dadurch sich aber von den weiteren Forschungen auf diesem Felde abhalten zu lassen, würde eben so unpassend sein, als die Cultur der Wissenschaft aufgeben, da dieselbe in ihren ersten Resultaten ebenfalls nicht immer die befriedigendsten Aufschlüsse zu geben im Stande ist.

Nach Brongniart beläuft sich die Flora von Kumi auf 30 Arten, von denen sich 25 gut und sicher bestimmen, d. i. auf schon beschriebene Arten zurückführen liessen, und welche bisher noch unbekannte Arten darstellen. Das Verzeichniss dieser fossilen Pflanzenarten lautet folgendermassen:

Coniferae.

Glyptostrobus europaeus Brongn. sp.
Sequoia Langsdorfi Brongn. sp.
Pinus rigios Ung. (dreinadelig).

Myriceae.

Myrica Ungeri Heer (*Comptonia laciniata* U.).
  „ *banksiaefolia* Ung. (*Dryandroides banksiaefolia* Heer).
  „ *hakeaefolia* Brongn. (*Dryandroides hakeaefolia* Ung.).
  „ *laevigata* Brongn. (*Dryandroides laevigata* Heer).
  „ *salicina* Ung.
  „ *angustifolia* Brongn. (*Dryandroides angustifolia* Ung.).

Cupuliferae.

Quercus elaena Ung.
  „ *drymeja* Ung.
  „ *Valdensis* Heer?
  „ *suber* L.?

Amentaceae.

Alnus nostratum Ung.
Planera Ungeri Ettingsh.

Laurineae.

Cinnamomum Scheuchzeri Heer.
Persea Braunii Heer.

Proteaceae.

Stenocarpites anisolobus Brongn.

Apocyneae.

Nerium Gaudrianum Brongn. (Oropol)

[1]) Plantes fossiles de l'île d'Eubée, lettre de M. A. Gaudry à M. Elie de Beaumont. Comptes rend. 1860, I, p. 1093.
[2]) Note sur une collection des plantes fossiles recueillies en Grèce par M. Gaudry par M. Ad. Brongniart. Comptes rend. 1861, p. 1282.

Combretaceae.

    Terminalia radobojana Ung.

Ericaceae.

    Vaccinium retirulatum Al. Braun.
    Andromeda vaccinifolia Ung.

Celastrineae.

    Celastrus Andromedae Ung.

Anacardiaceae.

    Rhus Meriani Heer.

Längst haben die wohl erhaltenen Fischreste von Kumi die Aufmerksamkeit der Paläontologen auf sich gezogen; es ist aber meines Wissens weder über den Reichthum noch über die Beschaffenheit jener Fauna etwas publik geworden. Einen Fischrest, den ich selbst von daher mitbrachte, hatte der Kenner der Fische, Herr Prof. Kner, für eine der Gattung *Periophthalmus* verwandte Form erklärt. Von zwei anderen neuerlich erhaltenen Fischresten gibt derselbe Forscher an, dass ein sehr gut erhaltener und charakteristischer Vordeckel der Kiemen (préopercule) mit Verlässlichkeit auf die von Agassiz als *Cyclopoma* beschriebene Gattung hinweist und die Schuppen eines zweiten Fisches einer *Gadidee* angehört haben, welche sich aber der Gattung nach nicht näher bestimmen liess. Von den beiden in den Rech. sur l. poiss. foss. Tom. IV, p. 6 u. 17, tab. 1 u. 2 beschriebenen und abgebildeten Arten von *Cyclopoma* stimmt das Exemplar von Kumi mehr mit *C. spinosum* als mit *C. Gigas* überein, was sich nicht blos auf die Gestalt, sondern auch auf die Grösse des Vordeckels bezieht, und daher den Schluss auf die gleiche Grösse beider Thiere erlaubt.

Wichtig ist die Bemerkung, dass *Cyclopoma* noch nirgend anderswo als in den eocänen Schichten des Monte Bolca gefunden wurde. Zugleich füge ich bei, dass es hier keiner Vision, wie sie Agassiz von sich (l. c.) erzählt, bedurfte, um das charakteristische Bild dieser Fischgattung von Kumi zu erlangen.

Alle diese Fische haben ihre verwandten Formen sowohl im salzigen als süssen Wässern, und können daher auch sehr wohl im Brakwasser gelebt haben.

Nicht viel mehr Aufschluss über den Charakter der Fauna geben die Reste der Conchylien und der Krustenthiere, welche vermischt mit Pflanzenresten erscheinen oder in deren Gesellschaft sich vorfinden.

Nach den Sammlungen des genannten Capitäns Spratt fand sich daselbst eine *Planorbis*, eine *Paludina* und eine *Cyclas*, von denen die erstere mit der um Kumi lebenden *Planorbis orientalis* und die beiden anderen gleichfalls mit den in Griechenland und Kleinasien lebenden Arten zusammenfallen sollen.

Von einigen Süsswasserconchylien der Gattung *Lymneus*, die ich selbst sammelte, glaubte Dr. Rolle eine Art dem *Lymneus auricularis* Drap., die zweite dem *Lymneus glutinosus* Müll. und die dritte dem *Lymneus Adelina* Forb. zurechnen zu müssen.

Auch A. Gaudry brachte dergleichen Conchylien von Kumi nach Europa, die er den Gattungen *Paludina*, *Planorbis* und *Cyclas* angehörig betrachtete, ohne sich über die Art näher auszusprechen.

Die wiederholten Aufsammlungen des genannten Herrn Wourlisch enthielten neben den Pflanzenresten auch einige obgleich wenige Thierreste der unteren Classen. Ihre Durchsicht und Vergleichung mit lebenden Formen hat Herr Prof. E. Reuss übernommen, und mir hierüber Folgendes mitgetheilt:

Was die *Lymneus*-Arten betrifft, so fand sich erstens ein bauchiger fast kugeliger *Lymneus* als Steinkern, der durch das kurze Gewinde und den schmalen Umschlag des äusseren

Mundsaumes dem *Limneus bullatus* Klein (Sandberger, Die Conchylien des Mainzer Ter-
tiärbeckens, p. 66, Tab. 7, Fig. 3) nahe steht. Zweitens ein Steinkern eines anderen bauchigen *Limneus*, welcher Analogien mit dem lebenden *Limneus auricularis* Drap. erkennen
lässt. Eine genauere Bestimmung war auch hier unmöglich. Es fanden sich ferner durch Zusammendrückung völlig entstellte, meistens fragmentarische Exemplare einer dünnschaligen
Schnecke mit fünf glatten gewölbten Umgängen, welche in der Gestalt Ähnlichkeit mit manchen Formen von *Vivipara*, *Valvata*, *Leptopoma* verräth. Nähere Aufschlüsse waren auch hier
eine Unmöglichkeit. Besser erhalten war eine ebenfalls zur Papierdünne zusammengedrückte
Planorbis, deren Form manche Ähnlichkeit mit *Planorbis applanatus* Thom. verrieth. Endlich fand sich noch ein 4 Millim. grosser dicker Gastropodendeckel, dessen spiralige Aussenfläche seicht, rund und von einem dicken concentrisch gestreiften Saum eingefasst ist. In
dieser Beziehung nähert sich dieses Petrefact einigermassen den Deckeln von *Nematura* Bens.

Ausser diesen erfüllen in ungeheuren Massen ganze Gesteinsschichten die kleinen Schalen einer *Cypris*, die jedoch nur in Steinkernen und gewöhnlich so zusammengedrückt sind,
dass an eine nähere Bestimmung derselben nicht gedacht werden kann.

Oft ist ein wahrer pflanzlicher Detritus damit vermischt, was auf starke zersetzte und
zerriebene Pflanzenreste in diesem lacustern Absatz hinweiset.

Wie begreiflich, konnte es nicht fehlen, dass unter diesen Exuvien thierischer und pflanzlicher Organismen auch Spuren von Insecten sich vorfanden. Obgleich sehr spärlich, waren
darunter doch einige Coleopteren und eine Hymenoptere zu erkennen. Dieselben waren theils
bekannte, theils noch unbeschriebene Arten.

Zu den Coleopteren gehört

Hydrophilus vexatorius Heer.

Tab. XVI, Fig. 17.

O. Heer charakterisirt ihn in seiner Insectenfauna der Tertiärgebilde von Öningen und
von Radoboj in Croatien, I, p. 17, Taf. 1 in folgender Weise:

*H. elytris magnis, singulis lanceolatis, late marginatis subtiliter striatis, striis subtilissime
punctatis.*

Unsere Figur stimmt mit der von O. Heer beschriebenen und abgebildeten Flügeldecke von *Hydrophilus vexatorius* in allen Punkten überein, übertrifft aber dieselbe an
Grösse. Während die aus Oeningen stammenden Flügeldecken dieser Käferart in der Länge
14½‴ und 5½‴ in der Breite, von einem zweiten Exemplare 15½‴ in der Länge und 5½‴ in
der Breite messen, hat die Flügeldecke aus Kumi 17‴ (37 Millim.) Länge und 6½‴ (14 Millim.) Breite.

Umriss, Streifung, so wie Anzahl und Beschaffenheit der Streifen, den breiten flachen
Saum am äussern Rande hat unser Fossil mit *Hydrophilus vexatorius* gemeinsam. An dem Abdrucke, welcher durch die braune dunkle Farbe auf dem lichten Gesteine sehr hervortritt, ist
von der Hornsubstanz noch viel erhalten; auch fällt es auf, wie flach die Flügeldecke auf
dem Gestein ausgebreitet ist, allein einige Querrunzeln verrathen, dass hier dennoch einige
Pressung stattgefunden hat, und obgleich dieselbe ursprünglich ziemlich flach war, doch erst
in Folge der Veränderung zu einer fast ebenen Fläche ausgebreitet wurde.

O. Heer vergleicht diese fossile *Hydrophilus*-Art mit mehreren Arten der wärmeren
Zone, namentlich gibt er auch *Hydrophilus aculeatus* Dej. vom Senegal als Verwandten an.

Calosoma exscrobiculatum Heer?

Tab. XVI, Fig. 19.

O. Heer, Fossile Calosomen, VI. 6, Fig. 4 a, b.

Hier in Kumi nur in einem Bruchstücke der Flügeldecke, Fig. 19, vorhanden. Zur Verdeutlichung diene die beigefügte Vergrösserung 19*.

Helops atticus L. Rettb.

Tab. XVI, Fig. 18.

Eine ziemlich wohl erhaltene Flügeldecke vom 16 Millim. Länge und 5 Millim. Breite, an der sich 30 fein punktirte Streifen zählen lassen, Fig. 18*. Dieses Insect hat nach der Angabe des Herrn Directors L. Redtenbacher Ähnlichkeit mit *Helops giganteus* Kraatz aus Griechenland und zum Theil auch mit *Helops Peironis* Reiche vom Taurus.

Bombus pristinus Rogbf.

Tab. XVI, Fig. 20.

Nach Herrn Rogenhofer der Vorderflügel einer Hummel. Der Aderverlauf stimmt mit dem Flügelgeäder unserer jetzt lebenden *Bombus*-Arten fast genau überein; auch kann man ganz gut den faltigen Aussenrand erkennen.

Leider lässt sich aus dem unvollkommenen Reste nichts Sicheres über die Verwandtschaft dieser fossilen Art mit den jetzt lebenden Arten sagen. In Bezug auf Grösse stimmt sie mit unseren *Bombus terrestris* am meisten überein.

So viel ist uns von den Fossilresten der Localität Kumi und seiner nächsten Umgebung bisher bekannt geworden.

Allein die gleichen oder ähnlichen Ablagerungen finden sich sehr weit über einzelne Theile Griechenlands, der Sporaden, ja selbst auf dem asiatischen Continent verbreitet. Mit Ausnahme von einigen Punkten sind dieselben jedoch wenig oder gar nicht untersucht, obgleich auch sie wichtige paläontologische Aufschlüsse zu geben versprechen, wenn man sich ihrer nur näher annehmen wollte.

Am zugänglichsten dürfte wohl Oropo in Böotien sein, welches gleichfalls von Gaudry besucht wurde, so wie die Inseln Chelidbromi und Mytilene, welche letztere durch ihre Lager von verkieselten Hölzern bekannt ist, und von denen in meinem Werke „Gen. et spec. plant. foss." mehrere beschrieben wurden.

Die reichhaltigste Ausbeute würde jedoch ohne Zweifel die Gegend von Nimrum am Südabhange des cilicischen Taurus liefern, wo Herr Kotschy das Ausbeissen derselben pflanzenführenden Schichten entdeckte [1]).

Gehen wir nun zur übersichtlichen Betrachtung der auf den folgenden Blättern näher beschriebenen und bezeichneten fossilen Pflanzen der Umgebung von Kumi über.

Während es mir früher nur gelang 56 Arten zu bezeichnen, auch Brongniart nur 30 Arten von derselben Localität zu erkennen glaubte, sind hier nun im Ganzen 115 Arten unterschieden, von denen der grössere Theil neu, und nur ein kleiner Theil solche Pflanzen enthält, die auch in anderen Localitäten der Miocänformation von Europa gefunden wurden.

---

[1]) Notiz über ein Lager Tertiärpflanzen im Taurus von F. Unger. Sitzungsb. d. k. Akad. d. Wiss. Bd. 11, p. 1076.

Eben durch diese vielen neuen Arten ist es fast unmöglich, genau den Horizont zu bezeichnen, welchen die entsprechenden europäischen Lager einnehmen. Ich habe früher durch die Übereinstimmung der griechischen Pflanzenreste mit jenen von Sotzka in Steiermark die Schichten von Kumi für eocän gehalten. Da sich jene aber nach genaueren Erforschungen sicher als mitteltertiär ergaben, so kann füglich die Flora von Kumi für nichts anders als für eine miocäne angesehen werden.

A. Gaudry glaubt die Säugethierreste von Pikermi eher zu den unteren pliocänen, als zu den oberen miocänen rechnen zu müssen. Lässt sich aus den Pflanzen von Kumi auf die Zeit ihrer Ablagerung schliessen, so würde ich eher geneigt sein, sie für mittelmiocän als für obermiocän, keineswegs aber für unterpliocän zu erklären, was jedoch mehr eine blos theoretische Ansicht ist, und sich sehr wohl damit verträgt, dass die Thiere von Pikermi gleichzeitig mit Pflanzen zusammen lebten, wie sie in den Mergeln von Kumi u. s. w. begraben liegen.

So wie in der Fauna jener Periode ein Reichthum von mannigfaltigen meist gigantischen Formen hervortritt, sehen wir in der entsprechenden Flora eine Mannigfaltigkeit sich entwickeln, welche nicht überall ihres Gleichen hat.

Aus der am Schlusse dieser Einleitung angehängten Übersicht ergibt sich, dass diese 115 Arten meist baum- und strauchartiger Gewächse nicht weniger als 40 verschiedenen Pflanzenfamilien angehören, worunter die Coniferen, Betulaceen, Cupuliferen, Laurineen, Sapindaceen, Juglandeen, Myrtaceen, Caesalpineen und Mimoseen durch ihre baumartige Beschaffenheit den hervorragendsten Antheil einnehmen. Mit Recht konnte daher Gaudry in Voraussicht dessen sagen, „dass zu jener Zeit in Attica und über den ganzen Archipel bis nach Kleinasien Thäler mit der üppigsten Vegetation, fetten Weiden und prachtvollen Wäldern sich erstrecken mussten, während jetzt die dürren Berge Attica's kaum genug Nahrung für Bienen geben."

Wenn aus der Häufigkeit oder dem minder zahlreichen Auftreten der Reste von Pflanzenarten ein Schluss auf das gesellige oder mehr sporadische Vorkommen derselben zur Zeit ihres Daseins erlaubt ist, so müssen hier von allen zwei oder drei Eichenarten (*Quercus Lonchitis*, *Quercus mediterranea*), ferner eine Hainbuche (*Carpinus betuloides*), so wie *Sapindus graecus* als diejenigen bezeichnet werden, die höchst wahrscheinlich in grösseren Beständen wuchsen und Wälder bildeten. Die Natur dieser Bäume deutet auf mehr lichte als dunkle Wälder, in deren Schatten noch reichliches Unterholz gedeihen könnte, als welches hier vor Allem der mehr strauch- als baumartige *Glyptostrobus* zu nennen ist. Es ist mehr als wahrscheinlich, dass die hier zu gleicher Zeit vorhandenen Nadelhölzer eine untergeordnete Stellung in der Vegetation einnahmen, und nur sporadisch in dem Laubholze vorkamen. Ob auch die Straucharten gruppenweise vertheilt waren, hier Myriceen, dort Grevilleen, da Celastrinen, dort Rhamneen u. s. w., lässt sich auch nicht annäherungsweise als wahrscheinlich angeben, obgleich die Buschvegetation jedenfalls einen bedeutenden Factor in der Flora von Kumi ausmachen musste.

Auffallend ist das Fehlen aller grasartigen Pflanzen und der Farnkräuter. Zwar finden sich einige Spuren, die auf schilfartige Pflanzen hindeuten, doch fehlen ohne Weiters alle jene Gräser, welche doch wahrscheinlich die offenen Plätze und Ebenen bedeckt haben werden, und die sicher den Grasfressern zum Unterhalt dienten. Wir können diesen Mangel nur dadurch erklären, dass die Reste dieser Pflanzen sich wenig geeignet haben, durch Wasser und Wind von ihren Standorten weggeführt und in Sümpfe und Buchten getragen zu werden, wo sie nur allein die Mittel finden konnten, nicht aufgelöst und vernichtet, sondern erhalten zu werden.

Einen anderen Grund scheint das gänzliche Fehlen der Farnkräuter gehabt zu haben. Fast nirgends, wo wir in Tertiärschichten Pflanzenreste aufdeckten, hat es an Fragmenten von Farnkräutern gefehlt. Mit abgeworfenen Blättern, Ästen u. s. w. von baum- und strauchartigen Pflanzen haben sich auch Bruchstücke von Farnwedeln eingefunden. Wenn dieselben daher in Kumi gänzlich mangeln, so deutet das eher auf ein absolutes Fehlen derselben in der Flora, als auf ein zufälliges nicht Erhaltensein, und dies kann wieder nur in eigenthümlichen Local- und klimatischen Verhältnissen, namentlich in dem Mangel genügender Feuchtigkeit seinen Grund haben. Es dünkt mich daher, dass die Vegetation von Kumi sich über ein trockenes, dürres Land ausbreitete, welchem tiefschattige Wälder, feuchte Schluchten, von Gewässern durchschnittene Ebenen u. s. w. fehlten.

Die Stelle des heutigen Archipels muss ein sonniges, offenes, von niederen Hügeln durchzogenes Land zur Tertiärzeit eingenommen haben.

Überblickt man die mannigfaltigen so verschiedenen Gewächsarten angehörenden Pflanzenreste von Kumi, so fällt es auf, dass die bei weitem grössere Mehrzahl Pflanzen mit kleinen ovalen, elliptischen, lanzettlichen und linearen Blättern angehören, und dass alle grösseren und breiten Blattformen so gut als gänzlich fehlen. Auch zusammengesetzte Blätter, die jedoch immer nur in ihren Theilblättchen erscheinen, sind oben nicht selten. Bis auf wenige Ausnahmen gehören indess alle diese Blätter zu den derben, lederartigen; nur wenige kann man als hautartig bezeichnen, und diese müssen solchen Gattungen zugeschrieben werden, deren Angehörige in der Regel ihre Blätter periodisch abwerfen, wie das bei *Alnus, Carpinus, Populus, Acer* u. s. w. der Fall ist. Dass diese letzteren in Minderzahl an der Zusammensetzung dieser fossilen Flora Theil nahmen, deutet jedenfalls auf Verhältnisse, wie sie noch jetzt in Griechenland und Kleinasien vorkommen, aber in noch grösserem Maasse den wärmeren Ländern eigen sind, wo keineswegs ein Wechsel von kalten und warmen, wohl aber ein Wechsel von trockener und feuchter Jahreszeit stattfindet. Wir dürfen uns daher nicht wundern, wenn mitten unter den Bäumen und Sträuchern mit immergrünen und nicht periodisch abfallenden Blättern auch solche vorkommen, welche ihr Laub, wie es scheint, regelmässig abwarfen, die ja überhaupt der Blattfall weniger durch klimatische Einflüsse, als durch den Bau und die Beschaffenheit der betreffenden Organe bedingt ist.

Nicht zu übersehen ist es, dass unter den Vegetabilien dieser Flora auch solche vorkommen, welche Beer- und Steinfrüchte trugen, wie das namentlich bei den Sapotaceen, Laurineen, Oleaceen und Sapindaceen der Fall ist. Zwei *Sideroxylon*-Arten, ferner ein *Nephelium* war ganz geeignet, den pentelischen Affen (*Semnopithecus Pentelici* W a g n.) mit passender Nahrung zu versehen, während die Rüsselthiere von anderen Früchten lebten, und die Giraffen an den Blättern und Zweigen von Acacien und Mimosen ihr passendes Futter fanden.

Von grösster Wichtigkeit bleibt jedoch immerhin die Bestimmung des Charakters dieser fossilen Flora. Um diesen ausfindig zu machen, müssen wir vor Allem auf die Gruppen und Familien unser Auge werfen, welche in derselben repräsentirt sind.

Von den 40 Familien der Flora von Kumi sind nur die Familie der Coniferen, der Cupuliferen, der Laurineen, Proteaceen, Sapotaceen, Ebenaceen, Celastrineen, Ilicineen und

Leguminosen durch mehrere Gattungen vertreten, indess den übrigen Familien nur eine oder die andere Gattung zukommt, obgleich auch mehrere derselben, wie die Myriceen. Moreen, Myrsineen, Sapindaceen, Ilicineen, Anacardiaceen, Myrtifloren und Mimoseen gerade auf den Charakter der Flora den meisten Einfluss ausüben.

Mit Ausnahme einiger *Pinus-*, *Alnus-*, *Planera-*, *Carpinus-* und *Populus-*Arten tragen wohl alle anderen das Gesicht von subtropischen und tropischen Gewächsen, und wenn man nach ihren Verwandten frägt, finden sich dieselben nur in wärmeren Ländern. Es gibt dadurch deutlich hervor, dass die fossile Flora von Kumi ein wärmeres Klima als das heutige von Griechenland und Kleinasien zu ihrer Entwickelung bedurfte, nur möchte es sehr schwer sein, die mittlere Jahrestemperatur für dieselbe anzugeben.

Aus den Detailuntersuchungen, auf die ich hier hinweise, geht übrigens hervor, dass die verwandten Arten, mit denen die fossilen Arten zunächst verglichen werden können, zwar allen Theilen der Erde angehören, namentlich Mittel- und Süd-Asien, Neu-Holland und den oceanischen Inseln, Nord- und Süd-Afrika, Nord- und Süd-Amerika und Süd-Europa, dass aber in vorwaltender Richtung Süd-Afrika, insbesonders das Capland und Port Natal als die am besten bekannten, in den Kumi-Pflanzen ihre Ebenbilder besitzen. Eine übersichtliche Zusammenstellung sämmtlicher fossiler Arten der Flora von Kumi und der ihnen zunächst verwandten lebenden Pflanzenarten zeigt den afrikanischen und zum Theil australasischen Charakter derselben am besten.

Um denselben besser hervorzuheben sind alle jene Arten, deren analoge Arten Afrika und Neu-Holland angehören, mit gesperrter Schrift gedruckt.

Arten der fossilen Flora von Kumi	Analoge Arten der Jetztwelt	
Callitris Brongniarti End. sp.	*Callitris quadrivalvis* Vent.	Nord-Afrika.
Glyptostrobus europaeus Brongn. sp.	*Glyptostrobus heterophyllus* Endl.	China.
Pinus helvetica Ung.	*Pinus insignis* Dougl.	Californien.
„ *megalepis* Ung.	„ *cembra* Wall.	Mittel-Asien.
„ *Neptuni* Ung.	„ *Llaveana* Sch. & Depp.	Mexiko.
„ *Pinastroides* Ung.	„ *Pinaster* L.	Süd-Europa.
„ *Hempeana* Ung.	„ *mitis* Michx.	Nord-Amerika.
„ *furcata* Ung.	„ *benthiana* Lamb.	„
Sequoia Langsdorfii Brongn. sp.	*Sequoia gigantea* Endl.	„
Podocarpus Taxites Ung.	*Podocarpus* sp.	Süd-Afrika.
Myrica vindobonensis Ettingsh. sp.	*Myrica serrata* Lam.	Süd-Afrika, Cap.
Alnus Hoernesii Ung.	*Alnus* sp.	Europa.
„ *Cycladum* Ung.		
Planera Ungeri Ettingsh.	*Planera Richardi* Mich.	Mittel-Asien.
Carpinus betuloides Ung.	*Carpinus* sp.	Europa.
Quercus lamaschiensis Göpp. sp.	*Quercus callophylla* Schldl.	Mexiko.
„ *Lonchitis* Ung.	„ *laurifolia* Schlede.	
„ *furcinervis* Rossm. sp.	„ sp.	—
„ *cyclophylla* Ung.	„ *crassifolia* Hum. & Bonp.	Mexiko.
„ *mediterranea* Ung.	„ *pseudo-coccifera* Desf.	Nord-Afrika.
„ *Zoroastri* Ung.	„ *persica* Spach.	Mittel-Asien.
Fagus pygmaea Ung.	*Fagus obliqua* Mirb.	Chili.
Ficus Aglajae Ung.	{ *Ficus cordato-lanceolata* Hochst.	Abyssinien.
	„ *cordata* L.	Cap.
Cinnamomum lanceolatum Ung. sp.	*Cinnamomum* sp.	—
„ *Scheuchzeri* Heer.	„	—

Arten der fossilen Flora von Kumi	Analoge Arten der Jetztwelt	
Cinnamomum subrotundum Heer.	*Cinnamomum sp.*	– –
„ *Rossmässleri* Heer.		—
Laurus Lalages Ung.	*Laurus sp.*	—
„ *primigenia* Ung.	„	—
„ *princeps* Heer.		—
Laurinastrum dubium Ung.	*Cryptocaria angustifolia.*	—
Stenocarpites anisolobus Brongn.	*Stenocarpus sinuatus* End.	Neu-Holland.
Hakea attica Ung.	*Hakea Laurina* R. Br.	„
Protea graeca Ung.	*Protea sp.*	„
Persoonia euboca Ung.	*Persoonia daphnoides.*	„
Grevillea kymaea Ung.	*Grevillea dioides* Sieb.	„
„ *Pandorae* Ung.	„ *sp.*	„
Dryandra Thesei Ung.	*Dryandra sp.*	„
„ *Ungeri Ettingsh.*		„
Dryandroides hakeaefolia Ung.		„
Banksia Solonis Ung.	*Banksia serrata* R. Br.	„
Embothrium salicinum Ung.	*Embothrium sp.*	„
„ *boreale* Ung.		„
	Olea sempervirens Jacq.	Cap.
Olea Noti Ung.	„ *divaricata.*	„
	„ *verrucosa.*	„
Elaeoides ligustrina Ung.		—
Apocynophyllum Cariosa Ung.	*Carissa edulis* Vahl.	Cap.
Neriinium longifolium Ung.	*Nerium sp.*	—
Asclepias Podalyrii Ung.	*Asclepias tinifolia* Lagas.	Mexiko.
Myrsine graeca Ung.	*Myrsine crassifolia* R. Br.	Neu-Holland.
„ *Solenes* Ung.	„ *sp.*	„
„ *grandis* Ung.	„ *sp.*	„
Sideroxylon Putterliki Ung.	*Sideroxylon mite* Willd.	Cap.
„ *Aepios* Ung.	„ *inerme* Lin.	„
Chrysophyllum atticum Ung.	*Chrysophyllum ebenaceum* Mart.	Brasilien.
„ *olympicum* Ung.	„ *martianum* D.C.	„
Bumelia kymaea Ung.	*Bumelia tenax* Willd.	Nord-Amerika.
„ *Urandum* Ung.	„ *retusa* Sow.	Mittel-Amerika.
„ *minor* Ung.	„ *retusa* Sow.	„
Euclea relicta Ung.	*Euclea desertorum* Ekl.	Cap.
Royena graeca Ung.	*Royena brachiata* E. M.	„
„ *Amaltheae* Ung.	„ *hirsuta* L.	„
„ *Euboea* Ung.	„ *cuneifolia* E. M.	„
„ *Myosotis* Ung.	„ *angustifolia* W.	„
„ *Pentelici* Ung.	„ *glabra* Lin.	„
Andromeda protogaea Ung.	*Andromeda cordifolia* D.C.	Brasilien.
Cussonia polydrys Ung.	*Cussonia thyrsiflora* Thbg.	Cap.
Acer trilobatum A. Braun.	*Acer rubrum* Ehr.	Nord-Amerika.
	„ *dasycarpum* Ehr.	„
Sapindus graecus Ung.	*Sapindus sp.*	Süd-Afrika.
Nephelium Jovis Ung.	*Nephelium sp.*	Philippinen-Inseln.
Pittosporum ligustrinum Ung.	*Pittosporum ligustrifolium* A. Cang.	Neu-Holland.
Celastrus Persei Vog.	*Celastrus Schimperi* Stdl.	Abyssinien.
„ *oxyphyllus* Ung.	„ *acuminatus* Lin.	Cap.
„ *graecus* Ung.	„ *sp.*	Süd-Afrika.
Ilex cyclophylla Ung.	*Ilex sp.*	—
„ *neogena* Ung.	„ „	—
„ *ambigua* Ung.		—
Prinos Euboeus Ung.	*Prinos verticillatus* Lin.	Nord-Amerika.
Rhamnus brevifolius A. Braun.	*Rhamnus tetragonus.*	Cap.

Arten der fossilen Flora von Kumi	Analoge Arten der Jetztwelt	
Juglans attica Ung.	Juglans sp.	—
Carya bilinica Ung.	Carya sp.	Nord-Amerika.
Rhus Helladotherii Ung.	Rhus viminalis Vahl.	Cap.
„ Antilopum Ung.	„ sp.	—
Amyris Berenices Ung.	Amyris nana Roxb.	Mittel-Asien.
„ Canopi Ung.	„ maritima Lin.	—
Omphalobium relictum Ung.	Omphalobium dicolor Lond.	Süd-Afrika.
Terminalia radobojana Ung.	Terminalia sp.	—
Myrtus paradisiaca Ung.	Myrtus angustifolia Hort.	Süd-Europa.
Prunus aeyaea Ung.	Prunus sp.	Mittel-Asien.
Eucalyptus aeyaea Ung.	Eucalyptus maliodora.	Neu-Holland.
Callistemon coccineum Ettingsh.	Callistemon lanceolatum DC.	
Rhynchosia populina Ung.	Rhinchosia gibba E. M.	Cap.
„ Ammonis Ung.	„ pilosa Harv.	Süd-Afrika.
„ Isidis Ung.	„ glandulosa DC.	Cap.
„ Osiridis Ung.	„ puberula Harv.	Süd-Afrika.
Glycine glycyoides Ung.	Glycine Schimperi Hochst.	Abyssinien.
Caesalpinia antiqua Ung.	Caesalpinia sp.	China.
„ europaea Ung.		Mexiko.
Cassia aeyaea Ung.	Cassia coromandeliana Jacq.	Süd-Asien.
„ Memnonia Ung.	„ sp.	—
„ eaeula Ung.	„ rugosa Don.	Brasilien.
Copaifera hymenaea Ung.	Copaifera sp.	—
Bauhinia olympica Ung.	Bauhinia sp.	—
Prosopis graeca Ung.	Prosopis phyllanthoides Papp.	—
„ hymenaea Ung.	„ Siliquastrum.	
Acacia prisca Ung.	Acacia sp.	Süd-Afrika.
Mimosa Medeae Ung.	Mimosa sp.	—
Inga Icari Ung.	Inga semialata Mart.	Brasilien.

Hier fallen insbesondere die *Myrica*-Arten, die *Proteaceen*, die *Myrsine*-, *Sideroxylon*-, *Euclea*-, *Royena*-, *Celastrus*-, *Rhamnus*-, *Omphalobium*- und *Rhynchosia*-Arten ins Gewicht. Von den *Proteaceen* kommen gegenwärtig die mit Balgfrüchten versehenen zwar nicht in Afrika vor, es ist aber sehr die Frage, ob die dafür angesehenen Pflanzenreste nicht vielmehr den *Myriceen* zuzuschreiben sind, die allerdings in Afrika nicht sparsam vertreten sind. Eben so gehört *Euclea* und *Royena*, die durch mehrere fossile Arten in zahlreichen Exemplaren vertreten sind, gleichfalls zu den entschieden südafrikanischen Pflanzen. Dasselbe gilt auch von *Rhynchosia* und *Cussonia*.

Fassen wir die durch ihre afrikanischen und australischen Verwandten ausgezeichneten Pflanzen zusammen, so erhalten wir von 115 Arten 47 Arten, d. i. über 40 Procent. Es kann demnach keinen Widerspruch finden, wenn wir den Charakter der Flora von Kumi als südafrikanisch-australasischen bezeichnen.

Es liegt uns nun noch ob, dieses Ergebniss der pflanzenpaläontologischen Forschung mit den Resultaten zusammenzustellen, welche die Untersuchung der Thierreste von Pikermi dargeboten haben, und die A. Gaudry in seinem Werke „Animaux fossiles et géologie de l'Attique d'après les recherches faites en 1855—1856 et en 1860. Paris 1862. 4°." so meisterhaft geliefert hat. In dem genannten Werke werden von den Vierhäudern 1 Art, von den Raubthieren 15, von den Nagethieren 1, von den Zahnlosen 1, von den Dickhäutern 10, von den Hufthieren 1, von den Wiederkäuern 14 Arten angeführt. Dazu kommen noch 5 Arten Vögel, 2 Arten Reptilien und eine Landschnecke, die mit den Knochen jener Thiere zusammen eingebettet wurde, während sicherlich die grössere Menge dieser leichteren Knochen von den Fluthen weiter getragen wurde. Raubthiere und Wiederkäuer halten sich beinahe das Gleichgewicht. Der ungeheure Bedarf an Kräutern würde bald alle Grasflächen verödet haben, wenn den Grasfressern nicht durch Raubthiere Grenzen in der all zu grossen Vermehrung gestellt worden wären. Mastodonten und Dinotherien bedurften verhältnismässig allerdings sehr vieler Nahrung, allein dieselbe wurde grösstentheils von Bäumen genommen, so wie sich auch jetzt die Elephanten ihren Nahrungsbedarf theils aus der Erde, theils von Bäumen holen. Desgleichen nur von strauch- und baumartigen Vegetabilien lebten auch die Girafen, so dass also die Grasflächen allein den zahlreichen Antilopen und dem riesigen *Helladotherium* übrig blieben.

Dem Charakter nach hat diese Thierwelt, wie leicht ersichtlich, durchaus keine Ähnlichkeit mit den jetzigen diese Gegenden bewohnenden Säugethieren, mehr mit jenen wärmerer Klimate überhaupt, vorzüglich aber mit der Säugethierwelt Afrika's und namentlich mit jenen von Süd-Afrika. Die Hyäne gleicht nicht der asiatischen, sondern der afrikanischen, die Girafe hat nicht das Aussehen und die Grösse der nubischen und der vom Senegal, sondern gleicht mehr jener vom Cap der guten Hoffnung. Die zahlreichen Arten von Antilopen haben die grösste Übereinstimmung mit jenen von Mittel- und Süd-Afrika. Sowohl die Pachydermen als die Ruminantien gehören den Gattungen der afrikanischen Fauna an, jedoch zeigen sich dabei wieder Eigenthümlichkeiten, die auf eine grössere Gemeinschaft hinweisen, so der Charakter der Fleischfresser und Affen, der mit jenem der indischen Arten, der Charakter der Antilopen, in Bezug auf die Lage der Hörner mehr mit dem amerikanischen als mit dem afrikanischen Typus übereinkommt.

Es zeigt sich somit eine vollständige Übereinstimmung der Fauna und Flora dieser Periode und deutet darauf hin, dass Afrika noch keineswegs so abgesondert von Europa lag, wie gegenwärtig, sondern dass eine innige Verbindung beider stattfand, welche den dermaligen Charakter jenes grossen Welttheiles bis über das mittlere Europa hinaus zur Geltung brachte.

Was die Anklänge der Flora sowohl als der Fauna von Asien und Amerika betrifft, so ist hieraus eben jener allgemeine noch wenig ins Specielle ausgeführte Charakter der organischen Welt zu ersehen, der sich wahrscheinlich erst nach grösserer Scheidung und Isolirung der Ländermassen ausbildete.

Indem weder in dieser so wie in der unmittelbar vorhergehenden Schöpfungsperiode irgend ein bestimmter Theil der Erde bevorzugt gewesen ist, aus sich die weitere Entwickelung des organischen Lebens zu veranlassen, finden wir auch das Seminarium der Thier- und Pflanzenwelt überall gleichmässig verbreitet, und es bedurfte jedenfalls neuer anregender Momente, um endlich jedem derselben einen besonderen Entwickelungsgang vorzuzeichnen und so seinen specifischen Charakter zu begründen.

Zunächst soll im Folgenden eine Übersicht der fossilen Flora von Kumi gegeben werden, an die sich der specielle Theil, die Beschreibung der einzelnen Arten, anschliessen wird.

Übersicht der fossilen Flora von Kumi.

Algae.

Sphaerococcites tenuis Ung.

Gramineae.

Phragmites Oeningensis Heer.

Smilaceae.

Smilax Schmidti Ung.

Coniferae.

Cupressineae.

Callitris Brongniarti Endl. sp.
Glyptostrobus europaeus Brongn. sp.

Abietineae.

Pinus holuthana Ung. (foliis ternis).
„ *megalopsis* Ung. (foliis quinis).
„ *Neptuni* Ung. (foliis binis).
„ *Pinastroides* Ung. (foliis binis).
„ *Hampeana* Ung. (foliis binis).
„ *furcata* Ung. (foliis binis).
Sequoia Langsdorfi Brongn. sp.

Podocarpeae.

Podocarpus Taxites Ung.

Juliferae.

Myriceae.

Myrica rindshonensis Ett. sp.

Betulaceae.

Alnus Sporadum Ung.
„ *Cycladum* Ung.

Ulmaceae.

Planera Ungeri Ettingsh.

Cupuliferae.

Carpinus betuloides Ung.
Quercus kumischinensis Goepp. sp.
„ *Lonchitis* Ung.
„ *furcinervis* Rossm. sp.
„ *cyclophylla* Ung.
„ *mediterranea* Ung.
„ *Zoroastri* Ung.
Fagus pygmaea Ung.

Moreae.

Ficus multinervis Heer.
„ *Dombeiopsis* Ung.
„ *Aglajae* Ung.

Salicineae.

Populus attenuata A. Braun.

Thymeleae.

Laurineae.

Cinnamomum lanceolatum Ung. sp.
„ *Scheuchzeri* Heer.
„ *subrotundum* Heer.
„ *Rossmässleri* Heer.
„ *Buchi* Heer.
Laurus Lalages Ung.
„ *primigenia* Ung.
„ *princeps* Heer.
Laurinastrum dubium Ung.

Proteaceae.

Hakea attica Ung.
Protaea graeca Ung.
Persoonia euhoea Ung.
Grevillea kymeana Ung.
„ *Pandorae* Ung.
Dryandra Theeri Ung.
„ *Ungeri* Ettingsh.
Banksia Solonis Ung.
Dryandroides hakeaefolia Ung.
Embothrium salicinum Heer.
„ *boreale* Ung.
Stenocarpites anisolobus Brongn.

Contortae.

Oleaceae.

Olea Noti Ung.
Elaioides ligustrina Ung.

Apocyneae.

Apocynophyllum Carissa Ung.
Neritinium longifolium Ung.

Asclepiadeae.

Asclepias Podalyrii Ung.

Petalanthae.

Myrsineae.

Mrsine graeca Ung.
„ *Selenes* Ung.

Sapotaceae.

Sideroxylon Putterliki Ung.
„ *hepios* Ung.
Chrysophyllum olympicum Ung.

Bumelia minor Ung.
  „   *grandis* Ung.
Ebenaceae.
  Euclea relicta Ung.
  Royena graeca Ung.
    „   *Amalthea* Ung.
    „   *Euboea* Ung.
    „   *myosotis* Ung.
    „   *Pentelici* Ung.

Bicornes.

Ericaceae.
  Andromeda protogaea Ung.
Anonaceae.
  Anona lignitum Ung.
Malpighiaceae.
  Malpighiastrum gracile Ung.

Discanthae.

Araliaceae.
  Cussonia polydrys Ung.

Acerae.

Acerineae.
  Acer trilobatum A. Braun.
Sapindaceae.
  Sapindus graecus Ung.
  Nephelium Joris Ung.

Frangulaceae.

Pittosporeae.
  Pittosporum ligustrinum Ung.
Celastrineae.
  Celastrus Persei Ung.
    „   *oxyphyllus* Ung.
    „   *graecus* Ung.
Ilicineae.
  Ilex cyclophylla Ung.
    „   *neogena* Ung.
    „   *ambigua* Ung.
  Prinos Euboeos Ung.
Rhamneae.
  Rhamnus brevifolius A. Braun.

Terebinthineae.

Juglandeae.
  Juglans attica Ung.
    „   *acuminata* Ung.
  Carya bilinica Ung.

Anacardiaceae.
  Rhus oleodendroides Ung.
    „   *Helladotherii* Ung.
    „   *Antilopum* Ung.
Burseraceae.
  Amyris Berenices Ung.
    „   *Canopi* Ung.
Coneraceae.
  Omphalobium relictum Ung.

Calyciflorae.

Combretaceae.
  Terminalia radobojana Ung.

Myrtiflorae.

Myrtaceae.
  Myrtus paradisiaca Ung.
  Eucalyptus aegaea Ung.
  Callistemon oeomicum Ettingsh.

Rosiflorae.

Amygdaleae.
  Prunus argara Ung.

Leguminosae.

Phaseoleae.
  Glycine glycyside Ung.
  Rhynchosia populina Ung.
    „   *Ammonis* Ung.
    „   *Isidis* Ung.
    „   *Osiridis* Ung.
Caesalpineae.
  Bauhinia olympica Ung.
  Copaifera kymeana Ung.
  Caesalpinia antiqua Ung.
    „   *europaea* Ung.
  Cassia agaea Ung.
    „   *Memnonia* Ung.
    „   *retula* Ung.
Mimoseae.
  Prosopis graeca Ung.
    „   *kymeana* Ung.
  Acacia prisca Ung.
  Mimosa Medeae Ung.
  Inga Icari Ung.

CLASSIS CONIFERAE.

ORDO.
Cupressineae, Abietineae, Podocarpeae.

I. CUPRESSINEAE.

Callitris Brongniarti Endl. sp.

Tab. I, Fig. 1, 2.

Diese bis auf die Schweiz in den meisten Punkten der Tertiärformation Europa's vor-gefundene fossile Pflanze scheint eben nicht sehr häufig um Kumi existirt zu haben, da ich von da nur wenige Exemplare erhielt. Einen schönen, wohlerhaltenen, mit männlichen Blü-thenkätzchen und einer Frucht versehenen Zweig stellt Fig. 1 vor. Ausserdem ist in Fig. 2 noch eine isolirte Frucht dieses fossilen Baumes abgebildet.

Vergleicht man diese Fossilien mit den Fossilien derselben Art von Häring, Radoboj und Aix (Provence), so stimmen sie, was die Endtheile der Zweige betrifft, mit den gleich-namigen Theilen jener Pflanze bis auf unbedeutende Abweichungen vollkommen überein. In den unteren Theilen ist unser abgebildetes Fossil zu wenig gut conservirt, um die mehr in die Länge gezogenen Interfoliartheile gut erkennen zu lassen, indess geht selbst aus einer oberflächlichen Betrachtung hervor, dass auch hierin die vollkommenste Übereinstimmung mit den Pflanzen von Aix und Radoboj herrscht. Auch die Frucht lässt von der Tab. VI. Fig. 4 und 5 der „Chloris protogaea" gegebenen Abbildung der Radobojer Pflanze weder in Grösse noch in der Gestalt eine merkliche Abweichung erkennen.

Von Samen dieser Pflanze ist mir in Kumi nichts vorgekommen. Ich erinnere hierbei, dass die früher für Früchte gehaltenen Samen ohne Zweifel die Samen von *Callitris Bron-gniarti* sind, wie ich das in meiner Sylloge plant. foss. III. p. 66. Tab. XX. Fig. 8 und 9 höchst wahrscheinlich gemacht zu haben glaube.

Von der *Callitris quadrivalvis* Vent., einem Baume Nord-Afrika's scheint unser Fossil der Art nach dennoch verschieden zu sein.

In Fig. 1* ist der viermal vergrösserte Endtheil eines Zweiges dargestellt, an dem die Form der schuppenförmigen eng anliegenden Blätter und ihre Stellung deutlich ersicht-lich sind.

Glyptostrobus europaeus Brongn. sp.

Tab. I, Fig. 3—11.

Diese strauch- oder baumartige Pflanze ist unstreitig die häufigste, welche man unter den Fossilien von Kumi bemerkt; sie muss aber auch im Lignitlager der unfernen Insel Che-lidhromi (Ikos) sehr häufig sein, weil sie das auffallendste Petrefact war, welches Th. Virlet in den Dreissiger Jahren von einer geologischen Expedition in Griechenland mitbrachte.

Seit A. Brongniart dieselbe unter dem Titel *Taxodium europaeum* beschrieb, ist sie auch allenthalben in der Tertiärformation Europa's gefunden worden; so namentlich in vielen

Orten der Schweiz, Österreichs und Deutschlands. Ich gebe hier aus der reichen Sammlung von Kumi eine grosse Anzahl von Abbildungen sowohl dichter als lockerer Zweige und
viele Früchte, an denen die Form der Schuppen, das Schuppenschild und die Kerbungen
des Randes am besten sichtbar sind. Dieselben sind mit wenigen Ausnahmen ganz reif, meist
sogar überreif mit abstehenden Schuppen, denen die Samen bereits entfallen sind. Männliche
Kätzchen sind nirgends zu finden gewesen, daher die Fossilien wahrscheinlich in einer periodisch wiederkehrenden Katastrophe ihren Untergang gefunden haben. Dass diese Pflanze
wie der verwandte *Glyptostrobus heterophyllus* Endl. jährlich seine unteren Zweige abwarf,
ist mehr als wahrscheinlich und daraus vielleicht auch die Häufigkeit seines Vorkommens zu
erklären. Ich habe schliesslich besonders darauf Acht gehabt, unter den zahlreichen Zapfen
auch solche aufzufinden, deren Schilder ohne Kerbung sind, muss aber gestehen, dass ich
deren unter meinem Materiale nicht gefunden habe. Es scheint demnach festzustehen, dass
Glyptostrobus Ungeri Heer in der fossilen Flora von Kumi nicht vertreten ist.

II. ABIETINEAE.

Pinus holothana Ung.

Tab. II, Fig. 1—11.

P. strobilis ovatis speciosis ultra tres pollices longis, squamarum apophysi convexa rhombea ca-
rina transversa acuta, umbone centrali mucronula rotundata, foliis ternis elongatis rigidis
facie interna canaliculata acute carinatis, seminibus sesquipollicem longis.

In formatione miocenica inferiore ad Kymæ insulæ Euboeæ.

Wir besitzen dermalen unter den fossilen *Pinus*-Arten mehrere dreinadelige von der Abtheilung der *Tuediformes*, darunter *Pinus Saturni* Ung., welche sich zunächst mit der mexikanischen *Pinus Teocote* Cham. & Schl., *Pinus rigida* Ung. mit *Pinus rigida* Müll. und *Pinus*
taedaeformis Ung., welche mit *Pinus Taeda*, endlich *Pinus Göthana* Ung., welche Art sich mit
keiner der lebenden Arten vergleichen lässt. Von allen diesen unterscheidet sich die vorstehende *Pinus*-Art, von welcher sowohl das Stück eines Zapfens, als zahlreiche Blätterbüschel
vorhanden sind, bedeutend.

Dass die dreinadeligen Blätterbüschel zu diesen Zapfen gehören lässt sich aus dem Zu-
sammenvorkommen an einer und derselben Fundstätte mit Wahrscheinlichkeit entnehmen.

Unser Zapfen, Fig. 1, muss eine bedeutende Grösse erreicht haben, wie dies ungefähr
aus der restaurirten Zeichnung, Fig. 12, ersichtlich ist.

Unter den fossilen *Pinus*-Zapfen hat nur der von *Pinus Mettenii* Ung. (Iconogr. p. 5,
Tab. XIII, Fig. 5) eine entfernte Ähnlichkeit; näher steht ihm der Zapfen von *Pinus Monte-*
zumae Ung., namentlich in Bezug auf die Form der Schuppenschilder, doch gehört *P. Mon-*
tezumae zu den fünfnadeligen *Pinus*-Arten, und kann desshalb hier nicht in Vergleichung
gezogen werden.

Von allen jetztlebenden Arten kommt demnach unserer fossilen Pflanze die californische
Pinus insignis Dougl. am nächsten, bei welcher die Nadeln eben so breit und gekielt wie
bei der fossilen Art sind, auch die Schuppenschilder ähnlich aussehen, bei der jedoch die
Grösse des Zapfens weit hinter dem Maasse der fossilen Pflanze steht.

Weniger umfangreich ist allerdings jener fossile Zapfen, dessen ich früher (Ergebn. etc.
p. 156) erwähnte, und der sich in der Sammlung der Petrefacten zu Athen befindet. Eine an

6 *

Ort und Stelle entworfene Zeichnung gibt Fig. 9. Ich habe dieses Petrefact damals mit *Pinus aequimontana* Ung. verglichen; es scheint mir jedoch gerathener, dasselbe mit dem vorstehenden Petrefact zu identificiren, insbesonders da die Schuppenschilder in ihrer Form bei beiden auffallend übereinstimmen.

Die zahlreich vorkommenden Nadelbüschel, von denen die Fig. 3—8 mehr oder weniger vollständige Ansichten geben, deuten unbezweifelt dahin, dass sie zu den vorstehenden Zapfen gehören. Die Nadeln sind 2 Millim. breit und erreichen eine Länge von ½ Fuss. Auch die Samen von besonderer Grösse, Fig. 10, mögen wohl keiner anderen als dieser Art angehört haben. Bruchstücke davon sind eben nicht selten. Endlich bringe ich auch noch hieher ein männliches Blüthenkätzchen, Fig. 11, mit der Vergrösserung Fig. 11*. Fig. 2 ist eine einzelne Schuppe des Zapfens.

Pinus megalopsis Ung.

Tab. XVI, Fig. 12, 13.

P. strobilis ovatis obtusis? squamis cuneatis apophysi dimidiata late rhombea obtusa, umbone terminali protracto linguaeformi acuto, foliis quinis elongato-filiformibus.

Pinus megalopsis Ung. Wiss. Ergebnisse einer Reise etc. p. 155, Fig. 3, 4.
? *Pinites Palaeostrobus* Ettingsh.

Terra lignitum prope Kymi insulae Euboeae.

Von dieser *Pinus*-Art sind bisher nur einzelne Schuppen gefunden worden, deren zwei in dem oben angeführten Werke abgebildet sind. Aus demselben ist der muthmassliche Zapfen zusammengesetzt gedacht. Fig. 12.

Vergleicht man dieselben mit lebenden Arten, so finden sich nur bei *Pinus excelsa* Wallr. und *Pinus Cembra* L. Ähnlichkeiten, da bei den übrigen Arten die Schuppen bei weitem kleiner als im Fossile sind.

Zu diesen Zapfen gehören fünf in einen Büschel vereinigte 5—6 Zoll lange fadendünne steife Nadeln, Fig. 13, welche sich weder bei der ersteren, noch bei der letzteren der genannten lebenden Arten finden. daher diese fossile Art eine von allen lebenden *Pinus*-Arten verschiedene Species darstellt.

Wahrscheinlich gehört die fünfnadelige *Pinus Palaeostrobus* Ett. von Häring zu obiger Art.

Pinus Neptuni Ung.

Iconographia, p. 29, tab. XV, fig. 4, 5.

Eine zweinadelige *Pinus*-Art. Aus einer verlängerten Scheide entspringen zwei verhältnissmässig dünne aber ungefähr 6 Zoll lange Nadeln. Ich fand sie bei meiner Aufsammlung in Kumi.

Pinus Pinastroides Ung.

Sylloge plant. foss. I, p. 10, tab. III, fig. 1—3.

Unter den Petrefacten, welche ich selbst in Kumi sammelte, befand sich auch ein Nadelbüschel von zwei langen und breiten Nadeln von einer kurzen Scheide umgeben. Soll dieses Fossil unverstümmelt sein und ursprünglich nicht aus drei Nadeln bestehen, so kann es nicht zu *Pinus holothana* gehören, sondern müsste den Nadelbüscheln von *Pinus Pinaster* verglichen werden. Ein dieser Art nahe kommender Zapfen wurde bereits als *Pinus Pinastroides* beschrieben. Es dürfte daher dieser Nadelzweig bis auf Weiteres zu *Pinus Pinastroides* gezogen werden.

Pinus Hampeana Ung.
Tab. II, Fig. 13—15.

Pitys Hampeana Ung. Chlor. prot. p. 76, tab. 20, fig. 1—3.

Kein fossiler *Pinus*-Zapfen steht diesem in letzter Zeit aus Kumi erhaltenen Fossile so nahe, als *Pinus Hampeana*, der bisher nur in einer einzigen Localität in Steiermark gefunden wurde. Das Schuppenschild war, wie aus einer isolirt vorhandenen Schuppe, Fig. 14, hervorgeht, quadratisch und mit einem Mucro versehen.

Ich möchte dieses Fossil eher mit *Pinus mitis* Michx. als mit *Pinus variabilis* Lamb. vergleichen.

Dazu gehören, wie aus den Samen eben dieser *Pinus*-Art hervorgeht, offenbar auch die drei Samen, Fig. 15, welche ich früher nach einem einzelnen Exemplare zu *Pinus centrotos* gestellt habe (Wiss. Ergebn. einer Reise. p. 157, Fig. 5). Es muss also diese Pflanzenart aus der fossilen Flora von Kumi entfallen.

Pinus furcatus Ung.
Tab. II, Fig. 16.

Pinites furcatus Ung. Iconogr. p. 27, tab. 14, fig. 9.

Dafür muss zu den beiden früher genannten zweinadeligen fossilen *Pinus*-Arten (*P. Neptuni* und *P. Pinastroides*) auch noch diese Art hinzugefügt werden, die sich durch die besondere Kürze der Nadeln auszeichnet, Fig. 16.

Ob diese fossile Art mit *Pinus banksiana* Lamb. oder mit *Pinus inops* Ait. zu vergleichen sei, muss so lange hingestellt bleiben, bevor man nicht die wahrscheinlich hiezu gehörigen Zapfen und Samen kennt.

Sequoia Langsdorfi Brongn. sp.
Tab. II, Fig. 17—23.

Von diesem in der Tertiärformation durch ganz Europa, Asien und Amerika verbreiteten Fossile liegen hier sowohl Zweiglein als reife Zapfen vor, die bisher noch an keiner anderen Localität gefunden wurden, und welche zeigen, wie nahe diese fossile Baumart mit der Gattung *Sequoia* übereinstimmt. Die Grösse der Früchte, Fig. 17—21, und die in eine Spitze auslaufenden Blätter, Fig. 22, 23, scheinen mir eine grössere Verwandtschaft mit dem Riesenbaume Californiens, der *Sequoia gigantea* Endl., als mit *Sequoia sempervirens* von der Nutka-Bai anzudeuten.

Es ist allerdings begreiflich, dass dieser Baum der Tertiärzeit, vielleicht die Mutterart der ersteren, sich über Van Couver, Alaska, Nord-Grönland und wahrscheinlich über ganz Sibirien verbreiten konnte, wie er sich aber über ganz Mittel-Europa, Nord-Italien bis Griechenland in seiner Verbreitung ausdehnen konnte, beweist nur die Gleichförmigkeit des Klima's jener Zeit über so weite Ländergebiete vom 38° n. B. bis 70° n. B. Es ist nicht unwahrscheinlich, dass die von mir als *Taxites phlegetonteus* von Radoboj beschriebene fossile Baumart hieher gehört.

Wie aus den Abbildungen ersichtlich, sind die Zapfen von länglich runder Form und erreichen die Länge eines Zolles. Die holzigen Schuppen sind fast kreisrund und mit einem Nagel versehen, womit sie an der Axe befestigt sind. Dadurch erlangen sie eine schildför-

mige Gestalt. Der Schild selbst ist runzlig, am Rande eingerollt, in der Mitte mit einer kurzen stumpfen Stachelspitze versehen. Von den beiden vorhandenen beblätterten Zweiglein
liess sich von Fig. 22 noch eine vergrösserte Abbildung, Fig. 22* geben, woraus die Form
sowohl als die Anheftungsweise der linearen Blätter deutlich ersichtlich ist.

III. PODOCARPEAE.

Podocarpus Taxites Ung.

Tab. II, Fig. 24, 25.

Von dieser bisher noch etwas zweifelhaften Art, von der nur einzelne Blättchen gefunden wurden, liegen hier zwei Exemplare vor, deren Grösse dem Sotzkaer Petrefacte (Foss.
Flora von Sotzka, Tab. II, Fig. 17) nicht ganz gleichkommt, obgleich die linear-lanzettliche
Gestalt, der verdünnte Rand und die lederartige Beschaffenheit, so wie der kurze dicke Stiel
und der starke Mittelnerv beiderlei Fossilien gemeinschaftlich ist.

CLASSIS JULIFLORAE.

ORDO.

Myriceae, Betulaceae, Ulmaceae, Cupuliferae, Moreae, Salicineae.

I. MYRICEAE.

Myrica vindobonensis Ettingsb. sp.

Tab. IV, Fig. 20—30.

*M. foliis ovato- vel lineari-lanceolatis utrinque attenuatis breviter petiolatis membranaceis remote
inciso dentatis, dentibus subaequalibus acutis, nervo primario valido, nervis secundariis
tenuibus simplicibus.*

Dryandra vindobonensis Ettingsb. Foss. Flora von Wien, p. 18, Taf. 3, Fig. 6.
Myrica vindobonensis Heer Flor. tert. Helv. II, p. 34, Tab. 70, Fig. 6, 7; III, p. 176, T. 130, Fig. 16, 17.

Diese bisher in der tertiären Flora von Wien und Öningen sparsam vorkommende Pflanzenart gehört zu den nicht seltenen Pflanzen von Kumi, und bietet daher eine grössere Übersicht der Formen dar, als die genannten beiden Localitäten. Von der eiförmig-lanzettlichen
Gestalt, Fig. 24, 29, 30, wechselt das Blatt bis in das linear-lanzettliche, Fig. 25—27, ist
oben und unten verschmälert und hat nur einen kurzen Blattstiel. Die Zähne des Randes sind
bald grösser bald kleiner, sparsamer oder häufiger, einfach oder eingeschnitten, so dass im
letzteren Falle eine Form hervorgeht, welche der meiner *Comptonia laciniata* (*Myrica Ungeri*
Heer) nahe steht und wohl einen Übergang zu dieser Art bildat.

Der Primärnerv ist stark, dagegen sind die bogigen Secundärnerven zart, für jeden
Zahn nach Umständen ein oder zwei, und dort, wo der Zahn gespalten ist, oft gabelförmig
getheilt.

Entschieden sind diese Blätter nicht derb, sondern membranös, und kommen viel eher
den *Myrica*-Arten als den Dryandren nahe.

Auch hier lässt sich die Verwandtschaft mit *Myrica serrata* Lam. vom Cap der guten
Hoffnung nicht schwer herausfinden.

II. BETULACEAE.

Alnus Sporadum Ung.

Tab. III, Fig. 1—8.

A. strobilis aggregatis magnis elongatis e squamis lignescentibus apice incrassatis, foliis ellipticis apice retusis integerrimis breviter petiolatis penninerviis.

In formatione miocenica ad Kymæ Insulæ Euboeæ.

In Kumi kommen zwei Arten von *Alnus* vor, die nach den vorhandenen Früchten zu urtheilen, mit zweien bereits in der Tertiärformation gefundenen Arten, nämlich mit *Alnus Kefersteinii* Ung. (*Alnites Kefersteinii* Goepp.) und *Alnus gracilis* Ung. ziemlich übereinstimmen, dagegen in den Blättern nicht wenig von denselben abweichen, so dass man beide Arten als verschieden von den genannten ansehen muss.

Was die vorstehende mit *Alnus Sporadum* bezeichnete Art betrifft, so zeigen die Zapfen eine grosse Übereinstimmung mit den Zapfen von *Alnus Kefersteinii*, wie sie bei Salzhausen, Sagor und Bilin, Aix u. s. w. vorkommen, doch scheinen sie eine mehr gestreckte Form zu besitzen, wie das an der Zapfenspindel, Fig. 4, am deutlichsten zu ersehen ist; auch dürfte die Grösse der Zapfen von *Alnus Sporadum* die Grösse der Zapfen von *Alnus Kefersteinii* etwas übertroffen haben.

Auffallender ist jedoch der Unterschied beider Arten in den Blättern. Während nach den in Bilin mit den Zapfen zugleich vorkommenden Blättern diese einen gezähnten Rand besitzen, ist dieser in den Blättern von Kumi ohne alle Zahnung, vollkommen ganz, bei dem Umstande, dass Form, Nervatur, Grösse und Substanz für ein *Alnus*-Blatt sprechen.

Das in den tertiären Gypsen von Stradella bei Pavia vorkommende und von Viviani als *Alnus suaveolens* beschriebene Blatt (Mém. soc. géol. de France, 1833, I, Tab. 9, Fig. 3) ist zu wenig gut erhalten, namentlich der Rand desselben zu sehr beschädigt, als dass man damit eine Vergleichung anstellen könnte, eben so wenig sind die als *Alnites pseudincanus* und *Alnites emarginatus* von Goeppert beschriebenen und abgebildeten Blätter (Beitr. z. Tertiärfl. Schlesiens von H. Goeppert, Palaeontographica 1852) geeignet, eine Zusammenstellung mit unseren Petrefacten zuzulassen. Hieber ziehe ich vorläufig noch zwei männliche Blüthenkätzchen, von denen das eine noch unentwickelt, Fig. 6, das andere hingegen bereits verstäubt hat (Fig. 7).

In Fig. 5 habe ich versucht, die Zapfen dieser Art integrirt darzustellen.

Alnus Cycladum Ung.

Tab. III, Fig. 9—22.

A. strobilis aggregatis parvis gracilibus ovato-oblongis e squamis lignescentibus, foliis orbicularibus v. ovatis petiolatis serratis penninerviis, nervis secundariis nervulis crebris transversalibus simplicibus vel furcatis inter se conjunctis.

In formatione miocenica ad Kymæ Insulæ Euboeæ.

So sehr auch die Zapfen von *Alnus gracilis* aus Bilin den Zapfen der *Alnus Cycladum* ähnlich sehen, sind diese doch bedeutend grösser als jene, und haben sicherlich die Grösse der Zapfen unserer *Alnus viridis* überschritten.

Noch verschiedener sind die Blätter der griechischen Petrefacte von der Biliner Art, die übrigens auch in der Schweiz vorkommt. Es ist zum Glück hier eine ziemlich grosse Anzahl gut erhaltener Specimina vorhanden, welche in den Figuren 11—22 naturgetreu mit dem Zeichenprisma dargestellt sind. Es ergibt sich hieraus, dass sowohl die Grösse als die Form derselben grossen Schwankungen unterworfen ist. Von dem beinahe zirkelrunden. Fig. 11, 16, 22, gehen sie durch die etwas gestrecktere Form bis in die ovale. Fig. 19, über; eben so ist der Abstand des Blattes. Fig. 15, das ohne Stiel in der Länge nur 13 Millim. beträgt von den Blättern. Fig. 17 und 22, die über 40 Millim. messen, nicht unbedeutend zu nennen, so dass, wenn die übrigen Eigenschaften nicht die genaueste Übereinstimmung zeigten, man versucht wäre, alle kleineren Formen von dieser Art auszuschliessen.

Ein flüchtiger Blick auf die Figuren 5, 6 und 7 der 33. Tafel meiner Chloris protogaea ist hinreichend, um sich von der Verschiedenheit dieser Blätter und eben so der Zapfen von der griechischen Pflanze zu überzeugen.

III. ULMACEAE.

Planera Ungeri Ettingsh.

Tab. IV, Fig. 10—16.

Ulmus zelkovaefolia Ung. Chlor. prot. p. 94, Tab. 24, Fig. 7—12; Tab. 26, Fig. 7.
Zelkova Ungeri Kov. Foss. Flora von Erdöbénye, p. 27, Tab. 5 und 6.
Planera Ungeri Ettingsh. Foss. Flora von Wien, p 14, Tab. 2, Fig. 5—18.

Auch diese in der Tertiärformation von ganz Europa verbreitete Pflanze findet sich zu Kumi in zahlreichen Blätterabdrücken, von denen die besser erhaltenen hier auf Taf. IV in den Fig. 10—16 abgebildet sind. Sie stimmen mit den europäischen ganz und gar überein.

Grösse. Form des Grundes und der Rand der Blätter ändert ungemein ab, so dass man bald mehr breite, bald langgestreckte Formen vor sich hat. Bisher ist mir noch keine Frucht dieser Pflanze von Kumi aufgestossen.

Die Übereinstimmung mit Zelkova crenata Spach. (Planera Richardi Mich.) ist so gross, dass man eher an eine Identität der lebenden und fossilen Art, als an eine Verschiedenheit der Art denken könnte.

IV. CUPULIFERAE.

Carpinus betuloides Ung.

Tab. III, Fig. 23—37; Tab. IV, Fig. 1—9.

Betula Oreodum Ung. Wiss. Ergebn. einer Reise, p. 160, Fig. 13.
Fagus Chamaephegos Wiss. Ergebn. einer Reise, p. 159, Fig. 10.

Die verschiedenen fossilen Arten von Carpinus sind noch nicht so festgestellt, dass man ihre specifischen Umgrenzungen genau zu definiren im Stande wäre, wozu die Unzulänglichkeit der vorhandenen Abdrücke von Blättern einer oder der anderen Localität einerseits und das seltene Vorkommen von Früchten andererseits das Ihrige beitragen.

Ich glaube wenigstens für eine Art, nämlich für Carpinus grandis (Carpinites macrophyllus Göpp.) die Formenreihe der dahin gehörigen Blätter, so wie auch eine Andeutung der dazu gehörigen Frucht in meiner Sylloge plant. foss. III, p. 67, Taf. 21, Fig. 1—13 gegeben zu haben.

Von dieser in Kärnten, Steiermark, Schlesien, Salzhausen und in der Schweiz sehr verbreiteten Art ist die Pflanze von Kumi durch die einfache Zahnung des Randes bestimmt verschieden.

Eine andere Art, die ich in meiner Iconographia plant. foss. p. 40, Taf. 20, Fig. 6—8 als *Carpinus betuloides* bezeichnete und folgendermassen definirte: „*Foliis longe petiolatis e basi angustata ovato-oblongis acuminatis inaequaliter serratis, nervis patentibus subsimplicibus subrectis parallelis*", stimmt mit den hier zu betrachtenden Fossilien so auffallend überein, dass ich nicht anstehe, dieselbe mit dieser Art zu identificiren.

Diese Art hat eine nicht minder grosse Verbreitung, kommt an mehreren Orten in Frankreich, Böhmen, Krain und Kroatien vor. Ich habe zwar geglaubt, die Biliner Blätter eher zu *Carpinus grandis* zu ziehen, musste aber wieder zu meiner früheren Ansicht zurückkehren.

In den beigefügten Abbildungen übersieht man die ganze Formenreihe dieser Pflanze von dem kleinsten nur wenige Linien langen Blatte, Fig. 27, bis zu den mehreren Zoll langen Formen, Fig. 29, 30, 33. Die Randzahnung ist bei den kleineren Blättern sehr eng und ungleich, aber keineswegs doppelt, wie das der vergrösserte Rand des Blattes, Fig. 23, in Fig. 23* zeigt.

Nur wenige und höchst unvollkommene Spuren von männlichen Blüthenkätzchen, Fig. 35 und 37, sind bisher in Kumi gefunden worden. Leider fehlt auch die Frucht. Hieher muss ich nun nach reiflicher Erwägung auch das kleine Blatt, Fig. 28, ziehen, welches ich einst beim Mangel aller Blätter von *Carpinus betuloides* aus dieser Localität zweifelhaft für ein *Fagus*-Blatt erklärte, und mit *Fagus betuloides* verglichen, als *Fagus chamaephegos* beschrieb. Desgleichen dürfte das unvollkommen erhaltene Blatt, welches den Namen *Betula Oreadum* erhielt, sicherer hieher gebracht werden.

Quercus kamischinensis Goepp. sp.

Tab. V, Fig. 18—20.

Q. foliis petiolatis ovato-elongatis acuminatis 5—6 pollices longis 2—2½ pol. latis remote et inaequaliter dentatis, dentibus acutis, nervis simplicibus parallelis aequidistantibus sub-urratis in dentes excurrentibus nervulis transversalibus inter se conjunctis.

Quercus kamischinensis Ung. Gen. et spec. plant. foss. p. 401.
Phillites kamischinensis Goepp. Murch. Geol. Tab. g, Fig. 1, p. 502.

In formatione miocenica ad Kyme nec non ad Kumischin Russiae et ad Eibiswald Stiriae.

Ein bisher noch selten in der Tertiärformation Europa's vorgefundenes Blatt, von dem blos eine Abbildung aus Murchison's Geologie von Russland vorliegt, mit der das von Herrn D. Stur in Eibiswald in Steiermark vorgefundene Petrefact (Fig. 20) wohl übereinstimmt. Etwas kleiner und mit feineren Randzähnen sind die hier aus Kumi gegebenen Blätter, Fig. 18 und 19. Sie sind breit-oval, zugespitzt und mit einem mässig langen Blattstiel versehen, der Rand der Blattspreite mit sparsamen ziemlich regelmässig von einander abstehenden spitzen Zähnen besetzt.

Ein Mittelnerv theilt die Blätter in zwei gleiche Hälften, und es entspringen aus demselben 8—10 einfache unverzweigte, ziemlich starke Seitennerven, von denen jedweder ohne sich mit seinen Nachbarn zu verschlingen in die Spitze eines Zahnes ausläuft, oder nach der

Verschlingung in kleinen Zweigen zu den zahlreicheren aber kleineren Zähnen übergeht. Viele bogenförmige Quernerven verbinden die zahlreichen Seitennerven. Das Blatt scheint mehr hautartig als derb gewesen zu sein.

R. Goeppert hat in Murchison etc. The geology of Russia in Europa and the Ural montains, Vol. II, Palaeont. p. 502. tab. g. fig. 1 ein Blatt beschrieben, welches er *Phyllites kamischinensis* nennt und nicht gewagt hat, seine Verwandtschaft mit irgend einer lebenden Pflanze anzugeben. Offenbar sind die beiden Blätter von Kumi mit dem Blatte von Eibiswald und dem oberwähnten russischen Petrefacte, kleine Unterschiede abgerechnet, so übereinstimmend, dass ihre Zusammengehörigkeit unter eine Art nicht bezweifelt werden kann.

Diese Blattform, obgleich zu den Artocarpeen hinneigend, stellt sich doch durch seine randläufige Nervatur, vermöge welcher die Secundärnerven ohne Schlingen zu bilden in die Zähne verlaufen, entschieden von denselben abweichend dar.

Zunächst ist der Vergleich wohl unter den Cupuliferen zu suchen, und hier ist es wieder die Gattung *Quercus*, mit deren Arten die deutlichsten Analogien hervortreten.

Ich nenne zuerst die *Quercus calophylla* Schlecht. (Linnaea, V, p. 79) aus Xalapa, die mit unseren Fossilien verglichen werden kann, nur ist der Blattstiel bei jener kürzer und die Zähne sind stachelspitzig, was bei unseren Fossilien nicht der Fall ist. Eine zweite und dritte ähnliche Art bieten *Quercus Alamo* Bent. und *Quercus umbrosa* Endl. (*Q. acuminata* Mart. et Galeot.). Auch diese gleichen in Form, Grösse und Zahnung unserem *Quercus kamischinensis* sehr, doch ist die nähere Verwandtschaft zwischen diesen und jenen nicht zu ermitteln, indem die zur Vergleichung nothwendigen Früchte mangeln. Da indess auch letztere beide Arten in Mexico (Oaxaca und Xalapa) zu Hause sind, so geht wenigstens daraus hervor, dass die fossile Art ihre nächsten dermaligen Verwandten in Mittel-Amerika besitzt, was mit anderen diese Formation betreffenden Wahrnehmungen im besten Einklange steht.

Quercus Lonchitis Ung.

Tab. V, Fig. 1—17, 21, 22.

Quercus Lonchitis Ung. Foss. Flora von Sotzka, p. 33, Tab. 9, Fig. 3—8. Gen. et spec. plant. foss. p. 403.

Unter den Fossilien von Kumi kommen Blätter dieser Art sehr häufig vor, so dass man glauben darf, sie gehörten einem weit verbreiteten Waldbaume an.

Zu Sotzka und Fousdorf in Steiermark, ferner zu Radoboj erscheint wohl die ganz gleiche Form, welche ich *Quercus Lonchitis* genannt habe. Sie zeichnet sich durch lanzettförmige in eine Spitze auslaufende Form, mässig langen Blattstiel und mehr oder minder scharfe Zahnung des Randes aus. An den vorliegenden Exemplaren, die vor ihrer Einschliessung in mergeligen Schlamm grösstentheils macerirt worden sind, vermag man die Nervatur und die mehr derbe, lederartige als membranöse Beschaffenheit der Blattsubstanz gut zu erkennen. Überall verlaufen die zahlreichen einfachen parallelen Seitennerven in die Spitze der Zähne, und werden durch Quernerven mit einander verbunden, wie dies aus Tab. V, Fig. 4* bei drei- bis vierfacher Vergrösserung eines Blattheiles von Fig. 4 ersichtlich ist. Diese Beschaffenheit, die allein den hier gezeichneten Blättern ohne Ausnahme gemein ist, lässt mit Grund auch einen gemeinschaftlichen Ursprung, d. i. das Zusammengehören zu Einer Art, vermuthen, ungeachtet die Formverschiedenheiten derselben nicht unbedeutend sind.

Insbesonders ist die schmale, mit längerem Stiele versehene Form, Fig. 2 und 6, und umgekehrt die mehr ovale, kurz gestielte Form, Fig. 14 und 15, von der vorherrschenden mittleren Form, Fig. 3, 4, 5, ziemlich verschieden. Wenn sich auch erstere an *Quercus drymeja*, letztere an *Q. mediterranea* anzuschliessen scheint, so sind doch die zahlreichen Übergänge von einer zur andern Form, welche erstere nur als Endglieder einer und derselben Reihe erkennen lassen. Die Folge muss es lehren, ob überhaupt die beiden genannten Arten, so wie auch *Quercus urophylla* Ung. als besondere Arten anzuerkennen sind. Dies lässt sich indess gegenwärtig nach dem vorhandenen Materiale kaum mit Sicherheit entscheiden, um so weniger, als Blüthen und Früchte so gut als fehlen.

Auch in Kumi kommen zwar Fruchttheile (cupulae und glandes) vor, Fig. 21, 22; diese sind aber so unvollständig erhalten, dass man in Zweifel kommt, sie für eben das anzusehen.

Auch diese fossile Eichenart hat in einer mexikanischen Art, der *Quercus lancifolia* Schldl. ihr Ebenbild.

Quercus furcinervis Rossm. sp.

Tab. IV, Fig. 18.

Phyllites furcinervis Rossm. Beitr. p. 33, Taf. 6, Fig. 25; Taf. 7, Fig. 26, 31.
Quercus furcinervis Ung. Gen. et spec. plant. foss. p. 401. O. Heer, Fl. tert. helv. II, p. 51; III, p. 179, tab. 75, fig. 18; tab. 151, fig. 12—15.

Von dieser in Europa in mehreren Fundorten vorkommenden fossilen Eichenart — namentlich zu Altsattel in Böhmen, Rallingen in der Schweiz, Vorarlberg, Piemont u. s. w. — hat sich bisher zu Kumi nur ein einziges Blatt und dieses nur als Bruchstück vorgefunden. Die Blätter dieser Art, obgleich in der Hauptform den Blättern von *Quercus drymeja* ähnlich, unterscheiden sich dennoch durch ihre auffallend derbe Substanz von denselben. Dies ist auch die Ursache, warum selbst die Tertiärnerven stark hervortreten. Selbst an diesem Endstücke sind die von den Secundärnerven abtretenden Zweiglein, bevor jene in die Zähne des Randes eingehen, d. i. die Gabelung, nicht undeutlich zu erkennen.

In der Schweiz gehört diese Eichenart der unteren Tertiärformation an.

Quercus cyclophylla Ung.

Tab. IV, Fig. 17.

Quercus cyclophylla Iconograph. plant. foss. p. 37, Taf. 18, Fig. 15. Gen. et spec. plant. foss. p. 404.

Dieses Fossil liegt mir aus Kumi nur in einem einzigen Exemplare vor, das überdies so wenig gut erhalten ist, dass man ausser der Nervatur im Allgemeinen kaum die Umrisse mit Sicherheit zu erkennen im Stande ist. Indess sind gerade einzelne Stellen des Randes mit ihren scharfen ausspringenden Zähnen so sicher zu erkennen, dass man keinen Anstand nehmen kann, darnach das ganze Blatt zu ergänzen, was auch theilweise hier geschehen ist.

Von dieser Pflanzenart ist bereits aus Parschlug ein Exemplar bekannt. Vergleicht man unsere Pflanze mit der in der Iconographia, p. 37, Taf. 18, Fig. 15 gegebenen Abbildung und Beschreibung, so geht die Gleichartigkeit ohne Weiters hervor. Auch in jenem Exemplare sind die durch Maceration und Insectenfrass erfolgten Spuren der Zerstörung eben so sichtlich, wie an der griechischen Pflanze.

Ich habe diese Eichenart mit der amerikanischen *Quercus crassifolia* Humb. & Bon. verglichen.

Quercus mediterranea Ung.

Tab. VI, Fig. 1—22.

Quercus mediterranea Ung. Chlor. protog. p. 114, Taf. 32, Fig. 5—9. Iconogr. plant. foss. p. 35, Taf. 18, Fig. 1—6.

Diese Quercus-Art gehört, wie aus den zahlreich hier abgebildeten Blättern hervorgeht, zu den häufigsten Petrefacten von Kumi. Sie bietet in denselben eine grosse Formverschiedenheit dar, so dass die typische ovale Gestalt nach und nach in die gestreckte länglich ovale, selbst in eine mit vorragender Spitze ausgezogene Form (Fig. 9 und 18—21) übergeht. Indess sind diese Übergänge so allmählich, dass man diese extremen Formen wohl nicht leicht von dieser Art ausschliessen kann.

Vergleicht man hiemit die Endformen der Blätter von Quercus Lonchitis, die sich offenbar diesen anschliessen, so geräth man allerdings in Zweifel, wohin irgend eine gegebene Form dieser Reihe zu zählen sei. Niemand wird hieraus aber den Schluss ziehen, dass Quercus mediterranea und Q. Lonchitis zu einer und derselben Species gehören; würden uns noch andere Merkmale zu Gebote stehen, um ausser der Form noch die Eigenschaften der Structur der Substanz u. s. w. vergleichen zu können, so würden sich ohne Zweifel noch grössere und bestimmtere Unterschiede zwischen beiden herausstellen, und selbst die ähnlichsten Formen als different erkennen lassen. Jedoch will ich nicht in Abrede stellen, dass ich in meiner vorliegenden Disposition vielleicht ein oder das andere Blatt nicht richtig zu seinen Angehörigen gestellt habe.

Diese Quercus-Art ist in Parschlug, Siniagaglia und an mehreren Orten der Schweiz gefunden worden. Bezüglich ihrer Verwandtschaft entspricht ihr vor allen Quercus pseudococcifera Desf., eine das südliche Europa so wie Nord-Afrika bewohnende Eichenart.

Quercus Zoroastri Ung.

Tab. VI, Fig. 23—28.

Quercus Zoroastri Ung. Iconogr. plant. foss. p. 36, Taf. 18, Fig. 7—9.

Diese bisher nur in Parschlug aufgefundene Eichenart ist ohne Zweifel auch in Kumi vertreten, wofür die Abbildungen, Fig. 23—28 sprechen, die obgleich nicht zahlreich, sich dennoch den in der Iconographie gegebenen Abbildungen genau anschliessen, und gewissermassen die Ergänzungsformen derselben darstellen.

Ob hieher auch die Castanea atavia Ung. (Foss. Flora v. Sotzka, p. 34, Taf. 10, Fig. 5—7) zu stellen sei, wage ich aus Mangel hinreichender Specimina nicht zu entscheiden, obgleich diese Vermuthung einige Wahrscheinlichkeit für sich hat.

Quercus Zoroastri ist vorzüglich in der heutigen Q. persica Jaub. et Spach. repräsentirt.

Fagus pygmaea Ung.

Tab. IV, Fig. 19.

F. foliis minutis ovato-ellipticis in petiolum attenuatis argute serratis, nervis secundariis crebris simplicibus parallelis craspedodromis.

Fagus pygmaea Ung. Wiss. Ergebn. einer Reise, p. 158, Fig. 6.

In formatione miocenica ad Kymæ insulae Euboeae.

Dieses Blatt gibt sich auf den ersten Anblick als ein Blatt der Classe der Julifloren zu erkennen; parallele, einfache, in die Randzähne verlaufende Secundärnerven durch tertiäre Quernerven in Verbindung zeichnen es aus. Es ist kaum glaublich, dass dasselbe nur eine verkümmerte Form von *Carpinus betuloides* sei, wie etwa die Fig. 26 und 27 auf der Tab. III zeigen, indem hier die Lamina allmählich in den Blattstiel übergeht, was dort nicht der Fall ist.

Wie bereits angegeben, hat diese Art in *Fagus obliqua* Mirb. von Chile seinen nächsten Verwandten.

Anders verhält es sich mit *Fagus Chamaephegus* Ung. (Wiss. Ergebn. einer Reise, p. 159, Fig. 10), welche Art ich schon damals, nach einem einzigen Exemplare aufgestellt, als zweifelhaft bezeichnete, gegenwärtig aber, wo entschiedene Zwischenglieder von derselben und der *Carpinus betuloides* aufgefunden wurden, entschieden nicht als *Fagus*, sondern als der letzteren Art angehörig zu betrachten ist.

V. MOREAE.

Ficus Aglajae Ung.

Tab IV, Fig. 31—34.

F. foliis lanceolatis acuminatis longe petiolatis integerrimis triplinerviis v. subtriplinerviis, nervis basalibus longissimis reliquis minoribus arcuatis.

Ficus Aglajae Ung. Wiss. Ergebn. einer Reise, p. 161, Fig. 15.

In formatione miocenica ad Kymi Euboeae.

Zu der a. a. O. gegebenen Abbildung eines Blattes dieser Pflanze gebe ich hier noch fünf andere, die theils kleinere, theils grössere Blätter darstellen, woraus zu ersehen ist, dass die Grösse derselben zwischen 1½ bis 6 Zoll in der Länge schwankt. Die Substanz ist offenbar derb und lederartig, die Nervation allenthalben vortrefflich erhalten. Zwei Basalnerven, entgegengesetzt oder alternirend aus dem Mittelnerv entspringend, überwiegen alle übrigen bogenförmig nach dem Rande verlaufenden Seitennerven und sind durch ein Maschengeflecht von feinen Tertiärnerven mit einander verbunden, wie dies aus Fig. 31* ersichtlich ist, die eine Vergrösserung des Blattes, Fig. 31, darstellt. Der lange, beinahe den vierten Theil der Blattlänge betragende Stiel ist allen Blättern gemeinsam eigen.

Form, Nervatur und Substanz sprechen für ein *Ficus*-Blatt. Unter den lebenden *Ficus*- und *Urostegina*-Arten sind durchaus nur afrikanische und arabische Arten mit *Ficus Aglajae* vergleichbar. Die ähnlichsten sind *Ficus cordata* vom Cap, *F. cordato-lanceolata* Hochst. aus Abyssinien und *F. salicifolia* Vahl. aus Arabien. Mit keiner dieser Arten findet jedoch eine vollständige Übereinstimmung statt, wesshalb diese fossile Art als die Mutterart angesehen werden muss, aus der sich die genannten lebenden Arten in der Folge entwickelten.

VI. SALICINEAE.

Populus attenuata Heer.

Tab. VI, Fig. 29, 30.

Ohne Zweifel gehört dieses Pappelblatt, welches bisher nur in einem einzigen Exemplare in Kumi gefunden wurde, dieser Art an, welche auch in der Flora von Öningen als selten erscheint. Von derselben unterscheidet sich das in Rede stehende Fossil nur durch die stärkeren Zähne des Randes.

Da keine andere Pappelart in der Flora von Kumi vorkommt, so muss das Deckblatt, Fig. 30, auch zu dieser Art gehören. Herr O. Heer hält das zu dieser Art gehörige Deckblatt für dasjenige, das er auf Tab. 53, Fig. 5 seiner Flora tert. helv. II abgebildet hat, und welches an der Basis in einen Stiel zusammengezogen und in sieben Zacken getheilt ist. Das obige ist jedoch von anderer Form, an der Basis verbreitert und am Rande in zahlreiche Fransen zerschlitzt.

Diese Art ist der Schwarzpappel zunächststehend, aber auch mit *Populus canadensis* zum Theil übereinstimmend.

CLASSIS THYMELEAE.

ORDO.

Laurineae, Proteaceae.

I. LAURINEAE.

Cinnamomum Buchi Heer.

Tab. VII, Fig. 39.

C. foliis petiolatis obovato-ellipticis vel obovato-lanceolatis, basi attenuatis, apice productis breviter cuspidatis, triplinerviis, nervis lateralibus apicem non attingentibus.

Cinnamomum Buchi O. Heer, Flor. tert. helv. II, p. 90, tab. 93, fig. 1—8.

In formatione miocenica ad Kumi insulae Euboeae.

Bisher nur in einem einzigen Blatte gefunden worden.

Es stimmt mit den l. c. gegebenen Abbildungen, namentlich mit Fig. 7 ganz überein, obgleich bei den übrigen Blättern die grösste Breite über der Mitte des Blattes liegt. Früchte fehlen in Kumi. Diese Art wurde bisher nur in der Schweiz und in Öningen gefunden.

Cinnamomum lanceolatum Ung. sp.

Tab. VII, Fig. 1—10.

Cinnamomum lanceolatum O. Heer, Flor. tert. helv. II, p. 86, tab. 93, fig. 6—11.

Daphnogene lanceolata Ung. Flora von Sotzka, p. 37, Taf. 16, Fig. 1—7.

Diese Pflanzenart gehört zu einer in Kumi sehr häufig vorkommenden Art, wie sie auch in der mittleren tertiären Formation Europa's ein selten fehlendes Petrefact bildet. Es sind hier auf Taf. VII eine genügende Menge Blätter dieser Pflanze und zwar von verschiedener Grösse und Form abgebildet, woraus man ersieht, dass der Spielraum der Formverschiedenheit nicht unbedeutend ist. Der typischen Form entsprechend ist der stark protrahirte Grund, daher ich auch die Abbildung Heer's l. c. II, Tab. 93, Fig. 5 zu dieser Art, nicht zu *Cinnamomum Scheuchzeri* rechne.

Cinnamomum Scheuchzeri Heer.

Tab. VII, Fig. 11—24.

Cinnamomum Scheuchzeri O. Heer, Flor. tert. helv. II, p. 85, tab. 91, fig. 4—24; tab. 92.

Wie die vorhergehende gehört auch diese zu den sehr häufig in Kumi vorkommenden fossilen Pflanzen. Ich habe anfänglich geschwankt, ob die vorhergehende Art nicht hieher zu ziehen sei, glaube aber, dass beide Arten dennoch zu trennen sind, und dass die Form der Blattbasis die einzigen sicheren Anhaltspunkte zur Trennung beider Blattformen geben. Den Blättern dieser Art fehlt das entschieden vorgezogene Stück der Blattbasis, sie sind nur schwach gegen den Grund verschmälert, ja häufig da abgerundet.

Cinnamomum subrotundum Heer.

Tab. VII, Fig. 25—30.

Cinnamomum subrotundum O. Heer, Flor. tert. helv. II, p. 87, tab. 93, fig. 18—24; tab. 91, fig. 9 d, fig. 25; tab. 92, fig. 5 a.

Diese viel sparsamer verbreitete Art findet sich auch in Kumi. Die rundliche Basis und das abgerundete Ende dieser Blätter, wodurch dieselben eine beinahe kreisrunde Form erhalten, zeichnet sie von den Blättern der vorhergehenden Art aus. Heer l. c. bezeichnet die hiezu gehörigen Früchte als *fructibus ovalibus*, daher die Fig. 31 abgebildeten den Laurineen angehörigen Früchte nicht zu dieser und eben so wenig zur vorhergehenden Art gezählt werden können. Das in Form und Nervatur abweichende Blatt, Fig. 30, ziehe ich vorläufig hieher, weil ich es für eine anomale Bildung halte.

Cinnamomum Rossmässleri Heer.

Tab. VI, Fig. 31, 32.

Cinnamomum Rossmässleri O. Heer, Flor. tert. helv. II, p. 84, tab. 93, fig. 15—17.

Von dieser in Radoboj häufigen, in anderen Localitäten viel sparsamer auftretenden Pflanzenart, die ich in meiner Flora von Sotzka, p. 39, Taf. 18 als *Daphnogene melastomacea* und *Daphnogene cinnamomeifolia* beschrieb, findet sich auch in Kumi eine Spur, die ich in dem vorliegenden Blatte, Fig. 32, darstelle.

Zu dieser Art bringe ich auch die Früchte, Fig. 31, welche durch ihre kugelige Form sich von den bereits bekannten Früchten der übrigen fossilen *Cinnamomum*-Arten auszeichnen.

Laurus Lalages Ung.

Tab. VI, Fig. 33—38.

Laurus Lalages Ung. Foss. Flora von Sotzka, p. 39, Taf. 19, Fig. 6—9.

Die hier abgebildeten Petrefacte gehören ohne Zweifel jener Lorbeerart an, welche ich als *Laurus Lalages* bezeichnete, die aber ausser Sotzka bisher noch nirgends gefunden wurde.

Es sind länglich-ovale, zugespitzte oder an der Spitze abgerundete lederartige Blätter. Die zahlreichen einfachen etwas bogenförmigen Fiedernerven sind am Rande durch weite Schlingen mit einander verbunden, eben so finden sich zwischen ihnen vom Ursprunge aus dem starken Mittelnerven an ein Netz zahlreicher feiner tertiärer Quernerven.

Wahrscheinlich hat man in den vorliegenden Blättern an einigen die Ober-, an anderen die Unterseite vor sich, daher die zarte Nervatur nicht überall gleich stark ausgedruckt ist.

Laurus primigenia Ung.

Tab. VIII, Fig. 1—2.

Laurus primigenia Ung. Foss. Flora von Sotzka, p. 38, Taf. 19, Fig. 1—4.

Ich erachte diese Blätter für verschieden von den unmittelbar zuvor betrachteten, von denen sie sich auch durch ihre deutlich lanzettliche Form unterscheiden.

Mit den in Sotzka vorhandenen und als *Laurus primigenia* bezeichneten Blättern kommen sie zwar überein, doch erscheinen die Secundärnerven häufig viel zahlreicher als in jenen Blättern. Das feine Gefässnetz zwischen den Secundärnerven ist zuweilen gut erhalten, wie das Fig. 1ᵃ, eine vergrösserte Partie von Fig. 1, darthut. Vergleicht man Heer's Abbildung von *Laurus princeps*, die er in seiner Tertiärflora d. Schweiz auf Tab. 97, Fig. 1 gibt, so stimmt sie vollkommen mit den Petrefacten aus Kumi überein, kann aber unmöglich zu den übrigen als *Laurus princeps* gegebenen Abbildungen zugezählt werden.

Laurus princeps Heer.

Tab. VIII, Fig. 8—10.

Laurus princeps O. Heer, Flor. tert. helv. p. 77, tab. 89, fig. 16, 17; tab. 90, fig. 17, 20.

Auch hier hege ich wegen der richtigen Bestimmung gerechte Zweifel. Zwar stimmen die drei hier abgebildeten Blätter mit den Abbildungen Heer's l. c., namentlich mit den auf Tab. 89, Fig. 16 und 17 gegebenen, ganz und gar überein; allein diese Art scheint mir nicht so scharf von anderen fossilen *Laurus*-Arten unterschieden zu sein, um sicher zu stehen.

Laurinastrum dubium Ung.

Tab. VIII, Fig. 11.

L. foliis lanceolatis acutis integerrimis margine revolutis in petiolum attenuatis coriaceis, nervo primario crasso, nervis secundariis crebris parallelis simplicibus brochidodromis.

Laurinastrum dubium Ung. Wiss. Ergebn. einer Reise etc. p. 163, Fig. 17.

In formatione miocenica insulae Euboeae.

Ich bemerkte bereits am a. O. hierüber: „Ein schwer zu enträthselndes Blatt, das bezüglich der Substanz und Nervatur am ehesten mit *Cryptocaria angustifolia* vom Cap übereinstimmt." Da das Gefässnetz oft sehr gut erhalten ist, so habe ich dem hier abgebildeten Blatte, Fig. 11, noch die vergrösserte Abbildung Fig. 11ᵃ beigegeben.

II. PROTEACEAE.

Hakea attica Ung.

Tab. VIII, Fig. 32, 33.

H. folio ovato-lanceolato petiolato integerrimo coriaceo, nervo primario gracili, nervis secundariis basilaribus duobus, reliquis sparsis tenuissimis simplicibus nervulis tertiariis passim inter se conjunctis. Seminibus in alam ovatam apice rotundatam productis, 15 millim. longis.

In formatione miocenica insulae Euboeae.

Dieses in Bezug auf seine lederartige Substanz und eigenthümliche Nervatur ausgezeichnete Blatt ist bisher nur in einem einzigen Exemplare, in Kumi gefunden worden. Es ist oval-lanzettförmig, gestielt, ganzrandig und läuft in eine stumpfe Spitze aus. Der Hauptnerv ist verhältnissmässig dünn, noch dünner sind die daraus unter spitzen Winkeln entspringenden Seitennerven, wovon die beiden untersten Paare ganz nahe an die Basis gerückt sind, während die übrigen wechselweise erst über der Mitte des Blattes entspringen. Alle

Nerven sind fast einfach und nur dort und da durch zarte Tertiärnerven mit einander verbunden. An den Blättern von *Hakea laurina* hat das Fossil seinen nächsten Anverwandten.

Dazu gehören nun ohne Zweifel auch die Samen, Fig. 33, die mit jener von *Hakea lanceolata* Heer derart übereinstimmen, dass man sie für identisch halten möchte.

Protea graeca Ung.

Tab. VIII, Fig. 12.

P. folio lanceolato in petiolum brevem attenuato margine integerrimo undulato coriaceo superficie ruguloso, nervo primario tenui, nervis secundariis angulo acuto e nervo medio excurrentibus simplicibus tenuissimis.

In formatione miocenica insulae Eubœæ.

Dieses derbe, an der Oberfläche mit feinen Runzeln versehene Blatt ist durch seine lanzettliche, nach oben und unten verschmälerte Form zwar wenig ausgezeichnet, allein es trägt durch seine zarten Nerven bei der lederartigen Beschaffenheit so viele Merkmale mit Blättern von Proteaceen, dass ich nicht umhin kann, dasselbe für ein *Protea*-Blatt zu erklären. Mit dem Blatte von *Protea linguaefolia* Web. hat nur der Umriss Ähnlichkeit.

Persoonia eubœea Ung.

Tab. VIII, Fig. 13.

P. folio lanceolato acuminato in petiolum brevem attenuato integerrimo duos pollices longo coriaceo, nervo primario excurrente, nervis secundariis tenuibus crebris ramosissimis angulo acuto e nervo primario exorientibus.

In formatione miocenica insulae Eubœæ.

An diesem gleichfalls bisher in einem einzigen Exemplare vorliegenden Blatte ist nur die untere Hälfte auch in Bezug auf Nervation gut erhalten, während der obere Theil daran Mangel leidet. Demungeachtet lässt sich daraus die grosse Übereinstimmung mit den Blättern von *Persoonia* nicht verkennen.

Von den lebenden Arten stimmt *Persoonia daphnoides* aus Neu-Holland mit dem Fossile in der Hauptform, besonders aber in der Nervatur ganz überein, was man nicht von den bisher als *Persoonia Daphnes, P. cuspidata* und *P. Myrtillus* beschriebenen Fossilien sagen kann, deren Nervatur entweder gar nicht erkenntlich oder zu unvollständig erhalten ist, als dass man etwas Sicheres darüber zu sagen im Stande ist.

Das Fossil ist derart gut erhalten, dass es sich mit seinem untern Theile sogar von dem mergeligen Gesteine, in dem es vorkommt, abzulösen angefangen hat.

Fig. 13* stellt eine Vergrösserung des unteren Blatttheiles vor.

Grevillea kymeana Ung.

Tab. VIII, Fig. 15—31; Tab. VI, Fig. 31.

Gr. foliis linearibus rectis vel parum curvatis sesqui usque quinque pollices longis utrinque attenuatis apice obtusiusculis integerrimis vel sparse dentatis breviter petiolatis, nervo primario gracili, nervis secundariis angulo acuto e nervo primario egredientibus simplicibus elongatis interdum reticulatim conjunctis.

Grevillea kymeana Ung. Wiss. Ergebn. einer Reise etc. p. 163, Fig. 18.
Lomatites ayuensis Sap. Ann. de sc. nat. IV, 17, p. 253, tab. 7, fig. 10.
Lomatites sinuatus Sap. Ann. de sc. nat. IV, 17, p. 253, tab. 8, fig. 2.

In formatione miocenica ad Kyme insulae Euboeae.

Ich habe diese *Proteacea*, von der ich bei meiner Anwesenheit in Griechenland einige wenige Blattabdrücke fand, bereits in meinen „Wiss. Ergebn. einer Reise in Griechenland etc." beschrieben und davon zwei Abbildungen gegeben.

Ich bin nun durch die reichen, von Herrn Wourlisch gemachten Sammlungen in Stand gesetzt, den ganzen Formenkreis der Blätter dieser fossilen Pflanzenart darzulegen, aus welchem hervorgeht, dass dieselben, wenn auch nicht an Gestalt, so doch an Grösse sehr bedeutend abändern, wie das auch bei verwandten Proteaceen der Fall ist. Die kleinsten Blätter, Fig. 19, 22, 23, sind nicht über 1½ Zoll lang bei einer Breite von 1½—2 Linien, während die grössten 4 und nahe an 5 Zoll messen.

Sie sind durchaus linienförmig, an der Basis und am Ende verschmälert, und gehen in eine mehr oder weniger stumpfliche Spitze aus; der Grund dagegen ist deutlich vor dem kurzen, dicken Blattstiel abgesetzt, und geht keineswegs in denselben über. Charakteristisch ist die Randzahnung aus kleinen, spitzen, kaum über den Rand hervortretenden Zähnchen, die sich jedoch häufig nur auf die obere Hälfte des Blattes beschränken und die untere Hälfte frei lassen.

Bei allen Fossilien dieser Art ist die Nervatur zu erkennen und besteht aus einem ziemlich starken Mittelnerven, von dem in sehr spitzen Winkeln zahlreiche, meist einfache sehr dünne Seitennerven abgehen, wie dies ein Blick auf die Figuren 18, 25, 28, 29, 30 darthut. Die Substanz der Blätter scheint mehr derb als häutig gewesen zu sein.

Alle diese Merkmale sprechen zu Gunsten der über die Natur dieser Blätter geäusserten Ansicht, dass dieselben einer Proteacee angehört haben, auch dürfte es nicht schwer sein, in der Gattung *Grevillea* das Genus nachzuweisen, dem sie wahrscheinlich angehört haben. Ich habe bereits in der *Lomatia linearis* R. Br., was die Form des Blattes betrifft, ein nahe stehendes Analogon ausfindig gemacht; dasselbe ist auch mit *Hakea nitida* der Fall (Fig. 35), deren Blätter sogar in Betreff der Basis nahe mit den in Rede stehenden Fossilien übereinkommen. Allein in beiden ist die Nervatur, obgleich nicht typisch abweichend, doch mit der Nervatur der letzteren nicht übereinstimmend.

Eine bei weitem grössere Ähnlichkeit stellt sich im Vergleiche mit den Blättern von *Grevillea* heraus, und zwar namentlich mit jenen von *Grevillea oleoides* Sieb. (Fig. 34). Auch hier entspringen die zarten Secundärnerven in spitzen Winkeln vom Hauptnerven, bleiben einfach und vereinigen sich mit einem starken Randnerven. Ein solcher Randnerv kommt den Blättern unserer fossilen Pflanze freilich streng genommen nicht zu, allein es sind die Endtheile des Bogens, welche sich hier ebenfalls zum Scheine eines Randnervens verbinden.

Unter diesen Umständen dürfte es daher keineswegs gewagt sein, diese Fossilien geradezu der Gattung *Grevillea* unterzuordnen, einer an Formen sehr reichen über ganz Australien verbreiteten Gattung.

Im Vergleiche mit den bisher im Tertiärlande vorgefundenen fossilen Grevilleen können nur *Grevillea Jaccardi* Heer, Flor. tert. helv. II. p. 110 und *Grevillea haeringana* Ett. zur Sprache kommen.

Ich habe bereits auf die grosse Ähnlichkeit der in Rede stehenden *Grevillea kymeana* mit *Grevillea Jaccardi* hingewiesen. Die Blätter, Fig. 22, 19, sind ausnahmsweise von derselben

Grösse und Form auch ganzrandig wie *Grevillea Jaccardi*. Dasselbe ist auch der Fall bei *Grevillea haeringiana*. Da von den grösseren gezähnten Blättern der hier beschriebenen Art zu den ungezähnten sich allmähliche Übergänge zeigen, wie dies die Figuren 17, 21, 23 nachweisen, so kann von einer Scheidung dieser Blätter als besondere Art, so wie von einer Vergleichung mit einer der beiden genannten Arten nicht die Rede sein. Umgekehrt geht vielmehr als höchst wahrscheinlich hervor, dass sowohl *Grevillea Jaccardi*, als *Grevillea haeringiana* nur die Endformen der Blätter von *Grevillea kymeana* sind.

Bis jedoch sich diese Vermuthung bestätigt, mögen diese drei Arten noch neben einander in der Flora der Vorwelt ihren Platz behalten.

Schliesslich muss ich noch hinzufügen, dass gleichzeitig Herr Graf Saporta in den Ann. de scienc. nat. Sér. IV, tome 17, p. 252 dieselbe fossile Pflanzenart aus dem südlichen Frankreich unter dem Namen *Lomatites aquensis* und *Lomatites sinuatus*, so wie in Sér. V, t. III, p. 101 als *Lomatites abbreviatus* beschrieb. Die zur Vergleichung beigegebene Abbildung eines Blattes von *Lomatia longifolia* R. Br. ist in Bezug auf Nervatur zu undeutlich und zu fehlerhaft gezeichnet, als dass eine Gleichstellung beider daraus gefolgert werden könnte. Auch ich habe diese Blätter zuerst mit Blättern von *Lomatia linearis* R. Br. der Form nach verglichen, dagegen aber die Nervatur viel mehr übereinstimmend mit jenen von *Grevillea* gefunden.

Grevillea Pandorae Ung.

Tab. XVI, Fig. 14.

G. folio obovato-elliptico in petiolum attenuato integerrimo, nervo primario valido, nervis secundariis crebris simplicibus deorsum curvatis.

In formatione miocenica ad Kymi insulae Euboeae.

Es war mir nicht möglich, für dieses kleine zolllange Blatt, deren Nervatur durch die einfachen nach abwärts gekrümmten Seitennerven ausgezeichnet ist, ein passendes Analogon zu finden. Dasselbe mag wohl den Proteaceen angehören, und zunächst zur Gattung *Grevillea* zu stellen sein, wo sich allerdings Blätter finden, deren Seitennerven bogenförmig nach abwärts gekrümmt sind.

Dryandra Thesei Ung.

Tab. VIII, Fig. 14.

D. foliis linearibus v. lineari-lanceolatis in petiolum brevem attenuatis coriaceis, regulariter remote dentatis, dentibus duas lineas longis, nervo primario crasso, nervis secundariis tenuissimis obsoletis.

In formatione miocenica ad Kymi insulae Euboeae.

Unter vielen ähnlichen Blättern, woran die fossile Flora von Kumi reich ist, zeichnet sich dieses Blatt so aus, dass man es nicht als eine Übergangsform zu einer oder der anderen Art von *Banksia* oder *Dryandroides* betrachten kann. Der Form nach, so wie in Bezug auf seine lederartige derbe Substanz kommt es den Blättern mehrerer *Dryandra*-Arten sehr nahe. Leider ist die zartere Nervatur nicht erhalten, und ausser dem starken Mittelnerven nichts davon ersichtlich.

Dryandra Ungeri Ettingsh.

Tab. IX, Fig. 16—18.

D. foliis lineari-lanceolatis in petiolum attenuatis alternatim pinnatilobis, lobis sursum et deorsum decrescentibus confluentibusque oblongo-triangularibus marginatis 3—5 nerviis.

8 *

Comptonia dryandroides Ung. Foss. Flora von Sotzka, p. 81, Taf. 6, Fig. 1.
Dryandra Ungeri Ettingsh. Sitzungsb. d. kais. Akad. Bd. 7, p. 738 (1851).

In formatione marrnica ad Kymæ insulas Euboeæ.

Auch dieses Petrefact kommt nur selten in Kumi vor, wie dasselbe eben so selten in Sotzka erscheint.

Es sind linear-lanzettliche, lange, lappige Blätter, deren Lappen alterniren, und nicht wie bei *Comptonia acutiloba* Brongn. (*Dryandra acutiloba* Ett.) senkrecht von der Mittelrippe abstehen, sondern schief nach aufwärts gezogen ungleichschenkeligen Dreiecken zu vergleichen sind. Jeder Lappen hat am vorliegenden Exemplare, Fig. 16, drei Seitennerven, die oberen Lappen, die hier fehlen, mögen wohl ihrer mehr gehabt haben.

Obgleich auch nach diesem Materiale eine bestimmte Ansicht über die Natur dieser Blätter nicht möglich ist, so neige ich mich dennoch zur Ansicht, dass dieselben nicht einer *Comptonia*, sondern einer *Dryandra*-Art angehören.

Fig. 17 halte ich nur für ein kleines missgestaltetes Blatt derselben Art.

Banksia Solonis Ung.

Tab. IX, Fig. 1—3.

B. foliis lanceolatis v. ovato-lanceolatis utrinque attenuatis longe petiolatis semipedalibus grosse dentatis coriaceis, nervo primario valido, nervis secundariis angulo subrecto e nervo primario exorientibus simplicibus crebris.

Banksia Solonis Ung. Wiss. Ergebn. einer Reise etc. p. 165, Fig. 21.

In formatione marrnica ad Kymæ insulas Euboeæ.

Es ist äusserst schwer, sich in diesen und ähnlichen Blättern, welche in zahlreicher Menge und in allen Grössen und Übergangsformen aus dieser Localität vorliegen, zurecht zu finden, und ich gestehe offen, dass ich auch nach reiflicher Erwägung aller Umstände, die bei der Classification dieser Petrefacte zu berücksichtigen kommen, noch ungewiss bin, das Rechte getroffen zu haben.

In dem oberwähnten Reisewerke habe ich p. 166, Fig. 21 mehrere langgestielte lanzett- oder oval-lanzettförmige mit starken stumpfen Zähnen versehene Blätter abgebildet, denen leider die Spitze fehlte. Dass dieselben zu Einer Art gehören, springt in die Augen, und da sie mir von den bekannten Fossilien verschieden erschienen, andererseits mit den Blättern von Banksien in Bezug auf Derbheit der Substanz, Nervation u. s. w. übereinkamen, so nahm ich keinen Anstand, dieselben geradezu für *Banksia*-Blätter zu erklären, und sie mit dem Namen *Banksia Solonis* zu bezeichnen.

Vergleicht man hier die auf Taf. IX abgebildeten Blätter aus der späteren Sammlung, so scheinen nur wenige mit jenen übereinzustimmen, wie namentlich Fig. 1, 2 und 3, obgleich auch die übrigen allmähliche Übergänge bilden. Ich will jedoch dieselben vorläufig unter einem andern bekannten Namen zusammenfassen, nämlich unter der Bezeichnung

Dryandroides hakeaefolia Ung.

Tab. IX, Fig. 1—15.

Zu dieser in meiner Flora von Sotzka aufgestellten Art mögen jedoch sowohl *Dryandroides grandis* Ung. und *Lomatia Swanteviti* Ung., so wie *Dryandroides lignitum* Ett. (*Quercus lignitum* Ung.) gehören.

Ob indess nicht auch *Dryandroides banksiaefolia* Heer (*Myrica banksiaefolia* Ung.) und *Dryandroides angustifolia* Ung.) hierher zu zählen sein werden, ist mir nunmehr sehr wahrscheinlich. Dass Fig. 4 mit *Lomatia Swanteviti* zusammenfällt, ist ersichtlich, so wie Fig. 15, von der Fig. 15ᵃ eine vergrösserte Partie gibt, sich zu *Dryandroides* auffallend hinneigt.

Am kleinsten sind die Blätter Fig. 13 und 14, allein auch diese tragen solche Merkmale an sich, dass man sie von Fig. 12 und Fig. 8 nicht trennen kann.

In letzterer Zeit hat man in mehreren als *Banksia* und *Dryandoides* beschriebenen Fossilien mit mehr Sicherheit die Gattung *Myrica* zu erkennen geglaubt, wie das auch meine ursprüngliche Ansicht war. Das gleichzeitige Erscheinen von Inflorescenzen und Früchten, die unverkennbar der Gattung *Myrica* angehören sollen, mit jenen Blättern hat dieser Veränderung der Meinung einen nicht geringen Anhaltspunkt gegeben. Ich kann jedoch, so lange ich dergleichen charakteristische Theile nicht gesehen habe, meine dermalige Ansicht nicht aufgeben, erkenne es aber als sicher an, dass man aus den weniger verschieden scheinenden Blättern viel zu viel Arten geschaffen hat. Bis die Sache nicht weiter aufgeklärt sein wird, ziehe ich die ältere Bezeichnung der neueren von den französischen Botanikern proponirten vor.

Man vergleiche hierüber A. Brongniart (Comptes rend. Tom. 52, 17. Juni 1861) und Gastron de Saporta (Ann. d. sc. nat. Sér IV, 3, p. 95).

Embothrium salicinum Heer.

Tab. IX, Fig. 19—22.

Embothrium salicinum O. Heer, Flor. tert. helv. II, p. 97; III, p. 186, tab. 153, fig. 26.

Einen Samen der Art habe ich selbst in Kumi gefunden und in meinen „Wiss. Ergebn. einer Reise etc." p. 165, Fig. 20 abgebildet; hier folgen aus der späteren Sendung noch vier ähnliche Samen.

Strenge genommen stimmen sie nicht mit den von O. Heer l. c. abgebildeten Samen überein, aber eben so wenig mit jenen von *Embothrium microspermum* l. c. Tab. 153, Fig. 25, indem sie zwischen beiden Arten gleichsam das Mittel halten.

Embothrium boreale Ung.

Tab. IX, Fig. 23.

Embothrites borealis Ung. Foss. Flora von Sotzka, p. 171, Taf. 21, Fig. 10—12.

Dieser kleine Samen stimmt mehr mit den in der Sylloge plant. foss. Tab. 7, Fig. 31 bis 33 abgebildeten Samen dieser Art aus Radoboj, als mit jenen von Sotzka überein, da diese etwas grösser sind.

In Form und Beschaffenheit kann man indess zwischen beiden keine Unterschiede wahrnehmen, daher sie wohl zu einer Art gehören.

CLASSIS CONTORTAE.
ORDO.
Oleaceae, Apocyneae, Asclepiadeae.

I. OLEACEAE.
Olea Noti Ung.
Tab. X, Fig. 1—12.

O. foliis lanceolato-linearibus obtusis in petiolum crassum attenuatis 2—4 pollicaribus integerrimis margine involutis coriaceis, nervo primario crasso, nervis secundariis tenuissimis crebris simplicibus reticulatim conjunctis, nervulis minimis interjectis.

Olea Noti Ung. Wiss. Ergebn. einer Reise, p. 169, Fig. 26.

In formatione miocenica ad Kyme insulae Euboeae.

Diese fossile Pflanzenart ist mir schon früher durch ein Exemplar bekannt geworden, welches ich in Kumi selbst sammelte und in meinem Werke: Wissenschaftliche Ergebnisse u. s. w. Fig. 26 durch einen Holzschnitt abbildete.

Hier liegen nun viele Blätter dieser Art vor, aus denen man eine Übersicht ihrer allerdings nicht bedeutenden Formveränderungen zu erlangen im Stande ist. Auffallend ist es auf den ersten Blick, dass unter allen diesen Blattformen sich kein einziges Blatt vorfindet, welches so schmal ist wie das früher abgebildete, im Gegentheile alle ohne Ausnahme mehr eine lanzettliche als eine lineare Gestalt besitzen, auch finden sich darunter Formen, deren Spitze in die Länge gezogen sind, wie z. B. Fig. 4, doch dürfte es in Frage gestellt werden, ob eben dieses Blatt nicht passender zu *Apocynophyllum Carissa* zu stellen wäre.

Allen Blättern dieser Art kommt indess ohne Ausnahme ein sehr starker, gerade verlaufender Mittelnerv zu, der in einem eben so derben Blattstiel endet, an dem die Lamina herabgeht; die Blätter sind derb, lederartig, ganzrandig, an den Seitenrändern häufig etwas eingerollt (Fig. 4), was so wie ihre oft wohlerhaltene dicke kohlige Substanz für die lederartige Beschaffenheit zeugt.

Die in ungleichen Winkeln aus dem Mittelnerven entspringenden Secundärnerven sind verhältnissmässig sehr zart, so dass man sie selbst bei guter Erhaltung des Blattes oft kaum wahrzunehmen im Stande ist. Statt der mühsamen Beschreibung ihres Verlaufes genüge ein Blick auf die Figuren 6 und 7, welche sowohl das gröbere Nervennetz als die feinsten Nervenmaschen darstellen, und die man bei allen Blättern dieser Art mehr oder weniger deutlich wahrzunehmen im Stande ist.

Keines von den auf Tafel X dargestellten Blättern ist ergänzt gezeichnet, man ist aber demungeachtet leicht im Stande, die verletzten und mangelhaften Stellen nach den vorhandenen vollständigen Mustern zu integriren.

Ich brachte diese Blätter zur Gattung *Olea* und fand namentlich in den Blättern der Arten *Olea exasperata* Jacq., *Olea divaricata*, *Olea verrucosa* u. s. w. vom Cap der guten Hoffnung die passendsten Gegenbilder.

II. APOCYNEAE.

Apocynophyllum Carissa Ung.

Tab. X, Fig. 26.

Apocynophyllum Carissa Ung. Sylloge plant. foss. III, p. 13, Taf. 4, Fig. 12.

Es ist dies das einzige Blatt, welches bisher in Kumi gefunden wurde. Äussere Ähnlichkeit mit den Blättern des weiter unten beschriebenen *Rhamnus brevifolius*, die gleichfalls an dieser Localität vorkommen, sind allerdings vorhanden. doch unterscheidet es die Spitze, die den eben erwähnten Blättern fehlt, noch mehr aber die äusserst zarte Substanz, während die Blätter von *Rhamnus* bei weitem derber sind.

Eine Vergleichung mit den gleichnamigen Petrefacten aus Radoboj und der Wetterau zeigt eine vollständige Übereinstimmung, ebeu so dürfte die Zusammenstellung mit *Carissa edulis* Vahl. (l. c. Fig. 3 *a, b*) nicht verfehlt sein.

Neritinium longifolium Ung.

Tab. X, Fig. 25.

Neritinium longifolium Ung. Sylloge plant. foss. III, p. 17, Taf. 5, Fig. 4.

Es liegt mir aus Kumi nur das eine hier unter Fig. 25 abgebildete Blatt vor, das sich vor der Hand mit keinem andern besser vergleichen lässt, als mit *Neritinium longifolium*, welches ich in der Sylloge l. c. beschrieb und abbildete. Das griechische Petrefact, dem der Blattstiel fehlt, ist linear-lanzettlich in eine Spitze auslaufend, von einem starken Mittelnerven durchzogen, von dem zahlreiche unverästelte etwas gebogene Seitennerven in stumpfen Winkeln abtreten. Die Substanz des Blattes ist eher hautartig als lederartig zu nennen. Mit dem Petrefacte aus Radoboj kommt es sogar darin überein, dass gegen die Spitze einige sehr feine Randzähnchen zu bemerken sind.

III. ASCLEPIADEAE.

Asclepias Podalyrii Ung.

Tab. X, Fig. 13—24.

A. foliis lanceolato-linearibus acuminatis in petiolum longum attenuatis integerrimis, nervo primario crasso, nervis secundariis crebris subsimplicibus prope marginem arcuatim conjunctis.

Asclepias Podalyrii Ung. Wiss. Ergebn. einer Reise etc. p. 170, Fig. 27.

In fornatione miocenica ad Kymc insulae Euboeae.

Es war mir bei der ersten Aufsammlung der Pflanzenabdrücke in Kumi zufällig nur eine der kleinsten Blattformen dieser nicht wenig zahlreichen Fossilien in die Hand gekommen. Dieses Blatt betrug nicht viel mehr als 1½ Zoll in der Länge, während die völlig und vollkommen entwickelten Blätter dieser Art 5 und 6 Zoll messen.

Sie sind lanzett-linearisch, laufen in eine Spitze aus und sind gegen den Blattstiel eben so allmählich verschmälert, der allerdings bald länger bald kürzer zu sein scheint. Ihre Substanz ist mehr hautartig als lederartig, die Nervatur meist vortrefflich erhalten, wie dies aus den Fig. 16, 19 und 23 ersichtlich ist.

Zwischen den bogenförmig vom starken Mittelnerven abtretenden Seitennerven, die nahe dem Rande sich in weiten Schlingen vereinigen, fallen noch kleine Zwischenseitennerven, die nicht immer scharf genug ausgeprägt sind und auch dort fehlen, wo die primären Seiten-nerven an einander gerückt sind.

Ich habe a. a. O. diese Blätter mit den Blättern von *Asclepias linifolia* Lagas. aus Mexiko verglichen.

CLASSIS **PETALANTHAE.**

ORDO.

Myrsineae, Sapotaceae, Ebenaceae.

I. MYRSINEAE.

Myrsine graeca Ung.

Tab. XI, Fig. 38.

M. foliis ovato-ellipticis retusis in petiolum attenuatis integerrimis, nervatione brochidodroma, nervo primario valido, nervis secundariis simplicibus.

Myrsine graeca Ung. Wiss. Ergebn. einer Reise, p. 170, Fig. 28.

In formatione miocenica ad Kymi insulae Euboeae.

Bei meiner Anwesenheit in Kumi war ich so glücklich, mehrere recht instructive Exem-plare dieser fossilen Pflanze zu erbeuten. Die mir später nachgeschickten Sammlungen ent-halten nur wenige Specimina dieser Art, von denen ich hier unter Fig. 38 das besterhaltene abbilde. Die Nervatur ist ziemlich scharf ausgeprägt und zeigt die grösste Ähnlichkeit mit jenen der Blätter von *Myrsine ferruginea* (l. c. Fig. 29) und *Myrsine crassifolia* R. Brown.

Myrsine Selenes Ung.

Tab. XI, Fig. 35, 36.

M. foliis obovato-lanceolatis obtusis in petiolum longum attenuatis integerrimis subcoriaceis, nervo primario crasso, nervis secundariis tenuibus raris angulo acuto e nervo primario ex-orientibus.

In formatione miocenica ad Kymi insulae Euboeae.

Während mir in den letzten Zusendungen von Petrefacten aus Kumi von der vorher-gehenden Art nur einige wenige Exemplare zukamen, waren jedoch die beiden hier Fig. 35 und Fig. 36 abgebildeten Petrefacte vorhanden, die ich nicht leichter irgendwo hinstellen kann, als unter die Gattung *Myrsine*.

Vergleicht man meine *Myrsine Endymionis* (Sylloge pl. foss. III, p. 21, Tab. 7, Fig. 12) aus Radoboj mit unseren Abbildungen, so ist eine nicht undeutliche Ähnlichkeit nicht zu ver-kennen, doch unterscheidet sie von der genannten Art der lange Blattstiel und die mehr oblonge als lanzettliche Form; auch zeigen sich die minder zahlreichen Secundärnerven anders als bei *Myrsine Endymionis*.

Myrsine grandis Ung.

Tab. XI, Fig. 37.

M. foliis obovato-elongatis apice retuso integerrimo brevi-petiolato subcoriaceo, nervatione brochi-dodromo, nervo primario crasso, nervis secundariis tenuibus raris simplicibus parallelis, apice inter se conjunctis.

Ein sehr ausgezeichnetes Blatt, welches mir nur in ein paar Abdrücken vorliegt. Über die lederartige Beschaffenheit desselben herrscht kein Zweifel, eben so ist der dicke Mittelnerv bis an die eingedrückte Spitze deutlich erkennbar. Er lauft in einen kurzen eben so dicken, etwas gekrümmten Blattstiel aus.

Die Secundärnerven sind fein, unverzweigt, wenig zahlreich und bilden weite Bogen, deren Endtheile sich wechselseitig berühren und verschmelzen. Zwischen diesen Seblingen treten einfache kleinere Secundärnerven auf. Von feineren Tertiärnerven sieht man nichts.

Dieses Blatt scheint mir gleichfalls einer *Myrica* anzugehören; eine Verwandtschaft mit irgend einer der lebenden Arten aufzufinden gelang mir jedoch nicht.

II. SAPOTACEAE.

Sideroxylon Putterliki Ung.

Tab. XI, Fig. 1—4.

Sideroxylon Putterliki Ung. Sylloge plant. foss. III, p. 24.
Pittosporum Putterliki Ung. Wiss. Ergebn. einer Reise, p. 177, Fig. 45.
Pittosporum Putterliki Ung. Sylloge plant. foss. II, p. 5, Taf. 1, Fig. 7.
Pittosporum pannonicum Ung. Sylloge plant. foss. II, p. 5, Taf. 1, Fig. 8—13.

Diese in Radoboj ziemlich häufig vorkommende Pflanze erscheint auch in Kumi nicht selten. In der letzten Zeit sind mir indess nur einige wenige Blattreste derselben zugekommen, von denen Fig. 1, 2 und 3 abgebildet wurden. Sie stimmen mit den Radobojer Petrefacten gut überein und lassen sich am besten mit den Blättern von *Sideroxylon ferrugineum* Hook & Arn. (Sylloge III, Tab. 8, Fig. 5) vergleichen.

Auch die Frucht, Fig. 4, die zwar nur theilweise erhalten ist, scheint mir gleichfalls nirgend wohin passender gestellt werden zu können, als unter diese Art. Sie erscheint als ovaler oder elliptischer einen Zoll langer und dem entsprechend breiter gefalteter derber Hautlappen, der wohl nichts anderes als der Rest einer Beerfrucht ist, die sich vom Stiele trennte. Um Analogien zur Hand zu haben, betrachte man die beiden eingetrockneten Früchte von *Mimusops Kummel* Bruce aus Habyssinien, Fig. 5, und die Frucht einer unbestimmten *Mimusops*-Art vom Cap der guten Hoffnung, Fig. 6, die ein ziemlich derbes Pericarpium besitzen und dadurch der fossilen Frucht gleichen. Denkt man sich aber diese letztere ergänzt und voll, so ist die Ähnlichkeit mit der Frucht von *Sideroxylon Mastichodendron* Jacq. (Gärtner Carp. t. 202) noch mehr in die Augen springend. Auch stimmen die oben gezeichneten Blätter, namentlich das langgestielte Blatt, Fig. 3, auffallend mit den Blättern der letztgenannten Pflanze überein.

Es würde somit der Vergleich unserer Fossilien mit dieser gleichfalls Ostindien angehörigen Pflanze näher liegen als mit *Sideroxylon ferrugineum* Hook & Arn.

Sideroxylon hepios Ung.

Tab. XI, Fig. 7—10.

Sideroxylon hepios Ung. Sylloge plant. foss. III, p. 24, Taf. 8, Fig. 4.

Steife lederartige Blätter von lanzettförmiger Gestalt mit deutlichem Blattstiele, an denen ausser dem geraden Mittelnerven nur Spuren von Seitennerven erkenntlich sind. Sie stimmen durch ihren verlängerten Blattstiel viel besser mit der in Parschlug zuerst aufgefundenen Pflanze als mit *Myrsine Caronis* Ung. überein. Ich gab l. c. von dieser fossilen Pflanze Folgendes an: „*Sideroxylon mite* Willd., ein afrikanischer Strauch vom Cap der guten Hoffnung stimmt durchaus mit unserem Fossile derart überein, dass man beide eher für identisch als für verschieden erklären möchte." Auch eine ziemlich gut erhaltene Frucht, Fig. 10, scheint dies bestätigen zu wollen. Sie ist eine trockene Beere, länglich rund, im Durchmesser 7 Linien messend. Zwei Längsfalten scheinen das Innere wie in Fächer zu theilen. Auch diese Frucht ist vom Stiele getrennt und bietet mit der Frucht von *Sideroxylon obovatum* (Gärtner Carp. t. 202) eine grosse Übereinstimmung dar. Zum weiteren Vergleiche habe ich noch die getrocknete Frucht von *Sideroxylon inerme* Lin. vom Cap der guten Hoffnung in Fig. 11 beigefügt.

Chrysophyllum atticum Ung.

Tab. XI, Fig. 12—15.

Ch. foliis longe-ellipticis apice retusis in petiolum longum attenuatis subcoriaceis integerrimis nervo primario recto valido, nervis secundariis numerosissimis reticulo nervorum minimorum conjunctis. Bacca elliptica rugosa.

In formatione miocenica ad Kymæ insulae Euboeae.

Die beiden Fig. 12 und 13 dargestellten Blätter stimmen so auffallend in Rücksicht auf Form, Substanz und Nervatur mit den Blättern von *Chrysophyllum ebenaceum* Mart. aus Brasilien überein, dass man nicht leicht eine genauere Übereinstimmung irgendwo finden dürfte. Dahin möchte ich auch jene Beerfrucht bringen, Fig. 14, vergrössert Fig. 15, die im vertrockneten Zustande allerdings mit den Früchten von *Chrysophyllum* übereinstimmt, wie das der Vergleich mit den von Gärtner (Carpol. t. 202) abgebildeten Früchten dieser Gattung zeigt.

Chrysophyllum olympicum Ung.

Tab. XI, Fig. 16—28.

Ch. foliis ellipticis obtusis in petiolum attenuatis integerrimis subcoriaceis, nervo primario valido, nervis secundariis creberrimis tenuissimis, reticulo nervorum minimorum conjunctis.

Chrysophyllum olympicum Ung. Wiss. Ergebn. einer Reise, p. 172, Fig. 34.

In formatione miocenica ad Kymæ insulae Euboeae.

In meinen „Ergebnissen einer Reise" habe ich Fig. 34 nur ein unvollständiges Blatt dieser Pflanze in Holzschnitt geben können, wobei die Basis nach Möglichkeit ergänzt worden ist. Ich bin nun im Stande, hier eine Reihe von Blättern dieser Pflanzenart darzustellen, die jedoch insgesammt an Grösse jenem Blatte bei weitem nachstehen.

Allen diesen Blättern ist eine sehr ausgezeichnete Nervatur eigen, die sie hinlänglich von anderen Blättern gleicher Grösse und Form unterscheidet. Aus dem starken geraden Mittelnerven entspringen äusserst zahlreiche feine Secundärnerven in einem Winkel von 65—70°, die durch ein eben so feines Netz von Tertiärnerven unter einander verbunden sind. Von dem Blatte Fig. 18 ist Fig. 18* durch Vergrösserung die Nervatur noch deutlicher gemacht.

Ich habe dieses Fossil mit *Chrysophyllum Martianum* Al. DC. verglichen, welcher Vergleich wohl mit dem mir damals allein bekannten grösseren Blatte, weniger mit den hier gegebenen kleineren Formen passt. Eben diese letzteren würden in den Blättern von

Chrysophyllum maytenoides Mart. allerdings einen noch besseren Vergleich finden. Nicht zu übersehen ist es jedoch, dass dieselben endlich auch in einigen capensischen *Mimusops*-Arten Verwandtschaften besitzen.

Bumelia kymeana Ung.

Tab. XI, Fig. 29.

B. foliis apice retusis in petiolum longum attenuatis integerrimis, coriaceis, nervo primario valido, nervis secundariis tenuissimis crebris, reticulo nervorum minimorum inter se conjunctis.

Bumelia Oreadum Ung. Wiss. Ergebn. einer Reise, p. 173, Fig. 36, non „Flora von Sotzka“.
Myrsine kymeana Ung. Wiss. Ergebn. einer Reise, p. 171, Fig. 31.
Myrsine Proteus Ung. Wiss. Ergebn. einer Reise, p. 172, Fig. 32.

In formatione miocenica ad Kymi insulae Euboeae.

Ich habe in meinem mehr citirten Reisewerke einen doppelten Fehler begangen, einmal dadurch, dass ich eine Blattform als *Bumelia Oreadum* bestimmte und sie mit der in der fossilen Flora von Sotzka beschriebenen Pflanze zusammenbrachte, und zweitens dadurch, dass ich aus unvollkommen erhaltenen vereinzelten Blättern eben dieser Art zwei Arten von *Myrsine* daraus machte, nämlich *M. kymeana* und *M. Proteus*. Wiederholte Auffindungen haben mich eines Bessern belehrt, und da jenes (l. c. p. 173, Fig. 36), so wie das hier Fig. 29 abgebildete Blatt allerdings mit *Bumelia tenax* aus Nordamerika übereinstimmt, und dasselbe auch von den als *Myrsine kymeana* und *M. Proteus* (l. c. p. 171, 172, Fig. 31, 32) benannten Blättern der Fall ist, sie alle als *Bumelia* bezeichnet, als Speciesnamen ihnen aber das Prädicat *kymeana* gegeben.

Bumelia Oreadum Ung.

Tab. XI, Fig. 30.

B. foliis obovatis obtusis in petiolum attenuatis integerrimis subcoriaceis, nervis secundariis tenuissimis subsimplicibus crebris.

Bumelia Oreadum Ung. Foss. Flora von Sotzka, p. 172, Taf. 48, Fig. 7—14.

In formatione miocenica ad Kymi insulae Euboeae.

Rücksichtlich der bei dieser Pflanzenart begangenen Fehler habe ich mich eben ausgesprochen. Das hier Fig. 30 aus Kumi abgebildete Blatt zeigt eine vollständige Übereinstimmung mit den Sotzkaer Petrefacten, so dass ihm allein dieser Name zukommen darf.

Die Vergleichung dieser Blätter mit den gleichen Organen von *Bumelia retusa* Sow. aus Jamaika ist nicht zu verkennen. Hier muss ich noch bemerken, dass unter den Fruchtresten von Kumi allerdings auch solche vorkommen, welche auf die Gattung *Bumelia* bezogen werden können; sie sind jedoch so schlecht erhalten, dass ich nicht wagen darf, davon eine entsprechende Zeichnung mitzutheilen.

Bumelia minor Ung.

Tab. XI, Fig. 31—34.

Bumelia minor Ung. Sylloge plant. foss. III, p. 25, Taf. 6, Fig. 11—19.

Es ist kein Zweifel, dass die Fig. 31—34 hier abgebildeten Blätter mit den aus Radoboj stammenden und als *Bumelia minor* beschriebenen Blättern übereinstimmen. Auch diese Pflanze lässt sich mit den stärkeren und grösseren Blättern von *Bumelia retusa* Sow. vergleichen. Diese Blätter gehören nicht zu den Seltenheiten von Kumi. In Fig. 34* ist ein Stück der Nervatur des Blattes Fig. 34 vergrössert dargestellt.

III. EBENACEAE.

Euclea relicta Ung.
Tab. XI, Fig. 39.

D. foliis lanceolatis utrinque attenuatis sessilibus integerrimis coriaceis, nervo primario valido, nervis secundariis angulo subrecto exorientibus flexuosis, ramosissimis in rete nervorum tertiariorum laxum divisis.

In formatione miocenica ad Kyme insulae Euboeae.

Ist selten in Kumi, aber sehr ausgezeichnet durch die Nervatur der Blätter, die es mit den Fossilien aus Radoboj gemein hat, deren Beschreibung und Abbildung unter dem Namen *Euclea miocenica* und *E. Apollinis* in der Sylloge pl. foss. III, p. 25 u. 26, Tab. 3, Fig. 8 u. 10 erfolgte. Da die Blätter der eben erwähnten Arten deutlich gestielt sind, dies aber bei den Fossilien von Kumi nicht der Fall ist, so müssen dieselben einer von jenen verschiedenen Art angehörig angesehen werden. Auch *Euclea relicta* hat mit *Euclea desertorum* Ekl. & Zey (l. c. Tab. 8, Fig. 8*) vom Cap der guten Hoffnung eine grosse Übereinstimmung.

Royena graeca Ung.
Tab. XI, Fig. 40—51.

R. calyce firmo patente semiquinquefido deciduo, laciniis inaequalibus ovato-acuminatis extus striatis 8 millim. longis, margine parum involutis, foliis lanceolatis brevi petiolatis integerrimis coriaceis, nervo primario valido, nervis secundariis tenuissimis ramosissimis.

In formatione miocenica ad Kyme insulae Euboeae.

Es kommen nicht selten (Fig. 40—42) in Kumi einzelne lose fünftheilige Kelche vor, von ungefähr 20 Millim. im Durchmesser, deren Structur eine derbe Blattsubstanz verrathen. An einigen derselben bemerkt man deutlich eine Längsstreifung der Lappen; diese selbst sind oval, stumpf zugespitzt am Rande etwas eingerollt und von ungleicher Grösse, so dass man die ⅖-Stellung derselben recht gut zu erkennen im Stande ist. Der Anheftungspunkt für die Frucht ist scheibenförmig, diese selbst fehlt dabei. Mit dem in der Sylloge pl. foss. III, p. 29, Tab. 9, Fig. 18 abgebildeten und beschriebenen Kelche aus Radoboj, den ich als *Diospyros Royena* in die Wissenschaft einführte, haben die Petrefacte aus Griechenland auffallende Ähnlichkeit, doch fehlt zur Vergleichung alles Detail, welches vorzüglich dem ersteren mangelt.

Mit diesen fossilen Kelchen kommen auch solche vor, welche einen kurzen geraden Stiel besitzen. Die Ähnlichkeit derselben mit den Kelchen von *Macreightia germanica* Heer ist gross, allein so unvollkommen auch ihre Erhaltung ist, Fig. 43—49, so erscheinen sie dennoch nicht dreitheilig, wie das bei der genannten Pflanze der Fall ist, sondern fünftheilig, obgleich die Theile oder Lappen nicht immer deutlich genug hervortreten. Auch fehlt denselben die sie auszeichnende Nervatur. Ich muss also diese gestielten Kelche mit jenen, denen die Stiele fehlen, in eine Art vereinigen.

Erst mit der letzten Sendung der Petrefacte aus Kumi ist mir auch die Frucht dieser *Royena* in einem sehr wohl erhaltenen Exemplare, Fig. 50, zugekommen. Es ist eine vierfächerige trockene Beerfrucht, wie sie eben bei der Gattung *Royena* vorkommt. Forschen wir nun weiter auf diesem sicheren Wege, so steht nichts entgegen, in der capensischen *R. brachiata* E. M. die unserem Fossile zunächst stehende Pflanze zu erblicken. Ist es erlaubt, nach den vorhandenen Anzeichen die ergänzte Frucht der fossilen *R. graeca* darzustellen, so müsste sie ungefähr so ausgesehen haben, wie das Bild, Fig. 50*, sie gibt. Vergleicht man nun dieselbe mit der Frucht von *R. brachiata*, Fig. 52, so springt die generische, ja selbst fast eine specifische Übereinstimmung in die Augen. Es war nun weiters geboten, zu dieser keineswegs seltenen Pflanzenart von Kumi auch die wahrscheinlich zugehörigen Blätter zu finden.

Nimmt man hiebei wieder *R. brachiata* zum Anhaltspunkt, so dürfte das Fig. 51 beigefügte, in Fig. 51* vergrössert gezeichnete Blatt vielleicht am ehesten zu den gesonderten Kelchen und Früchten passen. Die Ähnlichkeit desselben mit dem Blatte von *R. brachiata* ist nicht zu verkennen, besonders wenn man ausser der Gestalt und Grösse auch noch die Substanz und vor allem die Nervatur berücksichtigt.

Royena Amalthese Ung.

Tab. XIV, Fig. 1.

R. foliis minimis ovato-lanceolatis obtusis in petiolum attenuatis integerrimis coriaceis, nervis secundariis crebris tenuibus ramosis reticulatim conjunctis.

In formatione miocenica ad Kumi insulae Euboeae.

Dieses kleine Blatt, wozu noch mehrere andere minder gut conservirte Blätter passen, könnte auf den ersten Blick für das Blatt eines *Vaccinium* gehalten werden. Dagegen spricht aber einerseits die derbe lederartige Beschaffenheit, andererseits der eingerollte Rand und insbesonders die Nervatur, die wie die beigefügte vergrösserte Zeichnung, Fig. 1* zeigt, nur den Blättern der Ebenaceen eigen ist.

Unter den lebenden *Royena*-Arten ist die am Cap der guten Hoffnung sehr verbreitete *R. hirsuta* Lin. als nächster Verwandter zu bezeichnen.

Royena Euboea Ung.

Tab. XIV, Fig. 2—4.

R. foliis minimis petiolatis cuneato-orbicularibus coriaceis integerrimis, nervo primario valido, nervis primariis inconspicuis.

In formatione miocenica ad Kumi insulae Euboeae.

Unter den vielen strauch- und baumartigen *Royena*-Arten, die ausschliesslich bisher nur in den Capländern gefunden worden sind, zeichnet sich die Mehrzahl durch kleine, trockene lederartige, häufig behaarte Blätter aus. Auch diese kleinen Blätter, an denen man ausser dem starken Mittelnerven keine weitere Nervatur zu erkennen im Stande ist, kommen zunächst den Blättern der *Royena* gleich, und unter diesen ist es *R. cuneifolia* E. M., mit deren Blättern sich die Fossilien zunächst vergleichen lassen. Ich unterlasse es, eine Abbildung dieser Art zur Vergleichung beizufügen.

Royena myosotis Ung.

Tab. XIV, Fig. 5—8.

R. calyce quinquefido persistente quatuor lineas lato, laciniis inaequalibus, foliis minimis linearilanceolatis in petiolum brevem attenuatis integris coriaceis, nervo medio solo distincto.

Diospyros myosotis Ung. Flora von Sotzka, p. 172, Taf. 42, Fig. 15, 16.
Diospyros myosotis Ung. Sylloge plant. foss. III, p. 28, Taf. 9, Fig. 13—16.
In formatione miocenica ad Kumi insulae Euboeae.

Ohne Zweifel sind die hier abgebildeten beiden Blätter ebenfalls *Royena*-Blätter und können namentlich mit jenen von *R. polyandra* und insbesondera der *R. angustifolia* W. verglichen werden. Sowohl diese wie die übrigen kleinen Blätter und Blättchen sind wahrscheinlich bei der Aufsammlung der Petrefacte weniger beachtet worden als andere grössere Blattabdrücke, daher in den mir zugekommenen Sammlungen nur sehr sparsam vorhanden.

Zu diesen Blättern bringe ich auf gut Glück die beiden fünflappigen Kelche, die wohl nur der Gattung *Royena* angehören dürften. Ich habe sie früher als *Diospyros myosotis* beschrieben und abgebildet.

Royena Pentelici Ung.

Tab. XIV, Fig. 9.

R. foliis minimis ovato-ellipticis petiolatis integerrimis coriaceis, nervis secundariis subsimplicibus fere inconspicuis.

In formatione miocenica ad Kumi insulae Euboeae.

Auch dieses kleine Blatt, einem *Vaccinium* ähnlich, kann ich nirgend besser als unter die Gattung *Royena* bringen, deren 18 Arten grösstentheils kleinblätterige Sträucher bilden. Es fehlt auch für dieses Petrefact keineswegs an passenden Analogien, und namentlich kann *R. glabra* Lin. als dessen nächster Verwandter geltend gemacht werden.

CLASSIS BICORNES.

ORDO.
Ericaceae.

ERICACEAE.

Andromeda protogaea Ung.

Tab. XIV, Fig. 10.

Andromeda protogaea Ung. Foss. Flora von Sotzka, p. 43, Taf. 23, Fig. 1—9.

Bisher nur in einem einzigen Exemplare in Kumi aufgefunden.

Die linear-lanzettliche oder beinahe langgezogene elliptische Form der Blattfläche, mit welchem ein anderthalb Zoll langer Stiel verbunden ist, stimmt mit dem Sotzkaer Petrefact vollkommen überein. Während jedoch an letzterem von der Nervation fast nichts zu erkennen ist, lässt sich diese an dem griechischen Fossile theilweise vollkommen bis in das kleinste Detail erkennen, wesshalb hier auch Fig. 10ᵇ ein Theil des Blattes vergrössert dargestellt wurde. Es bestätigt dies auch den richtigen Vergleich mit den Blättern von *Andromeda coriifolia* (*A. multiflora* Pohl) und anderen brasilianischen Arten. Die auf Ta.f. 23 a in der Flora von Sotzka von einer noch unbestimmten Art zum Vergleiche gegebene Abbildung hat eben so zarte unter einem ziemlich spitzen Winkel entspringende Seitennerven wie unsere fossile Art.

CLASSIS DISCANTAE.

ORDO.

Araliaceae.

ARALIACEAE.

Cussonia polydrys Ung.

Tab. XVII, Fig. 1.

C. foliis digitato-palmatis longe-petiolatis ultra pedem longis, pedem fere latis, foliolis septenis longe-petiolatis varie inciso-lobatis, lobis e basi lata lanceolatis acuminatis irregulariter angulato-dentatis, lateralibus duobus v. tribus oppositis, lobo terminali simplici producto.

In formatione miocenica ad Kymi insulae Euboeae.

Es gehört dieses Petrefact unstreitig zu den interessantesten und besterhaltenen der Localität Kumi, so wie der tertiären Lager überhaupt, und ist daher auch viel sicherer auf die Familie und auf die Gattung der jetzt lebenden analogen Gewächse zurückzuführen als manches andere.

Ich kenne diesen schönen in Fig. 1 der Taf. XVII abgebildeten Abdruck leider nicht im Originale, sondern nur nach einer Zeichnung auf Strohpapier, welche ich der Gefälligkeit der Herren Conservatoren und Ephoren des naturhistorischen Museums in Athen, Th. v. Heldreich und H. Mitzopulos verdanke. Dieses Petrefact scheint erst in letzterer Zeit durch Herrn Wourlisch in Kumi erbeutet worden zu sein, aus dessen Hand es in das Naturaliencabinet von Athen überging.

Herr v. Heldreich schrieb mir, dass dieser Abdruck als Doppelplatte vorhanden sei, daher auch, wie zu vermuthen, unverbrochen gewonnen wurde. Die Strohpapierzeichnung ist nach dessen Versicherung möglichst genau nach dem Originale ausgeführt worden.

Die Vollständigkeit dieses Fossiles zeigt ein handförmig gefingertes Blatt von grösster Dimension, an welchem aus der Spitze eines beinahe 8 Zoll langen und über eine Linie breiten, runden Stieles die einzelnen Theilblättchen entspringen und fächerförmig von einander abstehen. Die Zahl der Theilblätter ist 7, so dass das mittelste das grösste, die nachfolgenden etwas kleiner und die äussersten allen anderen an Grösse nachstehen. Ohne Ausnahme sind alle Theilblätter lang gestielt, haben eine Länge von 5—7½ Zoll und sind durch tiefe Einschnitte und Buchten in eine grössere oder kleinere Anzahl von Lappen zerschlitzt, die meist eine gegenständige Lage behaupten. Ausser dem Mittellappen, in dem der Mittelnerv verläuft, sind in jedem Theilblatte noch 1—3 Paar Seitenlappen vorhanden, wovon die beiden untersten gewöhnlich in einem mehr oder weniger eingeschnittenen Seitenlappen verschmelzen. Bis auf den Mittellappen entspringen alle anderen aus breiter Basis und nehmen eine lanzettförmige Gestalt an. Leider lässt sich aus der Zeichnung über die Randbildung der Lappen nichts Sicheres entnehmen, da man aus derselben nicht zu entscheiden vermag, was Bruch und Verstümmelung und was normale Beschaffenheit ist; doch scheint so viel hervorzugehen, dass dieselben mit abstehenden zahnartigen Hervorragungen unregelmässig besetzt gewesen sind. Eben diese Randverletzungen scheinen mir aber darauf hinzudeuten, dass das

Blatt nicht vollkommen eben und mehr von derber als hautartiger Beschaffenheit gewesen sein mag.

Noch weniger klar tritt die Nervation hervor, da man ausser dem jedem Theilblatte zukommenden starken Mittelnerven, der bis in die Spitze desselben ausläuft, nur die stärkeren die seitlichen Lappen versehenden Secundärnerven wahrzunehmen im Stande ist.

Diese ausgezeichnete Blattform hat nur in wenigen dermalen existirenden Pflanzenfamilien ihre Analoge. Herr v. Heldreich hat ganz richtig dieselbe in die Verwandtschaft mit der Blattform der Aralien gesetzt. Wenn sich auch noch in anderen Familien ähnliche Formen finden, wie das namentlich bei den Papayaceen, Malvaceen, Sterculiaceen, einigen Euphorbiaceen u. s. w. der Fall ist, so ist doch bei den Araliaceen die Übereinstimmung eine viel durchgreifendere und nach mehrfachen Beziehungen standhaltende.

Aber auch unter den Araliaceen kann nicht ohne Unterschied jede Gattung mit dem Fossile von Kumi zusammengestellt werden. So passen z. B. alle mit einfachen oder mit gefiederten Blättern versehenen Gattungen weniger, als deren Blätter mit „*palmatim composita*" bezeichnet werden. Es sind daher, ohne alle Gattungen aufzuzählen, weder *Aralia* noch *Hedera* und eben so wenig *Panax* als vergleichbar zu nennen, obwohl dieselben bereits im fossilen Zustande gefunden worden sind.

Ich erwähne in dieser Beziehung von diesen Gattungen und Arten:

Hedera Kargii A. Braun (O. Heer Flora tert. helv. III, p. 26, tab. 105, fig. 1—5).

Hedera Mac Clurii Heer Über den versteinerten Wald von Atane-Kerdluk, p. 279.

Hedera Strozzii Gaud. Mém. sur quelques gisements des feuilles foss. de la Toscane, p. 37, Tab. 12, Fig. 1, 2.

Hedera Helix var. *hibernica* Gaud. Contr. à la flore foss. ital. Mém. V., Tab. 2, Fig. 3—5.

Aralia malpighiaefolia Mass. Studii sulla flor. foss. e geol. strat. de Senigalense, p. 301, Tab. 38, Fig. 17. (Sehr zweifelhaft.)

Panax longissimus Ung. Flor. v. Sotzka, p. 44, tab. 24, fig. 21—23.

Panax circularis O. Heer Flor tert. helv. III, p. 194, tab. 154, fig. 9. *(Peucedanites.)*

Von allen diesen ist das in Rede stehende Fossil weit verschieden und wir werden in einer anderen Gattung und zwar in der Gattung *Cussonia* nun die nächsten Verwandten zu suchen haben.

Unter den am Cap der guten Hoffnung und in Neu-Seeland verbreiteten Arten dieser Gattung, die sich durch 3—7 gefingert-zusammengesetzte Blätter auszeichnen, ist *Cussonia spicata* Thunb. zuerst zu nennen. Würde das Mittelblättchen dieser Art an der Spitze nicht dreitheilig sein, so könnte allerdings eine Parallele mit dem fossilen Blatte gezogen werden. Dasselbe gilt auch für *Cussonia Kraussi* Hochst. vom Cap. Viel passender bewährt sich *Cussonia thyrsiflora* Thnb., ein gleichfalls capensischer Strauch mit seinen langgestielten fingerförmig zusammengesetzten Blättern, deren Theilblätter eben solche buchtige Zerschlitzungen wie das fossile Blatt zeigen. Es wird daher nicht unpassend sein, ein Stück dieses Blattes Fig. 2 zum Vergleiche hier beizugeben. Indess fehlt es nicht auch an anderen Analogien, um so mehr als die Blätter der *Cussonia*-Arten, namentlich der fiederschnittigen, in der Regel einer grossen Variabilität unterworfen sind, so dass selbst Blätter an einer und derselben Art, ja selbst an einem Individuum auf das Mannigfaltigste abweichen.

Betrachtet man von dem fossilen Blatte die einzelnen Theilblätter für sich und von dem gemeinschaftlichen Blattstiele getrennt, so gleichen dieselben mit Ausnahme des etwas langen Stieles nicht wenig jenen einiger Eichen, wie z. B. *Quercus cruciata* Heer, *Quercus agnostifolia*

Heer (l. c. II, Tab. 77, Fig. 10—12, III, Tab. 151, Fig. 27) *Quercus angustiloba* A. Br. Palaeontogr. VIII, Tab. 36, Fig. 3 u. s. w. und würden dieselben gesondert gefunden worden sein, so hätte man sicherlich keinen Anstand genommen, dieselben für Eichenblätter zu erklären.

Auf diese Ähnlichkeit hin habe ich dem Fossile auch einen entsprechenden Artnamen gegeben.

CLASSIS ACERAE.

ORDO.

Acerineae, Sapindaceae.

I. ACERINEAE.

Acer trilobatum A. Braun.

Tab. XII, Fig. 28, 29, 30.

Es ist über diese viel verbreitete Art nichts weiter zu sagen, als dass in Kumi bisher ausser einer sehr macerirten Frucht, Fig. 30, nur einige wenige Blätter gefunden wurden, von denen zwei, obgleich einigermassen beschädigt, dennoch hier unter Fig. 28 und 29 dargestellt sind. Diese Pflanze muss daher entweder sehr wenig verbreitet oder unter Localverhältnissen gewesen sein, die die Conservirung ihrer Abfälle sehr erschwert haben.

II. SAPINDACEAE.

Sapindus graecus Ung.

Tab. XII, Fig. 1—23.

S. foliis pinnatis? foliolis longe petiolatis oblique lanceolato-acuminatis interdum subfalcatis integerrimis subcoriaceis, nervatione brochidodroma, nervo primario valido, nervis secundariis crebris tenuissimis ramosis, nervulis tertiariis obliquis inter se conjunctis.

Sapindus graecus Ung. Wiss. Ergebn. einer Reise, p. 176, Fig. 42.

In formatione miocenica ad Kymas insulae Euboeae.

Als ich selbst mich in Kumi mit der Aufsammlung von Petrefacten beschäftigte, gelang es mir, nur ein Blattfragment dieser Art, welchem der charakteristische Theil — der Stiel — fehlte, zu erbeuten. Dieses Blattfragment, am ehesten mit *Sapindus Ungeri* Ett. (Sylloge pl. foss. I, p. 34, Tab. 20, Fig. 1—6) übereinstimmend, habe ich in meinen „Wiss. Ergebn. einer Reise", p. 176, Fig. 42 abgebildet.

Seither sind mir aber eine grosse Menge dieser Blattformen durch Herrn Wourlisch in die Hände gekommen, so dass sich hieraus deutlich ergibt, dass man hier es nicht mit der Radobojer Pflanze zu thun hat.

Diese Blätter in der Länge von 1½—3½ Zoll, mit entsprechender Breite, sind lanzettförmig und laufen in eine lange stumpfe Spitze aus. Auffallend ist ihr langer dünner Blattstiel, der zwar nicht für ein Theilblättchen eines zusammengesetzten Blattes sprechen würde, wenn es nicht die übrigen Merkmale thäten. Diese sind nun die nicht selten hervortretende ungleiche Basis, ferner die zuweilen bis ins sichelförmige gebogene Gestalt und die bedeutende Abänderung in der Grösse. Trotz der fast lederartigen Beschaffenheit der Substanz ist die Nervatur dennoch meist ausgezeichnet hervortretend und gut erhalten, wie das aus den vergrösserten Abbildungen der Blätter Fig. 4, 5, 6 und 8 in Fig. 4*, 5*, 6* und 8* ersichtlich ist.

Hält man namentlich Fig. 5* und 6* mit den von *Sapindus Ungeri* (Iconogr. l. c. Tab. 20. Fig. 3 a und 4 a) zusammen, so lässt sich wohl kaum zweifeln, dass man hier Blätter sehr nahe stehender, doch nicht gleich gearteter Pflanzen vor sich hat. Der Unterschied liegt indess mehr in der Länge des Blattstieles und in der Blattsubstanz, als in der Beschaffenheit der Nervenvertheilung. Eine Anomalie zeigt nur das Blatt Fig. 4, dessen Secundärnerven unter einem beinahe rechten Winkel von den Primärnerven abtreten, während sie in den übrigen Fällen einen Winkel von 50—70° bilden, indess finden sich auch hierin Übergänge, wie namentlich Fig. 8 und 8* zeigt. An Analogien für diese fossile Art fehlt es mir bisher noch, doch schliessen sich diese Blattformen nicht undeutlich an südafrikanische Formen an.

Nephelium Joris Ung.

Tab. XII, Fig. 24—27.

N. fructu globoso indehiscente monospermo, pericarpio tuberculatim rugoso, semine orbiculari compresso levi, foliis pinnatis? foliolis longe petiolatis lanceolatis acuminatis integerrimis coriaceis, nervo primario excurrente, nervis secundariis pinnatis camptodromis, nervillis tertiariis obliquis inter se conjunctis.

In formatione miocenica ad Kumi insulae Euboeae.

Nicht nur Blätter, sondern auch eine Frucht hat sich von dieser ausgezeichneten Baumart vorgefunden. Es ist Fig. 24 ein breiter flacher kreisrunder Same von mehr als einem halben Zoll im Durchmesser mit glatter Oberfläche, der, wie der ihn umgebende Rand zeigt, von einer fleischig-lederartigen Fruchthülle umgeben war. Diese Fruchthülle trägt sehr deutlich alle Merkmale einer warzigen Oberfläche und gibt dadurch der Frucht ein so ausgezeichnetes Merkmal, dass es keinem Zweifel unterliegt, in den ganz ähnlich gebauten in Indien und China einheimischen Früchten von *Nephelium Longana* Cambess. das passendste Gegenbild zu finden.

Nach diesen Rücksichten habe ich es denn auch versucht, die fossile Frucht in Fig. 24* zu restauriren. Es darf nicht Wunder nehmen, dass im Fossil der fleischige Arillus, der den Samen ursprünglich umgab, nicht kenntlich ist. Was die Blätter betrifft, von denen hier nur die Theilblättchen zur Sprache kommen können, so stimmen sie weniger mit den entsprechenden Theilen von *Nephelium Longana*, wohl aber mit jenen von *Nephelium Litschi* Loureiro überein, welche Pflanze gleichfalls lange, gestielte, lanzettförmige, zugespitzte, ganzrandige und lederartige Theilblättchen besitzt, und zwar mit einer Nervatur versehen, welche sich von der in unserem Fossile kaum unterscheiden lässt. Auch bei *Nephelium Litschi* wechselt die Grösse dieser Theile auffallend und oft mehr als um die Hälfte. Aber noch auffallender ist die Übereinstimmung einer noch unbestimmten *Nephelium*-Art von den Philippinischen Inseln, indem bei derselben auch die grosse Länge der Blattstiele ins Gewicht fällt.

CLASSIS **FRANGULACEAE.**

O R D O.

Pittosporeae, Celastrineae, Ilicineae, Rhamneae.

I. PITTOSPOREAE.

Pittosporum ligustrinum Ung.

Tab. XIII, Fig. 27.

P. foliis alternis linearibus longe petiolatis subcoriaciis, nervo medio crasso, nervis secundariis e nervo primario exeuntibus crebris fere inconspicuis.

Pittosporum ligustrinum Ung. Wiss. Ergebn. einer Reise, p. 176, Fig. 43.

Unter den mir später zugekommenen Petrefacten ist nur ein einziges Blatt gewesen, was sich mit dem früher gesammelten und im obgedachten Werke beschriebenen Petrefacte vergleichen lässt, ohne die vollkommene Identität beider mit Sicherheit behaupten zu wollen. Das Blatt ist grösser als jene beiden Blätter, aber gleichfalls linear und mit einem langen Stiele versehen. Von der Nervatur ist hier mehr ersichtlich als dort; die zahlreichen aus dem dicken Mittelnerven entspringenden Secundärnerven gehen einfach oder gabelförmig getheilt dem Rande zu.

Ob nun die Vergleichung dieses Petrefactes mit *Pittosporum ligustrifolium* Al. Cuning vom Swan River noch passend ist, möchte ich nunmehr anheimgestellt sein lassen.

II. CELASTRINEAE.

Celastrus Persei Ung.

Tab. XIII, Fig. 7—9.

Celastrus Persei Ung. Foss. Flora von Sotzka, p. 47, Tab. 30, Fig. 1.

Nur in sparsamen Exemplaren in Kumi bisher gefunden, wovon hier die drei besterhaltenen abgebildet sind. Fig. 7 stimmt sowohl mit *Celastrus Persei* Ung. l. c. von Sotzka am meisten überein, weniger Fig. 9, das sich eher mit *Celastrus dubius* vereinigen liesse, wenn nicht am Ende diese beiden Arten wahrscheinlich eine einzige Art bilden, zu dessen Entscheidung aber das vorhandene Material nicht ausreicht.

Celastrus oxyphyllus Ung.

Tab. XIII, Fig. 10, 11.

Celastrus oxyphyllus Ung. Sylloge plant. foss. II, p. 8, Tab. 2, Fig. 4.

Ich habe in der zuvor genannten Abhandlung *Celastrus oxyphyllus* der Sotzkaer Flora mit *Celastrus Andromedae* und *Evonymus Pythiae* vereinigt.

Nach dieser Stellung dürfte das hier abgebildete Blatt zu keiner anderen als zu dieser Art gezählt werden.

Die Ähnlichkeit mit *Celastrus acuminatus* Lin. vom Cap der guten Hoffnung ist nicht zu verkennen.

Celastrus graecus Ung.

Tab. XIII, Fig. 12, 13.

C. foliis late ovatis acuminatis brevipetiolatis tenuissime serratis coriaceis, nervatione brochydodroma, nervis omnibus vix distinctis.

In formationibus miocenicis ad Kumi insulae Euboeae.

Es ist eine schwere Sache, in den Celastrineen und namentlich in der Gattung Celastrus, deren bisher so viele Arten aufgestellt sind, die richtigen Anhaltspunkte für die Systematik der fossilen Formen zu finden. Daran trägt vorzüglich die Seltenheit der Vorkommnisse, so wie die häufig üble Erhaltung der Abdrücke und der Blattbeschaffenheit die Schuld.

Offenbar gehören die hier abgebildeten beiden Blätter, wovon das eine fein gesägt, das andere ganzrandig erscheint (wahrscheinlich nur darum, weil der Rand etwas eingerollt ist) ebenfalls zur Gattung Celastrus. Sie wollen jedoch zu keiner der bereits beschriebenen fossilen Arten vollkommen passen, wenn nicht vielleicht am ehesten noch mit Celastrus oxyphyllus (Foss. Flora von Sotzka, Tab. 51, Fig. 22—24).

In dieser Unsicherheit hielt ich es für zweckmässiger, sie als eine eigene Art aufzustellen und zu bezeichnen.

III. ILICINEAE.

Ilex cyclophylla Ung.

Tab. XIII, Fig. 14.

Ilex cyclophylla Ung. Sylloge plant. foss. II, p. 13, Taf. 3, Fig. 7, 8.

Da nur dieses einzige Blatt vorliegt, so ist es schwer, über seine Bestimmung etwas Sicheres zu sagen. Am meisten kommt es wohl mit *Ilex cyclophylla* überein, welche Art bisher in Parschlug, jedoch ohne Stiel gefunden wurde, obgleich dieser dem lebenden Blatte kaum gefehlt haben dürfte. Grösser scheint mir der Unterschied in der Nervatur, indem in unserem vorliegenden Petrefacte zwei starke Basalnerven vorhanden sind, die den als *Ilex cyclophylla* beschriebenen Blättern fehlen.

Ilex neogena Ung.

Tab. XIII, Fig. 15--18.

Ilex neogena Ung. Sylloge plant. foss. II, p. 13. Taf. 3, Fig. 9—13.

Derselbe Fall wie bei dem vorhergehenden Blatte tritt auch hier ein, obgleich die Vergleichungspuunkte besser mit den a. a. O. gegebenen Abbildungen passen. Es scheint mir trotz aller Unähnlichkeit das zuvor beschriebene Blatt mit dem jetzt genannten zu einer und derselben Art zu gehören. Vollständigere Sammlungen können allein hierüber Licht verbreiten.

Ilex ambigua Ung.

Tab. XIII, Fig. 19—25.

Ilex ambigua Ung. Sylloge plant. foss. II, p. 14, Taf. 13, Fig. 28—33.

Sicherer als die beiden früheren Bestimmungen dürfte diese sein, wenigstens ist die Übereinstimmung dieser an Formen reichen Art mit der genannten Art, die sowohl in Parschlug als in Radoboj vorkommt, in die Augen fallend.

Sowohl von dem Blatte Fig. 19, als vom Blatte Fig. 24 sind vergrösserte Darstellungen der Nervatur in den Figuren 19* und 24* beigegeben, die wohl ganz den Charakter der *Ilex*-Blätter an sich tragen.

Prinos Euboeos Ung.

Tab. XIII, Fig. 26.

P. foliis lanceolatis utrinque attenuatis integerrimis vel tenuissime denticulatis longe petiolatis membranaceis, nervis secundariis tenuibus subsimplicibus, rete nervorum minimorum exculpto.

Prinos Euboeos Ung. Wiss. Ergebn. einer Reise, p. 175, Fig. 40.

Ebenfalls nur in einem einzigen Blatte vorhanden, das jedoch durch seine feine Crenatur des Randes von dem a. a. O. abgebildeten abweicht, so wie auch hier die Secundärnerven weniger gekrümmt sind als dort. Indess stimmt dieses Blatt eben durch seinen gekerbten Rand besser zu den Blättern von *Prinos verticillatus* Lin., einem nordamerikanischen Strauche, als das früher beschriebene Blatt. Von dem fossilen *Prinus radobojanus* unterscheidet es sich nur durch den minderen Umfang.

IV. RHAMNEAE.

Rhamnus brevifolius A. Braun.

Tab. XIII, Fig. 1—6.

Rh. foliis brevipetiolatis ellipticis orbicularibusque subcoriaceis integerrimis apice interdum retusis uni-tripollicaribus, nervis secundariis utrinque paucis (4—5) camptodromis rete nervulorum tertiariorum inter se conjunctis.

In formatione miocenica ad Kumi insulae Euboeae.

O. Heer hat in seiner Tertiärflora der Schweiz (III, p. 18, Tab. 123, Fig. 27—30) eine *Rhamnus*-Art beschrieben und abgebildet, die ganz mit unseren Fossilien von Kumi, Fig. 4, 5, übereinstimmt. Heer hat nur kleinere Blätter aus Öningen, Locle, hohen Rhonen, La Barde bei Lausanne und St. Gallen vor sich gehabt. In Kumi kommen aber noch einmal so grosse vor, die allerdings den Blättern einer anderen Art gleichsehen würden, wenn nicht die Nervatur ganz und gar mit den kleineren Formen übereinstimmte. Ich habe nun diese zur Vergleichung in einer vergrösserten Abbildung, Fig. 6*, beigegeben, obgleich gerade an diesem am Rande etwas eingerollten Blatte die Verschlingung der Endtheile der Secundärnerven minder deutlich ersichtlich ist, dafür aber das Netz der Tertiärnerven um so klarer hervortritt.

Diese Art stimmt indess auch mit dem von mir beschriebenen *Rhamnus aizoides* überein, und es könnte wohl sein, dass beide fossile Arten nur Eine Art ausmachten, so wie ich dafür halte, dass man bisher viel zu viele fossile Arten dieser Gattung aufgestellt hat.

Heer vergleicht diese fossile *Rhamnus*-Art mit *Rhamnus tetragonus* vom Cap der guten Hoffnung.

CLASSIS TEREBINTHINEAE.

ORDO.

Juglandeae, Anacardiaceae, Burseraceae, Conaraceae.

I. JUGLANDEAE.

Juglans attica Ung.

Tab. XIV, Fig. 11, 12.

J. foliis impari pinnatis? multijugis? foliolis oblongis subfalcatis petiolatis tenuibus sesquipolli-
cem latis integerrimis, nervo primario valido, nervis secundariis crebris curvatis parallelis
apice inter se conjunctis.

In formatione miocenica ad Kymæ insulæ Euboeae.

Es liegen mir aus der vorletzten Sendung nur zwei Fiederblättchen, Fig. 11 und 12 vor,
die ich weder zu *Juglans rodobojana* noch zu *J. parschlugiana* bringen kann, wie ich es mit
einem noch unvollkommneren Exemplare irriger Weise that, indem ich es für übereinstimmend mit letzterer Art hielt (Ergebn. einer Reise, p. 179).

Es weichen diese beiden Blättchen sowohl durch ihre Form, wie durch ihre Grösse von
den beiden genannten Arten, von letzterer insbesondere noch durch die Nervatur ab. Das
seltene bisher nur bruchstückweise Vorkommen dieser Petrefacte erlaubt keine genaueren
Vergleiche mit den übrigen bisher bekannten *Juglans*-Arten anzustellen, daher die obige
Bestimmung nur als eine vorläufige zu gelten hat.

Carya bilinica Ung.

Tab. XIV, Fig. 13.

Carya bilinica Ung. Sylloge plant. foss. I, p. 39, Taf. 17, Fig. 1—10.

Ich vermag dieses Blatt, welches allein bisher in Kumi vorkam, nirgendwo besser einzureihen, als unter die Gattung *Carya* zu bringen, wo sie mit *Carya bilinica* noch am ersten
übereinstimmt. Diese Art wurde bisher in Bilin, in Swoszowice und in Taufen aufgefunden;
kürzlich erhielt ich sie auch aus Radoboj.

II. ANACARDIACEAE.

Rhus Helladotherii Ung.

Tab. XIV, Fig. 14, 15.

Rh. foliis trifoliolatis? foliolis lineari-lanceolatis acuminatis, brevipetiolatis integerrimis membra-
naceis, nervis secundariis crebris simplicibus ansis nervulorum laxis inter se conjunctis.

In formatione miocenica ad Kymæ insulæ Euboeae.

Diese Bestimmung muss so lange als zweifelhaft gelten, als nicht eine grössere Menge
von Theilblättchen gefunden und weitere Anhaltspunkte für die vorausgesetzte Dreizähligkeit
gewonnen werden.

In den Blättern von *Rhus angustifolia* Lin. und *Rh. riminalis* Vahl. vom Cap der guten
Hoffnung lassen sich entfernte Ähnlichkeiten wahrnehmen.

Rhus antilopum Ung.

Rh. foliis pinnatis? foliis ovato orbicularibus brevi petiolatis integerrimis membranaceis, nervis secundariis pinnatis simplicibusque.

In formatione miocenica ad Kumi insulae Euboeae.

Auch dieses Blattpaar, welches zufällig bei der Einschliessung in den Schlamm über einander zu liegen kam, hat eben dadurch die Meinung erregt, sie könnten wohl die Theilblättchen eines Folium pinnatum sein. Allerdings gibt es Blätter von *Rhus*-Arten, die Ähnlichkeiten mit diesen Fossilien zeigen.

III. BURSERACEAE.

Amyris Berenices Ung.

A. drupa ovali, putamine chartaceo monospermo foliis ternatis? foliolis ovato-lanceolatis obtusis tenuissime serratis petiolatis membranaceis, nervis secundariis ramosis.

In formatione miocenica ad Kyme insulae Euboeae.

Sowohl die hier Fig. 20 abgebildete Frucht, von der Fig. 20* eine Vergrösserung beigegeben ist, als die Blättchen sind nur mit einigem Zweifel zur Gattung *Amyris* zu bringen. Ähnliche Früchte aus Radoboj habe ich in meiner Syll. plant. foss. I, p. 47, Tab. 21, Fig. 17 bis 22 zur Gattung *Elaphrium* gebracht. Es ist schwer zu entscheiden, ob die in Rede stehende Frucht von Kumi nicht auch hieher gehörte, obgleich zwischen beiden Verschiedenheiten nicht undeutlich zu erkennen sind.

Was die Blättchen betrifft, so könnten sie wohl Theilblättchen eines zusammengesetzten Blattes sein und insoferne mit den Theilblättchen von *Amyris nana* Roxb. verglichen werden.

Amyris Canopi Ung.

A. foliis ternatis? foliolo medio longe-petiolato suborbiculari crenato membranaceo, nervis secundariis confertis divisis.

In formatione miocenica ad Kyme insulae Euboeae.

So zweifelhaft es auf den ersten Blick erscheint, in diesem Petrefacte das Theilblättchen eines zusammengesetzten Blattes zu erkennen, so geht aus der Vergleichung mit den Blättern von *Amyris maritima* Lin. hervor, dass der lange Blattstiel auch in dieser Pflanze dem Mittelblättchen zukommt. Eben so stimmt die Totalform und die Crenatur des Randes, so wie die membranöse Beschaffenheit mit demselben vollkommen überein, ja, wie aus der Verletzung der Spitze unseres Petrefactes hervorgeht, scheint auch bei diesem die kleine hervorragende Spitze, wie bei *A. maritima* nicht gefehlt zu haben. Noch mehr aber als alles dieses spricht die Nervatur für die Übereinstimmung mit der genannten Pflanze; ganz derselbe gestörte Parallelismus der Seitennerven, dieselbe Verzweigung und Bildung lockerer Maschen zeichnet es aus.

IV. CONARACEAE.

Omphalobium relictum Ung.

Tab. XIV, Fig. 22–25.

O. foliis pinnatis? foliolis ellipticis uni- bipollicaribus breviter petiolatis integerrimis subcoria-
ceis nervosis, nervis secundariis crebris ramosis ramulis inter se conjunctis.

Andira relicta Ung. Wiss. Ergebn. einer Reise, p. 183, Fig. 56.

In formatione miocenica ad Kymæ insulæ Euboeae.

Ich habe in meinem oft angeführten Werke diese Petrefacte mit den Theilblättchen einer
Dalbergiee, namentlich mit der amerikanischen *Andira pauciflora* Pohl verglichen, habe aber
dabei bemerkt, dass ungeachtet der formellen Übereinstimmung in Grösse, Gestalt und Stiel
doch die Nervatur in beiden verschieden sei. Indess auch der mehr stumpfe Winkel, in welchem die Secundärnerven von den Primärnerven entspringen, scheint, wie Fig. 25 zeigt,
nicht constant, und daher die Verwandtschaft mit dieser *Leguminose* einem gerechten Zweifel
unterworfen zu sein.

Dagegen scheinen die Blättchen einer ganz anderen Pflanze, nämlich des *Omphalobium*
discolor Lond. von Port Natal durch ihre mehr lederartige Beschaffenheit bei den übrigen
ähnlichen Eigenschaften eine viel grössere Übereinstimmung mit unserem Fossile zu besitzen.

Ich gebe hier Fig. 26 die Abbildung des Blattes und Fig. 26* das vergrösserte Bild
eines Theilblättchens dieses *Omphalobium*. Vergleicht man nun diese mit Fig. 23 und 24 und
vergrössert Fig. 23* und 24* der Petrefacte, so stellt es sich nicht mehr als zweifelhaft, sondern als höchst wahrscheinlich heraus, dass unser Fossil dieser Conaraceen-Gattung angehört und mit *Omphalobium* von Süd-Afrika zunächst verwandt ist.

CLASSIS CALYCIFLORAE.

ORDO.

Combretaceae.

COMBRETACEAE.

Terminalia radobojana Ung.

Es ist bisher nur das einzige Blatt gefunden worden, welches in den Wiss. Ergebn. einer
Reise, p. 180, Fig. 48 im Holzschnitte abgebildet wurde. Es gehört jedenfalls zu den grös-
ten Blättern der Localität von Kumi.

CLASSIS MYRTIFLORAE.

ORDO.

Myrtaceae.

MYRTACEAE.

Myrtus paradisiaca Ung.

Tab. XV, Fig. 5.

M. foliis rhombeis obtusis petiolatis integerrimis coriaceis, nervo primario solo conspicuo.

In formatione miocenica ad Kymæ insulæ Euboeae.

Scheint der Form, Grösse und Substanz nach ein Myrtenblatt zu sein. Mit den bereits beschriebenen Blättern von *Myrtus miocenica* Ung. und *M. minor* Ung. (Syll. plant. foss. III, p. 57, Tab. 18, Fig. 5—7) kommt dieses Fossil nicht überein. Als sein nächster Verwandter kann wohl *M. angustifolia* Hort. angesehen werden. Früchte fehlen.

Eucalyptus aegaea Ung.

Tab. XV, Fig. 1.

E. foliis lanceolatis acuminatis rectis v. subfalcatis longe petiolatis subcoriaceis, nervis marginalibus tenuissimis.

Eucalyptus aegaea Ung. Wiss. Ergebn. einer Reise, p. 181, Fig. 49.

In formatione miocenica ad Kyme insulae Euboeae.

Mit der letzten Sendung von Petrefacten aus Kumi fand sich nur dieses eine Blatt, welches hier Fig. 1 abgebildet ist. Im Grunde trägt dasselbe durch seine etwas sichelförmige Gestalt und durch seine auffallend derbe Substanz den Charakter von *Eucalyptus*-Blättern an sich.

Die Nervatur ist ziemlich gut erhalten, so dass man auch die dem Rande sehr genäherten Randnerven gut ausnehmen kann. Leider fehlt die Spitze, und eben so ist der Blattstiel schon nahe seiner Basis abgebrochen. Ich verglich dieses Blatt mit dem gleichnamigen Organe von *Eucalyptus melliodora*.

Was ich überdies a. a. O. p. 169 als *Elaiodes ligustrina* Ung. beschrieb und abbildete, dürfte, da es so wenig gut erhalten ist und ich ähnliche Blätter nicht mehr fand, wohl wahrscheinlich zu *Eucalyptus* gehören.

Callistemon eocenicum Ettingsh.

Tab. XV, Fig. 2—4.

C. foliis breviter petiolatis lanceolatis apice rotundatis mucronatis coriaceis integerrimis margine revoluto, nervo primario in mucronem excurrente, nervis lateralibus submarginalibus, secundariis ramosis.

Callistemon eocenicum Ettingsh. Beitr. z. foss. Flora von Sotzka, Sitzungsb. Bd. 28, p. 540, tab. 4, fig. 1.

In formatione miocenica ad Kyme insulae Euboeae.

Ich kann die hier abgebildeten Blätter nur mit grossen Zweifeln zu *Callistemon eocenicum* Ett. ziehen, dessen Beschreibung zur äusserst unvollkommenen Abbildung schon aus dem Grunde nicht passt, indem Spitze und Grund des Sotzkaer Blattes fehlen, hier aber beides so erhalten ist, dass man im Vergleiche mit den übrigen Eigenschaften des Blattes auf ein *Callistemon*-Blatt rathen kann. Von einer Nervatur ist Fig. 3 ausser dem Mittelnerven keine Spur ersichtlich, dagegen ist dieselbe in dem Blatte Fig. 2 so gut erhalten, dass eine vergrösserte Abbildung Fig. 2* sehr wohl eine Vergleichung mit dem Blatte von *Callistemon lanceolatus* DC., Fig. 4*, erlaubt. Sowohl Grösse und Form des Blattes, noch auffallender aber die Nervatur stimmen mit den analogen Theilen dieses neuholländischen Baumes überein.

CLASSIS **ROSIFLORAE.**

ORDO.

Amygdaleae.

Prunus aegaea Ung.

Tab. XIV, Fig. 27—33.

C. foliis petiolatis lanceolatis supra medium subtiliter crenato-serratis subcoriaceis levissimis penninerviis, nervo primario valido, nervis secundariis tenerrimis crebris simplicibus parum curvatis, fructu drupaceo putamine ovato parum compresso levi.

In formatione miocenica ad Kymæ insulæ Euboeae.

Es sind diese Petrefacte bisher nur äusserst sparsam in Kumi gefunden worden, allein es steht zu vermuthen, dass die Blätter zu den Früchten gehören, und diese auf die Gattung *Prunus*, nicht auf die Gattung *Amygdalus* hinweisen, wohin allerdings die Blätter mehr neigen.

Wie lang der Blattstiel war, ist nicht bekannt, da er in allen vorhandenen Exemplaren abgebrochen ist, auch fehlt den Blättern die äusserste Spitze. Deutlich dagegen ist die feine Crenatur der Ränder an der oberen Hälfte der Blätter zu erkennen, so wie aus dem Abdrucke die lederartige Beschaffenheit derselben und ihre glatte Oberfläche sattsam hervorgeht.

Der Form nach stimmt dieses Blatt sehr mit den Blättern von *Amygdalus radobojana* Ung. (Syll. pl. foss. III, p. 63, Tab. 19, Fig. 11—15) überein, und würden nicht die vorhandenen Früchte auf die Gattung *Prunus* hinweisen, so müssten sie ohne weiters zu jener fossilen Art gezogen werden.

Was die Früchte betrifft, von denen hier Fig. 30—33 vier Steinkerne abgebildet sind, so scheinen sie grösser als die von *Prunus mohikana* Ung. (Syll. plant. foss. III, p. 62, Tab. 19, Fig. 7) und mehr denen ähnlich zu sein, die ich als *Prunus nanodes* Ung. (Foss. Flora von Gleichenberg, Denkschr. d. kais. Akad. d. Wiss. Bd. VII, p. 26, Tab. 6, Fig. 11) beschrieben habe, welche Art sich mit *Prunus pygmaea* Willd. (*P. nepalensis* Cels.) vergleichen lässt. An Fig. 30 erkennt man sehr wohl die Rhaphe des Putamens.

CLASSIS **LEGUMINOSAE.**

ORDO.

Papilionaceae, Mimoseae.

I. PHASEOLEAE.

Rhynchosia populina Ung.

Tab. XV, Fig. 6.

Rh. foliis pinnatim trifoliolatis, foliolis deltoideo-acuminatis basi paululum productis, brevissime petiolatis membranaceis integerrimis, nervis secundariis basilaribus longissimis extus ramosis reliquis minoribus subsimplicibus.

Rhynchosia populina Ung. Wiss. Ergebn. einer Reise, p. 183, Fig. 54.

In formatione miocenica ad Kumi insulae Euboeae.

Eine jedenfalls selten unter den Petrefacten von Kumi vorkommende Pflanze, da unter mehreren Tausend Exemplaren bisher nur zwei Abdrücke dieser Art vorgekommen sind. Das a. a. O. abgebildete Blättchen war wahrscheinlich ein Endblättchen, während das vorliegende, Fig. 6, eher ein Seitenblättchen zu sein scheint. Die Übereinstimmung mit den homologen Theilen von *Rhynchosia florissima* aus Abyssinien und noch mehr mit *Rhynchosia (Copisma) gibba* E. M. vom Cap der guten Hoffnung, Fig. 7, ist nicht zu verkennen.

Rhynchosia Ammonia Ung.

Tab. XV, Fig. 8.

Rh. foliis trifoliolatis, foliolis e basi cordata ovatis obtusis brevissime petiolatis integerrimis membranaceis, nervis secundariis tribus-quatuor arcuatis simplicibus nervillis tertiariis inter se conjunctis.

In formatione miocenica ad Kymen insulae Euboeae.

Es ist mir nur dieses einzige Blättchen bisher aufgestossen, das wohl ohne Zweifel nur das Theilblättchen einer Leguminose sein kann. Der Vergleich mit *Rhynchosia*-Arten zeigte die grösste Übereinstimmung mit den Blättern von *Rhynchosia pilosa* Harv. von Port Natal, von dem Fig. 9 eine Abbildung gibt.

Rhynchosia Isidis Ung.

Tab. XV, Fig. 12—15.

Rh. foliis trifoliolatis, foliolis minimis basi aequali oblongis obtusis subcoriaceis brevissime petiolatis, nervis secundariis simplicibus pinnatis.

In formatione miocenica ad Kumi insulae Euboeae.

Auch diese vier Blättchen möchte ich ihrer Basis und Nervatur nach lieber als Theile eines dreitheiligen als eines gefiederten Blattes ansehen, und da auch unter der Gattung *Rhynchosia* dergleichen kleine Blätter vorkommen, so nehme ich keinen Anstand, sie mit solchen zu vergleichen.

Ich habe zu dem Zwecke Fig. 16 ein Blatt von *Rhynchosia glandulosa* DC. (*Copisma glabrum* E. M.) gezeichnet, woraus die nahe Verwandtschaft unserer Fossilien ersichtlich wird. Dass die beiden Blättchen Fig. 14 und 15 bedeutend kleiner als die Blättchen Fig. 12 und 13 sind, hindert nicht, sie als eine Art zu betrachten, indem bei den Rhynchosien gewöhnlich die oberen Blätter des windenden Stengels um die Hälfte und mehr noch kleiner sind als die unteren.

Rhynchosia Osiridis Ung.

Tab. XV, Fig. 10.

Rh. foliis trifoliolatis, foliolis ovato-obtusis brevissime pedicellatis integerrimis, nervo primario subexcurrente, nervis secundariis ramosissimis.

Prosopis comarus Ung. Wiss. Ergebn. einer Reise, p. 185, Fig. 82.

In formatione miocenica ad Kymen insulae Euboeae.

Gleichfalls ein stielloses Blättchen, das mehr einem *Folium trifoliatum* als einem *Folium pinnatum* anzugehören scheint.

11 *

Ich habe viel herumgesucht, um Blättchen mit dieser ausgezeichneten Nervatur zu finden, und glaubte es auch in den Blättchen des chinesischen *Conarus microphyllus* Hook gefunden zu haben.

Eine jedenfalls näher liegende Verwandtschaft scheint mir jetzt in der *Rhynchosia puberula* Harv., Fig. 11, zu liegen, einem Strauche, der in den grasreichen Triften des Caplandes wächst.

Glycine glycyside Ung.

Tab. XV, Fig. 17—20.

Glycine glycyside Ung. Wiss. Ergebn. einer Reise, p. 182, Fig. 51.

Es dürfte nicht weit fehlgegriffen sein, die vorstehenden Blätter ebenfalls in die Verwandtschaft der so eben betrachteten zu bringen. Ähnlichkeiten mit *Glycine ovatifolia* (l. c. Fig. 53) und *Glycine Schimperi* Hochst. (l. c. Fig. 52) sind nicht zu übersehen.

Ob aber diese Art nicht mit *Rhynchosia Isidis* in eins zusammenfällt, kann erst durch weitere glückliche Funde entschieden werden.

II. CAESALPINIAE.

Caesalpinia antiqua Ung.

Tab. XV, Fig. 21.

C. foliis abrupte pinnatis? pinnulis undecim Millim. longis basi obliqua oblongis obtusis membranaceis, nervis secundariis pinnatis.

In formatione miocenica ad Kymae insulae Euboeae.

Bisher ist nur ein einziges Blättchen dieser Art vorhanden, dasselbe trägt jedoch alle Kennzeichen eines Theilblättchens und lässt sich am ehesten mit den Blättchen einer *Caesalpinia*-Art aus China, Fig. 22, vergleichen. Weniger scheint es mit den sonst gleichgestalteten Blättchen von *Stryphnodendron polyphyllum* Mart. und anderen überein zu kommen.

Caesalpinia europaea Ung.

Tab. XV, Fig. 23—25.

C. foliis pinnatis? foliolis ovato-obtusis vel retusis brevipetiolatis subcoriaceis integerrimis, nervis secundariis pinnatis apice ramosis.

In formatione miocenica ad Kymae insulae Euboeae.

Diese die Länge eines Zolles kaum erreichenden Blättchen von ovaler Gestalt mit eingedrückter Spitze und kurzem Stielchen lassen sich füglich mit den gleichnamigen Theilen mehrerer *Caesalpinia*-Arten vergleichen. Zu dem Zwecke habe ich ausser der vergrösserten Darstellung der Blättchen, Fig. 23* und 25*, noch die Abbildungen einer *Caesalpinia*-Art aus Mexiko, Fig. 26, und einer zweiten aus Brasilien, Fig. 27, hinzugefügt. Grösse, Form und Nervatur stimmen eben so mit der einen wie mit der anderen Art auffällig überein.

Cassia aegaea Ung.

Tab. XV, Fig. 28—30.

C. foliis plurijugis? foliolis lanceolato-linearibus acuminatis integerrimis membranaceis brevipetiolatis, nervis secundariis pinnatis.

In formatione miocenica ad Kymae insulae Euboeae.

Um nicht zu viele unsicher gegründete Species fossiler Pflanzen aufzustellen, würde ich gerne dieses Petrefact aus Kumi zur *Cassia ambigua* Ung. (Sylloge plant. foss. II, p. 29, Tab. 10, Fig. 9) gezogen haben, wenn es doch nicht zu sehr von dieser Art abwiche. Gesetzt, diese drei Blättchen gehören zusammen, so stimmt wohl *Cassia Parkeriana* DC. besser mit denselben überein als *Cassia corymbosa.* Am meisten jedoch dürfte wohl *Cassia Coromandeliana* Jacq., Fig. 31, auf die Verwandtschaft unserer Petrefacte Anspruch machen.

Cassia Memnonia Ung.

Tab. XV, Fig. 32, 33.

Cassia Memnonia Ung. Sylloge plant. foss. II, p. 29. Taf. 10, Fig. 4—8.

Anders scheint es mit den Fig. 32 und 33 abgebildeten Petrefacten zu stehen, die allerdings in den als *C. Memnonia* l. c. beschriebenen Pflanzenabdrücken ihre gleichen Angehörigen finden.

Cassia vetula Ung.

Tab. XV, Fig 34.

C. foliis plurijugis? foliolis ovatis obtusis basi subaequalibus sessilibus integerrimis rugoso-nervosis coriaceis.

In formatione miocenica ad Kyme insulae Euboeae.

Auch zweifelsohne ein Fiederblättchen, das in den Fiedertheilen *Cassia (Chamaefistula) rugosa* Don., Fig. 35, aus Brasilien sein Ebenbild hat.

Copaifera kymeana Ung.

Tab. XV, Fig. 37—41.

C. legumine ovato-oblongo breviter stipitato oblique apiculato compresso, monospermo, foliis pinnatis, foliolis ovato-oblongis obtusis pedicellatis coriaceis, nervo primario valido, nervis secundariis creberrimis simplicibus fere evanidis.

Copaifera kymeana Ung. Sylloge plant. foss. II, p. 32, Taf. 11, Fig. 10.
Copaifera radobojana Ung. Wiss. Ergebn. einer Reise, p. 184.

In formatione miocenica ad Kyme insulae Euboeae.

Ich reproducire hier in Fig. 37 die fossile Frucht der bereits beschriebenen Copaifera-Art, welche seither nicht mehr in Kumi gefunden worden ist. Dazu bringe ich nur einige Theilblättchen, welche sich im Vergleiche mit den lebenden Copaifera-Arten ohne Zweifel als zu einer Art gehörig erweisen. Sie sind über einen Zoll lang, von verschiedener Grösse und mit vielen parallel laufenden unverzweigten Secundärnerven versehen, die aus dem starken Mittelnerven entspringen, aber wegen der lederartigen Beschaffenheit des Blattes nicht immer deutlich zu erkennen sind. Eine Vergrösserung der unteren Hälfte des Blättchens, Fig. 41 in Fig. 41* bestätigt die Ähnlichkeit mit den Copaifera-Blättchen. Der Stiel ist bald länger bald kürzer.

Bauhinia olympica Ung.

Tab. XV, Fig. 36.

B. folio obovato-orbiculari apice leviter bilobo petiolato integerrimo membranaceo, nervo primario excurrente valido, nervis lateralibus basilibus curvatis indivisis, nervulis tertiariis transversalibus cum nervo primario conjunctis.

In formatione miocenica ad Kyme insulae Euboeae.

Bisher ist nur dieses einzige Blatt gefunden worden, das zwar durch die zweilappige Gestalt ausgezeichnet ist, und insofern mit den Blättern der *Bauhinia*-Arten übereinkommt, sich jedoch durch den Umstand, dass jedem dieser Lappen nur ein Mittelnerv zukommt, auffallend von den Blättern der *Bauhinia*-Arten unterscheidet, deren Lappen durchaus drei und mehrere Nerven besitzen.

III. MIMOSEAE.

Prosopis graeca Ung.

P. foliis bipinnatis? foliolis minimis inaequali-obovatis retusis integerrimis brevi petiolatis, nervis secundariis simplicibus curvatis.

Prosopis graeca Ung. Wiss. Ergebn. einer Reise, p. 284, tab. 59.

In formatione miocenica ad Kyme insulae Euboeae.

Ich kann dem a. a. O. abgebildeten Theilblättchen kein zweites hinzufügen, muss aber meine Ansicht aufrecht erhalten, dasselbe in nächste Beziehungen mit *Prosopis phyllanthoides* Popp. zu stellen.

Prosopis kymeana Ung.

Tab. XVI, Fig. 1—3.

P. foliis bipinnatis? foliolis parvis lanceolato-linearibus basi aequalibus retusis brevissime petiolatis nervosis, nervis secundariis angulo acuto e nervo primario exorientibus simplicibus reticulo nervulorum minimorum conjunctis.

In formatione miocenica ad Kyme insulae Euboeae.

Diese Blättchen verrathen sich wohl gleich als Mimoseen-Blättchen. Der kurze angeschwollene Stiel macht diese Voraussetzung nur noch wahrscheinlicher. Untersucht man sie bei schwacher Vergrösserung, so fallen die zahlreichen aus dem Mittelnerven in einen spitzen Winkel entspringenden Secundärnerven auf, die wie Fig. 2* und 3* zeigen, ein feines langgezogenes Maschennetz bilden. Eine solche Nervatur ist den Blättchen von *Prosopis* nicht selten. Zur Vergleichung sei die Abbildung eines Blattheiles von *Prosopis Siliquastrum*, Fig. 4, beigefügt. Sind die Blättchen gleich schmäler und länger, so zeigen sie doch eine eben solche Nervatur. Noch näher kommen dem Fossile die Blättchen von *Prosopis spicigera* L., nur haben diese eine ungleiche Basis, welche den fossilen Blättchen fehlt.

Acacia prisca Ung.

Tab. XVI, Fig. 5.

A. foliis pinnatis? foliolis ovato-acuminatis in petiolum brevem attenuatis subrhombeis integerrimis coriaceis, nervo primario solo conspicuo.

In formatione miocenica ad Kumi insulae Euboeae.

Dass dieses 15 Millim. lange, fast rhombisch gestaltete Blättchen das Theilblatt eines gefiederten Blattes ist, lässt sich nicht bezweifeln, jedoch ist es sehr schwierig, zu sagen, ob es der Gattung *Acacia* angehört, wofür jedoch manches spricht. Einstweilen mag es also in dieser Gattung eingeschaltet sein.

Mimosa Medeae Ung.

Tab. XVI, Fig. 4—8.

M. pars leguminis compressi articulati a replo soluta; foliis pinnatis, pinnulis sessilibus ovato-oblongis obtusis membranaceis integerrimis, nervis secundariis e nervo primario angulo acuto secedentibus basi approximatis simplicibusque.

In formatione miocenica ad Kymu insulae Euboeae.

Noch schwerer als bei der vorhergehenden Art ist die Bedeutung der hier vereinten Theile aufzufinden. In Fig. 8 sieht man einen ovalen, nervenlosen, mehr derben als zarthäutigen Pflanzentheil, der einige unregelmässige Falten besitzt. Ich kann daran nichts anders als die Klappe einer Hülsenfrucht erkennen, und bei dem gänzlichen Fehlen einer Naht kann ich nur voraussetzen, dass sich diese bereits getrennt habe. Nichts passt somit auf dies räthselhafte Petrefact besser, als der Vergleich mit dem von Replum getrennten Hülsentheil der Gliederhülse von *Mimosa*, wie uns dies ein Blick auf Fig. 9 lehrt.

Damit vereinige ich aber auch die beiden Theilblättchen, Fig. 6, 7, die mir zwar mehr mit Blättern von *Acacia*, als mit Mimosen-Blättchen übereinzustimmen scheinen. Ich muss es daher aus Mangel eines hinreichenden Materiales der Zukunft überlassen, hier Licht zu verbreiten. Vom Blättchen Fig. 6 ist zur Verdeutlichung der Nervatur die Vergrösserung desselben Fig. 6* beigefügt.

Inga Icari Ung.

Tab. XVI, Fig. 10.

I. foliis pari-pinnatis, foliolis magnis ovato-lanceolatis acuminatis brevissime pedicellatis integerrimis membranaceis, nervo primario valido, nervis secundariis crebris arcuatis simplicibusque.

In formatione miocenica ad Kymu insulae Euboeae.

Wir haben aller Wahrscheinlichkeit nach in diesem gut erhaltenen Petrefacte das Theilblättchen eines grossen gefiederten Blattes vor uns. Der fast mangelnde Stiel, die langgezogene Spitze, so wie die ungleiche Basis sprechen dafür. Vergebens habe ich mich in verschiedenen Pflanzenfamilien um verwandte Blattformen umgesehen, bis ich auf die Blätter der *Inga*-Arten stiess. Obgleich mehrere derselben im tropischen Asien und Amerika einheimischen Arten unserem Fossile nahe kommen, so stimmen doch die Blätter keiner Art so auffallend mit demselben überein, als die der *Inga semialata* Mart., wesshalb ich eine Zeichnung, Fig. 11, vom Blatte dieser Pflanze beigebe.

EPILOG.

Vorstehende Abhandlung war im Frühjahre 1866 geschrieben und in den ersten Tagen des Monates Juli, so wie sie hier im Drucke vorliegt, der kais. Akademie der Wissenschaften übergeben.

Jetzt nach drei Viertel Jahren, wo der Druck vollendet wurde, hat sich durch Aufklärungen, welche die Wissenschaft seit jener Zeit empfing, manches in meiner Anschauungsweise geändert, so dass ich nicht umhin kann, die in der Einleitung ausgesprochenen Ansichten hie und da zu modificiren und zu ergänzen.

Vor Allem muss ich darauf hinweisen, dass die pflanzenführenden Schichten von Kumi und die rothen Thone von Pikermi mit den Säugethier-Resten, welche als gleichzeitige Ablagerungen angenommen wurden, doch nicht in einen Zeitraum fallen, sondern verschiedenen Perioden angehören.

Überall, wo in Nord-Griechenland und auf der Insel Euboea die mergeligen und kalkigen Süsswasserablagerungen auftreten, sind dieselben von rothem Thon, rothen Sand und Conglomeraten begleitet, ja wechsellagern damit sogar. Dasselbe ist auch bei Pikermi der Fall, nur sind an dem letzteren Orte die kalkigen Süsswasserschichten in gestörter Lage, während die rothen Thone in scheinbar horizontalen Schichten darüber lagern.

Das den Süsswasserschichten ehedem allgemein zugeschriebene junge Alter, das aus den vorgefundenen Conchylien und Pflanzenresten gefolgert wurde, bestärkte mich noch mehr in der Ansicht über die Gleichzeitigkeit beider Ablagerungen. Da sich jedoch das jüngere Alter dieser Süsswasserablagerungen aus der näheren Untersuchung der Pflanzenreste keineswegs als richtig ergab, ja dieselbe vielmehr dem Niveau von Sotzka — Unter-Miocän — gleich zu stehen schien, so hatte ich auch den Thierresten von Pikermi eben dasselbe Alter zugedacht.

Dieses kann jedoch nach übereinstimmenden Untersuchungen nicht tiefer als Ober-Miocän gestellt werden. Es würden somit, falls beide Schichtencomplexe einer Periode angehörten, die Pflanzen eines viel tieferen Horizontes sich mit Thieren jüngeren Alters vereiniget haben, was nicht denkbar ist.

Vergleicht man die Flora von Kumi mit der Flora von Sotzka, Radoboj und Sagor, welche jener von Rallingen der Schweiz entsprechen, so treten ungeachtet der Übereinstimmung im Ganzen doch so auffallende Unterschiede hervor, dass man dieselben nicht anders als durch Örtlichkeitsverhältnisse herbeigeführte Specialitäten bezeichnen kann, und es wird sich nicht nur hier, sondern bei weiterer Ausdehnung unserer Erfahrungen immer mehr und mehr herausstellen, dass zur Zeit der unteren Miocänperiode sich schon verschiedene Florengebiete zu trennen anfingen.

Während wir in Sotzka und Radoboj noch wenig Gewächse mit periodisch abfallenden Blättern wahrnehmen, tritt in Kumi schon ein merkliches Procent davon auf. Eben so finden sich in jenen Floren nur sparsame Andeutungen eines südafrikanischen Characters, während derselbe in Kumi bei weitem deutlicher hervorleuchtet. Wenn ich daher für Sotzka den oceanischen Charakter seiner Flora vindicirte, so gilt das für Kumi ungeachtet der bedeutenden Übereinstimmung ihres Pflanzeninhaltes nur theilweise.

Ich folgere daraus, dass mit der beginnenden Trennung der Florengebiete aus einem ursprünglich über die ganze Erde verbreiteten mehr oder weniger gemeinsamen Charakterbilde die nach Örtlichkeitsverhältnissen entspringenden Vertheilungen stattfanden.

Nicht Pflanzen von Neu-Holland und den oceanischen Inseln sind nach Europa gewandert, nicht Gewächse von Amerika haben eine Brücke nach unseren Welttheil gefunden, sondern umgekehrt, aus dem gemeinsamen Stammlande, das sich über die ganze Erde verbreitete, haben sich die Charakterpflanzen nach und nach auf jene Erdtheile zurückgezogen, die ihrer Entwicklung am günstigsten waren. Dort haben sich dieselben in ihrer Weise weiter in einer grösseren oder kleineren Nachkommenschaft entfaltet, haben die übrigen Gewächse als weniger entwicklungsfähig verdrängt, und begünstigt durch Abschliessung geographischer Schranken auf diese Weise jene Floren erzeugt, die wir gegenwärtig in so grosser und bunter Mannigfaltigkeit über der ganzen Erde wahrnehmen.

So ist es nun auch gekommen, dass wenigstens ein Theil der gegenwärtigen südafrikanischen Flora Vorältern in Kumi hatte, deren unmittelbare Nachkommen durch Veränderung der klimatischen Verhältnisse genöthigt wurden, sich allmählich nach Afrika u. s. w. zurückzuziehen, wo sie allein noch die Bedingungen ihrer Existenz und den Antrieb zu neuen Entfaltungen finden konnten.

Räthselhaft bleibt es nur noch, wie eine in Griechenland (Pikermi) in einer viel späteren Zeit (Ober-Miocän) lebende Thierwelt von unverkennbar südafrikanischem Charakter sich erhalten konnte, wo Klima und Vegetation, die einst allerdings entsprechend auf sie einwirken könnte, schon bedeutende Veränderungen erfahren haben musste.

Dieses Räthsel lässt sich nach unseren gegenwärtigen Erfahrungen nur dadurch lösen, dass man annimmt, Klima und Vegetation habe sich aus einer viel früheren Periode nicht verändert, sondern, begünstigt durch uns noch unbekannte Örtlichkeitsverhältnisse, mehr oder weniger unverändert erhalten und nur so ist es möglich zu begreifen, wie eine erhebliche Zahl von grasfressenden Thieren sich auf diesem Terrain eine ihnen zusagende Nahrung finden konnte.

Wir kennen zwar die Säugethiere nicht, die gleichzeitig mit den Ablagerungen der Süsswasserformation in Griechenland und in Kleinasien lebten, müssen jedoch annehmen, dass die Thiere in Pikermi ihre Epigonen sind, die allerdings aus der unteren Miocänzeit durch die mittelmiocäne oder sarmatische Periode eine nicht unbeträchtliche Veränderung erfahren haben.

Sind unsere Wahrnehmungen von der Ungleichzeitigkeit der Ablagerung von Kumi und Pikermi richtig, so bleibt zur Erklärung der vorhandenen Thatsachen nichts übrig als die Annahme, dass, während die Thierwelt durch die geraume Zeit von zwei Perioden sich auf demselben Terrain nicht unbedeutend veränderte, dasselbe keineswegs zugleich mit der Vegetation stattfand, welche diesen Boden bedeckte.

Diese Erklärung findet allerdings einige Stütze in der immer mehr und mehr festen Fuss fassenden Anschauung, dass die geologischen Perioden keine abgeschlossenen, durch plötzliche Veränderungen der organischen Welt begrenzten Zeiträume bilden. Wenn nun alle grösseren Perioden durch allmähliche Übergänge an einander hängen, so kann eswohl geschehen, dass durch Veränderungen in der Vertheilung von Land und Wasser Örtlichkeitsverhältnisse entspringen, die solche Übergänge in einem Wesenreiche eher verlangsamen als beschleunigen, je nachdem die Lebens- und Entwicklungsbedingungen günstiger werden, während in dem anderen Wesenreiche gerade das Entgegengesetzte der Fall ist.

Es kann daher vorkommen, dass auf demselben Terrain die Thierwelt sich rascher dem Metamorphismus hingibt als die Pflanzenwelt, indem die eine verändert wird, während die andere für längere Zeit stationär bleibt.

Vielleicht löst die Zukunft dieses widerspänstige Räthsel der Wahrheit entsprechender, als ich es hier vermochte.

1 2 Callitris Brongniarti Endl. sp   3 4 Glyptostrobus europaeus Brong sp.

Unger Die fossile Flora von Kumi auf d. Insel Euboea.

Taf. II.

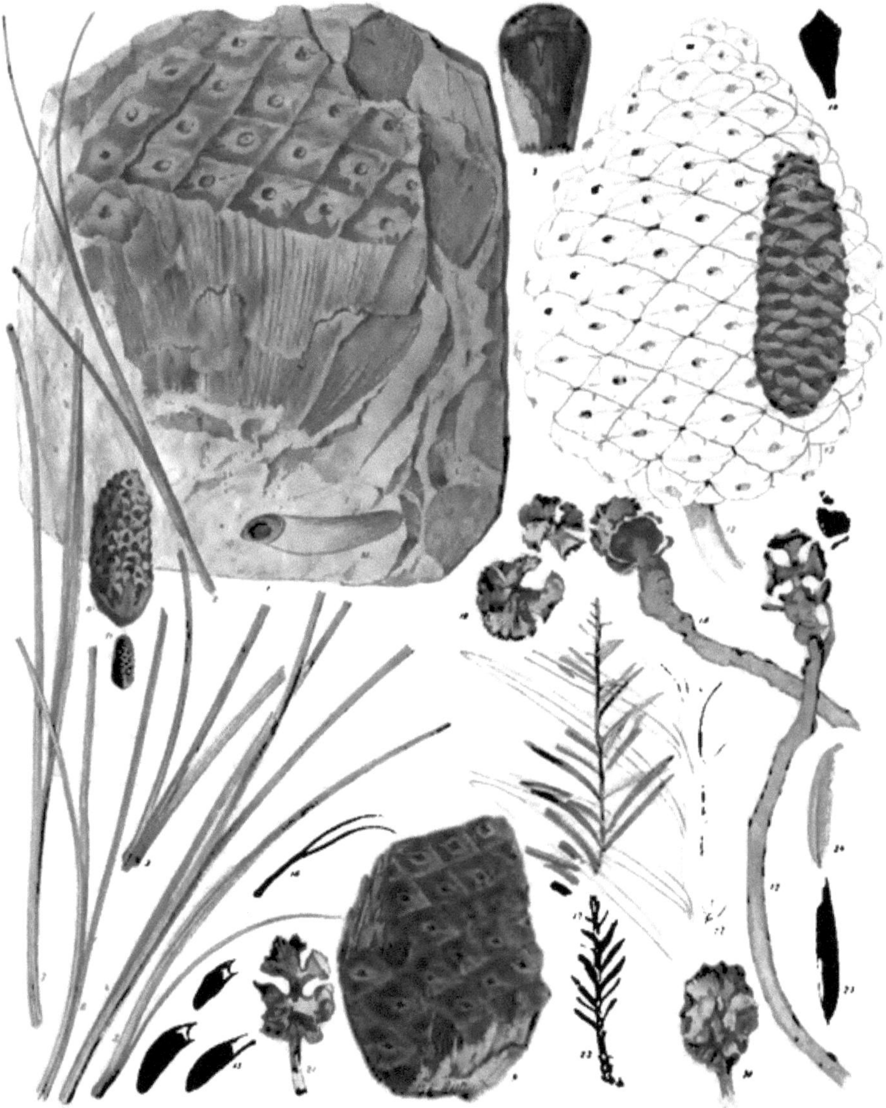

1 12. Quercus mediterranea Ung. 13 28. Quercus Kumiana Ung. 29 30. Populus attenuata A.Br. 31. Grewilea Kymeana Ung.

Denkschriften der k. Akad. d. Wissensch. mathem. naturw. CLXXVII.Bd. 1867.

1–10 *Cinnamomum lanceolatum* Ung sp 11–24 *Cinnamomum Scheuchzeri* Heer 25–30 *Cinnamomum subrotundum* Heer 31–32 *Cinnamomum Rosmäßleri* Heer 33–38 *Laurus Lalages* Ung 39 *C. Buchii* Heer.

1.6 *Sideroxylon Putterlickii* Ung; 10 *Sideroxylon hepios* Ung 12.13 *Chrysophyllum atticum* Ung 16.28 *Chrysophyllum olympicum* Ung 29 *Bumelia Lupucana* Ung 30 *Bumelia Aenidum* Ung 31.34 *Bumelia minor* Ung 35.36 *Myrsine Selenes* Ung 37 *Myrsine grandis* Ung 38 *Myrsine grossa* Ung 39 *Vurleu relicta* Ung 40.41 *Rayena grossa* Ung

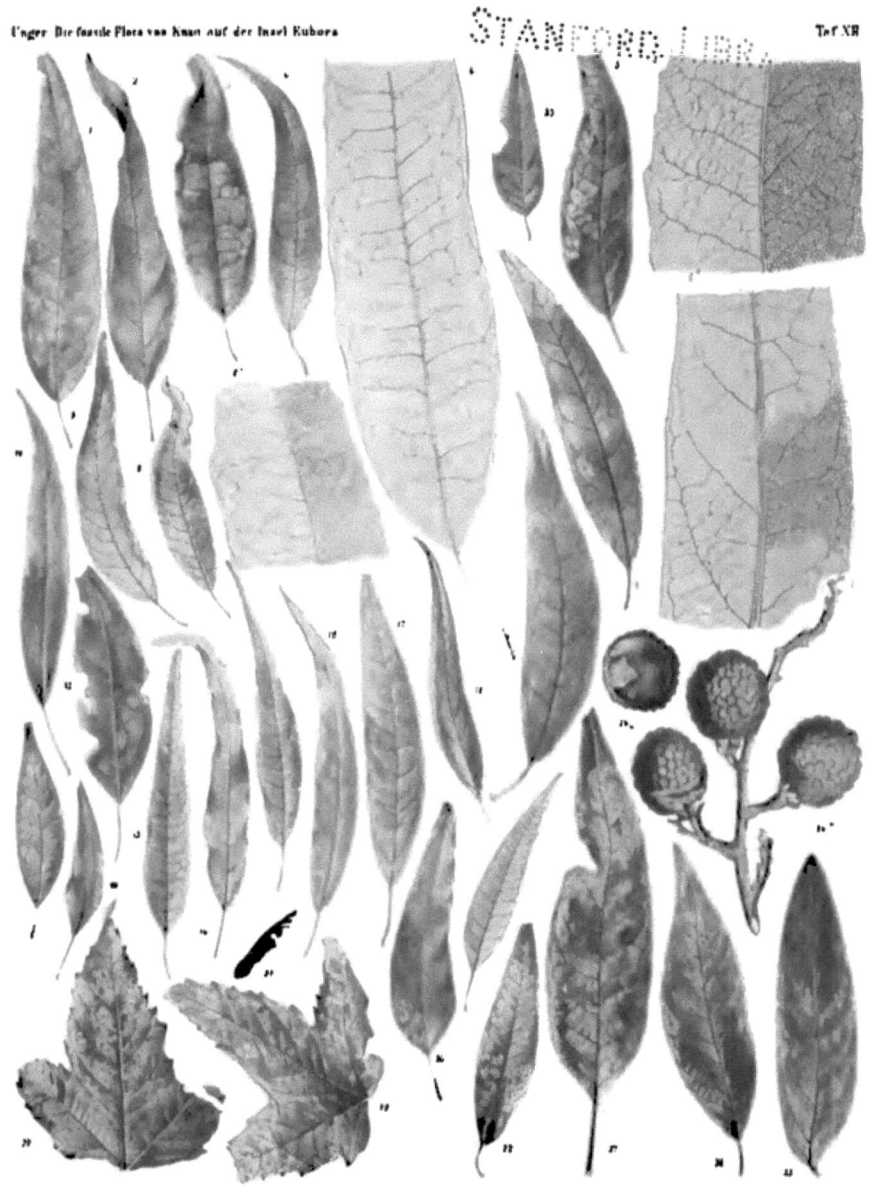

1 4 Rhamnus brevifolius Met i 9 Celastrus Pesae Ung 10 11 Celastrus oxyphyllus Ung 12 13 Celastrus gaucus Ung. 14 Ilex cyclophylla Ung. 15 18 Ilex neogena Ung. 19 25 Ilex ambigua Ung 26 Prinos Euboeus Ung. 27 Pittosporum hymelaeum Ung. 28 30 Rhus

1 Eucalyptus agata Ung 2 4 Callistemon coronium KB 5 Myrtus paradisiaca Ung 6 Rhynchosia populina Ung 8 Rhynchosia Armenia Ung
10 Rynchosia Oviredis Ung 12 15 Rhynchosia Iridis Ung 17 20 Glycine glycycode Ung 21 Caealpinia antiqua Ung 23 25 Caealpinia europara U
28 30 Cafsia agata Ung 32 33 Cafsia Memnonia Ung 34 Cafsia retista Ung 36 Bankasa olympica Ung 37 41 Copaifera Kymeana Ung

ÜBER DIE

TÄGLICHEN ÄNDERUNGEN DER TEMPERATUR

NACH DEN BEOBACHTUNGEN

DER METEOROLOGISCHEN STATIONEN IN ÖSTERREICH.

VON

Dr. K. JELINEK,

WIRKLICHEM MITGLIEDE DER KAISERLICHEN AKADEMIE DER WISSENSCHAFTEN

VORGELEGT IN DER SITZUNG DER MATHEMATISCH-NATURWISSENSCHAFTLICHEN CLASSE AM 12. JULI 1866

Die Bestimmung des Temperaturganges in der täglichen Periode ist nach mehrfacher Richtung hin von Bedeutung.

Erstlich gewährt schon die Amplitude der Temperaturschwankungen in der täglichen Periode einen Anhaltspunkt zur klimatischen Charakterisirung der verschiedenen Beobachtungsorte, und wir werden sehen, dass auch in der in Bezug auf meteorologische Verhältnisse beschränkten Ausdehnung der österreichischen Monarchie sehr erhebliche Unterschiede wahrgenommen werden, zweitens hat die Untersuchung des täglichen Temperaturganges in allen Fällen voranzugehen, wenn Stationen, die zu verschiedenen Stunden beobachten, mit einander verglichen werden sollen, oder wenn die gewählte Combination der Beobachtungsstunden eine solche ist, die sich ziemlich weit von dem sogenannten wahren oder 24stündigen Mittel entfernt. In solchen Fällen ist die Ermittlung einer Correction um das einfach abgeleitete Mittel auf ein 24stündiges zurückzuführen unbedingt nothwendig, und es ist zu bedauern, dass diesem wichtigen Umstande nicht überall die entsprechende Beachtung zugewendet wird. Was nützt es z. B. die Temperaturmittel bis auf Hundertel-Grade zu berechnen, wenn die gewählte Stunden-Combination eine solche ist, dass das einfache Mittel sich um mehr als einen oder zwei Grade von dem wahren (24stündigen) Mittel entfernt? Klimatologische Betrachtungen auf solche Zahlen gegründet, Isothermen, nach ihnen gezogen, müssen zu ganz irrigen Schlüssen verleiten. Um in dieser Beziehung nur einige Beispiele anzuführen, so gibt P. A. Secchi, Director des Observatoriums im Collegio Romano (dessen hohe Verdienste im Gebiete der Meteorologie und Astronomie keineswegs dadurch in den Schatten gestellt wer-

12 *

den sollen) die mittlere Temperatur im Durchschnitte der vier Tagesstunden 7ʰ. 12ʰ, 3ʰ und 9ʰ. Die nachfolgende Untersuchung wird zeigen, dass nach den Mailänder Beobachtungen diese Combination ein Mittel gibt, welches in den einzelnen Monaten

	Jänner	Februar	März	April	Mai	Juni	Juli	August	Sept.	Oct.	Nov.	Dec.
um	0·36	0·48	0·63	0·68	0·88	1·03	1·10	0·93	0·85	0·57	0·39	0·33

Grad Réaumur zu hoch ist.

In Mailand wird das Tagesmittel der Temperatur aus den 6 Tagesstunden 6ʰ und 9ʰ Morgens, 12ʰ Mittags, 3ʰ, 6ʰ und 9ʰ Abends berechnet. Dieselbe Untersuchung zeigt, dass dieses Mittel das wahre oder 24stündige übertrifft im

	Jänner	Februar	März	April	Mai	Juni	Juli	August	Sept.	Oct.	Nov.	Dec.
um	0·24	0·34	0·52	0·63	0·79	0·95	1·00	0·83	0·72	0·44	0·28	0·20

Grad Réaumur.

In dem neuen, vom italienischen Ministerium für Ackerbau, Gewerbe und Handel eingeführten Beobachtungssysteme sind die Stunden 9ʰ Morgens, 3ʰ und 9ʰ Abends gewählt. Nach den Mailänder Beobachtungen übertrifft diese Combination das wahre Tagesmittel im

	Jänner	Februar	März	April	Mai	Juni	Juli	August	Sept.	Oct.	Nov.	Dec.
um	0·29	0·49	0·67	0·80	1·06	1·24	1·38	1·17	0·94	0·57	0·33	0·26

Grad Réaumur.

Blieben die täglichen Temperatur-Änderungen für alle Jahre und für alle Orte eines Landes dieselben, so könnte man dem oben bezeichneten Übelstande sehr leicht durch Anbringung einer constanten Correction begegnen. Indessen ist die tägliche Temperatur-Änderung (und somit auch die Correction der Mittel) in verschiedenen Jahren keineswegs eine gleichbleibende, wie dies Lamont erst unlängst[1]) für München nachgewiesen hat, und auch zwischen verschiedenen Orten eines Landes finden sehr erhebliche Unterschiede Statt, die einerseits in der Aufstellungsweise des Thermometers (je nachdem es in mehr oder weniger geschützter Lage, in grösserer oder geringerer Entfernung von der Erdoberfläche angebracht ist) ihren Grund haben.

Die Aufgabe, welche die vorliegende Abhandlung zu lösen versucht, ist eine doppelte: erstlich das vorhandene Beobachtungsmateriale derart zu verwerthen, dass für mehrere Punkte der österreichischen Monarchie das Gesetz der täglichen Temperatur-Änderungen bestimmt würde: zweitens eine Methode anzugeben, durch welche die erforderlichen Correctionen, um ein aus irgend einer Combination von Beobachtungsstunden abgeleitetes einfaches Mittel auf ein wahres (24stündiges) zurückzuführen, mit grösserer Schärfe als bisher und insbesondere mit Rücksicht auf die Temperatur-Änderungen an diesem bestimmten Orte berechnet werden können. In letzterer Beziehung scheint mir das Verfahren, dessen man sich gewöhnlich bei Anbringung solcher Correctionen bedient (wenn man sich überhaupt 'die Mühe gibt, selbe zu berücksichtigen), nämlich ohne weiters vorauszusetzen, dass die Änderungen an dem betreffenden Orte eben so erfolgen, wie an der Normalstation, allzu primitiv.

Insbesondere bei den Stationen des österreichischen Beobachtungsnetzes, bei welchen die freiwilligen nicht remunerirten Beobachter, so wie die Beobachtungsstunden häufig wechseln,

---

[1]) Wochenbericht Nr. 46 der k. Sternwarte bei München.

ist ein Zurückführen der Temperaturmittel auf 24stündige Mittel durchaus nothwendig, wenn die Resultate vergleichbar sein sollen.

Was das vorhandene Beobachtungsmateriale anbelangt, so ist dieses wohl kein sehr reichliches zu nennen. Blos drei Stationen: Wien, Prag und Salzburg [1]) sind mit Thermo-Auto-graphen ausgestattet, die übrigen in Betracht gezogenen Stationen Dées (in Siebenbürgen), Gratz, Oberschützen und Schössl haben blos mehrere unmittelbare Ablesungen des Thermo-meters während des Tages (im Minimum fünf) aufzuweisen. Eben so verhält es sich mit den Beobachtungen der Sternwarte zu Mailand, der einzigen Station im Auslande, deren Beob-achtungen benützt wurden, und zwar aus dem Grunde, weil sich im ganzen Süden der Monarchie keine öfter als dreimal des Tages beobachtende Station vorfand.

Es könnte die Frage entstehen, ob es zulässig und zweckmässig sei, die Beobachtungen solcher Stationen, welche keine selbstzeichnenden Instrumente besitzen, und wo auch nicht unmittelbar die Temperaturen sämmtlicher 24 Stunden beobachtet werden, zu benützen, in-dem man die fehlenden Stunden durch Interpolation ergänzt?

Es kann kein Zweifel darüber bestehen, dass unmittelbare Beobachtungszahlen einen weit höheren Werth besitzen, als interpolirte Zahlen [1]). Fraglich ist es dagegen, ob eine Beobachtungsreihe, welche sich über den ganzen Tag (bei 5- bis 10maligen Beobachtungen während des Tages) erstreckt, nicht einer durch Anwendung von Autographen erhaltenen vorzuziehen sei, wenn dieser nicht zahlreiche unmittelbare Beobachtungen zur Controle die-nen. Mir scheint es, dass die Werthe, die ich allerdings auf dem Wege der Interpolation erhalten habe, einen sehr befriedigenden Grad von Übereinstimmung (im Vergleiche einer Station mit der andern) zeigen, der indirect für die Zulässigkeit der Methode spricht. Bei zahlreichen während des Tages angestellten Beobachtungen sind es eigentlich nur die Nacht-stunden, deren interpolirte Werthe einen erheblichen Grad von Unsicherheit einschliessen könnten. Allein diese Unsicherheit vermindert sich, weil einerseits die Temperatur-Änderung während der Nacht an sich nicht sehr beträchtlich, andererseits durch die Resultate anderer Stationen annäherungsweise bekannt ist.

Betrachten wir nun das Beobachtungsmaterial an den einzelnen Stationen und dessen Benützung.

Wien.

An der k. k. Central-Anstalt für Meteorologie und Erdmagnetismus befindet sich ein von Director Kreil angegebener Kupferdraht-Thermometrograph [2]) in Thätigkeit. Ausserdem werden zahlreiche directe (im Sommer von 12ʰ Mittags bis 7ʰ Abends stündliche) Ablesungen des Thermometers vorgenommen. Was sonst ein Übelstand genannt werden muss, gereicht hier zum Vortheil. Es wird nämlich das gegen NNW. aufgehängte Psychrometer und der

---

[1]) In neuerer Zeit ist in Kremsmünster und Ofen ein Kupferdraht-Thermograph aufgestellt, eben so in Pola ein auf der ungleichen Ausdehnung von Zink- und Eisenplättchen beruhender Thermograph von Pfeiffer, welcher in der in Triest erscheinenden Zeitschrift „Archiv für Seewesen, X. Heft, 1865" beschrieben und abgebildet ist.

[1]) Wenn aber solche Beobachtungsreihen blos ein Jahr (eigentlich 16 Monate, wobei aber die Werthe für die einzelnen Nacht-stunden grösstentheils durch Interpolation erhalten sind), wie jene von Chiminello in Padua, oder zwei Jahre, wie im Fort Leith bei Edinburgh umfassen, dann schliessen auch sie noch sehr bedeutende Unregelmässigkeiten im täglichen Temperatur-gange ein, wie man dies sehr leicht bei Vergleichung der von Kämtz (Meteorologie I. Bd. S. 70, 71) bestimmten, gegenüber den auf langjährigen Beobachtungen beruhenden Constanten erkennen kann.

[3]) Jahrbücher der k. k. Central-Anstalt, V. Band, S. 465.

in dessen Nähe befindliche Thermograph in den Nachmittagsstunden des Sommers von der Sonne beeinflusst, wesshalb an einem gegen Osten angebrachten Psychrometer stündliche Beobachtungen angestellt werden. Um 1^h Nachmittags (wo beide Psychrometer vollkommen sonnenfrei sind) und um 10^h Abends wird an beiden Apparaten abgelesen und werden hiernach die Angaben des gegen Osten situirten Psychrometers auf jene der Nordseite reducirt.

Die benützten Beobachtungen sind den 11 Jahren 1853—1863 entnommen, indem die bezüglichen Rechnungen schon im Laufe des Jahres 1864 abgeschlossen wurden.

Prag.

Die beobachteten sowohl als die berechneten Werthe sind Kreil's „Klimatologie von Böhmen“ entnommen. Es wäre zwar leicht gewesen, die neueren Jahrgänge (Kreil's Rechnung stützt sich nur auf die Beobachtungen der Zeit vom Juli 1839 bis Ende 1859) zu berücksichtigen, allein einerseits dürften 20-, beziehungsweise 21jährige Mittel schon einen so hohen Grad von Zuverlässigkeit besitzen, dass an dem Temperaturgange durch Hinzufügung einiger Jahre nicht viel geändert werden würde, andererseits schien es mir durch die Pietät gegen meinen verewigten Vorgänger geboten, dessen Resultate unverändert wiederzugeben, umsomehr als ich selbst schon bei einer früheren Gelegenheit[1] mich mit dem täglichen Temperaturgange in Prag eingehend beschäftigt habe.

Die 24stündigen Temperatur-Beobachtungen zu Prag beruhen bekanntlich theils auf mehreren direct während des Tages angestellten Beobachtungen, theils auf den Aufzeichnungen eines von Kreil angegebenen Autographen (Quecksilber-Thermometer gleich einem Wagebalken auf einer Messerschneide ruhend), dessen Beschreibung im III. Jahrgange der magnetischen und meteorologischen Beobachtungen zu Prag, S. 131 und im II. Jahrgange des astronomisch-meteorologischen Jahrbuches für Prag von Kreil (Prag 1843), S. 272 zu finden ist.

Salzburg.

In Salzburg ist ein ganz ähnlicher Apparat in Thätigkeit, wie jener, dessen so eben unter „Prag“ erwähnt worden. Directe Beobachtungen werden dreimal des Tages angestellt.

Es wurden die Autographen-Zeichnungen aus den Jahren 1846—1862 reducirt, von welchen jedoch einzelne Monate fehlen, so dass die Mittelzahlen in den verschiedenen Monaten aus 15—17 Jahren abgeleitet sind und zwar im

Jänner	Februar	März	April	Mai	Juni	Juli	August	Sept.	Oct.	Nov.	Dec.
16	16	15	15	17	17	17	16	15	16	16	16

Jahren, und es fehlen in den bezüglichen Monaten die Jahrgänge

Jänner	Februar	März	April	Mai	Juni	Juli	August	Sept.	Oct.	Nov.	Dec.
1857	1851	1854	1851	—	—	—	1850	1850	1856	1856	1856
—	1857	1857	1857	—	—	—	1856	—	—	—	—

Mailand.

In Mailand war in den früheren Jahren kein Thermo-Autograph in Wirksamkeit; in neuester Zeit wurde, wie Herr Director G. Schiaparelli mir mittheilte, ein Thermograph

---

[1] Über den täglichen Gang der vorzüglichsten meteorologischen Elemente. Aus den stündlichen Beobachtungen der Prager Sternwarte abgeleitet von Dr. K. Jelinek (Im II. Bande der Denkschr. d. kais. Akad. d. Wissensch.).

von Hipp aufgestellt, der mittelst eines elektrischen Stromes registrirt; jedoch ist derselbe zu kurze Zeit in Wirksamkeit, als dass aus seinen Angaben schon hätten Resultate abgeleitet werden können. Es blieb somit nichts übrig, als die directen Temperatur-Beobachtungen zu benützen, welche mehrmals (4—7mal) des Tages an der Sternwarte zu Mailand angestellt wurden. Die Beobachtungsstunden in den benützten 28 Jahren waren, wenn man die Stunden von Mittag beginnend bis 24 zählt, folgende:

in den 4 Jahren 1835—1838: 18^h, 21^h, 0^h, 3^h, 6^h, 9^h, 12^h;

„ „ 5 „ 1839—1843: 17^h, 20^h, 23^h, 2^h, 5^h, 8^h, 11^h;

„ „ 16 „ 1844—1859: 18^h, 21^h, 0^h, 3^h, 6^h, 9^h, 12^h;

„ „ 3 „ 1860—1862: 18^h, 21^h, 0^h, 3^h.;

und zwar wurden die Mittel für die Jahre 1835—38 der Abhandlung Capelli's in dem „Appendice alle Effemeridi di Milano, 1844", p. 138; für die Jahre 1839—1843 einer zweiten Abhandlung Capelli's in dem „Appendice alle Effemeridi di Milano, 1855", p. 104; für die Jahre 1844—1847 einer dritten Abhandlung Capelli's in dem „App. alle Effem. di Milano, 1856", p. 46; für die Jahre 1848—1859 der selbstständig erschienenen Abhandlung Capelli's „Osservazioni meteorologiche eseguite nella R. Specola di Milano negli anni 1848 al 1859"; für das Jahr 1860 den „Atti dell' Istituto Lombardo", aus welchen die Mittel an der k. k. Central-Anstalt berechnet wurden, und für die Jahre 1861—1862 einer gütigen brieflichen Mittheilung Herrn Capelli's entnommen.

Sämmtliche Temperaturmittel sind in Réaumur'schen Graden ausgedrückt, wesshalb die Mittel der Jahre 1860—1862 aus Celsius in Réaumur verwandelt wurden.

Der Gang, der bei der Rechnung befolgt wurde, um die Werthe für die fehlenden Beobachtungsstunden durch Interpolation zu erhalten, war nun folgender:

Den Ausgangspunkt bildeten die von Kämtz nach den Beobachtungen Chiminello's zu Padua nach der sogenannten Bessel'schen Formel berechneten Werthe, und zwar wurden diese (Kämtz, Meteorologie, I. Bd., S. 72 u. 73) zuerst in Réaumur'sche Grade verwandelt und dann die Abweichungen jeder der 24 Stunden von dem Mittel derselben berechnet.

Mit diesem täglichen Gange der Temperatur zu Padua wurden nun die Mittelwerthe der 20 Jahre 1835—1838 und 1844—1859 verglichen, in welchen die Beobachtungsstunden 18^h, 21^h, 0^h, 3^h, 6^h, 9^h, 12^h waren.

Würde die Temperatur zu Padua und Mailand dieselbe sein, würde sich dieselbe ferner von einem Jahr zum andern nicht ändern, so müsste man offenbar für jede der Beobachtungsstunden, z. B. für 18^h und 3^h aus beiden Reihen — Padua und Mailand — denselben Werth erhalten. Wären wenigstens die täglichen Temperatur-Änderungen für beide Reihen dieselben, so müssten doch die Unterschiede der Temperaturen der Beobachtungsstunden 18^h und 3^h für beide Reihen übereinstimmen. Bezeichnet man die Temperatur einer beliebigen Stunde zu Padua mit P, zu Mailand mit M, und unterscheidet die einzelnen Stunden durch einen angehängten Index, so müsste

$$M_3 - M_{18} = P_3 - P_{18}$$

sein. Dies wird nun aus leicht begreiflichen Gründen nicht eintreten, einmal weil der Temperaturgang zu Mailand wegen der verschiedenen Lage ein anderer sein wird, zweitens weil der Temperaturgang von einem Jahre zum andern Veränderungen unterliegt, und daher das Mittel der oben bezeichneten 20 Jahre für Mailand nicht dasselbe Resultat geben kann, wie das eine Beobachtungsjahr Chiminello's für Padua.

Verwirft man nach dem eben Gesagten die Voraussetzung, dass der Temperaturgang zu Mailand und Padua völlig übereinstimme, als unstatthaft, so ist es nöthig, eine andere Hypothese aufzustellen, um aus dem Temperaturgange zu Padua jenen zu Mailand ableiten zu können. Die Hypothese nun, deren ich mich bediene, ist diese, dass die täglichen Temperatur-Änderungen an den beiden Orten zwar nicht gleich, aber doch proportional sind.

Stellt man, wie dies Kämtz für Padua gethan hat, und wie dies in der vorliegenden Abhandlung für die im Eingange bezeichneten Stationen gleichfalls geschieht, die täglichen Temperatur-Änderungen durch den bekannten Ausdruck

$$u_0 + u_1 \sin(x + U_1') + u_2 \sin(2x + U_2') + u_3 \sin(3x + U_3') + \ldots$$

dar, so gibt der Inbegriff der Glieder vom zweiten angefangen

$$u_1 \sin(x + U_1') + u_2 \sin(2x + U_2') + u_3 \sin(3x + U_3') + \ldots$$

den Unterschied der Temperatur jeder einzelnen Beobachtungsstunde vom allgemeinen oder 24stündigen Mittel.

Erfolgen nun die Temperatur-Änderungen an zwei Stationen (oder für zwei verschiedene Zeiträume) in proportionaler Weise, dann werden sich die Winkel U_1', U_2', U_3' ... nicht ändern, und die Coëfficienten u_1, u_2, u_3 ..., welche für die eine Station gelten, werden für die andere die Werthe $f u_1$, $f u_2$, $f u_3$ ... annehmen, wo f einen constanten Factor bezeichnet, den ich den Correctionsfactor nenne. Unter dieser Voraussetzung hat man

$$M_3 - M_{18} = f(P_3 - P_{18})$$

und es lässt sich dieser Factor aus dem Temperatur-Unterschiede der Stunden 18^h und 3^h an den beiden Stationen Mailand und Padua bestimmen.

Eine etwas genauere Bestimmung des Correctionsfactors f würde man erlangen, wenn man die Temperatur zu Mailand durch den Ausdruck

$$M = a + f P$$

darstellen, in diesem Ausdrucke die besonderen Werthe für M und P für jede der (7) Beobachtungsstunden substituiren und aus den auf diese Weise erhaltenen (7) Gleichungen die wahrscheinlichsten Werthe der beiden unbekannten Constanten a und f mittelst der Methode der kleinsten Quadrate suchen würde. Diese Rechnung müsste natürlich für jeden der 12 Monate separat ausgeführt werden. Da diese Rechnung für den beabsichtigten Zweck einer blossen Interpolation mir zu umständlich und zeitraubend erschien, habe ich die Correctionsfactoren für die einzelnen 12 Monate aus der oben angeführten einfachen Formel

$$M_3 - M_{18} = f(P_3 - P_{18})$$

bestimmt, wobei die Stunden 3^h und 18^h deshalb gewählt wurden, weil die erste unter allen Beobachtungsstunden am meisten dem Temperatur-Maximum, die zweite am meisten dem Temperatur-Minimum sich nähert.

Die Werthe des Correctionsfactors stellen sich aus der Vergleichung folgendermassen heraus:

Werthe des Correctionsfactors Mailand : Padua.

Januar	Februar	März	April	Mai	Juni	Juli	August	Sept	Oct	Nov	Dec
1·13	1·39	1·46	1·32	1·16	1·57	1·54	1·18	1·21	1·31	0·93	0·91

Im Allgemeinen sind hiernach die Temperatur-Änderungen für Mailand grösser als in dem dem Meere viel näher gelegenen Padua. Fasst man je 3 Monate zusammen, so sind diese Verhältnisszahlen für den Winter 1·14, für das Frühjahr 1·31, für den Sommer 1·36, für den Herbst 1·15. Während also im Winter und Herbst die Amplitude der Temperatur-Änderungen in Mailand und Padua nahezu dieselbe ist, übertrifft die Amplitude zu Mailand im Frühjahr, noch mehr aber im Sommer jene zu Padua bedeutend. Mit den oben gegebenen Werthen des Factors f für die einzelnen 12 Monate wurden nun die Temperaturmittel der einzelnen Stunden zu Padua (eigentlich die Abweichungen vom Tagesmittel) multiplicirt und man erhielt auf diese Weise einen genäherten täglichen Gang für Mailand, abgeleitet aus den Paduaner Beobachtungen. Um der Deutlichkeit wegen nur ein Beispiel anzuführen, so erhielt man für den Monat Mai die Zahlen:

Genäherter Temperaturgang zu Mailand, abgeleitet aus den Beobachtungen zu Padua.

(Réaumur.)

Stunde	Temp.	Stunde	Temp.	Stunde	Temp.	Stunde	Temp.	Stunde	Temp.	Stunde	Temp.
0ʰ	−3·08	4ʰ	+3·08	8ʰ	−0·38	12ʰ	−2·51	16ʰ	−3·51	20ʰ	+0·21
1	+3·32	5	+2·42	9	−1·11	13	−2·80	17	−3·13	21	+1·31
2	+3·45	6	+1·52	10	−1·60	14	−3·26	18	−2·32	22	+2·11
3	+3·40	7	+0·53	11	−1·97	15	−3·61	19	−1·03	23	+2·70

Vergleicht man mit diesen Zahlen die für Mailand den einzelnen Beobachtungsstunden entsprechenden Temperaturmittel, so müssen die Stunden 18ʰ und 3ʰ sich um dieselbe Grösse von den oben gegebenen Zahlen +4·13 und −2·04 unterscheiden; es ist dies eine reine Rechnungsprobe. Aber bei den übrigen Stunden 21ʰ, 0ʰ, 6ʰ, 9ʰ wird dies nicht der Fall sein, und man wird andere (obgleich nicht beträchtlich) verschiedene Differenzen finden. In der That ergibt die Vergleichung für den als Beispiel gewählten Monat Mai

Temperatur (beziehungsweise Temperatur-Abweichung) zu Mailand im Monat Mai.

	18ʰ	21ʰ	0ʰ	3ʰ	6ʰ	9ʰ	12ʰ
Nach der Beobachtung 1835–1838, 1844–1859	10·23	12·77	14·95	15·85	14·54	12·52	11·16
Nach der obigen Tafel	−2·22	+1·31	+3·08	+3·40	+1·52	−1·11	−2·34
Differenz	12·45	11·46	11·87	12·45	13·02	13·63	13·52

Während also die Differenz bei den Stunden 18ʰ und 3ʰ dieselbe ist, variirt sie in den anderen Stunden. Es wurden nun diese Differenzen für jene Stunden, an welchen zu Mailand nicht beobachtet wurde, durch einfache Interpolation ergänzt, und auf diese Art für jede der 24 Stunden die entsprechende Grösse (Differenz) gefunden, welche zu den Zahlen der obigen Tafel (Temperaturgang aus Padua abgeleitet) hinzuaddirt die zweiten genäherten Werthe der Temperatur für alle 24 Stunden ergibt.

Auf diese Art erhält man für den Monat Mai einen

Zweiten genäherten Temperaturgang zu Mailand aus den 20 Jahren 1835 bis 1838 und 1844 bis 1859.

Stunde	Temp.	Stunde	Temp.	Stunde	Temp.	Stunde	Temp.	Stunde	Temp.	Stunde	Temp.
0°	14·95	4°	15·71	9°	13·95	12°	11·16	16°	9·22	20°	12·00
1	16·34	5	15·25	9	12·52	13	10·54	17	9·50	21	12·77
2	15·71	6	14·54	10	11·99	14	9·90	18	10·23	22	13·74
3	15·85	7	13·75	11	11·59	15	9·47	19	11·09	23	14·43

Dieser zweite genäherte Temperaturgang, welcher der Wahrheit schon ziemlich nahe kommen dürfte, wurde benützt, um die Temperatur für die in den Jahren 1839—1843 und 1860—1862 fehlenden Beobachtungsstunden zu interpoliren. Auf diese Art entstanden drei Reihen Temperaturmittel für die einzelnen 24 Stunden, welche mit Rücksicht auf die Zahl der Beobachtungsjahre in eine Reihe vereinigt wurden, welche weiter unten (siehe Tafel I, Mailand) abgedruckt erscheint [1]).

Gratz.

Nachdem das angeordnete Verfahren bei Mailand umständlich auseinandergesetzt worden ist, kann ich mich hier kürzer fassen. Die Werthe, welche bei Gratz der Rechnung zu Grunde gelegt wurden, waren ebenfalls durch directe Beobachtungen (der Herren Professoren Dr. Gintl und Dr. Hummel) erhalten, die durch Interpolation ergänzt wurden.

Die Zahl der Beobachtungen, die an jedem Tage angestellt wurden, ist eine sehr beträchtliche, denn es wurde

in den Jahren 1837—1846 10mal, um 19^h, 20^h, 21^h, 22^h/$_2$, 0^h, 1^h, 2^h, 3^h, 5^h, 9^h,

„   „   „   1847—1850 9mal, um 18^h, 20^h, 22^h, 0^h, 2^h, 3^h, 4^h, 5^h, 10^h

beobachtet.

Als Vergleichsstation wurde Wien gewählt und mit Hilfe des früher berechneten Temperaturganges zu Wien die Temperatur der fehlenden Stunden für Gratz ergänzt und hierauf beide Reihen 1837—1846 und 1847—1850 in eine 14 Jahre umfassende zusammengezogen, deren Ergebnisse man weiter unten (Tafel I, Gratz) angeführt findet.

Schössl (in Böhmen).

(Geogr. Länge 31° 10', Breite 50° 27'.)

Herr Wirthschaftsverwalter Anton Bayer, der seit 27 Jahren mit seltener Ausdauer und Gewissenhaftigkeit meteorologische Beobachtungen anstellte [2]), sendete mir eine Zusammenstellung seiner Temperatur-Beobachtungen mit dem Ersuchen, ihm anzugeben, auf welche Weise er aus seinen zu verschiedenen Stunden angestellten Beobachtungen vergleichbare, wahre Temperaturmittel ableiten könnte. Dies war für mich Veranlassung zu der Unter-

---

[1]) Eine kurze Angabe der Endresultate ist in den Rendiconti dell'Istituto Lombardo vom J. 1866 unter dem Titel: „Tavola delle variazioni termometriche giornaliere pel clima di Milano, Lettera del Dottore C. Jelinek, communicata da G. V. Schiaparelli" erschienen.

[2]) Leider ist Herr A. Bayer aus Anlass seiner jüngst erfolgten Pensionirung nach Kommotau übersiedelt, und hat auf diese Weise die langjährige Beobachtungsreihe zu Schössl ihren Abschluss gefunden.

suchung des täglichen Temperaturganges zu Schüssel, bei welcher Untersuchung Prag als Vergleichsstation gewählt wurde.

Sowohl die Beobachtungsstunden, als auch die Anzahl derselben war in den einzelnen Jahren (theilweise selbst in den einzelnen Monaten) eine verschiedene, ein Umstand, der nicht wenig dazu beitrug, die bezüglichen Rechnungen weitläufig zu machen, andererseits wieder den Vortheil mit sich führt, dass die Endergebnisse nur in sehr seltenen Fällen auf reiner Interpolation beruhen, weil mit Ausnahme der Nachtstunden 11—14', fast keine Stunde existirt, zu welcher nicht wenigstens in dem einen oder anderen Jahre beobachtet worden wäre.

Im Ganzen sind 11—12 Jahre (April 1838 bis Ende 1849) in die Rechnung gezogen worden. Die Beobachtungsstunden waren (von Mittag an bis 24 gezählt) folgende:

15ʰ, 18ʰ, 19ʰ, 21ʰ, 0ʰ, 2ʰ, 3ʰ, 6ʰ, 9ʰ im Jänner bis März, November und December 1842;

15ʰ, 18ʰ, 21, 0ʰ, 3ʰ, 6ʰ, 9ʰ im März bis October und December 1841, ferner im April bis October 1842;

16ʰ, 18ʰ, 20ʰ, 22ʰ, 0ʰ, 2ʰ, 4ʰ, 6ʰ, 8ʰ, 9ʰ im Mai bis August 1839 und Mai 1840;

16ʰ, 18ʰ, 22ʰ, 0ʰ, 2ʰ, 4ʰ, 9ʰ im August 1838;

16ʰ, 18ʰ, 22ʰ, 2ʰ, 6ʰ, 9ʰ im März 1843;

16ʰ, 18ʰ, 22ʰ, 2ʰ, 6ʰ, 10ʰ in den 3 Jahren 1843—1845 mit Ausnahme des März 1843;

18ʰ, 20ʰ, 22ʰ, 0ʰ, 2ʰ, 4ʰ, 6ʰ, 8ʰ, 9ʰ im November und December 1838, im Jänner bis April, September bis December 1839 und im ganzen Jahre 1840;

18ʰ, 20ʰ, 22ʰ, 0ʰ, 2ʰ, 4ʰ, 6ʰ, 9ʰ im September und October 1838;

18ʰ, 21ʰ, 0ʰ, 3ʰ, 6ʰ, 9ʰ im Jänner, Februar und November 1841;

18ʰ, 22ʰ, 2ʰ, 6ʰ, 10ʰ in den Jahren 1846—1849;

18ʰ, 2ʰ, 9ʰ in den Monaten April bis Juli 1838.

Dées (in Siebenbürgen).

(Geogr. Länge 11° 33', geogr. Breite 47° 6'.)

Das Beobachtungsmateriale, welches von Dées zu Gebote stand, war das am wenigsten reichhaltige. Es wurden nämlich blos fünf Beobachtungen, und zwar zu den Stunden 18', 22', 2', 6' und 10', während des Tages angestellt, und erstrecken sich dieselben blos über die Zeit von März 1860 bis Mai 1864. Da jedoch das Gesetz der Temperatur-Änderungen im südöstlichen Theile der Monarchie ein verhältnissmässig wenig bekanntes ist, so wurde der Versuch gemacht, das etwas dürftige Material zu benützen.

Als Vergleichsstation wurde, ungeachtet der grossen Längendifferenz, Mailand gewählt, welches nur etwa 1½ Grad südlicher liegt, indem die Temperatur-Änderungen in erster Reihe von der Tageslänge und damit von der geographischen Breite abhängen. Es wurden zunächst die Correctionsfactoren ermittelt, durch welche der tägliche Temperaturgang zu Mailand zu multipliciren war, um dieselbe Amplitude (eigentlich Differenz zwischen den Temperaturen der Stunden 18ʰ und 2ʰ) zu erhalten. Die Werthe dieser Correctionsfactoren zeigen noch beträchtliche Schwankungen, wie dies bei einer so kurzen Beobachtungsreihe wohl nicht anders sein kann. Man erhält nämlich

Verhältniss der Temperatur-Änderungen zu Dées und Mailand.

Im Jänner	Februar	März	April	Mai	Juni	Juli	August	Sept.	Oct.	N.-v.	Dec.
1·28	1·06	1·10	1·24	1·20	1·01	1·00	1·15	1·60	1·62	1·17	0·96

oder wenn man zur Verminderung der Unregelmässigkeiten immer je drei benachbarte
Werthe in einen zusammenzieht:

Jänner	Februar	März	April	Mai	Juni	Juli	August	Sept.	Oct.	Nov.	Dec.
1·09	1·14	1·13	1·18	1·13	1·07	1·06	1·25	1·45	1·46	1·25	1·13

Im Allgemeinen ist daher die tägliche Temperatur-Änderung zu Dées noch stärker als
zu Mailand, besonders auffallend tritt dies in den Herbstmonaten September und October zu
Tage.

Mit den obigen Verhältnisszahlen (Correctionsfactoren) wurden die Temperatur-Abwei-
chungen der 24 Stunden zu Mailand multiplicirt und hiernach die Temperaturen der fehlenden Stunden für Dées interpolirt. Die betreffenden Werthe enthält die Tafel I (Dées).

Oberschützen (in Ungarn).
(Geogr. Länge 33° 56′, Breite 47° 18′.)

Als die Arbeiten hinsichtlich des Temperaturganges an den vorgenannten Stationen
schon vollendet waren, erschien die Abhandlung des Herrn Prof. Karl Rothe „Die Wärme-
verhältnisse zu Oberschützen, verglichen mit Wien und Gratz. — Beitrag zur Kenntniss der
meteorologischen Verhältnisse von Ungarn", in welcher Herr Prof. K. Rothe die täglichen
Temperatur-Änderungen zu Oberschützen in derselben Weise behandelt, in welcher dies bei
den früher genannten vorliegenden Stationen geschehen ist.

Die Beobachtungen zu Oberschützen wurden

in den Jahren 1857 und 1858 zu den Stunden 18ʰ, 2ʰ, 10ʰ,

„   „   „   1859 . 1860 stündlich von 18ʰ bis 10ʰ,

„   „   „   1861 . 1863 zu den Stunden 18ʰ, 22ʰ, 2ʰ, 6ʰ, 10ʰ,

„   „   „   1862 . 1864 an 9 Stunden zwischen 18ʰ und 10ʰ

angestellt.

Die Interpolationen wurden in der Weise vorgenommen, dass aus den Jahren mit der
grössten Zahl von Beobachtungsstunden zunächst die fehlenden Beobachtungen der Jahre mit
kleineren Lücken ergänzt und so zu den Jahren mit wenigeren Beobachtungsstunden fortge-
schritten wurde.

Ausser den genannten Stationen würde noch die Berechnung des täglichen Temperaturganges für Kremsmünster und Senftenberg möglich gewesen sein.

Von ersterem Orte liegen langjährige Beobachtungen vor, die zu mehreren (seit 1845
zu 10) Stunden des Tages angestellt werden; in neuerer Zeit ist auch ein Kupferdraht-Thermograph nach Kreil dort aufgestellt. Da jedoch eine ältere Untersuchung von Herrn Mini-
sterialrath Dr. Marian Koller („Über den Gang der Wärme in Österreich ob der Enns" in
dem 5. Bericht über das Museum Francisco-Carolinum. Linz 1841) vorliegt, und wir nach
einer brieflichen Mittheilung des hochw. Herrn Dr. Augustin Reslhuber Hoffnung haben,
dass er selbst die Bearbeitung der Temperatur-Beobachtungen zu Kremsmünster mit Benützung
der neuesten Daten aufnehmen werde, so wurde — um demselben nicht vorzugreifen — die
Berechnung des Temperaturganges unterlassen.

An der ehemaligen Sternwarte des Freiherrn Parish von Senftenberg befand sich ein
Thermo-Autograph nach Kreil (von derselben Construction wie jene der Apparate zu Prag

und Salzburg). Allein einerseits ist die Sternwarte zu Senftenberg aufgelöst [1]), andererseits liegt dieser Ort in einer Zone, deren Temperatur-Änderungen schon sehr gut (z. B. durch die langjährigen Beobachtungen zu Prag) bekannt sind.

———

Die nachfolgenden Tafeln bedürfen keiner weitläufigen Erklärung.

Wie schon früher bemerkt, sind alle Temperaturen in Réaumur'schen Graden ausgedrückt.

Tafel I enthält die mittleren Temperaturen der einzelnen Stunden, wie sie theils durch directe Beobachtung, theils durch Autographen, theils endlich durch die oben unter „Mailand" ausführlich auseinandergesetzte Interpolationsmethode erhalten wurden.

Tafel II enthält die Constanten der Bessel'schen Formel, die in der Form

$$u_0 + u_1 \sin(x + U_1) + u_2 \sin(2x + U_2) + u_3 \sin(3x + U_3) + \ldots$$

vorausgesetzt wird, wobei $x = 0$ ist für die Stunde 0^h oder Mittag und mit jeder Stunde um $15°$ wächst.

Tafel III enthält die mit den Constanten der Tafel II berechneten Werthe der Temperatur für jede Stunde des Tages, wobei es zweckmässig erschienen ist, in der Bessel'schen Formel das erste Glied u_0 (d. i. die wahre mittlere Temperatur des betreffenden Monates) von dem Inbegriff der drei Glieder

$$u_1 \sin(x + U_1) + u_2 \sin(2x + U_2) + u_3 \sin(3x + U_3)$$

zu trennen, welche letzteren Glieder den Unterschied jeder einzelnen Stunde vom wahren Tagesmittel geben. Es erscheint dies schon desshalb als zweckmässig, weil man jeden Augenblick in der Lage ist, das angenommene allgemeine (24stündige) Mittel durch ein anderes aus einer längeren Beobachtungsreihe abgeleitetes zu ersetzen.

Dieser Unterschied oder diese Abweichung ist in Tafel III mit unverändertem Zeichen aufgenommen worden, so dass das Zeichen $+$ anzeigt, dass die Temperatur der betreffenden Stunde höher, das Zeichen $-$, dass sie tiefer ist, als das (24stündige) Tagesmittel. Es wird dies ausdrücklich hier hervorgehoben, weil Dove in seiner Abhandlung „Über die täglichen Veränderungen der Temperatur der Atmosphäre (Berlin 1856)" und Ernst Erhard Schmid in seinem „Lehrbuche der Meteorologie (Leipzig 1860)" S. 270 u. s. f. diese Abweichungen vom Tagesmittel im entgegengesetzten Sinne nehmen, sie nämlich als Correctionen betrachtend, welche man zu der Temperatur der betreffenden Stunde hinzuzufügen hat, um aus ihr das Tagesmittel abzuleiten.

Tafel IV gibt die Grösse des mittleren Maximums und Minimums, die Eintrittszeiten derselben, so wie die Amplitude der Temperatur-Schwankung und zwar nach den auf den Constanten der Tafel II beruhenden Formeln.

———

[1]) Herr Theodor Brorsen, vordem Astronom an der Sternwarte zu Senftenberg, setzt jedoch die meteorologischen Beobachtungen bis zum gegenwärtigen Augenblicke fort.

Es hätte keiner Schwierigkeit unterlegen, die betreffenden Werthe unmittelbar aus der Formel zu berechnen. Setzt man nämlich die Temperatur t eines beliebigen Zeitmomentes gleich $f(x)$, so wird sie durch die Formel gegeben

$$f(x) = u_o + u_i \sin(x + U_i) + u_s \sin(2x + U_s) + u_s \sin(3x + U_s).$$

Für das Maximum oder Minimum muss

$$f'(x) = 0$$

sein. Kennt man näherungsweise die Zeit des Eintretens des Maximums oder Minimums, oder was dasselbe ist, kennt man einen Näherungswerth a von x, so wird für das Maximum oder Minimum

$$x = a + \delta \qquad f'(x) = f'(a) + \delta f''(a) + \ldots$$

sein, wo δ die Correction bedeutet, die zu a hinzuzufügen ist. Wegen der Bedingung

$$f'(x) = 0$$

hat man genähert

$$\delta = -\frac{f'(a)}{f''(a)},$$

wo δ in Theilen des Halbmessers auszudrücken ist. Will man δ, wie dies bequemer ist, in Zeitminuten ausdrücken, so hat man in der obigen Formel an die Stelle von δ

$$900 \sin 1'' \, \delta$$

zu setzen, und es ergibt sich dann

$$\delta = -\frac{1}{900 \sin 1''} \cdot \frac{f'(a)}{f''(a)} = -229 \cdot 18 \frac{f'(a)}{f''(a)}$$

Mit dem verbesserten Werthe $a = x + \delta$ wird sodann die dem Maximum oder Minimum entsprechende Temperatur

$$t = f(x) = f(a + \delta)$$

gesucht.

Ich habe es zureichend gefunden, von einer in der schon früher erwähnten Abhandlung [1] gegebenen einfacheren Methode zur Bestimmung des Maximums und Minimums Gebrauch zu machen. Einerseits ist nämlich der Zeitpunkt des Eintretens des Maximums oder Minimums der Natur der Sache nach einer grösseren Unsicherheit unterworfen und man muss sich davor hüten, die Schärfe der Rechnung mit der Sicherheit des Resultates zu verwechseln, andererseits ändert sich die Grösse des Maximums und Minimums sehr wenig, selbst wenn die angenommene Eintrittszeit mit einem beträchtlichen Fehler behaftet ist.

Um die Amplitude der Temperatur-Schwankungen, die ein wichtiges klimatisches Element bildet, leichter zu übersehen, stellen wir dieselbe für die verschiedenen Stationen nach den vier Jahreszeiten zusammen.

---

[1] Über den täglichen Gang der vorzüglichsten meteorologischen Elemente aus den stündlichen Beobachtungen an der Sternwarte zu Prag. S. 18.

Grösse der täglichen Temperatur-Schwankungen.

	Déés	Grein	Zalland	Oberschützen	Prag	Salzburg	Schüssl	Wien
Winter	3·63	3·68	3·36	4·08	2·09	1·75	1·86	2·16
Frühjahr	7·14	5·69	5·90	6·45	3·49	4·65	4·99	5·74
Sommer	8·64	6·47	7·38	6·86	4·08	4·94	4·63	6·40
Herbst	7·09	4·59	4·72	5·25	3·83	3·74	3·51	4·60
Jahr	6·63	4·86	5·44	5·66	1·87	4·08	4·00	4·78

Die grösste Amplitude kommt hiernach der siebenbürgischen Station Déés zu, und im Sommer übersteigt dieselbe 8½ Grad Réaumur; kleine Amplituden erscheinen in den Stationen Böhmens Prag und Schüssl, bei der kleinsten derselben — zu Salzburg — dürfte der tiefe Werth wohl einer allzu geschützten Lage des Thermometers zuzuschreiben sein. Sehr geringe Amplituden für den Winter (1·86, 2·09 und 2·16 Grade) kommen bei Schüssl, Prag und Wien vor.

Die in Tafel III angeführten täglichen Temperatur-Änderungen werden dazu benützt, die aus verschiedenen Combinationen von Beobachtungsstunden abgeleiteten einfachen Mittel auf wahre (24stündige) zurückzuführen.

Das an der Central-Anstalt befolgte Verfahren ist ein doppeltes, je nachdem es sich um eine Correction der älteren, in den Zeitraum 1848—1863 fallenden, oder aber der neueren Beobachtungen vom Jahre 1864 angefangen handelt. In Bezug auf die älteren Beobachtungen würde eine ganz neue Reduction des umfangreichen Beobachtungsmaterials einen sehr grossen Zeitaufwand verursacht und bedeutende, der Central-Anstalt nicht zu Gebote stehende Arbeitskräfte in Anspruch genommen haben. Man musste sich daher damit begnügen, das auch anderwärts übliche Verfahren anzuwenden, nämlich constante (d. h. in den verschiedenen Jahren gleichbleibende) Correctionen an die einfachen Mittel anzubringen. Für eine Anzahl von Stationen wurden die S. 96 besprochenen Correctionsfactoren aus mehrjährigen Beobachtungen abgeleitet, und mit diesen Factoren die für die Hauptstation geltenden Correctionen multiplicirt, ehe sie an die einfachen Mittel angebracht wurden. Auf diese Weise fand man folgende

Correctionsfactoren oder Verhältnisse der täglichen Temperatur-Schwankungen.

Station	Jänner	Februar	März	April	Mai	Juni	Juli	August	Sept.	Oct.	Nov.	Dec.
				Im Verhältnisse zu Déés								
Hermannstadt . . .	1·07	1·19	0·90	1·08	1·05	1·14	1·01	1·00	0·89	1·10	1·22	1·24
Kronstadt	0·64	0·82	0·70	0·75	0·92	1·00	0·87	0·60	0·71	0·95	0·89	0·79
				Im Verhältnisse zu Gratz								
Laibach	0·94	1·01	1·14	1·22	1·14	1·29	1·43	1·16	1·27	1·05	0·89	0·85
				Im Verhältnisse zu Mailand								
Agram	0·87	0·94	0·97	1·09	0·91	0·85	0·73	0·87	1·16	1·07	0·84	0·84
Lesina	0·77	0·76	0·56	0·61	0·61	0·57	0·50	0·56	0·51	0·71	0·59	0·82
Pancsova	1·58	1·35	1·39	1·59	1·52	1·29	1·30	1·12	1·71	1·70	1·39	1·30
Triest	0·84	0·77	0·70	0·46	0·57	0·59	0·56	0·49	0·55	0·67	0·66	0·89
Venedig	0·76	0·75	0·68	0·68	0·66	0·57	0·55	0·59	0·63	0·68	0·80	0·81
				Im Verhältnisse zu Prag								
Krakau	1·58	1·24	1·13	1·04	1·01	1·01	0·92	1·03	1·05	1·46	1·61	1·68
Lemberg	1·12	1·21	1·01	1·01	1·09	1·10	1·15	1·23	1·13	1·25	1·34	1·54

Station	Jänner	Februar	März	April	Mai	Juni	Juli	August	Sept.	Oct.	Nov.	Dec.
Im Verhältnisse zu Salzburg												
Ischl	1·26	1·50	1·32	1·30	1·32	1·40	1·35	1·30	1·31	1·33	1·14	1·29
Klagenfurt	1·76	2·21	1·81	1·74	1·40	1·61	1·53	1·63	1·54	1·44	1·30	1·41
Im Verhältnisse zu Wien												
Arvaváralja	1·74	1·76	1·61	1·11	1·10	1·33	1·22	1·18	1·15	1·20	1·06	1·83
Debreczin	1·56	1·45	1·10	0·94	0·93	1·02	1·12	1·14	1·08	1·33	1·54	1·33
Kesmark	1·69	1·45	1·29	1·12	0·99	1·13	1·13	1·14	1·12	1·39	1·66	1·93
Leutschau	1·79	1·82	1·26	1·09	1·06	1·08	1·09	1·11	1·05	1·08	1·50	1·75
Ofen	1·17	1·41	1·09	1·04	0·94	1·09	1·10	0·95	1·00	0·94	0·87	0·81
Schemnitz	0·91	1·69	0·86	0·78	0·76	0·71	0·71	0·68	0·72	0·75	0·77	0·81
Szegedin	1·76	1·69	1·21	1·20	1·03	1·12	1·20	1·19	1·21	1·11	1·60	1·72

Mit diesen Factoren wurden die für die Normalstationen Déés, Gratz, Mailand, Prag, Salzburg, Wien ermittelten Correctionen multiplicirt, und die auf diese Weise erhaltenen Zahlen als Correctionen an die Mittel der betreffenden Stationen Hermannstadt, Kronstadt u. s. w. angebracht. Denn es ist klar, dass, wenn die Voraussetzung eines proportionalen Temperaturganges an zwei Orten (nahezu) richtig ist, dasselbe Verhältniss auch für die Correctionen, die für eine bestimmte Stunden-Combination anzubringen sind, gelten wird.

Was die übrigen Stationen anbelangt, die hier nicht genannt sind, so wurden die Correctionen jener Station entnommen, deren geographische Lage und sonstige Verhältnisse die meiste Analogie darboten.

Die oben gegebenen Zahlen gestatten auch, in Verbindung mit den früher für die Normalstationen Déés, Gratz u. s. w. gegebenen Amplituden der täglichen Temperatur-Schwankungen, die letzteren für die verglichenen Stationen Hermannstadt, Kronstadt u. s. f. abzuleiten. Führt man diese Rechnung durch, so findet man folgende

Grösse der mittleren täglichen Temperatur-Schwankung.

Station	Jänner	Februar	März	April	Mai	Juni	Juli	August	Sept	Oct.	Nov.	Dec.
Agram	2·69	4·12	5·21	6·28	5·96	6·32	6·09	6·57	7·25	4·96	1·77	2·34
Arvaváralja . . .	3·48	4·98	7·21	7·07	7·78	8·34	7·71	7·84	7·35	6·20	2·36	3·04
Debreczin	3·12	4·10	1·93	5·83	6·08	6·33	7·06	7·55	6·90	6·84	3·49	2·21
Déés	3·81	4·45	6·90	7·71	8·22	7·94	8·73	9·25	10·07	7·39	3·81	2·63
Gratz	3·48	4·68	5·21	8·08	5·87	5·57	5·41	5·41	5·67	4·65	3·46	2·87
Hermannstadt . .	3·89	5·30	5·40	7·79	8·61	8·80	8·82	9·25	8·96	6·13	4·65	5·37
Ischl	3·47	4·03	5·86	7·17	8·09	6·96	6·09	7·20	6·13	5·20	3·02	2·95
Kesmark	8·36	4·10	5·78	6·91	4·47	7·09	7·08	7·88	9·05	7·19	5·70	3·20
Klagenfurt	4·84	7·12	8·04	8·22	7·45	7·50	7·80	7·82	7·30	5·83	3·48	3·50
Krakau	2·72	3·81	4·61	6·19	6·17	6·01	6·59	6·38	6·18	6·40	3·01	2·58
Kronstadt	2·44	3·65	4·90	5·41	7·36	7·93	7·60	7·40	7·45	7·02	3·39	2·00
Laibach	3·27	4·73	5·94	7·30	6·09	7·13	7·74	7·84	7·20	4·88	9·77	3·44
Lemberg	2·21	3·55	4·17	6·30	6·66	6·58	6·58	6·87	7·61	8·63	4·62	2·16
Lesina	2·38	2·88	3·46	3·51	4·19	4·94	1·17	4·23	3·81	3·29	1·71	2·28
Leutschau	3·58	5·13	5·44	4·76	6·93	6·55	6·72	6·32	7·35	6·71	5·58	8·35
Mailand	3·09	4·20	5·40	5·76	6·55	7·44	8·54	7·65	6·25	1·64	3·70	2·7*
Oberschützen . .	3·95	5·37	6·61	6·66	6·08	7·67	6·59	4·92	5·73	5·98	2·93	
Ofen	2·34	3·99	5·48	6·70	6·41	6·83	6·95	6·29	6·39	4·86	1·94	1·39
Pancsova	4·89	5·80	6·48	6·13	9·98	9·60	10·86	10·73	10·71	10·71	4·20	3·61
Prag	1·97	3·91	4·13	6·24	6·11	5·96	6·08	6·19	5·87	3·76	1·87	1·40
Salzburg	2·75	3·22	4·44	4·76	5·32	4·97	5·10	4·60	5·91	2·64	2·29	
Schemnitz	1·82	3·08	3·45	4·81	4·97	1·65	4·40	4·50	1·60	3·88	1·72	1·44
Sebusel	1·67	2·40	3·26	5·44	5·44	5·61	5·44	5·79	5·47	3·26	1·80	1·50
Szegedin	3·52	4·78	5·47	7·41	6·74	7·02	7·58	7·24	7·99	7·41	3·67	2·46
Triest	2·60	3·23	3·78	3·80	3·73	4·39	1·58	3·70	3·41	3·11	2·16	2·47
Venedig	2·32	3·15	3·67	3·92	4·26	4·24	4·59	4·46	3·94	3·16	2·42	3·55
Wien	2·00	2·83	4·48	6·20	6·54	6·27	6·32	6·62	6·39	5·17	2·93	1·66

Es wurde im Vorhergehenden (S. 103) bereits angedeutet, dass vom Jahre 1864 angefangen ein anderes Verfahren in Anwendung kam, um die aus verschiedenen Combinationen von Beobachtungsstunden abgeleiteten einfachen Mittel auf 24stündige zurückzuführen. Der Unterschied besteht darin, dass für jeden einzelnen Monat des betreffenden Jahres (1864, 1865 oder 1866) die Grösse der Temperatur-Schwankung an der betreffenden Station mit der durchschnittlichen an einer ähnlich gelegenen Normalstation verglichen, und auf diese Art ein individueller Correctionsfactor für den einzelnen Monat gewonnen wird, mit welchem hierauf die aus dem Temperaturgange der Normalstation abgeleitete Correction zu multipliciren ist. Ich halte dieses Verfahren, bei welchem die Correctionsfactoren und Correctionen für jedes Jahr neu bestimmt werden, für richtiger, als die Anwendung eines mittleren Correctionsfactors, dessen ich mich für die Jahre 1848—1863 nur der Zeitersparniss wegen bediente, denn es kann keinem Zweifel unterliegen, dass die anzuwendenden Correctionen in den einzelnen Jahren unter einander verschieden [1]) sind.

Bei der Berechnung der Correctionsfactoren oder Verhältnisszahlen der Temperatur-Änderungen wurde ein von dem früher angegebenen theilweise verschiedener Weg eingeschlagen, den ich desshalb hier umständlich auseinandersetze, weil nach dieser Methode die Monatmittel der Temperatur in dem bereits im Drucke befindlichen Jahrbuche der Central-Anstalt auf 24stündige reducirt worden sind, und weil hiernach jeder Beobachter einer meteorologischen Station in den Stand gesetzt sein wird, die Reduction seiner Beobachtungen auf 24stündige Mittel selbst vorzunehmen.

Die meisten Stationen der österreichischen Monarchie beobachten dreimal des Tages, Morgens, Mittags und Abends, wobei jedoch die Stunden selbst von Station zu Station verschieden sind. Im Allgemeinen ist jedoch die mittlere Beobachtungsstunde von der Zeit des Maximums nicht sehr entfernt, während die Morgenstunde von der Zeit des Minimums oft erheblich abweicht. Bildet man die Temperatur-Differenzen zwischen der Morgen- und Mittagsstunde einerseits und der Mittags- und Abendstunde andererseits, und vergleicht diese Differenzen mit den Differenzen, wie sie sich aus dem normalen Temperaturgange an einer Hauptstation ergeben, so müssten in Folge der aufgestellten Hypothese die Verhältnisszahlen (Correctionsfactoren) in beiden Fällen dieselben sein. Sind sie nicht identisch, so wird man sich der Wahrheit etwas mehr nähern, wenn man anstatt die eine Differenz der Rechnung zu Grunde zu legen und die andere zu vernachlässigen, beide Differenzen in Rechnung zieht, indem man die Summe der Differenzen an der betreffenden Station mit der Summe der Differenzen an der Normalstation (abgeleitet aus dem normalen Gange, Tafel III) vergleicht.

Mit Rücksicht auf die Beobachter an den meteorologischen Stationen füge ich ein numerisches Beispiel hinzu.

An der meteorologischen Station Lemberg wurden im Monat April 1866 folgende mittlere Temperaturen beobachtet:

	1^r	1^v	9^v	einfaches Mittel
Lemberg 1866 April . . .	6·45	11·58	7·36	8·53

---

[1]) Siehe oben S. 92.

Die Differenzen sind zwischen 19ʰ und 2ʰ . . . . 5·43

    „   „   „   „   2ʰ „ 9ʰ . . . . 4·62

somit für Lemberg im April 1866 Summe der Differenzen . . . . 10·05

Wählt man Prag zur Vergleichstation, so findet man aus dem normalen Temperatur-gange (Tafel III)

	19ʰ	2ʰ	9ʰ	einfaches Mittel	Correction
Prag . . .	−2·35	+2·91	−0·15	+0·14	−0·14

Die ersten vier Zahlen sind Abweichungen vom wahren Mittel, die Zahl +0·14 sagt also, dass die Combination der Stunden 19ʰ, 2ʰ, 9ʰ in Prag im April durchschnittlich ein um +0·14 zu hohes Mittel gibt, diese Zahl mit entgegengesetzten Zeichen genommen ist also die Correction, welche an die Combination 19ʰ, 2ʰ, 9ʰ anzubringen ist, um das wahre (24stün-dige) Mittel zu erhalten.

In Prag sind die Differenzen zwischen 19ʰ und 2ʰ . . . . 5·26

    „   „   „   „   2ʰ „ 9ʰ . . . . 3·06

somit für Prag im April durchschnittlich Summe der Differenzen . . . . 8·32

Der Correctionsfactor für Lemberg (im April 1866) ist demnach $\frac{10·05}{8·32} = 1·21$, d. h. die tägliche Temperatur-Änderung zu Lemberg im April 1866 war um 21 Procent grösser als die normale Temperatur-Änderung im Monat April zu Prag. Es wird somit auch die Correction für das Mittel der drei Stunden 19ʰ, 2ʰ, 9ʰ (im April 1866) in Lemberg in demselben Ver-hältnisse 1 : 1·21 zu vergrössern sein. Man erhält somit als Correction des einfachen Mittels

$$1·21 \times -0·14 = -0·17$$
und hiemit aus dem einfachen Mittel 8·53

        das corrigirte (24stündige) „   8·36.

Ebenso hat man für

	19ʰ	2ʰ	9ʰ	Mittel
Klagenfurt 1865 August . . .	12·51	19·38	13·54	14·73

wobei das Mittel nach der Formel $\frac{XIX + II + 2.IX}{4}$ berechnet ist. Die Summe der Differenzen (II—XIX) + (II—IX) ist gleich 12·61.

Für Salzburg (Tafel III) hat man

	19ʰ	2ʰ	9ʰ	Mittel	Correction	Summe d. Diff.
	−1·63	+2·57	−0·51	−0·02	+0·02	7·28

wobei das Mittel auf dieselbe Weise gebildet ist.

Der Correctionsfactor für Klagenfurt (August 1865) ist daher $\frac{12·61}{7·28} = 1·73$ und damit die Correction

$$= 1·73 \times 0·02 = +0·03$$

das 24stündige Mittel

               14·76.

Nach diesen Beispielen wird jeder Beobachter, der seine Temperaturmittel auf 24stündige zu reduciren wünscht, dies zu thun in der Lage sein.

Im Allgemeinen, wenn für irgend eine Combination von Beobachtungsstunden die aus dem normalen Gange an einer Hauptstation ermittelte Correction mit C, die Summe der Differenzen mit D, ferner für eine andere Station bei derselben Combination in einem bestimmten Monate die (gesuchte) Correction mit C' und die Summe der Differenzen mit D' bezeichnet wird, hat man

$$C' = C \cdot \frac{D'}{D}.$$

Nun sind aber C und D constante Grössen, die aus dem normalen Gange der Temperatur an der Hauptstation erhalten werden. Wenn man daher eine Tafel hat, welche die Werthe des Quotienten $\frac{C}{D}$ für die verschiedenen Combinationen von Beobachtungsstunden gibt, so ist die Berechnung der Correction C' eine sehr einfache und reducirt sich auf die Bildung der Grösse D' (Summe der Temperatur-Differenzen in dem speciellen Monate) und Multiplication mit dem Factor $\frac{C}{D}$.

Tafel V enthält die oben besprochenen Grössen C, D und $\frac{C}{D}$. Bei der Ableitung von C und D wurden zuerst drei Decimalen benützt, und später die dritte Decimale weggeworfen, woraus es sich erklärt, wenn manchmal der Quotient $\frac{C}{D}$ um eine Einheit der dritten Decimale abzuweichen scheint.

Tafel VI enthält die Resultate der Vergleichung zwischen den beobachteten und berechneten Werthen.

In Tafel VII wird der genäherte mittlere Temperaturgang für mehrere Stationen (Debreczin, Hermannstadt, Klagenfurt, Krakau, Triest, Venedig) gegeben. Es sind dies nur Beispiele, um zu zeigen, wie man aus dem bekannten Temperaturgange einer Hauptstation den genäherten normalen Gang einer andern Station ableiten kann. Ich weiss es sehr wohl, dass bei nicht mehr als drei Beobachtungen des Tages den auf diese Weise gewonnenen Resultaten keine besondere Sicherheit zukommen wird, indessen wird in vielen Fällen, wo es von Interesse ist, den normalen Temperaturgang zu kennen, die Kenntniss der genäherten Werthe nicht unwillkommen sein.

Wollen wir auch hier zur Erläuterung des Ganges der Rechnung ein Beispiel hinzufügen.

Gesetzt es wäre für Klagenfurt der normale Gang der Temperatur im Monat Juni abzuleiten. Mehrjährige Beobachtungen [1]) geben folgende Durchschnittswerthe:

	XIX.	II.	IX.
Klagenfurt Juli	13·11	19·82	13·56
für Salzburg hat man (Tafel III) Juli . .	−1·69	+2·60	−0·60

Vergleicht man die Differenzen II—XIX (eben so gut hätten die Summen der Differenzen [II—XIX] + [II—IX] verglichen werden können), so ist der Correctionsfactor

$$f = \frac{6 \cdot 41}{4 \cdot 19} = 1 \cdot 53$$

---

[1]) 1848—1865; in einigen anderen Monaten fehlte das Jahr 1857.

Multiplicirt man mit diesem Factor den in Tafel III gegebenen normalen Gang der Temperatur zu Salzburg (für den Monat Juli), so erhält man einen

Ersten genäherten Temperaturgang zu Klagenfurt im Monat Juli.

0^h	+2·47	4^h	+4·05	8^h	+0·47	12^h	−2·48	16^h	−3·52	20^h	−1·41
1	+3·53	5	+3·58	9	−0·63	13	−2·77	17	−3·50	21	−0·23
2	+3·98	6	+2·76	10	−1·48	14	−3·05	18	−3·15	22	+0·98
3	+4·25	7	+1·67	11	−2·09	15	−3·32	19	−2·48	23	+2·00

Bildet man nun die Differenzen

	1^h	9^h	3^h
Klagenfurt beobachtete Werthe .	13·41	19·82	13·56
„ normaler Gang . . .	−2·43	+3·98	−0·61
Differenzen	15·84	15·84	14·17

und interpolirt einfach die Differenzen für die fehlenden Stunden, so erhält man für alle 24 Stunden Differenzen (für 1^h bis 2^h 15·84, für 3^h 15·60, für 4^h 15·37 u. s. w.), welche zu den oben gegebenen Werthen („Erster genäherter Temperaturgang") hinzugefügt, einen zweiten genäherten Temperaturgang für Klagenfurt, und zwar für den Monat Juli geben.

Man erhält auf diese Weise für 0^h 18·72, für 1^h 19·38, für 2^h 19·82, für 3^h 19·85 u. s. w.

Tafel VII (Klagenfurt) enthält diese Werthe mit dem einzigen Unterschiede, dass von den eben erwähnten Zahlen das Mittel derselben 15·25 abgezogen und auf diese Art die Temperaturen der einzelnen Stunden als Abweichungen von dem 24stündigen oder Tagesmittel dargestellt wurden.

Auch hier ist das Beispiel umständlich durchgeführt worden, um jeden Beobachter in die Lage zu setzen, eine ähnliche Berechnung für seine Station vornehmen und auf diese Weise in die genäherte Kenntniss des täglichen Temperaturganges gelangen zu können. Im Zusammenhange mit der jüngst in den Schriften der kaiserlichen Akademie der Wissenschaften veröffentlichten Abhandlung „Über den jährlichen Gang der Temperatur und des Luftdruckes in Österreich" wird somit jeder Beobachter im Stande sein, für einen beliebigen Tag des Jahres und eine beliebige Stunde des Tages sich annäherungsweise die durchschnittliche (normale) Temperatur ableiten zu können.

Tafel I.
Täglicher Temperaturgang nach der unmittelbaren Beobachtung.
(Temperatur nach Réaumur, Stunden vom Mittag an gezählt.)

Déés.

Stunde	Jänner	Februar	März	April	Mai	Juni	Juli	August	Sept.	Oct.	Nov.	Dec.
0	− 4·76	+ 0·11	+ 5·67	+ 9·79	+14·19	+17·54	+18·16	+18·16	+15·90	+ 9·85	+ 4·86	− 2·22
1	− 4·28	+ 0·66	6·24	10·59	14·55	17·68	18·70	18·64	16·36	10·84	5·29	− 1·88
2	− 4·12	+ 0·85	6·59	10·66	14·85	17·96	19·14	19·36	16·81	11·43	5·42	− 1·80
3	− 4·23	+ 0·72	6·62	10·88	15·21	18·56	19·60	19·73	16·99	11·24	5·28	− 1·88
4	− 4·54	+ 0·35	6·37	10·77	15·21	18·72	19·66	19·75	16·54	10·61	4·92	− 2·13
5	− 4·97	− 0·14	5·91	10·58	14·81	18·46	19·32	19·34	15·91	9·76	4·44	− 2·46
6	− 5·42	− 0·64	5·27	9·60	11·11	17·90	18·66	18·67	14·94	8·69	3·94	− 2·80
7	− 5·77	− 1·07	4·61	6·69	12·69	16·71	17·33	17·20	13·73	7·87	3·57	− 3·07
8	− 6·06	− 1·44	3·79	7·63	11·73	16·10	15·85	15·85	12·62	7·14	3·25	− 3·30
9	− 6·30	− 1·76	3·11	6·71	10·75	14·62	15·07	14·73	11·67	6·64	2·99	− 3·53
10	− 6·45	− 2·02	2·60	5·98	10·00	13·79	14·19	13·85	10·96	6·15	2·76	− 3·71
11	− 6·77	− 2·27	2·31	5·55	9·56	13·25	13·75	13·49	10·18	5·80	2·55	− 3·85
12	− 6·97	− 2·45	2·07	5·25	9·06	12·63	13·18	13·09	9·47	5·51	2·37	− 3·97
13	− 7·10	− 2·68	1·81	4·93	8·42	11·91	12·48	12·47	8·71	5·18	2·24	− 4·04
14	− 7·23	− 2·71	1·55	4·51	7·75	11·37	11·62	11·71	7·97	4·82	2·12	− 4·09
15	− 7·35	− 2·89	1·17	1·13	7·23	10·85	11·11	10·98	7·30	4·44	2·01	− 4·12
16	− 7·55	− 3·12	0·84	3·80	7·08	10·83	11·03	10·60	6·97	4·11	1·86	− 4·18
17	− 7·76	− 3·39	0·66	3·74	7·39	11·28	11·45	10·76	7·09	3·95	1·71	− 4·30
18	− 7·93	− 3·58	0·74	4·02	8·19	12·11	12·40	11·55	7·66	4·05	1·60	− 4·41
19	− 7·89	− 3·55	1·09	4·75	9·47	13·30	13·59	12·65	8·88	4·32	1·71	− 4·37
20	− 7·62	− 3·21	1·80	5·78	10·68	14·49	14·95	13·97	10·39	4·96	2·01	− 4·27
21	− 7·03	− 2·55	2·76	6·97	11·89	15·52	15·99	15·19	12·07	5·93	2·65	− 3·76
22	− 6·42	− 1·61	3·81	8·13	12·93	16·39	16·91	16·34	13·75	7·08	3·48	− 3·22
23	− 5·47	− 0·71	4·83	9·05	13·57	16·84	17·57	17·35	14·92	8·53	4·21	− 2·71

Graz.

Stunde	Jänner	Februar	März	April	Mai	Juni	Juli	August	Sept.	Oct.	Nov.	Dec.
0	− 1·76	+ 1·29	1·54	9·94	+14·33	+16·88	+17·60	+17·02	+14·53	+ 9·87	+ 4·78	+ 0·12
1	− 0·86	1·98	5·03	10·23	11·55	17·20	16·92	17·40	14·81	10·20	5·12	+ 0·21
2	− 0·58	2·29	5·28	10·34	14·54	17·22	18·13	17·49	14·90	10·33	5·26	+ 0·30
3	− 0·61	2·27	5·22	10·21	14·36	17·16	17·88	17·42	14·73	10·16	5·13	+ 0·59
4	− 1·12	1·89	4·95	9·85	14·13	17·09	17·76	17·17	14·42	9·87	4·71	+ 0·33
5	− 1·70	1·51	4·43	9·44	13·70	16·57	17·43	16·75	13·94	9·31	4·23	− 0·06
6	− 2·05	0·70	3·76	8·94	13·32	16·23	17·12	16·44	13·16	8·48	3·85	− 0·36
7	− 2·37	+ 0·27	3·13	8·03	12·55	15·56	16·54	15·62	12·25	8·07	3·44	− 0·59
8	− 2·51	− 0·13	2·63	7·30	11·69	14·69	15·62	14·90	11·77	7·69	3·26	− 0·79
9	− 2·86	− 0·50	2·21	6·75	11·00	13·84	14·89	14·17	11·30	7·34	3·00	− 1·01
10	− 3·07	− 0·81	1·79	6·20	10·34	13·21	14·21	13·54	10·81	6·93	2·78	− 1·21
11	− 3·24	− 1·00	1·56	5·86	9·94	12·85	13·90	13·17	10·53	6·71	2·63	− 1·34
12	− 3·39	− 1·24	1·29	5·43	9·48	12·45	13·46	12·91	10·32	6·71	2·62	− 1·38
13	− 3·62	− 1·43	1·09	5·14	9·20	12·12	13·15	12·65	10·08	6·50	2·49	− 1·48
14	− 3·85	− 1·60	0·88	4·89	8·94	11·83	12·92	12·44	9·85	6·35	2·36	− 1·59
15	− 3·76	− 1·76	0·67	4·76	8·86	11·79	12·78	12·29	9·69	6·18	2·22	− 1·73
16	− 3·86	− 1·95	0·45	4·62	8·73	11·68	12·66	12·15	9·52	6·00	2·13	− 1·82
17	− 3·95	− 2·13	0·26	4·47	8·71	11·74	12·63	12·03	9·37	5·87	2·01	− 1·90
18	− 4·02	− 2·34	0·07	4·42	9·03	12·27	12·98	12·06	9·25	5·73	1·79	− 2·02
19	− 4·04	− 2·39	0·27	5·09	10·03	13·87	13·94	12·95	9·42	5·88	1·89	− 2·85
20	− 4·03	− 2·27	0·83	6·16	11·06	14·07	14·88	13·98	10·81	6·41	2·02	− 1·86
21	− 3·44	− 1·66	1·91	7·37	12·06	14·91	15·77	14·92	11·91	7·43	2·66	− 1·34
22	− 2·78	− 0·36	3·08	8·46	13·03	15·67	16·60	15·79	12·96	8·34	3·41	− 0·78
23	− 2·04	+ 0·38	3·88	9·24	13·75	16·26	17·19	16·43	13·76	9·12	4·00	− 0·17

Mailand.

Stunde	Jänner	Februar	März	April	Mai	Juni	Juli	August	Sept.	Oct.	Nov.	Dec.
0	+ 1·35	+ 3·88	+ 7·69	+11·68	15·18	+18·82	+20·80	+19·87	+16·46	+12·13	+ 6·02	2·38
1	+ 1·88	4·46	8·27	11·97	15·61	19·44	21·40	20·49	16·92	13·66	6·58	2·88
2	+ 2·12	4·70	8·62	12·39	16·94	19·97	21·88	20·92	17·17	13·94	6·77	3·07
3	+ 2·09	4·65	8·73	12·60	16·09	20·32	22·09	21·13	17·37	13·91	6·70	3·00
4	+ 1·79	4·23	8·48	12·42	15·96	20·24	22·07	20·99	16·93	13·67	6·38	2·70
5	+ 1·42	3·75	7·99	12·04	15·46	19·73	21·57	20·47	16·28	12·21	6·08	2·40
6	+ 1·10	3·35	7·41	11·35	14·76	17·88	20·12	19·59	15·96	11·71	5·75	2·19
7	+ 0·82	2·93	6·84	10·75	13·97	17·68	19·63	18·68	15·14	11·08	5·34	1·89
8	+ 0·58	2·64	6·23	10·03	13·28	17·17	19·77	17·94	14·42	10·65	5·06	1·65
9	− 0·37	2·14	5·66	9·36	12·37	16·52	18·94	17·48	13·88	10·22	4·86	1·42
10	+ 0·14	1·91	5·26	8·61	12·19	15·84	17·50	16·77	13·41	9·91	4·65	1·27
11	− 0·07	1·69	4·91	8·44	11·84	15·17	16·94	16·27	13·02	9·66	4·47	1·10
12	− 0·25	1·50	4·68	8·14	11·39	14·69	16·44	15·88	12·58	9·44	4·29	0·96

Stunde	Jänner	Februar	März	April	Mai	Juni	Juli	August	Sept.	Oct.	Nov.	Dec.
13ʰ	− 0·53	+ 1·34	+ 4·63	+ 7·88	+ 10·77	+ 14·04	+ 15·81	+ 15·56	+ 12·16	+ 9·25	+ 4·17	+ 0·44
14	− 0·38	1·28	4·13	7·55	10·16	13·59	14·73	15·63	11·68	8·94	4·14	0·74
15	− 0·49	− 1·14	3·76	7·18	9·75	12·92	14·03	13·88	11·27	8·70	3·90	0·66
16	− 0·64	0·93	3·37	6·85	9·46	12·87	13·76	13·40	10·98	8·18	3·71	0·56
17	− 0·83	0·68	3·31	6·73	9·85	13·20	14·19	13·15	11·08	8·31	3·61	0·45
18	− 0·93	0·53	3·26	7·63	10·53	14·19	15·14	14·01	11·56	8·11	3·57	0·35
19	− 1·01	0·47	3·53	7·54	11·58	15·10	16·28	15·06	12·17	8·64	3·50	0·26
20	− 0·86	0·81	4·18	8·35	12·27	16·16	17·17	16·35	12·88	9·08	3·85	0·33
21	− 0·42	1·47	5·04	9·22	13·03	16·84	18·50	17·54	13·45	9·73	4·07	0·69
22	− 0·15	2·30	6·09	10·17	13·99	17·29	19·45	18·56	14·78	10·58	4·79	1·24
23	+ 0·83	3·18	6·99	10·95	14·67	18·44	20·22	19·36	15·51	11·43	5·54	1·87

Oberschützen.

Stunde	Jänner	Februar	März	April	Mai	Juni	Juli	August	Sept.	Oct.	Nov.	Dec.
0ʰ	− 0·58	+ 1·65	+ 4·95	+ 9·09	+ 13·89	+ 17·27	+ 18·22	+ 18·29	+ 14·98	+ 10·77	+ 3·69	+ 0·16
1	− 0·29	2·16	6·18	10·08	14·24	17·54	18·41	18·57	15·55	11·79	3·90	0·34
2	− 0·26	2·00	6·64	10·40	14·26	17·80	18·44	18·71	15·60	11·98	3·78	0·32
3	− 0·60	1·61	6·32	10·60	14·15	17·55	18·35	18·11	15·84	10·91	3·47	0·06
4	− 1·25	0·82	5·20	9·56	13·77	17·13	18·02	18·11	14·84	10·29	3·09	− 0·44
5	− 2·00	0·23	4·14	8·95	13·53	16·74	17·55	17·12	13·93	9·39	2·83	− 1·12
6	− 2·65	0·70	4·07	8·27	12·48	15·95	17·02	16·44	12·98	8·42	2·69	− 1·29
7	− 2·84	1·48	3·67	7·10	11·46	15·05	16·04	15·23	11·61	7·64	1·87	− 1·59
8	− 3·12	2·00	2·24	6·19	10·36	13·47	14·81	13·93	10·89	7·33	1·71	− 1·79
9	− 3·26	2·15	1·76	5·38	9·28	12·47	13·71	13·20	10·18	6·83	1·62	− 1·92
10	− 3·38	2·47	1·41	4·83	8·60	11·47	12·11	12·40	9·70	6·10	1·44	− 2·12
11	− 3·51	2·59	1·21	4·60	8·51	11·25	12·33	12·24	9·51	5·74	1·37	− 2·21
12	− 3·65	2·69	1·06	4·42	8·41	10·96	12·23	12·18	9·38	4·20	1·37	− 2·21
13	− 3·77	2·78	0·91	4·26	8·34	10·75	12·09	12·04	9·25	6·12	1·29	− 8·37
14	− 3·88	2·86	0·73	4·09	8·28	10·57	11·98	12·01	9·09	6·02	1·14	− 2·34
15	− 3·92	2·95	0·52	3·90	8·25	10·51	11·84	11·91	8·89	5·91	1·02	− 2·34
16	− 3·96	3·05	0·27	3·71	8·21	10·42	11·72	11·81	8·70	5·77	0·96	− 2·49
17	− 4·00	3·15	0·10	3·68	8·17	10·79	11·89	11·81	8·61	5·67	0·84	− 2·52
18	− 4·04	3·24	− 0·08	3·74	8·52	11·71	12·55	12·20	8·58	5·65	0·73	− 2·60
19	− 3·91	3·62	0·95	5·08	10·08	13·56	14·10	13·32	9·64	5·92	1·02	− 2·48
20	− 3·69	2·29	2·09	6·29	11·10	14·61	15·47	14·64	10·70	6·05	1·50	− 2·23
21	− 2·63	1·10	3·35	7·40	12·12	15·78	16·67	16·00	11·93	8·10	2·09	− 1·79
22	− 1·81	0·17	4·61	8·44	13·07	16·45	17·27	17·22	13·19	9·44	2·59	− 1·20
23	− 1·11	1·01	5·43	9·27	13·58	17·03	17·92	17·99	14·30	10·36	2·94	− 0·44

Prag.

Stunde	Jänner	Februar	März	April	Mai	Juni	Juli	August	Sept.	Oct.	Nov.	Dec.
0ʰ	− 1·91	− 0·97	+ 1·39	+ 5·74	+ 9·62	+ 12·74	+ 13·85	+ 13·81	+ 10·66	+ 6·23	+ 1·98	− 0·32
1	− 2·04	− 1·07	1·20	5·47	9·30	12·40	13·51	13·18	10·57	6·07	1·92	− 0·41
2	− 2·09	− 1·14	1·05	5·18	9·02	12·12	13·27	13·17	10·09	6·91	1·83	− 0·45
3	− 2·14	− 1·34	0·90	4·92	8·75	11·85	12·92	12·98	9·81	5·79	1·76	− 0·53
4	− 2·22	− 1·39	0·73	4·67	8·46	11·57	12·61	12·59	9·58	5·65	1·68	− 0·59
5	− 2·31	− 1·41	0·61	4·42	8·27	11·48	12·45	12·39	9·50	5·49	1·62	− 0·67
6	− 2·37	− 1·54	0·50	4·27	8·32	11·66	12·72	12·27	9·30	5·41	1·57	− 0·71
7	− 2·37	− 1·55	0·67	4·73	9·19	12·54	13·44	12·90	9·34	5·49	1·60	− 0·68
8	− 2·36	− 1·62	1·04	5·79	10·52	13·58	14·33	13·93	10·11	5·79	1·68	− 0·65
9	− 2·17	− 1·02	1·66	6·83	11·23	14·41	15·57	15·01	11·17	6·34	1·89	− 0·53
10	− 1·81	− 0·54	2·15	7·90	12·30	15·41	16·52	16·07	12·36	7·69	2·27	− 0·31
11	− 1·36	− 0·03	3·14	8·78	13·02	16·08	17·21	16·13	13·5?	7·98	2·66	− 0·05
12	− 0·93	+ 0·57	3·75	9·32	13·61	16·65	17·75	17·55	11·01	8·13	3·02	+ 0·37
13	− 0·62	+ 1·04	4·32	9·85	14·01	17·00	18·00	11·57	8·85	3·23	+ 0·61
14	− 0·46	+ 1·50	1·54	10·15	14·51	17·29	18·43	18·37	11·80	9·11	3·39	+ 0·75
15	− 0·18	+ 1·63	4·61	10·30	14·46	17·43	18·59	18·55	13·03	9·11	3·55	+ 0·87
16	− 0·62	+ 1·19	3·80	10·30	14·22	17·31	18·50	18·14	11·84	8·96	3·11	+ 0·16
17	− 0·93	+ 0·82	4·16	9·84	13·93	17·31	18·35	16·08	11·41	8·50	2·88	+ 0·32
18	− 1·11	+ 0·44	3·69	9·35	13·54	16·66	17·82	17·52	13·71	7·95	2·67	+ 0·49
19	− 1·20	+ 0·11	3·05	8·57	12·79	15·91	17·19	16·71	12·54	7·64	2·38	+ 0·44
20	− 1·49	− 0·39	2·73	7·71	11·92	14·96	16·27	15·46	12·33	7·13	2·34	− 0·40
21	− 1·63	− 0·44	2·24	7·19	11·19	14·23	15·44	13·18	11·65	6·85	2·21	− 0·37
22	− 1·76	− 0·66	1·96	6·59	10·57	13·58	14·72	14·56	11·04	6·57	2·07	− 0·27
23	− 1·84	− 0·84	1·69	6·13	10·02	13·16	14·27	14·12	10·86	6·30	1·96	− 0·38

Salzburg.

Stunde	Jänner	Februar	März	April	Mai	Juni	Juli	August	Sept.	Oct.	Nov.	Dec.
0ʰ	0·72	+ 1·17	+ 4·17	+ 7·50	+ 12·69	+ 15·18	+ 16·35	+ 16·04	+ 12·95	+ 9·59	+ 3·26	− 0·02
1	0·65	1·98	4·26	9·05	13·22	15·91	16·85	16·57	13·59	10·22	3·73	+ 0·44
2	− 0·30	2·31	3·55	9·36	13·15	16·18	17·02	16·44	13·91	10·47	3·94	+ 0·53
3	− 0·41	2·54	5·11	9·34	13·44	16·18	17·15	16·83	13·99	10·43	3·83	+ 0·56
4	− 0·52	2·67	4·96	9·17	13·10	16·09	17·11	16·53	13·67	10·17	3·52	+ 0·97

Stunde	Jänner	Februar	März	April	Mai	Juni	Juli	August	Sept.	Oct.	Nov.	Dec.
5°	− 0·82	+ 1·77	+ 4·63	+ 8·69	+13·01	+15·73	+16·86	+16·49	+13·30	+ 9·60	+ 3·12	− 0·07
6	− 1·28	+ 1·31	4·01	8·19	12·44	15·22	16·37	15·89	12·61	8·93	2·75	− 0·32
7	− 1·46	+ 0·87	3·41	7·52	11·71	14·57	15·84	15·12	11·93	8·46	2·43	− 0·51
8	− 1·65	+ 0·64	2·99	6·95	10·92	13·69	14·77	14·39	11·37	8·06	2·36	− 0·68
9	− 1·86	+ 0·34	2·54	6·11	10·19	12·94	13·95	13·73	10·94	7·74	2·18	− 0·80
10	− 2·02	+ 0·12	2·24	6·49	9·71	12·39	13·48	13·37	10·61	7·47	2·08	− 0·96
11	− 2·11	0·00	2·01	5·79	9·38	12·19	13·20	13·11	10·48	7·28	1·94	− 1·02
12	− 2·35	+ 0·19	1·69	5·59	9·08	11·82	12·91	12·91	10·28	7·30	1·89	− 1·09
13	− 2·43	+ 0·26	1·54	5·19	8·81	11·64	12·68	12·74	10·06	7·18	1·83	− 1·05
14	− 2·52	+ 0·36	1·35	5·05	8·61	11·47	12·48	12·57	9·90	7·05	1·72	− 1·12
15	− 2·61	+ 0·51	1·16	4·87	8·43	11·38	12·31	12·41	9·70	6·95	1·71	− 1·19
16	− 2·74	+ 0·55	1·02	4·75	8·25	11·30	12·21	12·31	9·54	6·82	1·68	− 1·23
17	− 2·96	+ 0·80	0·81	4·62	8·53	11·30	12·22	12·22	9·41	6·68	1·53	− 1·55
18	− 3·03	+ 0·94	0·71	4·59	8·41	11·49	12·57	12·20	9·35	6·58	1·24	− 1·65
19	− 3·04	+ 0·89	0·77	4·93	9·05	12·17	12·63	12·57	9·51	6·59	1·26	− 1·67
20	− 2·99	+ 0·73	1·17	5·63	9·82	12·81	13·85	13·26	10·12	6·90	1·35	− 1·63
21	− 2·80	+ 0·30	1·83	6·43	10·57	13·55	14·35	13·96	10·54	7·52	1·71	− 1·40
22	− 2·35	+ 0·27	2·55	7·22	11·31	14·27	15·11	14·70	11·60	8·20	2·21	− 0·99
23	− 1·80	+ 0·86	3·36	7·93	12·05	14·92	15·97	16·37	12·29	8·94	2·73	− 0·56
Schöckl.												
0°	− 2·02	− 0·23	+ 1·68	+ 5·34	+12·94	+15·69	+16·37	+16·45	+13·27	+ 8·09	+ 2·97	− 0·12
1	− 1·92	+ 0·09	+ 3·00	5·71	13·31	15·94	16·46	16·75	13·68	8·39	3·14	− 0·24
2	− 1·92	+ 0·22	+ 3·16	6·87	13·53	16·16	16·84	16·97	13·88	8·41	3·19	− 0·21
3	− 2·08	+ 0·12	+ 3·06	6·85	13·57	16·18	16·90	16·94	13·85	8·11	3·03	− 0·33
4	− 2·30	+ 0·08	+ 2·79	6·62	13·43	16·11	16·74	16·74	13·58	8·10	2·80	− 0·55
5	− 2·54	+ 0·44	+ 2·35	8·19	13·11	15·71	16·48	16·32	13·07	7·64	2·54	− 0·78
6	− 2·80	+ 0·81	+ 1·76	7·57	12·59	15·16	15·91	15·67	12·35	7·13	2·33	− 1·00
7	− 2·88	+ 1·02	+ 1·45	6·89	11·77	14·27	14·86	14·86	11·72	6·95	2·07	− 1·10
8	− 2·96	+ 1·17	+ 1·41	6·42	10·85	13·34	14·16	13·96	11·05	6·48	1·97	− 1·16
9	− 3·00	+ 1·27	+ 0·90	5·42	10·02	12·42	13·34	13·19	10·52	6·23	1·89	− 1·25
10	− 3·05	+ 1·36	+ 0·69	5·01	9·39	11·82	12·63	12·42	10·30	6·02	1·81	− 1·30
11	− 3·12	+ 1·51	+ 0·45	4·66	8·97	11·48	12·18	12·29	9·89	5·87	1·76	− 1·30
12	− 3·19	+ 1·63	+ 0·25	4·46	8·70	11·19	12·03	12·06	9·74	5·77	1·70	− 1·44
13	− 3·27	+ 1·77	+ 0·08	4·28	8·44	11·08	11·87	11·88	9·28	5·67	1·65	− 1·48
14	− 3·31	+ 1·86	− 0·10	4·01	8·16	10·84	11·65	11·50	9·31	5·56	1·62	− 1·59
15	− 3·34	+ 1·95	− 0·29	3·71	7·84	10·55	11·40	11·50	9·01	5·16	1·56	− 1·65
16	− 3·39	+ 2·08	− 0·48	3·47	7·68	10·52	11·29	11·08	8·65	5·33	1·50	− 1·60
17	− 3·41	+ 2·18	− 0·63	3·41	7·88	10·84	11·69	15·31	8·43	5·21	1·14	− 1·65
18	− 3·49	+ 2·35	− 0·42	3·61	8·48	11·13	12·21	11·61	8·46	5·16	1·39	− 1·72
19	− 3·46	+ 2·11	+ 0·33	4·16	9·07	12·13	13·74	12·59	8·94	5·36	1·42	− 1·70
20	− 3·31	+ 2·00	+ 0·14	4·91	9·95	13·05	13·54	13·11	9·77	5·76	1·52	− 1·63
21	− 3·04	+ 1·61	+ 0·82	5·42	10·93	13·92	14·47	14·46	10·74	6·34	1·81	− 1·37
22	− 2·61	+ 1·18	+ 1·65	6·93	11·79	14·71	15·25	15·17	11·79	7·00	2·17	− 1·02
23	− 2·31	+ 0·90	+ 1·99	7·74	12·53	15·33	15·93	15·89	12·62	7·57	2·55	− 0·70
Wien.												
0°	+ 0·01	+ 0·90	+ 5·01	+ 8·79	+14·83	+17·54	+18·42	+18·46	+15·12	+11·18	+ 3·17	− 0·01
1	+ 0·35	+ 1·30	4·55	10·42	14·86	17·94	18·97	19·08	15·75	11·60	3·51	+ 0·22
2	+ 0·51	+ 1·54	4·91	10·82	15·20	18·96	19·97	19·45	16·14	12·21	3·71	+ 0·42
3	+ 0·40	+ 1·51	5·86	10·82	15·30	19·39	19·94	19·45	16·05	12·05	3·68	+ 0·30
4	+ 0·18	+ 1·37	6·79	10·81	15·19	18·29	19·35	19·47	15·83	11·79	3·31	+ 0·06
5	− 0·13	+ 1·04	6·46	10·53	18·65	19·16	19·18	19·43	15·43	11·10	2·99	− 0·19
6	− 0·40	+ 0·60	4·85	9·96	14·40	17·55	18·67	18·65	14·55	10·26	2·69	− 0·37
7	− 0·55	+ 0·35	4·26	8·96	13·48	16·73	17·98	17·60	13·59	9·75	2·42	− 0·48
8	− 0·66	+ 0·12	3·60	8·17	12·47	15·61	16·76	16·56	12·88	9·20	2·36	− 0·56
9	− 0·79	− 0·08	3·11	7·55	11·64	14·64	15·44	15·71	12·30	8·83	2·22	− 0·66
10	− 0·94	− 0·30	2·96	6·89	10·85	13·93	15·03	14·94	11·70	6·54	2·01	− 0·79
11	− 1·07	− 0·43	2·77	6·49	10·39	13·83	14·56	14·50	11·36	8·09	1·94	− 0·88
12	− 1·18	− 0·59	2·52	6·01	9·87	13·09	14·16	14·17	11·09	8·07	1·87	− 0·88
13	− 1·76	− 0·72	2·33	5·66	9·52	12·73	13·84	13·85	10·78	7·84	1·87	− 0·94
14	− 1·35	− 0·82	2·14	5·36	9·30	12·41	13·57	13·57	10·48	7·61	1·76	− 1·01
15	− 1·41	− 0·91	1·94	5·17	9·01	12·31	13·38	13·35	10·27	7·46	1·66	− 1·11
16	− 1·47	− 1·08	1·71	4·98	8·86	12·16	13·15	13·06	10·05	7·16	1·60	− 1·10
17	− 1·51	− 1·14	1·57	4·77	8·78	12·18	13·15	12·96	9·93	7·10	1·51	− 1·19
18	− 1·54	− 1·26	1·49	4·67	9·03	13·07	13·45	12·99	9·65	6·93	1·40	− 1·27
19	− 1·48	− 1·26	1·59	5·33	10·00	13·61	14·35	13·81	10·23	7·10	1·42	− 1·27
20	− 1·41	− 1·12	2·09	6·32	10·84	14·34	15·17	14·96	10·75	7·47	1·43	− 1·23
21	− 1·36	− 0·73	2·87	7·54	11·91	15·21	16·15	15·88	12·34	8·51	1·90	− 1·04
22	− 0·77	− 0·08	3·72	8·32	12·94	16·05	17·10	16·67	13·44	9·55	2·49	− 0·71
23	− 0·37	+ 0·31	4·36	9·08	13·68	16·88	17·91	17·85	11·33	10·36	2·76	− 0·38

Tafel II.

Constanten der Bessel'schen Formel.

Monat	n_0	n_1	n_2	m_1	U_1	U_2	U_3
Déva.							
Jänner	− 6·243	1·6529	0·5952	0·1351	36°45′	12°36′	67°58′
Februar	− 3·627	1·8950	0·7118	0·1183	36 56	11 27	74 26
März	+ 3·425	2·7859	0·6452	0·1115	59 43	12 23	173 16
April	+ 7·182	3·8025	0·4528	0·2702	43 12	45 53	197 9
Mai	+11·310	3·9144	0·2266	0·4294	17 19	108 45	233 11
Juni	+14·918	3·7937	0·1911	0·4171	45 47	146 6	235 43
Juli	+15·195	4·0542	0·1215	0·4633	45 54	136 19	212 2
August	+15·217	4·3266	0·3558	0·4554	42 16	56 0	230 16
September	+12·000	4·8182	0·7010	0·2322	14 39	79 45	212 37
October	+ 7·036	5·5182	1·0347	0·1164	40 56	34 17	354 45
November	+ 3·220	1·6751	0·5838	0·1157	43 8	15 17	67 52
December	− 3·537	1·1567	0·4151	0·1087	42 46	37 34	49 28
Gran.							
Jänner	− 2·701	1·484	0·5868	0·1817	39 42′	37°43′	37°41′
Februar	− 0·382	1·924	0·7393	0·1427	35 4	34 22	53 23
März	+ 9·467	2·876	0·6367	0·1191	41 33	47 38	133 2
April	+ 7·218	2·970	0·5146	0·1960	48 38	61 44	165 31
Mai	+11·555	2·994	0·3509	0·2951	52 40	88 71	176 8
Juni	+14·410	2·843	0·1910	0·1591	52 15	82 3	199 16
Juli	+15·339	2·785	0·2138	0·3647	50 39	87 40	163 22
August	+14·649	2·742	0·3700	0·2207	49 18	64 4	180 55
September	+11·956	2·690	0·6478	0·1345	19 46	58 16	165 11
October	+ 7·520	2·075	0·6967	0·1090	44 51	49 39	105 13
November	+ 3·239	1·416	0·5995	0·1292	42 41	45 16	61 40
December	− 0·851	1·206	0·4804	0·1227	41 41	45 32	65 26
Mailand.							
Jänner	+ 0·353	1·5205	0·4877	0·1251	35° 8′	35° 0′	55°39′
Februar	2·330	1·8113	0·4611	0·1326	36 51	37 32	74 59
März	5·785	2·5299	0·4048	0·0775	35 55	45 51	172 35
April	9·519	2·7426	0·4180	0·1840	41 0	47 14	206 11
Mai	12·912	3·0995	0·3245	0·2836	46 10	87 38	259 55
Juni	16·459	3·4245	0·1590	0·5545	45 52	113 2	259 44
Juli	18·219	3·7952	0·3731	0·4067	43 18	105 35	263 26
August	17·420	3·5212	0·5479	0·3587	41 27	86 56	241 9
September	14·055	2·9405	0·4643	0·1066	42 57	65 9	269 31
October	10·405	2·1260	0·5617	0·6025	38 58	45 19	107 45
November	4·894	1·4190	0·5058	0·1194	34 52	36 59	50 98
December	1·455	1·1850	0·4432	0·1311	32 55	51 52	49 23
Oberschlesien.							
Jänner	− 2·874	+1·684	+0·710	0·177	48°12′	47°39′	55°36′
Februar	− 1·902	2·431	0·916	0·136	49 13	55 55	71 10
März	+ 2·909	3·113	0·819	0·138	55 48	57 55	219 3
April	+ 6·628	3·293	0·543	0·311	57 47	61 48	199 8
Mai	+10·933	3·292	0·356	0·395	65 56	51 29	204 10
Juni	+14·041	3·841	0·148	0·449	65 55	137 29	213 56
Juli	+15·034	3·630	0·155	0·509	63 1	59 58	203 6
August	+14·824	3·635	0·360	0·375	65 3	57 23	195 18
September	+11·571	3·419	0·646	0·191	57 13	51 6	197 58
October	+ 7·955	2·655	0·677	0·121	59 25	56 49	133 39
November	+ 1·996	1·355	0·545	0·212	62 19	65 44	62 86
December	− 1·527	1·343	0·556	0·167	56 3	55 56	59 56

Monat	u_0	u_1	u_2	u_3	U_1	U_2	U_3
Prag.							
Jänner	− 1·600	0·8242	0·3267	0·0935	32°31'	28°55'	32°29'
Februar	− 0·367	1·3687	0·4241	0·0645	34 42	25 7	23 47
März	+ 2·341	1·9212	0·4901	0·0346	36 28	33 28	112 45
April	+ 7·247	2·8655	0·4898	0·2199	38 43	49 3	174 47
Mai	+11·360	3·0116	0·3536	0·2692	42 10	65 58	187 30
Juni	+14·468	2·9408	0·2683	0·2727	43 15	66 30	194 60
Juli	+15·595	3·0130	0·2782	0·2836	41 46	68 3	189 8
August	+15·342	2·9911	0·4775	0·2425	39 43	50 37	183 33
September	+11·887	2·7274	0·6932	0·1677	38 55	40 16	169 12
October	+ 7·017	1·7090	0·5503	0·0519	38 47	34 19	74 21
November	+ 2·300	0·7751	0·3655	0·0499	39 24	36 9	43 40
December	− 0·141	0·5881	0·2478	0·0668	34 36	31 38	34 38
Salzburg.							
Jänner	− 1·915	1·148	0·4523	0·1261	27° 4'	24° 2'	17°18'
Februar	+ 0·450	1·394	0·5167	0·0714	34 17	27 14	40 34
März	+ 2·667	2·054	0·5785	0·0390	35 9	29 50	75 54
April	+ 6·736	2·794	0·4593	0·0482	42 63	41 7	178 46
Mai	+10·677	3·619	0·3553	0·1156	45 36	37 3	204 54
Juni	+13·528	2·505	0·2869	0·1174	45 16	27 8	198 31
Juli	+14·491	2·528	0·3047	0·1302	41 58	25 7	193 57
August	+14·264	2·316	0·4475	0·1374	44 8	26 3	200 43
September	+11·351	2·122	0·5800	0·0465	41 39	34 0	219 41
October	+ 8·178	1·730	0·5470	0·0565	12 55	30 34	36 39
November	+ 2·333	1·055	0·4989	0·1126	37 7	35 5	38 18
December	− 0·729	0·871	0·4576	0·1075	32 9	29 50	39 14
Schässl.							
Jänner	− 2·864	0·702	0·297	0·085	51°23'	59°57'	57°40'
Februar	− 1·210	1·105	0·386	0·093	39 3	43 54	17 8
März	+ 1·083	1·696	0·490	0·010	44 16	57 29	107 45
April	+ 5·998	2·664	0·503	0·167	46 51	53 22	183 24
Mai	+10·625	2·935	0·158	0·223	49 58	42 36	215 21
Juni	+13·326	2·826	0·154	0·260	55 1	48 38	219 13
Juli	+14·056	2·828	0·163	0·204	57 45	38 44	202 0
August	+13·922	2·917	0·389	0·211	50 16	63 58	197 8
September	+11·006	2·528	0·657	0·163	44 49	54 10	188 13
October	+ 6·577	1·479	0·469	0·049	47 6	48 9	111 16
November	+ 2·072	0·744	0·359	0·086	48 19	44 40	46 17
December	− 1·134	0·617	0·280	0·085	47 3	49 14	53 52
Wien.							
Jänner	− 0·749	0·8793	0·5067	0·1044	40° 8'	39°33'	29°29'
Februar	− 0·057	1·2410	0·1707	0·0780	31 29	33 1	43 48
März	+ 3·497	2·0720	0·5272	0·0696	36 54	36 40	160 55
April	+ 7·676	3·0148	0·4584	0·1575	39 68	49 33	189 5
Mai	+11·946	3·2742	0·2344	0·2277	44 17	47 7	194 30
Juni	+15·119	3·1298	0·1618	0·2111	45 18	18 7	208 13
Juli	+16·196	3·1766	0·2127	0·2515	43 55	30 4	192 5
August	+16·094	3·2830	0·4131	0·2616	12 29	33 58	190 58
September	+12·861	3·0263	0·6609	0·1509	13 9	44 69	185 49
October	+ 9·176	2·3375	0·7465	0·0514	12 38	38 54	93 18
November	+ 3·322	0·9291	0·3520	0·0766	40 45	41 17	38 42
December	− 0·637	0·6721	0·2951	0·0976	37 38	38 54	36 57

Tafel III.
Täglicher Temperaturgang nach der Rechnung.

Stunde	Jänner	Februar	März	April	Mai	Juni	Juli	August	Sept.	Oct.	Nov.	Dec.
					Döös.							
Tagesmittel	— 0·24	— 1·93	+ 3·42	+ 7·14	+ 11·31	+ 14·92	+ 15·50	+ 15·23	+ 13·00	+ 7·04	+ 3·22	— 3·34
0*	+ 1·61	+ 1·75	+ 2·25	+ 2·67	+ 2·75	+ 2·29	+ 2·59	+ 2·85	+ 3·91	+ 2·82	+ 1·67	+ 1·14
1	+ 1·94	+ 2·29	+ 2·81	+ 3·21	+ 3·29	+ 2·71	+ 3·14	+ 3·53	+ 4·57	+ 3·82	+ 2·10	+ 1·46
2	+ 2·13	+ 2·18	+ 3·16	+ 3·57	+ 3·62	+ 3·19	+ 3·70	+ 4·15	+ 4·91	+ 4·51	+ 2·21	+ 1·56
3	+ 2·00	+ 2·34	+ 3·19	+ 3·72	+ 3·91	+ 3·81	+ 4·11	+ 4·57	+ 4·93	+ 4·22	+ 2·04	+ 1·44
4	+ 1·67	+ 1·94	+ 2·96	+ 3·61	+ 3·92	+ 3·79	+ 4·21	+ 4·61	+ 4·60	+ 3·44	+ 1·67	+ 1·18
5	+ 1·26	+ 1·49	+ 2·49	+ 3·19	+ 3·51	+ 3·65	+ 3·84	+ 4·15	+ 3·90	+ 2·73	+ 1·21	+ 0·87
6	+ 0·85	+ 1·00	+ 1·84	+ 2·46	+ 2·69	+ 2·88	+ 2·99	+ 3·20	+ 2·92	+ 1·71	+ 0·78	+ 0·56
7	+ 0·50	+ 0·57	+ 1·10	+ 1·50	+ 1·60	+ 1·83	+ 1·84	+ 1·94	+ 1·79	+ 0·79	+ 0·36	+ 0·28
8	+ 0·19	+ 0·19	+ 0·36	+ 0·46	+ 0·46	+ 0·75	+ 0·64	+ 0·64	+ 0·65	+ 0·06	+ 0·03	+ 0·03
9	— 0·04	— 0·11	— 0·29	— 0·47	— 0·52	— 0·29	— 0·40	— 0·46	— 0·35	— 0·47	— 0·25	— 0·19
10	— 0·32	— 0·41	— 0·78	— 1·16	— 1·25	— 1·11	— 1·19	— 1·24	— 1·17	— 0·86	— 0·48	— 0·38
11	— 0·53	— 0·64	— 1·13	— 1·63	— 1·81	— 1·75	— 1·82	— 1·74	— 1·66	— 1·19	— 0·66	— 0·53
12	— 0·70	— 0·81	— 1·38	— 1·97	— 2·31	— 2·33	— 2·42	— 2·26	— 2·53	— 1·52	— 0·83	— 0·63
13	— 0·84	— 0·94	— 1·61	— 2·27	— 2·89	— 2·93	— 3·08	— 2·83	— 3·25	— 1·88	— 0·96	— 0·69
14	— 0·97	— 1·08	— 1·90	— 2·61	— 3·51	— 3·64	— 3·77	— 3·51	— 1·91	— 2·26	— 1·09	— 0·75
15	— 1·12	— 1·27	— 2·24	— 3·04	— 4·04	— 3·99	— 4·31	— 4·17	— 4·68	— 2·61	— 1·22	— 0·78
16	— 1·32	— 1·51	— 2·57	— 3·37	— 4·25	— 4·10	— 4·47	— 4·56	— 5·07	— 2·89	— 1·38	— 0·87
17	— 1·52	— 1·27	— 2·77	— 3·48	— 3·96	— 3·74	— 4·08	— 4·46	— 4·97	— 3·01	— 1·55	— 0·98
18	— 1·66	— 1·94	— 2·71	— 3·16	— 3·13	— 2·82	— 3·17	— 3·79	— 4·30	— 3·01	— 1·60	— 1·06
19	— 1·65	— 1·97	— 2·35	— 2·45	— 1·91	— 1·62	— 1·90	— 2·65	— 3·11	— 2·72	— 1·49	— 1·05
20	— 1·35	— 1·58	— 1·62	— 1·40	— 0·37	— 0·38	— 0·57	— 1·28	— 1·56	— 2·11	— 1·16	— 0·86
21	— 0·89	— 0·93	— 0·67	— 0·21	+ 0·65	+ 0·67	+ 0·57	+ 0·06	+ 0·10	— 1·14	— 0·57	— 0·47
22	— 0·04	— 0·38	+ 0·39	+ 0·94	+ 1·41	+ 1·41	+ 1·45	+ 1·19	+ 1·61	+ 0·11	+ 0·19	+ 0·61
23	+ 0·79	+ 0·05	+ 1·40	+ 1·91	+ 2·25	+ 1·90	+ 2·06	+ 2·09	+ 2·93	+ 1·50	+ 0·99	+ 0·61
					Graz.							
Tagesmittel	— 2·78	— 0·34	+ 2·47	+ 7·22	+ 11·96	+ 16·43	+ 15·34	+ 14·63	+ 11·46	+ 7·72	+ 3·26	— 0·43
0*	+ 1·42	+ 1·69	+ 2·17	+ 2·74	+ 2·74	+ 2·38	+ 2·39	+ 2·41	+ 2·64	+ 2·15	+ 1·51	+ 1·26
1	+ 1·93	+ 2·36	+ 2·46	+ 3·08	+ 2·95	+ 2·65	+ 2·64	+ 2·68	+ 3·00	+ 2·57	+ 1·92	+ 1·59
2	+ 2·12	+ 2·68	+ 2·83	+ 3·12	+ 2·96	+ 2·79	+ 2·67	+ 2·78	+ 3·07	+ 2·65	+ 2·05	+ 1·66
3	+ 1·96	+ 2·58	+ 2·73	+ 2·98	+ 2·84	+ 2·78	+ 2·65	+ 2·74	+ 2·89	+ 2·43	+ 1·84	+ 1·50
4	+ 1·57	+ 2·22	+ 2·39	+ 2·67	+ 2·39	+ 2·61	+ 2·51	+ 2·57	+ 2·51	+ 2·00	+ 1·47	+ 1·19
5	+ 1·09	+ 1·70	+ 1·91	+ 2·22	+ 2·21	+ 2·26	+ 2·21	+ 2·22	+ 1·98	+ 1·47	+ 1·02	+ 0·83
6	+ 0·64	+ 1·15	+ 1·35	+ 1·67	+ 1·67	+ 1·70	+ 1·73	+ 1·68	+ 1·33	+ 0·92	+ 0·59	+ 0·51
7	+ 0·22	+ 0·65	+ 0·76	+ 0·92	+ 0·94	+ 0·99	+ 1·07	+ 0·97	+ 0·63	+ 0·39	+ 0·24	+ 0·21
8	+ 0·05	+ 0·25	+ 0·19	+ 0·17	+ 0·20	+ 0·21	+ 0·31	+ 0·20	— 0·08	— 0·08	+ 0·01	— 0·15
9	— 0·15	— 0·12	— 0·32	— 0·52	— 0·56	— 0·53	— 0·44	— 0·53	— 0·64	— 0·46	— 0·25	— 0·15
10	— 0·33	— 0·41	— 0·70	— 1·08	— 1·20	— 1·15	— 1·07	— 1·10	— 1·08	— 0·76	— 0·43	— 0·31
11	— 0·42	— 0·66	— 0·97	— 1·47	— 1·69	— 1·64	— 1·55	— 1·49	— 1·36	— 0·96	— 0·57	— 0·46
12	— 0·70	— 0·86	— 1·16	— 1·74	— 2·04	— 2·01	— 1·90	— 1·74	— 1·54	— 1·09	— 0·68	— 0·57
13	— 0·85	— 1·04	— 1·38	— 1·97	— 2·39	— 2·39	— 2·17	— 1·91	— 1·71	— 1·30	— 0·77	— 0·66
14	— 0·96	— 1·18	— 1·52	— 2·22	— 2·65	— 2·65	— 2·11	— 2·17	— 1·95	— 1·55	— 0·86	— 0·73
15	— 1·04	— 1·38	— 1·79	— 2·51	— 2·79	— 2·73	— 2·63	— 2·42	— 2·21	— 1·53	— 0·97	— 0·84
16	— 1·13	— 1·58	— 2·09	— 2·76	— 2·90	— 2·74	— 2·73	— 2·62	— 2·47	— 1·75	— 1·12	— 0·95
17	— 1·25	— 1·82	— 2·33	— 2·84	— 2·79	— 2·55	— 2·62	— 2·63	— 2·59	— 1·94	— 1·29	— 1·09
18	— 1·36	— 1·99	— 2·37	— 2·62	— 2·37	— 2·08	— 2·21	— 2·34	— 2·41	— 1·98	— 1·48	— 1·19
19	— 1·34	— 1·99	— 2·10	— 2·01	— 1·61	— 1·35	— 1·50	— 1·71	— 1·93	— 1·76	— 1·38	— 1·17
20	— 1·21	— 1·70	— 1·49	— 1·05	— 0·59	— 0·45	— 0·57	— 0·81	— 1·09	— 1·23	— 1·13	— 0·95
21	— 0·78	— 1·10	— 0·61	+ 0·05	+ 0·51	+ 0·48	+ 0·42	+ 0·20	— 0·01	— 0·44	— 0·62	— 0·52
22	— 0·12	— 0·23	+ 0·41	+ 1·17	+ 1·51	+ 1·30	+ 1·30	+ 1·16	+ 1·04	+ 0·51	+ 0·08	+ 0·07
23	+ 0·68	+ 0·77	+ 1·39	+ 2·10	+ 1·94	+ 1·97	+ 1·91	+ 1·98	+ 1·12	+ 0·85	— 0·71	
					Halland.							
Tagesmittel	+ 0·35	— 2·33	+ 3·79	+ 9·55	+ 12·91	+ 16·96	+ 18·22	+ 17·43	+ 14·97	+ 10·41	+ 4·89	+ 1·48
0*	+ 1·09	+ 1·62	+ 1·96	+ 2·03	+ 3·23	+ 2·93	+ 2·58	+ 2·56	+ 2·52	+ 1·72	+ 1·21	+ 0·98
1	+ 1·54	+ 2·15	+ 2·53	+ 2·51	+ 2·71	+ 2·82	+ 3·17	+ 3·08	+ 3·88	+ 2·26	+ 1·67	+ 1·41
2	+ 1·74	+ 2·35	+ 2·83	+ 2·63	+ 3·06	+ 3·27	+ 3·69	+ 3·47	+ 3·16	+ 2·55	+ 1·86	+ 1·59
3	+ 1·68	+ 2·31	+ 2·87	+ 2·96	+ 3·29	+ 3·62	+ 3·95	+ 3·65	+ 3·21	+ 2·62	+ 1·79	+ 1·53
4	+ 1·41	+ 1·92	+ 2·65	+ 2·87	+ 3·04	+ 3·54	+ 3·83	+ 3·53	+ 2·91	+ 2·26	+ 1·52	+ 1·29
5	+ 1·11	+ 1·48	+ 2·23	+ 2·52	+ 2·65	+ 3·05	+ 3·30	+ 3·01	+ 2·41	+ 1·81	+ 1·15	+ 0·98
6	+ 0·77	+ 1·02	+ 1·65	+ 1·93	+ 1·83	+ 2·26	+ 2·15	+ 2·27	+ 1·73	+ 1·27	+ 0·73	+ 0·68
7	+ 0·47	+ 0·58	+ 1·01	+ 1·19	+ 1·02	+ 1·33	+ 1·48	+ 1·35	+ 1·02	+ 0·72	+ 0·46	+ 0·42
8	+ 0·21	+ 0·19	+ 0·42	+ 0·41	+ 0·27	+ 0·47	+ 0·59	+ 0·60	+ 0·38	+ 0·22	+ 0·19	+ 0·20
9	— 0·01	— 0·15	— 0·11	— 0·27	— 0·31	— 0·25	— 0·10	— 0·17	— 0·17	— 0·19	— 0·01	+ 0·01
10	— 0·22	— 0·41	— 0·53	— 0·79	— 0·75	— 0·85	— 0·65	— 0·63	— 0·62	— 0·49	— 0·24	— 0·15
11	— 0·41	— 0·66	— 0·81	— 1·11	— 1·14	— 1·57	— 1·19	— 1·02	— 1·04	— 0·71	— 0·43	— 0·36
12	— 0·56	— 0·82	— 1·09	— 1·11	— 1·54	— 1·98	— 1·81	— 1·47	— 1·48	— 0·95	— 0·61	— 0·51

Stunde	Jänner	Februar	März	April	Mai	Juni	Juli	August	Sept.	Oct.	Nov.	Dec.
13ʰ	− 0·67	− 0·93	− 1·36	− 1·69	− 2·13	− 2·64	− 2·88	− 2·10	− 1·95	− 1·18	− 0·74	− 0·63
14	− 0·76	− 1·04	− 1·66	− 2·03	− 2·72	− 3·23	− 3·60	− 2·86	− 2·49	− 1·44	− 0·86	− 0·70
15	− 0·86	− 1·20	− 2·02	− 2·39	− 3·18	− 3·73	− 4·15	− 3·38	− 2·82	− 1·70	− 0·98	− 0·78
16	− 1·00	− 1·41	− 2·38	− 2·68	− 3·31	− 3·76	− 4·37	− 4·01	− 3·01	− 1·94	− 1·12	− 0·88
17	− 1·16	− 1·65	− 2·58	− 2·76	− 3·10	− 3·33	− 4·02	− 3·95	− 2·91	− 2·07	− 1·28	− 1·01
18	− 1·38	− 1·82	− 2·51	− 2·54	− 1·47	− 2·51	− 3·17	− 3·35	− 2·57	− 2·04	− 1·39	− 1·14
19	− 1·34	− 1·80	− 2·21	− 2·00	− 1·59	− 1·50	− 2·00	− 2·34	− 1·95	− 1·79	− 1·39	− 1·20
20	− 1·19	− 1·30	− 1·84	− 1·21	− 0·62	− 0·50	− 0·70	− 1·11	− 1·14	− 1·31	− 1·20	− 1·09
21	− 0·80	− 0·90	− 0·73	− 0·30	+ 0·28	+ 0·36	+ 0·30	+ 0·03	− 0·22	− 0·63	− 0·27	− 0·76
22	− 0·22	− 0·07	+ 0·23	+ 0·61	+ 1·04	+ 1·05	+ 1·19	+ 1·11	+ 0·70	+ 0·17	− 0·16	− 0·24
23	+ 0·46	+ 0·88	+ 1·17	+ 1·29	+ 1·66	+ 1·63	+ 1·91	+ 1·92	+ 1·57	+ 1·00	+ 0·55	+ 0·39

Oberschätzen.

Stunde	Jänner	Februar	März	April	Mai	Juni	Juli	August	Sept.	Oct.	Nov.	Dec.
Tagesmittel	2·67	1·29	2·93	6·63	10·63	14·04	15·03	14·63	11·37	7·06	1·99	1·52
0ʰ	− 2·18	− 2·99	+ 3·18	+ 3·17	+ 3·04	+ 3·30	+ 3·19	+ 3·61	+ 3·48	+ 3·11	+ 1·66	+ 1·62
1	− 2·55	− 3·39	+ 3·62	+ 3·42	+ 3·18	+ 3·30	+ 3·21	+ 3·78	+ 3·93	+ 3·44	+ 1·84	+ 1·89
2	+ 2·41	+ 3·30	+ 3·72	+ 3·47	+ 3·23	+ 3·42	+ 3·23	+ 3·77	+ 4·03	+ 3·36	+ 1·74	+ 1·83
3	+ 1·99	+ 2·80	+ 3·46	+ 3·33	+ 3·14	+ 3·30	+ 3·28	+ 3·57	+ 3·80	+ 2·93	+ 1·42	+ 1·51
4	+ 1·37	+ 2·04	+ 2·82	+ 2·83	+ 2·95	+ 3·50	+ 3·18	+ 3·17	+ 3·24	+ 2·27	+ 0·97	+ 1·03
5	+ 0·73	+ 1·20	+ 1·77	+ 2·39	+ 2·43	+ 2·86	+ 2·77	+ 2·50	+ 2·39	+ 1·80	+ 0·51	+ 0·55
6	+ 0·19	+ 0·41	+ 1·16	+ 1·55	+ 1·57	+ 1·96	+ 1·96	+ 1·54	+ 1·38	+ 0·70	+ 0·12	+ 0·16
7	− 0·19	− 0·23	+ 0·64	+ 0·84	+ 0·47	+ 0·79	+ 0·81	+ 0·38	+ 0·29	+ 0·04	− 0·15	− 0·11
8	− 0·43	− 0·69	− 0·58	+ 1·45	− 0·67	− 0·47	− 0·47	− 0·79	− 0·63	− 0·67	− 0·32	− 0·38
9	− 0·53	− 1·03	− 1·10	− 1·26	− 1·62	− 1·58	− 1·60	− 1·75	− 1·43	− 1·14	− 0·43	− 0·40
10	− 0·75	− 1·25	− 1·49	− 1·65	− 2·23	− 2·37	− 2·37	− 2·38	− 1·85	− 1·44	− 0·50	− 0·52
11	− 0·86	− 1·39	− 1·86	− 2·07	− 2·49	− 2·84	− 2·76	− 2·63	− 2·08	− 1·58	− 0·87	− 0·63
12	− 0·96	− 1·48	− 1·79	− 2·18	− 2·53	− 3·10	− 2·86	− 2·67	− 2·16	− 1·61	− 0·66	− 0·73
13	− 1·08	− 1·56	− 2·09	− 2·29	− 2·54	− 3·50	− 2·94	− 2·67	− 2·26	− 1·69	− 0·75	− 0·78
14	− 1·15	− 1·65	− 2·28	− 2·51	− 2·62	− 3·60	− 3·08	− 2·77	− 2·48	− 1·79	− 0·86	− 0·82
15	− 1·23	− 1·77	− 2·61	− 2·60	− 2·78	− 3·16	− 3·26	− 2·97	− 2·73	− 1·97	− 0·97	− 0·85
16	− 1·31	− 1·90	− 2·86	− 3·18	− 2·96	− 3·86	− 3·32	− 3·13	− 2·98	− 2·17	− 1·08	− 0·91
17	− 1·36	− 1·99	− 2·69	− 2·99	− 2·66	− 3·03	− 3·03	− 3·01	− 3·00	− 2·29	− 1·15	− 1·00
18	− 1·39	− 1·92	− 2·55	− 2·54	− 2·08	− 2·16	− 2·27	− 2·48	− 2·69	− 2·19	− 1·11	− 1·06
19	− 1·23	− 1·59	− 1·86	− 1·87	− 1·11	− 0·86	− 1·08	− 1·80	− 1·97	− 1·71	− 0·93	− 1·00
20	− 0·85	− 0·96	− 0·87	− 0·50	+ 0·07	+ 0·56	+ 0·31	− 0·21	− 0·90	− 0·90	− 0·56	− 0·74
21	− 0·23	0·00	+ 0·23	+ 0·74	+ 1·23	+ 1·79	+ 1·60	+ 1·15	+ 0·36	+ 0·18	− 0·02	− 0·25
22	+ 0·67	+ 1·11	+ 1·43	+ 2·00	+ 2·13	+ 2·65	+ 2·52	+ 2·35	+ 1·61	+ 1·34	+ 0·61	+ 0·49
23	+ 1·51	+ 2·18	+ 2·48	+ 2·66	+ 2·73	+ 3·09	+ 3·02	+ 3·15	+ 2·69	+ 2·38	+ 1·21	+ 1·08

Prag.

Stunde	Jänner	Februar	März	April	Mai	Juni	Juli	August	Sept.	Oct.	Nov.	Dec.
Tagesmittel	1·00	0·37	2·24	7·25	11·36	14·47	15·99	15·34	11·08	7·02	2·30	0·16
0ʰ	+ 0·85	+ 0·95	+ 1·44	+ 2·18	+ 2·31	+ 2·48	+ 2·23	+ 2·27	+ 2·18	+ 1·40	+ 0·71	+ 0·50
1	+ 0·98	+ 1·41	+ 1·95	+ 2·65	+ 2·87	+ 2·53	+ 2·57	+ 2·70	+ 2·74	+ 1·90	+ 0·97	+ 0·74
2	+ 1·14	+ 1·68	+ 2·24	+ 2·91	+ 2·90	+ 2·78	+ 2·80	+ 3·02	+ 3·06	+ 2·12	+ 1·07	+ 0·84
3	+ 1·11	+ 1·69	+ 2·28	+ 3·00	+ 2·99	+ 2·99	+ 2·94	+ 3·12	+ 3·10	+ 2·10	+ 1·03	+ 0·80
4	+ 0·94	+ 1·51	+ 2·10	+ 2·90	+ 2·92	+ 2·91	+ 2·95	+ 3·04	+ 2·90	+ 1·88	+ 0·84	+ 0·67
5	+ 0·70	+ 1·21	+ 1·75	+ 2·60	+ 2·68	+ 2·67	+ 2·75	+ 2·73	+ 2·48	+ 1·47	+ 0·62	+ 0·47
6	+ 0·46	+ 0·84	+ 1·28	+ 2·09	+ 2·17	+ 2·15	+ 2·27	+ 2·17	+ 1·84	+ 1·02	+ 0·38	+ 0·29
7	+ 0·26	+ 0·48	+ 0·79	+ 1·39	+ 1·46	+ 1·41	+ 1·54	+ 1·49	+ 1·11	+ 0·55	+ 0·16	+ 0·15
8	+ 0·10	+ 0·17	+ 0·31	+ 0·60	+ 0·60	+ 0·55	+ 0·68	+ 0·58	+ 0·35	+ 0·14	+ 0·01	+ 0·04
9	+ 0·02	− 0·09	− 0·01	− 0·15	− 0·28	− 0·26	− 0·16	− 0·30	− 0·33	− 0·21	− 0·10	− 0·11
10	− 0·13	− 0·29	− 0·45	− 0·74	− 0·86	− 0·90	− 0·85	− 0·82	− 0·80	− 0·48	− 0·21	− 0·11
11	− 0·24	− 0·48	− 0·70	− 1·16	− 1·32	− 1·36	− 1·36	− 1·24	− 1·11	− 0·68	− 0·38	− 0·25
12	− 0·33	− 0·59	− 0·90	− 1·44	− 1·67	− 1·88	− 1·71	− 1·53	− 1·28	− 0·81	− 0·35	− 0·25
13	− 0·42	− 0·71	− 1·07	− 1·69	− 1·97	− 1·99	− 2·01	− 1·79	− 1·44	− 0·94	− 0·41	− 0·30
14	− 0·48	− 0·82	− 1·28	− 1·99	− 2·32	− 2·84	− 2·36	− 2·12	− 1·70	− 1·06	− 0·46	− 0·35
15	− 0·53	− 0·93	− 1·48	− 2·36	− 2·71	− 2·74	− 2·62	− 2·62	− 2·04	− 1·22	− 0·54	− 0·39
16	− 0·60	− 1·03	− 1·66	− 2·72	− 3·00	− 2·97	− 3·03	− 2·88	− 2·44	− 1·40	− 0·60	− 0·41
17	− 0·68	− 1·11	− 1·82	− 2·92	− 3·10	− 2·99	− 3·09	− 3·07	− 2·72	− 1·55	− 0·68	− 0·49
18	− 0·77	− 1·20	− 1·82	− 2·63	− 2·81	− 2·65	− 2·79	− 2·91	− 2·71	− 1·61	− 0·73	− 0·55
19	− 0·82	− 1·21	− 1·67	− 2·36	− 2·14	− 1·95	− 2·10	− 2·36	− 2·41	− 1·51	− 0·72	− 0·56
20	− 0·76	− 1·01	− 1·29	− 1·52	− 1·18	− 0·99	− 1·12	− 1·49	− 1·71	− 1·20	− 0·63	− 0·54
21	− 0·56	− 0·67	− 0·71	− 0·19	− 0·08	− 0·04	− 0·04	− 0·40	− 0·75	− 0·67	− 0·38	− 0·39
22	− 0·21	− 0·19	+ 0·01	+ 0·56	+ 0·93	+ 0·96	+ 0·93	+ 0·66	+ 0·34	+ 0·02	− 0·03	− 0·13
23	+ 0·22	+ 0·34	+ 0·76	+ 1·48	+ 1·81	+ 1·68	+ 1·70	+ 1·56	+ 1·33	+ 0·76	+ 0·34	+ 0·21

Salzburg.

Stunde	Jänner	Februar	März	April	Mai	Juni	Juli	August	Sept.	Oct.	Nov.	Dec.
Tagesmittel	− 1·92	+ 0·45	2·66	6·74	10·64	13·53	14·49	14·26	11·33	5·13	2·33	0·72
0ʰ	+ 0·74	+ 1·07	+ 1·49	+ 1·86	+ 2·02	+ 1·95	+ 1·88	+ 1·77	+ 1·79	+ 1·84	− 0·99	+ 0·76
1	+ 1·25	+ 1·56	+ 2·09	+ 2·33	+ 2·47	+ 2·35	+ 2·31	+ 2·25	+ 2·73	+ 2·08	+ 1·40	+ 1·14
2	+ 1·54	+ 1·83	+ 2·43	+ 2·60	+ 2·71	+ 2·60	+ 2·60	+ 2·57	+ 2·56	+ 2·55	+ 1·56	+ 1·31
3	+ 1·56	+ 1·81	+ 2·49	+ 2·69	+ 2·85	+ 2·69	+ 2·76	+ 2·68	+ 2·60	+ 2·20	+ 1·45	+ 1·26
4	+ 1·38	+ 1·62	+ 2·25	+ 2·56	+ 2·72	+ 2·58	+ 2·65	+ 2·55	+ 2·56	+ 1·97	+ 1·19	+ 1·03

Stunde	Jänner	Februar	März	April	Mai	Juni	Juli	August	Sept.	Oct.	Nov.	Dec.
5ʰ	+ 1·06	+ 1·27	+ 1·88	+ 1·99	+ 2·35	+ 2·24	+ 2·34	+ 2·18	+ 1·90	+ 1·47	+ 0·82	+ 0·73
6	+ 0·72	+ 0·86	+ 1·37	+ 1·44	+ 1·75	+ 1·68	+ 1·80	+ 1·56	+ 1·50	+ 0·89	+ 0·47	+ 0·43
7	+ 0·44	+ 0·47	+ 0·82	+ 0·83	+ 1·01	+ 0·95	+ 1·09	+ 0·88	+ 0·65	+ 0·35	+ 0·19	+ 0·19
8	+ 0·23	+ 0·14	+ 0·31	+ 0·25	+ 0·29	+ 0·18	+ 0·32	+ 0·12	+ 0·06	− 0·11	− 0·01	+ 0·02
9	+ 0·05	− 0·13	− 0·12	− 0·31	− 0·45	− 0·55	− 0·46	− 0·51	− 0·40	− 0·47	− 0·15	− 0·07
10	− 0·09	− 0·33	− 0·46	− 0·73	− 0·97	− 1·08	− 0·97	− 0·95	− 0·72	− 0·66	− 0·25	− 0·18
11	− 0·25	− 0·48	− 0·72	− 1·03	− 1·34	− 1·45	− 1·37	− 1·21	− 0·91	− 0·80	− 0·34	− 0·25
12	− 0·38	− 0·60	− 0·92	− 1·25	− 1·60	− 1·69	− 1·62	− 1·37	− 1·06	− 0·88	− 0·42	− 0·30
13	− 0·52	− 0·69	− 1·09	− 1·46	− 1·82	− 1·86	− 1·81	− 1·48	− 1·21	− 0·96	− 0·49	− 0·35
14	− 0·64	− 0·79	− 1·28	− 1·68	− 2·10	− 2·03	− 2·00	− 1·64	− 1·40	− 1·06	− 0·57	− 0·40
15	− 0·74	− 0·92	− 1·49	− 1·90	− 2·29	− 2·16	− 2·18	− 1·84	− 1·63	− 1·18	− 0·65	− 0·46
16	− 0·84	− 1·06	− 1·70	− 2·09	− 2·45	− 2·37	− 2·30	− 2·03	− 1·85	− 1·33	− 0·77	− 0·57
17	− 0·95	− 1·22	− 1·88	− 2·16	− 2·43	− 2·21	− 2·29	− 2·11	− 1·99	− 1·48	− 0·91	− 0·79
18	− 1·09	− 1·53	− 1·94	− 2·05	− 2·18	− 1·94	− 2·06	− 1·99	− 1·95	− 1·55	− 1·04	− 0·88
19	− 1·18	− 1·34	− 1·82	− 1·70	− 1·66	− 1·43	− 1·59	− 1·63	− 1·69	− 1·47	− 1·09	− 0·96
20	− 1·13	− 1·17	− 1·47	− 1·13	− 0·90	− 0·76	− 0·93	− 1·05	− 1·22	− 1·19	− 0·98	− 0·93
21	− 0·89	− 0·79	− 0·88	− 0·59	− 0·12	+ 0·02	− 0·15	− 0·53	− 0·66	− 0·65	− 0·66	− 0·79
22	− 0·45	− 0·25	− 0·12	+ 0·43	+ 0·70	+ 0·77	+ 0·62	+ 0·43	+ 0·21	+ 0·02	− 0·17	− 0·28
23	− 0·13	+ 0·14	+ 0·71	+ 1·21	+ 1·43	+ 1·43	+ 1·31	+ 1·15	+ 1·00	+ 0·81	+ 0·43	+ 0·23

Schässl.

Tagesmittel	2·60	1·21	1·80	6·00	10·63	13·33	14·96	13·82	11·01	6·30	3·07	1·13
0ʰ	+ 0·90	+ 0·94	+ 1·61	+ 2·24	+ 2·36	+ 2·36	+ 2·57	+ 2·37	+ 2·51	+ 2·36	+ 1·46	+ 0·86
1	+ 1·04	+ 1·28	+ 1·95	+ 2·72	+ 2·60	+ 2·63	+ 2·57	+ 2·36	+ 2·71	+ 1·78	+ 1·04	+ 0·90
2	+ 1·00	+ 1·42	+ 2·06	+ 2·89	+ 2·84	+ 2·82	+ 2·78	+ 3·03	+ 2·88	+ 1·87	+ 1·11	+ 0·92
3	+ 0·82	+ 1·34	+ 1·95	+ 2·85	+ 2·97	+ 2·90	+ 2·86	+ 3·05	+ 2·81	+ 1·75	+ 0·98	+ 0·79
4	+ 0·67	+ 1·09	+ 1·66	+ 2·63	+ 2·90	+ 3·79	+ 2·75	+ 1·83	+ 2·53	+ 1·46	+ 0·72	+ 0·55
5	+ 0·31	+ 0·76	+ 1·25	+ 2·19	+ 2·58	+ 2·41	+ 2·41	+ 2·40	+ 2·05	+ 1·09	+ 0·44	+ 0·35
6	− 0·11	+ 0·44	+ 0·81	+ 1·58	+ 1·99	+ 1·76	+ 1·80	+ 1·73	+ 1·49	+ 0·68	+ 0·19	+ 0·16
7	− 0·05	+ 0·19	+ 0·39	+ 0·87	+ 1·17	+ 0·89	+ 1·00	+ 0·91	+ 0·72	+ 0·28	+ 0·09	+ 0·05
8	− 0·12	+ 0·02	+ 0·04	+ 0·13	+ 0·27	− 0·03	+ 0·13	+ 0·05	+ 0·06	− 0·07	− 0·11	− 0·06
9	− 0·18	− 0·09	− 0·24	− 0·41	− 0·58	− 0·85	− 0·70	− 0·71	− 0·60	− 0·35	− 0·19	− 0·12
10	− 0·24	− 0·18	− 0·44	− 1·00	− 1·28	− 1·46	− 1·35	− 1·28	− 0·88	− 0·55	− 0·25	− 0·18
11	− 0·52	− 0·28	− 0·81	− 1·38	− 1·72	− 1·87	− 1·79	− 1·84	− 1·09	− 0·69	− 0·51	− 0·25
12	− 0·39	− 0·41	− 0·78	− 1·53	− 2·04	− 2·12	− 2·08	− 1·68	− 1·23	− 0·78	− 0·37	− 0·31
13	− 0·44	− 0·54	− 0·97	− 1·75	− 2·30	− 2·33	− 2·27	− 2·09	− 1·40	− 0·87	− 0·49	− 0·55
14	− 0·49	− 0·67	− 1·19	− 1·97	− 2·53	− 2·53	− 1·45	− 2·32	− 1·68	− 0·98	− 0·46	− 0·39
15	− 0·53	− 0·79	− 1·42	− 2·25	− 2·73	− 2·69	− 2·60	− 2·58	− 2·04	− 1·12	− 0·61	− 0·42
16	− 0·57	− 0·88	− 1·81	− 2·50	− 2·81	− 2·73	− 2·62	− 2·75	− 2·40	− 1·27	− 0·57	− 0·47
17	− 0·61	− 0·95	− 1·70	− 2·69	− 2·65	− 2·51	− 2·45	− 2·71	− 2·59	− 1·38	− 0·63	− 0·63
18	− 0·63	− 0·96	− 1·63	− 2·89	− 2·20	− 1·99	− 2·00	− 2·36	− 2·49	− 1·38	− 0·68	− 0·58
19	− 0·56	− 0·93	− 1·37	− 1·66	− 1·47	− 1·30	− 1·50	− 1·64	− 2·03	− 1·20	− 0·68	− 0·58
20	− 0·40	− 0·77	− 0·91	− 1·06	− 0·57	− 0·36	− 0·44	− 0·78	− 1·24	− 0·82	− 0·64	− 0·47
21	− 0·27	− 0·47	− 0·29	− 0·09	+ 0·34	+ 0·65	+ 0·44	+ 0·25	− 0·27	− 0·26	− 0·28	− 0·12
22	+ 0·24	− 0·03	+ 0·40	+ 0·88	+ 1·15	+ 1·40	+ 1·22	+ 1·19	+ 0·74	+ 0·34	+ 0·10	− 0·06
23	+ 0·61	+ 0·17	+ 1·06	+ 1·72	+ 1·79	+ 1·97	+ 1·82	+ 1·96	+ 1·63	+ 0·98	+ 0·51	+ 0·43

Wien.

Tagesmittel	0·73	0·06	3·30	7·04	11·95	15·15	16·29	16·09	12·05	9·14	2·22	0·43
0ʰ	+ 0·81	− 0·99	+ 1·58	+ 2·20	+ 2·41	+ 2·20	+ 2·28	+ 2·40	+ 2·52	+ 2·10	+ 0·91	+ 0·65
1	+ 1·11	− 1·46	+ 2·09	+ 2·73	+ 2·86	+ 2·63	+ 2·89	+ 2·95	+ 3·09	+ 2·70	+ 1·22	+ 0·91
2	+ 1·22	+ 1·61	+ 2·37	+ 3·07	+ 3·17	+ 3·01	+ 3·09	+ 3·29	+ 3·59	+ 2·96	+ 1·32	+ 0·99
3	+ 1·14	+ 1·51	+ 2·43	+ 3·21	+ 3·33	+ 3·22	+ 3·22	+ 3·44	+ 3·40	+ 2·87	+ 1·23	+ 0·91
4	+ 0·92	+ 1·58	+ 2·34	+ 3·15	+ 3·29	+ 3·22	+ 3·24	+ 3·44	+ 3·14	+ 2·50	+ 0·99	+ 0·72
5	+ 0·64	+ 1·07	+ 1·89	+ 2·79	+ 2·94	+ 2·92	+ 3·00	+ 3·08	+ 2·62	+ 1·92	+ 0·68	+ 0·18
6	+ 0·39	+ 0·73	+ 1·41	+ 2·20	+ 2·38	+ 2·32	+ 2·43	+ 2·45	+ 1·89	+ 1·26	+ 0·39	+ 0·27
7	+ 0·19	+ 0·42	+ 0·88	+ 1·43	+ 1·54	+ 1·47	+ 1·69	+ 1·58	+ 1·06	+ 0·60	+ 0·14	+ 0·12
8	+ 0·05	+ 0·16	+ 0·21	+ 0·52	+ 0·59	+ 0·51	+ 0·62	+ 0·53	+ 0·22	+ 0·09	− 0·03	+ 0·02
9	− 0·06	− 0·06	− 0·16	− 0·21	− 0·33	− 0·40	− 0·34	− 0·30	− 0·49	− 0·45	− 0·18	− 0·05
10	− 0·17	− 0·24	− 0·62	− 0·84	− 1·08	− 1·15	− 1·13	− 1·15	− 1·01	− 0·78	− 0·24	− 0·12
11	− 0·39	− 0·39	− 0·77	− 1·39	− 1·64	− 1·70	− 1·67	− 1·67	− 1·38	− 1·01	− 0·33	− 0·20
12	− 0·42	− 0·53	− 0·93	− 1·61	− 2·04	− 2·09	− 2·04	− 1·94	− 1·50	− 1·17	− 0·40	− 0·28
13	− 0·54	− 0·64	− 1·12	− 1·90	− 2·37	− 2·41	− 2·33	− 2·25	− 1·81	− 1·32	− 0·47	− 0·36
14	− 0·62	− 0·75	− 1·39	− 2·23	− 2·69	− 2·69	− 2·65	− 2·46	− 2·11	− 1·50	− 0·55	− 0·41
15	− 0·67	− 0·86	− 1·67	− 2·57	− 2·99	− 2·91	− 2·85	− 2·75	− 2·46	− 1·72	− 0·61	− 0·45
16	− 0·71	− 1·12	− 1·83	− 2·87	− 3·14	− 3·00	− 3·03	− 3·07	− 2·79	− 1·98	− 0·74	− 0·50
17	− 0·76	− 0·99	− 2·01	− 2·98	− 3·13	− 2·86	− 3·00	− 3·13	− 2·96	− 2·15	− 0·90	− 0·57
18	− 0·78	− 1·20	− 2·04	− 2·79	− 2·75	− 2·42	− 2·64	− 2·91	− 2·83	− 2·19	− 0·84	− 0·64
19	− 0·76	− 1·19	− 1·83	− 2·25	− 2·03	− 1·71	− 1·96	− 2·52	− 2·33	− 1·98	− 0·89	− 0·67
20	− 0·65	− 1·02	− 1·36	− 1·43	− 1·07	− 0·93	− 1·04	− 1·35	− 1·60	− 1·48	− 0·76	− 0·61
21	− 0·41	− 0·67	− 0·69	− 0·43	− 0·08	+ 0·09	− 0·03	− 0·00	− 0·45	− 0·71	− 0·44	− 0·41
22	− 0·04	− 0·15	+ 0·11	+ 0·58	+ 0·97	+ 0·95	+ 0·90	+ 0·78	+ 0·87	+ 0·25	− 0·03	− 0·10
23	+ 0·40	+ 0·44	+ 0·90	+ 1·46	+ 1·65	+ 1·63	+ 1·67	+ 1·72	+ 1·69	+ 1·24	+ 0·47	+ 0·29

Tafel IV.

Maxima und Minima der Temperatur

(nach der Rechnung.)

Monat	Maximum		Minimum		Unter- schied	Maximum		Minimum		Unter- schied
	Betrag	Zeit	Betrag	Zeit		Betrag	Zeit	Betrag	Zeit	
	D é é s.					**G r a t z.**				
Jänner	− 4°11	2° 0′	− 7°92	18° 24′	+ 3°81	− 0°59	2° 5′	− 4°07	18° 6′	+ 3°48
Februar	+ 0·85	1 56	− 3·60	18 22	4·45	+ 2·26	2 17	− 2·49	18 30	4·68
März	6·64	2 37	+ 0·64	17 17	6·00	5·29	2 6	+ 0·08	17 37	5·21
April	10·90	3 5	3·69	16 46	7·21	10·35	1 48	4·37	16 48	5·98
Mai	15·28	3 31	7·06	15 55	8·22	14·52	1 35	8 65	16 1	5·87
Juni	18·71	3 55	10·78	15 39	7·93	17·23	2 27	11·66	15 38	5·57
Juli	19·75	3 42	11·02	15 19	8·73	18·02	2 13	12·61	16 0	5·41
August	19·89	3 35	10·64	16 18	9·25	17 43	2 14	11·99	16 33	5·44
September	16·97	2 33	6·90	16 18	10·07	14·93	1 46	9·26	16 56	5·67
October	11·37	2 21	3·98	17 20	7·39	10·37	1 46	5·72	17 39	4·65
November	5·43	1 54	1·82	17 54	3·61	5·27	1 52	1·81	18 18	3·46
December	− 1·78	1 57	− 4·41	18 19	2·63	0·81	1 48	− 2·06	18 19	2·87
	M a i l a n d.					**O b e r s c h l e s e n.**				
Jänner	+ 2°09	2°16′	− 1°00	18°42′	+ 3°09	− 0°12	1°14′	− 4°07	17°33′	+ 3°95
Februar	4·68	2 9	+ 0·48	18 24	4·20	+ 2·18	1 19	− 3·19	17 4	5·37
März	8·61	2 39	3·21	17 18	5·40	6·65	1 47	+ 0·04	16 33	6·61
April	12·51	3 4	6·75	16 61	5·76	10·10	1 46	3·44	16 9	6·66
Mai	16·12	2 58	9·57	15 54	6·55	14 16	2 1	8·08	16 48	6·08
Juni	20·30	3 19	12·86	15 34	7·44	17·46	2 36	10·39	15 19	7·07
Juli	22·18	3 12	13·84	15 53	8·34	18·30	2 48	11·71	15 40	6·59
August	20·92	3 5	13·37	16 23	7·55	18·61	1 23	11·69	16 5	6·92
September	17·29	2 38	11·04	16 14	6·25	15·60	1 49	8·67	16 35	7·03
October	12·96	2 28	8·32	17 18	4·64	11·30	1 18	5·37	17 2	5·73
November	6·76	2 14	3·48	18 30	3·28	3·82	1 10	0·84	17 11	2·98
December	3·04	2 15	0·28	18 49	2·78	0·34	1 24	− 2·59	17 59	2·93
	P r a g.					**S a l z b u r g.**				
Jänner	− 0°45	2°21′	− 2°42	19° 0′	+ 1°97	− 0°34	2°38′	− 3°09	19°13′	+ 2°76
Februar	+ 1·34	2 58	− 1·57	18 17	2·91	+ 2·31	2 39	− 3·91	18 39	3·22
März	4·63	2 40	+ 0·50	17 40	4·13	5·16	2 43	+ 0·72	17 61	4·44
April	10·25	3 0	4·01	17 14	6·24	9·36	2 28	4·56	16 54	4·78
Mai	14·37	3 13	8·26	16 46	6·11	13·53	3 1	8·21	16 28	5·33
Juni	17·41	3 29	11·43	16 34	5·98	16·22	2 58	11·25	16 7	4·97
Juli	18·57	3 35	12·49	16 39	6·08	17·27	3 6	12·47	16 24	5·10
August	18·46	3 7	12·27	17 6	6·19	16·95	2 58	12·15	16 54	4·80
September	15·00	2 41	9·13	17 39	5·87	13·90	2 36	9·28	17 39	4·68
October	9·17	2 24	5·41	17 58	3·76	10·49	2 20	6·58	18 0	3·91
November	3·37	2 9	1·50	18 27	1·87	3·89	2 4	1·25	18 48	2·64
December	+ 0·70	2 14	− 0·70	18 55	1·40	0·58	2 15	− 1·71	19 11	2·29
	S c h ö c k l					**W i e n.**				
Jänner	− 1°82	1°18′	− 3°49	17°40′	+ 1°67	+ 0°47	2° 5′	− 1°53	16°11′	+ 2°00
Februar	+ 0·21	2 8	− 2·19	17 50	2·40	1·66	2 14	− 1·27	18 22	2·83
März	3·14	2 9	− 0·62	17 4	3·76	5·92	3 43	+ 1·44	17 36	4·48
April	8·49	2 19	+ 3·41	16 55	5·48	10·89	3 6	4·69	16 52	6·20
Mai	13·66	3 10	7·92	16 49	5·74	15·39	3 17	8·75	16 18	6·64
Juni	16·22	2 55	10·61	15 38	5·61	18·41	3 29	12·14	15 55	6·27
Juli	16·92	2 56	11·44	15 37	5·48	19·46	3 35	13·14	15 20	6·32
August	16·93	2 50	11·16	16 19	5·79	19·58	3 29	12·96	16 41	6·62
September	13·88	2 13	8·41	17 9	5·47	16·11	2 33	9·72	17 4	6·39
October	8·44	1 44	5·18	17 25	3·26	11·15	2 15	6·97	17 39	5·17
November	3·19	1 50	1·59	18 14	1·80	3·64	2 2	1·41	18 18	2·23
December	− 0·21	1 36	− 1·71	18 34	1·50	0·37	2 2	− 1·22	18 49	1·66

Karl Jelinek.

Tafel V.

Correctionen zur Zurückführung der aus verschiedenen Combinationen abgeleiteten auf wahre (24stündige) Temperaturmittel.

	Jänner	Februar	März	April	Mai	Juni	Juli	August	Sept.	Oct.	Nov.	Dec.
Déés.												
6ᵘ. 2ᵘ. 10ᵘ.												
C	−0·05	−0·04	+0·12	+0·25	+0·25	+0·25	+0·22	+0·29	+0·19	−0·14	−0·04	−0·04
D	6·24	7·31	9·83	11·47	11·62	10·32	11·77	13·33	15·79	12·47	6·50	4·55
C/D	−0·008	−0·005	+0·012	+0·022	+0·022	+0·024	+0·017	+0·016	+0·012	−0·011	−0·006	−0·009
10ᵘ. 2ᵘ. 9ᵘ.												
U	−0·14	−0·14	−0·17	−0·22	−0·40	−0·43	−0·47	−0·35	−0·49	−0·37	−0·16	−0·11
D	5·97	7·01	8·94	10·44	9·86	8·29	9·71	11·40	13·24	11·40	6·16	4·34
C/D	−0·023	−0·020	−0·019	−0·022	−0·041	−0·052	−0·048	−0·031	−0·037	−0·032	−0·026	−0·025
10ᵘ. 2ᵘ. 10ᵘ.												
C	−0·09	−0·05	−0·02	+0·02	−0·15	−0·15	−0·20	−0·07	−0·21	−0·21	−0·04	−0·04
D	6·15	7·29	9·43	10·75	10·40	9·12	10·50	12·18	14·10	12·19	6·39	4·53
C/D	−0·010	−0·007	−0·002	+0·002	−0·014	−0·016	−0·019	−0·007	−0·015	−0·020	−0·013	−0·009
Grätz.												
6ᵘ. 2ᵘ. 9ᵘ.												
C	−0·14	−0·09	+0·01	+0·03	−0·01	−0·01	+0·02	+0·06	+0·03	−0·04	−0·06	−0·04
D	6·37	6·83	8·01	9·26	8·81	7·91	7·86	8·23	9·09	7·56	5·50	4·52
C/D	−0·026	−0·012	+0·001	+0·003	−0·001	−0·001	+0·003	+0·007	+0·003	−0·005	−0·015	−0·009
10ᵘ. 2ᵘ. 9ᵘ.												
C	−0·20	−0·18	−0·13	+0·01	−0·02	−0·06	0·00	+0·03	+0·01	−0·07	−0·12	−0·10
D	5·73	7·41	8·33	9·38	8·83	8·17	8·00	8·43	9·21	7·74	5·70	4·58
C/D	−0·035	−0·024	−0·016	+0·001	−0·002	−0·007	0·000	+0·004	+0·001	−0·009	−0·021	−0·021
10ᵘ. 2ᵘ. 10ᵘ.												
C	−0·14	−0·08	+0·09	+0·19	+0·20	+0·15	+0·21	+0·22	+0·15	+0·03	−0·06	−0·04
D	5·91	7·71	8·72	9·94	9·48	8·79	8·63	9·00	9·84	8·01	5·86	4·82
C/D	−0·024	−0·010	+0·010	+0·019	+0·021	+0·017	+0·024	+0·024	+0·016	+0·004	−0·009	−0·009
10ᵘ. 2ᵘ. 6ᵘ.												
C	−0·26	−0·30	−0·30	−0·43	−0·52	−0·55	−0·49	−0·42	−0·36	−0·27	−0·22	−0·17
D	5·58	7·06	7·58	8·08	7·32	6·70	6·53	7·07	8·11	7·12	5·39	4·45
C/D	−0·047	−0·042	−0·040	−0·053	−0·071	−0·082	−0·075	−0·059	−0·044	−0·038	−0·041	−0·048
10ᵘ. 2ᵘ. 9ᵘ.												
C	−0·19	−0·14	−0·13	−0·20	−0·27	−0·30	−0·24	−0·18	−0·16	−0·11	−0·12	−0·11
D	5·73	7·41	8·46	8·77	8·07	7·41	7·24	7·50	4·70	7·50	5·69	4·62
C/D	−0·033	−0·023	−0·016	−0·023	−0·033	−0·040	−0·033	−0·023	−0·018	−0·019	−0·021	−0·024

	Jänner	Februar	März	April	Mai	Juni	Juli	August	Sept.	Oct.	Nov.	Dec.
19h. 2h. 16h.												
C	−0·13	−0·08	0·00	−0·01	−0·03	−0·09	−0·03	+0·01	−0·02	−0·04	−0·07	−0·05
D	5·93	7·71	8·45	9·33	8·72	8·06	7·91	8·37	9·43	7·80	5·86	4·79
C/D	−0·021	−0·010	0·000	−0·001	−0·006	−0·011	−0·004	+0·001	−0·002	−0·005	−0·012	−0·010
Mailand												
$\frac{1}{2}\left[(2^h) + \frac{(0^h) + (3^h)}{2}\right]$												
C	−0·04	−0·08	+0·05	+0·02	−0·12	−0·21	−0·04	+0·12	−0·09	−0·04	−0·05	−0·06
D [1)	2·69	3·76	4·93	6·04	5·19	5·44	6·43	6·17	5·34	4·16	2·89	2·60
C/D	−0·016	−0·016	+0·010	+0·003	−0·024	−0·036	−0·007	+0·019	−0·018	−0·010	−0·018	−0·023
$\frac{1}{2}\left[(2^h) + \frac{(0^h) + (3^h)}{2} - (0^h)\right]$												
C	−0·023	+0·012	+0·021	+0·105	+0·023	−0·051	+0·005	−0·024	−0·004	+0·034	−0·024	−0·039
D [2)	4·09	5·84	7·45	7·80	8·22	8·64	9·76	10·74	8·27	6·47	4·63	3·65
C D	−0·006	+0·002	+0·002	+0·013	+0·003	−0·007	+0·001	−0·003	−0·001	+0·005	−0·005	−0·011
2h. 2h. 16h.												
C	−0·071	−0·031	+0·072	+0·184	+0·052	+0·024	+0·071	−0·173	+0·009	+0·001	−0·076	−0·087
D	5·00	6·98	8·70	8·99	9·35	9·88	11·19	10·93	9·52	7·39	5·36	4·50
C/D	−0·014	−0·004	+0·008	+0·019	+0·006	+0·003	+0·006	+0·014	+0·001	0·000	−0·011	−0·019
$\frac{1}{2}\left[(2^h) + (3^h)\right]$												
C	−0·189	−0·212	−0·176	−0·210	−0·365	−0·554	−0·390	−0·148	−0·317	−0·211	−0·199	−0·192
D [3)	2·98	4·07	5·38	5·50	5·69	6·13	7·12	7·01	5·78	4·56	3·18	2·67
C/D	−0·064	−0·052	−0·033	−0·038	−0·064	−0·090	−0·055	−0·021	−0·055	−0·033	−0·063	−0·072
$\frac{1}{2}\left[(2^h) + \frac{(0^h) + (3^h)}{2} + (0^h)\right]$												
C	−0·011	+0·006	−0·031	−0·075	−0·271	−0·392	−0·341	−0·201	−0·217	−0·049	−0·024	−0·021
D [4)	4·12	5·82	7·15	7·25	7·53	7·60	8·62	8·72	7·61	6·22	4·43	3·70
C/D	−0·003	+0·001	−0·004	−0·010	−0·037	−0·052	−0·045	−0·023	−0·028	−0·008	−0·005	−0·006
19h. 2h. 9h.												
C	−0·128	−0·133	−0·169	−0·187	−0·389	−0·506	−0·502	−0·322	−0·350	−0·185	−0·145	−0·133
D	4·83	6·66	7·97	7·92	8·03	8·29	9·48	9·45	8·44	7·04	5·15	4·37
C/D	−0·027	−0·020	−0·021	−0·024	−0·049	−0·061	−0·053	−0·034	−0·042	−0·026	−0·028	−0·031
19h. 2h. 16h.												
C	−0·056	−0·037	−0·030	+0·013	−0·243	−0·314	−0·313	−0·167	−0·204	−0·082	−0·076	−0·070
D	5·03	6·91	8·39	8·45	8·16	8·86	10·63	9·92	8·89	7·31	5·36	4·56
C/D	−0·014	−0·005	−0·003	−0·002	−0·029	−0·035	−0·033	−0·017	−0·023	−0·011	−0·014	−0·015

1) Differenz $\frac{1}{2}[(0^h) + (3^h)] - (2^h)$.
2) Summe der Differenzen $\frac{1}{2}[(0^h) + (3^h)] - (2^h)$ und $\frac{1}{2}[(0^h) + (3^h)] - (19^h)$.
3) Differenz $(3^h) - (2^h)$.
4) Summe der Differenzen $\frac{1}{2}[(0^h) + (3^h)] - (19^h)$ und $\frac{1}{2}[(0^h) + (3^h)] - (9^h)$.

	Jänner	Februar	März	April	Mai	Juni	Juli	August	Sept.	Oct.	Nov.	Dec.

$\frac{1}{2}[(19^\circ) + (3^\circ)]$

	Jänner	Februar	März	April	Mai	Juni	Juli	August	Sept.	Oct.	Nov.	Dec.
C	−0·170	−0·221	−0·329	−0·480	−0·808	−1·060	−0·973	−0·654	−0·631	−0·365	−0·199	−0·166
D¹)	3·02	4·05	5·07	4·96	4·79	5·12	5·93	5·99	5·18	4·31	3·18	2·73
C/D	−0·056	−0·055	−0·065	−0·097	−0·169	−0·207	−0·165	−0·110	−0·123	−0·085	−0·063	−0·061

19°. 3°. 0°.

	Jänner	Februar	März	April	Mai	Juni	Juli	August	Sept.	Oct.	Nov.	Dec.
C	−0·108	−0·097	−0·187	−0·231	−0·475	−0·625	−0·590	−0·363	−0·366	−0·182	−0·123	−0·113
D	4·71	6·44	8·05	8·19	8·30	8·99	10·01	9·61	8·53	7·03	5·01	4·25
C/D	−0·023	−0·015	−0·023	−0·028	−0·51	−0·069	−0·059	−0·039	−0·043	−0·026	−0·025	−0·027

$\frac{1}{2}[(20^\circ) + (3^\circ)]$

	Jänner	Februar	März	April	Mai	Juni	Juli	August	Sept.	Oct.	Nov.	Dec.
C	−0·246	−0·372	−0·615	−0·875	−1·292	−1·560	−1·525	−1·270	−1·037	−0·655	−0·297	−0·221
D¹)	2·87	3·75	4·45	4·17	3·92	4·12	4·65	4·77	4·34	3·73	2·98	2·61
C/D	−0·086	−0·099	−0·115	−0·210	−0·330	−0·378	−0·349	−0·268	−0·239	−0·175	−0·099	−0·085

20°. 3°. 0°.

	Jänner	Februar	März	April	Mai	Juni	Juli	August	Sept.	Oct.	Nov.	Dec.
C	−0·159	−0·194	−0·391	−0·594	−0·758	−0·957	−1·050	−0·792	−0·636	−0·375	−0·186	−0·150
D	4·56	6·14	7·42	7·40	7·34	7·99	8·70	8·59	7·73	6·44	4·61	4·14
C/D	−0·035	−0·032	−0·053	−0·080	−0·101	−0·120	−0·121	−0·092	−0·085	−0·058	−0·039	−0·036

Prag.

19°. 3°. 0°.

	Jänner	Februar	März	April	Mai	Juni	Juli	August	Sept.	Oct.	Nov.	Dec.
C	−0·11	−0·12	−0·10	+0·02	+0·04	+0·04	+0·05	+0·03	−0·11	−0·10	−0·08	−0·12
D	3·07	4·81	6·41	6·80	6·61	6·47	6·65	6·15	6·46	4·06	2·97	2·26
C/D	−0·036	−0·026	−0·016	+0·002	+0·005	+0·006	+0·008	+0·005	−0·012	−0·017	−0·027	−0·040

19°. 0°. 10°.

	Jänner	Februar	März	April	Mai	Juni	Juli	August	Sept.	Oct.	Nov.	Dec.
C	−0·08	−0·06	+0·01	+0·22	+0·25	+0·28	+0·28	+0·24	+0·05	−0·01	−0·04	−0·06
D	3·18	4·81	6·75	9·39	9·46	9·11	9·24	9·77	9·33	6·33	3·08	2·51
C/D	−0·025	−0·013	+0·002	+0·023	+0·026	+0·029	+0·030	+0·025	+0·005	−0·007	−0·013	−0·026

19°. 3°. 9°.

	Jänner	Februar	März	April	Mai	Juni	Juli	August	Sept.	Oct.	Nov.	Dec.
C	−0·10	−0·13	−0·15	−0·14	−0·19	−0·19	−0·16	−0·15	−0·10	−0·13	−0·08	−0·08
D	3·12	4·59	6·26	8·32	8·14	7·77	7·66	8·60	8·86	5·98	2·94	2·37
C/D	−0·032	−0·028	−0·024	−0·017	−0·023	−0·025	−0·023	−0·017	−0·011	−0·022	−0·027	−0·035

19°. 0°. 10°.

	Jänner	Februar	März	April	Mai	Juni	Juli	August	Sept.	Oct.	Nov.	Dec.
C	0·00	−0·06	−0·04	+0·06	+0·03	+0·02	+0·03	+0·05	+0·05	−0·04	−0·06	−0·06
D	3·23	4·97	6·60	8·91	8·79	8·41	8·45	8·22	9·33	4·91	3·07	2·35
C/D	0·000	−0·013	−0·006	+0·007	+0·003	+0·002	+0·006	+0·006	+0·005	−0·008	−0·016	−0·026

20°. 3°. 0°.

	Jänner	Februar	März	April	Mai	Juni	Juli	August	Sept.	Oct.	Nov.	Dec.
C	−0·12	−0·19	−0·28	−0·11	−0·51	−0·51	−0·51	−0·44	−0·34	−0·24	−0·11	−0·09
D	3·06	4·42	5·88	7·19	7·18	6·81	6·88	7·71	8·16	5·65	2·87	2·25
C/D	−0·039	−0·043	−0·048	−0·055	−0·071	−0·075	−0·074	−0·057	−0·042	−0·043	−0·038	−0·040

¹) Differenz $(3^\circ) - (19^\circ)$.

²) Differenz $(3^\circ) - (20^\circ)$.

	Januar	Februar	März	April	Mai	Juni	Juli	August	Sept.	Oct.	Nov.	Dec.

Salzburg.

13°, 2°, 9°.

	Januar	Februar	März	April	Mai	Juni	Juli	August	Sept.	Oct.	Nov.	Dec.
C	−0·237	−0·203	−0·217	−0·132	−0·065	−0·063	−0·091	−0·084	−0·132	−0·193	−0·187	−0·153
D	3·49	4·87	6·45	7·40	7·93	7·59	7·54	7·41	7·27	6·46	4·10	3·37
C/D	−0·064	−0·042	0·033	−0·018	−0·008	−0·008	−0·012	−0·012	−0·018	−0·030	0·016	−0·045

14°, 0°, 10°.

	Januar	Februar	März	April	Mai	Juni	Juli	August	Sept.	Oct.	Nov.	Dec.
C	−0·14	+0·20	+0·31	+0·31	0·38	+0·36	+0·38	+0·39	+0·32	+0·22	+0·10	+0·10
D	2·26	3·80	5·39	6·50	7·20	6·92	6·79	6·18	6·08	5·22	3·29	2·58
C/D	+0·053	+0·053	+0·057	+0·048	+0·051	+0·052	+0·056	+0·060	+0·053	+0·042	+0·030	+0·039

½ [(14°) + (9°)].

	Januar	Februar	März	April	Mai	Juni	Juli	August	Sept.	Oct.	Nov.	Dec.
C	−0·225	−0·216	−0·247	−0·273	−0·268	−0·330	−0·271	−0·289	−0·305	−0·387	−0·257	−0·215
D	2·69	3·158	4·375	4·616	4·886	4·538	4·661	4·560	4·501	3·895	2·595	2·193
C/D	−0·086	−0·078	−0·057	−0·059	−0·055	−0·074	−0·058	−0·063	−0·068	−0·102	−0·099	−0·098

14°, 2°, 10°.

	Januar	Februar	März	April	Mai	Juni	Juli	August	Sept.	Oct.	Nov.	Dec.
C	−0·13	−0·06	−0·01	+0·06	+0·15	+0·11	+0·11	+0·12	−0·03	−0·04	−0·09	−0·08
D	4·24	5·52	7·27	7·96	8·58	8·22	8·23	8·04	7·78	6·89	4·41	3·68
C/D	−0·040	−0·011	−0·001	+0·008	+0·018	+0·017	+0·017	+0·015	+0·001	−0·006	−0·020	−0·022

10°, 4°, 9°.

	Januar	Februar	März	April	Mai	Juni	Juli	August	Sept.	Oct.	Nov.	Dec.
C	−0·05	−0·03	−0·05	−0·10	−0·12	−0·12	−0·11	−0·01	−0·05	−0·04	−0·06	−0·03
D	3·59	4·69	6·13	6·88	7·05	6·65	6·61	6·65	6·59	6·11	4·03	3·33
C/D	−0·011	−0·007	−0·008	−0·015	−0·017	−0·018	−0·017	−0·006	−0·008	−0·007	−0·015	−0·009

10°, 2°, 7°.

	Januar	Februar	März	April	Mai	Juni	Juli	August	Sept.	Oct.	Nov.	Dec.
C	−0·28	−0·32	−0·48	−0·57	−0·69	−0·70	−0·70	−0·60	−0·51	−0·40	−0·22	−0·17
D	3·79	4·53	5·86	6·04	6·07	5·69	5·70	5·91	6·16	5·81	4·04	3·41
C/D	−0·074	−0·071	−0·082	−0·094	−0·114	−0·123	−0·123	−0·101	−0·082	−0·069	−0·055	−0·050

10°, 0°, 6°.

	Januar	Februar	März	April	Mai	Juni	Juli	August	Sept.	Oct.	Nov.	Dec.
C	−0·21	−0·21	−0·31	−0·37	−0·44	−0·44	−0·44	−0·33	−0·31	−0·25	−0·14	−0·12
D	4·00	4·87	6·37	6·67	6·80	6·47	6·47	6·65	6·75	6·27	4·21	3·58
C/D	−0·053	−0·043	−0·019	−0·064	−0·065	−0·064	−0·064	−0·053	−0·046	−0·040	−0·034	−0·031

⅓ [(10°) + (2°) + (9°)].

	Januar	Februar	März	April	Mai	Juni	Juli	August	Sept.	Oct.	Nov.	Dec.
C	−0·15	−0·12	−0·18	−0·19	−0·20	−0·21	−0·20	−0·15	−0·18	−0·13	−0·11	−0·09
D	4·17	5·13	6·81	7·20	7·53	7·17	7·19	7·27	7·21	6·63	4·25	3·67
C/D	−0·036	−0·023	−0·027	−0·026	−0·027	−0·029	−0·028	−0·021	−0·022	−0·020	−0·025	−0·024

⅓ [(10°) + (2°) + 2·(9°)].

	Januar	Februar	März	April	Mai	Juni	Juli	August	Sept.	Oct.	Nov.	Dec.
C	−0·13	−0·06	−0·11	−0·06	−0·04	−0·04	−0·05	+0·01	−0·02	+0·02	−0·04	−0·03
D	4·17	5·13	6·81	7·20	7·53	7·17	7·19	7·27	7·21	6·63	4·35	3·67
C/D	−0·031	−0·012	−0·016	−0·008	−0·005	−0·005	−0·007	+0·001	−0·003	+0·003	−0·009	−0·011

	Jänner	Februar	März	April	Mai	Juni	Juli	August	Sept.	Oct.	Nov.	Dec.

19ʰ. 2ⁱ. 10ᵐ.

C	−0·10	−0·05	−0·08	−0·05	−0·02	−0·03	−0·01	0·00	−0·05	−0·07	−0·08	−0·05
D	4·31	5·34	7·15	7·82	8·06	7·72	7·76	7·72	7·53	6·81	4·45	3·78
C/D	−0·023	−0·009	−0·007	−0·007	−0·003	−0·004	−0·001	−0·000	−0·007	−0·010	−0·018	−0·013

20ʰ. 2ⁱ. 0ᵐ.

C	−0·22	−0·26	−0·42	−0·56	−0·70	−0·67	−0·67	−0·55	−0·47	−0·35	−0·19	−0·13
D	3·97	4·70	6·02	6·09	6·04	5·78	5·80	6·07	6·27	5·98	4·10	3·53
C/D	−0·055	−0·055	−0·070	−0·092	−0·116	−0·116	−0·116	−0·091	−0·075	−0·059	−0·046	−0·037

Wien.

16ʰ. 2ⁱ. 0ᵐ.

C	−0·13	−0·12	−0·05	−0·03	−0·04	−0·06	−0·01	0·00	−0·02	−0·11	−0·09	−0·11
D	3·28	4·47	6·92	9·14	8·84	9·01	9·86	10·10	8·51	3·69	2·67
C/D	−0·040	−0·027	−0·007	−0·003	−0·004	−0·007	−0·001	0·006	−0·002	−0·013	−0·024	−0·039

19ʰ. 2ⁱ. 10ᵐ.

C	−0·069	−0·057	+0·067	+0·185	+0·218	+0·189	+0·216	+0·254	+0·151	+0·006	−0·058	−0·087
D	8·39	4·65	7·29	9·77	10·18	9·59	9·79	10·63	10·62	8·88	3·78	2·74
C/D	−0·026	−0·012	+0·009	+0·019	+0·021	+0·020	+0·025	+0·024	+0·014	+0·001	−0·015	−0·032

19ʰ. 1ⁱ. 5ᵐ.

C	−0·18	−0·13	−0·19	−0·35	−0·47	−0·48	−0·44	−0·39	−0·33	−0·24	−0·10	−0·09
D	7·93	3·84	5·68	7·12	7·18	6·50	6·74	7·68	8·28	7·58	3·36	2·46
C/D	−0·044	−0·034	−0·034	−0·049	−0·065	−0·074	−0·066	−0·051	−0·040	−0·033	−0·030	−0·037

19ʰ. 2ⁱ. 0ᵐ.

C	−0·130	−0·130	−0·120	−0·205	−0·275	−0·300	−0·230	−0·200	−0·190	−0·170	−0·090	−0·100
D	3·26	4·45	6·71	8·61	8·74	8·13	8·33	9·27	9·60	8·54	3·68	2·70
C/D	−0·040	−0·029	−0·018	−0·024	0·031	−0·037	0·028	−0·022	−0·020	−0·020	−0·024	−0·037

19ʰ. 2ⁱ. 10ᵐ.

C	−0·096	−0·061	−0·005	+0·007	−0·019	−0·051	+0·021	+0·060	−0·015	−0·066	−0·055	−0·070
D	8·37	4·63	7·08	9·23	9·46	8·87	9·11	10·04	10·12	8·68	3·77	2·77
C/D	−0·028	−0·013	−0·001	+0·001	+0·002	−0·006	+0·002	+0·006	−0·001	−0·008	−0·017	−0·025

20ʰ. 2ⁱ. 0ᵐ.

C	−0·209	−0·250	−0·410	−0·740	−0·890	−0·900	−0·860	−0·820	−0·710	−0·490	−0·180	−0·140
D	3·04	4·08	5·77	6·99	6·84	6·34	6·46	7·40	8·05	7·37	3·41	2·58
C/D	−0·069	−0·061	−0·078	−0·106	−0·130	−0·142	−0·133	−0·111	−0·088	−0·066	−0·053	−0·054

20ʰ. 2ⁱ. 10ᵐ.

C	−0·13	−0·12	−0·16	−0·27	−0·34	−0·34	−0·28	−0·26	−0·29	−0·23	−0·11	−0·10
D	3·26	4·47	6·61	8·41	8·51	8·00	8·19	9·05	9·29	8·17	3·62	2·71
C/D	−0·040	−0·027	−0·024	−0·032	−0·040	−0·043	−0·034	−0·029	−0·031	−0·028	−0·030	−0·037

Tafel VI.

Unterschiede zwischen den beobachteten und berechneten Werthen.

(Beobachtung — Rechnung.)

Monate	Jänner	Februar	März	April	Mai	Juni	Juli	August	Sept.	Oct.	Nov.	Dec.
Déés.												
0ʰ	−0·03	−0·01	0·00	+0·06	+0·04	+0·09	+0·07	+0·08	0·00	−0·01	−0·03	−0·02
1	−0·01	−0·01	+0·01	+0·20	+0·05	+0·05	−0·06	+0·07	−0·01	−0·01	−0·01	0·00
2	−0·01	0·00	0·00	−0·02	−0·05	−0·15	−0·06	0·00	−0·10	+0·09	−0·01	−0·02
3	+0·01	+0·01	0·00	−0·04	−0·03	−0·03	−0·03	−0·06	+0·08	+0·08	+0·09	+0·02
4	+0·03	+0·02	−0·01	−0·02	−0·02	+0·01	−0·06	−0·10	−0·05	−0·03	+0·03	+0·02
5	+0·01	0·00	−0·01	+0·01	−0·01	−0·01	−0·02	−0·01	+0·01	+0·01	+0·01	+0·01
6	−0·03	−0·02	0·00	+0·05	+0·11	+0·13	+0·17	+0·19	+0·01	+0·06	−0·04	−0·02
7	−0·02	−0·01	+0·02	+0·01	−0·03	−0·06	−0·01	+0·03	+0·02	+0·03	−0·01	+0·01
8	−0·01	0·00	+0·01	−0·01	−0·04	−0·06	−0·04	−0·02	−0·05	+0·05	0·00	0·00
9	+0·02	+0·01	0·00	0·00	−0·01	−0·01	−0·03	−0·04	+0·03	0·00	+0·02	0·00
10	+0·03	+0·02	−0·01	−0·04	−0·08	−0·02	−0·11	−0·14	+0·02	−0·02	+0·02	0·00
11	0·00	0·00	0·00	+0·02	+0·08	+0·08	+0·05	+0·05	+0·04	+0·04	+0·01	+0·01
12	−0·03	−0·01	+0·02	+0·04	+0·05	+0·05	+0·10	+0·11	0·00	0·00	−0·01	0·00
13	−0·02	−0·01	0·00	+0·01	−0·01	−0·04	+0·05	+0·06	−0·01	+0·03	−0·02	−0·01
14	+0·02	0·00	+0·01	−0·01	−0·05	−0·01	−0·10	−0·02	−0·02	+0·04	−0·01	0·00
15	+0·03	0·00	−0·01	−0·02	−0·04	−0·01	−0·01	−0·08	−0·08	+0·01	+0·01	0·00
16	+0·03	+0·01	−0·02	−0·01	0·00	+0·01	0·00	−0·07	+0·04	−0·04	+0·02	+0·01
17	+0·01	0·00	0·00	+0·02	+0·04	+0·07	+0·03	+0·04	+0·06	−0·04	+0·02	+0·02
18	−0·03	−0·02	+0·03	0·00	+0·01	+0·02	+0·07	+0·11	−0·05	+0·05	−0·02	−0·01
19	−0·01	−0·01	−0·01	+0·07	+0·07	+0·01	−0·01	−0·06	−0·01	0·00	−0·02	+0·01
20	−0·02	0·00	−0·01	0·00	−0·05	−0·05	+0·02	+0·02	+0·05	+0·03	−0·02	+0·08
21	+0·01	0·00	0·00	+0·01	+0·07	+0·02	0·00	0·00	+0·03	−0·04	0·00	+0·01
22	+0·06	+0·02	−0·01	+0·01	+0·01	+0·06	−0·02	−0·08	+0·01	+0·11	+0·07	+0·05
23	−0·02	0·00	0·00	−0·05	+0·01	+0·01	+0·01	+0·02	0·00	−0·01	0·00	+0·01
Grats.												
0ʰ	+0·01	−0·02	−0·10	−0·01	+0·04	+0·07	−0·03	−0·04	+0·03	0·00	+0·04	+0·02
1	−0·09	−0·12	−0·09	−0·05	+0·05	+0·12	+0·08	+0·07	−0·05	−0·09	−0·01	0·02
2	+0·01	+0·02	−0·01	0·00	+0·03	+0·12	+0·12	+0·01	0·02	−0·03	0·00	0·00
3	+0·10	+0·07	+0·01	0·00	+0·03	−0·05	0·00	+0·03	−0·01	+0·01	+0·05	−0·05
4	+0·01	+0·05	+0·10	+0·01	−0·02	+0·13	−0·04	−0·04	+0·03	+0·13	0·00	−0·04
5	−0·09	−0·01	+0·04	+0·01	−0·07	−0·12	−0·12	+0·11	+0·10	+0·03	−0·03	−0·04
6	−0·03	−0·07	+0·06	−0·10	+0·10	+0·06	+0·12	−0·03	+0·13	0·00	−0·01
7	+0·01	0·00	−0·09	−0·13	+0·02	+0·14	+0·13	0·01	−0·11	−0·04	−0·03	+0·02
8	+0·05	−0·02	−0·02	−0·09	−0·06	−0·05	−0·03	−0·03	+0·05	−0·01	+0·04
9	−0·01	0·00	+0·06	+0·05	0·00	−0·05	−0·01	+0·05	+0·09	+0·08	+0·02	−0·01
10	−0·04	−0·01	+0·03	+0·06	−0·01	+0·07	−0·16	−0·01	−0·03	+0·03	−0·05	−0·04
11	−0·02	+0·04	+0·07	+0·12	+0·08	+0·08	+0·09	+0·01	+0·04	−0·05	−0·04	−0·03
12	+0·01	0·00	−0·02	−0·01	+0·04	+0·03	0·00	+0·01	+0·04	+0·04	+0·04	+0·01
13	+0·03	−0·02	−0·06	−0·11	+0·04	−0·02	−0·02	+0·05	−0·09	−0·02	+0·01	+0·03
14	+0·01	−0·01	−0·02	−0·11	−0·05	+0·01	0·00	−0·04	−0·01	−0·03	0·00
15	−0·01	−0·02	−0·01	+0·05	+0·08	+0·09	+0·07	+0·05	+0·04	−0·01	−0·05	−0·05
16	−0·05	+0·01	+0·01	+0·09	+0·08	+0·05	+0·12	+0·14	+0·03	+0·02	+0·02
17	0·00	+0·07	+0·12	+0·10	+0·05	+0·13	−0·02	+0·01	+0·11	+0·09	+0·07	+0·01
18	+0·01	+0·03	−0·03	−0·18	−0·08	−0·14	−0·03	−0·25	−0·17	−0·01	−0·03
19	−0·04	+0·02	−0·10	−0·12	+0·03	+0·19	+0·10	+0·01	−0·11	−0·08	+0·03	−0·03
20	+0·12	−0·18	−0·11	−0·04	+0·10	+0·11	+0·14	+0·04	−0·08	−0·04	−0·01
21	+0·04	+0·02	+0·05	−0·10	0·00	−0·10	+0·11	+0·07	+0·09	+0·05	+0·04	−0·03
22	+0·04	+0·23	+0·02	−0·07	−0·04	+0·06	+0·11	+0·05	+0·12	+0·02	+0·02
23	−0·01	−0·06	+0·02	−0·06	−0·06	−0·09	−0·11	−0·13	+0·07	+0·02	−0·02	−0·05
Halland.												
0ʰ	−0·09	−0·07	−0·05	−0·01	+0·04	+0·07	−0·02	−0·11	+0·08	0·00	−0·08	−0·06
1	−0·01	−0·02	−0·04	−0·09	+0·01	+0·04	+0·01	−0·01	−0·02	0·00	+0·02	+0·02
2	+0·03	+0·02	+0·08	+0·01	−0·01	+0·04	−0·05	+0·01	0·00	+0·01	+0·05
3	+0·06	+0·08	+0·04	−0·09	−0·02	+0·01	−0·04	+0·06	+0·10	−0·02	+0·02	+0·02
4	−0·01	−0·02	−0·01	+0·01	0·00	+0·02	+0·04	−0·06	−0·01	+0·03	+0·05
5	−0·01	−0·05	−0·02	−0·02	0·00	+0·02	+0·05	+0·01	+0·19	+0·01	−0·03	−0·04
6	+0·02	0·00	−0·01	−0·10	+0·02	−0·03	−0·05	−0·05	+0·16	+0·04	+0·07	+0·02
7	0·00	+0·02	+0·02	+0·02	+0·04	+0·11	−0·07	+0·09	+0·05	+0·04	−0·11	+0·04
8	+0·02	+0·01	+0·03	+0·07	+0·10	+0·05	+0·04	+0·02	+0·03	−0·02	+0·01
9	+0·03	+0·01	−0·01	+0·10	−0·23	+0·11	+0·12	+0·23	+0·02	0·00	−0·01
10	+0·01	+0·03	+0·01	−0·15	+0·02	+0·01	−0·02	−0·02	−0·02	0·00	0·00	0·00
11	−0·02	+0·02	0·00	−0·03	+0·16	+0·12	−0·09	−0·01	−0·01	−0·01	−0·01
12	−0·04	−0·01	−0·01	0·00	+0·06	+0·01	+0·03	−0·07	+0·01	+0·01	+0·01	+0·02

Stunde	Jänner	Februar	März	April	Mai	Juni	Juli	August	Sept.	Oct.	Nov.	Dec.
13ʰ	0·01	−0·02	0·00	0·00	−0·01	+0·04	+0·06	+0·04	−0·05	−0·03	+0·01	+0·01
14	+0·03	−0·01	+0·01	+0·04	−0·01	−0·03	+0·01	+0·07	+0·02	+0·01	−0·01	0·00
15	+0·02	+0·02	0·00	+0·02	+0·01	−0·01	−0·01	+0·01	+0·01	0·00	−0·01	−0·01
16	0·00	+0·01	−0·06	−0·02	−0·05	−0·03	−0·00	+0·01	−0·02	−0·01	−0·03	−0·02
17	−0·02	0·00	−0·05	+0·05	+0·02	−0·05	0·00	−0·02	−0·04	−0·01	0·00	+0·01
18	+0·02	+0·02	−0·01	+0·05	+0·04	+0·01	−0·01	+0·05	+0·02	+0·01	+0·07	+0·01
19	−0·02	−0·04	−0·01	+0·03	+0·03	+0·02	+0·07	−0·02	+0·05	+0·04	0·00	0·00
20	−0·03	−0·02	−0·02	−0·01	−0·02	0·00	−0·05	+0·04	−0·05	−0·11	−0·01	+0·04
21	+0·03	+0·01	−0·01	+0·10	−0·14	−0·14	+0·22	+0·10	+0·04	−0·01	−0·05	+0·01
22	+0·03	+0·04	+0·07	+0·02	+0·03	+0·05	+0·04	−0·05	−0·01	0·00	−0·05	+0·02
23	+0·07	+0·07	+0·03	+0·02	+0·05	+0·11	+0·04	+0·02	0·00	+0·01	+0·06	+0·01

Oberschützen.

Stunde	Jänner	Februar	März	April	Mai	Juni	Juli	August	Sept.	Oct.	Nov.	Dec.
0ʰ	−0·08	−0·11	−0·17	−0·11	−0·03	−0·07	0·00	−0·15	−0·07	−0·20	−0·01	+0·05
1	−0·17	−0·02	−0·07	+0·03	+0·09	+0·14	+0·16	−0·05	+0·05	−0·10	+0·08	−0·03
2	0·00	−0·10	−0·08	+0·10	+0·13	+0·15	+0·17	−0·02	0·00	+0·03	−0·01	+0·01
3	+0·09	+0·01	−0·06	+0·01	+0·05	+0·08	+0·05	+0·01	−0·04	+0·12	+0·06	+0·07
4	−0·06	−0·02	+0·05	−0·13	−0·11	−0·20	−0·18	+0·12	+0·07	+0·07	+0·01	−0·01
5	−0·03	+0·23	+0·10	−0·07	−0·03	−0·14	−0·25	−0·20	−0·03	+0·04	−0·07	−0·13
6	−0·07	−0·09	−0·02	+0·10	−0·02	−0·05	−0·04	+0·06	+0·03	−0·14	−0·01	+0·07
7	+0·02	−0·05	−0·07	+0·07	+0·06	+0·22	+0·21	+0·01	−0·03	−0·15	−0·04	+0·04
8	−0·01	−0·11	+0·07	+0·09	+0·04	+0·09	+0·21	−0·10	0·00	+0·12	+0·08	+0·01
9	−0·06	+0·09	−0·06	+0·03	−0·03	+0·03	−0·28	+0·12	+0·01	+0·01	+0·05	+0·01
10	+0·02	−0·02	+0·15	−0·11	−0·21	−0·23	−0·01	−0·01	+0·01	+0·05	−0·07
11	+0·02	0·00	−0·05	+0·04	+0·07	+0·04	−0·06	+0·01	+0·02	+0·01	+0·05	+0·04
12	0·00	−0·01	−0·03	+0·01	+0·01	+0·02	−0·01	0·00	+0·04	−0·02	+0·03	+0·04
13	−0·02	−0·02	−0·03	−0·02	−0·05	+0·01	0·00	0·07	0·07	+0·05	+0·03	+0·01
14	−0·01	−0·01	0·00	0·04	−0·04	−0·01	−0·03	−0·05	−0·01	−0·05	−0·01	+0·04
15	−0·02	+0·01	+0·21	+0·07	+0·09	+0·12	+0·11	+0·06	+0·01	+0·02	+0·01	+0·04
16	+0·02	+0·06	+0·20	+0·29	+0·15	+0·22	+0·01	+0·12	+0·11	+0·09	+0·05	−0·05
17	+0·05	+0·01	+0·05	+0·02	−0·10	−0·17	−0·20	+0·01	+0·01	+0·10	+0·02	0·00
18	+0·03	−0·09	−0·30	−0·31	−0·34	−0·07	−0·18	−0·15	−0·20	−0·07	−0·15	+0·04
19	−0·01	−0·23	+0·12	+0·01	+0·20	+0·18	+0·14	−0·01	+0·01	−0·23	+0·01	+0·04
20	−0·18	−0·11	+0·04	+0·17	+0·20	+0·22	+0·32	+0·02	+0·03	−0·01	+0·07	+0·03
21	+0·08	+0·11	+0·39	+0·03	+0·03	+0·06	+0·03	+0·01	+0·00	+0·07	+0·12	−0·02
22	+0·20	+0·26	+0·17	−0·19	+0·08	−0·07	+0·29	+0·04	+0·02	+0·22	+0·09	+0·05
23	+0·02	+0·03	−0·06	−0·02	+0·04	−0·01	+0·14	+0·02	+0·01	+0·01	+0·26	0·00

Prag.

Stunde	Jänner	Februar	März	April	Mai	Juni	Juli	August	Sept.	Oct.	Nov.	Dec.
0ʰ	+0·02	−0·01	−0·05	−0·03	−0·07	−0·05	−0·03	0·00	+0·05	+0·02	+0·01	+0·02
1	+0·02	+0·01	−0·07	−0·09	−0·09	−0·08	−0·07	−0·07	−0·05	−0·01	+0·03	+0·01
2	−0·01	+0·01	−0·05	−0·08	+0·02	+0·01	+0·01	−0·05	+0·11	−0·05	+0·01	+0·04
3	−0·01	+0·01	+0·02	+0·10	+0·08	+0·05	+0·05	+0·01	+0·01	+0·01	0·00	−0·02
4	−0·02	−0·01	+0·05	+0·11	+0·10	+0·07	+0·06	+0·15	+0·11	+0·03	+0·02	−0·02
5	−0·03	−0·01	+0·01	+0·01	+0·01	−0·03	−0·05	+0·03	+0·01	+0·11	0·00	−0·02
6	0·00	+0·05	−0·02	−0·15	−0·23	−0·16	−0·09	−0·16	−0·05	0·00	−0·01	−0·02
7	−0·05	0·00	−0·10	−0·11	−0·09	+0·10	−0·01	−0·06	−0·14	−0·04	+0·02	+0·03
8	0·00	−0·01	+0·01	−0·06	−0·11	+0·10	−0·06	+0·05	−0·02	−0·04	+0·01	+0·03
9	−0·01	+0·02	+0·01	+0·01	+0·06	+0·05	−0·02	+0·01	+0·01	+0·01	0·03	0·00
10	−0·02	+0·02	+0·10	+0·09	+0·01	+0·02	0·00	+0·02	+0·03	+0·05	0·00	−0·04
11	+0·00	+0·02	+0·03	+0·03	−0·05	−0·02	−0·05	−0·02	+0·04	+0·01	+0·01	−0·04
12	+0·02	−0·01	−0·03	+0·04	−0·06	0·00	0·00	+0·06	−0·06	+0·01	+0·01	−0·01
13	0·00	+0·04	+0·07	+0·05	+0·01	−0·01	−0·01	+0·03	−0·04	+0·01	−0·01	+0·01
14	0·00	+0·01	−0·01	+0·01	+0·05	−0·01	−0·01	+0·02	−0·06	−0·03	+0·01	+0·03
15	+0·01	+0·03	+0·01	+0·05	+0·05	+0·01	+0·00	+0·02	−0·04	−0·01	0·00	−0·01
16	0·01	+0·03	+0·06	+0·05	+0·01	+0·07	−0·01	−0·02	+0·05	−0·05	−0·01	−0·07
17	0·03	−0·02	+0·07	+0·03	−0·05	+0·05	+0·01	+0·04	+0·05	+0·17	−0·01	−0·01
18	−0·01	−0·03	−0·01	−0·01	+0·01	+0·01	−0·01	+0·01	+0·02	+0·07	−0·01	+0·04
19	0·01	0·00	−0·06	+0·07	+0·01	+0·03	−0·05	−0·02	+0·12	+0·03	−0·01	−0·05
20	0·01	−0·01	−0·06	+0·11	+0·01	−0·06	−0·06	+0·06	0·03	+0·07	+0·02	0·00
21	−0·03	+0·02	−0·03	−0·03	+0·03	+0·01	+0·01	+0·01	+0·05	+0·01	+0·04	0·00
22	−0·03	0·00	−0·02	+0·08	+0·06	−0·01	−0·02	+0·03	+0·05	+0·05	+0·02	−0·02
23	0·01	0·00	+0·05	+0·01	+0·05	+0·05	+0·01	+0·02	+0·05	−0·01	−0·06	−0·05

Salzburg.

Stunde	Jänner	Februar	März	April	Mai	Juni	Juli	August	Sept.	Oct.	Nov.	Dec.
0ʰ	−0·05	−0·05	+0·02	0·10	−0·01	−0·03	0·02	+0·01	−0·05	−0·03	−0·07	−0·05
1	+0·02	−0·03	+0·01	−0·02	+0·03	+0·01	+0·05	+0·05	+0·01	+0·01	0·00	+0·03
2	+0·02	+0·03	+0·03	−0·00	−0·00	+0·05	−0·02	+0·02	+0·03	−0·01	−0·05	+0·07
3	+0·05	+0·05	−0·04	+0·01	−0·05	−0·04	0·12	−0·09	−0·01	+0·02	+0·01	−0·03
4	0·01	0·00	+0·02	+0·05	0·00	−0·02	0·03	−0·01	−0·02	+0·07	0·00	−0·03

Stunde	Jänner	Februar	März	April	Mai	Juni	Juli	August	Sept.	Oct.	Nov.	Dec.
5ʰ	−0·03	+0·05	+0·08	−0·03	−0·01	+0·04	+0·03	+0·05	+0·07	+0·01	−0·03	−0·07
6	−0·06	+0·07	+0·02	+0·01	+0·01	+0·02	+0·08	+0·05	−0·02	−0·06	−0·03	−0·02
7	+0·02	−0·05	−0·07	−0·05	+0·02	+0·05	+0·10	0·00	−0·03	−0·02	+0·01	+0·03
8	+0·01	+0·06	−0·06	−0·01	−0·01	−0·01	+0·04	−0·09	+0·02	+0·01	+0·06	+0·05
9	0·00	+0·02	+0·01	−0·02	−0·01	−0·06	−0·11	0·03	+0·01	+0·04	+0·06	0·00
10	−0·02	0·00	+0·05	+0·04	+0·01	−0·05	−0·05	0·00	0·00	0·00	0·00	0·00
11	+0·01	+0·03	+0·07	+0·09	+0·01	+0·12	+0·04	+0·06	−0·04	−0·07	−0·05	−0·04
12	−0·06	−0·05	−0·05	−0·02	−0·03	−0·02	+0·04	−0·02	+0·01	+0·04	+0·04	+0·01
13	0·00	−0·02	−0·02	−0·05	0·05	−0·02	+0·00	0·05	−0·06	−0·01	−0·01	+0·02
14	+0·03	−0·04	−0·03	−0·01	+0·06	−0·01	−0·02	−0·08	−0·03	−0·03	−0·05	0·00
15	+0·04	+0·05	−0·01	+0·03	+0·01	+0·03	−0·01	0·01	0·00	0·01	+0·04	0·00
16	+0·02	−0·06	+0·06	+0·10	+0·02	+0·01	+0·02	+0·02	+0·06	+0·05	+0·12	+0·07
17	−0·05	−0·05	+0·05	+0·05	−0·01	+0·02	+0·02	+0·07	+0·07	+0·03	−0·03	−0·10
18	−0·03	−0·06	−0·01	−0·07	−0·09	−0·19	−0·16	−0·02	−0·04	0·00	−0·03	−0·04
19	+0·03	0·00	−0·01	−0·10	+0·01	+0·05	+0·07	−0·06	−0·11	−0·06	+0·03	+0·01
20	+0·05	−0·01	−0·02	+0·02	+0·01	+0·08	+0·02	−0·02	+0·01	+0·01	−0·01	+0·04
21	+0·01	+0·01	+0·05	+0·01	+0·01	0·00	+0·01	+0·03	+0·07	+0·04	+0·01	+0·03
22	+0·01	+0·03	+0·01	+0·06	0·00	−0·03	−0·01	+0·01	+0·06	+0·03	+0·03	+0·02
23	−0·02	−0·03	−0·01	−0·01	−0·05	−0·03	+0·02	−0·04	−0·04	0·00	−0·01	−0·08

Schüsch.

Stunde	Jänner	Februar	März	April	Mai	Juni	Juli	August	Sept.	Oct.	Nov.	Dec.
0ʰ	−0·06	+0·01	−0·01	0·00	+0·06	+0·01	+0·01	+0·02	−0·03	0·05	+0·03	−0·02
1	−0·03	+0·02	−0·02	−0·01	+0·12	+0·03	+0·05	−0·03	−0·01	+0·03	−0·01	−0·01
2	−0·05	+0·01	+0·01	+0·02	+0·06	+0·01	+0·01	+0·01	0·00	−0·03	0·00	+0·01
3	−0·01	−0·01	+0·03	0·00	+0·02	−0·06	−0·02	−0·01	+0·01	+0·05	−0·02	+0·01
4	0·00	+0·01	+0·05	+0·00	−0·10	−0·06	−0·07	−0·01	+0·01	+0·06	0·00	+0·01
5	+0·01	+0·01	+0·02	0·00	+0·07	−0·03	−0·01	0·00	+0·01	−0·03	+0·03	0·00
6	−0·04	−0·07	−0·13	−0·01	−0·02	+0·01	+0·05	0·00	+0·01	−0·03	+0·03	0·05
7	+0·02	0·00	−0·02	+0·02	−0·03	+0·01	+0·05	+0·02	−0·04	−0·12	−0·03	0·00
8	−0·02	+0·02	+0·02	+0·01	−0·01	+0·05	+0·06	+0·01	0·01	+0·03	−0·01	0·00
9	+0·01	+0·01	+0·05	−0·07	−0·01	+0·01	−0·01	−0·01	0·00	−0·03	+0·01	+0·01
10	+0·04	+0·03	+0·03	−0·01	+0·01	+0·04	−0·07	0·03	+0·07	−0·01	−0·01	+0·01
11	+0·06	−0·04	−0·02	0·00	+0·06	+0·02	0·00	0·01	0·03	−0·02	0·00	−0·01
12	−0·01	−0·03	−0·05	−0·01	+0·12	+0·08	+0·07	+0·02	0·04	−0·03	0·00	0·00
13	−0·01	−0·02	−0·01	+0·01	+0·11	+0·04	+0·04	−0·05	−0·02	−0·01	+0·01	0·00
14	+0·04	+0·02	+0·01	+0·01	+0·07	+0·04	+0·05	−0·01	−0·02	−0·01	+0·01	0·00
15	+0·05	+0·01	+0·03	+0·01	−0·03	−0·01	0·00	−0·05	+0·04	0·00	0·00	0·00
16	−0·01	+0·01	+0·05	−0·03	−0·14	−0·05	−0·15	0·09	+0·01	+0·01	0·00	0·00
17	+0·01	−0·02	+0·01	0·00	+0·01	−0·02	+0·02	+0·02	+0·01	+0·01	0·00	0·00
18	+0·01	−0·06	−0·07	+0·01	+0·03	+0·11	+0·13	−0·05	−0·06	−0·01	0·00	−0·01
19	−0·03	+0·03	+0·05	+0·02	−0·06	0·00	0·02	−0·03	−0·01	−0·02	+0·01	+0·01
20	−0·05	−0·02	0·00	0·00	−0·06	−0·01	−0·05	−0·05	+0·01	+0·06	−0·02	−0·03
21	+0·01	+0·07	+0·03	−0·06	−0·04	−0·03	−0·03	−0·01	+0·04	+0·01	+0·01	−0·01
22	+0·01	+0·06	+0·17	+0·05	−0·03	−0·02	−0·03	+0·05	+0·05	+0·06	0·00	0·00
23	−0·07	−0·18	−0·13	+0·02	+0·01	−0·02	−0·03	+0·01	+0·01	+0·01	+0·03	0·00

Wien.

Stunde	Jänner	Februar	März	April	Mai	Juni	Juli	August	Sept.	Oct.	Nov.	Dec.
0ʰ	0·02	−0·01	−0·07	−0·08	−0·03	0·00	0·03	0·01	−0·08	−0·09	−0·06	−0·01
1	+0·01	−0·05	−0·03	+0·02	+0·05	+0·14	+0·04	0·01	−0·01	−0·04	−0·03	+0·01
2	+0·04	+0·03	+0·05	+0·05	+0·04	+0·01	+0·06	+0·07	+0·05	+0·07	−0·07	−0·05
3	+0·01	−0·01	−0·05	−0·07	0·07	−0·11	+0·06	+0·07	+0·07	0·00	−0·07	+0·01
4	−0·01	+0·05	0·00	−0·07	0·07	−0·01	−0·05	0·00	−0·01	0·00	+0·03	−0·03
5	−0·03	+0·05	0·00	+0·07	+0·10	−0·02	0·01	0·06	−0·01	+0·12	0·00	−0·03
6	−0·01	−0·07	−0·01	−0·05	−0·08	−0·01	0·01	+0·11	−0·13	0·01	−0·03	−0·01
7	+0·01	−0·01	−0·09	−0·14	0·01	+0·11	+0·09	−0·07	−0·15	−0·02	−0·01	−0·03
8	+0·04	+0·02	0·00	0·09	−0·08	−0·05	−0·05	−0·06	+0·02	+0·10	+0·07	+0·05
9	−0·02	+0·03	+0·07	+0·06	+0·02	−0·06	−0·02	0·00	+0·11	+0·10	−0·05	+0·01
10	−0·03	−0·01	+0·01	+0·05	+0·01	−0·01	+0·06	+0·06	−0·03	−0·01	−0·04	−0·05
11	−0·01	+0·02	+0·05	+0·10	+0·08	+0·04	+0·06	+0·06	+0·03	0·01	−0·06	−0·06
12	+0·01	0·01	+0·02	−0·05	−0·03	+0·05	+0·01	−0·01	+0·00	+0·06	+0·01	+0·01
13	+0·02	−0·03	−0·05	−0·11	−0·05	−0·01	−0·03	−0·03	−0·10	−0·02	−0·02	+0·01
14	+0·01	−0·02	−0·01	−0·05	−0·05	+0·01	−0·04	−0·01	0·09	−0·01	−0·01	+0·03
15	+0·01	+0·01	+0·01	+0·07	+0·04	+0·06	+0·01	+0·01	+0·05	0·00	−0·02	−0·05
16	−0·01	+0·01	+0·01	+0·07	+0·09	+0·06	+0·04	+0·16	+0·05	+0·02	−0·01	−0·01
17	+0·02	+0·03	+0·09	+0·07	+0·01	−0·11	+0·05	+0·01	+0·11	+0·07	+0·01	+0·01
18	+0·02	+0·02	+0·07	+0·02	−0·17	−0·06	−0·05	−0·11	−0·20	−0·06	−0·01	−0·01
19	+0·03	−0·02	−0·06	−0·09	+0·05	+0·17	+0·12	+0·01	+0·01	−0·09	−0·01	+0·02
20	−0·01	−0·01	−0·01	+0·07	+0·06	+0·02	+0·11	+0·11	+0·07	−0·03	−0·03	0·00
21	0·00	0·01	+0·06	+0·10	+0·01	−0·03	0·01	−0·09	−0·04	+0·07	+0·02	+0·01
22	+0·02	−0·04	+0·12	+0·07	−0·01	−0·03	0·00	−0·01	−0·09	+0·11	+0·09	+0·01
23	−0·02	−0·04	−0·03	+0·07	−0·06	−0·10	−0·06	−0·14	−0·01	−0·03	−0·03	−0·02

Tafel VII.
Genäherter Temperaturgang an einigen anderen Stationen.

Stunde	Jänner	Februar	März	April	Mai	Juni	Juli	August	Sept.	Oct.	Nov.	Dec.
Debreczin												
Tagesmittel	−2·01	−0·26	+4·12	+9·23	+13·67	+16·95	+17·96	+17·74	+14·29	+10·06	+3·31	−0·98
0ʰ	+1·32	+1·51	+1·93	+2·14	+11·94	+3·10	+2·71	+2·83	+2·75	+2·02	+1·50	+0·92
1	+1·79	+2·14	+2·45	+2·75	+8·31	+2·56	+5·90	+3·46	+3·26	+3·50	+1·97	+1·95
2	+1·95	+2·43	+2·74	+3·05	+3·10	+2·92	+3·57	+3·81	+3·48	+3·85	+2·14	+1·37
3	+1·82	+2·87	+2·74	+3·14	+3·22	+3·19	+3·73	+3·93	+3·68	+3·74	−1·97	+1·24
4	+1·45	+2·03	+2·51	+2·99	+8·17	+3·23	+3·68	+3·93	+3·19	+3·29	−1·58	+0·96
5	+1·00	−1·55	+2·07	+2·62	+2·98	+2·98	+3·33	+3·47	+2·82	+2·54	+1·07	+0·42
6	+0·58	+1·02	+1·49	+2·09	+2·50	+2·41	+2·62	+2·72	+2·03	+1·71	+0·57	−0·33
7	+0·25	+0·55	+0·83	+1·22	+1·50	+1·60	+1·62	+1·69	+1·11	+0·84	+0·17	+0·11
8	+0·01	+0·12	+0·18	+0·36	+0·60	+0·68	+0·44	+0·46	+0·21	+0·11	−0·13	−0·03
9	−0·18	−0·25	−0·39	−0·44	−0·20	−0·49	−0·49	−0·62	−0·57	−0·47	−0·34	−0·14
10	−0·37	0·53	−0·84	−1·09	−0·98	−0·91	−1·61	−1·47	−1·14	−0·91	−0·50	−0·25
11	−0·55	−0·71	−1·07	−1·46	−1·49	−1·52	−2·38	−1·98	−1·50	−1·23	−0·60	−0·51
12	−0·73	−0·87	−1·22	−1·79	−1·85	−1·96	−2·53	−2·31	−1·74	−1·47	−0·70	−0·44
13	−0·88	−1·01	−1·31	−1·92	−2·14	−2·33	−2·77	−2·61	−1·98	−1·70	−0·80	−0·52
14	−0·99	−1·15	−1·52	−2·16	−2·41	−2·66	−3·00	−2·85	−2·28	−1·97	−0·90	−0·57
15	−1·05	−1·26	−1·71	−2·41	−2·66	−2·92	−3·22	−3·11	−2·65	−2·30	−1·01	−0·61
16	−1·10	−1·41	−1·94	−2·65	−2·83	−3·09	−3·34	−3·46	−2·99	−2·65	−1·14	−0·66
17	−1·11	−1·56	−2·14	−2·70	−2·76	−2·94	−3·27	−3·48	−3·16	−2·93	−1·27	−0·73
18	−1·16	−1·65	−2·17	−2·16	−2·39	−2·58	−2·76	−3·19	−3·00	−3·01	−1·35	−0·80
19	−1·14	−1·61	−1·89	−1·96	−1·73	−1·86	−2·00	−2·52	−2·47	−2·71	−1·33	−0·84
20	−0·97	−1·38	−1·37	−1·18	−1·34	−0·98	−0·97	−1·43	−1·68	−2·07	−1·09	−0·76
21	−0·59	−0·87	−0·63	−0·72	−0·36	−0·03	+0·18	−0·24	−0·45	−1·05	−0·85	−0·50
22	−0·02	−0·13	−0·23	+0·71	+0·57	+0·82	+1·21	+1·00	+0·75	+0·24	+0·04	−0·08
23	+0·67	+0·73	+1·22	+1·55	+1·42	+1·53	+2·07	+2·06	+1·55	+1·56	+0·81	+0·43
Hermannstadt.												
Tagesmittel	−2·48	−1·22	+2·60	+6·96	+11·88	+14·37	+15·30	+15·00	+11·76	+5·36	+2·43	−1·97
0ʰ	+1·39	+2·20	+2·17	+2·82	+2·95	+2·78	+2·82	+3·02	+3·38	+3·13	+2·11	+1·53
1	+1·97	+2·86	+2·70	+3·41	+3·74	+3·37	+3·70	+4·17	+4·22	+2·46	+1·91	+1·91
2	+2·23	−3·00	+2·99	+3·79	+3·88	+3·74	+5·94	+4·52	+4·10	+4·76	+2·80	+2·06
3	+2·05	+2·85	+2·96	+3·97	+4·12	+4·17	+4·31	+4·67	+4·66	+2·56	+1·97	+1·83
4	+1·64	+2·35	+2·69	+3·87	+4·08	+4·24	+4·33	+4·66	+4·13	+4·01	+2·07	+1·53
5	+1·22	+1·74	+2·24	+3·44	+3·61	+3·93	+3·97	+4·13	+3·48	+3·00	+1·47	+1·10
6	+0·77	+1·11	+1·58	+2·67	+2·73	+3·07	+2·93	+3·12	+2·57	+1·98	+0·88	+0·68
7	+0·35	+0·55	+0·86	+1·65	+1·52	+1·86	+1·79	+1·79	+1·54	+0·85	+0·36	+0·29
8	+0·02	+0·05	−0·11	+0·56	+0·29	+0·53	+0·41	+0·42	+0·47	+0·01	−0·04	−0·05
9	−0·11	−0·08	−0·50	−0·77	−0·69	−0·72	−0·73	−0·05	−0·55	−0·15	−0·36
10	−0·58	−0·79	−1·00	−1·17	−1·69	−1·60	−1·58	−1·23	−0·98	−0·78	−0·63
11	−0·75	−1·01	−1·25	−1·69	−2·38	−2·16	−2·06	−1·44	−1·10	−0·94	−0·92
12	−0·89	−1·45	−1·42	−2·06	−2·64	−2·69	−2·47	−2·43	−1·69	−1·11	−0·90
13	−0·92	−1·56	−1·58	−2·59	−3·16	−3·47	−3·29	−2·97	−2·09	−1·26	−0·93
14	−1·09	−1·37	−1·78	−2·89	−3·77	−4·06	−3·92	−3·59	−3·43	−1·19	−1·47	−0·97
15	−1·21	−1·84	−2·03	−2·76	−4·38	−4·18	−1·38	−1·19	−4·20	−2·87	−1·50	−1·01
16	−1·36	−1·77	−2·27	−3·63	−1·45	−6·51	−1·47	−1·54	−3·17	−1·66	−1·09
17	−1·53	−2·03	−2·39	−3·75	−3·99	−4·04	−4·36	−4·30	−1·80	−1·21
18	−1·64	−2·18	−2·29	−3·11	−3·19	−2·92	−3·01	−3·62	−3·24	−3·29	−1·85	−1·99
19	−1·61	−2·15	−1·94	−2·65	−1·97	−1·50	−1·74	−2·48	−2·67	−2·97	−1·73	−1·37
20	−1·32	−1·75	−1·30	−1·56	−0·84	−0·19	−0·39	−1·11	−1·10	−2·40	−1·51	−1·00
21	+0·76	−0·97	−0·45	−0·76	+0·97	+0·77	+0·23	+0·19	−1·24	−0·50	−0·53
22	−0·02	+0·49	+0·50	+0·96	+1·73	+1·80	+1·65	+1·56	+1·56	+0·11	+0·54	+0·15
23	+0·86	+1·25	+1·41	2·01	+2·43	+2·35	+2·24	+2·26	+2·71	+1·68	+1·52	+0·89
Klagenfurt.												
Tagesmittel	−5·06	−2·09	+1·46	+8·09	+11·63	+14·33	+15·23	+14·09	+10·92	+7·60	+1·63	−3·31
0ʰ	+1·62	+2·58	+3·08	+3·43	+3·41	+3·59	+3·46	+3·41	+3·08	+2·44	+1·59	+1·36
1	+2·50	+3·07	+4·17	+4·53	+4·03	+4·18	+4·19	+4·29	+4·92	+3·79	+2·11	+1·91
2	+3·01	+4·26	+4·79	+4·78	+4·37	+4·56	+4·57	+4·72	+4·44	+3·58	+2·92	+2·15
3	+2·93	+4·19	+4·74	+4·61	+4·25	+4·46	+4·66	+4·69	+4·31	+3·44	+2·09	+1·97
4	+2·48	+3·61	+4·21	+4·16	+3·91	+4·01	+4·16	+4·27	+3·79	+2·65	+1·61	+1·54
5	+1·79	+2·76	+3·35	+3·34	+3·15	+3·11	+3·45	+3·45	+2·91	+2·03	+1·03	+0·99

Stunde	Jänner	Februar	März	April	Mai	Juni	Juli	August	Sept.	Oct.	Nov.	Dec.
6ʰ	+1·07	+1·77	+2·24	+2·28	+2·08	+2·43	+2·39	+1·96	+1·81	+1·10	+0·43	+0·16
7	+0·43	+0·81	+1·10	+1·10	+0·80	+0·77	+1·07	+0·87	+0·33	+0·23	+0·01	—0·01
8	—0·05	+0·02	+0·03	—0·07	—0·45	—0·46	—0·37	—0·34	—0·45	+0·85	—0·34	—0·35
9	—0·48	—0·69	—0·91	—1·12	—1·71	—1·99	—1·69	—1·77	—1·31	—1·15	—0·63	—0·59
10	0·64	—1·08	—1·42	—1·74	—2·28	—2·63	—2·40	—2·35	—1·70	—1·36	—0·69	—0·67
11	—0·80	—1·35	—1·76	—2·18	—2·63	—3·01	—2·84	—2·63	—1·89	—1·19	—0·73	—0·69
12	—0·97	—1·54	—2·05	—2·47	—2·82	—3·18	—3·06	—2·74	—2·00	—1·55	—0·76	—0·69
13	—1·12	—1·69	—2·24	—2·73	—2·86	—3·26	—3·18	—2·77	—2·13	—1·59	—0·79	—0·69
14	—1·25	—1·85	—2·46	—3·00	—3·19	—3·32	—3·30	—2·89	—2·32	—1·65	—0·80	—0·70
15	—1·34	—2·06	—2·74	—3·29	—3·34	—3·37	—3·40	—3·07	—2·58	—1·77	—0·84	—0·78
16	—1·43	—2·33	—3·05	—3·59	—3·34	—3·32	—3·43	—3·22	—2·81	—1·93	—0·92	—0·78
17	—1·56	—2·41	—3·24	—3·56	—3·16	—3·05	3·24	—3·22	—2·91	—2·07	—1·03	—0·93
18	—1·68	—2·60	—3·35	—3·27	—2·63	—2·45	—2·73	—2·88	—2·73	—2·11	—1·13	—1·08
19	—1·72	—2·74	—2·92	—2·59	1·74	—1·51	—1·81	—2·14	—2·24	—1·93	—1·11	1·14
20	—1·67	—2·38	—2·28	—1·60	—0·67	—0·48	—0·83	—1·20	—1·48	—1·52	—0·97	—1·08
21	—1·24	—1·53	—1·22	—0·33	+0·42	+0·68	+0·36	+0·03	—0·46	—0·75	—0·56	—0·77
22	—0·47	—0·13	+0·16	+1·06	+1·56	+1·81	+1·54	+1·52	+0·75	+0·24	+0·08	—0·14
23	+0·55	+1·19	+1·68	+2·73	+2·58	+2·80	+2·59	+2·40	+1·95	+1·36	+0·86	+0·42

Krakau.

Stunde	Jänner	Februar	März	April	Mai	Juni	Juli	August	Sept.	Oct.	Nov.	Dec.
Tagesmittel	—3·12	—1·34	+1·29	+8·36	+10·47	+14·23	+16·80	+16·19	+10·82	+7·86	+1·44	—2·08
0ʰ	+0·92	+1·18	+1·66	+2·22	+2·40	+2·85	+2·28	+2·41	+2·31	+1·97	+1·16	+0·66
1	+1·37	+1·76	+2·23	+2·71	+2·76	+2·70	+2·72	+2·85	+2·90	+2·70	+1·58	+1·26
2	+1·60	+2·06	+2·56	+2·98	+3·00	+2·95	+2·95	+3·18	+3·21	+3·02	+1·74	+1·43
3	+1·55	+2·09	+2·59	+3·05	+3·06	+3·05	+3·03	+3·26	+3·28	+2·99	+1·65	+1·36
4	+1·27	+1·87	+2·37	+2·93	+2·97	+2·97	+2·99	+3·15	+3·06	+2·84	+1·36	+1·12
5	+0·91	+1·49	+1·96	+2·60	+2·70	+2·67	+2·75	+2·80	+2·61	+2·07	+0·99	+0·78
6	+0·65	+1·05	+1·42	+2·06	+2·06	+2·09	+2·22	+2·20	+1·93	+1·41	+0·60	+0·46
7	+0·26	+0·58	+0·81	+1·31	+1·40	+1·24	+1·43	+1·40	+1·16	+0·73	—0·24	+0·22
8	+0·01	+0·12	+0·31	+0·48	+0·53	+0·36	+0·55	+0·51	+0·35	+0·13	—0·01	+0·02
9	—0·18	—0·13	—0·18	—0·32	—0·30	—0·33	—0·33	—0·37	—0·37	—0·38	—0·20	—0·11
10	—0·36	—0·32	—0·58	—0·94	—0·98	—1·21	—1·07	—0·94	—0·87	—0·77	—0·38	—0·25
11	—0·48	—0·59	—0·81	—1·36	—1·43	—1·62	—1·52	—1·39	—1·19	—1·06	—0·48	—0·37
12	—0·58	—0·75	—1·05	—1·63	—1·76	—1·83	—1·82	—1·66	—1·37	—1·25	—0·59	—0·46
13	—0·68	—0·89	—1·23	—1·87	—2·04	—2·13	—1·96	—1·90	—1·53	—1·44	—0·64	—0·53
14	—0·71	—1·04	—1·43	—2·17	—2·37	3·43	—2·36	—2·22	—1·90	—1·62	—0·75	—0·61
15	—0·78	—1·15	—1·64	—2·53	—2·71	—2·73	—2·69	—2·55	—2·15	—1·85	—0·87	—0·66
16	—0·85	—1·27	—1·85	—2·89	—3·01	—2·95	—2·92	—2·94	—2·57	—2·12	—0·96	—0·72
17	—0·91	—1·39	—2·01	—3·08	—2·76	—2·61	—2·93	—3·11	—2·88	—2·33	—1·08	—0·80
18	—1·01	—1·47	—2·01	—3·46	—2·76	—2·61	—2·59	—2·92	—2·87	—2·48	—1·15	—0·49
19	—1·11	—1·44	—1·84	—2·47	—2·09	—1·81	—1·90	—2·46	—2·51	—2·28	—1·13	—0·91
20	—1·02	—1·23	—1·41	—1·61	—1·12	—0·84	—0·93	—1·46	—1·79	—1·56	—0·90	—0·88
21	—0·75	—0·81	—0·76	—0·54	+0·19	+0·46	+0·16	—0·34	—0·73	—0·13	—0·59	—0·63
22	—0·26	—0·22	—0·05	+0·55	+1·01	+1·12	+1·19	+0·75	+0·37	—0·05	—0·03	—0·19
23	+0·35	+0·48	+0·89	+1·50	+1·88	+1·84	+1·86	+1·70	+1·42	+1·04	+0·37	+0·38

Triest.

Stunde	Jänner	Februar	März	April	Mai	Juni	Juli	August	Sept.	Oct.	Nov.	Dec.
Tagesmittel	+3·99	+4·26	+6·60	+10·42	+14·2x	+17·95	+19·41	+19·27	+15·72	+12·00	+7·30	+4·26
0ʰ	+1·01	+1·35	+1·47	+1·45	+1·45	+1·48	+1·56	+1·42	+1·38	+1·32	+0·97	+1·01
1	+1·39	+1·76	+1·86	+1·72	+1·72	+1·85	+1·89	+1·67	+1·69	+1·67	+1·27	+1·42
2	+1·55	+1·91	+2·07	+1·98	+1·93	+2·09	+2·19	+1·87	+1·85	+1·86	+1·40	+1·59
3	+1·47	+1·80	+2·05	+2·04	+1·94	+2·23	+2·29	+1·90	+1·93	+1·80	+1·29	+1·47
4	+1·23	+1·51	+1·88	+1·94	+1·79	+2·13	+2·17	+1·78	+1·63	+1·57	+1·05	+1·21
5	+0·92	+1·13	+1·54	+1·67	+1·44	+1·78	+1·82	+1·49	+1·31	+1·21	+0·78	+0·87
6	+0·60	+0·74	+1·10	+1·24	+0·97	+1·25	+1·30	+1·05	+0·90	+0·79	+0·44	+0·54
7	+0·32	+0·38	+0·64	+0·74	+0·41	+0·63	+0·71	+0·55	+0·47	+0·36	+0·17	+0·33
8	+0·07	+0·01	+0·17	+0·16	—0·05	+0·06	+0·17	+0·07	+0·07	0·03	—0·07	—0·01
9	—0·16	—0·26	—0·23	—0·33	—0·44	—0·39	—0·27	—0·31	—0·27	—0·35	—0·19	—0·24
10	—0·37	—0·52	—0·56	—0·72	—0·76	—0·79	—0·63	—0·59	—0·65	—0·61	—0·4x	—0·47
11	—0·49	—0·66	—0·74	—0·92	—1·05	—1·05	—0·87	—0·75	—0·75	—0·73	—0·55	—0·57
12	—0·59	—0·78	—0·88	—1·06	—1·12	—1·34	—1·19	—0·91	—0·95	—0·83	—0·61	—0·66
13	—0·65	—0·81	—1·04	—1·22	—1·38	—1·71	—1·58	—1·17	—1·13	—0·95	—0·54	—0·78
14	—0·68	—0·86	—1·22	—1·41	—1·65	—1·99	—2·02	—1·49	—1·38	—1·06	—0·66	—0·73
15	—0·74	—0·95	—1·43	—1·62	—1·96	—2·28	—2·34	—1·80	—1·57	—1·19	—0·69	—0·74
16	—0·83	—1·09	—1·68	—1·78	—2·20	—2·20	—2·41	—1·96	—1·64	—1·30	—0·75	—0·78
17	—0·93	—1·24	—1·74	—1·80	—1·70	—1·89	—2·17	—1·89	—1·66	—1·34	—0·77	—0·85

Stunde	Jänner	Februar	März	April	Mai	Juni	Juli	August	Sept.	Oct.	Nov.	Dec.
18ʰ	− 1·02	− 1·34	−1·68	− 1·62	−1·29	−1·36	−1·66	−1·55	−1·32	−1·37	− 0·79	− 0·97
19	− 1·02	− 1·30	− 1·43	− 1·23	− 0·73	−0·71	− 0·97	−0·99	−0·94	−1·05	− 0·71	− 0·92
20	− 0·89	− 1·06	− 1·00	− 0·70	− 0·17	− 0·13	− 0·24	−0·39	−0·50	− 0·73	− 0·61	0·82
21	− 0·57	− 0·80	− 0·40	− 0·14	+ 0·34	+ 0·35	+ 0·31	+ 0·17	0·00	− 0·27	− 0·55	−0·52
22	− 0·08	+ 0·05	− 0·27	+ 0·54	+ 0·78	+ 0·74	+ 0·80	+ 0·70	+ 0·50	+ 0·27	+ 0·08	−0·05
23	+ 0·49	+ 0·74	+ 0·92	+ 1·03	+ 1·14	+ 1·13	+ 1·20	+ 1·10	+ 0·94	+ 0·82	+ 0·51	+ 0·51

Venedig.

Stunde	Jänner	Februar	März	April	Mai	Juni	Juli	August	Sept.	Oct.	Nov.	Dec.
Tagesmittel	+ 1·91	+ 3·29	+ 6·36	+10·37	+14·17	+17·72	+19·39	+19·39	+15·57	+12·67	+ 8·61	+ 3·30
0ʰ	+ 0·90	+ 1·09	+ 1·21	+ 1·33	+ 1·50	+ 1·44	+ 1·61	+ 1·55	+ 1·36	+ 1·43	+ 1·13	+ 1·13
1	+ 1·11	− 1·38	+ 1·61	+ 1·66	+ 1·61	+ 1·78	+ 1·93	+ 1·86	+ 1·71	+ 1·50	+ 1·31	+ 1·12
2	+ 1·28	+ 1·61	+ 1·81	+ 1·84	+ 2·04	+ 2·05	+ 2·22	+ 2·09	+ 1·99	+ 1·66	+ 1·17	+ 1·24
3	+ 1·30	+ 1·71	+ 1·88	+ 1·96	+ 1·97	+ 2·16	+ 2·30	+ 2·14	+ 1·96	+ 1·70	+ 1·12	+ 1·25
4	+ 1·07	+ 1·51	+ 1·77	+ 1·94	+ 1·93	+ 2·05	+ 2·17	+ 2·10	+ 1·82	+ 1·53	+ 1·22	+ 1·01
5	+ 0·85	+ 1·13	+ 1·52	+ 1·71	+ 1·57	+ 1·70	+ 1·81	+ 1·80	+ 1·52	+ 1·25	+ 0·94	+ 0·80
6	+ 0·58	+ 0·83	+ 1·16	+ 1·32	+ 1·05	+ 1·19	+ 1·29	+ 1·33	+ 1·13	+ 0·99	+ 0·65	+ 0·56
7	+ 0·36	+ 0·56	+ 0·79	+ 0·83	+ 0·50	+ 0·60	+ 0·69	+ 0·74	+ 0·72	+ 0·53	+ 0·41	+ 0·35
8	+ 0·21	+ 0·31	+ 0·35	+ 0·39	− 0·05	+ 0·05	+ 0·17	+ 0·26	+ 0·35	+ 0·21	+ 0·20	+ 0·19
9	+ 0·01	+ 0·11	− 0·10	0·12	− 0·44	− 0·12	− 0·30	− 0·15	+ 0·01	− 0·05	− 0·07	+ 0·01
10	− 0·11	− 0·06	− 0·16	− 0·46	− 0·81	− 0·82	− 0·67	− 0·43	− 0·20	− 0·24	− 0·12	− 0·11
11	− 0·24	− 0·24	− 0·40	− 0·71	− 1·01	− 1·06	− 0·95	− 0·65	− 0·50	− 0·43	− 0·29	− 0·26
12	− 0·40	− 0·44	− 0·67	− 0·91	− 1·26	− 1·31	− 1·20	− 0·91	− 0·82	− 0·59	− 0·44	− 0·39
13	− 0·49	− 0·56	− 0·83	− 1·11	− 1·57	− 1·66	− 1·58	− 1·27	− 1·16	− 0·77	− 0·56	− 0·49
14	− 0·56	− 0·71	− 1·07	− 1·36	− 1·91	− 1·92	− 1·99	− 1·71	− 1·39	− 1·00	− 0·67	− 0·56
15	− 0·61	− 0·88	− 1·35	− 1·62	− 2·16	− 2·11	− 2·26	− 2·12	− 1·67	− 1·16	− 0·78	− 0·61
16	− 0·75	− 1·09	− 1·62	− 1·83	− 2·22	− 2·09	− 2·34	− 2·26	− 1·93	− 1·34	− 0·91	− 0·72
17	− 0·81	− 1·32	− 1·79	− 1·92	− 2·02	− 1·78	− 2·09	− 2·32	− 1·93	− 1·43	− 1·04	− 0·85
18	− 0·99	− 1·49	− 1·80	− 1·76	− 1·57	− 1·25	− 1·65	− 1·96	− 1·73	− 1·41	− 1·15	− 0·95
19	− 1·03	− 1·48	− 1·59	− 1·39	− 0·99	− 0·68	− 0·95	− 1·35	− 1·33	− 1·27	− 1·15	− 0·99
20	− 0·91	− 1·25	− 1·10	− 0·86	− 0·36	− 0·11	− 0·19	− 0·61	− 0·82	− 0·91	− 0·99	− 0·90
21	− 0·69	0·80	− 0·59	− 0·21	+ 0·28	+ 0·36	+ 0·05	− 0·25	− 0·18	− 0·65	− 0·61	− 0·61
22	+ 0·18	− 0·18	+ 0·06	+ 0·37	+ 0·72	+ 0·77	+ 0·84	+ 0·49	+ 0·34	+ 0·07	− 0·15	− 0·21
23	+ 0·33	+ 0·50	+ 0·69	+ 0·90	+ 1·14	+ 1·14	+ 1·24	+ 1·17	+ 0·89	+ 0·83	+ 0·42	+ 0·29

NORMALER BLÜTHEN-KALENDER VON ÖSTERREICH

REDUCIRT AUF WIEN.

VON

KARL FRITSCH,

VICE DIRECTOR DER K. K. CENTRAL-ANSTALT FÜR METEOROLOGIE UND ERDMAGNETISMUS, CORRESPOND. MITGLIEDE DER KAISERL. AKADEMIE DER WISSENSCHAFTEN

(VORGELEGT IN DER SITZUNG DER MATHEMATISCH-NATURWISSENSCHAFTLICHEN CLASSE AM 3. JULI 1863.)

Die Ergebnisse meiner im botanischen Garten von Wien, dann in den Umgebungen der Stadt im Umkreise bis Baden, so wie in den niederösterreichischen Alpen angestellten Beobachtungen über die Zeit des Eintrittes bestimmter Entwickelungsphasen einer grossen Anzahl von Pflanzenarten, habe ich bereits durch den Druck veröffentlicht[1]).

Es ist daher an der Zeit, auch den Beobachtungen nun Rechnung zu tragen, welche nach demselben übereinstimmenden Plane gleichzeitig an nicht weniger als 130 über alle Länder des österreichischen Kaiserstaates vertheilten Stationen ausgeführt worden sind.

An mehreren dieser Stationen sind aber die Beobachtungen nur als erster Versuch anzusehen, indem dieselben nicht so lange fortgesetzt worden sind, als es die Ableitung genauer und verlässlicher Mittelwerthe, welche als das nächste Ziel der Beobachtungen anzusehen sind, erfordert. Insbesondere gilt dies von den einjährigen Beobachtungen.

Nach Ausscheidung derselben blieben 81 Stationen übrig, von welchen wenigstens zweijährige Beobachtungen über mehr oder weniger Pflanzenarten vorlagen.

Ich beschränkte mich vorläufig auf den ersten zehnjährigen Zeitraum sämmtlicher Beobachtungen, welche nach den Anleitungen der k. k. Centralanstalt für Meteorologie und Erdmagnetismus mit dem Jahre 1853 beginnen und daher den ganzen Zeitraum bis einschliesslich zum Jahre 1862 umfassen, obgleich an etwa 40 Stationen die Beobachtungen noch gegenwärtig angestellt werden.

Hiezu fand ich mich einerseits bestimmt, weil meine eigenen nach einem möglichst erweiterten Plane angestellten Beobachtungen einen zehnjährigen Zeitraum und zwar nahezu denselben begreifen[2]) andrerseits gerade in die Mitte dieser zehnjährigen Periode der Zeit-

---

[1]) M. s. Resultate mehrjähriger Beobachtungen über die Belaubung und Entlaubung der Bäume und Sträuche u. s. w. Sitzungsberichte der mathem.-naturw. Classe, XLIII. Band, 1861. Thermische Constanten für die Blüthe und Fruchtreife u. s. w. Denkschriften XXI. Band, 1863. Ergebnisse mehrjähriger Beobachtungen über die periodischen Erscheinungen in der Flora u. s. w. Denkschriften XXIV. Band, 1865.

[2]) Die Beobachtungen im botanischen Garten 1852—1861, jene im Freien 1853—1862.

punkt der grössten Thätigkeit der Stationen fällt, erreicht durch die vollständigen Publica-
tionen der Beobachtungen in den Jahrbüchern der Anstalt, welche leider mit dem Jahrgange
1857 der Beobachtungen, in Folge der Einstellung des Druckes der Jahrbücher, plötzlich
abbrechen[1]).

Wohl haben einige wenige Theilnehmer an den Beobachtungen sich hiedurch nicht ab-
schrecken lassen, ihre verdienstvolle Thätigkeit in der früheren Ausdehnung bis gegenwärtig
fortzusetzen: es sind die Herren Joseph Klein und Franz Riese in Biala, Joseph Otto in
Brünn, P. Raimund Kaiser, zuerst in St. Jakob, dann in Hausdorf, Dr. Karl Schiedermayer in Kirchdorf, Daniel Sloboda in Rottalowitz, Theodor Brorsen in Senftenberg u. a.
Dennoch schien es mir nicht angezeigt, bei diesen eine Ausnahme zu machen und auch die
Jahrgänge von 1863 angefangen noch zu berücksichtigen, theils weil die bis 1862 reichenden
Aufzeichnungen schon zu genauen Mittelwerthen führten, theils auch, weil es wegen Ver-
gleichbarkeit der Mittelwerthe an den verschiedenen Stationen unter sich, wünschenswerth
schien, nur Beobachtungen desselben Zeitraumes zu berücksichtigen, so weit dies thunlich ist.

Von den oben genannten Stationen dürfte durch diese Beschränkung nur Biala eine
wesentliche Einbusse an Ergebnissen erlitten haben, weil die Beobachtungen hier erst in den
letzten Jahren des zehnjährigen Zeitraumes beginnen. Vielleicht entschliessen sich die eifrigen
und kenntnissreichen Beobachter an dieser Station zu einer speciellen Bearbeitung, um die
Lücke auszufüllen.

Wenn auch die Beobachtungen an allen Stationen nach einem übereinstimmenden Plane
angestellt worden sind, so war doch die Theilnahme an den Beobachtungen, in Beziehung auf
die Anzahl der Pflanzenarten, eine sehr ungleiche.

Von Wien liegen zwei Beobachtungsreihen vor, eine aus dem botanischen Garten über
889, eine aus dem Gebiete der niederösterreichischen Flora über 1133 Pflanzenarten. Scheidet
man aus der ersten Reihe jene aus, welche in das Gebiet der Flora des Kaiserstaates gehören,
und nicht schon in der zweiten Reihe enthalten sind, so bilden dieselben mit den Arten der
zweiten Reihe eine Summe von nahezu 1600 Arten.

Auch an einigen anderen Stationen, wie Linz, wo P. Johann Hinteröcker mit
wahrem Feuereifer an den Beobachtungen Theil nahm, Senftenberg, wo Herr T. Brorsen
mit grösster Sorgfalt beobachtete, Wilten, wo der greise P. St. Prantner mit jugendlichem
Eifer unermüdlich thätig war, u. s. f. dürfte die Zahl der beobachteten Pflanzenarten nicht viel
unter 1000 geblieben sein. Von da herab liessen sich die Stationen bis auf die letzten reihen,
wo nur einige wenige Pflanzen beobachtet worden sind.

Das Angeführte ist schon genügend, um zu zeigen, wie gross die angesammelte Masse des
Beobachtungsmaterials ist, wenn man noch erwägt, dass an 40 Stationen die Beobachtungen
5 bis 10 Jahre lang fortgesetzt worden sind.

Die Bearbeitung dieses massenhaften Materials ist nur dadurch ermöglicht worden, dass ich
gleich in den ersten Jahren der Beobachtungen einen alphabetischen Zettelkatalog anlegte und in
denselben von Jahr zu Jahr die Aufzeichnungen eintrug, wozu ich wohl auch durch die plan-
mässige Publikation der Beobachtungen in ihrer ganzen Ausdehnung genöthiget worden bin.

Ein weiteres Erforderniss war die Reduction der Beobachtungen auf dieselbe Nomenclatur. Hiezu diente mir das zu jener Zeit noch einzige Werk, welches die Flora des österrei-

[1] Dieser Jahrgang der Beobachtungen erschien im Drucke im Jahre 1860.

chischen Kaiserstaates umfasste: *Enumeratio plantarum phanerogamicarum Imperii austriaci universi, Auctore J. C. Maly. Vindobonae 1848.*

Als die „Nachträge" hiezu von unserem berühmten Botaniker Dr. A. Neilreich erschienen (1861), war mein Zettelkatalog dem Abschlusse nahe; ich konnte mich daher nicht mehr entschliessen, mich der mühevollen Arbeit zu unterziehen und die Abänderungen vorzunehmen, welche nach dem erwähnten Werke des Herrn Neilreich wünschenswerth gewesen wären. Ich entschloss mich auch deshalb nicht dazu, weil ich nicht hoffen konnte, die Reduction der Namen durchgehends durchzuführen, da Neilreich's Werk nur zu kaum der Hälfte der von Maly aufgezählten Gattungen und Arten der Pflanzen Zusätze und Berichtigungen enthält welche überdies mehr das Vorkommen und die Standorte der Pflanzen zum Gegenstande haben, als ihre Nomenclatur.

Zum Glücke habe ich mich bei der Reduction der Namen von den Pflanzenarten, welche von mir selbst beobachtet worden sind, überzeugt, dass die Namen bei der weit überwiegenden Mehrzahl der Pflanzenarten in den Werken von Maly und Neilreich übereinstimmend sind. Es ist nothwendig hier zu bemerken, dass ich bei meinen Beobachtungen im Wiener botanischen Garten die Namen den Etiquetten entnahm, welche zuweilen unleserlich und theilweise auch unrichtig waren; bei den Beobachtungen im Freien hingegen der Flora von Neilreich, nach welcher ich auch die Determinirung vornahm.

An nicht wenigen Stationen sind auch cultivirte Pflanzenarten beobachtet worden, welche der österreichischen Flora nicht angehören. Diese habe ich ausgeschieden, weil ich oft in Zweifel blieb, ob diese Pflanzen das ganze Jahr hindurch der freien Luft ausgesetzt blieben und insbesondere in dieser den Winter überdauerten. Dieser Zweifel fiel jedoch bei Bäumen und Sträuchen grösstentheils hinweg und in so weit sind dieselben ebenfalls aufgenommen worden, wenn sie auch der österreichischen Flora nicht angehören. Die Namen dieser Holzpflanzen sind Steudel's *Nomenclator botanicus* entnommen. Eine weitere Ausnahme musste ich in Betreff der Cryptogamen-Gefässpflanzen machen, weil diese in Maly's Enumeratio unberücksichtigt geblieben sind. Bei diesen Pflanzen bezieht sich die Beobachtung auf die Sporenausstreuung. Die Nomenclatur ist nach Neilreich.

Die cultivirten Pflanzen, mit Ausnahme der Annuellen, der österreichischen Flora schloss ich hingegen nicht aus, weil ich mich oft überzeugte, dass die Cultur, wenn nur die Exposition gegen die Sonne dieselbe bleibt, die Zeiten der Entwickelung nicht erheblich ändert und weil gerade unsere wichtigsten ökonomischen und industriellen Pflanzen Culturpflanzen sind. An einigen Stationen, wie in Linz, Wien, Wilten u. a. wurden die Beobachtungen ganz oder theilweise in botanischen Gärten angestellt. Schöne Beobachtungsreihen hätten unberücksichtiget bleiben müssen, wenn ich den Grundsatz festgehalten hätte, nur die spontane Flora zu berücksichtigen. Insbesondere gilt dies von der Alpenflora, über welche nur selten an andern Orten, als in botanischen Gärten, genaue und hinreichend lange fortgesetzte Beobachtungen zu erlangen sind.

Alle Alpenpflanzen, welche in dem später folgenden Kalender vorkommen, sind solche, welche in der Nähe der Station, wo sie beobachtet wurden, vorkommen; also in der Ebene derselben oder schon in geringer Höhe über derselben.

Die in der Regel weniger vergleichbaren Beobachtungen über die Fruchtreife, dann Belaubung und Entlaubung habe ich bei meiner Arbeit nicht weiter berücksichtiget, sondern

17*

mich auf die Aufzeichnungen über die Blüthe beschränkt, als das viel interessantere und genauer zu bestimmende Stadium der Entwickelung.

In einem früheren Plane meiner Arbeit lag es, nur einige allgemeine Ergebnisse abzuleiten[1]), wozu sich vorzugsweise die Beobachtungen über Bäume und Sträucher eignen, welche in ihrer Entwickelung secundären Einflüssen weit weniger unterliegen, als die Bodenpflanzen, welche von mir deshalb erst später der Bearbeitung unterzogen worden sind.

Es ist dies der Grund, dass für die erste Kategorie der Pflanzen nicht dieselbe Bedingung eines genauen Mittelwerthes aufgestellt worden ist, wie für die zweite. Während ich im ersten Falle eine Beobachtungsreihe von wenigstens fünf Jahren als Bedingung ansah, genügte mir im zweiten eine Reihe von vier, drei und selbst zwei Jahren, wenn nur der mittlere Fehler des Mittelwerthes einige wenige Tage nicht überschritt im positiven oder negativen Sinne. Es versteht sich von selbst, dass ich in beiden Fällen die ganze verfügbare Beobachtungsreihe benützte, nur schloss ich im ersten alle vier-, drei- und zweijährigen Beobachtungsreihen aus, während sie im zweiten berücksichtigt worden sind, wenn die Aufzeichnungen in verschiedenen Jahren nahe übereinstimmten. Ich glaube übrigens nicht, dass dies ein Grund sein kann, die Mittelwerthe einer Kategorie für weniger genau zu halten, als die der andern. Bei jenen krautartigen Pflanzen, welche selten sind und über welche daher nur wenige Beobachtungen vorkommen, habe ich mich nicht selten mit einem mittleren Werthe begnügen müssen, dessen wahrscheinlicher Fehler im äussersten Falle sieben Tage erreichte. Noch mehr unsichere Ergebnisse habe ich nicht mehr berücksichtigt.

Die bis zu dem erwähnten Grade der Genauigkeit berechneten mittleren Zeiten der Blüthe wurden in einen zweiten Zettelkatalog eingetragen, welcher in alphabetischer Ordnung der Pflanzennamen für jeden derselben in ebenfalls alphabetischer Ordnung der Ortsnamen die Mittelwerthe mit den Jahrgängen für Bäume und Sträucher und mit der Zahl der Beobachtungsjahre, so wie auch noch mit dem mittleren Fehler des Mittelwerthes, für die krautartigen Pflanzen enthielt.

Für Wien konnte ich bereits publicirte Mittelwerthe[2]) benützen, ich war nur bei manchen Pflanzen im Zweifel, ob ich die aus Beobachtungen im botanischen Garten gefolgerten oder jene aus Beobachtungen im Freien abgeleiteten verwenden sollte; ich entschied mich für jene, welche mehr Vertrauen verdienten. Wenn einige derselben von den entsprechenden Werthen der zweiten Beobachtungsreihe etwas abweichen, so rührt dies nur daher, dass ich die wenigen Aufzeichnungen vom Jahre 1863 hier nicht weiter berücksichtigte, wie dies bei der Ableitung der Mittelwerthe für die „Ergebnisse" geschehen ist.

Nachdem die Mittelwerthe in der dargestellten Weise für alle Stationen gerechnet waren, hatte ich das zum Entwurfe eines Blüthen-Kalenders für jede einzelne Station nothwendige Materiale. Mein Streben ging aber weiter und war darauf gerichtet, die mittleren relativen Zeitpunkte der Blüthe für alle an was immer für einer Station beobachteten Pflanzenarten zu bestimmen, d. h. einen General-Kalender der Flora des österreichischen Kaiserstaates zu entwerfen.

Zu diesem Zwecke musste ich zunächst bedacht sein, die Mittelwerthe einer Station auf jene einer andern reduciren zu können. Hiezu boten sich zwei Wege. Ich konnte entweder mit

---

[1]) M. s. Phänologische Untersuchungen im LIII. Bande der Sitzungsberichte der mathem.-naturw. Classe der kaiserl. Akademie der Wissenschaften.

[2]) Thermische Constanten etc. im XXI. und Ergebnisse etc. im XXIV. Bande der Denkschriften.

Hilfe der Constanten für den Einfluss der geographischen Breite und Länge, dann Seehöhe, die Mittelwerthe auf gleiche Ortslage beziehen[1]) oder den Zeitunterschied der Blüthe an verschiedenen Stationen aus den Mittelwerthen der Blüthezeit selbst ableiten. Ich zog den letztern Weg vor, da sich an jedem Orte ausser den bemerkten geographischen Constanten auch noch die „locale Anomalie" geltend macht[2]), und somit die Reduction nach der ersten Art nur weniger genau sein kann. Auch ist dieselbe nicht immer ausführbar, da an einigen Stationen die Seehöhe nicht bestimmt war.

Ich verglich die mittleren Blüthezeiten der Pflanzenarten von allen Stationen mit Wien und vertheilte die sich ergebenden Differenzen unter die verschiedenen Monate, in welche die Blüthezeit in Wien fiel und berechnete sodann für jeden Monat den mittleren Zeitunterschied in Tagen; um mich zu überzeugen, ob nicht etwa ein periodischer Wechsel dieser Differenzen im Laufe des Jahres stattfinde, welcher die Anwendung der geographischen Constanten auch noch aus einem zweiten Grunde als ungenügend dargestellt haben würde.

Obgleich nun die mittleren Differenzen der Blüthezeiten je nach den Pflanzenarten sehr variiren, weil viele secundäre Einflüsse, wie die Insolation, die Feuchtigkeit, die Individuen-Anzahl der Pflanze, der Eifer und die Gewissenhaftigkeit des Beobachters u. s. w. sich oft nicht selten erheblich geltend machen — Einflüsse, die nur durch eine grössere Anzahl der beobachteten Pflanzenarten eliminirt werden können, so hat sich dennoch an einer beträchtlichen Anzahl von Stationen ein periodischer Verlauf des mittleren monatlichen Unterschiedes der Blüthezeit herausgestellt.

Diese Periodicität tritt jedoch nur bei den krautartigen Pflanzen entschieden hervor, sie ist unerheblich oder ganz zu übersehen bei Bäumen und Sträuchen[3]). Ich fand mich demnach auch nicht bestimmt, die mir aus Anlass einer früheren Arbeit[4]) bereits reducirt vorgelegenen mittleren Blüthezeiten der Bäume und Sträuche neuerdings zu berechnen, obgleich ich bei der früheren Berechnung von den geographischen Constanten bei der Reduction auf Wien ausging. Auch kann mit Grund angenommen werden, dass die locale Anomalie bei dieser Kategorie der Pflanzen von minder erheblichem Einfluss ist, als bei den Kräutern oder Bodenpflanzen.

In der folgenden Tabelle sind die mittleren monatlichen und jährlichen Unterschiede der Blüthezeiten für alle Stationen im Vergleiche zu Wien dargestellt. Für das Jahr sind die Unterschiede nicht aus den Monatmitteln, sondern aus den Einzelmitteln gerechnet. Die entsprechende Columne ist mit „Beob." (Beobachtung) überschrieben. Die Columne „Rechn." (Rechnung) enthält die mittleren jährlichen Unterschiede, welche aus den geographischen Constanten gerechnet worden sind. $B-R$ bezeichnet den Unterschied beider Jahresmittel. Abgesehen von der Personalgleichung des Beobachters, kann aus den Grössen dieser Columne gefolgert werden, welche Stationen hinsichtlich der Bodenwärme zu den kalten, welche zu den warmen gehören, d. h. die locale Anomalie. Aus den übrigen Spalten der Tafel ist die Anzahl der Pflanzenarten, deren mittlere Blüthezeiten bestimmt werden konnten, für jeden Monat und das ganze Jahr ersichtlich. Im Falle die Periodicität der Zeitunterschiede mehr oder weniger ausgesprochen ist, sind die Namen der Orte mit zwei ** oder einem Sternchen * bezeichnet.

Tafel I.
Unterschiede der Blüthezeiten gegen Wien (W – X).
(Mit Ausschluss der Dänne und Sträucher.)

Station	Mittlere Zeitunterschiede						Beob. Jahr	Rech. Jahr	b–R	Zahl der Pflanzenarten						Jahr
	März	April	Mai	Juni	Juli	August				März	April	Mai	Juni	Juli	Aug	
Admont	−19	− 8	−23	−16	−	− 6	−15	− 8	− 7	3	4	4	4	−	2	17
*Agram	−14	−10	− 3	+ 6	−20	−31	+ 4	+10	− 6	6	23	120	105	47	9	310
Aikus	−	−−	−70	−27	−	−	−24	−24	− 4	−	−	1	1	−	−	2
Alt-Aussee	−	−21	−	−	−	−	−24	−11	−10	−	3	−	−	−	−	3
Bern	−18	− 8	−22	−18	−	−21	−17	−14	− 3	2	3	1	1	−	1	9
Biela	− 6	+15	− 5	+ 2	− 1	−14	+ 3	−10	+13	4	6	4	6	2	2	24
Bludenz	+13	+15	0	− 2	−	−	0	− 3	+ 5	4	4	3	6	−−	−	17
Bochnia	− 8	+ 4	−	−	−	−	− 2	− 9	+ 7	1	1	−	−	−	−	2
Botzen	+19	−	−	+10	−	−	+11	+ 6	+ 5	1	−	−	1	−	−	3
Bregenz	+15	− 8	+ 2	− 5	− 1	−	+ 2	0	+ 2	1	11	21	15	5	−	56
Brixen	− 3	− 9	−14	−	−	19	−10	−11	+1	2	2	2	−	−	1	7
*Brünn	− 5	− 5	− 1	+ 1	+ 4	+11	+ 2	− 5	+ 7	15	43	66	31	11	8	175
Budweis	− 3	+ 1	+ 6	− 4	−	−	+ 2	− 7	+ 9	4	15	11	6	−	−	36
*Bugganz	−15	− 7	− 5	− 5	− 5	−	− 7	−10	+ 3	−	4	17	22	1	−−	47
*Cilli	+10	+ 3	+ 2	+ 7	− 9	+11	+ 5	+ 7	− 2	12	12	105	59	21	6	225
Caslau	−	−	10	−	−	−	−10	− 5	+ 5	−	−	1	−	−	−	1
Deutschbrod	−27	+ 1	−	−	−	−	−21	−10	−11	3	1	−	−	−	−	4
Eperics	−19	−17	− 3	− 6	−	−	− 7	− 6	− 1	1	19	21	9	−	−	53
*Felka	−16	−11	− 7	− 6	−	− 9	−11	−16	+ 5	9	4	12	7	−	2	29
Gastein	−	−13	+ 2	19	−	−	7	14	− 7	−	2	4	2	−	−	6
Glätz	+26	+24	− 36	−	−	−	− 5	12	+16	6	5	1	−	−	−	12
Giesten	− 8	− 5	− 4	− 9	− 1	− 3	− 5	− 1	− 1	10	33	45	20	6	1	115
Gurgl	−30	35	−	−	−	−	−41	−33	− 8	2	3	−−	−	−	−	5
Hermannstadt ...	− 2	− 1	8	− 4	+ 2	− 4	− 6	+ 1	− 7	19	41	97	69	11	4	241
Hofgastein	24	−15	−21	−11	+17	−	17	11	6	3	10	21	10	1	−	45
Jaslo	20	−16	−11	−11	−	−	−16	9	− 7	10	14	7	1	−−	−	31
Innsbruck	7	− 1	+ 1	− 8	− 3	−10	− 1	− 3	+ 2	14	26	66	12	1	1	144
*Kaschau	−14	−11	− 7	− 5	− 6	−	− 9	− 4	− 5	9	18	39	12	6	−	84
Keszmark	−17	−	−25	−	−	−	−23	−15	− 8	1	−	3	−	−	−	4
Kirchdorf	− 4	− 6	− 9	−10	− 1	− 7	− 8	− 1	− 1	17	17	96	61	27	10	261
Klagenfurt	−11	− 1	0	− 3	−	−	+ 1	+ 1	− 5	3	3	9	4	−	−	21
Kösen	−18	− 8	− 7	−18	−	−	−17	− 1	− 1	3	5	7	6	−	−	21
Krakau	+ 15	−11	− 7	+11	−11	−	−10	− 9	− 1	15	16	33	1	1	−	66
Kremsier	− 4	− 5	− 3	− 5	+ 4	0	− 6	− 6	− 2	13	33	78	67	26	3	220
Kiermenthaler ..	− 1	− 7	− 6	− 8	− 1	2	− 6	− 3	− 3	11	41	105	65	21	5	251
Kronstadt	− 2	− 8	14	−12	−	16	− 9	− 3	− 6	7	7	10	6	−	1	31
Laibach	+ 2	− 3	− 1	− 5	− 20	− 24	+ 3	+ 7	− 4	11	33	77	54	11	2	189
Leimberg	−19	−18	−15	− 9	− 7	−26	−13	−11	− 2	13	33	79	42	9	1	181
Leutschau	−14	−15	−11	−11	− 1	5	−12	−11	− 2	13	33	72	62	19	11	221
Lienz	−12	−16	−12	−13	− 1	5	−13	− 4	− 9	7	21	44	12	10	2	174
Linz	− 1	− 2	− 5	− 1	− 1	−	− 3	− 4	− 1	21	56	177	116	38	8	517
Malteln	−10	−13	−16	+ 4	−	−	−11	− 9	− 5	7	−	17	1	−	−	30
Martinsberg	−	− 7	−	−	−	−	− 2	+ 1	− 3	−	2	−	−	−	−	1
Medlinsch	−	− 3	− 4	− 1	− 3	−	− 1	2	− 6	11	19	18	15	−	−	63
Mölk	− 2	− 1	− 2	− 1	−	−	− 1	−	−	9	25	22	10	−	−	66
Neusatz	−11	+24	− 6	10	− 5	−	+11	+13	− 2	7	11	30	19	5	−	75
Neusohl	−11	−10	−	− 5	− 5	+ 1	− 7	− 7	− 8	11	42	82	45	9	5	197
Neutitschein ...	−16	10	−17	−15	−	−	−11	− 8	− 8	1	5	4	1	−	−	17
Oberchützen	− 2	− 3	− 2	4	−	−	− 1	0	− 1	3	14	45	18	−	−	79
Olen	− 8	+ 1	− 4	+ 3	10	−	+ 1	+ 5	− 4	3	10	13	6	1	−	33
Pesth	−	−	−	0	−	−	0	− 5	− 5	−	−	−	2	−	−	2
*Prag	−13	−12	− 9	− 7	−	24	−10	− 7	− 3	3	11	26	16	−	1	60
*Pressburg	− 9	+ 1	+ 9	20	−	−	− 7	+ 1	− 6	6	11	16	3	−	−	39
Pürglitz	− 7	−	− 2	− 4	− 1	−	−16	− 9	− 7	7	−	3	1	−	1	19
*Rottalowitz	−12	10	− 9	− 8	2	0	− 8	−11	− 3	6	42	102	86	34	10	314
Roveredo	−	−	− 1	+11	−	−	+14	+13	− 3	−	−	8	8	−	−	10
Rzeszow	−23	−	− 9	+13	−	−	−14	−10	− 1	1	−	9	1	−	−	11
St. Jakob	+12	+16	−22	−24	− 9	9	20	−13	− 7	6	16	60	47	14	4	149
Schässburg	5	8	− 3	+11	−36	−	− 3	0	− 3	2	2	3	2	1	−	16
Schüssl	10	−15	−17	14	−	−	−16	−12	− 4	1	3	4	1	−	−	8
Semmenberg	16	17	−12	−11	0	0	−16	−13	− 1	14	17	116	106	11	12	366
Stanislau	26	3	−14	−22	−	−	−10	− 7	− 3	1	1	1	3	−	−	6
Taufers	−	−	−19	−	−	−	−19	−17	− 2	−	−	1	−	−	−	1
Tulln	−16	− 1	− 8	18	− 9	3	−10	17	+ 7	2	6	21	10	1	1	41
Weiselflach	− 9	−15	−11	12	5	12	−13	− 7	− 6	4	19	31	29	1	1	84
Wilten	− 5	− 8	− 9	− 7	5	2	− 8	− 4	− 4	15	15	105	71	13	3	250

1. Sept. 1.   2. Sept. 1

Betrachtet man die vorstehende Tafel, so fällt die sehr ungleiche Anzahl der Pflanzenarten an den verschiedenen Stationen und in den einzelnen Monaten bei derselben Station
sogleich auf. Da die Zeitunterschiede nach den Pflanzenarten bedeutend variiren, so sind
die mittleren Zeitunterschiede in dem Grade unsicher, als die Zahl der Pflanzenarten sich
vermindert.

Da im Mai und Juni bei Weitem die meisten Pflanzenarten blühen, so sind die mittleren
Zeitunterschiede in diesen Monaten auch am sichersten. Dann folgen in dieser Hinsicht der
April und März. Die grössten Sprünge hingegen zeigen sich im Juli und August, in welchen
Monaten nur sehr wenige Pflanzenarten zur Blüthe gelangen.

Es dürfte hier der Ort sein, jene Herren anzuführen, welche sich dadurch, dass sie eine
grosse Anzahl von Pflanzenarten in den Kreis ihrer Beobachtungen zogen, einen hervorragenden Anspruch auf ehrende Anerkennung erworben haben. Es sind die Herren P. J. Hinteröcker in Linz, T. Bronson in Senftenberg, P. D. Sloboda in Rottalowitz, J. Böhm in
Agram, Dr. C. Schiedermayer in Kirchdorf, P. S. Prantner in Wilten, Director P. A.
Realhuber in Kremsmünster, Prof. L. Reissenberger in Hermannstadt, Prof. A. Toma-
schek und seine Nachfolger in Cilli, Dr. G. Hlavacek in Leutschau, Prof. P. A. Rettig
in Kremsier u. s. w. Bringt man in Anschlag, dass bei weitem nicht alle Pflanzenarten einer
jeden Station zugleich auch in Wien beobachtet worden sind und dass in der Tabelle die Bäume
und Sträucher ungezählt sind, so entfallen auf die angeführten Stationen beträchtlich mehr
Pflanzenarten, von welchen sichere Mittelwerthe vorliegen, als sich nach der Tafel I ergeben.

Durch die Reduction dieser und selbst minder zahlreicher Beobachtungsreihen auf Wien
konnte ich daher mit Recht hoffen, für viele Arten Mittelwerthe zu gewinnen, für welche von
Wien aus directe Beobachtungen nicht vorliegen, obgleich die Anzahl der hier beobachteten
Arten noch eine weit beträchtlichere ist, als an irgend einer Station. Viele von den an andern
Stationen beobachteten Arten kommen nämlich im Gebiete der Wiener Flora gar nicht vor
oder es ergab sich wenigstens zu ihrer Beobachtung keine Gelegenheit.

Mit einigem Rechte konnte ich also den mit Berücksichtigung der Beobachtungen von
allen Stationen in Österreich entworfenen Kalender einen General-Kalender der Flora des
österreichischen Kaiserstaates nennen, weil er einen grossen Theil der Arten dieser Flora
enthält.

Wollte man auch Anstand nehmen für irgend einen Ort, von welchen keine Beobachtungen vorliegen, mit Hilfe der geographischen Constanten den General-Kalender zu reduciren,
und in einen Kalender der Flora des Ortes umzuwandeln, so kann doch wenigstens die Tafel I
dazu dienlich sein, für jene Stationen, an welchen ein periodischer Verlauf der Zeitunterschiede zeigt oder die monatlichen Unterschiede überhaupt nur geringen Schwankungen
unterliegen, einen die ganze Flora möglichst umfassenden Kalender zu entwerfen.

Auch konnte ich mit Recht hoffen, den aus den Wiener Beobachtungen selbst abgeleiteten
Kalender durch den General-Kalender, welcher die Daten der Blüthezeit für die Ortslage von
Wien reducirt enthält, einer sehr nützlichen Controle zu unterziehen, welche wegen localen
Anomalien hier nothwendiger als irgendwo erscheint.

Bei der Reduction der Mittelwerthe der Stationen ausser Wien, schied ich die beobachteten Pflanzenarten in zwei Theile, je nachdem für dieselben Pflanzen Mittelwerthe von Wien
vorlagen oder nicht. Nach der Blüthezeit in Wien wurden sodann die Pflanzenarten gesondert,
je nachdem ihre Blüthezeit in Wien in den März, April u. s. w. fällt. Zu den Mittelwerthen

von allen Stationen für dieselbe Pflanzenart, wurde sodann der aus der Tafel I ersichtliche Zeitunterschied des betreffenden Monates für jede Station hinzu addirt, wodurch so viele mit Wien nahe übereinstimmende Werthe erhalten werden sollten, als Stationen mit Beobachtungen derselben Pflanzenart waren.

Werden die Blüthezeiten derselben Pflanzenart an verschiedenen Stationen mit $b_1, b_2, b_3, b_4 \dots$, jene von Wien mit B, die entsprechenden Correctionen oder Zeitunterschiede der Tafel I mit c_1, c_2, c_3, c_4 bezeichnet, so sollte $b_1 + c_1 = b_2 + c_2 = b_3 + c_3 = \dots B$ sein oder doch wenigstens $\frac{1}{n}[(b_1 + c_1) + (b_2 + c_2) + \dots B] = B$. Eine völlige Übereinstimmung fand indess nur bei wenigen Arten statt, die Abweichungen liegen jedoch in den bei weitem meisten Fällen innerhalb der engen Grenzen von ± 5 Tagen. Die grösseren Abweichungen werde ich in der folgenden Zusammenstellung der normalen Blüthezeiten zu erklären bemüht sein.

Für jene Pflanzenarten, von welchen in Wien keine Mittelwerthe der Blüthezeit vorliegen, gelten die Correctionen für andere Zeitabschnitte des Jahres, nämlich wenn $M_1, M_2, M_3, \dots$ die einzelnen Monate bedeuten, für $M_1 - c_1$, $M_2 - c_2$, $M_3 - c_3$, $\dots M_4 - c_4$, $M_2 - c_1$, $M_3 - c_2$, $M_3 - c_1$, $M_2 - c_2$, $M_3 - c_3 \dots$. Man braucht demnach nur in der Tafel I Anfang und Ende der Monate um $-c_1$, $-c_2$, $-c_3 \dots$ Tage zu verlegen, so sind die Correctionen $c_1, c_2, c_3 \dots$ dieselben, wie für jene Pflanzenarten, von welchen Mittelwerthe von Wien vorliegen. Da die Werthe $c', c'', c''' \dots)$[1] nicht selten beträchtlich differiren, so kommen fast an jeder Station in jedem Zeitabschnitte $M_1 - c'_1$, $M_2 - c'_2$, $M_3 - c''_3 \dots$ bald mehr, bald weniger Tage vor, für welche beziehungsweise c'_1 und zugleich c''_1, c''_2 und $c'''_1 \dots$ als giltig anzusehen sind, d. h. es greifen die Grenzen der einzelnen Zeitabschnitte $M_1 - c'_1$, $M_2 - c''_2 \dots$ in einander über. Ich habe daher den Anfang der einzelnen Zeitabschnitte $= M_1 - c'_1$, $M_2 - \frac{1}{2}(c'_1 + c''_2)$, $M_3 - \frac{1}{2}(c''_2 + c'''_3) \dots$ und das Ende $= M_1 - \frac{1}{2}(c'_1 + c''_2)$, $M_2 - \frac{1}{2}(c''_2 + c'''_3)$, $M_3 - \frac{1}{2}(c'''_3 + c''''_4) \dots$ angenommen, so dass dann die monatlichen Zeiträume sich unmittelbar einander anschliessen.

Wie bereits erwähnt, wurden die Normalwerthe der Blüthezeiten für Bäume und Sträuche mit Hilfe der geographischen Constanten[2] gewonnen. Aus folgender Tafel ist zu entnehmen, um welche Anzahl von Tagen die Blüthezeiten an den einzelnen Stationen zu ändern sind, um die Blüthezeit von Wien zu erhalten.

Tafel II.

Reductions-Constante der Blüthe-Zeiten an den verschiedenen Stationen für die Ortslage von Wien.

Station	für		Station	für		Station	für	
	Bäume	kräuter		Bäume	kräuter		Bäume	kräuter
Admont	−12	−8	Botzen	4	+6	Czernowitz	6	−6
Agram	−8	−10	Bregenz	−3	0	Deutschbrod	−10	−10
Aflenz	−36	−21	Brixen	−11	−11	Egetes	−8	−4
Alt-Aussee	−22	−14	Brünn	−4	−5	Eppan	−2	+8
Bania	7	9	Budweis	−7	7	Felka	−18	−16
Bars	−16	14	Buggenz	−14	−10	Gastein	−21	−14
Bala	−10	−10	Cilli	+6	7	Görz	−11	+12
Bladen	−3	−3	Comorn	−5	−2	Görtels	−5	−4
Bochnia	−8	9	Crasina	−7	−5	Gumpl	−46	−33

[1] $c', c'', c''' \dots$ bedeuten die Zeitunterschiede gegen an derselben Station in den auf einander folgenden Monaten.

[2] S. Phänologische Untersuchungen.

Station	für Bäume	Kräuter	Station	für Bäume	Kräuter	Station	für Bäume	Kräuter
Hermanstadt.....	− 3	+ 1	Leutschau........	−15	−14	Roveredo.........	+ 8	+16
Hünik...........	−15	−12	Idva...........	− 9	− 4	Rassow.........	− 8	−10
Hofgastein......	−17	−11	Iza............	− 5	− 4	Schässburg.......	− 3	0
Jalina.........	−18	−15	Maltein........	−15	− 9	Schemnitz.......	−14	−12
Jaslo.........	− 6	− 9	Martinsberg.....	+ 1	+ 1	Schössl.........	− 8	−12
Innsbruck......	− 6	− 3	Modlasch.......	0	+ 2	St. Andrä.......	−11	−11
Kalkstein......	−34	−23	Mölk..........	− 2	− 1	St. Jakob.......	−21	−13
Kaschau........	− 4	− 4	Mittelwald¹)....			Senftenberg.....	−13	−13
Kesmark.......	−18	−15	Neusatz........	+10	+13	Stanislau.......	− 4	− 7
Kirchdorf......	− 6	− 1	Neusohl........	− 8	− 7	Sirkno.........	− 5	− 4
Klagenfurt.....	− 2	+ 1	Neutitschein....	− 8	− 8	Srinec¹)........	—	—
Königsberg.....	−11	−11	Oberzeklasen....	+ 5	0	Taufers........	−26	−17
Klasen........	− 9	− 5	Ofen..........	+ 3	+ 5	Tolfes.........	−33	−22
Krakau........	− 8	− 9	Prat..........	+ 3	+ 5	Unter-Tilisch....	−16	−10
Kremsier......	− 3	− 6	Prag..........	− 5	− 7	Villa Carlotta...	+ 8	+ 9
Kremsmünster...	− 5	− 3	Prägratten.....	−24	−16	Wallendorf......	+ 1	− 4
Kronstadt......	− 9	− 3	Pressburg......	+ 1	+ 1	Weissbriach.....	−14	− 7
Laibach........	+ 4	+ 7	Pürglitz.......	− 9	− 2	Wien..........	0	0
Lemberg.......	−11	−11	Rottalowitz....	−11	−14	Wilten.........	− 7	− 4

¹) Die Seehöhe unbekannt.

In dieser Tabelle sind auch die krautartigen Pflanzen berücksichtiget, um zu zeigen dass die geographischen Constanten für dieselben, mitunter beträchtlich von jenen für die Holzpflanzen berechneten abweichen können.

Um ferner die Blüthezeiten auch für Orte wenigstens annähernd berechnen zu können, von welchen noch keine Beobachtungen vorliegen, theile ich hier noch die geographischen Constanten mit.

Änderung der Blüthezeit für eine Änderung der		Boden-Pflanzen	Holz-Pflanzen
Seehöhe	um ± 100 Toisen	± 4·6	± 6·1 Tage
geographischen Breite	± 1° (Grad)	± 2·9	+ 3·8 „
„ Länge	„ ± 1°	± 0·4	± 0·4 „

Mit Hilfe der beiden Tafeln I und II kann man den folgenden Blüthen-Kalender für alle Orte, deren Beobachtungen benützt worden sind, entwerfen. Vorausgesetzt ist hiebei, dass die mittlere aus den Beobachtungen über alle Pflanzenarten einer Station gefolgerte Änderung der Blüthezeit für alle Arten, welche bei der Berechnung des mittleren Zeitunterschiedes berücksichtiget worden sind, als giltig angenommen werden kann, was strenge genommen wohl nicht der Fall sein dürfte. So scheint es ziemlich evident zu sein, dass der mittlere Unterschied der Blüthezeit von Pflanzen, welche mehr Feuchtigkeit als Sonnenhitze lieben, ein anderer ist, als jener Arten, welchen die letztere mehr zusagt, wenn man die Zeitunterschiede der einzelnen Stationen gegen Wien näher betrachtet.

Vergleichen wir z. B. Agram mit Wien, so zeigt sich, dass die Blüthezeiten in den Sommermonaten dort beträchtlich früher als hier eintreten, während Wien in den Frühlingsmonaten gegen Agram in Vorsprung ist. Ähnliche Verhältnisse stellen sich auch an andern Stationen heraus, wie insbesondere Brünn, Laibach, Neusohl, Ofen u. s. w.

Für die einzelnen Pflanzenarten könnten jedoch die Zeitunterschiede nur aus langjährigen Beobachtungsreihen, die einige Decennien oder doch wenigstens fünfjährige Zeitabschnitte umfassen würden, ermittelt werden, indem man etwa untersuchen würde, ob die Mittelwerthe der einzelnen Decennien oder Quinquennien übereinstimmen.

Obgleich, wie bereits erwähnt wurde, keine mittlere Blüthezeit irgend einer Pflanzenart berücksichtiget worden ist, deren wahrscheinlicher Fehler ± 5 überschritt, so habe ich solche Arten dennoch nicht in den Kalender aufgenommen, wenn nur von einer Station, gleichviel welcher, ein solcher Mittelwerth vorlag, weil ich mich überzeugte, dass derselbe dennoch nicht selten anomal sein kann, was sich erst herausstellt, wenn man die Ergebnisse von wenigstens zwei Stationen vergleicht. Ich habe keine Pflanzenart in den Kalender aufgenommen, deren Blüthezeit, reducirt auf Wien, mit einem grösseren wahrscheinlichen Fehler als ± 5 Tage behaftet war, gleichviel, ob Mittelwerthe nur von zwei[1]) oder mehreren Stationen vorlagen. Eine sehr beträchtliche Anzahl von Pflanzenarten wurde hiedurch ausgeschieden.

Ich kann nun den Kalender selbst folgen lassen. In demselben sind die Pflanzenarten nach der Zeit, zu welcher sich in Normaljahren die ersten Blüthen entwickeln, chronologisch geordnet. Jene Arten, für welche keine oder unsichere Mittelwerthe von Wien vorliegen, sind mit * bezeichnet.

Da in den Beobachtungen, welche nach Abschluss dieses Blüthen-Kalenders mit dem Jahre 1862, bis auf die Gegenwart fortgesetzt worden sind, noch viele Pflanzenarten vorkommen, welche hier noch nicht berücksichtiget werden konnten, so gehe ich mit dem Gedanken um, später einen Nachtrag zu diesem Blüthen-Kalender zu liefern, in welchem dann auch noch die Ergebnisse der Beobachtungen über jene Pflanzen aufgenommen werden könnten, für welche bis Ende 1862 nur wenig sichere Mittelwerthe vorliegen, wenn diese Pflanzen in den Kalender auch aufgenommen erscheinen.

---

[1]) Wie bekannt sind zur Ableitung des wahrscheinlichen Fehlers mindestens zwei Werthe erforderlich.

Normaler Blüthen-Kalender.

(Die Zeiten gelten für die ersten Blüthen.)

26. Februar.
Alnus incana.

2. März.
Galanthus niralis.

3. März.
Erica carnea.

9. März.
Corylus Arellana.

11. März.
Hepatica triloba.

12. März.
Tussilago Farfara.

13. März.
Alnus glutinosa.

14 März.
Leucojum vernum[1].

15. März.
Bellis perennis.

17. März.
Crocus vernus[2].
Daphne Mezereum.
Stellaria media[3].

18. März.
Anemone Pulsatilla.

19. März.
Helleborus purpurascens[4].

20. März.
Helleborus odorus.
„　viridis[5].

21. März.
Erythronium Dens Canis[6].
Pulmonaria officinalis[7].
Salix caprea[8].
Scilla bifolia.
Viola odorata.

22. März.
Capsella Bursa pastoris.
Veronica hedraefolia[9].
•Viola collina.
Viscum album[10].

23. März.
Caltha palustris[11].
Corydalis fabacea.
Primula acaulis[12].
Viola hirta.

24. März.
•Corydalis solida.

25. März.
Veronica agrestis.

26. März.
•Chrysosplenium alternifolium.
Populus tremula.
Salix purpurea.

27. März.
Carex praecox[13].
Gagea lutea.
•Isopyrum thalictroides.

28. März.
Anemone nemorosa.
Carex humilis[14].
Cornus mas.
•Draba verna.
Holosteum umbellatum.
Populus alba.
Potentilla verna.
Salix cinerea.

29. März.
Petasites albus[15].
„　officinalis.
Primula elatior.
Pulmonaria angustifolia[16].

30. März.
Asarum europaeum.
Corydalis cava.
Gagea arvensis[17].
Taxus baccata.
Ulmus effusa.

31. März.
Adonis vernalis.
•Luzula pilosa.
Ranunculus Ficaria.
Ulmus campestris.

1. April.
Anemone pratensis.
Ceratocephalus orthoceras.
Lamium purpureum.
•Veronica Buxbaumii.
Viola arenaria[18].
„　canina[19].

---

[1] Im botan. Garten wegen kümmerlicher Entwicklung erst am 20—3.
[2] Ebenda erst am 24—3.
[3] Bei Wien bereits am 11—3.
[4] Im botan. Garten erst am 26—3.
[5] „　„　„　„　10—4.
[6] „　„　„　„　31—3.

[7] Im botan. Garten erst am 27—3.
[8] Auf den nahen Waldbergen erst am 29—3.
[9] Bei W. erst am 23—3.
[10] „　„　„　„　22—3.
[11] „　„　„　9—4.
[12] „　„　schon am 13—3.

[13] Bei W. erst am 4—4.
[14] „　„　schon am 22—3.
[15] „　„　erst am 6—4.
[16] „　„　„　„　10—4.
[17] „　„　„　„　5—4.
[18] „　„　„　14 4.
[19] „　„　„　„　7—4.

8. April.
Thlaspi montanum[1]).

3. April.
*Hacquetia Epipactis.
Viola tricolor[2]).

4. April.
Alyssum montanum.
*Carex digitata.
   - montana[3]).
*Petasites niveus.
Primula officinalis.
Prunus Armeniaca.
*Scopolina atropoides.
Veronica triphyllos.

5. April.
Acer sanguineum.
Arabis petraea.
Lathraea squamaria.
Narcissus Pseudonarcissus[4]).
*Potentilla opaca.
Thlaspi perfoliatum.

6. April.
Anemone ranunculoides.
Arabis alpina.
   - arenosa.
*Dentaria glandulosa.
Gentiana verna[5]).
Glechoma hederacea[6]).
Hyacinthus orientalis.
Luzula campestris.

7. April.
Euphorbia Cyparissias.
Vinca minor.

8. April.
*Equisetum silvaticum.
Mercurialis perennis[7]).
Muscari racemosum[8]).
Omphalodes verna.

Polygala Chamaebuxus.
*Salix aurita.

9. April.
Amygdalus communis.
Carex pilosa.
Populus nigra.
   - pyramidalis.
Pulmonaria mollis.
Scilla amoena[9]).
Taraxacum officinale.
Viola mirabilis.

10. April.
Adoxa Moschatellina.
*Carex ornithopoda.
Muscari botryoides[10]).
Ribes alpinum[11]).
Waldsteinia geoides.

11. April.
Acer platanoides.
Betula alba.
Equisetum arvense.
Fritillaria Meleagris[12]).
Oxalis Acetosella.
Salix fragilis.
Thlaspi arvense.

12. April.
Erodium cicutarium[13]).
Ribes Grossularia.
Sesleria coerulea[14]).
Viola silvestris.

13. April.
Lamium maculatum.
Pinus Larynx.
Potentilla alba.

14. April.
Cardamine pratensis.
Carex alba[15]).
Euphorbia amygdaloides.

Fraxinus excelsior.
Orobus vernus.
*Viola palustris.

15. April.
Persica vulgaris.

16. April.
Fritillaria imperialis.
Primula Auricula.
Ranunculus auricomus.

17. April.
Ajuga reptans.
*Anemone trifolia.
Dentaria enneaphylla.
Lamium amplexicaule.
Myosotis stricta[16]).
Prunus avium.
Ribes rubrum.

18. April.
Acer Negundo[17]).
Euphorbia epithymoides[18])?
*Galium vernum.
*Gentiana acaulis.
Prunus cerasifera.
   - spinosa[19]).

19. April.
Amelanchier vulgaris.
*Bellidiastrum Michelii.
Epimedium alpinum[20]).
Fragaria vesca.
Lithospermum arvense[21]).
*Myosotis sparsiflora.
Orchis pallens[22]).
Prunus Cerasus.
Salix alba[23]).
Sisymbrium Alliaria.

20. April.
Alyssum saxatile.
Amygdalus nana.

---

[1]) Bei W. erst am 6—4.
[2]) „ „ „ „ 9—4.
[3]) „ „ „ „ 16—4.
[4]) Im botanischen Garten die Varietät mit gefüllten Blüthen erst am 18—4.
[5]) Bei W. auf Bergwiesen erst am 17—4.
[6]) Bei W. erst am 12—4.
[7]) „ „ schon am 7—4.

[8]) Bei W. schon am 31—3, die Blüthe wahrscheinlich vor dem Öffnen des Perigon's angenommen.
[9]) Im botan. Garten erst am 27—4.
[10]) Bei W. erst am 18—4.
[11]) Im botan. Garten erst am 17—4.
[12]) „ „ „ „ 21—4.
[13]) Bei W. schon am 2—4.
[14])
[15]) „ „ erst am 25—4.

[16]) Bei W. erst am 26—4.
[17]) Im botan. Garten schon am 11—4, wahrscheinlich vor dem Stäuben.
[18]) Bei W. erst am 26—4, nach dem Öffnen der Hüllchen.
[19]) Bei W. schon am 10—4.
[20]) Im botan. Garten erst am 26—4.
[21]) Bei W. schon am 13—4.
[22]) Auf Bergwiesen bei W. erst am 27—4.
[23]) Bei W. schon am 6—4.

*Asperugo procumbens.
*Carex panicea.
Carpinus Betulus.
Scorzonera austriaca.
Symphytum tuberosum.

21. April.

*Cardamine trifolia.
Carex glauca[1]).
Iris pumila[1]).
*Valeriana Tripteris.

22. April.

Cardamine amara[3]).
Sambucus racemosa[4]).
*Saxifraga cuneifolia.

23. April.

Chelidonium majus.
Prunus Chamaecerasus.
„ Padus.
Pyrus communis.
Ranunculus lanuginosus[5]).
Ribes aureum[6]).
„ „ nigrum.
Vaccinium Myrtillus[7]).

24. April.

Acer campestre.
Brassica Rapa.
Carex Schreberi.
*Euphorbia carniolica.
Globularia vulgaris[8]).
Hierochloa australis.
Myosotis silvatica[9]).
*Nasturtium officinale.
Nonnea pulla.
Ostrya carpinifolia[10]).
Polygala amara[11]).
Primula farinosa[12]).

Prunus domestica[13]).
„ insititia[14]).
Stellaria Holostea.

25. April.

Anthyllis vulneraria.
Daphne Cneorum.
Lamium album.
Narcissus poëticus.
Pinus Picea.
Veronica Chamaedrys.

26. April.

*Carex vesicaria.
Cotoneaster vulgaris.
Lamium Orvala[15]).
Veronica prostrata.

27. April.

Carex paludosa.
Orchis Morio.
Orobus albus.
*Pinguicula vulgaris.
Ranunculus bulbosus.
Valeriana dioica[16]).

28. April.

Anthoxanthum odoratum.
*Carex acuta.
„ bryoides.
„ riparia.
„ tomentosa.
Cerastium arvense.
Galium cruciatum[17]).
Luzula maxima[18]).
Myosotis hispida.
„ intermedia[19]).
Ornithogalum nutans.
Pyrus Malus.
Ranunculus acris.

29. April.

Barbarea vulgaris.
*Cineraria crispa.
Fragaria collina.
*Geranium molle.
*Leucojum aestivum.
Potentilla aurea.

30. April.

Euphorbia dulcis.
Geum rivale[20]).
Gnaphalium dioicum.
*Lunaria rediviva.
Polygala vulgaris.
Prunus Mahaleb.
Ranunculus Philonotis.
Tulipa Gesneriana[21]).
„ silvestris.
Valerianella olitoria.

1. Mai.

Acer pensylvanicum.
Brassica Napus.
Cerastium triviale[22]).
Erysimum repandum[23]).
*Geum montanum.
Globularia cordifolia[24]).
Paris quadrifolia[25]).
Plantago lanceolata.
*Ranunculus montanus.
Trollius europaeus[26]).
*Valerianella Morisonii.

2. Mai.

Ajuga genevensis[27]).
Alchemilla vulgaris.
Caragana arborescens.
Carum Carvi.
Fagus silvatica.
Fragaria elatior.
Juniperus communis.

---

[1]) Bei W. schon am 11—4.
[2]) „ „ „ 14—4.
[3]) „ „ „ 11—4.
[4]) Im botan. Garten auf beschattetem Standorte gegen N. erst am 28—4.
[5]) In den Waldbergen bei W. erst am 2—5.
[6]) Im botan. Garten schon am 15—4.
[7]) In den Waldbergen bei W. erst am 4—5.
[8]) Bei W. schon am 17—4, theilweise wahrscheinlich vor dem Stäuben.
[9]) Auf den Waldbergen bei W. erst am 2—5.

[10]) Im W. botanischen Garten erst am 2—5.
[11]) Auf den südlichen Abhängen der Kalkberge bei W. bereits am 11—4.
[12]) Bei W. erst am 7—5.
[13]) Bei W. schon am 13—4.
[14]) Bei W. erst am 1—5.
[15]) Im botan. Garten erst am 4—5, Standort beschattet gegen N.
[16]) Bei W. erst am 5—5.
[17]) „ „ schon am 19—4, vielleicht manchmal mit Galium vernum verwechselt.

[18]) Bei W. schon am 15—4, wahrscheinlich die Art verwechselt, auch nur zweijährige Beob.
[19]) Bei W. erst am 3—5.
[20]) Im botan. Garten erst am 9—5 wegen Trockenheit des Bodens.
[21]) Im botan. Garten erst am 12—5.
[22]) Bei W. erst am 8—5.
[23]) „ „ schon am 21—4.
[24]) Bei W schon am 21—4, die Blüthe wahrscheinlich vor d. Stäuben eingetragen.
[25]) Bei W. erst am 7—5.
[26]) „ „ „ 10—5.
[27]) „ „ „ 9—5.

Lonicera Xylosteum.
Medicago minima.
*Saxifraga tridactylites.

2. Mai.

Acer Pseudoplatanus.
Alyssum calycinum.
*Anemone alpina.
Arabis hirsuta.
*Biscutella laevigata.
Convallaria majalis.
Dentaria bulbifera.
Hesperis tristis.
*Lonicera alpigena.
Menyanthes trifoliata.
Myosotis palustris).
Orchis mascula*).
Quercus pedunculata.
Ranunculus repens.
Viburnum Lantana.

4. Mai.

Anthriscus Cerefolium.
Arum maculatum*).
*Cerastium glomeratum.
*Dryas octopetala.
Galeobdolon luteum.
Lepidium Draba.
*Mühringia trinervia.
Staphylea pinnata.
Syringa vulgaris.
Veronica arvensis.
*Viola bijlora.

5. Mai.

Aesculus Hippocastanum.
Cerinthe minor).
Chenopodium bonus Henricus.
Erysimum cuspidifolium.
*Globularia nudicaulis.
Lithospermum purpureo-coeruleum.

Polygala major.
Rumex Acetosa.
*Silene acaulis.
Symphytum officinale.
Trifolium pratense.
 procumbens.
Veronica serpyllifolia.
Vinca major.

6. Mai.

Alopecurus pratensis.
Anemone silvestris.
Arabis Turrita).
Coronilla minima.
Euphorbia pilosa.
 salicifolia.
Kerria japonica*).
Linum austriacum.
Lonicera tatarica.
Medicago lupulina.
Melica nutans.
Ornithogalum umbellatum).
*Ranunculus aconitifolius.
Saxifraga bulbifera.
 granulata).
*Valeriana montana.

7. Mai.

Anthriscus silvestris).
Euphorbia angulata).
*Geranium phaeum.
*Lychnis diurna.
Lycium barbarum.
Ophrys aranifera.
Paeonia tenuifolia.
*Polygala comosa.
Polygonatum anceps.
Ranunculus polyanthemos).
 sceleratus.
Sorbus Aucuparia.
Stellaria nemorum).

8. Mai.

Actaea spicata.
Erysimum cheiranthoides.
Euphorbia palustris).
Evonymus latifolius.
Isatis tinctoria.
Narcissus biflorus.
Salvia pratensis.
Sorbus Aria.
Spiraea chamaedryfolia.
*Syringa chinensis.
Vicia dumetorum).

9. Mai.

Allium ursinum.
Asperula odorata).
Berberis vulgaris.
Brassica oleracea).
*Bromus arvensis.
Calamintha alpina.
Euphorbia Esula).
 verrucosa.
Evonymus verrucosus.
Lepidium campestre).
Lychnis vespertina.
Mühringia muscosa.
Orchis variegata.
*Paeonia corallina.
Pinus silvestris.
*Polygonatum multiflorum.
Poterium Sanguisorba).
Quercus Cerris.
Verbascum phoeniceum).

10. Mai.

Aesculus Pavia.
*Aremonia agrimonioides.
Carex hirta.
*Cortusa Matthioli.
Crataegus Oxyacantha.
*Eriophorum angustifolium.

---

[1] Bei W. erst am 26—5, M. silvestris blüht bei W. am 2—5, es scheint demnach an den meisten Stationen eine Verwechslung mit dieser Art stattgefunden zu haben.
[2] In den Waldbergen bei W. erst am 17—5.
[3] Bei W. erst am 12—5.
[4] schon am 27—4.
[5] 27—4.

[6] Im botan. Garten erst am 17—5 an einem beschatteten Standorte.
[7] Bei W. schon am 26—4. Die Blumen öffnen sich nur bei Sonnenschein und können demnach an manchen Stationen zu spät beobachtet worden sein.
[8] Bei W. erst am 12—5.
[9] 13—5.
[10] 19—5.
[11] 25—5.

[10] Bei W. erst am 16—5.
[13] 13—5.
[14] schon am 1—5.
[15] 2—5.
[16] 30—4.
[17] 2—5.
[18] erst am 30—5.
[19] schon am 24—4.
[20] Im botan. Garten erst am 16—5.

Geranium Robertianum.
* „ silvaticum.
Hippocrepis comosa.
Orchis militaris.
Potentilla rupestris.
Rumex Acetosella.
*Scandix Pecten Veneris.
Scorzonera humilis.
Syringa persica.
Vicia sepium.

11. Mai.

Acer tataricum.
Cydonia vulgaris.
*Iris florentina.
Juglans regia.
Lychnis Flos cuculi[1]).
Orchis ustulata.
*Paeonia peregrina.
Plantago media.
Podospermum Jacquinianum[2]).
Ranunculus arvensis.
*Saxifraga Aizoon.
Sisymbrium Sophia[3]).
Tetragonolobus siliquosus.
Trifolium repens.
*Willemetia apargioides.

12. Mai.

Chaerophyllum hirsutum.
Chrysanthemum Leucanthemum.
Cochlearia Armoracia.
Lotus corniculatus.
Potentilla Anserina.
*Saponaria ocymoides.
Spiraea ulmifolia.
*Trifolium filiforme.

13. Mai.

Camelina sativa[4]).
Cynoglossum officinale[5]).
Cytisus Laburnum.
Echinospermum Lappula[6]).

Iris germanica.
*Linum perenne.
Reseda lutea.
Rhamnus cathartica.
*Scorzonera purpurea.
Spinacia oleracea.
*Statice maritima.

14. Mai.

Anchusa officinalis[7]).
Aquilegia vulgaris.
Cercis Siliquastrum.
Cornus alba.
Evonymus europaeus[8]).
Genista germanica[9]).
Melittis Melissophyllum.
Orchis latifolia[10]).
*Papaver Argemone.
*Ranunculus aquatilis.
*Scleranthus annuus.
Statice elongata.
Tragopogon major[11]).
„ pratensis[12]).
Trifolium montanum.

15. Mai.

*Campanula patula.
Cephalanthera ensifolia[13]).
Cynanchum Vincetoxicum[14]).
Fraxinus Ornus.
Hieracium murorum.
„ Pilosella.
Lychnis Viscaria.
Majanthemum bifolium[15]).
*Orchis incarnata.
Poa pratensis.
*Rhinanthus major.
Rosa pimpinellifolia.
Thalictrum aquilegifolium[16]).

16. Mai.

Aquilegia atrata[17]).
Asperula galioides[18]).

*Calycanthus floridus.
*Centaurea axillaris.
Crepis praemorsa[19]).
*Genista sagittalis.
*Geranium pusillum.
Hieracium praealtum.
Iris subirica.
Ophrys muscifera.
Paeonia officinalis.
*Pedicularis palustris.
Rhinanthus Crista galli[20]).
Silene nutans.
Tragopogon orientale.
Viburnum Opulus.

17. Mai.

Cardamine Impatiens.
Chaerophyllum temulum.
Cypripedium Calceolus.
Dictamnus Fraxinella.
Fumaria officinalis[21]).
*Geranium columbinum.
Helianthemum vulgare.
Iris graminea.
*Linum catharticum.
Onobrychis sativa.
Pinus Laricio.
Polygonatum latifolium.
Polygonum Bistorta.
Potentilla Tormentilla[22]).
*Rhinanthus minor.
Turritis glabra.
Veronica austriaca.
*Vicia tenuifolia.

18. Mai.

Adonis aestivalis.
*Anthemis Cotula.
Bromus mollis[23]).
Centaurea montana.
Euphorbia virgata[24]).
Hieracium Auricula[25]).

---

1) Bei W. erst am 21—5.
2) „ „ schon am 2—5.
3) „ „ „ 5—5.
4) „ „ „ 6—5.
5) „ „ „ 21—4.
6) „ „ „ 4—5.
7) „ „ „ 5—5.
8) „ „ „ 8—5.
9) „ „ erst am 20—5.
10) „ „ „ 22—5.

11) Bei W. schon am 6—5.
12) Im botan. Garten auf einem beschatteten Standorte erst am 22—5.
13) Bei W. schon am 5—5.
14) „ „ „ 8—5.
15) In den Waldbergen bei W. erst am 22—5.
16) Im botan. Garten erst am 22—5.
17) Im botan. Garten schon am 5—5.
18) Bei W. erst am 23—5.

19) Bei W. erst am 24—5.
20) „ „ „ 22—5.
21) „ „ schon am 30—4, im botan. Garten sogar am 24—4.
22) Bei W. erst am 8—6.
23) „ „ „ 26—5.
24) „ „ schon am 12—5.
25) „ „ erst am 25—5.

*Homogyne silvestris.
Mespilus germanica.
Pinus Mughus.
Rosa alpina.
Salvia austriaca.
Veronica Beccabunga.

19. Mai.
Allium Victorialis.
Aristolochia Clematitis*).
Geranium sanguineum.
Lithospermum officinale.
Lonicera Caprifolium.
Luzula albida.
Neottia Nidus avis.
Pinguicula vulgaris.
Potentilla fruticosa.
Rhamnus Frangula.

20. Mai.
Asparagus officinalis.
Astragalus austriacus.
Gymnadenia conopsea.
Listera ovata.
Matricaria Chamomilla*).
Orchis maculata.
Nuphar luteum*).
*Orchis sambucina.
*Polygonatum verticillatum.
Raphanus Raphanistrum.
Sisymbrium Loeselii.
Valeriana Phu.

21. Mai.
Anthemis arvensis*).
Crepis tectorum*).
Erigeron acris*).
*Geranium dissectum.
Milium effusum*).
Oxalis stricta.
*Plantago major.
Rubus Idaeus.
*Sagina procumbens.

Saxifraga europaea*).
Scirpus silvaticus.
*Sinapis arvensis.
*Veronica urticaefolia.

22. Mai.
Avena pubescens.
Centaurea Cyanus.
Cirsium rivulare.
*Erysimum odoratum.
*Galium uliginosum.
Hesperis matronalis.
Hieracium aurantiacum*).
Iris Pseudacorus.
Morus alba*).
Phyteuma orbiculare*).
Platanthera bifolia.
Potentilla argentea.
*Ranunculus Flammula.
Secale cereale hybernum.
*Silene rupestris.
Valeriana officinalis.

23. Mai.
Anthemis austriaca.
Avena pratensis.
Bryonia dioica*).
Dianthus Carthusianorum*).
*Doronicum austriacum.
Galium lucidum.
Geum urbanum*).
Knautia arvensis.
*Lepidium sativum.
Poa trivialis.
Polemonium coeruleum.
Robinia hispida.
Rumex acutatus.
Silene inflata.
*Veronica Anagallis.

24. Mai.
Allium roseum*).
Cornus sanguinea.

Dactylis glomerata.
Dianthus plumarius.
Galium Aparine*).
Hyoscyamus niger*).
Orchis coriophora.
Orobanche rubens*).
Orobus niger.
Platanthera chlorantha*).
Potentilla hirta.
*Pyrola uniflora.
*Scirpus palustris.
Sinapis alba.

25. Mai.
Acorus Calamus.
Allium fistulosum.
*Bryonia alba.
Glyceria fluitans.
Imperatoria Ostruthium.
*Iris pallida.
Leontodon hastilis.
Malva rotundifolia.
Nasturtium palustre.
*Phyteuma nigrum.
    spicatum.
*Potamogeton natans.
Reseda lutea*).
Tragopogon porrifolius*).

26. Mai.
Celastrus scandens.
Delphinium Consolida.
Dianthus barbatus.
Hordeum murinum.
Nasturtium silvestre.
*Orchis globosus.
*Rhinanthus Alectorolophus.
Rhus Cotinus*).
Rumex obtusifolius.
Sambucus nigra*).
Scorzonera hispanica.
Scrofularia nodosa.
*Urtica urens.

---

1) Im botan. Garten schon am 11—5.
2) Bei W. schon am 9—5, jedoch nach nur zweijähriger Beobachtung.
3) Im botan. Garten erst am 26—5.
4) Bei W. erst am 31—5.
5) "   "   " 31—5.
6) "   "   " 30—5.
7) "   " schon am 15—5.
8) Im botan. Garten erst am 30—5.

9) Bei W. schon am 9—5.
10) "   "   " 8—5, bei dieser und der folgenden Art dürfte hier die Blüthe vor dem Stäuben der Antheren beobachtet worden sein.
11) Bei W. erst am 30—5.
12) "   " schon am 16—5.
13) "   "   " 18—5.
14) Im botan. Garten erst am 31—5.

15) Bei W. schon am 14—5.
16) "   "   " 15—5.
17) "   " erst am 30—5.
18) "   "   " 5—6.
19) "   " schon am 9—5.
20) Im botan. Garten erst am 31—5.
21) "   " schon am 19—5.
22) Bei W. schon am 19—5.

27. Mai.

Coluta arborescens.
*Crepis paludosa.
Festuca ovina[1]).
*Iris sambucina.
Knautia silvatica[2].
*Oenanthe fistulosa.
Philadelphus coronarius.
Ranunculus nemorosus[3]).
Robinia Pseudacacia.
Rosa Eglanteria.

28. Mai.

Achillea tomentosa.
Aegopodium Podagraria.
Allium Schoenoprasum[4]).
Anacamptis pyramidalis[5]).
*Arnica montana.
*Campanula barbata.
Cephalanthera pallens[6]).
Crepis biennis[7]).
Galium pusillum.
Hemerocallis flava[8]).
Papaver Rhoeas.
Ophrys arachnites.
*Pinus Strobus.
*Rosa tomentosa.
Rubus caesius[9]).
Scirpus lacustris.
Spiraea opulifolia.
*Thalictrum angustifolium.
Thymus Serpyllum[10]).
Tofieldia calyculata.
Vicia Cracca[11]).

29. Mai.

Dianthus deltoides.
Lathyrus pratensis.

*Lilium carniolicum.
*Meum athamanticum.
Rosa canina.
Rubus fruticosus.
*Spergula arvensis.
Stachys recta[12]).

30. Mai.

Briza media.
Bromus sterilis.
Coeloglossum viride.
*Euphorbia helioscopia[13]).
Galium Mollugo[14]).
Hieracium pratense.
Koeleria cristata.
Malachium aquaticum.
Ornithogalum pyrenaicum.
*Pyrola minor.
Rumex crispus.
*Trifolium medium.

31. Mai.

Achillea Millefolium.
*Aira caespitosa.
Allium Moly.
*Centranthus ruber.
Convolvulus arvensis[15]).
*Euphorbia platyphyllos.
Lilium bulbiferum.
Melampyrum pratense[16]).
,, silvaticum.
Physalis Alkekengi.
Poa nemoralis[17]).
Salvia silvestris[18]).
Sherardia arvensis.
*Symphoricarpus vulgaris.
Veronica officinalis[19]).
Vicia hirsuta[20]).

1. Juni.

Anthericum Liliago.
Arrhenatherum elatius.
*Astrantia major.
Clematis erecta[21]).
,, integrifolia.
Festuca elatior[22]).
Inula hirta.
Melampyrum arvense.
Nymphaea alba[23]).
*Oxytropis pilosa.
*Pyrola rotundifolia.
Spiraea Filipendula.
,, salicifolia.
*Symphoricarpus racemosus.
Trifolium agrarium.
,, pannonicum.
Vicia sativa[24]).

2. Juni.

Glaucium luteum.
Hypochaeris radicata.
Orobanche cruenta.
Phlomis tuberosa.
Silene Otites[25]).
Sisymbrium officinale[26]).
*Vicia silvatica.

3. Juni.

Agrostemma Githago.
Agrostis vulgaris.
Astragalus Onobrychis.
*Galium boreale.
*Malva silvestris.
Melampyrum cristatum[27]).
Potentilla reptans.
Salvia officinalis.
Solanum Dulcamara[28]).
Specularia Speculum[29]).
Stellaria graminea

---

[1]) Bei W. schon am 20—5.
[2] Auf den Waldbergen bei W. erst am 15—6.
[3]) Im botan. Garten schon am 20—5.
[4] ,, ,, ,, erst am 23—6; wahrscheinlich V. alpinum, eine später blühende Varietät.
[5] Auf Bergwiesen bei W. schon am 21—5.
[6]. Bei W. schon am 19—5.
[7] ,, ,, erst am 16—6.
[8]. Im botan. Garten erst am 3—6.
[9]. Bei W. erst am 3—6.

[10]. Bei W. schon am 14—5.
[11]. ,, ,, ,, 19—5.
[12]. ,, ,, ,, 24—5.
[13]) Die in den „Ergebnissen" publicirte Blüthenzeit B=9—4 gilt wahrscheinlich für E. Cyparissias.
[14]) Bei W. schon am 23—5.
[15]) ,, ,, ,, 23—5
[16]) In den Waldbergen bei W. erst am 9—6.
[17]) Bei W. schon am 23—5.
[18]) ,, ,, ,, 23—5.
[19]) Im W. bot. Garten schon am 16—5.

[20]) Bei W. erst am 16—6, nur zweijährige Beobachtungen.
[21]) Bei W. schon am 22—5.
[22]. ,, ,, ,, 26—5.
[23]) Im W. botan. Garten schon am 2—5.
[24]) Bei W. schon am 20—5.
[25]. ,, ,, ,, 17—5.
[26]. ,, ,, ,, 20—5.
[27]. ,, ,, erst am 19—6.
[28]. ,, ,, schon am 22—5.
[29]) Bei W. erst am 14—6, nur zweijährige Beobachtungen.

4. Juli.

Calamintha Acinos.
Campanula rotundifolia[1]).
Festuca rubra.
Gleditschia triacanthos.
*Hieracium staticefolium.
Ligustrum vulgare.
*Pastinaca sativa lucens.
Potentilla inclinata[2]).
Robinia viscosa[3]).
Rosa centifolia.
Sedum acre.
Sideritis scordioides.
Stachys germanica[4]).
Trifolium alpestre.
Urtica dioica.

5. Juli.

Asperula cynanchica.
Avena flavescens.
Centaurea Jacea[5]).
Chenopodium album.
  „   hybridum.
Chrysanthemum inodorum[6]).
Cirsium pannonicum.
Delphinium Ajacis.
Echium vulgare.
Epilobium montanum.
Hypochoeris maculata.
Medicago falcata.
Melica ciliata.
Melilotus officinalis[7]).
Ptelea trifoliata.
Scutellaria hastifolia.
*Spiraea Aruncus.
Veronica latifolia[8]).

6. Juli.

Antirrhinum majus.
Atropa Belladonna[9]).
Buphthalmum salicifolium[10]).
Cirsium palustre[11]).
Coronilla varia.

Cynosurus cristatus.
Dorycnium suffruticosum.
Elaeagnus angustifolius.
Holcus lanatus[12]).
Juncus compressus.
  „   conglomeratus
  „   effusus.
Medicago sativa[13]).
Potentilla recta[14]).
Rosa gallica.
Saponaria Vaccaria[15]).
Scutellaria galericulata.
Triticum vulgare hybernum.

7. Juni.

Anagallis arvensis.
Bromus erectus.
Campanula sibirica[16]).
Caucalis daucoides[17]).
Geranium pratense.
Gratiola officinalis.
Muscari comosum.
Phleum Böhmeri.
Salvia verticillata.
*Saxifraga stellaris.
Verbascum Lychnitis.

8. Juli.

Bupleurum longifolium.
Campanula persicifolia.
*Cirsium Erisithales.
Delphinium elatum.
Linum hirsutum.

9. Juli.

Amorpha fruticosa.
*Astragalus glycyphyllos.
*Chaerophyllum aromaticum.
Chrysanthemum corymbosum.
Levisticum officinale.
*Liriodendron tulpifera.
Melampyrum nemorosum[18]).
Phalaris canariensis.

Tunica Saxifraga.
*Veronica longifolia.
Vicia angustifolia.

10. Juni.

Butomus umbellatus.
*Campanula Scheuchzeri.
Chrysanthemum Parthenium.
Crepis virens.
Digitalis grandiflora.
Juncus glaucus.
Linaria vulgaris[19]).
Linum flavum.
  „   tenuifolium[20]).
Marrubium vulgare.
*Mulgedium alpinum.
Raphanus sativus.
*Silene Armeria.
*Sparganium ramosum.

11. Juli.

Achillea tanacetifolia.
Campanula glomerata.
  „   Medium.
Centaurea Scabiosa[21]).
Farsetia incana.
Genista tinctoria.
Lilium Martagon.
Lysimachia Nummularia.
Prunella vulgaris.
*Pyrola secunda.
Tilia grandifolia.
Trifolium rubens.
Triticum caninum.

12. Juli.

Anthemis tinctoria.
Apium graveolens.
Astragalus Cicer[22]).
Galium verum.
*Hypericum quadrangulum.
Lysimachia punctata.
Phalaris arundinacea.

---

[1]) Bei W. erst am 26—6, sehr wahrscheinlich die Varietät von Eindlass
[2]) Bei W. erst am 10—6.
[3]) Im W. botan. Garten schon am 28—5.
[4]) Bei W. erst am 10—6.
[5]) „ „ „ „ 13—6.
[6]) „ „ „ „ 14—6.
[7]) „ „ schon am 26—5.
[8]) „ „ „ „ 17—5.

[9]) Im W. botan. Garten schon am 27—5.
[10]) Bei W. erst am 19—6.
[11]) „ „ „ „ 25—6.
[12]) „ „ „ „ 18—6.
[13]) „ „ schon am 30—5.
[14]) „ „ erst am 15—6.
[15]) „ „ „ „ 14—6.
[16]) „ „ schon am 21—5.
[17]) „ „ „ „ 1—6.

[18]) In den Wahlbergen bei W. erst am 23—6.
[19]) Bei W. erst am 11—6.
[20]) „ „ schon am 4—6.
[21]) „ „ „ „ 7—6.
[22]) „ „ „ „ 2—6.
[23]) „ „ „ „ 23—5.

Rhus typhina.
Silaus pratensis.
Vitis vinifera.

12. Juni.
Brachypodium pinnatum.
Bromus secalinus¹).
Campanula Rapunculus²).
Digitalis purpurea³).
*Filago arvensis.
Lapsana communis.
Leonurus Cardiaca.
*Neslia paniculata.
Parietaria erecta⁴).
*Ranunculus Lingua.
Rubus odoratus.
Stachys silvatica.
Veratrum album.

14. Juni.
Campanula Cervicaria.
Cytisus nigricans.
Gladiolus imbricatus.
Hypericum perforatum.
Lathyrus latifolius⁵).
„ silvestris.
*Polygonum Convolvulus.
*Sedum dasyphyllum.
*Silene gallica.
Trifolium ochroleucum⁶).

15. Juni.
Chaerophyllum bulbosum.
Conium maculatum.
*Epilobium roseum.
Galium silvaticum⁷).
Lolium perenne⁸).
Scabiosa Columbaria⁹).
Trifolium repens¹⁰).
Verbascum Blattaria.

16. Juni.
Agrostis stolonifera¹¹).
Allium Scorodoprasum.

*Avena fatua.
*Calendula officinalis.
Cephalanthera rubra.
Gladiolus communis.
Hemerocallis fulva.
Polygonum aviculare¹²).
*Sagittaria sagittaefolia¹³).
Sedum sexangulare.
Spiraea sorbifolia.
Stachys alpina¹⁴).
Veronica bellidifolia.

17. Juni.
Apera Spica venti.
Betonica officinalis.
*Campanula pusilla.
„ rapunculoides.
Doronicum herbaceum¹⁵).
Iberis amara¹⁶).
Lathyrus tuberosus¹⁷).
Oenothera biennis.
Prunella grandiflora.
Sedum album.
Sonchus oleraceus¹⁸).
Typha latifolia¹⁹).

18. Juni.
*Epilobium tetragonum.
*Jasione montana.
Linaria minor²⁰).
Phleum pratense.
Pimpinella Saxifraga
Xeranthemum annuum.

19. Juni.
Achillea nobilis.
Aconitum Lycoctonum.
*Amethum graveolens.
Cirsium bulbosum.
*Coriandrum sativum.
Datura Stramonium.
Daucus Carota.
Lychnis coronaria²¹).

*Malva moschata.
Melilotus alba²²).
*Polygonum minus.
Ruta graveolens²³).
Spiraea Ulmaria.
Stachys annua²⁴).
Verbascum nigrum.

20. Juni.
Epilobium angustifolium.
Holcus mollis²⁵).
Lysimachia vulgaris.
*Silene noctiflora.
Verbena officinalis.

21. Juni.
Asclepias syriaca.
*Calamagrostis silvatica.
Lythrum Salicaria.
Petroselinum sativum.
Scabiosa ochroleuca.
Sedum reflexum.
Tilia parvifolia.

22. Juni.
Aconitum Napellus.
*Calamintha officinalis.
Cichorium Intybus.
Convolvulus sepium.
Ononis spinosa.

23. Juni.
Agrimonia Eupatorium.
Castanea vesca.
Foeniculum officinale.
Hypericum hirsutum.
Senecio Jacobaea.
Verbascum Thapsus.

24. Juni.
*Borrago officinalis.
Bupleurum falcatum.
Dianthus Armeria.
*Epilobium parviflorum.

---

1) Bei W. schon am 5—6.
2) Im W. botan. Garten schon am 4—6.
3) „ „ „ „ 4—6.
4) Bei W. schon am 5—6.
5) „ „ „ 7—6.
6) „ „ erst am 22—6.
7) „ „ „ 23—6.
8) „ „ schon am 8—6.
9) „ „ „ 6—6.
10) „ „ „ 7—6.

11) Bei W. schon am 10—6.
12) „ „ „ 6—6.
13) Blüht bei W. in den blühen Donau-Armen erst am 31—7. Obiger Mittelwerth ist aus Beobachtungen von zwei anderen Stationen abgeleitet.
14) Im W. botan. Garten erst am 24—6.
15) Bei W. schon am 5—6.
16) „ „ erst am 24—6.
17) „ „ schon am 11—6.

18) Im W. botan. Garten schon am 11—6.
19) Bei W. erst am 1—7.
20) Im W. botan. Garten erst am 27—6.
21) Bei W. erst am 26—6.
22) Im W. botan. Garten schon am 4—6.
23) Bei W. erst am 27—6.
24) „ „ „ „ 2—7.
25) „ „ schon am 11—6.

Galega officinalis[1].
Hypericum montanum.
Inula salicina.
Lilium candidum.
Onopordon Acanthium[2].
**Prunella alba.*
Rubia tinctorum.
Verbascum phlomoides.

26. Juni.

Achillea Ptarmica.
Ampelopsis hederacea.
Anthericum ramosum.
Ballota nigra.
Carduus acanthoides[3].

24. Juni.

Campanula Trachelium.
**Dianthus caryophyllus.*
**Galeopsis Tetrahit.*
**Lactuca muralis.*
**Lolium temulentum.*
**Ononis hircina.*
Sambucus Ebulus.
Veronica spicata.

27. Juni.

Cirsium arvense[4].
Teucrium Chamaedrys[5].

28. Juni.

Brachypodium silvaticum.
Centaurea paniculata.
Heracleum Sphondylium[6].
**Malva Alcea.*
Pimpinella magna.

29. Juni.

Carduus crispus[7].
Nepeta Cataria.

30. Juni.

Allium Cepa.
**Centaurea phrygia.*
Glycyrrhiza glabra.
Mentha arvensis.

Pastinaca sativa.
Polygonum Amphibium.
**Stachys palustris.*
Verbascum orientale.

1. Juli.

Trifolium arvense.

2. Juli.

Campanula caespitosa.
Clematis Vitalba.
Euphrasia officinalis.
Inula germanica.
Lavatera thuringiaca.
Origanum vulgare[8].
Solanum nigrum.

3. Juli.

Epipactis latifolia.
Erythraea Centaurium.
Galeopsis versicolor.
Inula squarrosa.
Polygonum Hydropiper[9].

4. Juli.

Alisma Plantago.
Eryngium planum.
**Sonchus arvensis.*

5. Juli.

Anthemis nobilis.
Euphrasia Odontites[10].
Saponaria officinalis[11].

6. Juli.

Calamagrostis Epigejos.
Catalpa syringaefolia.
Impatiens Noli tangere.

7. Juli.

Aethusa Cynapium.
Epilobium hirsutum.
Veratrum nigrum[12].

8. Juli.

Althaea rosea.
**Cuscuta Epithymum.*
**Hypericum tetrapterum.*

---

9. Juli.

Cirsium oleraceum.
Cnicuta europaea[13].
Falcaria Rivini.
Hyssopus officinalis[14].
Nigella arvensis[15].
   „   *damascena.*
Polygonum bistortifolium.
   „   *Persicaria.*
**Sanguisorba officinalis.*
**Silybum marianum.*
**Stachys ambigua.*

10. Juli.

Clinopodium vulgare[16].
Cyclamen europaeum.
Senecio silvaticus.

11. Juli.

Amaranthus Blitum.
**Epipactis palustris.*

12. Juli.

Aconitum variegatum[17].
Allium flavum.
**Centaurea austriaca.*
Lactuca sativa[18].
Lappa tomentosa.
Prenanthes purpurea.
**Sium latifolium.*

13. Juli.

Hypericum fulvum.
Erigeron canadensis[19].
**Galeopsis pubescens.*
Gentiana cruciata.
Inula Britanica.
Libanotis montana.
**Sempervivum tectorum.*

14. Juli.

Amaranthus retroflexus.
Calluna vulgaris[20].
Circaea lutetiana[21].

---

[1] Im W. botan. Garten schon am 14—6.
[2] Bei W. schon am 14—6.
[3] „ „ „ 10—6.
[4] „ „ „ 11—6.
[5] „ „ „ 19—6.
[6] „ „ erst am 8—7.
[7] „ „ „ 10—7.
[8] Im W. botan. Garten schon am 22—6.

[9] Bei W. schon am 21—6.
[10] „ „ erst am 4—6.
[11] „ „ schon am 25—6
[12] Im W. botan. Garten erst am 13—7.
[13] Bei W. schon am 3—7.
[14] Im W. botan. Garten schon am 1—7.
[15] Bei W. erst am 22—7, nur 2 vrljährige Beobachtungen.

[16] Bei W. schon am 1—7.
[17] Im W. botan. Garten erst am 19—7.
[18] „ „ „ schon am 5—7.
[19] Bei W. schon am 6—7.
[20] „ „ erst am 1—8.
[21] „ „ „ 27—7.

Eryngium amethystinum.
Festuca gigantea.
Mentha silvestris.
*Parnassia palustris.

14. Juli.

*Epilobium palustre.
Inula Conyza[1]).
Lycopus europaeus[2]).
Phytolacca decandra.
Solidago Virgaurea[3]).

16. Juli.

Allium oleraceum[4])
Cirsium acaule.
Eryngium campestre.
*Erythraea pulchella.
Inula Helenium.
Melissa officinalis[5]).
*Mentha aquatica.
  - piperita[6]).
Peucedanum Cervaria.
Picris hieracioides[7]).
*Solanum esculentum.
Thalictrum flavum[8]).
Torilis Anthriscus.

17. Juli.

*Sparganium simplex.

18. Juli.

Allium sativum[9]).
Eupatorium cannabinum[10]).
Lactuca Scariola.
Lappa major.
Tanacetum vulgare[11]).

19. Juli.

Angelica silvestris[12]).
Dipsacus silvestris.
*Panicum sanguinale.

20. Juli.

Salvia glutinosa[13]).
Xanthium Strumarium.

21. Juli.

„Althaea officinalis").
Cirsium pratense.
Inula dysenterica.
*Lappa minor.
*Leontodon autumnalis.

22. Juli.

*Allium carinatum.
Andropogon Ischaemum.
*Chenopodium polyspermum.

23. Juli.

Cirsium canum[14])?
  „ lanceolatum.
*Dianthus superbus.
Senecio nemorensis[15]).

24. Juli.

Serratula tinctoria.

25. Juli.

Xanthium spinosum.

26. Juli.

*Gnaphalium silvaticum.
*Monotropa Hypopithys.
Senecio saracenicus.

27. Juli.

*Inula Pulicaria.
  Pulegium vulgare[16]).

29. Juli.

*Satureja montana.

30. Juli.

Hieracium umbellatum.

31. Juli.

Humulus Lupulus.

1. August.

*Hybiscus syriacus.

2. August.

Artemisia vulgaris.

3. August.

Cynara Scolymus.

4. August.

Artemisia Absinthium.

5. August.

Succisa pratensis.

7. August.

Gentiana ciliata[17]).

8. August.

Bidens tripartita.
Hieracium Sabaudum[18]).

10. August.

Aster Amellus[19]).
Carlina acaulis[20]).
  „ vulgaris.

11. August.

*Gentiana asclepiadea.

12. August.

Artemisia campestris[21]).
*Gentiana germanica.
*Sedum maximum.

13. August.

*Phragmites communis.

14. August.

Bidens cernua.

15. August.

*Artemisia Abrotanum.

17. August.

Glyceria aquatica.

19. August.

Colchicum autumnale[22]).
*Cyperus flavescens.

20. August.

Linosyris vulgaris.

1. September.

*Cyperus fuscus.

5. September.

*Spiranthes autumnalis.

23. September.

Crocus byzantinus.

7. October.

Helianthus tuberosus[23]).

---

[1]) Bei W. erst am 27—7.
[2]) Im W. botan. Garten schon am 5—7,
[3]) „ „ „ „ „ 26—6.
[4]) Bei W. erst am 26—7, auch nur zweijährige Beobachtungen.
[5]) Im W. botan. Garten schon am 9—7.
[6]) „ „ „ „ „ 22—7.
[7]) Bei W. schon am 7—7.
[8]) „ „ erst am 3—7.
[9]) Im W. botan. Garten erst am 24—7.

[10]) Im W. botan. Garten schon am 5—7
[11]) Bei W. schon am 10—7.
[12]) „ „ erst am 25—7.
[13]) Im W. botan. Garten erst am 27—7.
[14]) „ „ „ schon am 14—7.
[15]) Bei W. schon am 16—7.
[16]) Auf den nahen Waldbergen bei W. erst am 2—8.
[17]) Im W. botan. Garten schon am 21—7.
[18]) Bei W. schon am 1—8.

[19]) Bei W. schon am 2—8.
[20]) „ „ „ 25—7.
[21]) „ „ „ 1—8.
[22]) „ „ erst am 22—8, Eintritt der Blüthe schwer bestimmbar.
[23]) Bei W. schon am 12—8.
[24]) Die Blüthezeit mit Hilfe der geogr. Constanten bestimmt, weil keine Mittelwerthe der Zeitdifferenz für September und October vorliegen.

Von den 1093 Pflanzenarten, welche in diesem Blüthen-Kalender berücksichtiget werden konnten, entfallen auf den

Februar	1	Mai	418	August	22
März	56	Juni	295	September	3
April	181	Juli	116	October	1

Den reichsten Zuwachs erhält demnach die Flora in den Frühlingsmonaten, während der Sommermonate nimmt derselbe schon rasch ab und verschwindet fast ganz im Herbste.

Da die normalen Blüthezeiten in der Regel aus den Beobachtungen mehrerer Stationen abgeleitet worden sind, deren Anzahl bei manchen Arten, wie *S. cale. cereale hybernum*, dem Winterroggen, bis auf 13 steigt und nur bei wenigen Arten bis auf 2 herabsinkt, so halte ich die mitgetheilten Normalmittel der Blüthezeiten, da sie auf die Länge, Breite und Seehöhe von Wien reducirt sind, für sicherer, als die aus meinen eigenen Beobachtungen für Wien gefolgerten, weil anzunehmen ist, dass die Störungen durch secundäre Einflüsse, ausgeglichen sind.

Die in den Anmerkungen enthaltenen Differenzen gegen Wien können als eine Folge solcher secundärer Einflüsse, welchen meine eigenen Beobachtungen ausgesetzt waren, angesehen werden.

Dennoch ist die Übereinstimmung eine befriedigende, da nur bei 257 Arten von 1093 $R - B > \pm 5$ Tage ist, bei jenen Arten nämlich, zu welchen Anmerkungen gehören. Vielleicht ist jenen Arten, für welche $R - B > + 5$ ist, das Klima von Wien mehr zusagend, als jenen, für welche $R - B > - 5$ ist. Indessen können auch locale Einflüsse bei den einzelnen Arten in verschiedener Weise wirksam sein.

Dass unter den 1093 Arten des Kalenders nur 239 anderen Stationen als Wien zu danken sind, erklärt sich wohl aus dem sonst anerkennenswerthen Streben der Beobachter, dieselben Arten, wie an den Hauptstationen zu beobachten. Auch gelingt es viel leichter über allgemein verbreitete, als über seltene Pflanzenarten mehrjährige Beobachtungen zu erlangen.

ÜBER GENAUE UND INVARIABLE
COPIEN DES KILOGRAMMES
UND DES
MÈTRE PROTOTYPE DER ARCHIVE ZU PARIS
WELCHE IN ÖSTERREICH BEI EINFÜHRUNG DES METRISCHEN MASS- UND GEWICHTSSYSTEMS ALS NORMALEINHEITEN DIENEN SOLLEN
UND ÜBER
DIE MITTEL ZU IHRER VERVIELFÄLTIGUNG.

VON
C. A. STEINHEIL.
(Mit 1 Tafel und 2 Holzschnitten.)

VORGELEGT IN DER SITZUNG DER MATHEMATISCH-NATURWISSENSCHAFTLICHEN CLASSE AM 19. FEBRUAR 1857.

Der Meter und sein Comparator.

Die Copie des *Mètre prototype* der Archive zu Paris, bestehend in dem Glasstabe G_{II} wurde von Repsold in Hamburg ausgeführt. Der Stab ist aus demselben Spiegelglase mit G_I und wurde im Mai 1837 in meiner Gegenwart und unter meiner Leitung durch den damaligen Observator der kais. Sternwarte zu Pulkowa, Herrn Uno Pohrt, der mich als Assistent nach Paris begleitete, mit dem Platina-Meter der Archive verglichen. Auch sind noch einige Vergleichungen zwischen den Glasmetern G_I (der in den Besitz der damaligen neapolitanischen Regierung übergegangen ist) und G_{II} vorgenommen, so dass sein Werth auf doppelte Weise abgeleitet und dadurch controlirt werden kann. Dieser Glasmeter G_{II} ist es, welcher an die österreichische Regierung übergeht.

Meine Abhandlung „Copie des Mètre der Archive", die in den Abhandlungen der mathematisch-physikalischen Classe der k. bayerischen Akademie der Wissenschaften IV. Bd., 1. Abth., (in der Reihe der Denkschriften XIX. Bd., S. 163—280) aufgenommen ist, enthält alle nöthigen Aufschlüsse über den Platinmeter, die Glasmeter, den Comparator, die Anordnung der Vergleichungen und die Reduction der Beobachtungen. Eben so ist die Vergleichung der Thermometer, dann die Bestimmung des Werthes der Nivean- und Mikrometer-Theile in Millimetern und die Ausdehnung des Glases darin gegeben. Diese Mittheilungen beziehen sich zwar direct auf die Vergleichung des Glasstabes G_I, sie gelten aber auch mit Ausnahme der Vergleichungen selbst, die wir hier folgen lassen, für den Glasstab G_{II}, da dieser mit demselben Apparate, denselben Thermometern unter denselben Verhältnissen vom selben Beobachter verglichen wurde.

Indem wir uns daher auf die angeführte Abhandlung beziehen, nehmen wir hier nur auf, was zum Verständniss der Vergleichung des Glasmeter G_{II} erforderlich scheint.

Glasmeter G_{II} und Platina-Meter P liegen auf einer horizontalen Spiegelglasplatte neben einander. Neben jedem Meter ein Thermometer. Mit dem Spiegelglas können sie in der Horizontalebene senkrecht auf die Axe des Meters verstellt werden; dabei kommt abwechselnd bald der Platinmeter P, bald der Glasmeter G_{II} zwischen die Berührungscylinder des Comparators, die auf Niveaux wirken und diese verstellen.

Die Niveaux werden beide von der Mitte aus an beiden Enden der Luftblase abgelesen. Die Zahlen der Ablesung wachsen mit der Länge des Stabes.

Es ist für den

$$\text{Platinmeter } P: \quad a = \frac{a+a'}{2} \; ; \; a' = \frac{b+b'}{2}$$

$$\text{Glasmeter } G_{II}: \quad N = \frac{A+A'}{2} \; ; \; N' = \frac{B+B'}{2}$$

Da ein Niveautheil

$$\text{des Niveau links} \quad = 1{\cdot}655 \atop \text{rechts} = 1{\cdot}0507 \Big\} \text{ Trommeltheile}$$

des Mikrometers misst, so drückt man den Längenunterschied zwischen Platin- und Glasmeter aus in Mikrometer-Trommeltheilen durch die Gleichung

$$P - G_{II} = \left(\frac{a+a'}{2} - \frac{A+A'}{2}\right) 1{\cdot}655 + \left(\frac{b+b'}{2} - \frac{B+B'}{2}\right) 1{\cdot}051. \tag{1}$$

Wird dann dieser Werth durch die Anzahl q der Trommeltheile, die auf einen Millimeter gehen, dividirt, d. i. durch

$$q = 2226{\cdot}0$$

so ergibt sich die Längendifferenz in Millimetern.

Zu bemerken ist noch, dass jedes Niveau dreimal an beiden Enden der Blase abgelesen wurde, dass also die Zahlen a a'. A A', b b', B B' schon das Mittel aus je drei Aufzeichnungen sind. Um aber vollständige Einsicht in die Originalbeobachtungen zu geben, lassen wir hier eine directe Abschrift derselben nebst den vorausgehenden Bemerkungen des Herrn Pohrt über die Umstände, unter welchen er verglich, folgen.

C. Pohrt sagt:

„Beschreibung der Art des Gebrauches des Repsold'schen Comparators zur Vergleichung des Normalmeters der Archive mit Glasmetern.

Die Vergleichung wurde im kais. Archiv in dem Saale, in welchem der *Trésor des Chartes* aufbewahrt wird, gemacht. Am WNW-Fenster dieses Saales stand der Apparat auf einem soliden Tische, der zwischen die Fenstermauern gekeilt war.

Der Comparator ist auf die hohe Kante einer 3″ dicken und 6″ breiten eichenen Planke geschraubt. Die verticale Verschiebung des Fühlniveau's wird nicht gebraucht. Die Vergleichung geschieht durch eine horizontale Verschiebung der Maasse.

Auf der eichenen Planke zwischen beiden Theilen des Comparators ist mit Nägeln ein Kästchen von Tannenholz befestigt (96 Centim. lang, 9″ breit und 5″ hoch). Das Kästchen ist unten offen, damit die Luft die äussere Temperatur annehmen kann.

Die Dicke der Bretter, aus denen das Kästchen zusammengesetzt ist, ist 1″. Auf diesem Kästchen liegt eine Glasplatte (98 Centim. lang, 10 Centim. breit und 3‴5 dick). Sie ist durch zwei Keile von Messing horizontal gestellt. Beide Maasse liegen auf einer zweiten Glasplatte, die dieselbe Länge und Dicke als die erste hat, aber nur einige Linien breiter ist als beide Maasse. Zwischen beiden Glasplatten sind Schrote mit einem Durchmesser von 0‴4.

Das Platinmeter liegt, damit es sich gehörig ausdehnen kann, und damit es mit dem Glasmeter gleich hoch ist, wieder auf Schroten; damit die Schrote das Platina nicht zerkratzen, ist zwischen dem Meter und die Schrote Papier gelegt.

Auf die kleinen stählernen Cylinder der Fühlniveaux sind an den Enden, mit denen sie die Maasse berühren, kleine Halbkugeln von Elfenbein gekittet. Weil diese Halbkugeln etwas excentrisch aufgekittet sind, so wird darauf geachtet, dass die Cylinder nicht gedreht werden.

Auf die grosse Glastafel sind 4 kleine Stückchen Glas mit Siegellack gekittet. Gegen zwei dieser Stückchen Glas wird die kleinere Glastafel geschoben, wenn der Glasmeter gemessen wird, und gegen die zwei gegenüber stehenden, wenn das Platinmeter gemessen wird. Messingene Keile sind noch vor die vier kleinen Glasstückchen geschoben. Damit die beiden Maasse sich nicht auf der kleinen Glasplatte verschieben können, so sind auch auf diese zwei Stückchen Glas gekittet, an welche das Meter von Platina anliegt, und bei jeder Vergleichung wird darauf geachtet, dass das Glasmeter das Platinmeter berührt, und dass das Platinmeter an dem Glasstückchen anliegt.

Beide Meter sind mit Papier gedeckt, um den schädlichen Einfluss der Wärme des Beobachters zu vermeiden. Die Niveaux werden von der Mitte des Apparates aus abgelesen.«

Am 19. Mai 1837.

Vergleichung des Glasmeter G_{II} mit dem Platinameter P der Archive:

Zeit	NL	NR	nfP	nfG$_{II}$		Zeit	NL	NR	nfP	nfG$_{II}$	
1ʰ10′	20·8	6·4	6·7	23·4		1ʰ50′	19·7	4·8	11·0	23·4	
15	20·4	6·4	6·7	23·4	9·7	10·2	G_{II}	55	18·7	4·8	11·1	26·0	9·7	10·3	G_{II}
20	20·2	6·2	6·7	23·5		60	18·4	4·2	12·0	26·9	
1 30	20·0	6·0	11·5	26·3		2 10	20·5	6·7	11·2	26·0	
35	19·3	5·4	12·2	27·0	9·7	10·3	P	15	20·4	6·4	11·5	26·1	9·7	10·3	P
40	19·2	5·2	12·3	27·1		20	20·4	6·3	11·4	26·3	

Am 20. Mai 1837.

			nG$_{II}$	nP						nG$_{II}$	nP	
10ʰ30′	19·3	6·3	10·2	25·0			11ʰ50′	21·4	7·4	2·4	17·3	
35	19·3	5·3	10·4	25·2	9·4	9·9	G_{II}	55	21·4	7·3	2·9	17·7	9·6	10·1	G_{II}
40	19·3	5·3	10·4	25·3		60	21·6	7·5	2·8	17·6	
10 50	28·8	13·9	10·0	25·0	9·4	9·9		12 10	22·9	9·0	7·4	22·2	
55	27·6	13·6	10·5	25·4	9·4	10·0	P	15	24·0	10·4	6·7	21·6	9·6	10·1	P
60	27·5	13·1	10·7	25·6	9·4	10·0		20	26·5	12·7	5·6	18·4	
11 10	23·0	9·0	10·5	25·2		12 30	23·0	9·0	1·0	16·0	
15	23·0	9·0	10·3	25·2	9·4	10·0	G_{II}	35	22·6	8·7	2·0	16·2	9·7	10·2	G_{II}
20	22·8	8·8	10·4	25·3		40	19·9	5·9	6·3	21·1	
		Schlitten verstellt.										
11 30	21·5	7·5	9·8	24·7		12 50	18·6	4·7	14·7	24·5	
35	21·5	7·5	9·9	24·8	9·5	10·0	P	55	21·3	7·4	11·0	25·0	9·7	10·2	P
40	21·4	7·3	9·8	24·8		60	21·2	7·5	11·0	25·9	

Alle Vergleichungen geben den G_{II} bis jetzt zu klein an, weil der kleine Cylinder des Fühlerniveau's 0°2 über die Mitte anlag.

Zeit	Niveau Links	Niveau Rechts	Temp. $r fG_I$	$r P$		Zeit	NL	NR	$r fGa$	$r PM$	
1ʰ15'	18·0 4·0	8·7 23·3				2 45	23·8 8·9	7·6 27·2	10·1	10·7	
20	18·5 4·6	8·5 23·2	9·7	10·3	G_{II}	50	21·0 7·3	11·7 26·3	10·2	10·6	G_{II}
25	19·4 5·5	7·9 22·7				55	26·7 12·6	4·7 19·3	10·2	10·8	
1 45	21·4 7·4	7·4 22·1	9·9	10·4		3 5	25·7 11·9	12·6 27·3	10·3	10·9	
50	21·8 7·9	7·3 22·0	9·9	10·45	P	10	26·1 12·3	12·2 27·0	10·3	11·0	P
55	22·1 8·0	7·2 22·0	10·0	10·5		15	26·0 12·0	12·7 27·5	10·4	11·0	
2 5	22·5 8·7	3·7 18·4	10·0	10·5		3 25	25·5 11·6	9·4 24·0			
10	25·0 12·0	0·5 15·5	10·0	10·6	G_{II}	30	23·6 9·7	12·6 27·3	10·4	11·0	G_{II}
15	24·0 10·0	3·2 18·0	10·0	10·6		55	24·0 10·0	13·7 27·3			
2 25	27·7 13·8	3·0 18·0	10·1	10·6							
30	24·1 10·2	8·7 23·4	10·1	10·7	P						
35	25·8 12·0	8·2 23·0	10·1	10·7							

Am 21. Mai 1837.

Vergleichung der beiden Glasmeter I und II. Beide Glasstäbe liegen auf der kleinen Glasplatte, die nicht mehr gegen feste Punkte geschoben wird. Bei jeder Einstellung werden die Stäbe neu in die Mitte gestellt.

Zeit	NL	NR	$r fG_I$	$r fG_{II}$		Zeit	NL	NR	$r fG_I$	$r fG_{II}$	
10ʰ35'	15·6 1·7	2·7 17·5				11ʰ35	18·4 2·6	2·3 17·1			
40	15·4 1·4	2·7 17·4	10·0	10·4	G_{II}	bis	16·0 2·1	3·4 18·1	10·1	10·6	G_{II}
45	16·1 2·1	1·1 16·9				40	16·2 2·3	3·7 18·4			
10 50	27·7 13·7	12·7 27·5				11 50	26·3 14·3	13·7 28·4			
bis	28·0 13·9	12·8 27·5	10·0	10·5	G_I	bis	26·5 14·5	14·0 26·8	10·1	10·6	G_I
55	27·8 13·8	12·8 27·6				55	26·2 14·2	14·3 29·0			
							Der Schlitten verstellt.				
11 5	15·5 1·4	2·5 17·3				12 40	26·4 12·7	11·3 29·1			
bis	15·6 1·7	2·4 17·2	10·0	10·5	G_{II}	bis	24·7 12·7	14·7 29·4	10·1	10·6	G_I
10	15·9 1·9	2·7 17·4				45	26·9 12·9	14·7 29·4			
11 20	27·3 13·4	14·5 27·3				1 0	16·1 2·0	4·5 19·0			
bis	27·3 13·3	14·5 29·3	10·1	10·6	G_I	bis	16·5 2·7	4·4 19·1	10·1	10·45	G_{II}
25	28·3 14·3	13·3 28·0				5	16·2 2·2	4·7 19·3			

Vergleichung des Glasmeters II. Die kleine Glasplatte wird nicht gegen feste Stücke geschoben, die Maasse werden jedesmal neu in die Mitte eingestellt.

Zeit	NL	NR	$r fG_{II}$	$r P$		Zeit	NL	NR	$r fG_{II}$	$r P$	
	20·8 6·9	6·1 20·8					20·9 6·9	13·3 28·1			
1ʰ40'	20·8 6·9	6·2 21·0	10·7	10·1	G_{II}	2ʰ10'	20·3 6·3	14·3 19·1	10·3	10·75	P
	18·6 4·7	9·1 24·0					23·3 9·3	10·6 25·3			
	22·4 8·9	9·4 24·1					20·0 5·0	10·7 25·4			
1 50	23·0 9·0	9·3 24·1	10·7	10·1	P	2 25	18·3 4·4	12·0 25·0	10·3	10·7	G_{II}
	22·9 8·9	9·4 21·1					18·1 4·2	12·5 25·1			
			$r\,G_{II}$ [1])	$r P$							
	21·9 8·0	6·2 20·8					21·6 7·7	12·1 27·0			
2 0	21·7 7·8	6·8 21·5	10·2	10·7	G_{II}	2 35	22·3 8·3	10·8 25·6	10·3	10·7	P
	21·7 7·8	7·0 21·7					20·5 6·5	13·6 28·8			

---

[1]) Hier beginnt im Tagebuch eine neue Seite. Die Columne *r* für den *P* ist corrigirt in *r* für *P*, die Columne *r fG_{II}* ist corrigirt in *r*. Aber keine Bemerkung sagt, dass die Thermometer gewechselt wurden. Es bleibt daher zweifelhaft, welchem Stabe *r* angehört.

Zeit	NL		NR	nG_{II}	nP		Zeit	NL		NR	nG_{II}	nP	
	21·0	7·0	7·2	22·0				23·5	9·6	8·9	24·4		
2·50'	21·4	7·5	6·8	21·4	10·3	10·7	G_{II}	3·15'	23·0	9·0	6·8	21·3	10·3	10·7	G_{II}
	21·7	7·8	6·6	21·2					23·0	9·0	6·8	21·4		
	26·8	12·3	6·6	21·5					23·3	9·3	10·6	25·3		
3 0	23·8	11·8	7·1	22·0	10·8	10·7	P	3 30	23·6	9·7	10·6	25·3	10·3	10·7	P
	27·3	13·2	6·2	21·0					24·4	10·5	9·2	23·9		

Von 1·40' sind die Schlitten nicht verstellt.

Die Vergleichungen des P und G_{II} stellen wir mit den Mitteln aus den Ablesungen so zusammen, dass die Reduction gleich daneben gesetzt werden konnte.

Vergleichungen des Glasmeter G_{II} mit dem Platinameter P der Archive zu Paris.

Paris 1837	Beobachtungen											Reduction nach Formel (1)						Beobachtungs-Nr.
	Glasmeter G_{II}				Platinameter P							links		rechts		$P-G_{II}$ Trommel-theil	Abwei-chung vom Mittel + −	
	t' corr. −0·53	Niv. links A	A'	Niv. rechts B	B'	t' corr. −0·07	Niv. links a	a'	Niv. rechts b	b'		$\frac{a+a'}{2}$ n	$\frac{A+A'}{2}$ N'	$\frac{b+b'}{2}$ n'	$\frac{B+B'}{2}$ N'			
19.	10·2 10·3 10·3 10·8	26·47 18·50	6·47 4·60	8·7 11·37	23·43 26·23	9·7 9·7 9·7 9·7	19·50 20·45	5·53 6·47	11·93 11·30	26·80 26·15	12·51 13·45	13·47 11·55	19·36 18·71	16·06 18·80	+ 2·331 + 2·628 + 8·501	+3·3 +3·0 +2·1	1 2 3
20.	$t=0·07$ 9·4 9·4 9·4	19·30 22·93	5·30 8·93	10·33 10·33	25·17 25·13	$t=0·53$ 9·9 10·0 10·0	27·97	13·60	10·4	25·33	20·78	12·36 15·93	17·88	17·75 17·78	+ 14·601 + 8·562	1) −3·0	4 5
						Schlitten verstellt												
	9·5 9·6 9·6 9·7	21·47 21·83	7·40 7·87	2·70 3·10	17·53 18·10	10·0 10·1 10·1 10·2	21·47 24·47 20·37	7·43 10·60 6·47	9·83 5·90 11·90	24·77 26·73 26·77	14·45 17·53 15·42	14·44 14·85	17 30 13·31 19·55	10·11 10·60	+ 8·624 + 8·928 + 7·755 + 7·260	−2·4 −3·8 −2·1 −1·7	6 7 8 9
	9·7 9·9 10·0 10·1	18·63 24·10	4·70 10·23	8·37 2·57	23·07 17·30	10·3 10·4 10·6 10·7	10·45 23·87	21·77 12·00	7·77 6·63	7·30 21·47	22·03 18·93	14·77 17·16	14·65	15·72 9·93 14·05	+ 4·033 + 1·016 + 7·259 + 2·040	+1·6 +4·6 −1·7 +3·6	10 11 12 13
	10·2 10·5 10·4	23·83 24·57	10·00 10·43	7·97 11·57	22·60 26·20	10·8 11·0 11·0	25·93	12·07	12·50	27·27	19·00	16·91	19·88	15·29	+ 8·282	−2·7	14
21.	10·1 10·1	20·10	6·17	7·23	21·93	10·7 10·7	22·90	8·93	9·37	24·10	15·91	13·13	16·73	14·58	+ 6·860	−1·3	15
	10·2 10·5	21·77	7·87	6·67	21·53	10·7 10·7	21·50	7·50	12·73	24·17	14·50	14·52	18·45	14·09	+ 4·673 + 4·147 + 4·732	+0·9 +1·4 +0·9	16 17 18
	10·3 10·3	18·80	4·53	11·67	25·17	10·7 10·7	21·47	7·50	12·17	26·97	14·48	11·66	19·57	15·42	+ 5·876	−0·3	19
	10·3 10·3	21·57	7·43	6·87	21·53	10·7 10·7	26·47	12·43	6·63	21·50	19·45	14·40	14·07	14·20	+ 5·776 + 8·221	−0·2 −2·8	20 21
	10·3	23·17	9·20	6·43	21·10	10·7											
	B 9·9036 N					B 9·945 N					Mittel				5·591 ±2·14		
	c 12·379 N					c 12·429 N											

1) 4 Ausgeschlossen.
2) Bis hieher die Länge $P-G_{II}$ corrigirt um - 0·151 Trommeltheile.

Nun folgen die Vergleichungen von $G_I - G_{II}$.

Vergleichungen des Glasmeter G_I mit dem Glasmeter G_{II}.

	Beobachtungen								Reduction				
	Glasmeter G_{II}				Glasmeter G_I				links		rechts		
$t°$	Niv. links A	A	Niv. rechts B	E	t'	Niv. links a	a'	Niv. rechts b	b'	$\frac{t+t'}{N'}$	$\frac{t+t'}{N''}$	Trommeltheil $G_I{-}G_{II}$	Abweichung vom Mittel + —
10·4	13·70	1·73	2·17	16·93	10·0					8·71	9·55		
10·5					10·0	27·83	13·80	12·77	27·47	20·81	20·12	31·134	−0·70
10·5	13·67	1·73	2·53	17·36	10·0					8·76	8·21	30·778	−0·54
10·6					10·1	27·65	13·67	14·10	28·20	20·65	31·13	31·596	−1·15
10·6	16·27	2·40	3·13	17·87	10·1					9·33	10·80	29·927	0·51
10·6					10·1	28·27	14·27	14·60	28·73	21·27	21·36	31·173	−0·76
					Schlitten verstellt.								
10·6					10·1	26·80	12·77	14·57	29·30	19·78	21·93	28·681	2·41
10·65	16·27	2·80	4·47	19·13	10·1					9·28	11·80		
t 10·03					t' 9·99						Mittel	30·437	
t'' 17·54					t'' 12·49								

    Zwischen der 1. und 2. Beobachtung des 20. Mai muss eine Verstellung der Unterlage oder eines Mikrometerschlittens stattgefunden haben, da die Bestimmung Nr. 4 so sehr vom Mittel abweicht. Sie muss daher ausgeschlossen werden. Die 9 ersten Bestimmungen sind in Folge der Bemerkung vom 20. Mai, dass bis dahin die Meterangaben zu klein sind, um die erforderliche Grösse ($+0·451$ Tthle.) in dem Werthe $P{-}G_{II}$ corrigirt. Bei den Beobachtungen am 21. Mai besteht Zweifel, ob die Temperaturen des t dem Glasmeter II angehören, da die Aufzeichnung corrigirt ist. Die Correctur trifft aber den Kopf einer neuen Pagina, und es ist weder gesagt noch wahrscheinlich, dass gerade hier die Thermometer umgetauscht wurden. Man geht daher am sichersten bei der Reduction, wenn man das Mittel aus beiden Thermometern für beide Stäbe annimmt. wie wir auch für den Glasmeter I (siehe die oben citirte Abhandlung) gethan haben. Da die Stäbe genau in gleicher Höhe lagen und immer mit Papier gedeckt wurden, ist kein Grund vorhanden, anzunehmen, dass sie verschiedene Temperatur haben.

    Demzufolge wird die Temperatur der beiden Stäbe

$$= 12°_9 379$$
$$12·429$$
$$\overline{12·404.}$$

    Wird der Mittelwerth von $P{-}G_{II}=5·594$ durch 2226 dividirt, also in Millimeter verwandelt, der mittlere Fehler der einmaligen Beobachtung $\pm 2·11$ aber durch $2226\sqrt{20}$ dividirt, so ergibt sich:

$$P{-}G_{II}=0^{mm}002513 \pm 0·00021.$$

    Da aber die Ausdehnung

für den Platinmeter   0·00856 für $1°C.$

  „   Glasmeter II   0·00852   „ $1°C.$

beträgt, so findet sich ihre Länge auf $0°$ reducirt

$$P + 0·10618 - (G_{II} + 0·10568) = 0·00251$$

oder

$$P = G_{II} + 0·00201.$$

Da nun P bei $0°$ $= 1000^{mm}$ ist, so wird für $0°$

$$G_{II} = 999^{mm}99799 \tag{1}$$

Dieser Werth von G_{II} folgt aus 20 Vergleichungen.

Wir erhalten aber noch eine Controle dieser Bestimmung aus den Vergleichungen des G_{II} und G_I.

Nimmt man die berichtigten Temperaturen an, die jedem Glasstabe hier ohne allen Zweifel zukommen, so ergibt sich

$$\overset{c}{\underset{12\cdot49}{G_I}} - \overset{c}{\underset{12\cdot54}{G_{II}}} = + 30{\cdot}437 \text{ Trommeltheile.}$$

und wenn man wie oben $G_I - G_{II}$ in Millimeter verwandelt

$$\underset{12\cdot49}{G_I} - \underset{12\cdot54}{G_{II}} = + 0{\cdot}01367$$

Bei $0°$ Temperatur wird mit gleicher Ausdehnung für die zwei Stäbe

$$G_I + 0{\cdot}10641 - (G_{II} + 0{\cdot}10684) = 0{\cdot}01367$$

$$G^\circ_I = G^\circ_{II} + 0{\cdot}01410.$$

Es ist aber nach Pag. 279 der Meterabhandlung

$$G^\circ_I = 1000{\cdot}01056 ;$$

dieser Werth in der letzten Gleichung substituirt gibt

$$G^\circ_{II} = 999{\cdot}99646 \text{ aus 6 Beobachtungen:}$$

$$\text{(1) gibt } G_{II} = \underline{999{\cdot}99799} \quad \text{„ } 20 \qquad \text{„}$$

$$\text{Mittel } G_{II} = 999{\cdot}99764 \quad \text{„ } 26 \qquad \text{„} \tag{2}$$

Der Werth des G_{II} bei der Temp. $= 0$ ist sonach

$$G_{II} = 999{\cdot}99764 \pm 0{\cdot}00020$$

und es wird seine Länge für jede Temperatur

$$G_{II} = 999{\cdot}99764 + t \, (0{\cdot}00852) \pm 0{\cdot}0002 \tag{3}$$

Die am Ende beigefügte Tafel enthält die Längen des G_{II} für verschiedene Temperaturen. Der mittlere Fehler, der in der Bestimmung des Meters G_{II} bleibt, beträgt $0{\cdot}0002$ Millim. Die Tabelle mit der Ausdehnung des Meters zeigt also, dass schon $\frac{1}{40}$ Centigrad eben diese Längenänderung des Meters zur Folge hat. Wenn man nun weiter bedenkt, dass die Temperatur im Zimmer, namentlich in der Nähe eines Fensters, nie stationär wird, sondern in Zunahme oder in Abnahme begriffen ist, dass aber der dickere Glasstab viel langsamer die Temperatur seiner Umgebung annimmt als der Platinastab, so wird es begreiflich, dass die einzelnen Vergleichungen oft so bedeutend von einander abweichen.

Diese Betrachtungen bringen es aber zugleich zur Evidenz, dass man nicht in freier Luft, sondern nur in Flüssigkeiten, die constantere Temperatur annehmen, richtige Massvergleichungen erhalten wird. (Bessel hat bei der Regulirung des preussischen Fusses dieselben Erfahrungen gemacht.)

Man sieht, wie wesentlich es ist, die Maße in einem Stoffe herzustellen, der gestattet, sie in Flüssigkeiten zu vergleichen. Leider aber darf der Platinmeter der Archive nicht in Flüssigkeiten gebracht werden und man muss sich folglich genügen lassen mit der Genauigkeit, die bei Luftvergleichungen zu erlangen ist.

Wenn wir jetzt den Meter in einem Glasstabe copirt haben, so ist wenigstens für diesen kein Bedenken, ihn unter Wasser zu versenken. Wir können also zu seiner Reproduction, die doch der Zweck aller Normal-Etalons ist, einen Comparator construiren, welcher frei wird von der Unsicherheit, bedingt durch eine ungleiche Temperatur der zu vergleichenden Stäbe. Das ist nicht der Fall bei dem Comparator von Repsold, der nicht in Wasser versenkt werden darf. Der Repsold'sche Comparator hat aber noch einen principiellen anderen Mangel, dessen Entfernung wünschenswerth wäre, nämlich den, dass der Abstand der Drehungspunkte der beiden Niveaux von der Vergleichung des einen Stabes, bis nach der Vergleichung des zweiten Stabes als unverändert vorausgesetzt werden muss, um die Constante c in unserer Formel (p. 257 u. 258 d. Met. Abh.) zu eliminiren.

Wir wollen daher bei der Construction des Comparators eine Anordnung wählen, bei der gar keine solche Constante vorkommt.

Neuer Comparator.

Im Principe erlangt man die obige Bedingung, wenn man die als sehr nahe gleich lang und mit sphärischen Endflächen versehenen zu vergleichenden Stäbe aufeinanderlegt und zwei parallele Plangläser gegen die vier Enden andrückt. Sind die Stäbe gleich lang, so müssen die zwei berührenden Planflächen auch genau parallel zu einander stehen. Bilden sie in der senkrechten Axenebene der Stäbe einen Winkel miteinander, so liegt der Winkel auf derselben Seite mit dem kürzeren Stabe und der Längenunterschied der Stäbe ergibt sich aus dem Winkel der Spiegelebenen und den Abständen der Berührungspunkte.

Auf dieses Princip haben wir nun den Comparator construirt, der Taf. 1, Fig. 1, abgebildet ist und den wir nun näher beschreiben wollen.

Ein Tragbalken 142 Centim. lang, 16 Centim. breit und hoch, aus sehr trockenen verleimten Brettern gebildet und mit Mahagoni fournirt, hat drei Fussschrauben. Mit Niveau wird seine Oberfläche horizontal gelegt.

Ein Fernrohr mit Mikrometer ist an dem einen Ende des Tragbalkens in ein Lagerstück von Gusseisen eingelegt. Das Fernrohr hat zwischen Objectiv und Ocular zwei 4 Millim. dicke, 7 Millim. breite Stahlringe aufgelöthet, welche durch das Lagerstück sich einschieben und zwischen Schrauben festhalten lassen.

Auf dem Tragbalken vor das Fernrohr ist ein Trog aus fünf Spiegelglasplatten von 9 Millim. Dicke gebildet, aufgesetzt. Das Gefäss ist auf dem Tragbalken festgehalten durch ringsumgehende aufgeschraubte Holzleistchen. Auf dem Glasboden des Gefässes ist ein ebenfalls 9 Millim. dickes Spiegelglas von 98 Centim. Länge und 6·4 Centim. Breite aufgekittet. Diese Glasplatte trägt an den Enden vier Metallklötzchen von aussen mit Schrauben versehen, durch welche die beiden zu vergleichenden Glasmeter genau übereinander und parallel zur Längenaxe des Gefässes gerichtet werden. Die Schrauben sollen aber nur an den Stabseiten tangiren, durchaus nicht fest gesetzt werden, damit die Maßstäbe sich frei in der Richtung ihrer Längenaxe bewegen können. Zu diesem Ende sind kleine Schrote[1]) (Vogeldunst) auf

---

[1]) Die Schrote müssen gesiebt werden durch zwei Siebe, von welchen das weitere die grösseren Schrote zurückhält, das engere die kleineren Schrote durchbläst, so dass die bleibenden sehr nahe gleich gross sind.

die Bodentragplatte mit den Klötzchen weitschichtig gelegt. Auf diese Schichte von Schroten kommt der Glasstab I zu liegen. Auf den Glasstab I kommen wieder Schrote und auf diese der Glasstab II. I und II sind jetzt mit der geringsten Kraft in der Richtung ihrer Längenaxe zu verschieben, indem die Schrote als Frictionsrollen wirken.

An dem Fernrohrende des Glaskastens ist an seiner inneren Endfläche ein vollkommenes Planparallelglas von 1 Centim. Dicke, 6·6 Centim. Höhe und 3·3 Centim. Breite so aufgekittet, dass der obere Theil vor das Objectiv des Fernrohres trifft. Gegen den unteren Theil des Planglases werden die zwei Glasmeter gedrückt. Damit aber dieser Druck gegen jeden der Glasmeter genau gleich stark sei, ist am unteren Ende der Meter ein Planparallelspiegel von gleichen Dimensionen an einem Schlitten zwischen Spitzen drehbar befestigt, der gegen die Stäbe anliegt.

Die Drehungsaxe dieses Spiegels kann aber in der Höhe so verstellt werden, dass sie genau in die Mitte zwischen beide Meter trifft. Dies in der Voraussetzung, dass beide zu vergleichenden Glasmeter gleich dick sind. Ist dies nicht und es hat der Stab I die Dicke D, der Stab II die Dicke D', die Schrote aber die Dicke d, so muss die Drehungsaxe auf den Abstand

$$\tfrac{1}{2}\left(\tfrac{D + D'}{2} + d\right)$$

eingestellt werden. Um dies genau abmessen zu können, ist in einer zur Spiegelebene normalen Ebene, die durch beide Drehungspunkte geht, ein Haar über die vordere Spiegelfläche gezogen. Man sieht von der Seite mit Loupe das Haar und sein Spiegelbild. Wenn sich beide decken, ist das Auge in der zum Spiegel normalen Ebene und kann von hier den Abstand

$$\tfrac{1}{2}\left(\tfrac{D + D}{2} + d\right)$$

an einer Scala richtig ablesen. Die Spiegel des Apparates sind mit grosser Genauigkeit plan und parallel geschliffen. Man bekommt selbst mit 100maliger Vergrösserung nie zwei getrennte Bilder eines unendlich entfernten Objectes, selbst wenn das Spiegelbild unter kleinem Neigungswinkel betrachtet wird. Dies findet nicht nur statt in Einer Richtung des Spiegels, sondern in allen Richtungen, weil das Eine Spiegelbild gleich deutlich bleibt, während man den Spiegel um seine Normale dreht. Dennoch schien mir eine Controle wünschenswerth, welche unabhängig macht von dem Winkel, den die beiden Spiegelebenen jedes Spiegels mit einander bilden. Denn wenn auch dieser Fehler so klein ist, dass er bei einmaliger Beobachtung nicht erkannt werden kann, so würde er doch zu erkennen sein im Mittel aus sehr zahlreichen Messungen. Da aber nicht die tangirende Fläche des zweiten Spiegels versilbert ist, sondern die entgegengesetzte, so würde ein prismatischer Fehler mit dem doppelten Winkelwerth auf die Beobachtung influenziren. Indessen ist dieser Einfluss, wenn er überhaupt existirt, leicht zu eliminiren. Man hat nur nöthig, die Vergleichungen gleich zahlreich in zwei Lagen des Spiegels zu machen, bei welchen der Spiegel um 180° um seine Normale gedreht ist. Um dies ausführbar zu machen, habe ich dem Spiegel auch oben zwei Drehungspunkte einbohren lassen und über diese ein Haar gespannt. Man kann also die beiden erforderlichen Lagen des Spiegels herstellen und so seinen etwaigen prismatischen Fehler eliminiren.

Die Gabel, welche den Spiegel trägt, hat aber auch einen Mikrometerschuber, der sich parallel zur Axe der Stäbe bewegt, und dieser Schuber wird durch eine Feder, die mehr oder weniger gespannt werden kann, gegen die Stäbe gedrückt. Der Druck auf beide Stäbe ist also vollkommen gleich, wenn die oben bezeichnete richtige Höhe der Drehungsaxe des Spiegels bewirkt ist, und beide Glasstäbe verkürzen sich in Folge davon um gleich viel.

Dieser Schuber, der auf dem Boden des Glasgefässes aufgekittet ist, hat eine senkrechte Drehungsaxe zwischen den Platten und wird festgeklemmt, wenn beide Spiegel senkrecht auf die Längenaxe der Stäbe stehen.

Der Apparat ist darauf berechnet, dass das Fernrohr in den Spiegeln das Spiegelbild der Ocularfäden zeigt. Dies wird einfach dadurch erlangt, dass man ein ganz kleines Parallelglas (von den dünnsten Deckgläsern für mikroskopische Objecte geschnitten) vor der Augenlinse unter 45° aufstellt. Das Ocular ist ein Kugelocular frei von Reflexen, dessen Augenort ziemlich weit vor die Linse hinausfällt und so die Anbringung des kleinen Glases ermöglicht, während das Auge den Augenort noch einnehmen kann.

Die Beleuchtung des Gesichtsfeldes vom Plangläschen gegen das Objectiv wird am besten durch eine Gasflamme bewirkt, deren seitliche Stellung nach dem Effecte regulirt wird. Auch die Flamme einer Stearinkerze in 2 Decim. Abstand erfüllt den Zweck. Man beleuchtet damit wohl nur einen Theil des Gesichtsfeldes, aber er ist doch gross genug für alle vorkommenden Differenzen der Stäbe. Kann man den hellen Himmel (durch Drehung des Oculargläschens um die optische Axe) in das Gesichtsfeld bringen, so ist die Beleuchtung besser und ein viel grösserer Theil des Gesichtsfeldes erleuchtet. Über das ganze Spiegelglasgefäss wird jetzt eine geschwärzte Kappe von dünnen Brettchen gesetzt, die nur die Öffnung des Objectivs zur Einsicht offen lässt.

Das vom Ocular herkommende Licht wird also erst an dem nächsten Planspiegelglase, gegen welches die Meter anstehen, zum Theil reflectirt, und man erkennt daher, durch das Ocular sehend, ausser den wirklichen Fäden, das Spiegelbild des feststehenden Fadens des Mikrometers. Dabei soll der zweite Spiegel noch nicht normal gestellt sein, damit man es nur mit dem Spiegelbild, welches das Planglas erzeugt, zu thun hat. Wir nehmen an, der bewegliche Mikrometerfaden sei in Coïncidenz mit dem Feststehenden, so sieht man den wirklichen Faden und sein Spiegelbild. Um beide Bilder gleich deutlich und ohne Parallaxe gegen einander zu bekommen, muss das Ocular des Fernrohres so lange verstellt werden, bis dies erreicht ist. Jetzt wird das Fernrohr in seinen Lagern verstellt, bis der Horizontalfaden und der Verticalfaden mit seinem Spiegelbilde zusammentrifft, und die wirklichen Fäden ihr Spiegelbild genau decken.

Betrachten wir jetzt auch das Bild des zweiten Spiegels am Ende der Meter, so wird es nur dann zugleich mit dem wirklichen Horizontalfaden zusammenfallen, wenn beide Stäbe genau gleich lang sind. Ist aber der obere Stab länger, so wird der zweite Spiegel gegen den ersten den Winkel φ bilden, und es wird die Spitze von φ unter dem Apparat liegen. Weil aber der Einfallswinkel gleich dem Austrittswinkel ist, so gelangt, wenn die Normale des zweiten Spiegels mit der Axe des Fernrohres den Winkel φ bildet, das reflectirte Bild unter dem Winkel 2φ wieder in das Fernrohr. Der Abstand des Horizontalfadens im Fernrohr von seinem Spiegelbilde des zweiten Spiegels ist also 2φ, und es kommt nun blos darauf an, diesen Abstand zu messen, erstens mittelst Theodoliten durch das Objectiv hinein, ein für alle Mal und dann am Mikrometer durch die Mikrometerschraube. Kennt man dann noch den Abstand der Berührungspunkte der zwei über einander liegenden Meter in Millimetern und weiss, wie viel Millimeter auf einen Schraubenumgang gehen, so sind alle zur Berechnung der Längendifferenz zwischen beiden Stäben erforderlichen Elemente bekannt.

Sollte das Spiegelbild des Verticalfadens des entfernten zweiten Spiegels nicht zusammenfallen mit dem Faden selbst, so müsste der Endspiegel des Apparates um seine Verticalaxe gedreht werden, bis dies erlangt ist. Dazu dient eine Drehung der oberen zwei Platten des Mikrometerschlittens des Endspiegels auf der dritten festgekitteten Unterlagplatte. Sobald die Coïncidenz erlangt ist, werden die Zugschrauben festgestellt, die die zweite und dritte Platte des Mikrometerschlittens des Endspiegels verbinden.

Um die zwei Stäbe auf gleiche Temperatur zu bringen, ist es nothwendig, sie in eine Flüssigkeit zu versenken. Ich wähle Wasser, um die Unbequemlichkeit der Ausdünstung des Weingeistes wie bei dem Bessel'schen Comparator zu vermeiden, und schütze dagegen die eingetauchten Metalltheile durch starke galvanische Vergoldung. Zum Einbringen und Ablassen des Wassers dient ein Wasserbehälter, der später beschrieben werden wird.

Um die Temperatur genau prüfen zu können, sind in dem Deckel der Kappe, die als Blendung dient, zwei Thermometer eingelassen, deren Centigradtheile von $\frac{1}{10}$ zu $\frac{1}{10}$ Grad gehen und so mittelst Loupe mit Sicherheit $\frac{1}{100}$ Grad der Temperatur erkennen lassen. Die Kugeln der Thermometer werden von der Ebene im Mittelpunkt geschnitten, die den Raum zwischen beiden Metern halbirt. Da das Wasserbehälter aus Blech angefertigt ist, so wurde zur Beurtheilung des Wasserstandes auf der Aussenseite desselben ein Glasrohr angebracht, dessen unteres Ende in den Wasserbehälter eingeführt ist. So hat man stets den Wasserstand vor Augen und kann ihn nach Bedarf regeln.

Zuerst berichtige man die Richtung des Fernrohres so, dass sich der feststehende Faden und sein Spiegelbild im ersten Spiegel decken. Dann bringe man auch den beweglichen Faden mit dem feststehenden zusammen. Man lese jetzt das Ocularmikrometer ab. Sei die Ablesung α.

Jetzt bewege man den verstellbaren Faden gegen das Spiegelbild des feststehenden Fadens, was der zweite untere Spiegel zeigt. Dabei wird sich auch der bewegte Faden im zweiten Spiegel zeigen und in entgegengesetzter Richtung gegen den wirklichen Faden rücken. Wenn diese zwei bewegten Bilder zusammentreffen, lese man den Mikrometer wieder ab. Sei diese Ablesung $= \alpha'$, so ist $\alpha' - \alpha$ der Winkel φ ausgedrückt in Trommeltheilen des Mikrometers, um welchen der zweite Spiegel gegen den ersten geneigt ist. Führt man den beweglichen Faden nun weiter bis zum Spiegelbild des festen, so rückt das Spiegelbild des bewegten bis zum festen Faden und man kann wieder einstellen. Das Mikrometer zeige α'', so ist $\alpha'' - \alpha = 2\varphi$ gleich dem doppelten Neigungswinkel des Spiegels, wenn die Winkel als sehr klein vorausgesetzt werden.

Ist p die Brennweite des Objectives, also der Abstand der auf unendliche Entfernung gestellten Fäden von dem zweiten Gauss'schen Hauptpunkte in Millimetern, so wird der Abstand des festen Fadens von seinem Spiegelbilde im zweiten Spiegel

$$A = p \, Tang \, 2\varphi$$

$$= p \, \frac{2 \, Tang \, \varphi}{1 - Tang^2 \, \varphi} \, . \tag{1}$$

Da aber φ immer ein sehr kleiner Winkel ist, so kann das Quadrat seiner Tangente vernachlässigt werden, wodurch man erhält

$$A = 2 \, p \, Tang \, \varphi. \tag{2}$$

Wir wollen annehmen, man beobachte am Mikrometer nicht den Abstand des festen Fadens von seinem Spiegelbilde, sondern den halben Winkel, die Deckung des beweglichen Fadens mit seinem Spiegelbilde, so wird

$$A = p . Tang \varphi$$

Sei ein Umgang der Mikrometerschraube in Millimetern $= R$, und es sollen m Umgänge der Mikrometerschraube gleich A sein, so wird

$$A = m R . \tag{3}$$

Eliminirt man A aus 2 und 3, so wird

$$m R = p \, Tang \varphi \quad \text{oder}$$

$$Tang \varphi = \frac{m R}{p} . \tag{4}$$

Betrachtet man jetzt den zweiten Spiegel, der die aufeinander gelegten Meter in einer durch die Stabaxen gelegten Verticalebene tangirt, so sei der Längenunterschied der Meter dl, der Abstand der zwei Berührungspunkte $= \frac{D + D'}{2} + d$, wo

D die Dicke des einen,

D' 　,,　　,,　　,, andern Meters und

d der Durchmesser der Schrote ist, so wird

$$dl = \left(\frac{D + D'}{2} + d \right) sin \varphi . \tag{5}$$

Da aber der Winkel φ immer kleiner als 15' sein wird, so ist $cos \varphi$ für 5 Decimalen $= 1$, und man kann daher auch setzen statt (4)

$$sin \varphi = \frac{m R}{p} . \tag{6}$$

Eliminirt man $sin \varphi$ aus (5), (6), so wird

$$\frac{m R}{p} = \frac{dl}{\left(\frac{D + D'}{2} + d \right)}$$

oder

$$dl = \frac{m R \left(\frac{D + D'}{2} + d \right)}{p} . \tag{7}$$

Die Zahl der Schraubenumgänge m ist aber bestimmt durch die beobachteten Werthe von a, a' und a'' und es ist

$$m = a' - a \quad \text{oder auch}$$

$$= \frac{a'' - a}{2} .$$

In die Gleichung (7) eingesetzt, gibt dies:

$$dl = (a' - a) \frac{R}{p} \left(\frac{D + D'}{2} + d \right) .$$

Hier bemerken wir, dass dl stets dem unteren Stabe mit dem sich ergebenden algebraischen Zeichen zugelegt wird, um gleich zu sein mit dem oberen Stabe. Man hat also

$$S_i^{'} + (a^{'}-a)\frac{R}{p}\left(\frac{D+D^{'}}{2}+d\right)=S_i \tag{8}$$

wo $S_i^{'}$ den unteren, S_i den oberen Stab bezeichnet.

Wiederholt man die Vergleichung in umgekehrter Lage der Stäbe und ist a_1 hier die Ablesung, entsprechend $a^{'}$ in der ersten Vergleichung (8), so wird

$$S_i^{'} + (a_1-a)\frac{R}{p}\left(\frac{D+D^{'}}{2}+d\right)=S_i , \tag{9}$$

wird die Gleichung (8) von der (9) abgezogen, so findet sich

$$S_1 - S_2 = \left[\frac{a^{'}-a_1}{2}\right]\frac{R}{p}\left(\frac{D+D^{'}}{2}+d\right). \tag{10}$$

Es eliminirt sich somit der 0-Punkt, wenn er in zwei Vergleichungen mit gewechselten Stäben derselbe geblieben ist, und die Bestimmung von a entfällt für diesen Fall.

Der obere Stab ist der grössere, wenn der vom unteren Spiegel reflectirte unbewegliche Faden in der oberen Hälfte des Gesichtsfeldes erscheint. Wir nehmen das Mikrometer durch Drehung um die Absehenslinie so gestellt an, dass die Zahlen der Trommel und die der ganzen Umgänge wachsen, wenn der bewegliche Faden von dem unbeweglichen aus nach oben im Gesichtsfelde geführt wird.

Aus der obigen Beschreibung des Comparators ersieht man, dass derselbe neu ist, sowohl im Princip als in der Construction. Während Repsold (Vater) und nach ihm Bessel das Fühlniveau als das empfindlichste Einstellungsmittel betrachten, wähle ich Fühlspiegel zur Einstellung. Mein Princip hat Vortheile vor dem Repsold'schen voraus. Ich benöthige keine invariablen Träger der Apparate. Denn als Träger der Apparate dienen die zu vergleichenden Maasse selbst. Die Bewegung des Fühlniveau's ist bedingt durch Drehung um die Spitzen, also eine Bewegung mit Reibung. Der Winkel meines Spiegels bildet sich hingegen durch Abwicklung ohne gleitende Reibung.

Da aber der Apparat zur wirklichen Herstellung genauer Copien des Glasmeters G_{II} dienen soll, so genügen diese Betrachtungen nicht, sondern wir müssen durch Vergleichungen zeigen, was der Apparat wirklich leistet. Es ist dies um so unerlässlicher, als nur hiermit eine genügende Kenntniss des Apparates erzielt wird, aus der die Vorschrift der Behandlung folgt.

Wir bestimmen also zuerst die Constanten des Apparates.

Berichtigung des Fernrohres.

Das Fernrohr ist für den Beobachter berichtigt, wenn die Fäden genau im Brennpunkte des Objectives sind und das Ocular so gegen die Fäden steht, dass das Auge ein deutlichstes Bild von denselben bekommt. Letzteres richtet sich nach der Sehweite des Beobachters. Ich mache aber darauf aufmerksam, dass für ein Auge, dessen Accommodation gering ist, das Ocular so stehen muss, dass es beide Fäden, sowohl den beweglichen als den unbeweglichen, die nicht genau in Einer Ebene liegen können, gleich deutlich sieht.

Man bringt die Fäden dann sehr leicht in den Brennpunkt, wenn man am Apparate auf ihr eigenes Spiegelbild einstellt. Nur bei einer bestimmten Stellung des Ocularrohres wird man das Spiegelbild eben so deutlich als die Fäden selbst sehen. Diese Stellung bringt die Fäden in den Brennpunkt und ist controlirt, wenn die Fäden keine Parallaxe gegen ihr

Spiegelbild geben. Die Berichtigung der Collimation des Fadenkreuzes ist unnöthig, weil sie keinen Einfluss auf die hier vorkommenden Bestimmungen hat.

Beleuchtung des Gesichtsfeldes.

Das dünne Plangläschen vor dem Oculare dient zur Beleuchtung des Gesichtsfeldes, ohne welche man das Spiegelbild der Fäden nicht sehen könnte. Ich finde es am bequemsten, mich dabei einer Lichtflamme zu bedienen. Das Gläschen kann mit dem Oculardeckel seiner Fassung um die optische Axe des Fernrohres gedreht werden. Ich stelle es gewöhnlich so, dass es von links herkommendes Licht in horizontaler Richtung in das Fernrohr reflectirt. Durch Verstellen der Flamme ändert sich die Lage ihres Spiegelbildes im Gesichtsfeld, und ich wähle nicht die centrale Stellung, sondern die etwas seitliche, weil bei centraler Stellung ein schwaches undeutliches Reflexbild, das sich im Ocular bildet, die Deutlichkeit etwas stört. Überhaupt musste als Ocular eine Kugel gewählt werden, weil alle anderen Oculare viel stärkere und störende Reflexbilder zeigen. Man kann auch, wenn der Apparat nahe an einem Fenster steht, so dass die Gesichtslinie nahe parallel zur Ebene des Fensters liegt, das Bild der Tageshelle des Himmels zur Beleuchtung benützen und hat damit das ganze Gesichtsfeld erleuchtet. Aber die Lichtflamme bietet den Vortheil, dass sie unter allen Umständen anwendbar ist.

Bestimmung des Winkelwerthes des Mikrometerschrauben-Umganges.

Das Mikrometerfernrohr wird in der Höhe des Fernrohres eines terrestrischen Theodoliten nahe horizontal, mit dem Objectiv gegen das des Theodoliten gerichtet, so aufgestellt, dass der Mikrometerschieber horizontal liegt. Der Theodolit wird so gestellt, dass die Ebene seines Kreises parallel liegt zu einer Ebene, die durch den Mittelpunkt des Mikrometerobjectives und seinen nahe horizontal liegenden Faden geht. Man stellt jetzt die Mikrometerschraube vom 0-Punkt auf 3, 5, 7 etc. Umgänge und misst jedesmal den Winkel zwischen dem beweglichen Faden und dem feststehenden durch 5malige Repetition. Diese Winkel dividirt durch die Anzahl der Umgänge, um die man die Mikrometerschraube vom 0-Punkt aus verstellt hat, ergeben den Winkelwerth eines Umganges der Mikrometerschraube.

So habe ich gefunden

Minuten	Abweichung vom Mittel
1' = 5·200	0·039
5·211	51
5·147	11
5·132	29
5·115	46
5·125	36
5·125	36
5·192	31
5·203	0·042
im Mittel 5·1611	$\frac{0·036}{19} = \pm 0·012$

Bestimmung des Nullpunktes des Mikrometers.

Auch der Nullpunkt des Mikrometers ist eine Constante des Apparates. Wir wollen ihn bestimmen, um die Sicherheit der einmaligen Einstellung und den etwaigen todten Gang kennen zu lernen. Dazu muss das Mikrometerfernrohr am Apparat sein, damit die Umstände dieselben sind, wie bei den definitiven Vergleichungen. Es ergab sich:

Die Einstellung ist die Deckung des beweglichen und feststehenden Fadens.

Schraube hinein mit den Zahlen		Schraube heraus gegen die Zahlen	
U Tr	Abw.	U Tr	Abw.
13·33·0	0·1	13·31·0	0·3
32·5	6	31·5	8
33·6	5	31·4	7
32·7	4	30·1	6
33·5	4	30·3	2
32·5	6	30·9	2
34·0	9	30·5	2
33·1	0	30·7	0
33·3	2	30·2	5
33·2	0·1	30·7	0
Mittel 13·33·14	0·35	Mittel 13·30·73	0·33

Es ist also ein Unterschied von 2·4 Trommeltheilen, je nachdem man mit oder gegen die Zahlen einstellt. Diesen todten Gang zu heben wurde die Schraube stärker angezogen. welche die Schraube der Mikrometermutter klemmt.

Nun fand sich

Schraube hinein mit den Zahlen		Schraube heraus gegen die Zahlen	
U Tr	Abw.	U Tr	Abw.
13·30·8	0·2	13·31·9	0·2
31·1	5	32·2	5
30·7	1	31·8	1
30·1	5	30·6	11
30·5	1	31·8	0
30·6	2	31·6	1
30·4	2	32·3	6
30·2	4	30·7	10
30·9	3	32·4	7
30·9	3	32·2	0·5
Mittel 13·30·64	0·28	Mittel 13·31·75	0·48

Es ist also der todte Gang in einen entgegengesetzten von 1·1 Trommeltheil übergegangen. Als ich dann die Schraube wieder etwas nachliess, fand sich

Schraube hinein mit der Theilung		Schraube heraus gegen die Theilung	
U Tr	Abw.	U Tr	Abw.
13·30·9	0·5	13·32·2	10
31·0	2	31·8	6
31·8	6	31·4	2
31·2	0	31·3	1
32·3	11	31·4	2
31·0	2	30·5	7
31·2	0	30·7	5
31·0	2	30·5	7
31·0	2	31·3	1
30·8	0·4	31·4	2
Mittel 13·31·22	0·32	Mittel 13·31·25	0·43

Somit ist nun der Einfluss der Einstellungsrichtung ganz verschwunden und ich führe diese Thatsache hier ausführlich an, weil es belehrend ist, zu sehen, dass nur für eine gewisse Klemmung der Mutter aller todter Gang verschwindet.

Der Nullpunkt des Mikrometers trifft sonach auf

$$\overset{r \quad \prime\prime}{13 \cdot 31 \cdot 23}$$

und es ist der einmalige Einstellungsfehler aus 60 Beobachtungen

$$= \pm \overset{\prime\prime}{0 \cdot 37} \text{ oder nahe } 1/_{3000} \text{ Millim.}$$

Diese letzte Zahl ist aber anticipirt und wir müssen, um sie nachzuweisen, übergehen zur

Bestimmung des Werthes eines Umganges R der Mikrometerschraube.

Diese Bestimmung wird hinreichend genau, wenn man mit einem guten Zirkel an der Scala der ganzen Umgänge der Schraube, die mit der Schraube gemacht ist, eine grössere Anzahl von Umgängen mittelst Loupe einstellt und dann auf einem Transversalmaassstab für Millimeter die entsprechenden Werthe entnimmt. So hat sich ergeben:

Umg.	mm.	1 Umg. mm.	Abw. v. Mittel
27 =	9·87	= 0·3656	— 0·0012
21 =	7·59	= 0·3614	+ 30
25 =	9·14	= 0·3656	— 12
20 =	7·21	= 0·3605	+ 39
20 =	7·35	= 0·3675	+ 31
25 =	9·14	= 0·3656	— 0·0012
Σ 138 =	50·30	0·3644	± 0·0092

Es ist sonach

$$R = \overset{mm}{0 \cdot 3644} \pm 0 \cdot 0009 \text{ Millim.}$$

Bestimmung der Brennweite p in Millimetern.

Da wir den Winkel kennen, den ein Umgang der Schraube vom zweiten Gauss'schen Hauptpunkt des Objectives aus bildet, nämlich in Minuten

$$5 \cdot 1614 \quad \text{ oder } \quad \overset{\prime \quad \prime\prime}{5 \ 9 \cdot 68}$$

und wissen, dass diesem die Länge von

$$0 \cdot 3644 \text{ Millim.}$$

entspricht, so haben wir auch

$$p \, Tg \, (\overset{\prime \quad \prime\prime}{5 \ 9 \cdot 68}) = \overset{r \quad \prime\prime}{0 \cdot 3644} \, .$$

woraus folgt

$$p = \overset{mm}{242 \cdot 78} \, .$$

Endlich haben wir noch abzumessen die

Dicke der Meterstäbe und der Schrotschichte.

Auch hiezu kann man sich des Zirkels und des Transversalmaassstabes bedienen und bekömmt aus 10 Beobachtungen eine Sicherheit von nahe $\frac{1}{200}$ der Dicke, was ausreichend ist, wenn die zu bestimmenden Unterschiede der Meter kleiner als 0·01 Millimeter sind. Allein es wäre bequemer und sicherer, sich eines Apparates zu bedienen, den man Tiefentaster nennt. Dieser Apparat besteht in einem Metallstabe von prismatischer Form, ähnlich dem Drehbanksupport und ist an dem einen Ende abgerundet. Er trägt an der Längenkante eine

Theilung von 1 zu 1 Millimeter. Über das Prisma hin schiebt sich aber ein zum Prisma rechtwinkeliges Metallstück, was durch eine Feder, die im Metallstück sitzt und gegen das Prisma drückt, sanft verstellt werden kann. An diesem Stück sitzt ein Nonius, welcher 9 Millimeter umfasst, die in 10 Theile getheilt sind, und also 0·1 Millim. direct gibt.

In Ermanglung dieses Apparates haben wir mit dem Zirkel gefunden, für den Glasstab

$$G_{II} \ldots \ldots \ldots \ldots D = 8\cdot54 \pm 0\cdot2$$
$$G_6 \ldots \ldots \ldots \ldots D' = 8\cdot685 \pm 0\cdot2$$
$$G_3 \ldots \ldots \ldots \ldots D' = 8\cdot62 \pm 0\cdot3$$

und die Dicke der Schrotschichte ergab sich ebenfalls aus wiederholten Messungen

$$d = 1\cdot705 .$$

Wir finden daher zur Vergleichung des Glasstabes G_6 mit G_{II}

$$\frac{D + D'}{2} + d = 10\cdot317 .$$

Setzen wir jetzt die gefundenen Zahlenwerthe ein in die Ausdrücke (8) und (10), so wird der constante Theil

$$z = 13\cdot31\cdot23$$

$$R = 0\cdot3644 \qquad\qquad log\,R = 9\cdot56158$$

$$p = 242\cdot78 \qquad\qquad log\frac{1}{p} = 7\cdot61479$$

$$\frac{D + D'}{2} + d = 10\cdot317 \qquad log\frac{D + D'}{2} + d = 1\cdot01355$$

$$\overline{8\cdot18992 = 0\cdot015485}$$

und damit

(8') $$\qquad S_2 + (z - 13\cdot31\cdot23)(0\cdot01349) = S_1$$

(10') $$\qquad S_1 - S_2 = \frac{z' - z_1}{2}(0\cdot01549)$$

Die erste dieser Formeln dient, wenn die Stäbe nur in **einer** Lage verglichen wurden. Die zweite findet ihre Anwendung, wenn die Vergleichungen verschiedene Lagen umfassen.

Führt man statt der Umgänge der Mikrometerschraube die Trommeltheile als Einheiten ein, so ist der 100mal vergrösserte Zahlenwerth der Constante durch 10000 zu dividiren oder was dasselbe ist, man erhält den Unterschied der Länge der Stäbe in Zehntausendstel Millimeter.

Es wird also

$$(8'') \qquad S_i' - S_i = (x' \overset{T_r}{-} 1331 \cdot 23) \, (1 \cdot 549)$$

$$(10'') \qquad S_i - S_i = (x \overset{T_r}{-} a_i \overset{T_r}{\,}) \, (1 \cdot 549)$$

und nach diesen Ausdrücken (8'') und (10'') werden wir die Vergleichungen reduciren. Wir müssen aber den Beobachtungen noch einige Betrachtungen vorausgehen lassen über ihre Anordnung.

Die Endflächen der Meterglasstäbe sind aus **einem** Punkte, und zwar aus dem Schwerpunkte des Stabes **sphärisch** geschliffen, um auch bei kleinen Drehungen der Stabaxe um ihren Mittelpunkt zwischen Parallelflächen denselben Kugeldurchmesser zu erhalten. Die Stäbe sind von A. Repsold ausgeführt, was eine Bürgschaft für die vollendete Ausführung bietet. Allein da jede Ausführung nur eine Annäherung an die mathematische Vorstellung bildet, so muss untersucht werden, ob die Abweichungen messbar sind. Man erlangt dies, wenn der untere Meter möglichst centrirt liegt und der obere um seine Dicken- (Höhen-) Axe dreht, dann die Planspiegel wieder zur Berührung gebracht werden. Messungen dieser Art an den Glasstäben G_{11}, G_3 und G_4 zeigen, dass die Ränder der kleinen kreisrunden Endflächen um einige zehntausentel Meter hinunter polirt sind. Der Nachweis so kleiner Fehler durch den neuen Comparator spricht am deutlichsten für seine Leistungsfähigkeit.

Wenn das Centrum des Stabes nicht genau mit dem Centrum der Endflächen zusammenfallen sollte, so trifft die Tangirung durch eine normale Planfläche nicht in die Mitte der Dicke des Stabes, und es wird daher auch der Ausdruck $\frac{u - u'}{2} \pm d$, der in die Werthbestimmung des Unterschiedes zwischen Original und Copie eingeht, nicht streng richtig sein. Überdies kann auch die Horizontalaxe, um welche sich der zweite Spiegel dreht, höher oder tiefer stehen als die Ebene, welche die vier Tangirungspunkte der beiden Stäbe halbirt. In diesem Falle wird der Spiegel 2 stärker gegen denjenigen Stab angedrückt, dessen Tangirungspunkt näher an der Drehungsaxe des Spiegels liegt.

Diese beiden soeben bezeichneten Fehlerquellen können gleichzeitig und vollständig eliminirt werden, wenn man die Vergleichung der Stäbe in gegen einander verschiedenen Lagen wiederholt und das Mittel aus allen Beobachtungen nimmt. Da die Stäbe an dem einen Ende gegen den festen zur Gesichtslinie genau normalen Spiegel anstehen, so sind nur die anderen Enden der Stäbe in der Combination zu berücksichtigen. Sollen die Stäbe alle möglichen verschiedenen Lagen zu einander annehmen, so sind acht Combinationen erforderlich. Um gleichzeitig auch den Gang in der Temperatur der Stäbe möglichst unschädlich zu machen, müssen die Vergleichungen um gleiche Zeiten von einander abliegen, und es müssen die Stäbe jedesmal die Lage oben und unten wechseln. Wir geben hier ein Schema für diese 8 Combinationen und bemerken, dass jeder Stab 2 Lagen annehmen kann, je nachdem die Zahl seiner Bezeichnung oben oder unten liegt. Dies ist im Schema mit * oder * bezeichnet.

Stab	oben	1°	2°	1°	2°	1°	2°	1°	2°
	unten	2°	1°	2°	1°	2°	1°	2°	1°
Combination		1	2	3	4	5	6	7	8

Das Mittel aus diesen acht Vergleichungen ist frei von den oben erörterten Fehlerquellen der Excentricität der Endflächen und des ungleichen Druckes, den der Spiegel 2 ausübt, zugleich möglichst frei von Temperatur-Änderungen.

Wir müssen vor den Beobachtungen noch einige Berichtigungen des Apparates anführen, obschon einiges davon schon gesagt ist bei der Beschreibung des Apparates. Wenn also Wiederholungen hier vorkommen, entschuldige man sie.

Zuerst muss das Fernrohr senkrecht gegen das Planglas 1 stehen. Mit Hilfe der Lagerschrauben des Fernrohres ist dies bald in aller Schärfe erzielt, indem die wirklichen Fäden und ihr Spiegelbild von 1 sich vollständig decken.

Jetzt wird der Spiegel 2 soweit um seine Verticalaxe gedreht bis das Spiegelbild des Verticalfadens nahe steht beim wirklichen Verticalfaden, es ist besser einen kleinen Abstand zu lassen, weil man dann auch ein zweites Bild der Beleuchtungsflamme erhält, das schwächer ist, aber doch jeden Augenblick erkennen lässt, ob der Horizontalfaden mit seinem Spiegelbild in 1 coïncidirt. Wie ein Fehler in diesem Sinne sichtbar wird, muss er an den Lagerschrauben des Fernrohres corrigirt werden, so dass das Spiegelbild 1 und der wirkliche Horizontalfaden sich immer decken.

Man nivellirt jetzt die Tragbrücke.

Nun werden auf dieser Schrote aufgestreut, auf die Schrote nach obigem Schema der G'_i gelegt. Auf G'_i kommt wieder eine dünne Schichte von Schroten, auf diese G''_{ii}. Jetzt werden die Meter in der Richtung der Gesichtslinie [1]) genau über einander gebracht, wozu die Schrauben der Klötzchen der Tragbrücke dienen, und dann sanft gegen den Spiegel 1 angeschoben. Jetzt wird auch der Spiegel 2 angeschoben, dann seine Feder mit dem Federschuber ziemlich fest gespannt und letzterer mit der Schraube festgesetzt. Man versucht, ob die Feder den Spiegel 2 gehörig anschiebt, indem man den Spiegel etwas neigt, worauf ihn die Feder wieder in doppelten Contact bringt. Dies muss so erfolgen, dass die Lage des beweglichen Horizontalfadens im zweiten Spiegel gegen den festen Horizontalfaden immer genau wieder dieselbe wird. Tritt dies nicht ein, so muss die Feder noch stärker gespannt werden, oder es ist ein fremder Körper zwischen den Berührungsflächen. Dies zu untersuchen dienen am sichersten die Newton'schen Farbenringe, die sich um den Berührungspunkt zweier Glasflächen von verschiedenem Halbmesser bilden. Der Berührungspunkt selbst erscheint als ein runder schwarzer Fleck, umgeben von Kreislinien. Die geringste Unreinigkeit oder Staub verhindert das Entstehen der Ringe oder hat die Verzerrung derselben zur Folge. Es ist daher ein ganz sicheres Zeichen, dass die Spiegel ohne fremde Körper dazwischen an den Enden der Stäbe anliegen, wenn die Figur schön und rund erscheint, und es gibt für beide Enden der

---

[1]) Sollte es wünschenswerth sein, die Stäbe genau senkrecht zu einer Seitenkante einzulegen, so liesse sich dies leicht erreichen mit Hilfe eines verstellbaren Spiegels, der oben genau rechtwinkeligen Anschlag an die Seitenkante hätte. Man würde jetzt den Stab um den Berührungspunkt auf Spiegel 1 drehen, bis das Spiegelbild des senkrechten Fadens in Coïncidenz mit dem Faden wäre, worauf der Spiegel abgenommen und mit dem zweiten oberen Meter dieselbe Manipulation vorgenommen würde. Indessen ist die Centrirung doch so gut, dass ein Legen nach dem Augenmaasse genügt, weil man nur die Differenz der Länge der Stäbe zu bestimmen hat.

Stäbe Lagen des Auges, welche die Figur erkennen lassen. Man untersucht jetzt, ob die Drehungsaxe des Spiegels 2 genau zwischen die zwei Meterstäbe trifft. Dazu dient das über den Spiegel gespannte Haar. Verlangt der Spiegel höher oder tiefer zu stehen, so muss die Federspannung erst gelöset werden ehe man verstellt, weil sonst die Endflächen der Meter und der Spiegel 2 beschädigt werden könnten. Nach Einstellung spannt man den Spiegel wieder.

Beide Meter müssen nun unter Wasser gesetzt werden. Ohne dies würde der obere Stab stets länger erscheinen als er im Vergleich zum unteren ist, da die Temperatur in den Zimmern oben immer höher ist als unten. Alle vorgenommenen Vergleichungen in Luft haben dies ohne Ausnahme nachgewiesen. In Wasser gibt eine Beobachtungsreihe (das Mittel aus acht Einstellungen) grössere Genauigkeit, als man in Luft binnen acht Tagen erreichen kann.

Um das Wasser einzubringen, dient der Wasserbehälter mit Schwimmer. Der Schwimmer sinkt, wenn die Schraube tiefer hineingeschraubt wird. Wie viel dabei das Wasser zwischen Schwimmer und Cylinder steigt, zeigt die gradirte Glas- 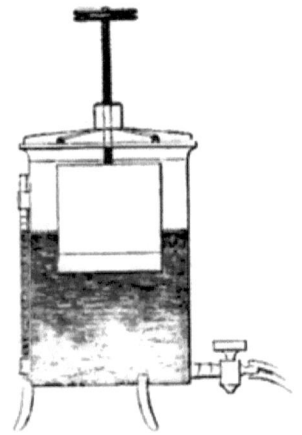 röhre durch den markirten Wasserstand. Ein Kautschukrohr führt vom Hahn zum Comparator. Ist im Comparator das Wasser hoch genug gestiegen, so wird der Schwimmer zurückbewegt, bis die gradirte Röhre das Niveau im Comparator zeigt. Das Wasser muss schon einige Tage im Zimmer der Beobachtungen gestanden haben, um die mittlere Temperatur anzunehmen, und auch dabei kommt es vor, dass der dem Fenster nähere Theil des Comparators (jetzt im Winter) eine niedrigere Temperatur zeigt als der entferntere Theil. Ich finde es am zweckmässigsten, das Wasser im Trog in eine rotirende Bewegung zu versetzen, indem man mit einem schmalen Brettchen, das bis zum Boden eintaucht, an der einen Längenkante von rechts nach links bewegt, dann gleich an der andern Kante hin von links nach rechts u. s. f. bis sich das Wasser recht gut gemischt hat. Jetzt wird noch der Spiegel 2 sicher zum Anliegen an beiden Stäben gebracht, was erreicht ist, wenn die Newton'schen Berührungsflecken deutlich und ohne Verzerrung erscheinen, und nun kann abgelesen werden. Es ist viel wichtiger, oft umzurühren, als die Kappe mit den Thermometern überzusetzen. Denn wenn auch keine Blendung vorhanden ist, so sieht man doch ganz gut das Spiegelbild des zweiten Spiegels. Es ist eben so deutlich und scharf als die wirklichen Fäden, nur etwas blasser.

Beim Umwechseln der Stäbe muss der Spiegel 2 zurückgeschoben werden. Es ist bequemer, die Stäbe einzulegen, wenn von den vier Klötzchen mit Schrauben auf der Tragbrücke die beiden auf der Seite des Beobachters befindlichen ganz entfernt werden. Es genügt, wenn nur die Meterstäbe gegen die Schrauben der zwei bleibenden anstehen.

Beim Herausnehmen der Stäbe hat man sich wohl zu hüten, nicht mit den Endflächen der Stäbe gegen die Spiegel zu stossen. Man erlangt dies sicher, wenn man erst mit dem Stabe vom Spiegel 1 etwas abrückt und nun mit dem andern Ende gegen sich bewegt, bis der Spiegel 2 vorbei ist, dann erst den Stab heraushebt. Bei den Vergleichungen in Wasser ist die Anwendung der Schrote sehr unbequem. Man kann dieselben ersetzen durch zwei Cylinder von genau rundem und geradem Kupferdraht, der versilbert oder vergoldet ist. Die Cylinder von gleichem Durchmesser mit den Schroten werden senkrecht zur Stabaxe und in solchem Abstande von den Enden aufgelegt, dass die Durchbiegung der Stäbe ein Minimum wird. Bessel zeigt im oben angeführten Werke pag. 132, dass dies stattfindet, wenn der Stab 0.22031 seiner ganzen Länge von den Endpunkten entfernt, aufgelegt wird. Die Durchbiegung ist übrigens bei der Art, wie wir vergleichen, ganz ohne Einfluss, wenn die Stäbe von gleichem Material und von gleichen Dimensionen angefertigt sind.

In der hier beschriebenen Weise sind nun die nachfolgenden Vergleichungen gemacht worden.

Reduction nach Formel (10).

Vergleichung von G_{II} mit G_6
Datum Zeit 1867	G_{II} Zahl	x_o'	x_o''	G_6^* Zahl	x_{oe}'	x_{ie}	$\frac{x_o' - x_{ie}}{2}$	$\frac{x_o'' - x_{oe}}{4}$	
März 14.	$\frac{a_{II}}{G_6}$:	12·72·24		$\frac{G_6}{G_{II}}$:	14·01·03	14·70·80			T' $G_6 - 0·62·20 = G_{II}$
	:	12·58·75		:	14·00·91	14·71·40			
	:	12·57·20		:	13·86·57	14·38·08			
	:	12·69·55	12·09·37	:	13·90·10	14·17·80			
	Mittel	12·69·43	12·09·37	Mittel	13·94·65	14·56·52	−0·62·61	−0·61·79	
	$G_6 - 0·0096·3 = G_{II}$			$G_6 = 1000·0072·7$					
Vergleichung von G_{II} mit G_3
März 16.	G_{II}^* Zahl	x_o'	x_o''	G_3^* Zahl	x_{oe}'	x_{ie}			
	$\frac{G_3}{G_{II}}$:	13·97·62	14·63·62	$\frac{G_{II}}{G_3}$:	12·59·20	11·87·92			$G_{II} + 0·67·86 = G_3$
	:	13·97·36	14·63·56	:	12·58·60	11·85·50			
	:	13·91·60	14·51·30	:	12·61·25	11·91·25			
	:	13·95·62	14·64·92	:	12·62·00	11·91·00			
	Mittel	13·95·55	14·60·85	Mittel	12·60·31	11·88·41	+0·67·62	+0·68·11	
	$G_3 - 0·0105·12 = G_{II}$			$G_3 = 1000·0081·5$					
Vergleichung von G_3 mit G_6
März 21.	$\frac{G_6}{G_3}$	x_o'	x_o''		x_{oe}'	x_{ie}			
		13·24·83	13·16·00	$\frac{G_3}{G_6}$					$G_3 - 0·05·12 = G_6$
		13·21·10	13·17·70		13·40·3	13·43·7			
		13·18·70	13·05·06		13·31·2	13·31·2			
		13·25·53	13·20·70		13·29·4	13·29·0			
		13·23·87	13·09·90						
	Mittel	13·23·41	13·11·27	Mittel	13·33·7	13·34·6	−5·13	−5·08	
	$G_3 - 0·0007·9 = G_6$			$G_3 - G_6 = 0·0007·9$					

aus G_{II} $G_3 - G = 0·0008·8$

Wird ¼ der Differenz von 0·9 Zehntausendstel Millimeter zu jeder Bestimmung geschlagen, also der Werth von G_6 um 0·3 Zehntausendstel vermehrt, der von G_1 um dieselbe Grösse vermindert, so ist

$$G_6 = 1000·0073·0$$
$$G_1 = 1000·0081·2$$

Obschon die Vergleichung zwischen G_1 und G_6 nur unvollständig ist, zeigt doch die grosse Übereinstimmung der Resultate die Leistungsfähigkeit des Apparates. Man wird übrigens nicht vergessen, dass die Vergleichungen im geheizten Zimmer angestellt sind, wo die Resultate, wie schon Bessel gezeigt hat, weit hinter der Leistungsfähigkeit des Apparates zurückbleiben. Um den mittlern Fehler streng abzuleiten, müssten viele vollständige Vergleichungen gemacht werden. Man würde aber damit nur bestimmen, was sich unter sehr ungünstigen Verhältnissen erreichen lässt, und dies bietet keinen der Mühe äquivalenten Ersatz, da der Apparat unter günstigen Verhältnissen Anwendung finden wird. Der Apparat wird Unglaubliches leisten, wenn gehörig für gleiche Temperatur der beiden Stäbe gesorgt wird, und es liesse sich dies vielleicht am sichersten herstellen, wenn die Einrichtung getroffen würde, dass Quellwasser (Brunnenwasser) beständig in den Trog ein- und wieder abflösse.

Hier drängt sich nun die Frage auf, ob es noch Interesse biete, so kleine Grössen zu bestimmen? Vom Standpunkt der Geodaesie muss man bejahend antworten. Denn es hat die Winkelmessungskunst jetzt solche Fortschritte gemacht im Verhältniss zu dem, was sie anfangs dieses Jahrhunderts leistete, dass die Winkel wohl 30mal genauer als damals bestimmt werden können. Soll die dem Winkel gegenüberstehende Seite eines Dreieckes in ihren Theilen eben so genau erkannt sein als die Winkel, so muss auch die Genauigkeit, mit der wir die Längeneinheit erkennen, in demselben Verhältnisse wachsen. War also damals ¹/₁₀₀ Linie die Grenze, so muss sie jetzt ¹/₃₀₀₀ Linie sein und also beim Meter über die Zehntausendstel hinausgehen. Wir entsprechen also nur den Anforderungen der Wissenschaft für unsere Zeit, wenn wir alles aufbieten, um auch der Erkenntniss der Längeneinheit die grösstmöglichste Genauigkeit zu geben.

Das Bergkrystall-Kilogramm ☉, seine Unterabtheilungen im Bergkrystall bis zur Gramme und die Unterabtheilungen der Gramme in Platindrähten bis zum Milligramm, nebst der Wage.

Über das Bergkrystall-Kilogramm ☉ und dessen Unterabtheilungen in Bergkrystall.

Sowohl das Bergkrystall-Kilogramm als auch seine Unterabtheilungen sind aus demselben Krystall, den ich aus der Schweiz im Jahre 1845 bezog, angefertigt. Alle Axen dieser cylindrischen Gewichte liegen parallel zur Axe des Krystalls. Es wurden dazu aus dem Krystalle Platten geschnitten von der Dicke gleich der Höhe der Cylinder senkrecht auf die Axe des Krystalles. Erst nachdem diese Durchschnittsflächen polirt waren und also gestatteten, die Reinheit des Krystalles im Innern zu untersuchen, liess ich die entsprechenden Cylinder mit auf der Drehbank laufendem Cylindermantel von Kupferblech mit Schmirgel ausstechen und facettiren, um ein Ausspringen der Kanten möglichst zu vermeiden. Erst nachdem die Gewichte durch Schleifen nahezu richtig waren, wurden die Cylinderflächen polirt und durch das Poliren der Facetten den Nominalwerthen der einzelnen Gewichte nahegebracht. Es wäre überflüssig, sie möglichst genau mit den Nominalwerthen in Übereinstimmung zu bringen, da die Berücksichtigung der Luftgewichte doch kleine Gewichte zur Ausgleichung nöthig macht.

Was mich veranlasste, die Gewichte in Bergkrystall auszuführen, ist aus der oben citirten Abhandlung zu ersehen. Im Jahre 1837 erhielte ich in Paris auch die Copie des Kilogrammes. Zurückgekehrt, war ich mehrere Jahre bemüht, nach meiner Bergkrystall-Copie genaue Metallgewichte herzustellen. Aber es gelang mir nicht, sie invariabel zu machen. Vergebens liess ich die Metallstücke unter dem grossen Prägestock der k. Hauptmünze auf ein kleinstes Volumen pressen; vergebens war es, die Gewichte mit starker galvanischer Vergoldung gegen Oxydation zu schützen. Alle Metallgewichte blieben veränderlich, wie ich durch Vergleichung mit meinem Bergkrystall-Kilogramm sehen konnte.

Ich entschloss mich daher im Jahre 1844, auch alle Unterabtheilungen des Kilogrammes in Bergkrystall herzustellen. Denn nur solche Gewichte können ein für allemal und für alle Zeiten sicher bestimmt werden. Alle Metallgewichte fordern von Zeit zu Zeit eine neue Bestimmung. Bergkrystall allein hat sich unter allen Umständen als invariabel bewährt. So sind die Gewichte entstanden, welche ich jetzt dem k. k. österreichischen Handelsministerium abtrete, und wir werden später den Beweis führen, dass sie auch nach 20jährigem Gebrauche noch auf $^1/_{100}$ Milligramm unverändert sind.

Man könnte glauben, dass das ☉ Kilogramm, da es eine Copie des ursprünglich in Paris verglichenen Bergkrystall-Kilogrammes B' ist, weniger Sicherheit bietet als das Original B'. Dagegen bemerke ich aber, dass die zwei Bergkrystall-Kilogramme B' und $☉'$ durch 43 vollständige Bestimmungen mit einander verglichen wurden, und dass der mittlere Fehler dieser Vergleichungsreihe nur 0·02 Milligramme beträgt. Da die Vergleichung des B' in Paris auf 0·05 unsicher bleibt, so sind innerhalb dieser Grenze beide Kilo B' und $☉'$ als identisch zu betrachten. Dagegen hat das $☉'$ gegen das B', welches sich seit dem Jahre 1846 in Neapel befindet, folgende Vorzüge voraus. Der Krystall des $☉'$ ist ganz fehlerfrei. Kein Punkt auf seiner Oberfläche ist beschädigt. Das ist nicht der Fall bei dem B' (siehe seine Beschreibung in der citirten Abhandlung, p. 195—196). Auch die Flächen des $☉'$ sind viel genauer bearbeitet als die des B', so dass man aus den Dimensionen mit Sicherheit das Volumen ableiten kann. Endlich ist das absolute Gewicht des $☉'$ bis auf 0·15 Milligr. richtig; B' ist 11·11 Milligr. zu schwer. Es scheint daher das $☉'$ werthvoller als das B' und verspricht, da die Oberfläche ganz fehlerfrei ist, eine grössere Dauerhaftigkeit als das B'.

Wage.

Unerlässlich zu allen Gewichtsbestimmungen ist eine genaue Wage, und ich habe viele Jahre nöthig gehabt, um endlich eine ganz befriedigende Construction festzustellen. Meine Kugelwage, wo die Schwingung statt auf Schneiden auf Abwickelung von Kugeln auf der Ebene beruht, dann die Bandwage, wo Seidenbänder zur Aufhängung des Balkens und der Schalen verwendet sind, waren Bestrebungen in diesem Sinne. Namentlich die Bandwage bietet durch ihre einfache Construction und ihre unverwüstliche Dauerhaftigkeit grosse Vortheile. So lange es sich nicht um die allerletzte Genauigkeit handelt, gebührt ihr der Vorzug vor Schneidewagen. Aber ich konnte bei dieser Wage den mittleren Fehler der einmaligen Beobachtung bei 2 Kilogr. Belastung nicht kleiner als auf ⅟₄ Milligr. bringen.

Die Hauptursache des Mangels einer Übereinstimmung der aufeinander folgenden Abwägungen liegt in der Hemmung der Wage, die nöthig ist, um die Gewichte umzusetzen. Nach meiner Erfahrung ist cet. par. diejenige Wage die vollkommenste, bei der sich die Punkte zwischen Schneiden und ihren Lagern am wenigsten ändern, wenn gehemmt und dann wieder aufgezogen wird.

Nach diesem Princip ist die Wage construirt, welche ich mit den Gewichtseinsätzen gleichzeitig dem k. k. Handelsministerium abgebe. Genau von derselben Construction ist auch die Wage, mit welcher ich im October und November 1846 in Neapel das B^4 und das $\odot^4$ verglichen habe. Da die Construction dieser Wage noch nicht veröffentlicht ist, werde ich sie hier beschreiben.

Beschreibung der Wage.

Der Wagebalken von der bekannten Form der grössten Tragkraft ist von beiden Seiten genau parallel abgedreht. Die Mitte ist cylindrisch durchbrochen. An beiden Enden sind zur Aufnahme der Schneiden für die Schalen cylindrische Löcher auf der Drehbank, also genau senkrecht auf die Ebene des Balkens ausgedreht. Die Schneiden bestehen in Stahlcylindern, die der Länge nach mit Planflächen unter 90° angeschliffen sind. Die Schneide trifft genau in den Cylindermantel. Bei höherer Temperatur, als

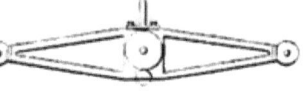

beim Wägen vorkommen kann, gehen die Cylinder leicht in die Endlöcher des Balkens. Sie sitzen fest, wenn die Erkaltung eintritt. Die Mittelschneide ist eben so genau normal zur Fläche einer Platte in diese eingepasst. Wenn sie durch die Mitte des Balkens gesteckt ist, liegt die Flanche an der Seitenfläche des Balkens an, und es ist von der entgegengesetzten Seite des Balkens eine Scheibe über die Schneide gesteckt, die sich an die Flanche anschraubt. So ist die Schneide normal zur Balkenebene, und kann in dieser Ebene verstellt werden durch kleine Schläge auf den Rand der Flanche, bis sie genau in der Mitte zwischen den Endschneiden und in der richtigen Höhe, d. h. in einer Ebene mit den Endschneiden liegt. Erst dann wird die Schraube, die beide Platten verbindet, fest angezogen. Der Wagebalken trägt überdies oben einen Planspiegel, normal zu seiner Längenaxe und unten ein Gewicht zur Regelung des Schwerpunktes.

Der Wagebalken ruht auf dem obern Theil einer Stativsäule von Metall.

Die Säule hat unten eine Flanche mit Zug- und Druckschrauben, durch welche sie auf dem Bodenbrett der Wage senkrecht festgestellt wird. Die Mitte der Säule ist der Länge nach durchbohrt, oben und unten genau cylindrisch. Der obere Theil der Säule lauft in ein gabelförmiges Stück aus. Auf den oberen Enden der Gabel sind zwei Achatplatten eingelassen, die normal zur Bohrung in der Säule und genau in Einer Ebene stehen. Der Stahlcylinder, welcher durch die Säule geht und oben und unten genau passt, schraubt sich am obern Ende in einen Träger, der in der Ebene des Wagebalkens liegt. Unter dem Stahlcylinder der Säule ist ein Hebel angebracht, und auf dem Tragbrett der Wage findet sich ausserhalb des Kastens eine Schraube, die auf den zweiten Arm des Hebels drückt. Wird diese Schraube hinunter geschraubt, so hebt sich der Cylinder in der Säule und mit ihm der Tragarm. Dieser Tragarm passt seiner Dicke nach genau in den gabelförmigen Einschnitt des Kopfes der Tragsäule,

und sinkt durch die eigene Schwere nach, wenn die Schraube am Tragbrett zurückgeschraubt wird. Diese Bewegung ist so regelmässig, als der Gang eines Mikrometerschlittens, was auch wesentlich ist.

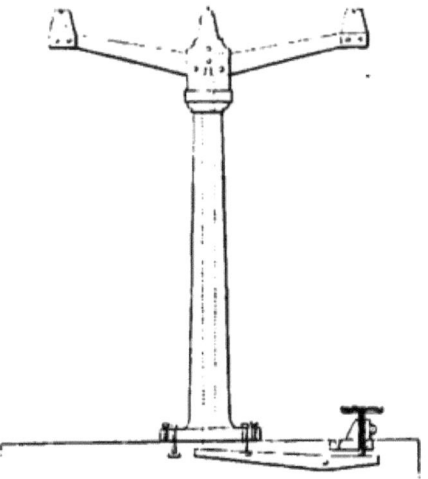

Um den Gang vollkommen zu erhalten, ist im Gabelstück eine Schlussplatte angebracht, deren Correctionsschrauben an der Vorderseite der Wage sichtbar sind. Durch diese Correction kann der Gang aufs Genaueste regulirt werden.

Die Schalen der Wage sind eingehängt in Haken von Stahl. Die Haken tragen Achate mit Planfläche nach unten, oben am Haken und senkrecht zur Ebene des Wagebalkens sind cylindrische Zapfen angebracht.

Die Bestimmung dieses Trägers ist nun erst die Wageschalen an den cylindrischen Zapfen, dann den Wagebalken von den Steinlagern aufzuheben, und dann nach der Operation des Wechsels der Gewichte wieder sanft und genau an dieselben Stellen niederzulassen. Zu diesem Behufe sind an den durchbrochenen Enden des Trägers von aussen auf beiden Seiten Platten aufgeschraubt, so dass dadurch die Enden des Trägers gabelförmig werden. Diese vier Platten haben oben rechtwinkelige Einschnitte, in welche die cylindrischen Zapfen der Haken der Schalen passen. Auf den inneren Seiten dieser Platten sind noch einmal Plättchen oben mit rechtwinkeligem Einschnitte angeschraubt. Steigt jetzt

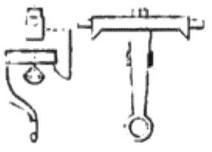

der Träger, so erfassen die vier Platten mit ihren oberen Einschnitten die Zapfen der Haken und heben sie von den Endschneiden des Wagenbalkens ab. Erst wenn der Träger noch weiter steigt, erfassen die vier Einschnitte der inneren Plättchen nun auch die Endschneiden des Wagebalkens von unten, wo die Axen cylindrirt sind. Steigt der Träger noch weiter, so hebt er jetzt den Wagbalken, der mit den Cylindern der Endschneiden

in den Lagern der vier Plättchen ruht, von den Steinlagern der Mittelschneide ab, und man kann jetzt, da die Schalen und der Wagbalken fest aufliegen, Gewichtsumtausch vornehmen, ohne an den Lagen der Schneiden zu ändern.

Bei der Berichtigung der Wage hat man darauf zu achten, dass die vier inneren Einschnitte der Endschneiden gleichzeitig und ohne Verstellung den Wagebalken erfassen. Man muss an der Lage der Einschnittplättchen so lange corrigiren, bis dies erreicht ist, in Bezug auf die vier Zapfen der Endschneiden.

Man hat dabei nur zu sehen, ob die Mittelschneide gleichzeitig auf beiden Lagersteinen aufsitzt. So lange ein Punkt der Schneide den Stein früher berührt, oder so lange die Schneide sich nicht ganz parallel zu der Steinebene bewegt, muss corrigirt werden.

Nun kann aber noch vorkommen, dass die oberen Einschnitte der Gabelplatten des Trägers die Axen der Haken nicht gleichzeitig erfassen, also die Steine der Haken nicht parallel zu den Endschneiden aufheben. Dies muss mit der Feile an den oberen Einschnitten corrigirt werden. Jetzt ist noch möglich, dass die Zapfenhebel beim Aufheben der Schale sich um ihre Axe drehen. Dies hört auf, wenn man die Hebel der Haken, die oben auf die Haken aufgeschraubt sind, in der Richtung des geschlitzten Schraubenloches verstellt, bis eine senkrechte Linie zugleich durch den Zapfen, durch die Endschneide und durch die untere Ringschneide des Hakens führt. Von diesen Berichtigungen hängt der Effect der Wage sehr wesentlich ab, und man sollte nie wägen, ohne diese Elemente untersucht zu haben. Ich mache hier noch darauf aufmerksam, dass weder die Haken noch die Lage des Balkens verwechselt werden dürfen, weil sonst die Correctionen nicht mehr streng passen.

In 12 oder mehr Fuss Abstand von der Wage ist ein Fernrohr normal gegen den Spiegel des Wagebalkens gerichtet und fest aufgestellt. Es zeigt das Bild einer senkrechten Scala, die neben dem Objectiv angebracht ist nach Art der Gauss'schen Magnetometer. Der Horizontalfaden im Fernrohr zeigt an der Scala jede Neigungsänderung des Wagebalkens und Spiegels und gestattet so eine möglichst genaue Ablesung, ohne der Wage nahe zu kommen, was bei genauen Abwägungen unerlässlich ist. Erst eine geraume Zeit nach dem Umsetzen der Gewichte, etwa 10 bis 15 Minuten, darf die Scala abgelesen werden. Da die Wage in Schwingungen bleibt, muss man die Wendepunkte der Bewegung an der Scala ablesen und aus beiden das Mittel nehmen. Man thut nicht wohl, die Schwingungsdauer der belasteten Wage grösser als 30 Secunden zu machen, weil dann die Regelmässigkeit abnimmt.

Zur Ermittlung des specifischen Gewichtes, was man bei jedem Gewicht kennen muss, ist an der Wage eine besondere Vorrichtung angebracht. Sie besteht in einer grossen Schale, in deren Tragbogen von der Rückwand des Wagkastens aus eine hölzerne Tragbrücke reicht. Auf die Brücke kommt ein Glas mit destillirtem Wasser zu stehen. Die Brücke kann durch schnell steigendes Gewinde auf und ab bewegt werden. Ist das Gewicht an einem Draht aufgehängt und abgewogen, so wird die Brücke gehoben bis es ganz in Wasser taucht. Dann wird unten auf die Schale der Gewichtsverlust im Wasser in Gewichten aufgelegt.

Die Aufstellung der Wage muss möglichst fest sein und so gewählt werden, dass die Wage nur langsamen Temperaturänderungen ausgesetzt ist. Die strahlende Wärme des Beobachters, so wie von Fenstern her muss sorglichst vermieden werden; ganz besonders aber Luftzug. Darum muss auch die Wage von einem Kasten mit Glasschuber verschlossen werden. Normal zum Spiegel ist es erforderlich, an dem Kasten ein vollkommenes Planparallelglas anzubringen, um durch dieses Glas mit dem Fernrohre das Bild der Scala deutlich zu sehen. Zwei Thermometer, von $\frac{1}{10}$ zu $\frac{1}{10}$ Grad Cent. getheilt, sind hinter den Schalen angebracht. Denn ein Temperaturunterschied der beiden Arme der Wage von 0°01 erzeugt schon sehr merkliche Fehler bei den Wägungen. Für gute Beleuchtung der Scala ist zu sorgen. Am besten ist künstliches Licht bei geschlossenen Läden. Erst 15 Minuten nach dem Umsetzen, was mit Handschuhen geschehen muss, darf abgelesen werden.

Bei Gewichtsvergleichungen wird man nie die Borda'sche Methode anwenden, wo Gewicht und Sache auf derselben Schale gegen Tara wechseln, sondern stets die Gauss'sche

Methode, wo die zu vergleichenden Körper die Schalen wechseln. Die Theorie der Gauss'-schen Methode ist p. 222 der „Kilogramm-Abhandlung, Abschnitt Reduction der Wägungen" gegeben. Das Stimmrecht der Beobachtungen ist dabei das Doppelte gegen dem bei Borda's Methode, und es eliminirt sich das Gewicht der Schalen und der Tarra vollständig.

Nach diesen Bemerkungen können wir zur Mittheilung der Vergleichungen übergehen, die zwischen dem B^4 und dem $\odot^4$ in Neapel von mir vorgenommen wurden. Das B^4 wird dabei so angenommen, wie es in der schon erwähnten Abhandlung. p. 234, gefunden wurde, nämlich

$$B^4 = 1000014{\cdot}11 \text{ Milligr. mittl. Fehler} \pm 0{\cdot}05 \text{ Milligr.}$$

Die kleinen Gewichte von Platindrähten, die bei der Answägung in Anwendung kommen, sind von Professor Dr. Seidel dahier auf das sorgfältigste gegen einander abgewogen. Prof. Seidel hat diese Gewichte dreimal bestimmt. Erst auf einer Baudwage mittelst der Schumacher'schen Grain-Gewichte, deren Werthe p. 215 der Kilogramm-Abhandlung angegeben sind; dann nachher, das zweite Mal, aus dem $\odot^4$ und seinen Unterabtheilungen. Bei der ersten Bestimmung kommen, der weniger vollkommenen Wage wegen, noch Unterschiede von einigen Hundertel-Milligrammen vor. Bei den letzten Beobachtungsreihen kaum von 0·01 Milligramm. Wir geben in der Beilage I, Tafel 2, die Werthe dieser Gewichte.

Die Vergleichungen des B^4 mit dem $\odot^4$ mit Hilfe obiger Gewichte ergaben nun folgendes Resultat:

Hier bezeichnet q das Gewicht, was dem $\odot^4$ links

$$\begin{aligned} q' & \quad , \quad , \quad , \quad B^4 \text{ links} \\ p' & \quad , \quad , \quad , \quad \odot^4 \text{ rechts} \\ p & \quad , \quad , \quad , \quad B^4 \text{ rechts} \end{aligned}$$

zugelegt wurde.

Die Zahlen a für $\odot^4$ links und a' für B^4 links sind die Ablesung der Scala durch das Fernrohr, und zwar das Mittel aus der obern und untern Umkehrung der Bewegung. Das Thermometer ist nicht beobachtet, weil beide Gewichte genau dasselbe specifische Gewicht haben, und folglich keine Bestimmung des Luftgewichtes nöthig wird.

Reduction

$$\odot^4 = B^4 + \frac{p-p'}{2} - \frac{q-q'}{2} - \frac{s}{2}(a-a')\,{}^{1})$$

$$\frac{s}{2} = 0{\cdot}15977 = 0{\cdot}16$$

$$1_3 = 10{\cdot}261$$

$$4_e = 3{\cdot}904$$

$$2_e = 1{\cdot}973$$

| | Wagschale | | | | | | Be- |
Neapel. Universität	links $\odot + q$ $B + q'$	rechts $B + p$ $\odot + p'$	Scala a a'	$\odot = B$ Milligr.	Abweichung vom Mittel		stimmungen
1848 Oct. 9. $10^h\,0'$	$\odot + 1_3$	B	791·5				
20	B	$\odot + 1_3$	765·3	−14·421	− 0·162		1
45	B	$\odot + 1_3 + 2_e$	770·7	11·543	0·284		2
11 5	$\odot + 1_3 + 2_e$	B	782·7	14·154	+ 0·105		3
20	B	$\odot + 1_3 + 2_e$	770·6	14·170	0·089		4
35	B	$\odot + 1_3$	765·4	14·015	0·244		5

¹) Siehe „Abhandl. über das Bergkrystall-Kilogramm", p. 224   (3).

Denkschriften der mathem.-naturw. Cl. XXVII. Bd.   23

Neapel. Universität		links $\odot \mp \gamma$ $B + \gamma$ $B + \varphi'$	rechts $B - \gamma$ $\odot \mp P$	Scala a x'	$\odot = B \vdash$ Milligr.	Abweichung vom Mittel		Be- stim- mungen
1846 Oct. 10.	9ʰ 0ʼ	$\pm - l_3 \mp l_6$	B	768·9				
	20	B	$\odot + l_3 - r l_6$	767·2	—14·457	— 0·178		6
	50	$\odot + l_3 \pm l_6$	B	770·4	14·677	0·418		7
	10 10	B	$\odot \pm l_3 + l_6$	768·0	14·549	0·290		8
	25	$\odot - l_3 + l_6$	h	770·6	14·581	0·322		9
	40	B	$\odot + l_3 \pm l_6$	770·2	14·229		+ 0·030	10
	11 5	$\odot \pm l_3 - l_6$	h	772·6	14·549	— 0·290		11
11.	10 0	$\odot + l_3 + l_6$	B	771·2				
	15	B	$\odot - l_3 + l_6$	772·5	—14·389	— 0·130		12
	30	B	$\odot \vdash l_3 + l_6$	767·7				
		$\odot \mp l_3 + l_6$	B	769·6	14·469	— 0·210		13
12.	10 0	$\odot \pm l_3 - l_6$	B	759·3				
	12	$\odot + l_3 \mp l_6$	B	758·7	—14·261	— 0·002		14
		$\odot + l_3 + l_6$	B	756·7	13·845		+ 0·414	15
	5	B	$\odot - l_3 + l_6$	756·0	13·957	0·302		16
	50	$\odot - l_3 + l_6$	B	760·0	14·485	— 0·226		17
		B	$\odot \pm l_3 + l_6$	759·4	14·261	0·002		18
	11 25	$\odot + l_3 \pm l_6$	B	758·7	14·053		+ 0·204	19
		B	$\odot \pm l_3 + l_6$	760·7	13·845		0·414	20
	12 0	$\odot \mp l_3 - l_6$	B	759·6	13·989		0·270	21
	12	B	$\odot \pm l_3 - l_6$	762·0	13·781		0·478	22
	30	$\odot \pm l_3 + l_6$	B	761·8	14·133		0·126	23
	40	B	$\odot + l_3 + l_6$	761·7	14·181		0·078	24
	50	$\odot \pm l_3 \mp l_6$	B	762·5	14·293	— 0·034		25
	1 0	$\odot \mp l_3$	B	774·4	14·245		+ 0·014	26
Nov. 2.	9 45	B	$\odot \mp l_3 + l_6$	796·3				
	10 0	$\odot + l_3 \pm l_6$	B	797·25	—14·317	— 0·058		27
	15	B	$\odot \mp l_3 + l_6$	797·57	14·114		+ 0·145	28
	30	$\odot \pm l_3 + l_6$	B	798·95	14·386	— 0·127		29
	45	B	$\odot + l_3 + l_6$	799·10	14·144		+ 0·116	30
	11 0	$\odot \pm l_3 + l_6$	B	799·87	14·288	— 0·029		31
	15	B	$\odot + l_3 + l_6$	799·51	14·223		+ 0·036	32
	30	$\odot \vdash l_3 \pm l_6$	B	801·07	14·415	— 0·156		33
	45	B	$\odot \vdash l_3 + l_6$	800·40	14·272	— 0·013		34
				hos.misleh				
2.	12 5	$\odot \pm l_3 + l_6$	B	794·05				
	20	B	$\odot \pm l_3 \pm l_6$	794·12	—14·154		+ 0·105	35
	35	$\odot + l_3 \pm l_6$	B	795·80	14·434	— 0·175		36
	50	B	$\odot \mp l_3 + l_6$	795·57	14·202		+ 0·057	37
	1 5	$\odot \pm l_3 + l_6$	B	796·55	14·319	— 0·060		38
	20	$\odot \mp l_6$	$B + l_6$	821·52	14·413	— 0·154		39
	30	$\odot \pm l_3 + l_6$	B	796·35	14·290	— 0·031		40
3.	10 45	$\odot - l_3 + l_6$	B	798·40				
	11 0	B	$\odot + l_3 \pm l_6$	797·45	- 14·317	— 0·058		41
	11 15	$\odot + l_3 + l_6$	B	798·45	14·322	— 0·063		42
	11 30	B	$\odot \pm l_3 + l_6$	799·35	14·018		+ 0·241	43

$$\Sigma - 3·472 \qquad + 3·172$$

Mittel —14·259   Mittl. Fehler einer Beob. $= \dfrac{6·944}{43}$

$= 0·1615$

$\odot = B — 14·259$ Milligr.   Mittl. Fehler der Reihe $= \dfrac{0·1615}{\sqrt{43}} = 0·02463$ Milligr.

In meiner Abhandlung über das Bergkrystall-Kilogramm ist pag. 234 der Werth des $B = 1000014·11$ Milligr. ± 0·05 Milligr. angegeben. Substituirt gibt

$$\odot^b = 1000000^{mil} - 0^{mil}\!\cdot\!15 \pm 0^{mil}\!\cdot\!024.$$

Meine Vergleichungen des B^4 mit dem Kilogramm der Archive in Paris sind im Mai 1837 angestellt. Zur Ermittlung des Luftgewichtsunterschiedes habe ich diejenigen Constanten angewandt, die damals für die sichersten galten (siehe p. 183—188). Seitdem hat Regnault mehrere der eingehenden Constanten genauer bestimmt, auch Militzer das specifische Gewicht des Quecksilbers und Seidel das specifische Gewicht des Bergkrystalls mit der Ausdehnungs-Tabelle für Wasser nach seinen Messungen. Er findet das specifische Gewicht des Bergkrystalls

$$= 2\!\cdot\!654787.$$

Es wäre eine kleine Mühe, die neueren Bestimmungen statt der früheren einzusetzen. Dazu dienten die Gleichungen (III) und (IV). p. 181. welche Werthe man statt den Zahlenwerthen der Gleichung (V), p. 181, anzunehmen hätte. Dies wollen wir aber Anderen überlassen. Die Tabelle, welche die Milligramme in Platinagewichten angibt, die dem $\odot^b$ beigelegt werden müssen, um in der Luft gleich schwer zu sein, mit einem Kilogramm aus anderem Stoffe, dessen specifisches Gewicht das Argument der Tafel bildet, finden sich in der Beilage II. Tafel 4.

Die Werthe der Unterabtheilungen des Bergkrystall-Kilogrammes bis zur Gramme, wie sie Professor Seidel aus sehr vielfachen Wägungen, nach der Methode der kleinsten Quadrate ausgeglichen, abgeleitet hat, finden sich in der Beilage I, Tafel 3.

Nachdem wir im Vorhergehenden das Kilogramm und seine Unterabtheilungen, die Wage und ihre Berichtigung im Allgemeinen beschrieben haben, erübrigt noch, den Nachweis zu liefern, dass die Wage, welche jetzt an die österreichische Regierung übergeht, auch wirklich so viel leistet, als nach den angeführten Gewichtsbestimmungen zu erwarten ist.

Ich habe desshalb diese Wage in meinem Studirzimmer an einem Mauerpfeiler zwischen zwei Fenstern aufstellen lassen. Die Mauer liegt von Ost nach West. Das Fernrohr zur Ablesung ist östlich an dem nächsten Mauerpfeiler in gleicher Höhe mit dem Spiegel des Wagebalkens auf einem Tragbrettchen festgeschraubt. Die Scala daneben ist am Winterladen befestigt und vom Fenster her sehr gut beleuchtet.

Um erst nachzuweisen, welche Sicherheit bei kleiner Belastung erzielt wird, habe ich neun Bergkrystallkugeln, die zusammen nahe eine Gramme wiegen, verglichen mit den drei Cylindergrammen des Gewichtseinsatzes 1_3. $1'_3$ und $1''_3$. Da diese drei Gewichte schwerer und leichter sind als 1 Gramme, indem sie die Werthe haben

$$1_3 = 1000\!\cdot\!679 \text{ Millig.}$$
$$1'_3 = 999\!\cdot\!598 \quad _{\text{n}}$$
$$1''_3 = 1000\!\cdot\!231 \quad _{\text{n}}$$

so kann durch ihre bekannten Gewichtsunterschiede der Scala-Werth bestimmt werden, ohne die kleinen Platinagewichte zu benöthigen.

Am 17. März 1867 sind 28 Abwägungen gemacht. Sie dauerten von Morgens 10 Uhr bis Nachmittags 3$^1\!/_2$ Uhr, also 5$^1\!/_2$ Stunden: auf eine Wägung treffen also durchschnittlich 12 Minuten.

Die Beobachtungen folgen hier in der Originalform ihrer Aufzeichnungen.

1867 März		Original links Wagschale			Original rechts Wagschale		
Zahl d. Beob.	Zeit	links g' Original	rechts p Copie	a'	a	links g Copie	rechts p Original
1	17 22 0				290·6	(9,ᵇ	1'₃
2	15	1₃	(9)ᵇ	271·50	289 7	(9,ᵇ	1'₃
3	30						
4	45	1'₃	(9)ᵇ	270·90	291·6	(9,ᵇ	1'₃
5	23 0				290·1	(9,ᵇ ¹)	1'₃
6							
7	15	1'₃	.9)ᵇ	271·80			
8	30				277·9	(9,ᵇ	1''₃
9	45	1''₃	(9)ᵇ	283·0	278·2	(9)ᵇ	1''₃
10	0 0				278·0	(9)ᵇ	1''₃
11	15	1''₃	(9)ᵇ	282·3			
12					277·6	.9.ᵇ	1''₃
13	30	1''₃	(9)ᵇ	283·1			
14	45						
15	1 0	1''₃	9.ᵇ	282·4			
16	15				269·3	(9)ᵇ	1₃
17	30	1₃	(9ᵇ	290·9	270·1	(9.ᵇ	1₃
18	45						
19	2 0	1₃	.9)ᵇ	290·7	270·5	(9)ᵇ	1₃
20							
21	15	1₃	(9)ᵇ	290·3	269·95	(9,ᵇ	1₃
22							
23	30	1₃	(9)ᵇ	291·3	270·5	.9)ᵇ	1₃
24							
25	45	1₃	(9,¹	291·2	271·1	(9)ᵇ	1₃
26	3 0						
27	15	1₃	.9.ᵇ	291·4	269·7	(9.ᵇ	1₃
28	30						

¹) Alle Krystalle mit Alkohol gut abgewaschen.

Zur Reduction habe ich drei Gruppen aus den Vergleichungen gebildet. Die erste bezieht sich auf die Vergleichung der (9)ᵇ mit 1₃. Nimmt man nämlich die Mittel aus den Beobachtungen 1, 3, 5, 6 und 2, 4, 7, welche die Vergleichung mit 1'₃ geben, dann aus 8, 10, 12, 14 und 9, 11, 13, 15, welche die Vergleichung mit 1₃ umfassen, endlich aus 16, 18, 20, 22, 24, 26, 28 und 17, 19, 21, 23, 25, 27, die auf 1₃ beruhen, so findet sich

Mittel	Original links		Scala	Original rechts		Mittel	
	l	r	a' s	l	r		
2	1'₃	(9,ᵇ	271·40 290·50	(9.ᵇ	1'₃	1	
4	1''₃	(9,ᵇ	282·78 277·92	(9.ᵇ	1''₃	3	
6	1₃	(9,ᵇ	290·97 270·21	(9,ᵇ	1₃	5	

(1)

Nach der Gleichung

$$(9)^b = 1'_3 + \frac{p-r}{2} - \frac{a-a'}{2} + \frac{s}{2}(a-a')$$

werden jetzt aus 1 und 2, aus 2 und 3, aus 3 und 4 und so fort folgende fünf Gleichungen gebildet

$$(9)_4 = \quad 999 \cdot 598 + \tfrac{n}{2}(19 \cdot 10)$$
$$= \quad 999 \cdot 915 + \tfrac{n}{2}(\ 6 \cdot 52)$$
$$= 1000 \cdot 231 - \tfrac{n}{2}(\ 4 \cdot 86) \tag{2}$$
$$= 1000 \cdot 455 - \tfrac{n}{2}(12 \cdot 57)$$
$$= 1000 \cdot 679 - \tfrac{n}{2}(20 \cdot 76).$$

Da diese verschiedenen Werthe von $(9)_4$ unter einander gleich sein sollen, so ist auch $2-1 = 0$, $3-2 = 0$, $4-3 = 0$, $5-4 = 0$. Es ist also

$$+ 0 \cdot 317 - \tfrac{n}{2}(12 \cdot 58) = 0 \quad 2-1$$
$$+ 0 \cdot 316 - \tfrac{n}{2}(11 \cdot 38) = 0 \quad 3-2$$
$$+ 0 \cdot 224 - \tfrac{n}{2}(\ 7 \cdot 71) = 0 \quad 4-3 \tag{3}$$
$$+ 0 \cdot 224 - \tfrac{n}{2}(\ 8 \cdot 19) = 0 \quad 5-4.$$

Aus diesen vier Gleichungen kann der Scalawerth $\tfrac{n}{2}$ abgeleitet werden. Gibt man allen gleiches Stimmrecht, so folgt

$$\tfrac{n}{2} = 0 \cdot 027120 = \tfrac{1}{36 \cdot 87}. \tag{4}$$

Man sieht hieraus die grosse Empfindlichkeit der Wage, da ein Milligramm nahe 37 Scalentheile gibt.

Setzt man jetzt den Scalawerth (4) ein in die Gleichungen (2), so ergeben sich folgende fünf Werthe für die $(9)_4$.

	Milligr.	Abw. v. Mittel in Tausendtel Milligr.
$(9)_4 =$	$1000 \cdot 116$	$- 9$
	092	$+ 15$
	099	$+ 8$
	114	$- 7$
	$1000 \cdot 116$	$- 9$
Mittel..	$1000 \cdot 107$	9 also
	$\pm 0 \cdot 004$	

Der mittlere Fehler unserer Bestimmung beträgt also nur 4 Tausendtel eines Milligrammes, und ein solches Resultat lässt sich in wenig Stunden erreichen. Die Wage leistet daher selbst unter ziemlich ungünstigen Verhältnissen (Aufstellung) Ausserordentliches. Versuchen wir jetzt ihre Leistung bei grösserer Belastung.

Dazu wählte ich ein halbes Kilogramm in Bergkrystall (da ich das $\odot^4$ nicht mehr besitze), was durch unvorsichtige Abkühlung einige Sprünge bekam, die übrigens seine Brauchbarkeit und wohl auch die Dauerhaftigkeit nicht beeinträchtigen.

Dieses halbe Kilogramm, V_1 bezeichnet, hat Prof. Seidel im Jahre 1846 durch viele Beobachtungsreihen verglichen mit dem halben Kilogramm des Bergkrystalleinsatzes, der jetzt an Österreich übergeht. Er fand

$$V_1 - 5_1 = 3 \cdot 478 \quad \text{im Jahre 1846}$$
$$= 3 \cdot 452 \quad \text{„ „ 1847.}$$

Auch die Bestimmung vom Jahre 1847 beruht auf einer grossen Zahl von Vergleichungs-
reihen. Es kann nicht meine Absicht sein, so zahlreiche Beobachtungen jetzt anzustellen, dass
die Hundertel Milligramme verbürgt werden können. Ich will nur zeigen, was die Wage in
Einer Beobachtungsreihe gegeben hat. Am 18. März 1867 machte ich 15 Vergleichungen,
welche, wie oben in drei Gruppen behandelt, ergaben

$$V_1 = 5_1 + 3\cdot904 - \frac{n}{g}\,(17\cdot80)$$
$$+ 3\cdot437 - \frac{n}{g}\,(\ 4\cdot25)$$
$$+ 2\cdot970 \div \frac{n}{g}\,(15\cdot70)$$
$$+ 2\cdot471 + \frac{n}{g}\,(35\cdot25)$$
$$+ 1\cdot973 + \frac{n}{g}\,(53\cdot60)\,.$$

Der Scalawerth ergibt sich

$$\frac{n}{g} = 0\cdot02704 = \frac{1}{36\cdot94}$$

sehr nahe gleich mit dem bei kleiner Belastung. Setzt man ihn ein in obige Gleichungen, so
wird

	Milligr.	Abw. in Hunderteln
$V_1 - 5_1 =$	3·423	0·03
=	3·322	0·08
=	3·395	0·00
=	3·423	0·03
=	3·423	0·03
Mittel. . =	3·397	0·03 .

20 Jahre früher fand Seidel . . . 3·452.

Ich fand daher die Differenz um 6 Hundertel kleiner. Welchen Einfluss übrigens die
Reinheit der Oberflächen der Krystalle auf die Werthbestimmung hat, mag aus einer Vergleichung vom 4. März 1867 zwischen diesen beiden Gewichten hervorgehen.

Ich fand nämlich

$$V_1 - 5_1 = 3\cdot601 \pm 0\cdot03\,.$$

Hier war die Differenz gegen 1847 grösser um

$$0\cdot149 \text{ Milligr.}$$

Als ich jedoch den Körper V_1 in Bezug auf seine Reinheit genau untersuchte, fanden
sich zwei kleine Fleckchen, durch deren Entfernung der Krystall jetzt sogar leichter scheint
als 1847. Man kann nach dieser Erfahrung sagen, dass, wenn nicht die grösste Sorgfalt auf
die Reinigung der Oberflächen der Krystallgewichte verwendet wird, die Sicherheit ihres
Gewichtes in den Hundertel Milligrammen illusorisch bleibt.

Wenn demnach die Wage gestattet, ein schweres Normalgewicht in wenig Stunden auf
einige Hundertel Milligramme zu bestimmen, so entspricht sie jeder Anforderung, selbst der
strengsten physikalischen Untersuchung.

Die gegenwärtige Abhandlung war bis hieher gedruckt, als mir Prof. Seidel die Resultate seiner neuesten Abwägungen des V_1 und 5_1 verglichen mit den älteren Beobachtungen übergab. Da er eine Übereinstimmung bis auf $^1/_{100}$ Milligramm erreicht, so ist das Resultat im hohen Grade interessant, weil es den thatsächlichen Nachweis liefert, dass in 20 Jahren des Gebrauches die beiden Krystallgewichte nicht den 50Millionsten Theil ihrer Masse geändert haben. Ich führe daher seine Mittheilung hier wörtlich an:

„Differenz $V_1 - 5_1$„

zwischen den beiden $^1/_2$ Kilogrammstücken von Bergkrystall.

I. Alte Vergleichungen vom Jahre 1816/7.

	mg.
4 directe Vergleichungen, die bei der Ausgleichungsrechnung 1846 vorlagen, hatten gegeben	3·503
2 damals übersehene, gelegentlich einer andern Untersuchung erhaltene ergaben .	3·542
10 ähnliche Anfang 1847 gemachte	3·431
Der Übergang von einem halben Kilogramm zum andern durch die beiderseitige Verbindung mit der Summe 2, 1, $1_1 + 5_1 + 2_1 +$ etc. (10 Vergleichungen von 5_1 und $5,5$ von V_1 mit der Summe) hatten ergeben	3·410
Hauptresultat (ausgeglichen) aller dieser alten Vergleichungen, wie ich es 1867 24. Februar ableitete, war	**3·452**

II. Neue Vergleichungen von 1867 März.

	mg.
Erste Reihe. 12 Beobachtungen, gemacht mit der noch etwas mangelhaften Arretirung der Wage, gaben	3·394[1]
Zweite Reihe. 14·5 Vergleichungen, gemacht nach Berichtigung der Arretirung und nach einer gründlichen Abwaschung der Krystalle, gaben	3·455
Indem ich das Gewicht je einer Vergleichung der zweiten Reihe gegenüber einer der ersten Reihe wie 1:3 annehme, erhalte ich als Hauptmittel sämmtlicher neuen Vergleichungen	**3·431**
Nach der Anzahl der Beobachtungen ist das Gewicht aller alten Bestimmungen gegenüber allen neuen nahe das von 20 gegen 25 oder von 4 gegen 5. Hieraus wird jetzt im Mittel aller bisherigen Bestimmungen	3·440

sich ergeben, und es wäre gegenüber der seitherigen Bestimmung (Reihe vom Februar 1867) der Werth von V_1 um 0·006 zu verkleinern, der von 5_1 um eben so viel zu vergrössern.

	mg.
Differenz zwischen dem Mittel der alten und dem der neuen Beobachtungen ist	0·021."

Diese Beobachtungen deuten keine Veränderung an den Gewichten an. Da aber die Reihen unter einander weniger gut stimmen als die Vergleichungen in einer Reihe erwarten lassen, wäre es recht wohl möglich, dass die Reihen den jedesmal erlangten Grad von Reinheit der Oberfläche des Krystalles ergeben. Wenn man bedenkt, welche Mittel und welche Sorgfalt nöthig sind, um eine Glasplatte für Photographie geeignet herzustellen oder ein Probeglas so rein zu putzen, dass es auf der Luft schwimmt, so muss man die Ansicht gewinnen,

---

[1] Auch meine Vergleichung auf der Wage, die jetzt in Österreich ist, hatte, wie p. 182 dieser Abhandlung zu ersehen, gegeben 3·397.

dass man nur durch Anwendung ganz neuer Methoden des Reinigens der Oberflächen grosser Körper von Krystall weiter als auf $\frac{1}{100}$ Milligramm kommen kann, dass aber die Krystalle bis dahin constant und unveränderlich sind.

— — —

Vervielfältigung der Maasse und Gewichte.

In Frankreich bestehen [1] in Bezug auf die käufliche Abgabe verglichener genauer Maasse und Gewichte, nach meiner Meinung, keine guten Einrichtungen. Man erhält zwar Meter und Kilogramme mit Zeugnissen über die Vergleichung mit den Mustermaassen auf der Sternwarte; allein man hüte sich wohl, zu glauben, dass die erhaltenen Copien so genau sind, als durch das Zeugniss ausgesprochen ist. Ich brauche hier nur zu erinnern an die drei Toisen du Pérou, welche Bessel aus Paris bezog, als er die Maasse in Preussen regulirte. Alle drei waren mit Zeugnissen versehen, dennoch wichen sie so sehr unter einander ab, dass Bessel nicht einmal das Mittel daraus nehmen konnte, sondern eine derselben — die jetzt eben durch seine Arbeit die Bessel'sche Toise geworden ist — willkürlich wählte.

Die Ungenauigkeit dieser käuflichen Copien kommt nur daher, dass der Comparator zur Vergleichung bei den Längsmaassen blos in einem Fühlhebel besteht. Zwischen diesen und einer festen Widerlage wird abwechselnd das Normalmaass, dann die Copie gebracht. Auf die Temperatur ist gar nicht geachtet, diese kann aber selbst, wenn die Stäbe aus gleichem Stoffe bestehen, durch das Anfassen bei der Operation der Vergleichung sehr verschieden sein. Dann sind auch die Etalons des Kilo und Meter auf der Sternwarte, wie ich später zeigen werde, gar nicht unbedeutend verschieden von den Urmaassen der Archive. Für Gewicht wird eine Wage von Fortin angewandt, die bei 2 Kilo Belastung mit Mühe 1 Milligramm erkennen lässt; aber viel mehr als dieses Milligramm kann fehlen, weil das specifische Gewicht der Copie nicht ermittelt wird, was bei demselben Metall eine Differenz von 10 Milligrammen und mehr ausmachen kann. Dass sie bei verschiedenen Metallen noch mehr beträgt, und dass man dabei auch Rücksicht auf die Temperatur nehmen sollte, ist selbstverständlich.

Da es nun sehr leicht ist, diesen Übelständen abzuhelfen, wo es sich darum handelt, neue Einrichtungen zu treffen, so erlaube ich mir unmassgeblich hier anzudeuten, in welcher Weise nach den von mir abgegebenen Etalons des Meters und Kilogrammes der Archive genügende Copien hergestellt und abgegeben werden könnten. Es sollen hier jedoch nur Andeutungen gegeben werden, und die Österreichische Maass- und Gewichts-Commission wird nicht versäumen, eine specielle Vorschrift zu entwerfen, nach welcher jede Copie herzustellen und zu vergleichen ist. Dies dürfte um so leichter sein, als wir hierin ein unerreichtes Vorbild in Bessel's Arbeit [2] „Darstellung der Untersuchungen und Massregeln etc." bereits besitzen.

Nothwendig scheint es, wie auch in Frankreich geschieht, die Urmaasse dem gewöhnlichen Gebrauche zu entziehen, um für ihre Conservation möglichst gut zu sorgen, und nur in dringend gebotenen Fällen auf ihre Werthe zu recurriren.

---

[1] Wenn die Einrichtungen noch so sind wie sie waren.

[2] Bessel, Darstellung der Untersuchung und Massregeln, welche in den Jahren 1835—1838 durch die Einheit des preussischen Längenmaasses veranlasst worden sind. 4°. Berlin, 1839. Dr. d. k. Akad.

Man muss sich also Copien derselben verschaffen, die zur Vervielfältigung dienen, und diese von Zeit zu Zeit mit den Urmaassen vergleichen. Darin ist man aber in Frankreich so saumselig gewesen, dass man die Normaleinheiten der Sternwarte, von welchen alle Copien gemacht werden, erst nach einer Reihe von Jahren, nämlich im Jahre 1837 bei Gelegenheit meiner Erhebung, wieder mit den Prototypmaassen der Archive verglichen hat. Diese Vergleichungen, über welche ich die Originalaufzeichnungen mit Unterschrift noch besitze, und welche von A r a g o, G a m b e y und mir gleichzeitig angestellt wurden, zeigen, dass am 24. und 25. Mai 1837 der Meter der Sternwarte bei 13°5 Temperatur

$$\overset{\text{Millim.}}{1000\cdot6045} \pm \overset{\text{C}}{0\cdot0007\,^1)}$$

war, und eben so, dass aus Beobachtungen vom 24.—27. Mai das Observatoir-Kilogramm um

$$1\cdot68 \text{ Milligr.}$$

schwerer als das Archiv-Kilo war.

Da man die Normalmaasse der Sternwarte nicht nach diesen Beobachtungen corrigirt hat, sondern nur Kenntniss davon nahm, so sind alle Copien mit Zeugnissen bis auf Grössen dieser Ordnung ganz gewiss unsicher. Es kommen aber noch dazu die eben erwähnten weit ergiebigeren Fehlerquellen. Ich führe diese Thatsachen an, um ein richtiges Urtheil über die Genauigkeit der käuflich bezogenen mit Zeugnissen über Vergleichung versehenen Maasse und Gewichte zu begründen, und zeige jetzt, wie Ähnliches gegenwärtig zu vermeiden ist.

Man kann bei Herstellung genauer Copien zwei verschiedene Wege einschlagen, entweder die Umstände bei der Vergleichung herbeiführen, die die richtige und directe Vergleichung ermöglichen, oder aber die Umstände nehmen, wie sie der Augenblick bietet, und die Zurückführung auf normale Umstände durch Rechnung bewirken.

Ich werde beide Wege angeben.

Der Meter gilt bei 0°. Mögen die zu vergleichenden Meter aus was immer für einem Stoffe gemacht sein, so sollen sie bei 0° gleich lang sein mit dem Platinmeter der Archive. Sie müssen also, wenn man das direct bewirken will, mit dem Glasmeter G_{II} oder einer Copie desselben in Wasser von schmelzendem Schnee verglichen werden. Die Temperatur 0° ist die einzige, die wirklich stationär wird. Sie eignet sich also vorzüglich zu Vergleichungen. Die Reduction wird für diesen Fall sehr einfach.

Ist die Länge des Normalglasmeters bei 0°

$$G = P + g,$$

die Länge des copirten Meters aus Vergleichung mit G

$$C = G + c,$$

so wird durch Substitution

$$C = (P + g) + c,$$

also

$$C - g - c = P$$

gleich dem wirklichen Meter.

---

^{1}) Also nahe $^1/_2$ Hundertel-Millimeter zu lang war.

Denkschriften der mathem.-naturw. Cl. XXVII. Bd.   24

Wäre die Copie ebenfalls ein Glasstab von derselben Ausdehnung durch die Wärme wie G_{II}, so genügte diese Vergleichung bei 0°. Allein man wird sich überzeugen wollen, ob diese Ausdehnung wirklich gleich ist, oder wenn die Copie aus anderem Stoffe besteht, wie gross dessen Ausdehnung ist, und dazu muss noch eine Vergleichung bei höherer Temperatur, etwa der des Zimmers, vorgenommen werden. Überhaupt ist festzustellen, dass jede Copie des Meters bei 0° und bei einer höheren Temperatur als 10° verglichen wird. Es ergibt sich daraus der Werth bei 0° und die Ausdehnung der Copie, die man zur Berechnung einer Tafel für alle vorkommenden Temperaturen bedarf. Auch sollte in allen Fällen jeder Copie eine solche Tafel beigegeben werden, welche die Länge der Copie für Temperaturen von —2° bis + 30° C. von 1° zu 1° angibt. Die Tafel scheint sogar zum gewöhnlichen bürgerlichen Gebrauche unerlässlich, denn ein Meter von Messing ist bei 25° C. um ¼ Millim. länger als bei 0°, d. i. ¹/₄₀₀₀ länger, was in vielen technischen Maassverwendungen nicht vernachlässigt werden darf.

Die beiden bezeichneten Bestimmungen werden zu genauen Copien des Meters führen, und bedürfen keiner anderen Vorrichtung, als des Comparators, wenn die Copien sphärische, aus dem Centrum des Stabes geschliffene Endflächen besitzen; es sprechen übrigens so viele Gründe für diese Form, dass man sie doch nur nothgedrungen aufgeben wird. Sollte aber eine Vergleichung des Glasstabes G_{II} mit einem Meter vorgenommen werden, dessen Endflächen nahezu Ebenen sind, und nahezu senkrecht stehen zur Axe des Stabes, wie etwa der Platinmeter in Berlin, dann müsste noch ein besonderer Apparat angebracht werden. Auf den Planspiegeln des Comparators müssten in der geeigneten Höhe vier planconvexe Linsen von sehr nahe gleicher Dicke mit den Planflächen festgesetzt werden, die bei der Vergleichung die Berührungspunkte bildeten. Man könnte vielleicht auch kleine Stücke Zinnfolie, die nach Fraunhofer's Methode auf gleiche Dicke zwischen Objectiven durch die Lage der Farbenringe untersucht wären, statt der Glaslinsen benützen. Mit zwei bekannten Metern lässt sich dann der Unterschied der Dicken der Linsen am Comparator ermitteln.

Es kann noch vorkommen, dass man von dem Glasmeter *à bout* Copien *à trait* anfertigen will. Diese Operation ist sehr einfach, wenn man sich einige Hilfsapparate herstellt. Der Apparat wird um so einfacher, je geringer die Anforderung an die Genauigkeit ist. Übrigens muss man im Auge behalten, dass alle Theilungen *à trait* nicht genauer zu sein brauchen, als man überhaupt sehen kann. Da die Grösse der Lichtwelle hier die Grenze bildet, wird man sich mit ¹/₁₀₀₀ Millimeter genügen lassen. Nothwendig scheint mir, wenn der Meter gleich richtig copirt werden soll, das Bessel'sche Prinzip der Abschiebung unter Wasser von der Temperatur des schmelzenden Schnees anzuwenden. Dann ist als Hilfsapparat erforderlich: Ein Trog aus Spiegelglasplatte, wozu auch der jetzige angewendete werden kann, wenn man den Schuber-apparat des untern Spiegels abkittet und statt der Bodenplatte von 98 Centim. Länge, ein Spiegelglas von 110 Centim. Länge, auf welches die zwei Theilstriche kommen sollen, auf dem Boden des Troges festkittet. Die eine Längenkante dieser Platte soll anliegen an der einen der Längenwände des Troges. Zur Abschiebung braucht man drei Hilfskörper, zwei am besten aus Glas. Es sind rechtwinkelige Glasprismen mit normaler Grundfläche. Der dritte Hilfskörper ist ein Parallelepipedum von Messing. In dieses ist von oben nach unten ein Loch gebohrt, in welches die Fassung einer Diamantspitze passt. Die Fassung wird gedreht bis die Diamantspitze feine und schöne Linien auf Glas zieht, wenn das Parallelepi-pedum längs des Glasprismas hin bewegt wird. In dieser Lage wird der Diamant, der sehr wenig unten vorsteht im Messingstück befestigt. An dem zweiten Prisma soll eine der Kathetenflächen so sphärisch abgeschliffen sein, dass in einer Höhe gleich der halben Dicke des Glasmeters nur ein Scheibchen der Planfläche von 2 Millimeter Durchmesser stehen bleibt. Die Operation des Copirens ist nun folgende:

Der Trog wird mit Wasser von 0° gefüllt. Man drückt das Glasprisma 1 mit seiner Grundfläche gegen die Längenwand des Troges und zugleich gegen den Boden des Gefässes. Nun wird das Messingstück gegen das Prisma angelegt und unter leisem Druck an der zur Meteraxe normalen Fläche hin bewegt, wobei der Diamant die Linie im Glas zieht. Man legt jetzt statt des Messingstückes den Meter an das Prisma 1. Am anderen Ende des Meters aber das Prisma 2 an den Glasmeter und die Längenwand. Jetzt wird das Prisma 1, dann der Meter entfernt und das Prisma 1 gegen das Prisma 2 angeschoben. Statt des Prisma 2 wird jetzt wieder der Messingkörper längs des Prisma 1 hin bewegt und so die zweite Linie gezogen. Da die Operation unter Wasser von der Temperatur 0 vorgenommen wurde, ist der Abstand der beiden Striche parallel zur Längenkante gemessen gleich dem Meter à bout.

Sollte die Längenwand des Glasplattentroges nicht genau genug sein, um die Fläche des Prismas in beiden Lagen normal zur Axe des Stabes zu stellen, so kann man den Rand der Platte auf der der Meter aufgetragen werden soll gerade und plan abschleifen lassen. Dies ist mit jeder Genauigkeit zu effectuiren. Dieser Rand dient nun zur Orientirung der Prismen, indem man an die Grundfläche der Prismen ein Glas vorstehend aufkittet, so dass der vorstehende Theil an der genau gerade geschliffenen Kante der Glasplatte seine Führung hat. Die Führung braucht die Kante nur in zwei Punkten zu tangiren. Nun werden die Striche sicher parallel.

Die Unterabtheilungen stellt man am leichtesten mit Hilfe einer geradlinigen Theilmaschine her. Ist die Schraube der Theilmaschine nicht ausgeglichen, so wird die erste Theilung mit Fehlern behaftet sein. Durch Mikroskop-Comparator können die Fehler der Theilung bestimmt und dann bei einer zweiten definitiven Theilung berücksichtigt werden. Man darf aber nicht vergessen, dass man nur dann eine richtige Theilung bekommt, wenn sowohl der Massstab als die Theilungsschraube unter Wasser von 0° gesetzt werden. Wenn dem Wasser etwas Kali zugesetzt wird, so greift es den Stahl nicht an. Man kann daher diese Operation vornehmen, ohne das Gewinde der Theilmaschine in Gefahr zu bringen. Auch durch galvanische Ströme kann man bekanntlich das Metall im Wasser vor Oxydation schützen.

Da die Gewichte für den luftleeren Raum gelten, so muss man bei Wägungen in der Luft den Luftgewichtsunterschied der verglichenen Kilogramme dem grösseren Kilogramme zulegen, um das Gleichgewicht herzustellen. Man wird sich also der Tafel bedienen, welche für gewisse specifische Gewichte des Metalles, aus dem die Copie des Kilo gemacht, und für mittlere Temperatur und Barometerstand angibt, wie viele Milligramme dem Bergkrystallkilo $\odot^4$ zugelegt werden müssen. Da man die Tafel nur benützen kann, wenn das specifische Gewicht der Copie des $\odot^4$ bekannt ist, so kann man im Allgemeinen verlangen, dass jede Copie in der Luft und im Wasser abgewogen wird, woraus sich dann das specifische Gewicht am sichersten nach Bessel's Formeln ergibt. Durch eine einfache Rechnung findet sich auch die Änderung des Luftgewichtes für geänderte Temperatur und Luftdruck.

Bequemer und vielleicht sicherer wäre es allerdings, wenn man die ganze Wage in einen luftleeren Raum bringen würde. Doch müsste dann die Auswägung durch Verstellung eines

Laufgewichtes auf dem Wagebalken geschehen, die mittelst eines durch die ganze Wage gehenden und mit Stopfbüchsen beiderseits versehenen Cylinders bewirkt werden könnte. Auch die Schraube, welche die Arretirung besorgt, müsste mit Stopfbüchse versehen sein. Im Kasten müsste endlich eine Barometerprobe angebracht sein, die den Grad der Luftverdünnung angibt. Die Vorrichtung wäre jedoch sehr complicirt und kostbar, wenn sie ganz dem Zweck entsprechen sollte.

Dass es nicht leicht geht, blos mit einer Glasglocke auf Glasteller zu operiren, indem diese bald mit dem einen Gewichte, bald mit dem zu vergleichenden evacuirt wird, habe ich in Paris durch Versuche in Erfahrung gebracht.

Man erlangt also eine genaue Copie des Kilogrammes, wenn die Copie in Luft und in Wasser abgewogen wird, und eine genaue Copie des Meters, wenn die Vergleichungen in Wasser von der Temperatur $= 0°$ und im Wasser von $10°$ oder höherer Temperatur vorgenommen werden.

Die bisherigen Anstalten sind nur auf eine Abwägung und eine Vergleichung basirt und daher für strenge Anforderung nicht genügend.

Tafel Nr. 1.

Länge des Glasmeters G_{II} bei der Temperatur t_N^C:

t_N^C	Millimeter	t_N^C	Millimeter	dt	Längenzunahme
− 2	999·98060	13	0·12544	+ 0·1	+ 0·000852
− 1	999·98912	14	0·13396	0·2	0·001704
		17	0·14248	0·3	0·002556
0	999·99764	18	0·15100	0·4	0·003408
1	1000·00616	19	0·15952	0·5	+ 0·004260
2	0·01468	20	0·16804		
3	0·02320				
4	0·03172	21	0·17656	0·6	+ 0·005112
5	0·04024	22	0·18508	0·7	0·005964
		23	0·19360	0·8	0·006816
6	0·04876	24	0·20212	0·9	0·007668
7	0·05728	25	0·21064	1·0	0·008520
8	0·06580				
9	0·07432	26	0·21916		
10	0·08284	27	0·22768		
		28	0·23620		
11	0·09136	29	0·24472		
12	0·09988	30	1000·25344		
13	0·10840				
14	0·11692				
15	0·12544				

Tafel Nr. 2.

Die Gramme in Platindrähten.

(Specifisches Gewicht der Drähte angenommen 21·04.)

Bezeichnung		Werthe in Milligrammen
□	4₄	= 400 −0·770
△	3₄	= 300 −0·420
∇	2₄	= 200 −0·656
⎮	1₄	= 100 +0·662
□	4₃	= 40 +0·098
△	3₃	= 30 +0·394
∇	2₃	= 20 +0·126
⎮	1₃	= 10 +0·261
□	4₂	= 4 −0·096
△	3₂	= 3 −0·093
∇	2₂	= 2 −0·027
⎮	1₂	= 1 −0·074
⎮	1′₂ [1])	= 1 +0·359

[1]) Das Gewicht 1′₂ ist ein kürzerer und dickerer Platindraht, der zur vollständigen Auswägung beigezogen wurde.

Tafel Nr. 3.

Bergkrystallgewichte

Angaben in Milligrammen (des Archiv-Kilogr.).

Bezeichnung		Werthe in Milligrammen
5₁	= 500000 + 3·412	
2₁	= 200000	−0·812
1₁	= 100000 + 0·491	
1′₁	= 100000 + 0·483	
5₂	= 50000 + 0·863	
2₂	= 20000 + 6·700	
1₂	= 10000 + 8·073	
1′₂	= 10000 + 9·035	
5₃	= 5000 + 3·200	
2₃	= 2000 + 0·536	
1₃	= 1000 + 0·679	
1′₃	= 1000 + −0·402	
1″₃	= 1000 + 0·251	

Σ = 1000000 Milligr. + 82·459 Milligr.

Specifisches Gewicht = 2·654787

1′₁, 1′₂ und 1′₃ sind bezeichnet durch eine feine mit Diamant gezogene Linie durch die Grundfläche des Cylinders, 1″₃ hat zwei solche Linien.

Tafel Nr. 4.

Specifisches Gewicht des Körpers S	m' Milligr.	Diff.	$b^N=338'''$ +db	Diff.	t=26	$t'_N=16·0$ dt	Diff.	t=26	Specifisches Gewicht des Körpers S	m' Milligr.	$b^N=336'''$ +db	t=m+26	$t'_N=16·0$ dt	t=m+26
7·0	286·51		+0·852		−28	−1·006		+34	19·0	396·74	1·180	−39	−1·391	+49
7·1	288·97		0·860		26	1·015		34	19·1	397·08	1·181	39	1·392	49
7·2	291·38		0·867		26	1·023		35	19·2	397·41	1·182	39	1·393	49
7·3	293·60		0·873		26	1·031		35	19·3	397·74	1·183	39	1·394	49
7·4	295·94		0·880		26	1·039		35	19·4	398·06	1·184	39	1·395	49
7·5	298·14		0·887		−29	1·046		35	19·5	398·39	1·185	39	1·396	49
7·6	300·29		0·893		29	1·053		36	19·6	398·71	1·186	39	1·397	49
7·7	302·38		0·900		29	1·060		36	19·7	399·02	1·187	39	1·398	49
7·8	304·41		0·905		29	1·067		37	19·8	399·34	1·188	39	1·399	49
7·9	306·40		0·912		29	1·075		37	19·9	399·65	1·189	39	1·401	49
8·0	308·33		0·917		−30	1·082		37	20·0	399·96	1·190	−40	1·402	49
8·1	310·21		0·923		30	1·089		37	20·1	400·26	1·191	40	1·403	49
8·2	312·05		0·928		30	1·095		37	20·2	400·56	1·192	40	1·404	49
8·3	313·85		0·934		30	1·102		37	20·3	400·86	1·193	40	1·405	49
8·4	315·60		0·939		30	1·108		38	20·4	401·15	1·194	40	1·406	49
8·5	317·31		0·944		−31	1·114		38	20·5	401·44	1·194	40	1·407	49
8·6	318·98		0·949		31	1·119		38	20·6	401·73	1·195	40	1·409	49
8·7	320·61		0·954		31	1·125		38	20·7	402·02	1·196	40	1·410	49
8·8	322·21		0·958		31	1·130		39	20·8	402·30	1·197	40	1·411	49
8·9	323·77		0·963		31	1·136		39	20·9	402·58	1·198	−40	1·413	49
9·0	325·29		0·968		−32	−1·141		39	21·0	402·86	1·199	−41	1·414	49
9·1	326·77		0·972		32	1·146		39	21·1	403·11	1·199	41	1·415	49
10·0	339·87		1·008		−34	1·189		40	21·2	403·11	1·200	41	1·416	49
10·1	340·08		1·012		34	1·193		40	21·3	403·68	1·201	41	1·417	49
10·2	341·28		1·015		34	1·197		41						
10·3	342·43		1·019		34	1·201		41						
10·4	343·57		1·022		34	1·205		41						
10·5	344·69		1·025		−35	1·209		41						
10·6	345·78		1·028		35	1·213		41						
10·7	346·86		1·032		35	1·217		41						
10·8	347·92		1·035		35	1·221		42						
10·9	348·95		1·038		35	−1·225		+42						
11·0	349·98		1·041		−36	−1·228		+42						

Links: *Eisen, Messing, Rothguss etc.* — *Silber etc.*
Rechts: *Gold etc.* — *Platina etc.*

Beispiele über den Gebrauch obiger Tafel finden sich (aber giltig für Zi) in der Abhandlung, p. 242 u. 243.

Zweite Abtheilung.

Abhandlungen von Nicht-Mitgliedern der Akademie.

Mit 9 Tafeln und einer Karte.

DIE

ECHINODERMEN DES BRAUNEN JURA

VON BALIN.

MIT BERÜCKSICHTIGUNG IHRER GEOGNOSTISCHEN VERBREITUNG

IN FRANKREICH, SCHWABEN, ENGLAND UND ANDEREN LÄNDERN.

BEARBEITET VON

DR. GUSTAV C. LAUBE,

DOCENT FÜR PALÄONTOLOGIE AM K. K. POLYTECHNISCHEN INSTITUTE IN WIEN

Mit zwei Tafeln.

(VORGELEGT IN DER SITZUNG DER MATHEMATISCH-NATURWISSENSCHAFTLICHEN CLASSE AM 22. FEBRUAR 1866.)

Literatur.

1778.	Leske. Additamenta ad J. T. Kleinii naturalem dispositionem Echinodermatum.
1804.	Parkinson. Organic Remains of a former World.
1818.	Schlotheim. Beiträge zur Naturgeschichte der Versteinerungen in geognostischer Ulmsicht.
1822.	Schlotheim. Nachträge zur Petrefactenkunde.
1826—1833.	Goldfuss. Petrefacta germaniae. I. Bd.
1839.	Agassiz. Description des Échinodermes fossiles de la Suisse.
1842.	Desor. Monographie des Échinodermes. Troisième Monographie des Galérites.
1842.	Desor. Monographie d'Échinodermes. Quatrième Monographie des Dysaster.
1849.	D'Orbigny. Prodrôme de Paléontologie universelle. I. Bd.
1849—1856.	Cotteau. Études sur les Échinides fossiles du Departement de l'Yonne. I. Bd.
1852.	Quenstedt. Handbuch der Petrefactenkunde.
1855—1860.	Wright. Monograph on the british fossil Echinodermata from the Oolitic formation.
1856.	Bronn. Lethaea geognostica. II. Auflage.
1858.	Pictet. Traité de Paléontologie universelle.
1858.	Quenstedt. Der Jura.
1858.	Desor. Synopsis des Échinides fossiles.

Unter den zahlreichen Resten von Schalthieren, Anthozoen und Spongiarien, welche in den Schichten von Balin begraben liegen, finden sich auch solche von Echinodermen vor. Zwar ist die Anzahl der Species, denen sie angehören, eine ziemlich kleine, doch immerhin von Interesse, da wir auch von diesen wie von den übrigen Petrefacten einen sehr grossen

Theil an ferne liegenden Localitäten wiederfinden. *Clypeus sinuatus* Leske. *Echinobrissus clunicularis* Llhwyd, *Collyrites ringens* Agassiz, *Collyrites ovalis* Leske, *Hypoclypus gibberulus* Agassiz, *Holectypus depressus* Desor. *Holectypus hemisphaericus* Agassiz, das sind Species, die wir an allen classischen Localitäten von Frankreich und England, wie in der Schweiz in äquivalenten Schichten antreffen. Nur der schwäbische Jura macht eine Ausnahme; denn nur zwei Arten lassen sich mit dort vorkommenden als identisch bezeichnen. Während nun aber die französischen Gelehrten für die grösste Anzahl das Bathonien als Lager angeben, und bei wenigen eine höhere Verbreitung bis ins Callovien zugestehen, finden wir die Verbreitung, welche ihnen englische Forscher einräumen, wenn wir die beifolgende Tabelle betrachten, als eine viel grössere, da sie vom Unteroolith bis ins Cornbrash reichen sollen, demnach also viel tiefer beginnen, als die französischen Forscher annehmen. Fassen wir nun noch dazu, dass es sich nachweisen lässt, wie in der wenig mächtigen Schichte von Balin zahlreiche Bivalven, Gastropoden und andere Thierreste vorkommen, die ebenfalls von den Franzosen theils in das Bathonien, theils in das Bajocien verwiesen werden; so lässt sich selbst aus den wenigen Echinodermenarten der Schluss bekräftigen, dass die Trennung in ein Bajocien und Bathonien nur von localer Bedeutung sein kann, die sich auf entlegene Schichten nicht anwenden lässt.

CLYPEUS Klein 1734.

Clypeus sinuatus Leske 1737.

Clypeus sinuatus Park. Org. Rem. 3, Tab. 11, Fig. 1.
Clypeus sinuatus Schlth. Petrefactenk. p. 310.
Clypeus patella Agas. Ech. d Suisse, 1, part. 56, Tab. V, Fig. 4—6.
Clypeus patella Bronn Leth. geogn. II, p. 152, Tab. XV, Fig. 9.
Clypeus sinuatus Desor Syn. d. Echin. p. 276, Tab. X.
Clypeus Plotii Kl. Wright Monogr. br. Echin. III, p. 361, Tab. 38, 39.

Diese weit verbreitete, für den mittleren Jura sehr charakteristische Species findet sich in vollkommen übereinstimmenden Formen zu Balin wieder. Mit Ausnahme von Schwaben, woselbst die Species bis jetzt noch nicht gefunden wurde, kommt sie überall häufig vor. Im Aargauer Jura bildet sie eine genau begrenzte Bank, Waagen (Jura 2. Tabelle) nennt die Zone „Mittlere Hauptrogenstein" und parallelisirt sie mit der Zone des *Am. Parkinsoni* in Schwaben. In ungleich grösserer Häufigkeit kömmt die Species in England vor, wo dieselbe seit den ältesten Zeiten bekannt ist. Sie findet sich im Unteroolith von Gloucestershire, im Grossoolith von Minchinhampton und im Cornbrash von Yorkshire. Im Grossoolith Frankreichs zu Boulogne sur mer, Chayal, Montanville etc. Auch in den äquivalenten Schichten von Longwy in Luxembourg ward die Species von Chapuis nachgewiesen.

ECHINOBRISSUS Breynius 1732.

Echinobrissus clunicularis Llhwyd 1698.

Tab. I, Fig. 1.

Echinobrissus clunicularis Phil. Yorkshire Geol. Tab. 7, Fig. 2.
Echinobrissus clunicularis Desor Syn. d. Echin. foss. p. 263, Tab. 30, Fig. 18—20.
Nucleolites clunicularis Pictet Traité Pal. IV, p. 217, Tab. 94, Fig. 10.
Echinobrissus clunicularis Wright Monogr. br. Echin. IV, p. 333, Tab. XXIV, Fig. 1.
Echinobrissus clunicularis Zeuschner Zeitschr. d. deutsch. geol. Gesellsch. 1861, p. 381.

Umriss der Schale etwas vierseitig gerundet. Vorderrand gerundet. Hinterrand eingelappt, Rücken gewölbt gegen vorn steil abfallend, hinten hin sanft verflacht, die Scheitel
etwas vor der Mitte. Ambulacralreihen ein wenig lanzettförmig, die Rückeneinsenkung tief,
etwas länglich oval und reicht bis zu dem Hinterrand der Scheitelplatten. Die Basis ist concav und durch die Ambulacra ein wenig gefurcht, die Mundöffnung hat einen fünfseitigen
Umriss und liegt gegen den Vorderrand.

Diese Species ist eben so weit verbreitet wie die vorstehende. In England findet sie sich
im Unteroolith zu Strout, Rodborough, Coopers, Birdlip und Leckhampton an vielen Orten
im Cornbrash und im Grossoolith von Minchinhampton. In Frankreich im Bathonien von
Ranville, in Forest marble von Chatel Censoir. In Callovien von Mamers und Sct. Scolasse.
In der Schweiz im Canton Aargau und Canton Solothurn in den gleichen Schichten. In
Deutschland scheint sie noch nicht nachgewiesen.

COLLYRITES Delue 1831.

Collyrites ringens Agassis 1836.

Tab. 1, Fig 2.

Dysaster ringens Agas Echin. foss. d. Suisse, 1, p. 6, Tab. 1, Fig. 7—11.
Dysaster ringens Desor Monogr. d. Dysaster, p. 14, Tab. 1, Fig. 13—17.
Dysaster Eudesii Desor ibid Tab. 1, Fig. 5—12.
Collyrites ringens Desor Synop. p. 207.
Collyrites ringens Wright Monogr. d. Echin. III, p. 309, Tab. 22, Fig. 3.

Schale im Umriss etwas fünfseitig, vorn gerundet, hinten ausgezogen, Oberseite gewölbt,
ein wenig platt gedrückt, die Seiten wulstig, der Scheitel liegt ziemlich in der Mitte. Die
Ambulacra liegen weit aus einander, das hintere Paar bildet einen Bogen um die Afteröffnung,
welche eine birnenförmige Gestalt hat und in einer flachen Furche des Hintertheiles liegt. Die
Basis ist concav in fünf Buckeln getheilt, von denen der hinterste am meisten vorsteht, und
die mit den Interambulacralfeldern zusammenfallen. Die Mundöffnung klein fast mittelständig
und von fünfseitigem Umriss.

Die Species findet sich im Discoidenmergel (Vesulien) der Schweiz, Goldenthal. Im Bajocien von St. Vigor und Port en Bessin, le Moutieres, im Unteroolith von Dorsetshire zu
Sherborne, Sevire, Burton Bradstock, auch im Unteroolith von Leckhampton. Quenstedt
(Jura, p. 510, Tab. 68, Fig. 19) nennt die Species aus der Macrocephalenschicht von Achdorf,
doch scheint mir die Abbildung mit den vorliegenden Exemplaren nicht wohl zu stimmen und
eher auf die folgenden Species zu deuten. Bis jetzt sind nur wenige Exemplare von Balin
bekannt geworden.

Collyrites ovalis Leske 1778.

Tab. 1, Fig 1.

Spatangites ovalis Leske Additamentum, p. 263, Tab. 41. Fig. 5.
Collyrites ovalis Desmoul. Etudes sur les Echinides, p. 368.
Dysaster ovalis Agas. Echin. foss. Suisse, 1. p. 6, Tab. 1, Fig. 12—14.
Dysaster bicordatus Desor Monogr. d. Dysast. p. 9, Tab. 2, Fig. 1—4.
Dysaster ovalis Desor. ibid. p. 10, Tab. 4, fig. 8—10.
Dysaster avellana Desor ibid. p. 23, Tab. 3, Fig. 1—4.
Dysaster Robinaldinus Cotteau Études s. les Echin. foss. p. 73, Tab. 7, Fig. 1—5.

Calliprass ovalis Desor Syn. Echin. foss. p. 206.
Calliprites ovalis Wright Monogr. Echin. foss. III, p. 315, Tab. XXIII, Fig. 1.

Schale dünn, fast gleichmässig gerundet an der Vorder- wie Hinterseite, die Flanken wulstig; die Oberseite gewölbt, oft aufgebläht, aber auch häufig zusammengedrückt: der Scheitel excentrisch im vorderen Drittheil der Schale gelegen; die Afteröffnung ist oval und liegt gegen die Oberseite, die hinteren Ambulacra stossen mit dem Oberrand der Öffnung zusammen und ziehen sich dann in weitem Bogen zur Basis, welche eben und breit ist, nur der Theil unter dem Anus tritt etwas vor. Der Mund ist klein und liegt noch etwas weiter als der Scheitel gegen den Rand vor; das Stirnambulacralfeld ist davor ein wenig eingesenkt. Die Species unterscheidet sich von *C. ringens* durch die breite ebene Basis von *C. bicordatus* Leske (non Ag.) durch die Stellung der hinteren *Ambulacra*, welche bei der letzteren Species die Afteröffnung in weitem Bogen umgeben, während sie bei der *C. ovalis* diese berühren.

Die jüngeren Exemplare erscheinen in der Regel aufgebläht, was Desor bewogen haben dürfte, eine Species daraus zu machen; Wright l. c. zieht mit Recht die Species zusammen, und man könnte höchstens die jüngeren als Var. *avellana* gelten lassen.

Die Art findet sich in allen möglichen Abänderungen vom dicken zum flachen Durchmesser ungemein häufig um Balin, ja sie ist wohl von allen von dorther bekannt gewordenen Echiniden die gemeinste. Sie kömmt mit den vorigen Species im Unteroolith Englands zu Walditch hill bei Bridport vor, eben so in Charlcomb bei Bath und im Cornbrash von Wilts; in Frankreich findet sie sich im Bathonien von Macon, Bysé, Besançon, Veseloy etc. In der Schweiz liegt sie im Discoidenmergel (Vesulien) von Muttenz bei Basel.

HYBOGLYPUS Agassiz 1839.

Hyboglypus gibberulus Agassiz.

Hyboglypus gibberulus Agas. Echin. foss. Suisse, p. 75, Tab. 14, Fig. 10—12.
Hyboglypus gibberulus Desor Monogr. Galérites. p. 84, Tab. 13, Fig. 12—14
Hyboglypus gibberulus Bronn Leth. geogn. Tab. 17, Fig. 11
Hyboglypus gibberulus Desor Syn. d. Echin. foss. p. 194, Tab. 26, Fig. 11—15.
Nucleolites cereus Quenst. Handb. d. Petrefactenk. Tab. 50, Fig. 3.

Leider liegen bis jetzt von dieser Species nur zwei Bruchstücke vor. Das eine zeigt einen scharfen Kiel am vordern Rande und die schmale Form des Umrisses, es stimmt im Ganzen sehr wohl mit den Abbildungen, die oben citirt sind, überein, so weit sie sich vergleichen lassen, die Basis ist leider ganz unkenntlich. Das andere Stück gehört einem verhältnissmässig flacheren und breiteren Exemplare an, bei ihm ist der Mund erhalten und zeigt am fünftheiligen Peristom die Anordnung der Poren in schiefen Drillingsreihen. Dennoch wäre es nicht unwahrscheinlich, dass dies letztere Stück einem Exemplare zugehört, welches mit *H. ovalis* Wright zu identificiren wäre. *H. ovalis* Wright (Monogr. foss. Ech. II, p. 301, Tab. XXII. Fig. 1) ist der Species *H. gibberulus* nahe verwandt, wo nicht gar identisch, unterscheidet sich durch den Mangel des Kammes, oder wenigstens durch dessen schwächeres Hervortreten und den breiteren Umfang. Jene Drippelstellung der Poren scheint Wright bei *H. gibberulus* auch nicht beobachtet zu haben. Nach dem mir vorliegenden Material kann ich jedoch nichts weiter constatiren, als dass die erste Species wirklich zu Balin vorkömmt, und dass es wahrscheinlich ist, dass auch die zweite dort vorkommt, muss aber eine endgiltige Entscheidung einer späteren Zeit überlassen.

H. gibberulus findet sich im Vesulien des Cantons Solothurn und Aargau in der Schweiz, im Grossoolith von Mâcon Dop. Ain, Narent (Callovien), Dop. Sarth in Frankreich. In England findet sich die Art im Unteroolith von Burton Bradstock, bei Walditch hill in Dorsetshire mit den früheren Arten. In Deutschland ist sie noch nicht beobachtet worden.

PYGASTER Agassiz 1834.

Pygaster decoratus Laube.

Tab. 1, Fig. 4.

Schale gerundet fünfseitig flach, die Interambulacralfelder dreimal so breit als die Ambulacralen, die schmalen Asseln haben am Umfange fünf, weiter gegen den Scheitel vier und drei Warzen, von denen die mittlere dadurch ausgezeichnet ist, dass sie von einem Kranz stabförmiger Randwärzchen umgeben ist, während die andern nur einen solchen von runden Wärzchen haben. Diese Mittelwarze bleibt bis auf den Scheitel constant vorhanden, und erhält die Form dadurch ein ungemein zierliches Aussehen. Die Ambulacralfelder sind flach, gerade neben den Porenzeilen läuft jederseits eine Reihe von Tuberkeln, zwei innere sind nur unvollständig entwickelt, so dass sie gar nicht in die Augen fallen. Der Scheitel liegt etwas unter der Mitte, darunter die grosse ovale Afteröffnung, welche etwas über die Hälfte der ganzen Schalenoberseite herabreicht. Die Basis ist schwach concav, der Mund gross und rund.

Die Species hat einige Ähnlichkeit mit *P. Morris* Wright, unterscheidet sich aber von dieser Art durch die geringere Zahl der Warzen auf den Asseln, so wie durch die Beschaffenheit der Ambulacralreihen, welche hier deutlich vier Reihen Warzen haben. Jene eigenthümliche Ornamentirung der Mittelwarze jeder Assel unterscheidet die Species übrigens von dieser wie von jeder anderen.

Bisher nur ein Exemplar von Balin.

Original im k. k. Hof-Mineraliencabinete.

Durchmesser 31 Millim., Höhe 13 Millim.

HOLECTYPUS Desor 1847.

Holectypus depressus Leske 1768.

Tab. 1, Fig. 5.

Echinites depressus Leske Additamenta, p. 101, Tab. 41, Fig. 5, 6.
Galerites depressus Goldf. Petref. Germ. I, p. 129, Tab. 41, Fig. 3.
Pyrendes depressus Agas. Echin. foss. Suisse. I, p. 88, Tab. 13, Fig. 7—13.
Discoides depressus Desor Monogr. Galérites, p. 68, Tab. 10, Fig 4—10.
Holectypus depressus Desor Syn. p. 169.
Holectypus depressus Wright Monogr. Echin. foss. II, p. 260, Tab. 18, Fig. 1
Galerites depressus Quenst. Jura. p. 511, Tab. 68, Fig. 21
Holectypus depressus Zeuschner Zeitschr. deutsch. geol. Gesellsch. 1864, p. 581.

Schale dünn, halbkugelig, mehr oder weniger zusammengedrückt; Umfang kreisförmig oder sehr wenig fünfseitig; die Basis eben oder wenig concav, der Mund central zehnseitig mit gerandetem Peristom; die Afteröffnung ist gross, eiförmig und nimmt fast den ganzen Raum zwischen dem Mund und dem Umfang ein. Die Ambulacralfelder schmal lanzettförmig mit sechs Reihen Warzen in schiefer Stellung angeordnet. Interambulacralfelder mit 15—20

Warzen in der Reihe. Scheitelring klein, Genitalplatten alle gleich, die Madreporenplatte liegt gerade in der Mitte, vier Eierlöcher, die fünfte Platte, wozu die Madreporenplatte gehört, blind.

Diese schon längst bekannte Species ist eine der verbreitetsten in den mittleren Jura-schichten. In England findet sie sich vom Unteroolith bis in den Cornbrash an den Cottes-wold hills, Dundry, Stinchcombe, Rodborough, Birdlip, Leckhampton u. a. a. L., im Cornbrash von Gloucestershire und Chippenham, in Frankreich im Bathonien bei Metz, Conlie, Ranville Macon, im Callovien von St. Scolasse, Chauffour, Marolles, Latrecy u. a. a. L. In der Schweiz in den Discoideenmergeln von Muttenz bei Basel, Kornberg bei Frick im Aargau etc. In Schwaben findet er sich im braunen Jura ε, also dem Callovien entsprechend. Von Balin lie-gen mehrere wohlerhaltene Exemplare vor.

Holectypus hemisphaericus Agassiz 1837.

Tab. II, Fig. 1.

Discoides hemisphaericus Agas. Cat. System. p. 7.
Discoides hemisphaericus Agas., Desor Monog. d. Galérites, p. 71, Tab. 8, Fig. 4—7.
Holectypus hemisphaericus Desor Syn. Echin. foss. p. 172.
Holectypus hemisphaericus Wright Monogr. Echin. II, p. 244, Tab. 18, Fig. 2.

Schale halbkugelig, mehr oder weniger zusammengedrückt, Umfang gerundet, die Hin-terseite ein wenig länger als die vorderen; Afteröffnung oval zum Theil am Rande gelegen, so dass sie in der Seitenansicht sichtbar wird, die Basis ist ziemlich flach, der Mund einge-senkt zehnseitig, gerandet, einem Drittheil des Basisdurchmessers gleichkommend. Die Am-bulacralfelder sind schmal, jede der schmalen Asseln trägt eine grosse Warze, welche zu zwei oder auch drei Reihen geordnet sind, so dass je vier oder sechs der beiden Hälften eine Vförmige Linie bilden etwa. Die Interambulacralfelder sind mehr als drei-mal so breit als jene. Jede dazwischen Schnüre von kleine-Platte ist wie bei dem vorigen die Mitte hinein.

Platte trägt eine oder zwei Reihen Warzen, da-ren. Die Genitalscheibe ist sehr klein. Die fünfte die grösste, und ragt mit der Madrepore bis in

Die Species findet sich in England häufig im Unteroolith von Somersetshire und Dorset-shire mit dem *Collyrites ringens*, eben so mit *Holectypus depressus* und *Echinobrissus clunicularis* zu Leckhampton, Sardington und Hampen in Gloucestershire. In Frankreich im Bathonien von Ranville. Von Balin in mehreren Exemplaren.

STOMECHINUS Desor 1857.

Stomechinus cognatus Laube.

Tab. II, Fig. 2.

Schale rund, wenig fünfseitig, halbkugelförmig, ein wenig zusammengedrückt. Ambula-cralfelder schmal, fast halb so breit wie die Interambulacralfelder, zwei Reihen Warzen vom Peristom bis zum Scheitel constant, doch an Grösse zunehmend, dann schnell abnehmend und ganz gleich bleibend, dazwischen feine Körnchen, welche die Warzen als Seitenhöfe um-geben. Porenzone dreireihig, so dass je zwei Paare mit einem dritten in schiefer Richtung abwechseln. Interambulacralfelder in der Mitte ein wenig flach mit drei Warzen auf joder Axel und zahlreichen Körnern dazwischen. Basis ziemlich eben, Mund gross, mittelmässig ausgelappt. Peristom an den Lappen gerandet. After am Scheitel klein, Genitalplatten halb so gross wie die Madreporenplatte.

Die Species steht einerseits dem *St. bigranularis* Lamarck sehr nahe, unterscheidet sich, aber davon durch die grössere Anzahl von Ambulacralwarzen, deren jene Species 26, diese hingegen 36 zählt, so wie durch die drei Warzen auf den Interambulacralplatten, während bei *St. bigranularis*, deren nur zwei sich vorfinden, wie auch durch eine verhältnissmässig grössere Mundöffnung. Auf der anderen Seite ist er sehr verwandt mit *St. germinans* Phill. doch davon durch die niedergedrückte Form verschieden. Endlich auch von *St. intermedius*, welchem er durch die Form mehr genähert wird, durch die Zahl der Ambulacralwarzen, welche bei der letzteren Species sehr weit von einander stehen.

Bisher nur in zwei unvollständigen Exemplaren von Balin bekannt.

Original im k. k. Hof-Mineraliencabinete.

Durchmesser 42 Millim., Höhe 24 Millim.

PEDINA Agassiz 1839.

Pedina cfr. *arenata* Agassiz.

Ein sehr flachgedrückter Echinid dürfte vielleicht hieher gehören oder doch wenigstens in unmittelbare Nähe. Leider ist der Körper sehr beschädigt und nur am Umfang zu einem Vergleiche brauchbar. Darnach stimmt er ziemlich mit Agassiz' Abbildung (Echinid Suiss. II, p. 57. Tab. XV, Fig. 1—6), ist aber etwas mehr fünfseitig und grösser. Spätere Funde guter Exemplare können die Zweifel allein lösen.

PSEUDODIADEMA Desor 1854.

Pseudodiadema subpentagona Laube.

Tab. II, Fig. 3.

Schale fünfseitig[1]), zusammengedrückt, sehr flach: Ambulacra am Umfange fast so breit wie die Interambulacra, mit zwei Reihen von Warzen von der Grösse jener der Interambulacren, von denen 9—10 in einer Reihe stehen. Porengänge durchaus einpaarig. Interambulacralfelder mit je einer Warze in vollkommen gleichem Abstand am Scheitel wie an dem Peristom. Am Umfang und der Basis dazwischen feine Körner, welche die Höfe bilden, gegen den Scheitel fast ganz glatt. Seiten etwas wulstig. Basis breit, etwas concav, Mund gross im Verhältniss zum Umriss.

Bisher nur in einem Exemplare bekannt, dessen Scheitelplatten nicht erhalten sind. Die Species hat viel Ähnlichkeit mit *P. pentagona* M'Coy (Wright Echin. II, p. 115, Tab. 6. Fig. 3) aus dem englischen Grossoolith, unterscheidet sich aber von dorselben durch die geringere Anzahl von Tuberkeln und breiteren Ambulacralfelder, so wie durch die einpaarigen Porengänge. Eben so ist die Species mit *P. depressa* Ag. (Wright ibid. Fig. 2) sehr

---

[1]) In der Zeichnung ein wenig rund ausgefallen.

vorwandt, hat aber keine zweipaarigen Porengänge wie diese, und weniger Warzen in der Reihe.

Grösse des Exemplares: Durchmesser 14 Millim., Höhe 7 Millim.
Original im k. k. Hof-Mineraliencabinete.

MAGNOSIA Michelin 1853.

Magnosia Deserti Laube.

Tab. II, Fig. 4.

Körper rund, schwach fünfseitig, ziemlich halbkugelförmig gewölbt, Ambulacralgänge gerade, schmal und gleichmässig weit, mit zwei Reihen stärkerer und einer dritten abwechselnden Reihe schwächerer, geschlossener Warzenhöcker, die Porengänge in eine Furche eingesenkt, die Poren durchaus paarig, die Interambulacralfelder breit, jedes derselben durch eine Mittelfurche in zwei Hälften getheilt, mit zahlreichen geschlossenen Warzenhöckern bedeckt, die in der Grösse wechseln, indem sie gegen den Mund zu grösser und auch an Zahl geringer, am grössten Umfang kleiner und weit zahlreicher sind, dagegen gegen den After hin wieder an Zahl ab-, aber an Grösse zunehmen. Die Basis ist concav, der Mund weit in einer Einsenkung gelegen, der Afterring eng vorstehend und gerandet, die Öffnung oval. Die Ovarialplatten sind klein fünfseitig, die Madreporenplatte bei weitem die grösste.

Die Species erinnert sehr lebhaft an *Magnosia Forbesii* Wright (Monograph on the british fossil Echinodermata of the oolitic Formations, I, p. 191, Tab. 13, Fig. 6), doch kann sie mit ihr keinesfalls identificirt werden. Der Unterschied liegt in der Beschaffenheit der Ambulacralfelder, welche hier nur zwei Reihen und abwechselnd drei Reihen von Knoten, während *M. Forbesii* durchgehends eine Reihe Knoten und nur auf der Unterseite zwei Reihen hat. Ferner reichen die die Interambulacralfelder theilenden Furchen nur bis zur Basis, wo sie verschwinden und an ihre Stelle eine Reihe starker Warzen tritt; auch ist ein Unterschied bezüglich der Grösse und Anordnung der Ovular- und Madreporenplatte vorhanden, welche bei *M. Forbesii* gleich sind, während hier die Madreporenplatte weit grösser als die Eierplatten ist. Eine sehr nahe verwandte Species beschreibt Quenstedt *M. (Echinus) nodulosus* (Jura 649, Tab. 80, Fig. 12—14) aus dem weissen Jura γ. Doch hat dieselbe ein verhältnissmässig grösseres und rundes Afterloch, lässt aber weiter keine genauen Unterschiede erkennen; da die Zeichnung nicht deutlich genug angefertigt ist.

Die Species ist bis jetzt nur in wenigen Exemplaren von Balin bekannt geworden.
Grösse des abgebildeten Exemplares: Durchmesser 12 Millim., Höhe 8 Millim.
Originalexemplar in der Sammlung des k. k. Hof-Mineraliencabinetes.

HEMICIDARIS Agassiz 1839.

Hemicidaris Apollo Laube.

Tab. II, Fig. 5.

Schale rund, vom Scheitel etwas zusammengedrückt, Ambulacralfelder schmal welliggekrümmt mit einer doppelten Reihe kleiner nicht durchbohrter Warzenhöcker an den Seiten der Porengänge, und sechs Paar Semituberkeln an der Basis. Diese letzteren nehmen nach und nach an Grösse zu bis zum unteren Umfang, dann aber plötzlich ab, sie stehen wie die primären Stachelwarzen weit vor und haben einen gekerbten Ring. Die Poren sind zweireihig und verlaufen sehr regelmässig. Die Interambulacralfelder sind dreimal so weit als die Ambulacralfelder und haben sechs Paar weit vorstehende nach oben und unten an Grösse abnehmende Warzenhöcker mit grossem Gelenkskopf und gekerbtem Ring, die Warzenhöfe sind tief und durch gleichmässige secundäre Warzen umsäumt, stossen jedoch in der Mitte zusammen. Die Afteröffnung ist rund von dem Kranze der vorspringenden Eiertafeln umgeben. Die Mundöffnung nimmt fast die ganze Basis ein, das Peristom ist eingelappt und die Ecken kommen zwischen die Ambulacralfelder zu liegen.

Die Species hat viel Ähnliches mit *Hemicidaris intermedia* Agass., ist jedoch niedriger und hat zwei Paar Stachelwarzen weniger.

Bisher zwei Exemplare von Balin.

Grösse des abgebildeten Exemplares: Durchmesser 20 Millim., Höhe 16 Millim.

Originalexemplar in der Sammlung des k. k. Hof-Mineraliencabinetes.

Ausser diesen in vorstehenden Blättern abgehandelten Körpern finden sich auch noch Stachelfragmente in dem Baliner Oolith. Bis jetzt sind zwei Formen bekannt geworden. Die ersteren (Tab. II, Fig. 6) sind keulenförmig oben abgestutzt, mit einer feinen Körnelung auf dem Scheitel, auf den Seiten mit dicht stehenden Perlreihen bedeckt, fein gestreift und hohl, gehören aller Wahrscheinlichkeit nach zu *Hemicidaris Apollo*. Da aber bis jetzt noch keiner mit erhaltenem Fuss bekannt wurde, auch Schalenfragmente der Species mit den Stacheln noch nicht zusammen vorkamen; so bleibt dies immer nur eine Vermuthung. Eine etwas abweichende Form hat das Tab. II, Fig. 7 abgebildete Fragment, welches einer dünnen Ruthe anzugehören scheint, die nicht hohl ist, und zehn breite sägezähnige Kämme um den Körper hat, deren Seiten fein gestrichelt sind. Es dürfte dieser Stachel einer bis jetzt noch unbekannten *Rhabdocidaris*-Art angehören.

Was bisher von Crinoidenresten bei Balin gefunden wurde ist sehr unerheblich. Einige sehr undeutliche Stielfragmente eines *Pentacrinus*, welche vielleicht mit *Pentacrinus Stuifensis* Oppel (Quenst. Handbuch d. Petrefactenk. Tab. 52, Fig. 14, 15 aus der Zone des *Am. Humphrisianus*) identizirt werden können. Daneben kommen noch Stielglieder eines *Millericrinus* vor, ganz analog jenen, welche Quenstedt, Jura, Tab. 68, Fig. 29–33, aus dem schwäbischen braunen Jura ε als „*Mespilocrinites macrocephalus*" abbildet. Das Auftreten ist ziemlich selten und lässt sich bei der grossen Ähnlichkeit, welche überhaupt Stielglieder von Crinoiden unter einander haben nichts entschiedenes aussprechen. Für jetzt mögen dieselben einweilen als *Millericrinus* cfr. *macrocephalus* Quenstedt hier Erwähnung gefunden haben.

Verbreitungs-Tabelle
der Echinodermen des Baliner Juras nach den geognostischen Horizonten.

Name	Polen	Frankreich	England	Schwaben	Andere Fundorte
Cyphus annerus Leske	Balin	Bathonien	Unterool., Cornbrash	—	Aargau (Schweiz), Langwy (Luxemburg)
Echinobrissus clunicularis L. h. d.	Balin	Bathonien, Callovien	Unterool., Cornbrash	—	Aargau, schleitheimische Langwy, Luxembourg
Collyrites ringens Agas.	Balin	Bajocien	Unteroolith	br. Jura ε	Gaisantsal (Schweiz)
„ *ovalis* Leske	Balin	Bathonien	Unterool., Cornbrash		Naurau (Schweiz)

Denkschriften der mathem.-naturw. Cl. XXVII. Bd. Abhandl. von Nichtmitgliedern.   b

Name	Polen	Frankreich	England	Schwaben	Andere Fundorte
Hyboclypus gibberulus Ag....	Balin	Bathonien, Callovien	Unteroolith	—	Aargau, Solothurn, Schw.
Pygaster decoratus Lbe......	Balin	—	—	—	—
Holectypus depressus Da......	Balin	Bathonien, Callovien	Unterool., Cornbrash	br. Jura ε	Montana (Schweiz)
" *Acrosphaericus* Ag..	Balin	Bathonien	Unteroolith	—	—
Stomechinus cognatus Lbe....	Balin	—	—	—	—
Pedina cfr. *arenata* Ag......	Balin	—	—	.	Aargau (Schweiz)
Pseudodiadema subpentagona....	Balin	—	—	..	—
Magnosia Desorii Lbe.......	Balin	—	—	—	—
Hemicidaris Apollo Lbe....	Balin	—	—		—

Erklärung der Tafel I.

Fig. 1. *Echinobrissus clunicularis* L l h w y d. p. 2.

 a Ansicht von oben, *b* von unten, *c* von hinten, *d* Seitenansicht, *e* Scheitelansicht vergrössert.

  2. *Collyrites ringens* A g a s. p. 3.

 a von oben, *b* von hinten, *c* von der Seite, *d* von unten, *e* von vorn um den Durchmesser vergrössert.

  3. *Collyrites ovalis* L e s k e p. 3.

 a von oben, *b* von unten, *c* von hinten, *d* Seitenansicht, *fg* ein aufgeblähtes Exemplar von oben und von vorn, *h* vergrösserte Contur des Exemplares *a*.

  4. *Pygaster decoratus* L a u b e p. 5.

 a von oben, *b* von unten, *c* von der Seite, *d* Partie der Ambulacral- und Interambulacralfelder vergrössert.

  5. *Holectypus depressus* D e s o r p. 5.

 a von oben, *b* von unten, *c* von der Seite, *d* Scheitelplatten gleichfalls vergrössert, *e* Partie der Ambulacral- und Interambulacralfelder vergrössert.

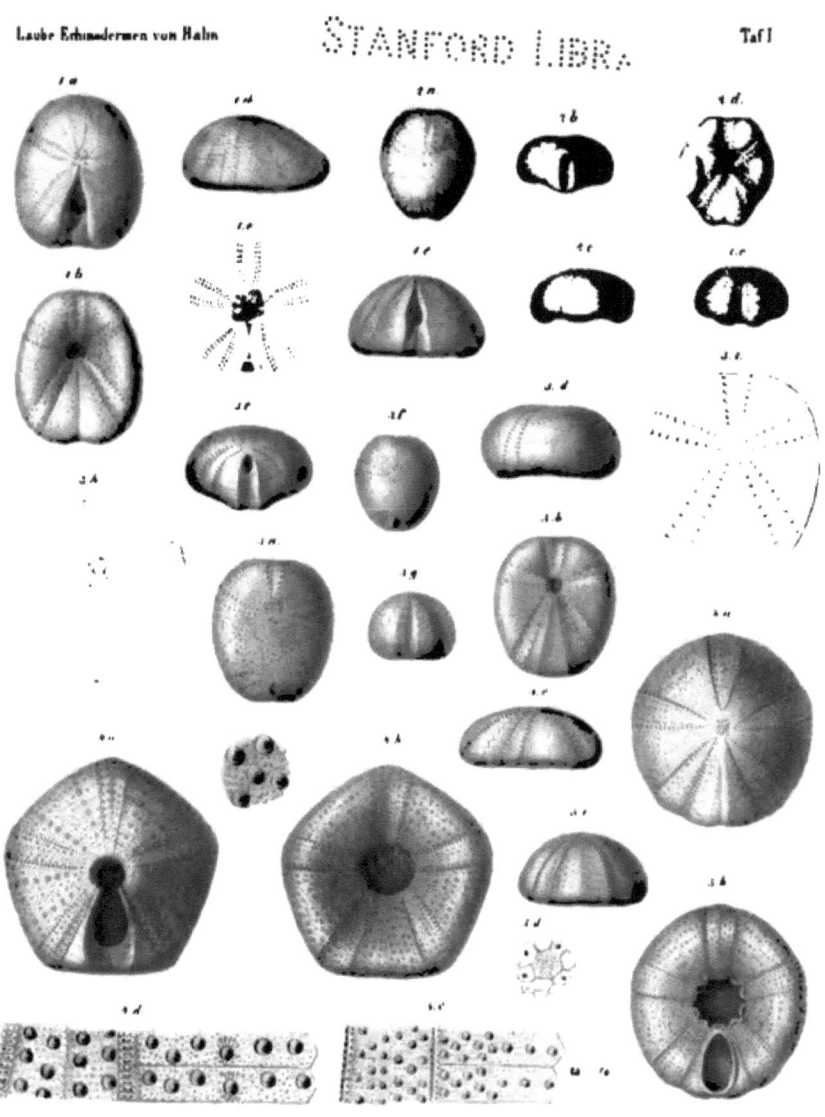

Erklärung der Tafel II.

Fig 1. *Holectypus hemisphaericus* Aga*. p. 6.

      a von oben, *b* von unten, *c* von der Hinterseite, *d* Partie der Ambulacral- und Interambulacral-
felder vergrössert, *e* Scheitelplatten ebenfalls vergrössert. *f* Contur der natürlichen Grösse.

  „ 2. *Stomechinus cognatus* Laube p. 6.

      a von der Seite, *b* von unten, *c* Partie der Ambulacral- und Interambulacralfelder vergrössert.

  „ 3. *Pseudodiadema subpentagona* Laube p. 7.

      a von oben, *b* von der Seite, *c* von unten, *d* Partie der Ambulacral- und Interambulacralfelder
vergrössert, *e* Contur in natürlicher Grösse.

  „ 4. *Magnosia Desorii* Laube p. 8.

      a von oben, *b* von unten, *c* von der Seite, um den Durchmesser vergrössert, *d* Partie der Ambu-
lacral- und Interambulacralfelder, *e* Contur in natürlicher Grösse, *f* Scheitelring vergrössert.

  „ 5. *Hemicidaris Apollo* Laube p. 8.

      a von oben, *b* von unten, *c* von der Seite, *d* Scheitelplatten vergrössert, *e* Contur in natürlicher
Grösse, *f* Partie der Ambulacralfelder vergrössert.

  „ 6 und 7. *Cidaris*-Stacheln; Fig. 6 wahrscheinlich zu *H. Apollo* gehörig.

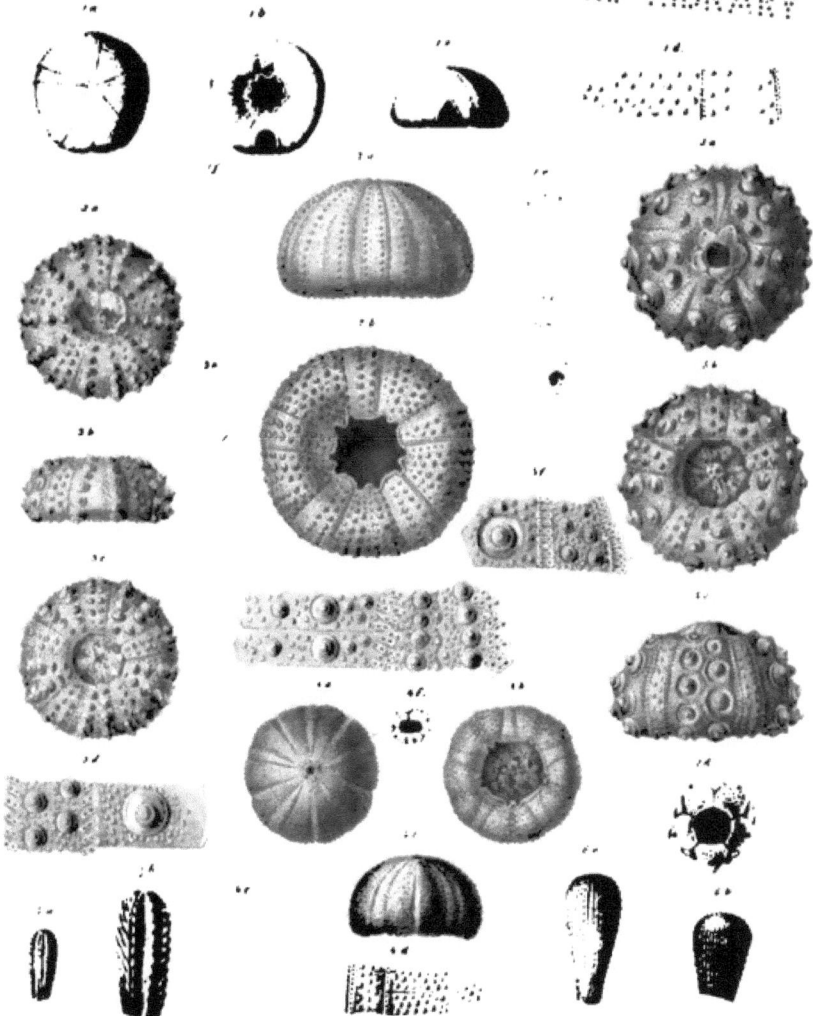

DIE

BIVALVEN DES BRAUNEN JURA

VON BALIN.

MIT BERÜCKSICHTIGUNG IHRER GEOGNOSTISCHEN VERBREITUNG

IN FRANKREICH, SCHWABEN, ENGLAND UND ANDEREN LÄNDERN.

BEARBEITET VON

DR GUSTAV C. LAUBE,
DOCENT FÜR PALAEONTOLOGIE AN K. K. POLYTECHNISCHEN INSTITUTE IN WIEN

Mit fünf Tafeln.

———

(VORGELEGT IN DER SITZUNG DER MATHEMATISCH-NATURWISSENSCHAFTLICHEN CLASSE AM VI. FEBRUAR 1866.)

———

Literatur.

1812—1829. J. Sowerby. The mineral Conchology of Great Britain.

1820. Schlotheim. Die Petrefactenkunde von ihrem jetzigen Standpunkte.

1830. Zieten. Die Versteinerungen Würtembergs.

1834—1840. A. Goldfuss. Petrefacta Germaniae. II. Band.

1835. Phillips. Geology of the Yorkshire Coast II. Edition.

1836. Ad. Römer. Die Versteinerungen des norddeutschen Oolithen-Gebirges.

1837. Pusch. Polens Palaeontologie.

1838. Eudes Deslongchamps. Mémoires sur les coquilles lithophages des terrains secondaire du Calvados. (Mém. de la Soc. Linn. de Normandie. VI. Band.)

1840. L. Agassiz. Études critiques sur les mollusques fossiles. Mémoires sur les Trigonies.

1842—1845. L. Agassiz. Études critiques sur les mollusques fossiles. Monographie des Myes.

1842. Ferd. Römer. De Astartarum genere.

1843—1850. J. T. Deshayes. Traité élémentaire de Conchyliologie avec les applications de cette science à la géologie.

1845. Buckmann and Strickland. A new Edition of the „Outline of the Geology of the neighbourhood of Cheltenham by R. J. Murchison.

1849—1850. D'Orbigny. Prodrôme de Paléontologie stratigraphique universelle. I. Band.

1850—1854. J. Morris and John Lycett. A Monograph of the Mollusca from the Great Oolith. II. Part.

1852. A. Buvignier. Atlas de la Statistique géologique etc. du Département de la Meuse.

1852. Bronn. Lethaea geognostica. II. Auflage.

1853. Chapuis et Dewalque, Description des fossiles des terrains secondaire de la Province de Luxembourg.

1855. Terquem. Mémoire sur un nouveau genre de Mollusques acéphales fossiles. (Bull. soc. géol. France. II. sér. X.)

1855. Terquem. Observations sur les études critiques des Mollusques fossiles.

1859. Eudes Deslongchamps. Description d'un nouveau genre des coquilles bivalves fossiles Eligmus, provenant de la Grande Oolithe du Calvados. (Mém. de la soc. Linn. de Normandie, X. Bd.)

b*

1856—1858. A. Oppel, Die Juraformation Englands Frankreichs und des südwestlichen Deutschlands.

1857. Eudes Deslongchamps, Nouvelles observations sur le genre Eligmus. (Bull. de la soc. Linn. de Norm.)

1858. Quenstedt, Der Jura.

1858. Chapuis, Nouvelles recherches sur les fossiles des terrains secondaires de la Province de Luxembourg. (Acad. royal de Belgique, 33. Bd.)

1858. Lycett, The Cotteswold Hills.

1858. Lonsbury, Quarterly Journal of geol. soc. XV. Bd.

1860. Wright, On the Subdivision of the Inferior Oolith of the South of England. (Proc. geol. soc. XVI. Bd. I. Tbl.)

1861. F. Th. Schröter, Über die Juraformation in Franken. (Jahresber. der naturforsch. Gesellschaft zu Bamberg.)

1863. Lycett, Supplementary Monograph on the Mollusca from the Stonesfield Slates, Great Oolith, Forest Marble and Cornbrash.

1864. W. Waagen, Der Jura in Franken, Schwaben und der Schweiz.

1864. Leuchart, Die Entwickelung der Juraformation im westlichen Polen. (Zeitschrift der deutschen geol. Gesellschaft.)

1864. Carl von Seebach, Der Hannover'sche Jura.

Die nachfolgende Abhandlung ist ein Theil jenes Werkes, welches Prof. E. Suess schon vor Jahren begann, der paläontologisch-geologischen Bearbeitung des braunen Jura bei Balin im ehemaligen Krakauergebiete. Im Verbande mit anderen Gelehrten, welche sich an der Arbeit betheiligten, ist mir die Ehre zu Theil geworden, mit der Bearbeitung der Bivalven jener Schichten betraut zu werden. Die Resultate dieser Arbeit liegen hier vor. Indem ich auf die von Dr. Hörnes der k. Akademie der Wissenschaften vorgelegte geologische Karte des Krakauergebietes, von weil. Hohenegger angefertigt, so wie auf die stratigraphisch-geognostische Bearbeitung des Terrains durch Prof. E. Suess hinweisen kann, möge es mir gestattet sein, von weiteren geognostischen Bemerkungen gänzlich abzusehen und in kurzen Worten nur das vorauszuschicken, was sich als allgemeiner Schluss aus der Bearbeitung dieser Classe von Petrefacten ergibt.

Es ist zunächst für den Forscher eine höchst interessante Erscheinung, hier weit im Osten eine Fauna wieder zu finden, die er früher an der Küste der Normandie, an jenen durch Deshayes, d'Orbigny, die beiden Deslongchamps, Oppel u. a. m. classisch gewordenen Localitäten kennen gelernt hatte, während die dazwischen liegenden äquivalenten Schichten Schwabens und überhaupt Deutschlands sich in mancher Hinsicht wesentlich unterscheiden. Von den in der Arbeit mitgetheilten 108 Species sind über die Hälfte auch in Frankreich gefunden worden, zumeist Species, die von charakteristischem Werthe für das Alter der Schichten sind, dabei ist aber auch der Erhaltungszustand, wie die petrographische Beschaffenheit des Gesteines von Balin ein so übereinstimmender, dass es unter Umständen schwer werden könnte, die Petrefacten der Normandie von jenen von Balin zu unterscheiden[1]. Es liegt da wohl vor allem die Annahme nahe, dass die Ablagerung der Schichten an beiden Orten zu gleicher Zeit und unter ganz gleichen Umständen Statt gehabt haben. Noch grösser ist die Übereinstimmung der Fauna von Balin mit jener des englischen Gross- und Unteroolith. Ich fand 71 übereinstimmende Species, doch ist in diesem Falle der Erhaltungszustand wie der petrographische Charakter der Schichten ein wesentlich verschiedener, ja die Baliner Petrefacten sind bei weitem besser erhalten als jene, die ich aus den verwandten Schichten Englands zu Gesichte bekam. Viel geringer ist die Zahl der identischen Species aus dem braunen Jura Schwabens, sie erreicht nur die Höhe von 40 Arten, und es ist diese Erscheinung, wenn sie sich auch in den übrigen Abtheilungen, wie ich nicht irre, constatiren

---

[1] Davon waren nur einzig die Schichten von Sotzka auszunehmen, die etwas dichter sind und einem etwas höheren Horizonte entsprechen düsten.

lässt, ein interessanter Hinweis auf die Verhältnisse der Uferzone des damaligen Jurameeres. Ich habe es nicht unterlassen, auch andere Localitäten mit in Vergleich zu bringen, doch möchte ich da auf die beigefügte Tabelle verweisen, und nur noch erwähnen, dass sich noch weit östlicher, bei Kronstadt in Siebenbürgen, eine ganz verwandte Fauna nachweisen lässt wie ich mich aus einer seiner Zeit an die k. k. geol. Reichsanstalt eingelangte Suite Petrefacten von dorther überzeugen konnte (vergl. Verhandl. geol. Reichsanst. XV. Bd. 1865, p. 256), über welche Näheres mitzutheilen einer späteren Arbeit überlassen bleiben muss.

Von noch höherem Interesse muss aber folgendes Factum sein. Eine grosse Reihe von Versteinerungen, die sich im französischen braunen Jura finden, und die die französischen Forscher strenge in zwei Schichtensystemen dem Bajocien und Bathonien d'Orbigny's unterscheiden, eine grosse Reihe solcher Petrefacten finden wir in den Jura-Ablagerungen Balin's nicht über- und unter einander, sondern neben- und mit einander. Ja, wenn wir auf die beigegebene Tabelle einen Blick werfen wollen, dann wird es uns nicht entgehen, wie auch noch höher gelegene Petrefacten mit den tieferen gemeinschaftlich vorkommen. Wären die Schichten von Balin von besonderer Mächtigkeit, dann wäre vielleicht ein Einwand gestattet, so aber muss constatirt werden, dass alle Petrefacten aus einer einzigen dünnen Schichte stammen, und es fehlt nicht an Handstücken, welche neben einander Petrefacten zeigen, die nach der oben erwähnten Auffassung ganz verschiedenen Schichten angehören. Es ist dies ein Ergebniss, das sich nicht blos bei den Bivalven herausstellt, das ich auch bei den Gastropoden und Echinodermen erwies, und das auch Prof. Dr. Reuss bei den von ihm bearbeiteten Spongien, Corallen und Bryozoen nachgewiesen hat, und ich zweifle nicht, dass auch die Untersuchungen anderer Thierreste zu dem nämlichen Resultat führen werden. Das führt nun wohl zu dem Schlusse, dass eine Trennung in Bajocien und Bathonien, ganz auf locale Erscheinung basirt, in weiterer Entfernung nicht wohl möglich ist, da in mehr als einer Beziehung der paläontologische wie der petrographische Haltpunkt fehlt, und ich möchte hier auf eine ganz ähnliche Wahrnehmung Lycett's hinweisen, der mit Sicherheit nachweisen konnte, dass eine Reihe petrefactenführender Bänke an der Küste Yorkshires, die lange für Grossoolith und von dem darunterliegenden Inferior Oolith getrennt gehalten wurden, dennoch ganz allein zu dem letzteren gehörten (vergleiche Lycett, Supplementary Monograph of the Mollusca from the Stonesfield slates, pag. 115). Ein ähnliches Resultat liegt uns nach dem gegebenen hier vor; wenn auch hier die Annahme der mittleren Schichten des braunen Jura und nicht der unteren nach den angestellten Vergleichen der äquivalenten Ablagerungen die richtigere zu sein scheint.

Obwohl ich schon im Vorhinein gewiss war, dass man von einer Seite her, gegen diesen Schluss Einwürfe machen werde, ist dieses doch noch früher geschehen, als ich es eigentlich erwartet hatte. Schon der Auszug aus dieser Arbeit, der in den Sitzungsberichten der kais. Akademie abgedruckt ist, hat Anstoss erregt, und Herr Dr. W. Waagen sah sich dadurch bemüssigt in einem Schreiben an Prof. Leonhard (Neues Jahrbuch 1866, p. 572 ff) zu erklären, dass er mit meiner Schlussfolgerung nicht einverstanden sei, und setzt des Weiteren auseinander, dass man von Balin aus keine Schlüsse ziehen könne, da dort ganz abnormale Verhältnisse statthaben, indem die Schichten verkümmert seien, ein Ausdruck der mir bisher fremd gewesen ist. Trotz alldem kann ich nur das wiedergeben, was ich mit eigenen Augen gesehen habe, und ein Resultat veröffentlichen, zu dem nicht ich allein, sondern neben mir auch andere Gelehrte kamen, deren Name weit voller klingt, als

der meine. Wenn übrigens Herr Waagen selbst zugibt, dass sich in Franken ebenfalls
Schichten vorfinden, die sich durchaus nicht nach der beliebten Weise in Zonen bringen lassen, und deshalb nothwendig „verkümmert" sind; so kann dies doch nur den Schluss bekräftigen, dass die französische Eintheilung nur eine locale sein kann, die wenn sie sich auch noch
soweit verbreitet, doch keine allgemeine Geltung hat. Da ich übrigens gleich Eingangs bemerkte,
dass ich mich weiterer geologischer Bemerkungen aus den oben angeführten Gründen, gänzlich fern halte, will ich es auch bei diesem bewenden lassen, und die Beantwortung der von
Dr. Waagen aufgeworfenen Frage vom geologischen Standpunkte einer anderen Feder überlassen. Doch hätte Herr Waagen vielleicht gut gethan, wenn er das Erscheinen dieses Theiles der Publication abgewartet hätte, ehe er sich zu einer Gegenbemerkung herbeiliess.

Indem ich sofort zur Beschreibung der bekannt gewordenen Arten übergehe, bemerke
ich noch, dass sich die Originalexemplare von den als neu beschriebenen Species fast ohne
Ausnahme im k. k. Hof-Mineraliencabinete befinden.

ELIGMUS Eudes Deslongchamps 1856.

Eligmus polytypus Eud. Deslongchamps 1856.

Tab. I, Fig. 1, 2, 3.

Eligmus polytypus Eud. Deslongch. Mém. Soc. Linn. Normand. X. p. 289. Tab. XV, XVI.
Eligmus polytypus Eud. Deslongch. Bullet. Soc. Linn. Normand. I. Tab. VI.

Von dieser Species beschrieb Deslongchamps aus dem Grossoolith von Maresquet
vier Varietäten, die sich alle bei Balin wiederfinden, und von denen ein Exemplar l. c. Tab. VI,
Fig. 4 von dieser Localität abgebildet worden ist. Von den anderen zwei Species Deslongchamps' *E. phdadoides* und *labyrinthicus* fanden sich keine sicheren Repräsentanten vor, obwohl Exemplare, welche den Arten sehr ähnlich sind, nicht fehlen. Die zumeist bei Balin vorkommenden Species sind *E. polytypus* var. *ovata* und var. *elongata*, welche auch Zeuschner
(Zeitschr. deutschen geol. Gesellschaft 1864, pag. 580) von dort erwähnt.

Eligmus contortus Laube.

Tab. I, Fig. 4.

Die Schale ist vorn fast rechteckig, nach rückwärts verschmälert und gebogen. Die
Wölbung der Schale ist in der Mitte ziemlich gleich und fällt nach vorn rascher ab als nach
hinten. Die Oberfläche ist von geschweiften Rippen bedeckt, der vordere Theil und die
Lunulargegend zeigt blos gebogene Wachsthumstreifen. Der hintere, obere Rand zeigt drei
schmale Einschnitte, von welchen der mittlere der tiefste ist. Die Ligamentgrube ist schmal
und stark gebogen; neben ihr verläuft eine noch schmälere Rinne, die hinter dem Wirbel mit
einem kleinen Zahn endet. Der löffelförmige Fortsatz ist sehr schief und erstreckt sich über
½ Länge des ganzen Gehäuses.

Ein Exemplar bisher von Balin.

Original im k. k. Hof-Mineraliencabinet.

Von dem sehr veränderlichen *E. polytypus* unterscheidet sich diese Art durch die gleichmässige Wölbung und die Krümmung der Schale, während bei *E. polytypus* die stärkste Wölbung sich immer bei den Wirbeln befindet, durch die verhältnissmässig feineren Rippen,
namentlich aber dadurch, dass die Ausschnitte nicht gleich unter dem Wirbel, sondern erst in
einiger Entfernung beginnen. Ausserdem ist der löffelartige Fortsatz bei dem untersuchten
Exemplar solid, während er bei *E. polytypus* aus Lamellen besteht.

OSTREA Linné 1758.

Ostrea Marshii Sowerby 1817.

Ostrea Marshii Sow. M. C. Tab. 48.
Ostrea Marshii Goldf. Petref. Germ. II, p. 6, Tab. 73.
Ostrea Marshii Morr. & Lyc. Great Ool. II, p. 126, Tab. XIV, Fig. 4.

Für diese Art besteht, oder besser gesagt bestand eine grosse Reihe von Synonymen. Die älteren Benennungen dieser Art sind theils schon verbraucht, theils so unvollständig, dass sie eine sichere Deutung kaum zulassen.

D'Orbigny (Prodr. I, p. 285) trennt Phillipps O. *Marshii* aus dem Bajocien von der Sowerby'schen Art aus dem Callovien und Oxfordien, Oppel unterscheidet gleichfalls (Juraform. p. 122) zwischen *Ostrea flabelloides* Lam. = *Ostrea Marshii* Phill. und der Sowerby'schen, Morris dagegen findet die Formen vollkommen identisch, wie auch Quenstedt, der sie aus dem braunen Jura δ beschreibt. Vergleicht man ein reiches Material aus verschiedenen Gegenden und Schichten, so wird man sich zu einer Trennung schwer entschliessen können, es bietet sich vielleicht, die etwas höheren als tieferen Horizonte ausgenommen, kein einziges Merkmal dar, das man als sicher unterscheidendes und charakteristisches festhalten könnte, um eine Trennung dieser nach der Form, der Unterlage und der Art des Anwachsens sehr veränderlichen Form in mehrere rechtfertigen zu können.

Ostrea Marshii charakterisirt übrigens sehr constant den Grossoolith und besitzt eine ungeheuer grosse geographische Verbreitung; sie findet sich nicht nur in allen äquivalenten Ablagerungen Europa's, sondern sogar in Ostindien wieder.

So begegnen wir sie auch zu Balin und Pomorzani in zahlreichen Exemplaren.

Ostrea Amor d'Orbigny 1849.

Tab. I, Fig. 5.

Ostrea colubrina Goldf. (non Lamk.) Petref. Germ. II, p. 6, Tab. 74, Fig. 5.
Ostrea amor d'Orb. Prodr. I, p. 342.

Das Gehäuse ist lang gestreckt, leicht gebogen und mit beinahe quadratischem Durchschnitt, auf der concaven Seite ist es etwas niederer als auf der convexen. Beide Schalen greifen mit sehr scharfen Randfalten in einander. Die untere Klappe ist vorn an der Anheftungsstelle etwas dicker, und besitzt an der concaven Seite eine kleine Ausbreitung. Die flachen Seiten sind fast in der ganzen Ausdehnung der Schale von gleicher Breite, und zeigen neben einigen Anwachsstreifen blos schwache Erhebungen gegen die Rippen. Die Unterschale hat eine schmale aber tiefe Ligamentgrube.

Die vorliegenden Exemplare stimmen, ausgenommen die Grösse, vollständig mit der von Goldfuss gegebenen Abbildung. Nach diesem, so wie nach Quenstedt (Jura 750) kämen sie zwar im Coralrag von Nattheim, also im mittleren weissen Jura, im Corallien vor, aber d'Orbigny, indem er zugleich die irrige Identificirung der Species mit der Lamarck'schen O. colubrina nachweist, gibt zahlreiche Fundorte für die Species aus dem Callovien an und gestekt ihr eine verticale Verbreitung von da bis in das Corallien hinauf zu. (Prodr. I, p. 342 u. 375, II, 23). Die Species tritt übrigens nicht häufig auf, sondern ist erst in sehr wenigen Exemplaren bei Balin beobachtet worden.

Ostrea eduliformis Schlotheim 1820.

Ostrea explanata Goldf. Petref. Germ. II, p. 22, Tab. 80, Fig. 5.
Ostrea eduliformis Ziet. Verst. Württemb. 45, 1.

Die im schwäbischen Jura mit *O. Marshii* und *Lima pectiniformis* so zahlreich auftretende Muschel, findet sich auch bei Balin in Exemplaren wieder, welche den schwäbischen vollkommen gleichen; ja auch jener, bei den schwäbischen Vorkommnissen beobachtete Perlmutterglanz, der aus sehr gleichmässigen Lamellen zusammengesetzten Schale findet sich hier wieder.

Das Hauptlager des Petrefactes in Schwaben ist der braune Jura δ, Oppel (Juraf. 437) fand sie in den obersten Lagen des Eisenroggensteines (Unteroolith) bei Mühlheim (Baden).

In Franken bei Friesen und Frankenberg nach Schrüfer (Jura, p. 58). Im hannoverschen Jura bei Dohnsen. (Carl v. Seebach, p. 92.)

Sehr verbreitet erscheint die Species in den äquivalenten Schichten des Canton Basel und an vielen anderen Orten.

PLACUNOPSIS Morris & Lycett 1852.

Placunopsis fibrosa Laube.

Tab. I, Fig. 7.

Placunopsis jurensis Morr. & Lyc. (non F. Röm.) Moll. Great Ool. II, p. 8, Tab. I, Fig. 2.

Die Schale ist dünn, gerundet, in der Jugend mehr kreisförmig, im Alter oval, mässig gewölbt, nach oben und unten etwas rascher abfallend. Der Wirbel steht nur sehr wenig vor und ist nach unten gebogen. Die Oberfläche zeigt feine Radialstreifen, welche etwas knotig sind und wellig gebogen verlaufen; ausserdem werden noch durch Zuwachsstreifen eine Menge Knötchen und Unebenheiten dazwischen hervorgebracht. Das Schloss konnte nicht beobachtet werden.

Quenstedt beschreibt eine sehr ähnliche Form als *Anomya Gingensis* (Jura, 379, Tab. 51, Fig. 3) aus dem braunen Jura γ. Doch scheint dieselbe durch ihre nicht gewellten Rippen und regelmässigere Form verschieden zu sein. Wohl aber scheint mir die vorliegende Muschel mit Morris' und Lycett's Species *Placunopsis jurensis* zu stimmen, von der sie sich nur durch die Grösse unterscheidet, sonst aber bis aufs kleinste übereinstimmt. Übrigens ist wohl die Identificirung der englischen Species mit Römers aus dem Coralrag von Hoheneggelsen eine irrthümliche. Abgesehen von den offenbar sehr verschiedenen Horizonten, dürfte die Streifung, welche Römer bei *P. jurensis* als sehr dicht angibt, während sie bei den vorliegenden und nach der Abbildung auch bei den englischen nicht so ist, ein unterscheidendes Merkmal sein.

Morris und Lycett nennen ihre Species von Minchinhampton und Bisley aus dem Grossoolith, so wie von Lekhampton und Nailsworth aus dem Unteroolith. Bei Balin ist die Species bisher selten vorgekommen.

Placunopsis oblonga Laube.

Tab. I, Fig. 8.

Die Schale sehr dünn und flach, verlängert eiförmig, viel höher als breit. Der Wirbel erhebt sich nur wenig und liegt ganz unter dem oberen Rande, letzterer ist entweder gerade abgestutzt, oder nur schwach gebogen. An der Oberfläche bemerkt man ausser sehr feinen Radialstreifen nur Zuwachslinien, die in gewissen, unregelmässigen Absätzen etwas stärker auftreten. Nach der Beschaffenheit der Unterlage zeigt die Schale oftmals wellenartige Biegungen.

Selten bei Balin und Sanka.

Exemplare im k. k. Hof-Mineraliencabinet.

PLICATULA Lamarck 1801.

Plicatula lyra Laube.

Tab. 1, Fig. 6.

Die Schale ist länglich eiförmig, nach oben stark verschmälert, nach unten beinahe gleichmässig abgerundet. Die Höhe übertrifft beinahe um ein Drittheil die Länge. Beide Klappen sind nur sehr schwach gewölbt, die untere an einer kleinen Stelle am Wirbel angeheftet. Die Oberfläche ist mit einigen stärkeren und schwächeren Rippen versehen, die sich gleichsam büschelförmig nach unten vertheilen; sie sind entweder mit blossen Lamellen versehen oder es bilden dieselben kleine Röhren. Die Rippen verflachen sich allmählich an den wellenförmig gebogenen Rändern.

Unter allen bisher bekannt gewordenen *Plicatula*-Arten lässt sich diese Art noch am ehesten mit *Pl. cheirodes* Deslongch. (vergl. Eudes Deslongchamps' Essai sur les Plicatules fossiles Mem. soc. Linnéen, Bd. XI. 1858, Tab. I, Fig. 11—14) aus dem Oxford inf. von Calvados vergleichen. Die Vertheilung der Rippe und die längere Form unterscheiden sie jedoch von einander.

Bisher in einem einzigen Exemplar von Balin bekannt geworden.

POSIDONOMYA Bronn 1832.

Posidonomya Buchii Römer 1836.

Posidonomya Buchii Röm. Nor10. Oolith. p. 81, Tab. 4, Fig. 8.
Posidonia Buchii Quenst. Jura, p. 501, Tab. 67, Fig. 28.

Die Species findet sich häufig im sandigen Kalkstein bei Koscielec. Die Exemplare haben gewöhnlich dieselbe Grösse wie sie Römer abbildet, ungefähr 11 Millim. Länge und 8 Millim. Breite. Das vordere Ohr ist klein abgerundet, der Schlossrand fast gerade. Die concentrische Streifung ist bald etwas gröber, bald sehr fein und dicht. Die Schale nimmt nach rückwärts an Höhe zu.

P. Buchi fand Römer mit *Ostrea costata* Sow, und *Astarte pulla* bei Garzen in der Walkererde. In Schwaben bildet sie ganze Bänke in der Zone des *Amm. Parkinsoni* zu Ehuingen, Äschingen und Neuffen.

Vollkommen übereinstimmend sind die Exemplare von Koscielec mit jenen, welche Pusch (Poleus Paläontol. p. 44, Tab. V, Fig. 14) als Brut von *Catillus Brongniarti* abbildet.

PECTEN Bruguières 1789.

Pecten spatulatus Römer 1836.

Pecten spatulatus Röm. Oolith Nachtr. Tab. 18, Fig. 22.
Pecten spatulatus Quenst. Jura, p. 453.
? *Pecten personatus* Morr. & Lye. Moll. Great Oolith, II, p. 11, Tab. 1, Fig. 17.

Römer beschrieb diese Art aus dem Eisenoolith von Wettberge, Quenstedt zählt hierher einige Formen des mittleren Oolith (br. Jura δ). *Pecten spatulatus* unterscheidet sich von *Pecten demissus* durch schlankere Form und kleinere Ohren.

Ausser den oben erwähnten Fundorten kommt die Art noch zu Friesen in Franken, zu Steierdorf im Banat in einem Kalkmergel des Eisenbahneinschnittes vor, auch findet sie sich nach vorliegenden Exemplaren im Callovien von Montreuil-Bellay und im Oxfordthon von Scarborough.

Pecten demissus Bean 1836.

Pecten demissus Bean, Phil. Geol. York. Tab. 6, Fig. 5.
Pecten demissus Goldf. Petref. Germ. II, p. 70, Tab. 99, Fig. 2.
Pecten demissus Quenst. Jura. p. 358, Tab. 48, Fig. 6, 7.

Eine für den Unteroolith bezeichnende Art, welche durch ihre glatte Schale, schrägen, kleinen Ohren, die gleichmässige elegante concentrische Streifung, die bei guten Exemplaren, wie mit einem feinen Grabstichel ausgeführt erscheint, und die abgerundete Form von allen verwandten Arten leicht unterscheidbar ist.

Die Baliner Exemplare stimmen vollständig mit denen aus den Eisensteinen von Aalen und Wasseralfingen etc., so wie mit englischen aus dem Unter- und Grossoolith.

Ausser bei Balin häufig bei Sanka.

Pecten retiferus Morris & Lycett 1850.

Pecten retiferus Morr. & Lyc. Moll. of the Great Oolith, II, p. 9, Tab. I, Fig. 5.

Ein Bruchstück eines *Pecten*, von Balin stammend, glaube ich hieher rechnen zu dürfen, da es sich von der Abbildung bei Morris und Lycett nur durch kräftigere Rippen und stärkere an den Rändern aufgekrümmte, schuppig-concentrische Lamellen unterscheidet. Die genannten Autoren nennen die Species von Minchinhampton und Bisley Common; ein gleiches Exemplar besitzt das k. k. Hof-Mineraliencabinet aus dem Cornbrash von Doubs.

Pecten subspinosus Schlotheim 1820.

Pecten subspinosus Goldf. Petref. Germ. II, p. 44, Tab. 90, Fig. 4.
Pecten subspinosus Quenst. Jura, p. 500, 751, Tab. 67, Fig. 3, 4.
Pecten subspinosus Lyc. Supplem. p. 113, Tab. 40, Fig. 14.

Goldfuss und Quenstedt citiren diese Art aus dem mittleren und oberen Jura. D'Orbigny beschränkt dieselbe auf Oxfordien und trennt die Unteroolith-Species als *P. Hedonia* ab, welche nicht 12, sondern 13 Radialrippen besitzen soll, was vielleicht bei manchen Exemplaren hier eben so gut vorkommen mag, als Quenstedt bei den meisten Stücken aus dem braunen Jura ε an der linken Klappe nur eilf zählte. Vorliegende Exemplare aus dem Eisenoolith von Bayeux haben die normale Anzahl von zwölf Rippen. Eine sehr verwandte Species aus dem Lias von Besançon besitzt das k. k. Hof-Mineraliencabinet, die sich kaum von *P. subspinosus* unterscheiden lässt. In England aus dem Forest Marble von Locus und Farleigh.

Ziemlich selten bei Balin.

Pecten vagans Sowerby 1815.
Tab. I, Fig. 10.

Pecten vagans Sow. M. C. Tab. 543, Fig. 35.
Pecten vagans Morr. & Lyc. Moll. Great Oolith, II, p. 8—10, Tab. I, Fig. 12, 14, 16.
Pecten aniopleurus Buvign. Atl. Stat. de la Meuse, p. 25, Tab. 19, Fig. 31—35.
Pecten aniopleurus Zeuschn. Zeitschr. deutsch. geol. Gesellsch. 1864, p. 58.

Es gibt verschiedene Arten *Pecten*, deren äussere Schale mit dicht stehenden concentrischen, schuppigen Lamellen bedeckt sind, durch welche die Sculptur der Schale hervorgebracht wird, die natürlich dort ganz anders aussieht, wo durch Abreibung jene Schalenschichte ganz verloren gegangen ist. Das gibt dann Gelegenheit, eine Art in mehrere zu zersplittern, indem man je nach den stärkeren oder schwächeren concentrischen Lamellen, und nach den durch diese mehr oder weniger verdeckten Längsrippen unterscheiden zu müssen glaubt. Der Fall hat namentlich auch bei vorliegender Art statt, welche von Morris und Lycett in drei von Buvignier in eine vierte Species unterschieden wird.

Bei ganz jungen Exemplaren sieht man fast gar keine Rippen; erst später treten fünf breite Rippen auf, die sich immer mehr entwickeln, und meist durch eine Furche zweitheilig werden. (*P. biplex* Buv. dürfte auch daher gehören). Nicht selten geschieht es jedoch, dass die fünf primären Rippen sich fortentwickeln und secundäre dazwischen sich einschalten. Ersteres tritt nun in der Regel an der rechten, letzteres an der linken Klappe auf, und da ausserdem diese gewöhnlich viel stärkere concentrische Rippen besitzt, die rechte Schale dagegen meist nur schwache Lamellen, so ist es nicht leicht, diese Art genau zu fixiren.

Diese Schwierigkeiten werden noch erhöht durch viele andere Unregelmässigkeiten in der Entwicklung der Rippen selbst und wie oben erwähnt, in dem theilweisen oder gänzlichen Abreiben der Schale. Tritt dann noch an den beiden Abdachungen eine oder die andere Radialrippe mehr auf, was wir selbst an unseren Exemplaren beobachtet haben, so wird die Grenze zwischen *P. vagans* und *P. fibrosus* sehr zweifelhaft.

Mit Bezug auf die oben citirten Abbildungen, wobei die fünf Hauptrippen, stärkere Wölbung und concentrische Streifung der linken Klappe als Hauptunterschiede berücksichtigt sind, möchten nach vorliegenden Exemplaren folgende als Fundorte für *P. vagans* angegeben werden können:

Lindener Berg bei Hannover (teste Stolička); Pierre blanche von Langrune, Vieil St. Remy, Caillasse bei Ranville, Coralrag von Scarborough, Cornbrash von Bregille, Riedlingen in Baden, Besançon, Great Oolith von Minchinhampton, Bisley und Yorkshire coast. Waagen nennt ihn von Noiraigue (Ct. Neufchatel).

Häufig bei Balin und Sanka, selten bei Brodla, Pomorzany and Kosciolee.

Pecten hemicostatus Morris & Lycett 1853.

Tab. I. Fig. 15.

Pecten hemicostatus Morr. & Lyc. Moll. from the Great Oolith, II, p. 10, Tab. I, Fig. 18.

Die Schale ist eiförmig gerundet, ziemlich gleichseitig, die linke Klappe ist gewölbt, mit unregelmässigen Strahlen und concentrischen Querlamellen verziert; im ausgewachsenen Zustande treten namentlich 5—6 Rippen, welche weit von einander abstehen, hervor, die mit starken knotigen Falten in der untern Region bedeckt sind. Die in die weiten Thäler fallenden zwei Radialstreifen werden zuweilen zu ebenfalls knotigen Zwischenrippen, zuweilen sind sie kaum bemerkbar. Die Ohren sind ungleich und der Länge nach gerippt. Der obere Theil der Schale der erwachsenen, und so auch der jungen Exemplare ist schön regelmässig gegittert, und lässt von der im Alter erscheinenden Knotung der Rippen nichts wahrnehmen.

Morris und Lycett, welche die Art zuerst beschrieben haben, geben der Möglichkeit Raum, dass dieselbe eine Varietät von *P. vagans* Sow. sein könne. Allerdings steht die Form dieser Art sehr nahe, doch ist wohl mit Recht der Unterschied hervorzuheben, dass bei ihr jene knotige Rippung nicht vorkömmt, dass ferner die concentrischen Lamellen bei weitem regelmässiger gegen unten hin zunehmen, und über die ganze Oberfläche der Schale ziemlich gleich bleiben. Die Arten lassen sich also beide wohl unterscheiden und als solche auch beibehalten.

Die von den genannten Autoren beschriebenen Schalen stammen aus dem Grossoolith des Bezirkes von Minchinhampton, wo sie nicht selten vorkommen. Von Balin sind bis jetzt nur einige wenige in der Sammlung der k. k. geol. Reichsanstalt befindliche Exemplare bekannt geworden.

Pecten fibrosus Sowerby 1818.

Pecten fibrosus Sow. M. C. Tab. 136, Fig. 2.
Pecten fibrosus Sow., Goldf. Petref. Germ. II, p. 46, Tab. XC, Fig. 6.
Pecten fibrosus Zeuschn. Zeitschr. deutsch. geol. Gesellsch. p. 580.

Die Art unterscheidet sich von *Pecten vagans* Sow. durch die grössere Anzahl Rippen, welche alle gleich sind, durch die viel feineren Querlamellen, welche dieselben bedecken und durch eine mehr in die Länge gezogene Form des Umrisses. Wie schwierig es ist, die untereinander sehr verwandten Formen dieser Gruppe von *Pecten* von einander zu halten, habe ich schon oben bei *P. vagans* auseinander gesetzt. Vielleicht könnte hier in Betracht kommen, dass sich die als *Pecten fibrosus* Sow. unterschiedene Form zumeist höher in den Schichten des *Ammonites macrocephalus* Sow. findet. D'Orbigny nennt sie aus dem Callovien (Prodr. I, p. 341) von zahlreichen Orten Frankreichs; die aus dem Krakauergebiete von Baczyn, Sanka und Niedopice bekannt gewordenen Exemplare konnten mit solchen von Beaumont, Les Vaches noires u. a. m. verglichen werden, mit denen sie wohl übereinstimmen. Auch hier finden sie sich mit *Ammonites macrocephalus* zusammen vor.

Pecten lens Sowerby 1815.

Pecten lens Sow. M. C. Tab. 205, Fig. 23.
Pecten lens Goldf. Petref. Germ. II, p. 49, Tab. 91, Fig. 6.
Pecten lens Morr. & Lyc. Moll. Great Oolith, II, p. 11, Tab. II. Fig. 1.
Pecten lens Quenst. Jura, p. 322, 312, 351, 432. Tab. 44, Fig. 12; Tab. 46, Fig. 20; Tab. 48, Fig. 8; Tab. 59, Fig. 3, 4.
Pecten lens Zeuschn. Zeitschr. deutsch. geol. Gesellsch. 1864, p. 580.

Die sowohl in England als in Frankreich und Deutschland durch alle Schichten des Ooliths verbreitete Species findet sich auch in Polen. Die Exemplare stimmen vollkommen mit den Abbildungen, welche oben citirt wurden, so wie mit in Vergleich gezogenen Stücken von obigen Localitäten. Andere Abbildungen, wie z. B. bei Römer (Oolith XIII, Fig. 8) wage ich nicht mit Sicherheit zu citiren, da es leicht der Fall sein kann, dass unter Sowerby's Species mehrere andere, aber nur ähnliche begriffen werden. (Vergl. Bronn Lethaea II. p. 206).

So weit vollständige Abbildungen und sichere Bestimmungen des Alters der Schichten bekannt sind, können wir das Vorkommen durch den ganzen mittleren Jura für gewiss annehmen. Quenstedt beobachtete die Art in ihrer Verbreitung von den untersten Schichten bis in die mittleren (br. Jura α—γ). Morris und Lycett fanden sie überall im Unter- und Grossoolith. Oppel (Juraform. 607) beschränkt sie auf das Oxfordien; doch ist diese Begrenzung jedenfalls zu eng gegriffen.

Pecten lens Sow. kommt ziemlich häufig bei Balin und Brodla, seltener bei Sanka und Koscieleс vor.

Pecten vimineus Sowerby 1815.

Pecten vimineus Sow., Goldf. Petref. Germ. II, p. 54, Tab. 89, Fig. 7.
Pecten vimineus Sow. M. C. p. 543, Fig. 1, 2.
Pecten vimineus Zeuschn. Zeitsch. deutsch. geol. Gesellsch. 1861, p. 560.

Die von Sowerby aus dem Coralrag von Malton beschriebene, von Morris, Oppel und d'Orbigny in das Oxfordien versetzte Species findet sich, wie ich mit Bestimmtheit nachzuweisen glaube, auch hier vor, also in einem viel tieferen Horizonte als früher bekannt war.

Die Art nähert sich der Lias-Species *P. textorius* Schlthm., unterscheidet sich jedoch durch die gröberen concentrischen Streifen und die meist so auffallend zweitheiligen Rippen, welche man in der Art wie sie bei *P. textorius* vorkommen nur auf den flachen Unterschalen beobachten kann. Die oben citirten Abbildungen stimmen mit den zahlreichen Exemplaren, welche vorliegen sehr genau überein. Ebenso liegen ganz gleiche Exemplare aus dem Eisenoolith von les Moutiers, aus dem Unteroolith Englands, so wie vom Nipf bei Bopfingen, und aus dem Grossoolith von Grays vor, so dass wohl die bei weitem grössere verticale Verbreitung ausser allen Zweifel gesetzt erscheint.

P. vimineus Sow. kommt häufig bei Balin vor, seltener bei Brodla und Sanka.

LIMA Bruguières 1792.

Lima pectiniformis Schlotheim sp.

Ostracites pectiniformis Schloth. Petrefactenk. I, p. 321.
Lima proboscidea Sow. M. C. Tab. 2, Fig. 4.
Ostrea pectiniformis Ziet. Verst. Württemb. Tab. 47, Fig. 1.
Lima substriata Münst., Goldf. Petref. II, p. 88, Tab. 103, Fig. 1.
Lima pectiniformis Morr. & Lyc. Moll. Great Ool. II, p. 26, Tab. 6, Fig. 9.
Lima pectiniformis Lyc. Supplem. p. 39, Tab. 39, Fig. 1.
Lima proboscidea Chap. & Dew. Foss. Luxemb. p. 202, Tab. 31, Fig. 1.

Die grosse unendlich variirende und eigenthümliche *Lima*, für welche Bronn (Lethea II, pag. 215) einen eigenen Genusnamen — *Hinnita* — vorschlägt, und welche auch Morris und Lycett l. c. als die Type für eine besondere Reihe von Limen ansehen, begegnet uns auch hier in ihren zahlreichen Abänderungen wieder. Es ist oftmals versucht worden, die verschiedenen Spielarten als selbstständige Species aufzustellen, die Formen aber gehen so in einander über, dass es ganz unmöglich erscheint, feste Abgrenzungen zu treffen, und so muss die ganze Reihe — deren Synonyme aufzuführen ich nicht wiederholen wollte, indem sie sich in den oben citirten Werken ohnehin vereinigt finden — wieder zusammenfallen. Es ist fast keine Localität des unteren und besonders des mittleren Ooliths, welche diese Species nicht aufzuweisen hätte. Wer je in Schwaben und Franken gesammelt hat, hatte Gelegenheit, sie in allen Grössen von einem halben Fuss bis zu wenigen Zoll Durchmesser zu finden. In derselben Mannigfaltigkeit findet sie sich allerorts in England, Frankreich und der Schweiz, in Luxemburg, Hannover und im braunen Moskauer Jura.

So kommt nun auch diese Art in allen möglichen Varietäten und Altersstufen zu Balin, Brodla, Lusowice, Balowice und Sanka vor.

Limea duplicata Sowerby sp.

Plagiostoma duplicata Sow. M. C. p. 559, Fig. 3.
Lima duplicata Sow., Goldf. Petref. Germ. II.
Lima duplicata Morr. & Lyc. Great Ool. II, p. 26, Tab. II, Fig. 6.

Diese schon vielfach abgebildete Art zeichnet sich aus durch ihre schiefe, schmale Form, stark gekrümmten Wirbel und das bedeutende Abnehmen oder gänzliche Fehlen der Streifung an der Lunula, während die Streifen an der hinteren Abdachung meist vorhanden sind, so wie durch die schiefstehenden vorhandenen Schlosszähne. Auf letzteren Charakter, welcher diese Art wie andere von den eigentlichen Limen scheidet, gründete Bronn (Lethaea III, 216) sein Genus Lima, welches ich beibehalte. Im Lias kommt eine ähnliche Form vor, welche etwas breiter aber weniger schief ist, und wie sie Quenstedt als Plagiostoma duplum (Jura, Tab. 1. Fig. 7) abbildet. Dahin gehört wohl auch Chapuis und Dewalque's Species aus dem Lias von Luxemburg (Foss. Luxemb., Tab. 30, Fig. 3). Quenstedt (l. c. p. 435) glaubt auch die Goldfuss'sche Art hieher ziehen zu sollen, was wohl nicht gut statthaft ist, denn es liegen Stücke aus dem Grossoolith vor, welche ganz mit der Goldfuss'schen Abbildung stimmen. Morris und Lycett ziehen wohl mit Recht Buvignier's (Stat. geol. d. l. Meuse. 22, Tab. 18, Fig. 11—13) L. alternicosta zu L. duplicata.

Sowerby's ursprüngliche Art stammt aus dem Cornbrash von Malton, d'Orbigny verweist L. duplicata in das Callovien und Oxfordien und stellt für das Bathonien eine ähnliche Species L. Hippia (Prodr. 1, 313) auf. Morris schreibt ihr eine sehr grosse verticale Verbreitung zu vom Coralrag von Malton bis hinab in den Great Oolith von Cotteswold Hills. Oppel beschreibt sie aus dem Unteroolith, Quenstedt aus dem braunen Jura ζ, Schrüfer fand sie in äquivalenten Schichten im fränkischen Jura, Waagen aus den gleichen Schichten aus dem Canton Aargau.

L. duplicata ist auch eine von den wenigen Arten, die sich überall finden; so kommt sie auch in Polen häufig bei Balin, Brodla, Sanka, Lusowice, Kosrielec und Czalkowice vor.

Lima semicircularis Goldfuss 1836.

Lima semicircularis Goldf. Petref. Germ. II, p. 75, Tab. 101, Fig. 6.
Lima semicircularis Morr. & Lyc. Moll. Great Oolith, II, p. 29, Tab. III, Fig. 5.

Die von Balin vorhandenen Exemplare stimmen vollständig mit jener von Bayeux, woher Goldfuss' Originale stammen. Die Form erinnert lebhaft an L. punctata Sow., indessen ist letztere immer viel höher gewölbt und viel dichter und feiner punktirt. Die Goldfuss'sche Abbildung von L. semicircularis stellt ein höheres Exemplar dar, wie sie selbst bei Bayeux nur selten sind. Morris und Lycett bilden l. c. eine schmale Varietät ab, indessen kommen im Grossoolith von Minchinhampton auch ganz identische Stücke mit denen von Bayeux und Balin vor.

Die Art erscheint in Frankreich im Bajocien d'Orb., in England im Great Oolith, in Schwaben im braunen Jura ζ. Auch in den pflanzenführenden Schichten von Val d'Arsa im Vicentinischen glaube ich sie mit Sicherheit nachgewiesen zu haben. Häufiger in Polen bei Balin und Brodla, selten bei Sanka und Lusowice.

Lima cardiiformis Sowerby 1815.

Plagiostoma cardiiformis Sow. M. C. Tab. 113, Fig. 3.
Lima cardiiformis Morr. & Lyc. Moll. Great Ool. II, p. 27, Tab. 3, Fig. 2, 2 a.

Sowerby und Morris und Lycett beschreiben diese Art aus dem Grossoolithe und bilden etwas breitere Exemplare ab, während unsere wenigen Stücke mit der schmäleren Form, wie solche bei Minchinhampton vorkommt, ganz genau übereinstimmen. Charakteristisch für L. cardiiformis sind die starken, flach abgerundeten Radialrippen mit ihren schmalen Zwischenräumen, in welchen man die stäbchenförmigen Reste der Zuwachsstreifen wahrnimmt; dabei ist die Schale mässig gewölbt. Mit dem Alter nimmt das Gehäuse rascher an Breite als an Höhe zu.

Ziemlich selten bei Balin, Brodla und Pomorzany.

Lima strigillata Laube.

Tab. I, Fig. 9.

? *Lima bellula* Morr. & Lyc. (non d'Orbigny) Great Oolith, II, p. 30, Tab. III, Fig. 9.

Schief eiförmig, nach vorn viel rascher abfallend als nach unten und rückwärts. Die Wirbel sehr stark gewölbt und umgebogen. Ohren fast gleich, die Lunula sehr tief und schmal, nach abwärts lang zugespitzt, unterhalb des hinteren Ohres sanft ausgeschweift. Die ganze Oberfläche ist mit feinen Radialstreifen bedeckt, die an der vorderen Abdachung weiter von einander entfernt stehen als an der hinteren. Die noch feineren Zuwachsstreifen sind nur in den vertieften Linien erhalten, wodurch diese punktirt erscheinen. Die Schlossfläche ist sammt der Ligamentgrube horizontal linirt und am Ende der Ohren befindet sich an der Innenseite jederseits ein kleiner Höcker.

Morris & Lycett bilden l. c. unter dem Namen *L. bellula* eine sehr ähnliche höchst wahrscheinlich identische Art ab. In Ermanglung von Exemplaren lässt sich dies aus der Abbildung nicht genau entscheiden. Zudem aber hat d'Orbigny, Prodr. II, 371, diesen Namen einer ganz verschiedenen Art gegeben. Nahe verwandt erscheint *L. tenuistria* Goldf. (Petref. Germ. II. Tab. 101, Fig. 3). Doch ist dieselbe weniger gewölbt und nicht mit secundären Rippen gegen den Rand versehen, auch stehen die Wirbel weiter über die Ohren vor und sind letztere nicht wie bei der Baliner Art quer-, sondern längsgestreift.

Quenstedt scheint sie unter seiner *Plagiostoma tenuistriatum* (Jura, pag. 436) zu verstehen; die Species kommt, wie vorliegende Exemplare ausser Zweifel stellen, am Nipf bei Bopfingen im braunen Jura δ vor, eben so findet sie sich im Unteroolith von Bayeux.

Die Art kommt bei Balin, Brodla und Nanka selten vor.

Originale in der Sammlung des k. k. Hof-Mineraliencabinetes.

Lima Lycetti Laube.

Tab. I, Fig. 12.

Lima punctata Morr. & Lyc. Moll. Great Ool. II, p. 130, Tab. XV, Fig. 9 (non Sowerby).

Gehäuse sehr schief, schmal, abgerundet vierseitig, ziemlich stark gewölbt mit spitzen und umgebogenen Wirbeln. Die Lunula ist schmal, nach unten spitz verlängert und sehr tief. Die Ohren stossen unter einem Winkel von 140° zusammen, das vordere ist etwas kürzer als das hintere, unterhalb ihren Enden befindet sich an der Innenseite jederseits ein Höcker. Die Ligamentgrube ist schief nach rückwärts, dreiseitig und sehr tief. Die ganze Oberfläche der Schale ist mit sehr zahlreichen Radialrippen bedeckt, die meist vierseitig sind, oft etwas verbogen und durch gleichbreite, schief eingeschnittene Zwischenräume getrennt, selten sind letztere an besonders grossen Exemplaren breiter als die Rippen. Zuwachsstreifen sind nur stellenweise in den Zwischenräumen bemerkbar. Die Radialrippen nehmen gegen die hintere Abdachung allmählich ab, während sie an der Lunula entweder sehr fein sind, oder auch ganz fehlen.

Diese Art erhielt als *L. punctata* Sow. die geol. Reichsanstalt von Herrn Lycett aus Minchinhampton. Sie ist aber vollkommen von Sowerby's Species aus dem untersten Lias verschieden.

Ziemlich häufig von Balin, von Koscielec selten.

Lima complanata Laube.

Tab. I, Fig. 11.

Schale schief, abgerundet vierseitig und ziemlich flach. Der Wirbel ist zugespitzt und tritt nur wenig über die Schlossfläche heraus. Die Ohren sind gleich gross und stossen unter einem Winkel von beiläufig 130° zusammen. Unterhalb der Ohren besitzt die Schale beiderseits eine schwache Ausbuchtung. Die Oberfläche ist mit zahlreichen Radialrippen versehen, die bald stärker bald schwächer sind. Die Zwischenräume derselben sind eben so wechselnd, bald schmäler als die Rippen — besonders wenn diese stark abgerieben sind — bald von gleicher Breite. Die Zuwachsstreifen treten nicht deutlich in den Zwischenräumen auf. Die Lunula ist nicht tief, schmal aber sehr lang und durch eine Kante der zusammenstossenden Schalenränder getheilt. Die Radialstreifung ist an derselben eine feinere, während die Rippen gegen die hintere Abdachung zu nur allmählich schwächer werden.

Die Schlossfläche ist gross, mit einer eiförmigen nach oben gespitzten Ligamentgrube, während dieselbe bei *L. semicircularis* scharf dreiseitig ist. Sowohl am Ende jedes Ohres als auch etwas tiefer befindet sich an der Innenseite der Schale ein kleiner Höcker. Eine genaue Vergleichung dieser Art mit *L. rotata* Goldfuss (Petref. Germ. II., pag. 83, Tab. 102, Fig. 2) aus dem weissen Jura von Streitberg wäre sehr wünschenswerth da die Art sehr ähnlich zu sein scheint, doch war diese aus Ermanglung eines Exemplares von dort nicht möglich.

Selten von Balin, Luszowice, Brodla, Pomorzany.

Exemplar im k. k. Hof-Mineraliencabinete.

Lima (Limatula) gibbosa Sowerby 1817.

Lima gibbosa Sow. M. C. 152.
Lima gibbosa Mort. & Lyc. Great Ool II. p. 28, Tab. 3, Fig. 7.
Lima gibbosa Quenst. Jura, Tab. 59, Fig. 14.

Die Form der Schale ist immer etwas schief, nie gerade. Sowohl unter den Exemplaren von Balin als auch von Bayeux und Minchinhampton etc. findet man so schiefe Stücke, die mit d'Orbigny's *L. consobrina* (Russia, 477) vollständig übereinstimmen, daher diese Art kaum zu trennen sein wird. Die Streifen an den beiden Abdachungen sind manchmal sehr deutlich, manchmal nur an der einen Seite und fehlen ganz; selbst sehr feine secundäre Rippen zwischen den Hauptrippen in der Mitte der Schale sind hier nicht ganz ausgeschlossen. (*L. Helena* d'Orbigny, Prodr. L, pag. 283). Es können daher alle diese Merkmale für sich allein nie als Artenunterschiede angesprochen werden. Sehr charakteristisch ist indessen für diese Art die Grösse, die stark gewölbte schmale Form und die plötzliche Abnahme der Stärke der Rippen nach den beiden Abdachungen hin.

Oppel und Lycett halten die von Goldfuss als *L. gibbosa* beschriebene Art für verschieden durch die Anzahl der Rippen (Vgl. Oppel, Juraform. pag. 414; Lycett, Supplem. pag. 41, Tab. 33, Fig. 8), auch läge dieselbe höher als die Sowerby'sche Species. Ob sich aber bei den angegebenen Veränderlichkeiten der äusseren Form die Species als constant verschieden halten kann, oder ob sie wohl nur eine Varietät sei, will ich für jetzt dahingestellt sein lassen, doch möchte ich mich eher letzterer Annahme zuneigen, zumal in den höher liegenden Schichten bis in die Kreide so nahestehende Arten vorkommen, bei denen der Typus sich so gleich bleibt, dass nur geringe Unterschiede in Verbindung mit dem verschiedenen Horizont ihrer geologischen Verbreitung die Auseinanderhaltung der Species ermöglichen.

Die Art ist überall verbreitet, d'Orbigny nennt sie aus dem Bajocien und Bathonien, Morris und Lycett aus dem Inferior und Great Oolith im schwäbischen braunen Jura, Quenstedt aus γ und δ und Oppel aus dem Unteroolith.

Sie findet sich bei Balin häufig, weniger so bei Koscielec.

Lima (Limatula) globularis Laube.
Tab. 1, Fig. 3.

Der Umriss des Gehäuses ist nahezu kreisförmig, die Klappen sehr stark gewölbt mit gebogenen, weit übergreifenden Wirbeln. An der vorderen Abdachung fällt die Schale rasch ab. Das vordere Ohr ist viel kleiner als das rückwärtige. Die Oberfläche ist mit zahlreichen scharfen Rippen versehen, welche durch noch einmal so breite Zwischenräume von einander abstehen. Ausser deutlichen Zuwachsstreifen beobachtet man unter der Loupe noch sehr feine Radialstreifen über die ganze Schale.

Die stark kugelförmig aufgeblasene Form unterscheidet sie leicht von anderen.

Sehr selten bei Balin.

Originalexemplar im k. k. Hof-Mineraliencabinete.

HINNITES Defrance 1821.
Hinnites tuberculosus Goldfuss sp. 1836.

Spondylus tuberculosus Goldf. Petref. Germ. II, p. 93, Tab. 105, Fig. 2.
Pecten tuberculosus Quenst. Jura, p. 434, Tab. 59, Fig. 9–10.
? *Hinnites abjectus* Morr. et Lyc. Moll. of the Great Ool. II, Tab. 9, Fig. 7 (non Phill.).

Schon Goldfuss hebt die Ungleichheit der Rippen an der linken gewölbten Klappe als ein eigenthümliches Merkmal dieser Art hervor. Zwischen einigen starken oft knotigen Rippen sind gewöhnlich 3—4 schwächere Rippen eingeschaltet, die abermals nach der Grösse der Schale mit noch feineren abwechseln. Diese Verschiedenheit in den Rippen tritt besonders deutlich hervor in der Mitte der Schale und verwischt sich allmählich nach den Seiten hin. Die secundären Rippen haben nie die Feinheit des *H. abjectus* Phillips, was beide Arten gut unterscheiden lässt. Die linke Klappe ist flach aufgewachsen und der tiefe Ausschnitt am Ohr veranlasste Quenstedt (Jura, pag. 435) für die verwandten Arten einen eigenen Genusnamen — *Velata* — vorzuschlagen.

Hinnites tuberculosus besitzt eine weite geographische Verbreitung in vollkommen äquivalenten Schichten. Im mittleren braunen Jura findet sich die Species in Deutschland zu Wasseralfingen, am Ipf bei Bopfingen und anderen Localitäten der schwäbischen Alp; in der Normandie zu Bayeux und Niort (d'Orb. Prodr. I, pag. 285), wie auch zu les Montiers und May.

In England zu Nailsworth, Scarborough wie auch zu Minchinhampton im Grossoolith.

Im Gebiete von Krakau findet sich die Art nicht selten zu Balin, Sanka, Brodla, Lusowice und Pomorzany.

Hinnites abjectus Phillips sp. 1836.

Pecten abjectus Phill. Geol. Yorks. I, Tab. 9, Fig. 37.
Hinnites abjectus Morr. & Lyc. Moll. Great Ool. II, p. 125, Tab. XIV, Fig. 3.
Hinnites velatus Morr. & Lyc. (non Goldf.) Ibid. p. 14. Tab. II, Fig. 2.

Die Phillips'sche Species wird von Oppel mit der vorigen Species identificirt. Nach vorliegenden Stücken, so wie bei einer Vergleichung der vorhandenen Abbildungen möchten darüber doch gerechte Zweifel entstehen und vielleicht eine Trennung. wie ich sie hier vorschlage, annehmbar erscheinen.

Hinnites abjectus Phil, welcher sich weit mehr, wie auch Morris hervorhebt, *H. velatus* Schlthm. nähert, unterscheidet sich deutlich durch eine mehr gerundete Form, so wie durch viel feinere, gleichmässigere Rippen, welche je eine secundäre und dazwischen noch weitere, schwächere Nebenrippen eingeschalten haben. Die Rippen sind schwach gekörnt, was Morris und Lycett als den einzigen hervorragenden Unterscheidungsgrund für die Species bildet; wohl aber möchte man noch hinzufügen können, dass die Species ausserdem noch nicht gebogene, sondern gerade ausstrahlende Rippen besitzt, und verhältnissmässig etwas gewölbter ist als die frühere.

Die Species findet sich in England im Grossoolith von Whitwell und im Unteroolith von Glaizedale in Yorkshire, auch im Unteroolith von Gloucestershire ist sie nicht selten, Eben so kommt die Art auch bei Balin und Sanka ziemlich häufig vor.

Hinnites sublaevis Laube.

Tab. I, Fig. 14.

Die Schale ist ziemlich dick, entweder stark gewölbt und dann meist etwas höher als breit, oder es sind beide Dimensionen bei stärkerer Depression ziemlich gleich. Der Wirbel ist zugespitzt, das vordere Ohr ist sehr gross, an der Basis mit einer sanften Ausbuchtung. das hintere sehr klein. An beiden Abdachungen ist die Schale abgerundet. Die Oberfläche ist mit entfernten Radialstreifen bedeckt, zwischen die sich stellenweise noch viel feinere einschieben. Wenn die obere Schalenschichte abgerieben wird, was in der Regel an dem Buckel stattfindet, so sind nur mehr die feinen Zuwachsstreifen sichtbar, und solche Stücke sind dann sehr der von Quenstedt (Jura, Tab. 24, Fig. 12) abgebildeten *Anomia opalina* aus dem braunen Jura ε von Boll ähnlich. Doch ist die Ligamentgrube an den mir vorliegenden Exemplaren sehr deutlich, schmal und tief, sie liegt genau unter dem Wirbel und ist ganz gerade.

Bei Balin selten.

Originalexemplare im k. k. Hof-Mineraliencabinete.

INOCERAMUS Sowerby 1819.

Inoceramus fuscus Quenstedt 1858.

Tab. II, Fig. 1.

Inoceramus fuscus Quenst. Jura, p. 355, Tab. 48, Fig. 16.
Inoceramus amygdaloides Autor. an Goldfuss?
? *Inoceramus Ettoni* Morr. & Lyc. Moll. Great Ool. II, p. 24, Tab. 3, Fig. 14.
Inoceramus fuscus Quenst., Seebach Hannov. Jura, p. 102.
Inoceramus fuscus Zeuschn. Zeitschr. d. deutsch. geol. Gesellsch. 1863, p. 390.

Ein Exemplar von Balin stimmt ganz genau mit der oben von Quenstedt abgebildeten Figur aus dem schwäbischen Trümmeroolith. Oppel und andere Autoren identificiren die

Species mit Goldfuss *I. amygdaloides*, obwohl Goldfuss seine Species aus dem Lias von Altdorf anführt. Ich finde es am vortheilhaftesten für diesen Fall, Quenstedt's Bezeichnung in Anwendung zu bringen, da wenigstens die genaueste Übereinstimmung der Form constatirt ist. *Inoceramus Fittoni* Lycett l.c. scheint wenig verschieden, doch will ich eine Identität nicht mit Sicherheit aussprechen.

Die schwäbische Art kommt mit *Ammonites Murchisonae* in Unteroolith häufig vor (br. Jura β). Ja, sie ist für diese Schichten ein sehr bezeichnendes Petrefact. Neuerlich ist sie auch in der Schweiz (vergl. Waagen, Juraf. pag. 67, 68) und an anderen Localitäten im gleichen Horizont gefunden worden. Für den Fall, als wirklich *I. Fittoni* Lycett mit der Species identisch ist, fehlt sie auch in England nicht und findet sich dort zu Stonesfield Oxfordshire, also etwas höher als die deutsche.

PINNA Linné 1758.
Pinna cuneata Bean 1836.
Tab. II, Fig. 2.

Pinna cuneata Bean, Phill. Yorkshire, I, Tab. 9, Fig. 17.
Pinna cuneata Morr. & Lyc. Moll. Great Ool. II, p. 32, Tab. VI, Fig. 11.
Pinna cuneata Quenst. Jura, Tab. 61, Fig. 2, p. 438.

Das einzige bei Koscielec gefundene Exemplar stimmt genau mit Exemplaren, welche das k. k. Hof-Mineraliencabinet aus dem Bathoolithe und Cellowayrock von Scarborough, dem braunen Jura δ von Geissingen und dem Unteroolith von Crickley und Doubs besitzt. Die Abbildung von Phillips ist zwar, wie viele andere, ziemlich unklar, doch schliesse ich mich hier an Morris und Lycett zunächst an, allerdings zeichnen diese ein Exemplar, an dem die Radialstreifen im Verhältniss zu dem Baliner ungewöhnlich nahe stehen, doch ist das Übrige sehr übereinstimmend. Die Stärke der Streifung ist sehr unzuverlässig, da die Oberfläche jedesmal verändert wird, so bald sich eine Schichte der Schale ablöst.

Um allen Irrthümern vorzubeugen gebe ich die Abbildung des Exemplares, woraus die Identität am besten ersichtlich werden wird.

Ausser dieser Species wurde bei Balin auch noch ein Steinkern einer grossen *Pinna* gefunden, welcher beiläufig die Form von *P. ampla* Morr. & Lyc. besitzt. Es dürfte dies vielleicht eine neue Art sein, doch lässt der Erhaltungszustand, so wie der Mangel einer Schale eine sichere Bestimmung nicht zu, weshalb ich sie hier nur im Vorübergehen erwähne.

Ebenso finden sich bei Balin und Lusowice Bruchstücke eines grossen *Trichites* vor, welche jedoch zu einer Bestimmung unzureichend sind. Die oft bis 20 Millim. dicke Schale ist von Vioen und Bohrmuscheln vielfach durchlöchert. Ein ähnliches Vorkommen hat auch Quenstedt (Jura, pag. 439) im schwäbischen braunen Jura δ beobachtet.

GERVILLIA Defrance 1821.
Gervillia acuta Sowerby 1817.

Gervillia acuta Sow. M. C. Tab. 510, Fig. 5.
Gervillia lanceolata Goldf. Petref. Germ. II, Tab. 115, Fig. 9.
Gervillia acuta Morr. & Lyc. Moll. Great Ool. II, p. 30, Tab. 3, Fig. 12; Tab. 14, Fig. 1.
Gervillia aviculoides Quenst. Jura, p. 442, Tab. 60, Fig. 1.

Obwohl das einzige vorliegende Exemplar nicht ganz wohl erhalten ist, scheint es mir mit den oben citirten Abbildungen doch wohl übereinzustimmen. Noch mehr Sicherheit erlangt

4*

die Bestimmung dadurch, dass dasselbe mit mehreren Stücken aus dem Grossoolith von Minchinhampton verglichen werden konnte, welche vollkommen identisch sind. Das Schloss,
welches an dem Baliner Exemplare beobachtet werden konnte, besteht aus zwei Paar schiefen
Leistenzähnen, von denen der vordere klein, der hintere lang ist, das erste Paar liegt gleich
hinter dem Wirbel, das zweite ist gegen das hintere Ende des Flügels gerückt.

Die Species kommt in England in den Stonesfields-slates bei Cotteswold, Cold comfort
(Buckmann Geol. Cheltenham, pag. 75 *G. lanceolata* Goldf.), Cheltenham, im slaty Oolith
von Collyweston vor.

Oppel (Juraform. pag. 417) fand sie mit *Amm. Murchisonae* zu Aalen in Württemberg.
Nach Quenstedt verbreitet sie sich vom Jura β bis δ hinauf, wo sie sich zu Xeschingen bei
Tübingen findet.

Unser Exemplar stammt von Radwanovice.

MODIOLA Lamarck 1799.
Modiola Sowerbyana d'Orbigny sp. 1849.

Modiola plicata Sow. (non Gmelin) M. C. Tab. 218, Fig. 1.
Mytilus plicatus Goldf. Petref. Germ. II, Tab. 130, Fig. 12.
Mytilus Sowerbyanus d'Orb. Prodr. I, p. 242.
Mytilus Sowerbyanus Morr. & Lyc. Moll. Great Ool. II, p. 56, Tab. IV, Fig. 1.
Modiola plicata Quenst. Jura, p. 357, Tab. 49, Fig. 11.

Die constante langgestreckte Form, einem Soleniden sehr ähnlich, mit dem fast rechtwink-
lich auf dem schräg vom Wirbel zum Hinterrand verlaufenden Kiel gebogenen Rippen unterscheidet diese Art leicht von allen andern.

Bronn gibt in seiner Lethaea (II, Tab. 4, pag. 234) ein grosses Verzeichniss von Localitäten, woselbst die Species sich findet. Die Species findet sich in Schwaben mit *Amm.
Murchisonae* zu Wasseralfingen und Zillhausen, in Frankreich ist sie wie in England aus
den analogen Schichten nachgewiesen worden, aber auch im Grossoolith Englands ist sie
nicht selten.

Bei Balin ist sie ziemlich häufig, sonst ist nur bei Lasowice noch ein Exemplar gefunden worden.

Modiola cuneata Sowerby 1817.

Modiola cuneata Sow. M. C. Tab. 211, Fig. 1.
Mytilus cuneatus Morr. & Lyc. Moll. Great Ool. II, p. 151, Tab. 14, Fig. 3
Modiola cuneata Phill. Geol. Yorkshire, Tab. 5, Fig. 28.
Modiola media-lata Quenst. Jura, p. 134, Tab. 60, Fig. 5.
Mytilus cuneatus Zeuschn. Zeitschr. deutsch. geol. Gesellsch. p. 584.

Ist gewöhnlich etwas kürzer als *Mod. gibbosa* Sow., dabei aber eben so dick, wodurch
sich das ganze Grössenverhältniss ein wenig verändert. Die Schale besitzt am oberen, convexen Rande einen kurzen Flügel, der nicht bis zur Mitte reicht; die Oberfläche zeigt bei
guter Erhaltung kurze, feine Radiallinien an den Zuwachsstreifen. *Modiola gregaria* Goldfuss
aus dem Eisenoolith von Aalen ist von *M. cuneata* wohl nicht verschieden.

Das gewöhnliche Vorkommen dieser Art ist im Unteroolith, worin sie sowohl in Frankreich als in England und Deutschland zumeist vorkommt; doch geht sie in beiden letzten
Ländern auch bis in den Grossoolith hinauf.

Bei Balin ist diese Art nicht selten, sie findet sich auch zu Poremba im Eliasschacht auf
der Lyssa Gora.

Modiola gibbosa Sowerby 1817.

Tab. II, Fig. 4.

Modiola gibbosa Sow. M. C. Tab. 211, Fig. 2.
Mytilus gibbosus Chap. & Dew. Fossiles d. Luxemb. p. 189, Tab. 25, Fig. 7.
Modiola gibbosa Lye. Supplem. Moll. Great Ool. p. 42, Tab. 35, Fig. 11.

Diese Art umfasst Formen, welche der *M. imbricata* und *cuneata* sehr nahe stehen und in der That sehr schwer zu erkennen sind. Im Allgemeinen sind die Schalen stärker gewölbt, nach rückwärts verschmälert und am Rücken gleichmässig abgerundet ohne deutliche Flügel. Ausserdem sind die Zuwachsstreifen gewöhnlich viel feiner als bei *M. imbricata*.

D'Orbigny gibt *M. gibbosa* aus dem Callovien an; es liegen Exemplare aus Oxfordien inf. von St. Seolasse vor, welche wohl identisch sein dürften, nach Lycett im Cornbrash von Mellbury Osmond und gemein in den südlichen Oolithgebieten. Nach Chapuis und Dewalque l. c. findet sie sich auch in den äquivalenten Schichten von Longwy.

In Galizien findet sich diese Art bei Balin, Brodla und Sanka, doch überall ziemlich selten.

Modiola imbricata Sowerby 1817.

Tab. II, Fig. 3.

Modiola imbricata Sow. M. C. Tab. 212, Fig. 1 und 3.
Mytilus imbricatus Morr. & Lye. I, 11, p. 41, Tab. 4, Fig. 2.
Modiola imbricata Seebach, Hannov. Jura, p. 113.

Die Art ist durch einen geraden Flügel charakterisirt, welcher bis in die Mitte des Rückens reicht. Der Flügel bildet hier ein stumpfes Eck. Die Schale ist etwas flacher und gekrümmter als *gibbosa*, dabei unten breiter und an der Stirne spitzer ausgezogen. Die Zuwachsstreifen gewöhnlich ziemlich stark, die Bucht auf der Bauchseite je nach dem Alter etwas schwächer oder stärker.

Exemplare von Minchinhampton stimmen mit den von Balin sehr genau überein. Die Species fand Oppel (Juraf, p. 489) in den Schichten der Bathgruppe in England und Württemberg verbreitet. Identische Exemplare liegen im k. k. Hof-Mineraliencabinete, weiter noch aus dem Cornbrash von Scarborough, wie auch aus dem br. Jura δ vom Nipf bei Bopfingen; nach Seebach im Cornbrash von Westbergen in Hannover, nach Waagen im Cornbrash von Frick im Canton Aargau u. s. a. O.

Bei Balin häufig.

Modiola (Modiolaria) striatula Quenstedt 1858.

Mytilus pulcher Goldf. (non Phill.) Petref. Germ. II, p. 177, Tab. 131, Fig. 8.
Modiola striatula Quenst. Handb. d. Petrefactenk. p. 521, Tab. 43, Fig. 7.
Modiola striatula Quenst. Jura Tab. 60, Fig. 4, p. 439.
? *Mytilus pulcher* Zeuschn. Zeitschr. deutsch. geol. Gesellsch. p. 580.

Die Schale ist bei der ziemlich starken Wölbung verlängert und schwach gebogen, so dass die Bucht wenig hervortritt. Der obere Theil ist ein wenig flügelartig erweitert, bildet aber nur einen einfachen Bogen ohne einen Winkel zu bilden. Der hintere Theil ist verschmälert und abgerundet. Die hintere Hälfte der Schale ist vom Wirbel aus fein radial gestreift, auf der vorderen Seite merkt man äusserst wenige solche Streifen in der Nähe des Wirbels. Die Radiallinien werden von Zuwachsstreifen durchschnitten, wodurch sie ein wenig knotig werden und die Oberfläche fein gegittert erscheint.

Bisher sind nur einige Exemplare bekannt geworden von Koscielec, welche vollkommen mit einem Exemplare vom Nipf bei Bopfingen aus dem br. Jura δ übereinstimmen. Oppel

(Juraform. pag. 413) nennt sie aus den unteren Schichten des *Ammonites Humphrisianus* vom Ramsberge bei Donzdorf. Quenstedt kennt sie von Laufen bei Balingen. Keineswegs aber kann man recht gelten lassen, was Quenstedt bezüglich des eingeführten Namens erwähnt; die als identisch citirte Figur bei Goldfuss ist eine *Myoconcha* (Goldfuss l. c. 131, Fig. 1), also etwas ganz anderes, es muss demnach die Bezeichnung lediglich auf die zweite citirte Figur (ibid. Fig. 8), von der Quenstedt sagt, dass sie besser übereinstimme als die frühere, nur finde er den früheren Namen bezeichnender, so wie auf die von Quenstedt selbst zweimal abgebildete Species beschränkt werden.

Morris und Lycett l. c. (pag. 38, Tab. IV, Fig. 12) beschreiben eine ähnliche doch breitere Form als *Mytilus pulcherrimus* Römer var. aus dem Grossoolith von Minchinhampton.

MYTILUS Linné 1758.

Mytilus (Septifer) asper Sowerby sp. 1817.

Tab. II. Fig. 5.

Modiola aspera Sow. M. C. Tab. 212, Fig. 3.
Mytilus asper Morr. & Lyc. Great Ool. II, p. 39, Tab. 4, Fig. 8.

Der untere Theil der Schale ist abgerundet, der obere stark gedreht, die Wirbel sind abgestumpft. Der Lunulartheil der Schale ist frei von Radialstreifen und besitzt einen kleinen Ausschnitt etwas tiefer zum Durchgang des Byssus. Die Oberfläche ist mit feinen, dichten Radialstreifen bedeckt, welche wellig gebogen sind, die sich theils dichotomiren, theils durch neu eingeschobene vermehren. Darüber verlaufen unregelmässige, concentrische Anwachsstreifen.

Die Baliner Exemplare stimmen genau mit verglichenen englischen und französischen von Nailsworth und Langruue (pierre blanche).

Als Fundorte in England führt Morrys und Lycett an: Forest Marble Wiltshire, den Grossoolith von Felmersham Bedfordshire; Blisworth Northamptonshire und Minchinhampton, so wie Nailsworth und Cheltenham als Localitäten des Unteroolith. Oppel (Juraform, p. 489) erhielt die Species aus dem Cornbrash von Kandern in Baden.

MYOCONCHA Sowerby 1825.

Myoconcha crassa Sowerby 1825.

Tab. II. Fig. 6.

Myoconcha crassa Sow. M. C. Tab. 467.
Myoconcha crassa Bronn Lethaea, Tab. 20, Fig. 15.
Mytilus sulcatus Goldf. Petref. Germ. II, Tab. 129, Fig. 4.
Myoconcha crassa Morr. & Lyc. Moll. Great Ool. II, p. 76, Tab. 4, Fig. 6.

Von Balin liegen eine grosse Anzahl Exemplare vor, welche mit solchen aus dem Oolith von Bayeux genau übereinstimmen. Die Abbildungen der Species, wie wir sie in den oben angeführten Werken führen, differiren allerdings miteinander, so dass es leicht scheinen kann, dass es sich um zwei verschiedene Species handeln könnte. Dies ist namentlich bei den Abbildungen, die Morris und Lycett gibt und bei Sowerby der Fall. Indessen kann man sich wohl auf die Gewissenhaftigkeit und Gründlichkeit der genannten Autoren verlassen, welche nicht ohne Grund ihre Species nach Sowerby genannt haben werden. Zunächst ist es wohl ausgemacht, dass Sowerby's Species nach einem schlecht erhaltenen — es waren damals nur zwei von Dundry bekannt — Exemplare gemacht sei, das zugleich ein ziemlich altes Individuum ist, woran die charakteristischen Radialstreifen schon sehr verschwunden sind. Bronn gibt davon die Copie, Morris und Lycett geben die Abbildung eines gut erhaltenen Exemplares im mittleren Alter, daher wohl die auffallende Differenz der Abbildungen. Findet man zahlreiche Exemplare von beiden Formen zusammen, so ergeben sich leicht Übergänge, welche die Zusammengehörigkeit der Formen deutlich darthun. So war ich auch im Stande, dies im vorliegenden Falle mit den Baliner Exemplaren zu thun.

Die Species findet sich in England sowohl im Grossoolith, doch hier weniger zahlreich, als auch im Unteroolith, wo sie ungemein häufig vorkommt. Auch in der Normandie, um Bayeux, ist sie nicht selten, wo sie im Unteroolith vorkommt. Dagegen ist die Species im südwestlichen Deutschland nach Oppel noch nicht beobachtet worden. Möglicherweise gehört hieher auch eine von d'Orbigny (V. M. V. K. Russia 1845, p. 463, Tab. 39. Fig. 19—21) von Saragula bei Orenburg, angeblich aus dem unteren Oxfordien beschriebene Species *M. Helmerseniana.*

AVICULA Lamarck 1799.

Avicula costata Smith 1815.

Tab. II, Fig. 7.

Avicula costata Sow. M. C. Tab. 244. Fig. 1.
Avicula costata Morr. & Lyc. Moll. Great Ool. II, p. 13, Tab. II, Fig. 6.

Diese für die Bradfordthone von Wiltshire so charakteristische Species findet sich auch bei Balin ziemlich häufig, seltener bei Luxowice. Ausser jener Localität nennt sie Morris aber auch aus dem Cornbrash und Great Oolith. In Frankreich citirt sie d'Orbigny aus den Unteroolithen von Bayeux (Prodr. I, p. 313), aus welcher Étage sie auch Oppel (Juraf. p. 491) von Luc (Calvados) angibt.

Avicula Münsteri Bronn 1834.

Avicula Münsteri Bronn, Goldf. Petref. Germ. II, Tab. 118, Fig. 2.
Avicula Münsteri Bronn, Morr. & Lyc. Moll. Great Ool. II, p. 129, Tab. 14, Fig. 6.
Monotis Münsteri Quenst. Jura. p. 410, Tab. 56, Fig. 6—9.
Avicula Münsteri Zeuschn. Zeitschr. deutsch. geol. Gesellsch. p. 580.

Die für die mittleren Schichten des Oolithes so bezeichnende allerorts verbreitete Species findet sich auch zahlreich in Galizien wieder. Wie dieselbe sich von der typischen *A. inaequivalvis* unterscheidet ist allerdings schwer auszumachen, doch glaube ich den allerwärts so beobachteten kürzeren, rechten Flügel und die weiter auseinander stehenden Rippen als Merkmale hervorheben zu sollen. Bei der grossen Verwandtschaft der Species dieser Gruppe von der kleinen *Avicula cardiiformis* Münst. aus den St. Cassianer Schichten bis weit herauf kann man nur mittelst Zuhilfenahme und Berücksichtigung solcher minutiöser Unterschiede die Species auseinanderhalten.

Avicula Münsteri findet sich in England im Grossoolithe von Scarborough. Nach Oppel (Juraf. p. 416) findet sie sich in Schwaben häufig mit *Am. Humphrisianus* am Ipf bei Bopfingen, Ehningen, Gammelshausen und Äschingen, so wie bei Friesen im Franken nach Schrüfer (Jura. p. 58). Ist *A. digitata* Desl., womit sie d'Orbigny vereinigt, wirklich identisch, so findet sie sich auch zu Athis (Calvados), Draguignan (Var), Conlie und Guéret. Auch zu Steierdorf im Banat findet sie sich in äquivalenten Schichten.

Bei Balin, Sanka und Koscielec findet sie sich sehr zahlreich.

MONOTIS Münster 1834.

Monotis decussata Münster 1836.

Monotis decussata M Gnst. Petref. Germ. II, p. 159, Tab. 120, Fig. 8.
Monotis echinata Quenst. (non Sow.) Jura, p. 367, Tab. 57, Fig. 5.

Wenige aus den Oolithen von Balin stammende Exemplare stimmen, so weit sie sich erkennen lassen, genau mit der von Goldfuss l. c. gegebenen Abbildung überein. Dasselbe
gilt von Quenstedt's Abbildung, doch möchte ich nach Vergleichung der *A. echinata* Sow.
bei Morris und Lycett, Tab. 2. Fig. 7 die Identität der schwäbischen Species mit den englischen sehr in Zweifel ziehen. *Avicula echinata* ist wie *M. decussata* sehr abgerundet, besitzt
aber stark übergebogene, übergreifende Wirbel und eine deutliche Schlossfläche an der
gewölbten Klappe, wodurch sie sich von letzterer Art unterscheidet.

Nach d'Orbigny kommt *Monotis decussata* im Bajocien von Draguignan (Prodr. I, 281)
vor, auf englische Angaben wage ich mit Bestimmtheit nicht einzugehen. Quenstedt citirt
sie aus dem braunen Jura γ und ζ und aus den äquivalenten Schichten ist sie auch aus Nord-
Deutschland bekannt.

NUCULA Lamarck 1799.

Nucula variabilis Sowerby 1820.

Nucula variabilis Sow. M. C. Tab. 475.
Nucula variabilis Quenst. Jura, p. 443. Tab. 60, Fig. 16.

Bis jetzt ist von dieser Species ein einziges Exemplar bei Balin gefunden worden, das
etwas über 3''' hoch und gegen 6''' lang ist. Die vordere Abdachung ist schief nach abwärts
abgestutzt, da die Wirbel oben vorstehen. Die Lunula ist elliptisch, klein und nicht deutlich
abgegrenzt. Am besten stimmt unsere Art mit der Abbildung von Quenstedt (Juraf. Tab. 60,
Fig. 16) aus dem braunen Jura ζ von Äschingen in Schwaben. Von Sowerby's Abbildungen
passt nur die rechts stehende Figur.

D'Orbigny stellt die Species ins Bathonien, nennt sie von Luc in Frankreich, und
Oppel (Juraf. 484) nennt sie als zahlreiches Vorkommen im Cornbrash bei Kandern in
Baden; in England findet sie sich zu Ancliff (Wiltshire).

MACRODON Morris & Lycett 1850.

Macrodon Hirsonense d'Archiac sp. 1843.

Cucullaea elongata Sow. M. C. Tab. 447, 1.
Cucullaea elongata Phill. Geol. Yorksh. V, Tab. 11, Fig. 43.
Arca elongata Goldf. Petref. Germ. II, p. 148, Tab. 123, Fig. 1.
Cucullaea Hirsonense d'Arch. Mém. Soc. géol. de France, V, Tab. 3, Fig. 5.
Macrodon Hirsonense Morr. & Lyc. Moll. Great Ool. II, p. 48, Tab. 5, Fig. 1.
Macrodon Hirsonense Lyc. Supplem. p. 112, Tab. 36, Fig. 6.

Es liegen von dieser Species zahlreiche Exemplare vor, die zugleich ganz verschiedene
Altersstufen repräsentiren. Die Jugendformen weichen von den älteren bedeutend ab, auf
welches Verhältniss bereits Morris und Lycett l. c. aufmerksam machen. In der Jugend
sind die Schalen mit zahlreichen feinen Radialrippen bedeckt, gewöhnlich auch gewölbter,
während im Alter die Schale abgeriehen erscheint, und durch zunehmende Breite flacher wird.

D'Archiac beschrieb diese Art, nachdem sie schon in ihren Jugendzuständen aus dem
Grossoolith bekannt geworden war, aus dem Inf. Oolith von Hirson. Morris und Lycett

führen sie als allgemein verbreitet im Grossoolith von Minchinhampton, seltener aus dem Unteroolith an. Eine Varietät führt Lycett (Supplem. p. 112, Tab. 36, Fig. 9) aus dem Forest Marble von Wilts und Somerset an; rechnet man noch hieher die Verbreitung, welche nach Goldfuss, der sie aus den Oxfordschichten zu Bergen bei Weissenburg und zu Rabenstein beschreibt, der Species in höheren Horizonten zukommt, wie sie auch in denselben Schichten zu Vieul St. Remy und zu Pierro blanche bei Langrune vorkommt; so lässt dieses sowohl die grosse horizontale als verticale Verbreitung erkennen.

Macrodon aemulum Phillips sp. 1836.

Tab. II, Fig. 8.

Arca aemula Phill. Yorkshire, I, Tab. 3, Fig. 29.
Arca aemula Morr. & Lye. Great Ool. II, p. 47, Tab. 8, Fig. 17.

Die Schale verlängert vierseitig, mässig gewölbt mit stark eingebogenen Wirbeln, welche vor der Mitte liegen, von denen eine breite Rinne schief nach dem unteren Rande läuft und daselbst eine Ausbuchtung bewirkt. Der vordere Rand ist nur schwach gebogen, der hintere aber ausgeschweift. Der Schlossrand ist gerade, mit vorstehenden spitzen Enden. Die Zähne des Schlosses sind vorn kürzer, hinten länger und nehmen von der Stelle unterhalb der Wirbel beiderseits an Grösse zu. Die Area ist fein linirt, etwas oberhalb der Wirbel breiter und verschmälert sich in die rückwärtige Verlängerung. Die Oberfläche zeigt feine, gedrängt stehende knotige Radialstreifen, welche durch schuppige Anwachsstreifen unterbrochen werden.

Die Species stimmt mit der Abbildung, wie sie sich in Morris & Lycett's Werk befindet, wie mit der dort gegebenen Beschreibung vollkommen überein, nur beobachtet man an den Baliner Stücken zahlreiche Anwachsstreifen, deren Morris und Lycett nur wenige angeben; doch scheint dies bei sonstiger genauer Übereinstimmung kein Trennungsgrund zu sein. Morris und Lycett scheinen das Schloss der Species nicht genau gekannt zu haben, weshalb sie die Species noch bei *Arca* aufführen, während die vorliegenden Stücke genau Charaktere von *Macrodon* zeigen.

Morris und Lycett geben als Fundorte dieser Species den Grossoolith von Minchinhampton und Bisley Common, so wie namentlich auch Leckhampton Hill und ferner Ponton in Lincolnshire an, Oppel (Juraf. p. 607) nennt sie im Oxfordien, Quenstedt Jura, p. 710, Tab. 93, Fig. 10, eine *Arca aemula* aus dem weissen Jura ε, doch möchte ich nach Vergleichung der Abbildung gerechten Zweifel über die Identität letzterer Form mit der Phillips'schen nicht unterdrücken.

Von Balin und Koscielec ziemlich häufig.

Macrodon ornatum Laube.

Tab. II, Fig. 9.

Schale viel länger als hoch, sehr ungleichseitig, vorn schmäler, nach rückwärts immer breiter werdend; die Wirbel sind ganz umgebogen und liegen etwas vor der Mitte. Der Schlossrand gerade, beiderseits in einer stumpfen Spitze die eingebuchteten Flanken des vorderen und Hinterrandes überragend. Die Seiten sind ziemlich stark zusammengedrückt. Die Oberfläche ist mit abwechselnd starken Radialrippen bedeckt, u. z. ist der vordere Theil der Schale an der rechten Klappe viel dichter gestreift als an der linken. Die Rippen werden von Zuwachsstreifen gekreuzt und zeigen hiedurch oft eine schwache Körnelung. Die schmale dreiseitige Area ist blos mit feinen parallelen Streifen geziert. Zähne zählt man gewöhnlich beiderseits sechs im Schlosse.

Die Art erinnert sehr an *Arca (Macrodon) inaequivalvis* Goldf. (*A. subliasina* d'Orb.) Petref. Germ. II, 146, Tab. 122, Fig. 12. Doch bleibt als Unterschied die starke Verkürzung des Schlossrandes und die Ausschweifung am hinteren Rande. In letzterer Beziehung steht der Species *A. Mosensis* Buv. (Buvignier Stat. d. l. Meuse, p. 720, Tab. 14, Fig. 7—8) aus dem Kimmeridge sehr nahe, und unterscheidet sich nur durch schmälere Form und kürzeres Vordertheil. Lycett's Species *Macrodon rugosum* in Burkmann Geol. of Cheltenham, Tab. 5, Fig. 5 zeigt ebenfalls grosse Verwandtschaft, doch liegen auch bei dieser die Wirbel ganz am vorderen Ende, was zunächst die Species unterscheiden müsste.

Die Art kommt ziemlich selten bei Balin vor. Ganz identische Stücke besitzt das k. k. Hof-Mineraliencabinet von Vieul St. Remy.

CUCULLAEA Lamarck 1799.

Cucullaea corallina Damon 1860.

Tab. II, Fig. 10.

Cucullaea oblonga Phill. Geol. Yorkshire, I, Tab. 3, Fig. 34 (non Sow.).
Cucullaea corallina Damon Geol. Weymouth Suppl. p. 4 Fig. 8.
Cucullaea corallina Lyc. Supplem. Great Ool. p. 43, Tab. 39, Fig. 3.

Die vorliegenden ziemlich zahlreichen Exemplare stimmen vollkommen sowohl mit der Beschreibung als auch Abbildung bei Lycett l. c.

Die Schale ist im Umriss beinahe quadratisch, mässig gewölbt und hat spitze, stark eingebogene, fast mittelständige Wirbel. Der vordere Rand ist schwach gebogen und geht in einer einfachen Rundung in den unteren über, der hintere Rand ist schief abgestutzt. Die Kante, welche vom Wirbel herab die hintere Abdachung abgrenzt, ist scharf und dadurch letzteres stark concav. Die Zuwachsstreifen sind meist sehr deutlich, die radialen dagegen gewöhnlich nur vorn und rückwärts erhalten. Das Schloss hat beiderseits 4—5 schräge Zähne, die schmale Area ist grob winkelig gestreift.

Die Species kommt in Cornbrash von der Küste von Yorkshire, häufig im Corallrag von Pickering und in Oxfordshire vor. Eine sehr ähnliche Form beschreibt Quenstedt als *Cucullaea Buckinsoni* aus dem braunen Jura von Ehningen.

Cucullaea clathrata Leckenby 1858.

Tab. II, Fig. 11.

Cucullaea clathrata Leckenb. Quart. Jorn. geol. soc. 1858, XV, Tab. 3, Fig. 4.
Cucullaea clathrata Lyc. Supplem. p. 44, Tab. 39, Fig. 4, 49.

Unterscheidet sich von der vorigen durch ihre verlängerte Form. Von *Cucullaea oblonga* Sow. M. C. 206, Fig. 1 und *Arca oblonga* bei Goldfuss Petref. Germ. II, p. 147, Tab. 123, Fig. 2 unterscheidet sie sich durch weiter gegen die Vorderseite gelegene Wirbel und die schärfere Spitze, in welche die Schale hinten durch den schrägen scharfen Kiel an den Wirbeln, dem Unterrand und dem sehr schief abgestutzten Hinterrand ausläuft. Es scheint übrigens sehr wahrscheinlich, dass unter *C. oblonga* Sow. eine Reihe von Formen begriffen sind, welche dieser und der vorigen Species angehören. Ich schliesse mich vor allen der Meinung Lycett's an, welcher diese beiden Arten als richtig erkannt hat.

In England liegt die Species im Cornbrash von Scarborough und in dem Calloway Rocks derselben Localität. Entsprechend diesem kommt *Arca oblonga* in Schwaben (Oppel Jura, p. 412) in den Schichten des *Ammonites Humphrisianus* vor. Ganz analoge Exemplare besitzt das k. k. Hof-Mineraliencabinet aus dem Oolith von Bayeux, Rabenstein, wie auch im Oxfordien von Launois und Vieil St. Remy.

Bei Balin häufig.

Cucullaea Goldfussi Römer 1836.

Tab. I, Fig. 12.

Cucullaea Goldfussi Röm. Nord. Oolith, p. 104, Tab. 6, Fig. 18.
Cucullaea Goldfussi Morr. & Lyc. Moll. Great Ool. II, p. 50, Tab. 5, Fig. 4.

Sie unterscheidet sich von der vorhergehenden Species durch die kürzere Form, in der sie wohl mit *C. cordilina* mehr übereinstimmt. Die Schale ist jedoch vorn schmäler, die Wirbel spitzer, die Hinterseite länger, die Streifung dabei eine weit feinere. Römer beschrieb die Species zuerst aus dem Corallen-Oolith von Hoheneggelsen, und Morris und Lycett gibt sie aus dem Grossoolith von Minchinhampton an. Nach vorliegenden Exemplaren kommt diese Art auch im Grossoolith von Ranville, im Bajocien von Meudon (Dep. Aisne) und im Unteroolithe von Cold Comfort (Gloucestershire) vor.

Bei Balin und Brodla nicht häufig.

ISOARCA Münster 1842.

Isoarca depressa Laube.

Tab. III, Fig. 2.

Schale verlängert vierseitig, viel länger als breit, wenig gewölbt, mit flachen eingebogenen Wirbeln, die weit nach vorn liegen; der vordere Rand ist gerundet, der hintere schief abgestutzt. Der Schlossrand biegt sich ein wenig nach rückwärts und die Zähne werden daselbst länger und schiefer. Die Oberfläche ist mit zahlreichen Radialstreifen bedeckt, wogegen gewöhnlich die Zuwachsstreifen stark zurücktreten. Vom Wirbel läuft nach rückwärts über das Schloss eine tiefe Rinne (Bandfläche), in einer Entfernung von zwei Drittel des hinteren Schlossrandes und in dessen Fortsetzung gleich unterhalb des Schlosses an der Innenseite liegt der verlängerte, schmale Muskeleindruck, der dann zugleich mit dem Schlosse endet. Vielleicht ist diese verlängerte Form des hinteren Muskeleindruckes für *Isoarca* charakteristisch.

Bei Balin und Brodla selten.

Exemplare im k. k. Hof-Mineraliencabinete.

Isoarca ovata Laube.

Tab. III, Fig. 1.

Die Schale ist länglich-eiförmig, vorn schmäler, nach rückwärts breiter, an beiden Enden abgerundet, stark gewölbt. Die Wirbel, ganz eingerollt, liegen ganz an der Vorderseite. Die Oberfläche ist mit feinen radialen und concentrischen Streifen bedeckt. Das Schloss besteht aus einer grossen Anzahl von Zähnen (ich zählte bis 37), welche am hinteren Ende länger werden und sich etwas schief stellen, dagegen vorn bis an den innersten Rand heranrücken. Die Area fehlt äusserlich ganz, und es läuft nur eine vertiefte Linie unterhalb der Wirbel etwas nach rückwärts (für das Ligament?). Nächste verwandte Arten kommen im Unteroolith von Fuegerollos und im Oolith inférieure von Les Moutiers.

5*

Bei Balin sehr selten.

Im k. k. Hof-Mineraliencabinete.

TRIGONIA Bruguières 1789.

Trigonia costata Parkinson 1817.

Trigonia costata Park., Sow. M. C. Tab. 85.
Lyrodon costatum Goldf. Petref. Germ. II. Tab. 137. Fig. 3, except 8 d.
Trigonia costata Agassiz Trigonia, p. 35, Tab. 3, Fig. 12—14.
Trigonia costata Morr. & Lyc. Great Ool. II, p. 56 ff., Tab. 5, Fig. 23.

Die Baliner Vorkommnisse gehören grösstentheils der kürzeren und höheren Varietät an, welche Goldfuss l. c. p. 137, Fig. 3 e und Morris & Lycett als Var. *elongata* abbilden, welche der *T. elongata* Sow. M. C. 431 ziemlich nahe kommt. Es kommen jedoch auch andere Varietäten vor. Bei den zahlreichen Übergängen von der kürzeren zur längeren Form dürfte daher die Benennung *T. costata* als die passendste erscheinen, wenigstens so lange, als man nicht zuverlässigere Merkmale einer Artunterscheidung aufgebracht, als es Agassiz gethan hat, dessen Arten zum Theil auf sehr problematischen Bruchstücken beruhen.

Die Hauptmerkmale der *T. costata* liegen in der schiefen Form, den glatten concentrischen Rippen, die mit einer Biegung nach aufwärts bis an den Vorderrand reichen, während sie andserseits von der Arealkante durch eine tiefe schmale Rinne getrennt bleiben, und gewöhnlich mit einer schwachen Verdickung enden; indessen sind auch manchmal besonders im späteren Alter Verlängerungen der Rippen bis an die Kante bemerkbar. Die Area ist dreitheilig, an den zwei äusseren Theilen laufen die Knötchen in gebogenen Reihen einander paraliel, an der innern Fläche werden die Knötchen feiner, ohne in bestimmte Reihen geordnet zu sein. Im späteren Alter ändert sich oft die Sculptur der Area, so wie auch der jeweilige Erhaltungszustand viel zur Veränderlichkeit jener Partie beiträgt, und es ist daher der unzuverlässigste Anhaltspunkt, auf das etwas abweichende Aussehen der Area selbstständige Arten gründen zu wollen. Eben so ist das Verhältniss der Entfernung der Rippen von einander ein sehr schwankendes, da sie bei Individuen ein und derselben Grösse 2—3 Millim. von einander abstehen. Es herrscht zwischen den vielen unterschiedenen Arten wenigstens im mittleren Jura keine andere Verschiedenheit, als man z. B. bei *Modiola inquirenda* oder *Lima pectiniformis* kennt, indem nämlich gewisse Varietäten an einer Localität vorherrschend werden, ohne sich jedoch zu einer selbstständigen Species mit sicherem Charakter gestalten zu können.

Das Hauptlager der *Trigonia costata* ist nun allerdings der Unteroolith, auf welchen sie d'Orbigny beschränkt, indem er die aus den höheren Schichten als *Tr. Cassiope* abscheidet. Morris (Catal. of brit. foss. p. 228) gibt ihr dagegen in England eine Verbreitung vom Unteroolith bis in Oxford. Die Species ist überall verbreitet, sie tritt sowohl im französischen als im englischen und deutschen Jura an sehr vielen Localitäten, eben so nach Waagen in der Schweiz auf, und ist auch in Balin nicht selten.

Trigonia signata Agassiz 1840.

Trigonia signata Agass. Monogr. de Trigonie, p. 18, Tab. 3. Fig. 8, Tab. 9, Fig. 5.
Trigonia clavellata Ziet. Verst. Würtemb. Tab. 58, Fig. 3 (non Park.).
Trigonia clavellata Quenst. Jura, p. 412, Tab. 60, Fig. 13.
Trigonia decorata Lyc. Alm. and Mag. Nat. hist. 1853, Vol. XI, Tab. 11, Fig. 1.
Trigonia decorata Morr. & Lyc. Moll. Great Ool. II, p. 133, Tab. 13, Fig. 1.

Die Exemplare von Balin stimmen zunächst mit den schwäbischen Exemplaren, welche Quenstedt l. c. als *Tr. clavellata* beschreibt. Obwohl nun die nahe Verwandtschaft der Species mit der Parkinson'schen *Tr. clavellata* nicht in Abrede gestellt werden kann, glaube ich mich doch in der Richtung Agassiz' Ansicht anschliessen und die Art als wirklich selbstständig annehmen zu sollen. Agassiz selbst hebt als Unterschiede namentlich die schmälere und flächere Form vor, so wie die stärkeren Knoten der vorderen Seite, die abweichende Beschaffenheit der Arealseite und deren unteren abgestutzten Rand.

Die Species findet sich in Schwaben am häufigsten in der Region des *Am. Humphriesianus* (Oppel, Juraf. p. 408) reicht jedoch auch höher hinauf. In England findet sie sich in der Oberregion des Unterooliths von Gloucestershire, und da die Lycett'sche Species *Trigonia decorata* mit Agassiz' Species identisch zu sein scheint, auch im Grossoolith von Scarborough und im „Trigonia Grit" des Unterooliths von Cotteswold: Agassiz fand sie im Unteroolith der Schweiz. Terquem führt sie aus dem Dep. Mosele an.

Bei Balin ist die Species nicht häufig.

Trigonia duplicata Sowerby 1820.
Tab. III, Fig. 3.

Trigonia duplicata Sow. M. C. Tab. 237, Fig. 4—5.
Trigonia duplicata Morr. & Lyc. Moll. Great Ool. II, p. 60, Tab. 6, Fig. 2.

Die Schale ist schwach gewölbt, vorn convex, rückwärts concav, der hintere Theil ist etwa in einen rechten Winkel gegen die Höhe des Gehäuses gebogen und stark verschmälert. Die Rippen stehen beinahe um ihre eigene Stärke von einander entfernt und sind entweder nur schwach gekörnelt oder mit scharfen Knötchen versehen. In der Jugend sind sie blos umgebogen (wie bei *T. striata* Sow.) und durch sehr deutliche Radialstreifen gegittert, aber bald verlaufen sie von der äussern Arealkante, mit der sie unmittelbar zusammenhängen, zuerst schief gegen den vordern, später immer senkrecht gegen den untern Rand, während sie zugleich am ganzen Vorderrande sich theils spalten, theils durch eingeschaltete Rippen um die doppelte Zahl vermehren.

Die Area zerfällt in eine äussere und eine innere. Erstere ist flach und mit sehr dichten schiefstehenden Streifen bedeckt, ihrer ganzen Länge nach läuft gewöhnlich in der Mitte eine schwach vertiefte Linie, die in seltenen Fällen von einer Knötchenreihe begleitet wird. Die innere Arealfläche ist viel schmäler und durch die erhabenen Schalenränder getheilt; an ihr stehen die schiefen Leistchen viel weiter auseinander, als an der äusseren. Knapp unter den Wirbeln befindet sich die Ligamentrinne, die beiläufig ⅓ der Länge der inneren Arealfläche einnimmt.

Bei Balin sind bisher nur wenige Exemplare dieser Art aufgefunden worden. Morris und Lycett beschreiben sie aus dem Great Oolith von Minchinhampton, obwohl die Abbildung nach einem mangelhaften Exemplare gemacht zu sein scheint. Morris (Catal. p. 225) vereinigt sie mit *T. proserpina* d'Orb. (Prodr. I, p. 298) und gibt sie aus dem Grossoolith von Gloucestershire und dem Inf. Oolith von Glaizdale in Yorkshire an. Nach einem vorliegenden Exemplare kommt sie auch im Grossoolith zu Gaye vor.

CORBIS Cuvier 1817.

Subgenus SPHAERA Sowerby.

Corbis (Sphaera) Madridi d'Archiac 1843.

Tab. III, Fig. 4.

Cardium Madridi d'Arch. Mém. soc. géol. de France, Tome V, pl. 25, Fig. 7.
Corbis Madridi d'Orb. Prodr. I, p. 319.
Sphaera Madridi Morr. & Lyc. Moll. Great Ool. II, p. 71, Tab. 7, Fig. 14.

Die in zahlreichen Exemplaren bei Balin vorkommende Species stimmt genau mit solchen von Minchinhampton und Langrune, wie ich selbst aus Vergleichung mit Originalexemplaren ersehen konnte.

Morris und Lycett geben für die Art als Fundorte Minchinhampton und Bisley Common im Grossoolith, den Inf. Oolith von Leckhampton hill und den Forest marble von Frome an, nach d'Orbigny (Prodr. I, p. 309) findet sie sich zu Eparcy (Aisne) und Luc im Bathonien. Sonst scheint sie ausser in Galizien nicht beobachtet worden zu sein.

Corbis (Sphaera) crassicosta d'Orbigny 1849.

Tab. III, Fig. 5, 6.

Schale ziemlich stark gewölbt, vorn und unten gerundet, hinten abgestutzt, mit einem kleinen Flügel an dem hintern Rande. Die fast mittelständigen Wirbel sind stark eingebogen. Die Oberfläche ist mit concentrischen, weit von einander abstehenden Rippen bedeckt. Das Schloss besteht aus je einem Cardinalzahn, am hintern Rande befindet sich in jeder Schale ein kleiner Nebenzahn und eine entsprechende längliche Grube. Das Perisom ist gekerbt. D'Orbigny beschreibt im Prodr. (I, 309) eine Species: Espèce voisine de forme du *C. Dacoustiana* et *C. Madridi*, mais avec des côtes plus larges, plus saillantes. France, Luc, Langrune. Es finden sich nun im k. k. Hof-Mineraliencabinete einige Exemplare von der letzteren Localität, welche wir nothwendig als die d'Orbigny'sche Species ansprechen müssen, da es im Grunde wirklich keinen treffenderen Unterschied zwischen den genannten Species gibt, als die breiten schiefen Rippen, während sonst die Form ganz mit *Madridi* übereinstimmt. Mit diesen Exemplaren stimmt ein weiteres Exemplar von Balin vollkommen überein, so dass ich die Arten ohne weiters identificire.

Die Abbildung gibt sowohl die französische als die polnische *C. crassicosta* wieder.

Corbis (Sphaera) oberata nov. sp.

Tab. III, Fig. 7.

Die Schale abgerundet, fast gleichseitig, oval, wenig länger als breit, nicht stark gewölbt, die Oberfläche mit ungleichstarken, besonders an den Seiten hervortretenden Anwachsstreifen versehen. Die Wirbel sind vorstehend, nach einwärts gekrümmt, ganz wenig vor der Mitte gelegen. Unter dem Wirbel befindet sich ein verhältnissmässig kleiner gebogener Zahn, dahinter eine lange Leiste. Die Schale ist dick, eine Kerbung des Unterrandes nicht bemerkbar.

Die Species liegt in verschiedenen Grössen und zahlreichen Exemplaren von Balin vor; sie ist ganz identisch mit einer Art von Les Moutiers und Port en Bessin, wo sie im Oolith ferrugineuse sich findet. Ob dieselbe nicht etwa eine von d'Orbigny unter irgend einem

Namen aus dem französischen Oolith angeführte ist, wage ich nicht zu behaupten, doch reichen hier die Angaben des Prodröme nicht hin, um die Species wieder zu erkennen.

Zahlreiche Exemplare in der Sammlung des k. k. Hof-Mineraliencabinetes.

CYPRICARDIA Lamarck 1819.

Cypricardia cordiformis Deshayes 1838.

Tab. III, Fig. 8.

Cypricardia cordiformis Desh. Traité élém. conch. II, p. 16, Tab. 24, Fig. 12, 13.
Cypricardia cordiformis et Bathonica d'Orb. Prodr. I, p. 278 und p. 308.
Cypricardia bathonica Morr. & Lyc. Moll. Great Ool. II, p. 175, Tab. 7, Fig. 8.
Cypricardia acutangula Oppel Juraf. p. 495.

Die Art scheint lediglich nach dem Vorkommen in mehrere zerrissen worden zu sein. Die Grundform ist die Deshaye'sche Species, von welcher d'Orbigny seine *Bathonica* abtrennt. Prodröme I, p. 308 sagt d'Orbigny: *C. Bathonica* „Espèce voisine du *C. cordiformis* mais plus allongée et plus excavée sur la region anale. Es liegen in der Sammlung des k. k. Hof-Mineraliencabinetes Vergleichsstücke von Tannie (Sarthe), so wie Stücke von Herrn Lycett von Leckhampton vor. Ich kann keinen Unterschied zwischen den Arten wahrnehmen, der wahrhaft zureichend wäre, die Formen auseinander zu halten; wenn der Unterschied in dem bestehen soll, was d'Orbigny angibt, so kann darauf erwiedert werden, dass sämmtliche Varietäten, sowohl längere als kürzere und mehr oder weniger ausgehöhlte auch neben einander vorkommen, so gerade die vorliegenden Stücke des Herrn Lycett. Man wird sonach nicht im mindesten fehlen, wenn man die Arten wieder vereinigt und beisammen lässt, oder höchstens als Varietäten von einer und derselben Species anführt.

Oppel l. c. identificirt die Species mit Phillips' *Cardium acutangulum.* Ob dies nun wirklich der Fall sei, kann ich nicht mit Bestimmtheit unterstützen, da die Phillips'sche Species leicht etwas anderes sein kann, und ich keine weiteren Exemplare oder Angaben kenne.

C. cordiformis hat ihr Hauptlager im Unteroolith, geht aber nach dargelegter Weise bis in den Grossoolith hinauf, wo sie sowohl in Frankreich als in England häufig vorkommt; sie ist auch bei Balin nicht selten.

CARDIODONTA Stoliczka.

Cardiodonta Balinensis Stoliczka (in litter).

Tab. III, Fig. 9.

Der Umriss der Schale ist abgerundet dreiseitig, vorn zugerundet, nach rückwärts etwas mehr verlängert und abgestutzt. Die Schalen sind stark gewölbt, die Wirbel vorstehend, nach vorn gerückt und umgebogen. Die Lunula ist tief herzförmig, aber nicht für sich begrenzt. Das Ligament liegt äusserlich in einer schmalen Rinne, unter welcher sich ein langer Ligamentleisten befindet. Die Schale erreicht in der Wirbelgegend oftmals die Dicke von fast einer Linie, nimmt aber gegen die Peripherie an Stärke ab. Die Oberfläche ist bei vollständiger Erhaltung nur mit feinen concentrischen Zuwachslinien versehen, woran man an dem am hinteren Theile schief herablaufenden Rande manchmal Unregelmässigkeiten wahrnimmt, deren Bedeutung sich vorläufig nicht erklären lässt. Bei einiger Verwitterung zeigt die Schale eine deutliche faserige Structur mit wellig gekrümmten Zuwachsstreifen. Das Schloss in der rechten Valve besteht aus einem starken, schief nach rückwärts stehenden Schlosszahn, der eine seichte Furche gegen das vordere Ende zu trägt, einen ebenfalls ungleich getheilten, lamellenartigen, gekrümmten Sublunarzahn, und einen langen, viel schwächeren Seitenzahn längs der Ligamentrinne. Gleichartig ist das Schloss auch in der linken Klappe gebildet, nur ist der Schlosszahn gewöhnlich viel schwächer, der Sublunarzahn dagegen namentlich am obern Ende viel stärker, nach unten aber dünner und niederer. Der vordere Muskeleindruck ist länglich birnenförmig und tiefer als der hintere, dessen Begrenzung indessen nicht deutlich beobachtet werden konnte. Das Perisom ist äusserst fein gezähnelt.

Bei Balin häufig.

Hieraus ergibt sich für die Sippe *Cardiodonta* folgende Charakteristik, an der wohl allerdings noch manches durch Beobachtung mehrerer hieher gehöriger Arten zu vervollständigen sein wird:

Schale gleichklappig ungleichseitig, mit stark gekrümmten und nach vorn gelegenen Wirbeln. Weder Lunula noch Area für sich begrenzt. Das Schloss zusammengesetzt aus je einem schief nach rückwärts stehenden, oft gefurchten Schlosszahn, je einem lamellenartigen Lunularzahn und einem langen Ligamentzahn. Ligament äusserlich in einer Rinne an der Rückseite. Zwei Muskeleindrücke ohne Mantelbucht.

Nach diesen Merkmalen ist es wohl klar, dass diese Sippe auch nach ihrem ganzen Habitus in die Familie der Cardiaceen zu stellen ist. Im äusseren Aussehen erinnert das Gehäuse sehr an das von *Isocardia (Burardia)*, deren Schloss jedoch ganz verschieden gebaut ist, selbst wenn man den Namen *Isocardia* in der oben angeführten Art auf viele fossile beschränkt. Viel mehr Anhaltspunkte bietet das Schloss mit den hohen und gewölbten Formen, die man gewöhnlich zu *Cypricardia* stellt, und es dürfte wohl manche von ihnen später zu dieser Sippe gezählt werden, sobald man ihre Schlösser genauer untersucht, was bekanntlich meistens die grössten Schwierigkeiten hat. Viele Ähnlichkeit besitzt auch das Schloss mancher älteren Cyprineen, endlich dürften auch die (weiter unten angeführten) Species *Isocardia minima* und *gibbosa* hieher gehören, da sie mit *Cardiodonta* in der äusseren Form wenigstens nicht unwesentliche Eigenschaften gemein haben, doch deren Schloss noch nicht bekannt wurde.

Eine sichere *Cardiodonta* befindet sich im k. k. Hof-Mineraliencabinete von Langrune (Pierre blanche). Die Form ist abgerundet, mässig gewölbt, die Oberfläche nur mit Zuwachsstreifen versehen. Das Schloss wie bei *C. Balinensis*. Der Schlosszahn ist in beiden Klappen schwächer als der Sublunarzahn, der letztere lang und fast zweitheilig. Die grössten vorliegenden Exemplare haben eine Länge von 10′′′ und fast dieselbe Höhe. Es scheint dies jene Art zu sein, welche Morris und Lycett (Vol. II, p. 89, tab. 13, fig. 5) als *Cyprina trapeziformis* aus dem Grossoolith abbilden.

ISOCARDIA Lamarck 1799.

Isocardia (? Cardiodonta) minima Sowerby 1815.

Isocardia minima Sow. M. C. Tab. 295, Fig. 1.

Vollkommen übereinstimmend mit der von Sowerby gegebenen Abbildung. Die faserige Structur der dünnen Schale bei der Verwitterung deutet nicht auf die Sippe *Isocardia*, daher die Bestimmung vorläufig unsicher ist, zumal man das Schloss von dieser Art nicht kennt. Wahrscheinlich gehört die Species zu Stoliczka's Genus *Cardiodonta*. Oppel (Juraf.

p. 488) gibt sie in Übereinstimmung mit d'Orbigny und Lycett aus dem Bathonien an (Deutschland zu Kandern in Baden). Quenstedt *J. minima* (Juraf. p. 443, Tab. 60, Fig. 17) scheint eher zu *Is. gibbosa* zu gehören.

Bei Balin nicht häufig.

Isocardia (Cardiodonta) gibbosa Münster 1836.

Tab. III, Fig. 10.

Isocardia gibbosa Münst. bei Goldf. II, p. 209, Tab. 140, Fig. 10.
Isocardia minima Ziet. Verst. Württenb. Tab. 62, Fig. 4 (non Sow.).

Unter den Baliner Exemplaren gibt es einige, welche vollständig mit der citirten Abbildung stimmen, andere sind etwas bauchiger. Die dünne Schale zeigt ausser feinen concentrischen Zuwachsstreifen bei einiger Verwitterung eine faserige Structur, die bei echten Isocardien nicht vorkommt. Bisher ist das Schloss dieser Art nicht beobachtet worden, und daher auch die generische Bestimmung nicht sicher. Vielleicht gehört diese wie die vorhergehende Art zu *Cardiodonta*.

Münster beschrieb sie aus dem Unterolith von Rabenstein, Oppel (Juraf. p. 411) gibt sie aus der Oberregion des Unterooliths mehrerer Localitäten an der schwäbischen Alp. Das k. k. Hof-Mineralieneabinet besitzt ein Exemplar dieser Art von Montbizot (Sarthe). Bei Balin kommt sie ziemlich häufig vor, viel seltener aber bei Koscielec.

Isocardia cordata Buckmann 1845.

Tab. IV, Fig. 1.

Isocardia cordata Buckmann, March. Geol. of Chelt. p. 98, Tab. 7, Fig. 1.
Isocardia cordata Morr. et Lyc. Moll. Great Ool. II, p. 138, Tab. 15, Fig. 5.

Das Schloss unterscheidet sich von dem der lebenden *Isocardia* und einiger fossilen dadurch, dass der obere lamellenartige Schlosszahn vorn ein nach abwärts gekrümmtes Häkchen bildet, und der untere einen kleinen Fortsatz nach innen hat. Es ist somit der Schlosszahn der linken Klappe in der Mitte durch eine Einsenkung in zwei nicht ganz getrennte Hälften getheilt. Der hintere Ligamentzahn ist sonst wie bei den anderen Arten.

Wenn sich diese Abweichung im Zahnbau der Schlösser bei mehreren Formen bestätigen sollte, so könnte man für dieselben speciell den Namen *Isocardia* beibehalten, und die anderen Arten, welche mit *Isoc. cordata* übereinstimmen, mit dem älteren Namen *Bucardia* Lister bezeichnen.

Nach Morris und Lycett kommt *Isoc. cordata* im Gross- und Unterolith vor. Oppel (Juraf. p. 410) erhielt vollkommen übereinstimmende Exemplare von Tannie (Sarthe) und Leckhampton. Bei Balin ist sie nicht besonders häufig.

Ein kleines Exemplar von da zeigt an der hinteren Hälfte eine eigenthümliche Störung der feineren Zuwachsstreifung, doch lässt sich vorläufig nicht entscheiden, in wiefern dies ganz anomal oder mit dem Wachsthum der Schale zusammenhängt.

CARDIUM Linné 1758.

Cardium Stricklandi Morris & Lycett 1852.

Cardium striatum Buckm. Geol. Cheltenh. p. 97.
Cardium Stricklandi Morr. & Lyc. Moll. Great. Ool. II, p. 64, Tab. 7, Fig. 5.

Von dieser, wie es scheint, ziemlich seltenen Art, sind nur zwei Exemplare von Balin bekannt, die indessen mit denen des Grossooliths von Minchinhampton in der Form ziemlich genau stimmen, nur ist die Streifung etwas weniger deutlich sichtbar. *Cardium substriatulum* d'Orb. (*striatulum* Phill. Yorkshire Tab. 11, Fig. 7) aus dem Unteroolith dürfte kaum verschieden sein.

Cardium cognatum Phillips 1836.

Tab. IV, Fig. 2.

Cardium cognatum Phill. Geol. Yorkshire, 1, Tab. 9, Fig. 14.
Cardium cognatum Lyc h. Journ. geol. Soc. XV, Tab. 3, Fig. 8.
Cardium cognatum Lyc. Supplem. Moll. Great Ool. p. 54, Tab. 36, Fig. 8.

Das Gehäuse ist abgerundet, ziemlich stark gewölbt, mit beinahe in der Mitte liegenden Wirbeln, die hintere Abdachung fällt etwas rascher ab als die vordere. Die Oberfläche lässt nur feine Zuwachsstreifen ohne alle Radialstreifen erkennen. Das Schloss besteht aus einem schwachen Cardinalzahn, neben welchem sich ein dünner lamellenartiger Seitenzahn an der Vorderseite findet. Die Species stimmt mit einem englischen Exemplare im k. k. Hof-Mineraliencabinet vollkommen überein.

Die Species gibt Lycett l. c. aus dem englischen Cornbrash und Celloway Rocks an, Oppel gibt sie aus dem Unteroolith von Les Moutiers (Calvados) an; bei Balin scheint sie nicht häufig vorzukommen.

OPIS Defrance 1821.

Opis Leckenbyi Wright 1860.

Tab. IV. Fig. 3.

Opis Leckenbyi Wright Proc. geol. Soc. Vol. XVI, part I, 1860.
Opis Leckenbyi Lyc. Supplem. Great Ool. Moll. p. 61, Tab. 37, Fig. 9, 9 a.

Schale dick, dreiseitig, schief herzförmig mit queren, sehr regelmässigen, scharfen Rippen. Eine breite flache Area ist von der übrigen Schale durch einen scharfen und vorstehenden Kiel getrennt, bis auf welchen die Rippen reichen und die eine Knotenreihe bilden, vor demselben eine schwache parallele Impression. Die Wirbel sind breit vorstehend, vorwärts geneigt und eingerollt. Die kurze Vorderseite hat eine tiefe Lunula, deren Ränder rund und gestreift sind. Die Arealseite ist eingedrückt und besitzt eine breite Querstreifung. Über die Rippen verlaufen senkrechte, nur unter der Loupe wahrnehmbare Linien.

Diese grosse und schöne Species, welche nach Lycett's Angabe in England in Cornbrash von Scarborough sehr selten vorzukommen scheint, findet sich auch im Baliner Oolith in trefflichen Exemplaren, welche mit der Beschreibung wie mit der eben citirten Abbildung genau übereinstimmen.

Opis lunulata Sowerby sp. 1820.

Cardita lunulata Sow. M. C. Tab. 232, Fig. 1, 2.
Opis lunulata Desh. Traité élém. Conch. 11, p. 128, Tab. 23, Fig. 3, 4.
Opis lunulatus Morr. & Lyc. Moll. of the Great Ool. 11, p. 80, Tab. VI, Fig. 3.

Die Species, welche sich von der vorhergehenden durch die geringere Grösse, die grössere, schärfer begrenzte und ausgehöhlte Lunula und schmäleren Vordertheil unterscheidet, kommt mit ihr gemeinschaftlich, doch weniger häufiger zu Balin vor. Sie findet sich im französischen Unteroolith im Pierre blanche von Langrune, bei Croizilles, Fuegerolles und Les Moutiers. In England in den gleichen Schichten von Dundry, so wie im Grossoolith von Minchinhampton common und Ponton in Lincolnshire. In Deutschland an der schwäbischen Alp ist sie noch nicht gefunden worden.

Opis similis Sowerby sp. 1820.

Tab. IV, Fig. 4.

Cardita similis Sow. M. C. Tab. 232, Fig. 3.
Opis similis Desh. Traité élém. Conch. Tab. 23, Fig 19.
Opis similis Morr. & Lyc. Moll. Great Ool. II, p. 61, Tab. VI, Fig. 4.
Opis similis Goldf. Petref. Germ. II, p. 9, Tab. 133, Fig. 8.
Opis similis Quenst. Jura, p. 445, Tab. 61, Fig. 6, 7.

Eine gewöhnlich im Unteroolith vorkommende Art, aus welchen Schichten sie zuerst Sowerby von Dundry beschrieb. Nach d'Orbigny (Prodr. I, p. 276) ist sie im Bajocien in Frankreich nicht selten. Nach Morris und Lycett findet sie sich zu Minchinhampton und Bisley Commons, im Grossoolith zu Ancliff in Wiltshire, zu Ponton in Lincolnshire und Cloughton Wyke in Yorkshire. Oppel (Juraf. 402) und Quenstedt geben sie von der schwäbischen Alp aus den Schichten des *Am. Humphrisianus* und *Am. Parkinsoni* an. Schrüfer nennt sie von Friesen in Franken. Bei Balin ist sie gleichfalls nicht selten.

Die Species variirt übrigens in eine breitere und bedeutend verlängertere Form, welche beide man als Var. *rhombea* und Var. *prolongata* unterscheiden kann.

Opis Luciensis d'Orbigny 1849.

Tab. IV, Fig. 6.

Opis Luciensis d'Orb. Prodr. I, p. 307.
Opis Luciensis Lyc. Supplem. Great Ool. Moll. Tab. 40, Fig. 19.

Ein bei Balin gefundenes Exemplar stimmt genau mit der Abbildung bei Lycett.

Die Schale ist fast dreiseitig, kurz, hinten ziemlich scharf gekielt, mit einem ansehnlichen schiefen Wulst auf der Hinterseite. Die Wirbel sind spitz und wenig eingebogen. Die Lunula ist sehr breit und tief. Die Hinterfläche hat sehr feine concentrische Streifen.

D'Orbigny gibt sie aus dem Bathonien von Luc an; ganz identische Stücke besitzt das k. k. Hof-Mineraliencabinet aus dem Pierre blanche von Langrune, nach Lycett findet sie sich im Grossoolith des Box Tunnel bei Bath.

Opis ceratoides Laube.

Tab. IV, Fig. 5.

Die Schale hat von der Seite betrachtet einen dreiseitigen, von vorn aber einen eiförmigen Umriss. Die Wirbel sind ganz umgebogen und dabei etwas nach vorn gewendet, ohne sich zu berühren. Von den Wirbeln laufen nach dem unteren Rande zwei ansehnliche Wülste, von denen der die hintere Abdachung begrenzende Wulst stärker und tiefer nach abwärts reicht, wodurch die ganze Schale etwas schief wird, und in dieser Beziehung eine Mittelform zwischen *O. lunulata* und *cardissoides* darstellt. Die hintere Abdachung ist länglich eiförmig vertieft, in der Mitte aber mit erhabenem Schalenrande; die vordere Abdachung bildet eine schiefe Fläche um die tiefe Lunula, in welcher sich die Schale knapp unter den Wirbeln wieder etwas erhebt. Begrenzt wird die Lunula von einer mässig gerundeten Kante, über die sich die concentrischen Streifen der Schale fortsetzen. An der hinteren Abdachung sind aber die Streifen bedeutend schwächer. Der Rand der Schalen ist in seiner ganzen Ausdehnung fein gezähnelt.

Morris und Lycett haben eine ähnliche Art als *O. Deshayesi* abgebildet, welche jedoch schmäler und weniger gegliedert erscheint.

Bei Balin bis jetzt nur in einem Exemplare gefunden.

ASTARTE Sowerby 1816.

Astarte obliqua Lamarck sp. 1806.

Tab. V, Fig. 8.

Cypricardia obliqua Lam k. Ann. s. vert. VI, p. 29.
Astarte planata Sow. M. C. Tab. 257, Fig. 1.
Astarte obliqua Desh. Traité élem. Conch. II, p. 138, Tab. 22, Fig. 4, 4, 15.

Bis jetzt wurden nur zwei Exemplare von Brodla gefunden, welche jedoch die sichere Identität erkennen lassen. Die mehr einseitige Form, wie die Abbildung bei Deshayes darstellt, geht allmählich in eine ovale nach der Wirbeldiagonale über, welche letzteren Abänderungen gewöhnlich auch die herrschenden sind, insoweit die vorliegenden Exemplare von Bayeux, Les Moutiers, Croiselles, Saint Vigor und Port en Bessin diesen Schluss erlauben. In England kommt sie im Unteroolith von Burton und Dundry vor, in Schwaben fehlt sie nach Oppel (Juraf. 405).

Astarte trigona Lamarck 1806.

Tab. IV, Fig. 8.

Cypricardia trigona Lamk. Ann. s. vert. VI, p. 29.
Astarte trigona Desh. Traité élem. Conch. II, p. 139, Tab. 22, Fig. 11, 12.

Die häufig im Unteroolith von Bayeux, Les Moutiers, St. Vigor und an anderen Localitäten vorkommende Species findet sich auch bei Balin, doch ist bis jetzt nur ein Exemplar der schönen Art gefunden worden.

Astarte modiolaris Lamarck 1806.

Tab. IV, Fig. 7.

Cypricardia modiolaris Lamk. Ann. s. vert. VI, p. 29.
Astarte modiolaris Desh. Traité élem. Conch. II, p. 149, Tab. 23, Fig. 1, 2.

Von dieser prachtvollen, für den Unteroolith so charakteristischen Species besitzt das k. k. Hof-Mineraliencabinet eine ziemliche Anzahl Exemplare von Balin. Die Art unterscheidet sich constant durch ihre mehr vierseitige Form von *A. elegans* Sow., und selbst in der citirten Abhandlung bei Deshayes ist der hintere Rand mehr gerundet, wie man ihn bei jungen Individuen etwa findet. Bei älteren ist er immer abgestutzt, wobei sich der untere Rand bedeutend hinaufzieht.

Die Art ist im Unter- und Eisenoolith in Frankreich sehr verbreitet. Sie findet sich zu Bayeux, Fuegerolles, Les Moutiers, Croiselles, Port en Bessin etc.

In England findet sie sich nach Morris (Catt. 187) im Unteroolith von Dundry.

Astarte sufflata Römer 1842.

Astarte sufflata Ferd. Römer Dr. Astart. gen. p. 20, Tab. I, Fig. 5.

Die wenigen Exemplare von Balin stimmen sehr gut mit der Abbildung bei Römer und lassen auch die Unterschiede, welche Römer zwischen dieser Art und der *A. cordiformis* Desh. hervorhebt, leicht fixiren, obgleich sich andererseits die vielen ähnlichen Beziehungen nicht verkennen lassen. Übereinstimmende Exemplare von *A. sufflata* befinden sich im k. k. Hof-Mineraliencabinete von Bayeux und Mont Bellay.

Astarte rhomboidalis Phillips sp. 1836 [1].

Tab. IV, Fig. 10.

Isocardia rhomboidalis Phill. Geol. Yorkshire, I, Tab. 3, Fig. 28.
Hippopodium Lonsense d'Orb. Prodr. I, p. 308.
Hippopodium Bajocense d'Orb. 1844. p. 277.
Astarte rhomboidalis Morr. & Lyc. Moll. Great Ool. II. p. 84, Tab. 9, Fig. 20.

Die rhombische Schale nimmt nach rückwärts etwas mehr an Höhe zu, der obere Rand ist wenig gebogen, beinahe gerade, der untere besitzt etwas vor der Mitte eine Ausbuchtung, während der schmale Vorderrand abgerundet ist und ein wenig vorsteht. Die Schale ist nur am oberen Theil etwas stärker gewölbt, fällt nach unten und rückwärts allmählich ab, dabei tritt der Wirbel, welcher ganz vorn liegt, nur wenig vor und ist nach abwärts umgebogen. Die Lunula ist tief, aber nicht scharf begrenzt; die Area nimmt die ganze Länge des oberen Randes ein, und ist wenig vertieft und schmal. Die Oberfläche ist dicht mit concentrischen Streifen bedeckt und in einzelnen Absätzen durch tiefe Furchen getrennt. Das Schloss besitzt in der rechten Valve einen dicken dreiseitigen Zahn unter dem Wirbel ganz wie bei *Astarte modiolaris* Desh. und beiderseits schwache Vertiefungen für die Zähne der linken Klappe.

Ein identisches Stück besitzt das k. k. Hof-Mineraliencabinet von Strond bei Bristol. Morris und Lycett's Zeichnung weicht ein wenig ab, indem der Vorderrand darnach weniger vorspringt. Diese Autoren geben für die Species sowohl den Unteroolith von Cottesworld als auch den Grossoolith von Minchinhampton an, und wollen sie überdies im Corallrag von Malton und im Kimmeridge Clay von Wilts bemerkt haben. Sie ist selten bei Balin und Pomorzany.

Astarte terminalis Römer 1842.

Tab. IV, Fig. 11.

Astarte terminalis Röm. De Astart gen. p. 15.
Cardita terminalis Desh. Traité élém. Conch. II, p. 166, Tab. 52, Fig. 11.
? *Hippopodium gibbosum* d'Orb. Prodr. I, p. 277.

Abgerundet vierseitig, um ⅓ länger als hoch, die Wirbel sind ganz nach vorn gerückt und nach abwärts gebogen. Die stärkste Wölbung der Schale befindet sich etwas über den Buckeln und fällt nach rückwärts und unten allmählich ab. Die Oberfläche ist mit breiten, flachen Anwachsstreifen versehen, welche durch tiefe Furchen von einander getrennt werden, an denen man auch die feine Kerbung des Innenrandes wahrnimmt. Ausserdem sind noch feine Zuwachsstreifen vorhanden, die an den Wirbeln allein gewöhnlich erkennbar bleiben,

---

[1] Dieser und die folgenden beiden Arten weichen im Baue des Schlosses ein wenig von *Astarte* ab, und nähern sich mehr dem Genus *Cardita* wenn sie auch Deshayes gestellt wissen will. Nimmt man lediglich auf den Bau des Schlosses Rücksicht, so ist Deshayes' Ansicht allerdings gerechtfertigt, da das Schloss mit dem von *Cardita* unzweifelhaft die grösste Verwandtschaft hat. Eigenthümlich ist jedoch dieser Gruppe, dass in der linken Klappe der letzte einzige hintere Zahn allein vorhanden ist, an den sich das Ligament anlegt, und dass der Lunarzahn mehr gerundet ist als in die Länge gezogen, in der rechten Klappe ist der Cardinalzahn stark dreiseitig, vorn mit einer anstossenden Grube, rückwärts mit einer gleichen Leiste in der linken Klappe. Es giebt nun bei anderen ähnlichen Arten so viele allmähliche Übergänge und Veränderungen, dass die Schlossbildung allein nicht ausreicht, um eine Trennung vorzunehmen. Dagegen aber der lamellenartige Bau der Schale ohne alle Radialrippen und dabei die Zahnelung blos des Innenrandes der Klappen in Betracht genommen, dürften insbesondere diese Merkmale von Bedeutsamkeit sein, ob man nicht richtiger diese Formen unter einem besonderen Namen auffassen soll. Abgesehen davon aber ist ihre Verwandtschaft zu *Astarte* viel grösser, wie sich aus dem Vorhergehenden ergibt, als zu *Cardita*, und ich schliesse mich in der Beziehung den Ansichten der englischen Forscher an, welche diese Arten bei *Astarte* belassen haben.

oft auch ganz verschieden. Der untere Rand ist etwas gegen den vordern Rand sanft ausgeschweift. Das Schloss der linken Klappe besteht aus einer tiefen Grube unter dem Wirbel und einem starken Sublunarzahn, der flachgedrückt und am Ende eine Querfurche besitzt, während sich der obere Zahn nur durch eine schwache Einsenkung in eine gebogene Leiste, parallel dem oberen Rande, verlängert. Das Ligament liegt über dieser Leiste in einer tiefen Grube.

Die Baliner Vorkommnisse stimmen ganz genau mit Exemplaren aus dem französischen Unteroolith von Bayeux und Fuegerolles. Mehrere Exemplare von d'Orbigny's *Hippopodium gibbosum* stimmen ganz damit überein, wesshalb ich keinen Anstand nehme, diese Species hier beizuziehen.

Astarte galiziana Laube.

Tab. IV, Fig 12.

Die Schale ist ziemlich flach mit vierseitigem verlängertem Umriss. Die Höhe verhält sich zur Länge wie 2 : 3. Die Wirbel sind nach abwärts gebogen und treten kaum so weit vor als der vordere Rand der Schale; von den Wirbeln streckt sich zur gegenüber liegenden Ecke eine abgerundete Kante, von der beiderseits die Schale bedeutend verflacht und nach oben etwas rascher abfällt. Die concentrischen Lamellen der Oberfläche sind breit und weniger zahlreich als bei der früheren Species. Das Schloss besteht in der linken Klappe aus einer dreieckigen Grube, einem schwachen Lunularzahn und einer Leiste längs des oberen Randes, an das sich das Ligament nach Aussen anlegt. In der rechten Klappe befindet sich ebenfalls nur eine einfache Leiste längs des oberen Randes.

Zunächst erinnert die Form dieser Art an eine von Morris und Lycett aus dem Unteroolith von Leckhampton beschriebene *A. interlineata*, doch liegen bei dieser die Wirbel weiter nach hinten, auch konnte ich die dort angegebenen drei Knoten auf der Hinterseite der Schale nicht bemerken.

Bei Balin nicht häufig.

TANCREDIA Lycett 1850.

Tancredia donaciformis Lycett 1857.

Tancredia donaciformis Lyc. The Cotteswold Hills, p. 159, Tab. 5, Fig 3.

Diese schöne, zugleich grösste bekannte Art des Genus *Tancredia* stimmt mit englischen von Rodborough Gloucestershire sehr wohl überein, und übertrifft dieselben hinsichtlich ihres Erhaltungszustandes bisweilen an Schönheit.

Die dreiseitige nicht stark gewölbte Schale hat einen der Mitte sehr nahe gelegenen kleinen Wirbel, die Hinterseite setzt nicht scharfkantig vom Rücken ab, und bildet einen stumpfwinkeligen Flügel von mässiger Ausdehnung, die Oberfläche der Schale ist mit feineren und stärkeren concentrischen Falten bedeckt.

Insoweit nun die englischen Exemplare nur mehr Steinkerne sind, und von der Schalenoberfläche nichts oder nur wenig bemerken lassen, kann sich die Identificirung nur auf den Vergleich der äusseren Umrisse beziehen, und soweit nun dies ermöglicht war, hat dieselbe vollkommene Übereinstimmung gezeigt.

Weniger sicher scheint mir Lycett's Identificirung von Terquem's *Tancredia (Hettangia) Dionvillensis* mit den obigen Species. Nach vorliegenden Exemplaren, und im Vergleich

mit den obigen ergeben sich Unterschiede, welche wohl das Auseinanderhalten beider Species
angezeigt erweisen.

Tancredia Dionvillensis Terquem 1855.

Tab. IV, Fig. 13.

Hettangia ovata Quenst. Jura. p. 341, Tab. 46, Fig. 34.
Hettangia Dionvillensis Terq. Bull. d. soc. géol. d. France, II. sér. X, p. 875, Tab. I, Fig. 1—4.

Die Art ist bei weitem schmäler als die vorhergehende und zugleich weniger an den
Ecken abgerundet. Der hintere Flügel fällt steiler ab, ist im Verhältniss grösser und vom
Rücken schärfer abgesetzt, dabei stehen auch die kleinen etwas vor der Mitte liegenden
Wirbel weiter vor. Das sind Unterschiede, welche die Trennung dieser Species von der vor-
hergehenden sehr wahrscheinlich und annehmbar machen.

Die Species kommt ziemlich verbreitet vor. In den schwäbischen Trümmeroolithen
(Quenstedt's brauner Jura β) kommt sie ziemlich häufig vor; auch in Franken findet sie sich
nach Schrüfer (*T. donaciformis*. Über den Jura, p. 51) in dem Unteroolith. Terquem
beschreibt sie zuerst aus den Schichten des *Ammonites opalinus* von Cote-Pelée, Saint-Michel
bei Thionville, doch geht nach Quenstedt die Species bis in die Aalener Erzlager, auch Oppel
(Juraform. 400) fand zu Tannie (Sarthe) einen hierher gehörigen Steinkern in den unteren
Lagen des Grossooliths.

Die Species liegt in mehreren Exemplaren wie die vorige von Balin vor.

Tancredia axiniformis Phillips sp. 1836.

Tab. IV, Fig. 15.

Nucula axiniformis Phill. Geol. Yorkshire, Tab. 11, Fig. 13.
Tancredia axiniformis Morr. & Lyc. Moll. Great Ool. II, p. 93, Tab. 12, Fig. 7.
Tancredia axiniformis Morr. Quart. Journ. geol. Soc. IX, Tab. XIV.

Die kleine, einer *Nucula* sehr ähnliche Species liegt in mehreren guten Exemplaren vor,
welche mit den oben citirten Abbildungen vollkommene Übereinstimmung zeigen, dabei muss
man freilich die älteste Phillips'sche Figur nur in ihren Umrissen berücksichtigen. Die beste
und schönste Abbildung ist jedenfalls die von Morris im Quarterly Journal of the geological
Society gegebene, die auch am genauesten passt.

In Schwaben kommt die Species mit der vorigen vor (Oppel Juraform. p. 401). In
England ist sie ziemlich weit verbreitet, sie kommt im Unteroolith sowohl zu Yorkshire, als
auch in Gloucestershire und Lincolnshire vor.

SOWERBYA D'Orbigny 1849.

Sowerbya triangularis Phillips sp. 1836.

Tab. IV, Fig. 16.

Cucullea triangularis Phill. Geol. Yorkshire, I, p. 3, Fig. 30.
Sowerbya triangularis Lyc. Suppl. Moll. Great Ool. p. 66, Tab. XXXV, Fig. 8.

Ein vorliegender Steinkern zeigt viel Übereinstimmung mit dieser Species. Ich habe
auch an einzelnen Stellen der erhaltenen Schale jene feine concentrische Streifung bemerkt,
welche die Gattung wie auch die Art charakterisirt. Die aufgeblähte ziemlich gleichseitige
Schale ist hinten mit einem scharfen schiefen Kiel versehen, von welchem die Hinterseite
fast rechtwinkelig abfällt. Die Wirbel sind klein, etwas hinter der Mitte gelegen. Lycett

beschreibt die Species aus dem Cornbrash von Scarborough, doch besitzt dieselbe eine viel tiefer hinabgehende Verbreitung; auch in der Normandie kommt sie häufig vor, wie Lycett angibt. Nach allem wäre aber wohl der vorliegende Fall, wo die Species mit der vorigen im Unteroolith vorkommt, das tiefste Niveau, von welchem sie bisher bekannt wurde.

ANATINA Lamarck 1809.

Anatina siliqua Agassiz sp. 1842.

Corbula siliqua Ag. Prodr. etc. Myrr p. 148, Tab. 11z, Fig. 9–13.
Anatina siliqua Lyc. Suppl. Moll. of the Great Oolith, p. 83, Tab. 35, Fig. 13.
Sanguinolaria undulata Quenst. Jura, p. 398, Tab. 68, Fig. 9.

Die Species ist vielfach mit Sowerby's Species *Anatina (Sanguinolaria) undulata* confundirt worden, mit der sie noch Quenstedt zusammenhält. Vergleicht man Sowerby's Figur (M. C. 518, 2. 3), so wie die von Morris und Lycett Tab. 11, Fig. 4 gegebene Abbildung, so ergibt sich daraus, dass die vorliegende Species gar wohl von jenen verschieden sei; die Species *A. siliqua* ist schmäler, hinten in einen viel längeren gerade abgestutzten und klaffenden Fortsatz ausgezogen, während die Vorderseite ziemlich breit und zusammengedrückt ist, weiter noch ist auch die Schalenoberfläche bei dieser Species ganz anders sculptirt, indem über die starken ungleichen, etwas scharf gekrümmten Ringfalten feinere verlaufen, was bei *A. undulata* nicht der Fall ist, auch verlaufen dieselben nach dem klaffenden Ende gerade, während sie bei *A. undulata* schwächer werden, sich jedoch gegen den Schlossrand zurück-krümmen.

Die Species liegt in einem wohlerhaltenen Exemplare von Balin vor. Sie ist ausserdem aus dem wandtländischen Jura von Saint Croix und dem Solothurner Jura bekannt, aus Quenstedt's braunem Jura ε von Elmingen (Clavellatenthon) und Eschwege, aus dem Cornbrash von Scarborough, ausserdem kommt sie noch nach Oppel (Juraform. 564) im Callovien von Mamers und St. Scolasse (Dep. Sarthe) vor.

Anatina undulata Sowerby sp. 1815.

Sanguinolaria undulata Sow. M. C. Tab. 548, Fig. 12.
Anatina undulata Morr. & Lyc. Moll XI, Fig. 4.
Anatina undulata Zeuschn. Zeitschr. d. deutsch. geol. Gesellsch. p. 580 (1861).

Einige weniger vollständige Bruchstücke möchte ich wohl mit dieser Species vereinigen, da sie zunächst mit der zuletzt citirten Abbildung bei Morris und Lycett übereinstimmen. Sie zeigen jene gleichmässigen, viel engeren, concentrischen Falten, so wie die mehr allmähliche Abnahme der Schale nach hinten, aber zugleich ist sie offenbar viel breiter als die frühere Species; dies sind die Anhaltspunkte, welche die Identität derselben mit den englischen wahrscheinlich machen, welche ich aber nicht geradehin behaupten will, da nur vollständige Exemplare sicheren Aufschluss geben können.

Sowerby's Originalexemplar stammt von Brora in Schottland, Morris und Lycett nennen sie von Minchinhampton, Oppel (Juraform. 392) citirt sie von der schwäbischen Alp aus der Zone des *Amm. Humphriesianus*, doch dürfte darunter vielleicht die vorhergehende Species zu verstehen sein.

PHOLADOMYA Sowerby 1823.

Pholadomya deltoidea Sowerby sp. 1815.

Cardium deltoideum Sow. M. C. Tab. 197, Fig. 14.
Pholadomya Bucardium Ag. Etud. crit. p. 77, Tab. 5, Fig. 37; Tab. 5, Fig. 6.
Pholadomya deltoidea Morr. & Lyc. Supplem. zu Great Ool. Moll. p. 86, Tab. 42, Fig. 4.

Die vorliegenden Exemplare stimmen sowohl mit den englischen als französischen Abbildungen sehr genau überein. Die Art selbst unterscheidet sich sehr scharf von den *Ph. Heraulti*, mit welchen sie gewöhnlich verwechselt wird, durch die Zahl ihrer schmalen und scharfen Rippen.

Morris und Lycett beschreiben die Art als sehr verbreitet im Gebiete des Grossooliths von Minchinhampton, Chapuis und Dewalque von Longwy, Agassiz nennt dieselbe als sehr gewöhnlich aus allen Äquivalenten Schichten der Schweiz. Oppel (Juraform. 481) führt sie an aus dem Cornbrash von Kandern und Vögisheim in Baden.

Die vorliegenden Exemplare stammen von Brodla und Balin.

Pholadomya texta Agassiz 1842.

Pholadomya texta Ag. Etud. crit. p. 85, Tab. 4, Fig. 7—9.

Unser vorliegendes Exemplar stimmt sehr genau mit der citirten Abbildung und Beschreibung bei Agassiz überein, sie unterscheidet sich deutlich von den früheren und den verwandten durch die Zahl ihrer kräftigen etwas gebogenen Längsrippen, deren vorderste namentlich stark ist. Sie besitzt deren weniger als die frühern und mehr als ihre nächste verwandte Species *Ph. parcicosta* Ag., die ausserdem noch mehr geschweift ist.

Agassiz führt dieselbe von Aarau und Solothurn an, Wangen aus dem Cornbrash von Frick im Aargau, Oppel (Juraf. 481) von Marquise bei Boulonge aus dem Cornbrash. Balin.

Pholadomya triquetra Agassiz 1842.

Pholadomya triquetra Ag. Etud. crit. Myes, p 75, Tab. 6.
Pholadomya triquetra Chap. Nouvell. rech. foss. d. Luxemb. p. 58, Tab. 11, Fig. 12.

Obwohl von dieser Species nur zwei unvollständige Exemplare vorliegen, glaube ich dieselben doch mit Sicherheit identificiren zu können, da die erhaltenen Theile mit Agassiz' als auch mit Chapuis' trefflichen Abbildungen wohl übereinstimmen.

Die Art besitzt eine ziemliche Verbreitung. Agassiz fand sie im Unteroolith des Niederrhein, von Württemberg und des Solothurner Jura. d'Orbigny (Prodr. I, p. 284) nennt sie aus dem Dep. de la Sarthe, Terquem aus dem Dep. de la Moselle und Chapuis von Clappes bei Longwy.

Die Exemplare sind von Balin.

Pholadomya fidicula Sowerby 1842.

Pholadomya fidicula Sow. M. C. Tab. 225.
Pholadomya Zieteni Ag. Etud. crit. p. 54, Tab. 3, Fig. 13—15.
Pholadomya fidicula Ag. Et. crit. p. 60, Tab. 3. Fig. 10—12.
Pholadomya Zieteni & fidicula Chap. et Dew. Foss. d. Luxemb. p. 119, 120. Tab. XVII, Fig. 1, 2.

Die Exemplare stimmen zunächst in Grösse und Form mit den Abbildungen, wie sie Chapuis und Dewalque angeben, welche sie nach Vorgang Agassiz, in zwei Species unterscheiden, die aber schon d'Orbigny (Prodr. I, p. 274) mit gutem Grunde wieder vereinigt hat.

Die Formen der beiden Species Agassiz', sind unmöglich auseinander zu halten, zumal wenn man noch weiter Quenstedt's Jura zur Hand nimmt, wo sich zwischen beiden eine Mittelform findet, darnach es unzweifelhaft wird, dass beide zusammenfallen müssen. Eine Unterscheidung nach ihrem geognostischen Horizonte ist gleichfalls unmöglich, wie Oppel, der so scharfsichtige und gründliche Forscher (Juraform. p. 393) nachweist, indem er die Species durch sämmtliche Schichten des Unterooliths bis in die oberen verbreitet fand.

Englische Exemplare von Leckhampton stimmen mit der Art mit Ausnahme der Grösse wohl überein.

Pholadomya concatenata Agassiz 1842.

Tab. V, Fig. 1.

Pholadomya aequalis Pusch (non Sow.) Polens Paläontol. Tab. VIII, Fig. 12
Pholadomya concatenata Ag. Etud. crit. p 41.
Pholadomya concatenata Zeuschn. Zeitschr. deutsch. geol. Gesellsch. p. 580.

Die Schale quer verlängert, eiförmig, vorn stark aufgebläht, hinten zusammengedrückt, wenig klaffend; die Wirbel liegen ganz am vorderen Ende, sie sind stumpf und berühren einander. Das Schildchen ist lang und stark ausgehöhlt, von einer scharfen Kante beiderseits begrenzt, das Mondchen klein und tief. Die Schalenoberfläche ist mit zahlreichen starken concentrischen Streifen bedeckt, über welche die 6—8 vom Wirbel ausstrahlenden Längsrippen sehr undeutlich verlaufen und nur auf den stärkeren Querfalten und in der Nähe der Wirbel schwache Kanten bilden.

Diese von Pusch mit Sowerby's Species vereinigte Art ist jedenfalls von ihr verschieden, nicht nur durch ihre verschiedenen Horizonte, sondern auch durch ihre Form. Die polnische Species ist schmäler und gewölbter als die englische, die Längsrippen treten weniger stark hervor, auch ist die Hinterseite des Schildchens weit tiefer eingedrückt. Diese Unterschiede lässt die Vergleichung der Abbildungen, noch mehr aber die Vergleichung der Exemplare erkennen. Eine weiter verwandte ist dann *Pholad. oculum* Ag., die sich aber durch ihre gerundetere Form und das weniger zusammengedrückte Hinterende, so wie die etwas weiter nach innen liegenden Wirbel unterscheidet.

Von Balin.

Pholadomya ovalis Sowerby 1815.

Pholadomya ovalis Sow. M. C. Tab. 226.
Pholadomya ovalis Morr. & Lyc. Moll. Great Ool. II, p. 141, Tab. XV, Fig. 14.
Pholadomya ovalis Sow., Quenst. Jura, p. 451, Tab. 62, Fig. 6.

Sämmtliche Abbildungen stimmen genau mit den vorliegenden Exemplaren, die sich von der vorigen Art durch die mehr gerundete Form, durch ein stärkeres Klaffen am Hinterende und das weniger tief ausgehöhlte Schildchen unterscheidet, wie denn auch die Längsrippen viel näher aneinander stehen und zahlreicher sind.

Die Art findet sich in dem Cornbrash von Scarborough, Quenstedt beobachtete dieselbe in verschiedenen Schichten des Grossooliths.

Von Balin.

Pholadomya oculum Agassiz 1842.

Tab. V, Fig. 2.

Pholadomya oculum Ag. Etud. crit. p. 119, Tab. 3, Fig. 7—9.
Pholadomya oculum Morr. & Lyc. Moll. Great Ool. II, p. 124, Tab. XIII, Fig. 12.

Die Exemplare, welche vorliegen stimmen genau mit Agassiz's Abbildungen überein, weniger mit Morris und Lycett, welche mehr nach vorn gekrümmte Rippen angeben, während sie bei Agassiz, so wie an unseren Exemplaren gerade verlaufen. Die Art unterscheidet sich von der früheren durch ihre schmälere Form und die geringe Wölbung, so wie durch eine etwas stärkere Zusammendrückung auf der Hinterseite.

Agassiz nennt sie von Goldenthal, Morris und Lycett aus dem Grossoolith von Nordengland, von Scarborough und Stamford. Neuerlich nennt sie auch Waagen aus dem Cornbrash von Frick bei Aargau.

Pholadomya angustata Sowerby 1817.

Tab. V, Fig. 3

Lutraria angustata Sow. M. C. Tab. 327.

Diese eigenthümliche Art, welche durch ihre langgestreckte Form und starke Wölbung von allen anderen Arten leicht unterscheidbar ist, scheint unnöthiger Weise von Agassiz in mehrere zersplittert worden zu sein. Wenigstens kann ich zwischen seinen Arten: *Ph. pontica, Ph. pelagica, Ph. siliqua* keinen Unterschied von Sowerby's *Ph. angustata* finden. Die von ihm mit Sowerby's Species identificirte Art zeigt die wenigste Übereinstimmung mit Sowerby's Abbildung und ist wohl zunächst nach d'Orbigny's Vorgang mit *Ph. decemcostata* des Oxfordien zu vereinigen, welche die nächste Verwandte von *Ph. angustata* zu sein scheint, wenn sie nicht gar mit ihr zu vereinigen ist. Es scheint mir am annehmbarsten, diese Formen alle als *Pholadomya angustata* Sow. zu vereinigen.

Die vorliegenden Exemplare stimmen zunächst mit Sowerby's Abbildung sehr genau überein, sie zeigen jene schmale nach hinten verlängerte Form, die zahlreichen, flachen, bis weit über die Hinterseite verbreiteten, etwas gekrümmten Rippen, und den stumpfen, weit nach vorn liegenden Wirbel.

D'Orbigny gibt als Fundort der Species (Prodr. I, pag. 276), Les Moutiers und Conlie im Dep. Sarthe an, doch mangelt sie auch zu Bayeux nicht, wie sich aus vorliegenden Exemplaren ergibt, dann von Nancy und Dundry. Agassiz erwähnt sie von Les Moutiers (Normandie).

Von Balin und Brodla.

Pholadomya socialis Morris & Lycett 1852.

Tab. V, Fig. 4.

Pholadomya socialis Morr. & Lyc. Moll. Great Ool. II, p. 122, Tab. XI, Fig. 7.

Zwei Exemplare von Balin glaube ich mit der englischen Species identificiren zu können. Sie unterscheiden sich von allen anderen durch die ganz am vorderen Ende liegenden Wirbel, die kurze Vorder- und verlängerte Hinterseite, so wie die nur angedeuteten, kaum bemerkbaren Radialrippen, welche über die etwas weit von einanderliegenden, starken Ringfalten verlaufen. Die Muschel klafft fast die ganze Länge des Schlossrandes bis zum Unterrand der hinteren Seite.

Morris und Lycett beschreiben sie von Minchinhampton und Blimouth Northhamptonshire.

GONIOMYA Agassiz 1838.

Goniomya trapezicosta Pusch sp. 1837.

Tab. V, Fig. 5.

Lutraria trapezicosta Pusch Polens Paläontol. p. 80, Tab. 8, Fig. 10.
Goniomya hemicostata Morr. & Lyc. Moll. Great Ool. p. 120, Tab. XII, Fig. 3.
Goniomya trapezicosta Zeuschn. Zeitschr. deutsch. geol. Gesellsch. 1861, p. 580.

Die Schale quer eiförmig verlängert, stark gewölbt, hinten wie vorn weit klaffend. Wirbel klein und spitz, einander berührend, gegen das vordere Drittel der Schale gelegen. Unterrand wenig gerundet, über die dünne Schale verlaufen gerundete Rippen, welche über den Rücken in schräger Richtung vom Wirbel zum Hinterrand zweimal unter einem stumpfen Winkel aufwärts gebogen sind, und gegen den Unterrand sich allmählich abschwächen. Die zwischen den Rippen verlaufenden Thäler sind gerade so breit als die Rippen und ebenfalls gerundet. Auf gut erhaltenen Exemplaren gewahrt man ausserdem noch feine concentrische Querstreifen, so wie feine vom Wirbel ausstrahlende Punktreihen.

Morris und Lycett beschreiben eine *Goniomya hemicostata*, welche mit der vorliegenden volkommen identisch zu sein scheint. Ein Unterschied würde darin beruhen, dass die Rippen nach dem Unterrande verschwinden. Das scheint nun aber kein stichhaltiger Grund einer Trennung sein zu können, da auch an vorliegenden Exemplaren das Verschwinden der Rippen gegen unten, und das Vortreten von concentrischen Streifen deutlich wahrnehmbar ist.

Oppel identificirt Pusch's Species mit *G. ornati* Quenstedt. (Handb. Petref. Tab. 47, Fig. 25) aus den Oxfordthonen von Gammelshausen. Ich möchte dagegen einwenden, dass die schwäbische Muschel viel schmäler und flacher als die vorliegende ist, dass deren Rippen aber viel feiner sind, als bei letzterer. Ich meine demnach, dass die Species nicht mit dieser vereinigt werden kann, sondern als solche aufrecht erhalten werden möge, als eine Zwischenform, welche Quenstedt (Jura 554) zwischen den Rhombiferen des Lias und jener aus dem Oxfordthone mit Recht vermuthet.

Einige vollkommen identische Exemplare besitzt das k. k. Hof-Mineraliencabinet von Mistelgau bei Bayreuth, Morris und Lycett nennen ihre Species von Blimouth Nordhamptonshire.

Von Balin.

CEROMYA Agassiz 1838.

Ceromya plicata Agassiz 1842.

Ceromya plicata Ag. Etud. crit. Myes. p. 52, Tab. 8 d, Fig. 1 4.
Ceromya plicata Ag., Morr. & Lyc. Moll. Great Ool. II, p. 107, Tab. X, Fig. 1, 2.

Ein vorliegendes Exemplar lässt an der theilweise erhaltenen Schale die unter einem fast rechten Winkel zurückgebogenen concentrischen Falten erkennen. Dasselbe stimmt sowohl mit den Abbildungen als mit verglichenen Exemplaren sehr wohl überein.

Die ziemlich weit verbreitete Species wurde zuerst von Gressly im unteren Oolith von Goldenthal (Solothurn) gefunden. D'Orbigny, welcher sie fälschlich mit *Cardita striata* Sow. identificirt, erwähnt sie aus Vezelay, Nantua, Marquise, Poitiers; Morris und Lycett fanden dieselbe in ziemlicher Menge in den oberen Schichten des Grossooliths von Gloucestershire und Minchinhampton, so wie von einigen anderen Localitäten.

Von Balin.

Ceromya columba Laube.

Tab. V, Fig. 4.

Schale schmal eiförmig quer verlängert, sehr stark gewölbt, voru kurz zugerundet, hinten verbreitert, am Schlossrande zusammengedrückt, stark klaffend. Die Wirbel eingerollt, weit von einander abstehend, ganz an das vorderste Ende gerückt. Unterrand gerade, plötzlich nach hinten aufwärts gekrümmt, unter den Wirbeln am Schlossrand macht sich eine dichte Wulst bemerkbar, welche im Bogen um die klaffende Hinterseite bis zu dem vorspringenden Eck verläuft, das fast rechtwinkelig vom Hinter- und Oberrande gebildet wird. Über die Oberfläche der Schale verlaufen vom Wirbel aus dichtstehende, gerundete Rippen, deren untere sich am Hinterrande fast winkelig umbiegen, welcher Bug am Rande ziemlich kantig gegen die Oberseite mehr und mehr abnimmt, bis endlich die obersten Rippen ganz gerade verlaufen.

Die Species erinnert zunächst an die *C. excentrica* aus dem Kimmeridge, doch ist die letztere von der vorliegenden durch die weiter gegen die Mitte zurückliegenden Wirbel, so wie die weniger gestreckte und gewölbte Form verschieden. Auf dieselbe Weise unterscheidet sie sich von der mit ihr vorkommenden *C. plicata*, so wie auch, dass bezüglich der umbiegenden Streifen bei dieser das umgekehrte Verhältniss stattfindet, so also, dass während hier die Rippen unten gerade sind, oben gebogen, bei jener unten die Rippen gebogen, oben gerade sind.

Die Species ist bis jetzt in zwei Exemplaren aus dem Grossoolith von Balin bekannt geworden und befinden sich die Originale im k. k. Hof-Mineraliencabinet.

GRESSLYA Agassiz 1838.

Gresslya gregaria Goldfuss sp. 1836.

Lutraria gregaria Goldf. Petref. Germ. II, p. 255, Tab. 152, Fig. 10.
Ceromya gregaria Desh. Traité élém. de Conch. I, p. 164, Taf. 12 b, Fig. 3—5.
Myacites gregarius Quenst. Jura, p. 119, Tab. 61, Fig. 9—11.

In Bezug auf die Stellung dieses Petrefactes schliesse ich mich Agassiz' Meinung an, welcher die Species zu dem Genus *Gresslya* verweist, obzwar fast jeder Autor dieselbe irgendwo anders untergebracht wissen will. Was mich dazu bestimmt, ist die genaue Übereinstimmung vorliegender Stücke mit echten Gresslyen, obwohl eine nähere Prüfung nicht wohl möglich ist, da sie eben nur Steinkerne mit nur theilweise erhaltener Schale sind. Eine für das Genus charakteristische Furche am Schloss der rechten Schalenhälfte lässt sich an einigen Exemplaren sehr wohl bemerken, auch jene charakteristische Ungleichseitigkeit der Muschel spricht dafür. Die factische Verschiedenheit des Genus *Gresslya* von anderen Myen hat Terquem (Observations, pag. 67) und von anderer Seite Morris und Lycett genügend erwiesen.

Was nun die vorliegenden Exemplare betrifft, so stimmen sie sowohl mit den citirten Abbildungen, wie auch mit einigen Exemplaren aus der Normandie und England, womit ich sie vergleichen konnte, sehr genau überein. Chapius und Dewalque (Description des fossiles des Terrains secondaires du Luxembourg, p. 147) beschreiben eine *Ceromya gregaria* als identisch mit der obigen aus dem Oolith und aus dem Lias, in dem sie sich auf die Angabe Goldfuss' berufen, der seine Species zwar aus dem Grossoolith beschreibt, aber beifügt, sie scheine auch im Lias von Altdorf vorzukommen. Hier dürfte es sich aber wohl um verschiedene Species handeln.

Die Species ist im Grossoolith sehr weit verbreitet. Deshayes nennt als Fundorte Hayange, Metz und Pont Saint Vincent bei Nancy; Goldfuss nennt Osnabrück, Hildesheim in Norddeutschland, Göppingen in Schwaben und Rabenstein in Franken.

Vorliegende Exemplare stammen von Balin und Brodla.

MYACITES Schlotheim 1814.

Myacites Agassizii Chapuis 1858.

Mya jurassi Ag. Etud. crit. Myes, p. 253, Tab. 30, Fig. 3—10 (non A. Brongn.).
Pleuromya Agassizi Chap. Foss. d. Luxemb. p. 66, Tab. XIII, Fig. 3.
Myacites jurassi Quenst. Jura, p. 449, Tab. 61, Fig. 15.

Die Species wurde bei sämmtlichen Autoren nach Vorgang Agassiz' mit Alex. Brongniart's Species *Lutraria jurassi* identificirt. Buvignier (Statistique géologique de la Meuse, p. 8) weist jedoch nach, das Brongniart's Species aus dem Portlandien stamme, wornach sich Chapuis l. c. veranlasst sah, den bisher für die Oolithspecies verwendeten Namen umzuändern, welchem Vorgehen ich mich anschliesse.

Die Species mit ihrem abgerundeten stumpfen Vorderrande ihrer seichten aber breiten Impression vom Wirbel aus, und der zusammengepressten Hinterseite gehört zu den verbreitetsten Arten des Grossoolithes. Bei ihrem so deutlich ausgesprochenen Charakter ist sie mit verwandten Arten nicht leicht zu verwechseln, da sich bei älteren wie bei jüngeren Exemplaren die Verhältnisse ganz gleich bleiben. Eine grosse Anzahl von Exemplaren aller Altersformen konnte ich zur Vergleichung benützen, und fand sie alle genau in ihren Verhältnissen übereinstimmend.

Die Art kommt häufig im Grossoolith der Normandie vor, d'Orbigny (Prodr. I. p. 273) nennt Les Montiers, Bayeux, Mamers, Asnières; Terquem nennt sie aus dem Dep. la Moselle; Oppel (Juraform. 393) von Conlie (Dep. Sarthe); aus England von Dundry bei Bristol und Burton bei Bridport, aus Schwaben ist sie vom Nipf bei Bopfingen und von Reichenbach bekannt. Chapuis fand sie zu Clappes bei Longwy. Aus Polen liegen Exemplare von Balin und Brodla vor.

Myacites polonicus Laube.

Tab. V, Fig. 7.

Schale quer verlängert, schmal, ziemlich gewölbt, vorn abgeschrägt zugerundet, nach hinten verschmälert, abgestumpft, ziemlich weit klaffend. Die kleinen, spitzen, von einander weit entfernten Wirbel liegen im vordersten Drittheile der Schale, der Unterrand ist wenig gekrümmt fast gerade, die Impression vom Wirbel zum Rand auf der vorderen Schalenhälfte kaum merklich vorhanden. Die Oberfläche der dünnen Schale ist mit feinen concentrischen Streifen von wechselnder Stärke bedeckt, über welche man bei gut erhaltenen Exemplaren feine radiale Punktstreifen verlaufen sieht. Vergleicht man die Species zunächst mit *M. Agassizi* Chap., so liegt der Unterschied zwischen beiden in der verschiedenen Lage der Wirbel, so wie *M. polonicus* schmäler und vorn der Stellung der Wirbel gemäss spitzer ist, und in der hier nur angedeuteten Rückenimpression. Eine weitere verwandte Art wäre *Myacites marginatus* Agass.; allein diese ist sowohl grösser und breiter, als auch durch weiter gegen die Mitte zurückliegende Wirbel symmetrischer gebaut.

Die Art kommt in ziemlich zahlreichen Exemplaren zu Balin und Brodla mit der vorigen in Gemeinschaft vor.

Originale in der Sammlung des k. k. Hof-Mineraliencabinetes.

Myacites compressiusculus Lycett 1857.

Tab. V, Fig. 8.

Myacites compressiusculus Lyc. The Cotteswold Hills, p. 129, Tab. 5, Fig. 1.

Die Schale quer verlängert, eiförmig, vorn breiter, abgerundet, hinten schmäler. Die Wirbel klein, stumpf, fast mittelständig, einander berührend. Die Schale klafft auf beiden Seiten und ist auf der Oberfläche mit zahlreichen feinen und dichten concentrischen Linien bedeckt, welche um die Wirbel zierliche, gleichmässige Ringe bilden.

Insoweit stimmt das Petrefact — es liegt derzeit ein einziges Exemplar vor — mit Lycett's Beschreibung und Abbildung ziemlich genau überein, nur ist die klaffende Öffnung, von welcher Lycett angibt, sie sei hinten breiter als vorn, hier ziemlich gleich. Die Punktreihen der äusseren Schale, welche Lycett bemerkte, konnte ich nicht wahrnehmen, da die Muschel ganz abgerieben ist. Sonst stimmt sowohl die angegebene Grösse als die übrigen Merkmale gut überein, und ich nehme daher keinen Anstand, die Art mit jener aus dem Unteroolith von Rodborough Hill zu identificiren.

Von Balin.

Myacites Balinensis Laube.

Tab. V, Fig. 9.

Schale eiförmig quer, wenig aufgebläht, vorn verschmälert, nimmt dieselbe an Breite nach hinten zu und erreicht die grösste hinter den Wirbeln. Die Wirbel ragen nicht weit vor, sind stumpf und liegen im vorderen Drittheil der Schale. Die Muschel zeigt hinten wie vorn eine schmale klaffende Spalte. Der Schlossrand ist gerade, ein wenig ausgehöhlt. Die Oberfläche mit zahlreichen, feinen, concentrischen Streifen bedeckt. Die Species zeigt die Charaktere sehr deutlich, welche Agassiz (Étud. crit. Myes. p. 180) für sein Genus *Platymya* aufstellt; würde man dies Geschlecht gelten lassen, so müsste sie offenbar hinzugefügt werden. Indessen folge auch ich hier Morris & Lycett's Vorgange, welche *Platymya* mit anderen Geschlechtern unter *Myacites* subsummiren.

Agassiz beschreibt aus dem Oolith eine einzige Species, die aber so mangelhaft erhalten ist, dass sie nicht in Betracht gezogen werden kann. Sonst ist keine Art bekannt geworden, welche mit der vorliegenden hätte verglichen werden können, da keine jenen eigenthümlichen Typus der vorn schmäleren, hinten breiteren Schale besitzt.

Ein Exemplar von Balin. Länge 55 Millim., Breite von den Wirbeln 19 Millim., hinter denselben 25 Millim.

Myacites dilatatus Phillips sp. 1836.

Tab. V, Fig. 11.

Mya dilatata Phill. Geol. Yorkshire, I, Tab. 11, Fig. 4.
Sanguinolaria dilatata Murch., Buckm. & Strickl. Cheltenham, Tab. 6, Fig. 2.
Myacites dilatatus Morr. & Lyc. Moll. Great Ool. p. 114, Tab. 10, Fig. 5

Diese eigenthümliche Form ist vorn abgerundet, zusammengedrückt, hinten gerade abgeschnitten und wie eine cylindrische Röhre gerundet und klaffend; die vor der Mitte liegenden Wirbel sind klein und zusammengedrückt, die Hinterseite des Oberrandes ist concav, der Unterrand bildet eine ganz gerade Linie, die ziemlich gleichen, gerundeten, concentrischen Rippen sind an der Vorderseite sehr deutlich, werden aber auf dem Rücken, über welchen sie parallel dem Unterrande gerade verlaufen, und auf der Hinterseite, nach welcher sie plötzlich in einem scharfen Winkel umbiegen, schwächer und undeutlicher.

Die vorliegenden Exemplare von Balin stimmen mit Phillips' oben angeführter Figur sehr genau überein, dasselbe gilt von der zweiten Abbildung; ein wenig different, weit länger und grösser ist die Abbildung, welche Morris & Lycett geben, doch ist die Übereinstimmung im Allgemeinen sicher, noch mehr wenn man den klaren Text berücksichtigt.

Die Species ist bis jetzt in England an vielen Localitäten nachgewiesen, welche ganz typische Grossoolithschichten zeigen; auf dem Continente wird sie bisher nur von Oppel erwähnt (Juraf. 391), der sie von Aveyron kennen lernte, ausserdem eine bei Baalingen in dem Unteroolith gefundene Muschel hierher zählt.

Myacites punctatus Buckmann sp. 1845.

Tab. V, Fig. 10.

Sanguinolaria punctata Buckm. & Strickl. Geol. Cheltenh. Tab. VI, Fig. 4.

Unter diesem Namen findet sich am angeführten Orte eine Species angeführt, mit welcher ein vorliegender Steinkern von Balin wohl übereinstimmt, der auf den nur theilweise erhaltenen Schalenstücken jene charakteristische Punktur, welche die englische Species besitzt, erkennen lässt, so dass ich weiter keinen Zweifel über die Identität dieses Baliner Petrefacts mit dem englischen hege. Diese Species scheint bis jetzt auf dem Continent noch nicht nachgewiesen zu sein, dagegen erhielt sie Oppel von mehreren Localitäten in England aus den mittleren Schichten des Unterooliths, von Leckamptonhill und Collyweston; Buckmann beschrieb sie von Crickley.

Myacites striato-punctatus Goldfuss sp. 1836.

Lutraria striato-punctata Goldf. Petref. Germ. II. Tab. 61, Fig. 12.
Myacites striato-punctatus Quenst. Jura, p. 449, Tab. 61, Fig. 12.

Die vorliegenden Exemplare sind etwas beschädigt, gleichwohl finde ich sie zunächst mit Quenstedt's Abbildung wohl übereinstimmend. Goldfuss' Abbildung ist darnach zu breit, und dürfte nach Quenstedt's Meinung nach einem verstümmelten Exemplare, daher nicht genau angefertigt sein. Eine Species, welche Chapuis & Dewalque aus dem Kalke von Longwy mit der obigen vereinigen, dürfte wohl nicht mit der schwäbischen Species stimmen, wenigstens differiren die Abbildungen vollständig, da die Muschel bei den letztgenannten Autoren noch breiter erscheint als bei Goldfuss, im vorliegenden Falle glaube ich mich zunächst an Quenstedt anschliessen zu sollen, da derselbe sein Original von derselben Fundstätte wie Goldfuss hat, und wohl eine genauere Kenntniss der Species durch eine gute Abbildung ermöglicht. Unsere Exemplare sind von Balin, sie sind etwas kleiner als die schwäbischen, zeigen aber wie jene die längliche eiförmige, hinten etwas comprimirte Gestalt und die feinen radialen Punktlinien, welche dicht gedrängt über die sonst ziemlich glatte Schale verlaufen.

Myacites elongatus Münster 1836.

Lutraria elongata Münst., Goldf. Petref. Germ. II. Tab. 153, Fig. 4.
Pleuromya elongata Ag. Etud. crit. p. 241, Tab. 27, Fig. 3—6.
Pleuromya elongata Chap. & Dew. Foss. d. Luxemb. p. 138, Tab. 19, Fig. 3.

Die zierliche Form kommt *M. Agassizi* sehr nahe, ist aber davon wie von den anderen Arten wohl zu unterscheiden. Mit letzterer Species hat sie die weit nach vorn liegenden Wirbel gemein, so wie die deutliche Impression, die Vorderseite aber ist abgeschrägt und fast winklig in den Unterrand gebogen, während bei jener Species diese Partie zugerundet ist. Auch liegt die Impression weit nach vorn, und ist nicht so breit als dies bei den anderen Species der Fall ist. Über die Schale verlaufen ungleiche, stärkere und schwächere Anwachsstreifen, und man erkennt bei gut erhaltenen Exemplaren besonders gegen den Rand sehr feine, punktirte Radiallinien.

Aus der Vergleichung der citirten Abbildungen und den vorliegenden Exemplaren ergibt sich eine grosse Übereinstimmung, wesshalb ich die Identificirung für vollkommen sicher halte.

Das älteste bekannte Exemplar stammt aus dem Grossoolith von Auerbach in Franken, weitere Fundorte sind Dürrenast in Solothurn, Mogeuvre, Conlie und Bayeux in der Normandie, und Longwy in Luxemburg. Fünf wohlerhaltene Exemplare stammen von Balin, einige weniger gute von Brodla.

SAXICAVA Fleuriau 1802.

Saxicava dispar Deslongchamps 1839.

Tab. V, Fig. 12.

Saxicava dispar Desl. Mémoire sur les Coquilles foss. lithophages (Mém. soc. Linn. Norm.), p. 10, Tab. IX, Fig 25—31.

Die Schale ist quer elliptisch verlängert, vorn abgestutzt und gewölbt, hinten zusammengedrückt, ein wenig zugespitzt flach, etwas zurückgekrümmt, die kleinen vorspringenden Wirbel liegen ganz vorn, gegen den Hinterrand verläuft von ihnen schräg über den Rücken ein Kiel. Länge 11 Millim., Breite 6 Millim.

Die Species, welche Eudes-Deslongchamps zuerst aus dem Oolith von Les Moutiers in Calvados beschrieb, findet sich bei Balin in zahlreichen Exemplaren wieder, welche grosse Übereinstimmung mit den französischen zeigen. Die die Steinkerne umhüllenden Abgüsse der Bohrgänge zeigen an ihrem unteren abgerundeten Rande eine zierliche netzartige Sculptur, wie scharfe, über Kreuz geführte Feilstriche, welche ich bei anderen Arten nicht bemerkt habe. Deslongchamps führt als ihren Wohnort die Schalen von *Lima proboscidea* Sow. an, doch scheint sie hier frei im Gestein oder in Corallenstöcken gelebt zu haben, da die Bohrgänge eine Länge bis zu 20 Millim. erreichen.

Saxicava Zeuschneri Geinitz in litt.

Tab. V, Fig. 14.

Saxicava crassula Laube, Sitzungsber. d. kais. Akad. d. Wissensch. vom 22. Februar 1866.

Schale eiförmig, vorn abgestutzt, schmal klaffend aufgebläht, hinten zusammengedrückt ganz schliessend. Wirbel klein, stumpf im vorderen Drittheil der ganzen Länge. Schalen mit bald schwächeren, bald stärkeren concentrischen Falten geziert, welche namentlich an dem Unterrande grosser Exemplare tiefe, unregelmässige Furchen bilden.

Diese von allen schon durch überwiegende Grösse und Dicke ausgezeichnete Art unterscheidet sich von der vorhergehenden noch durch den Mangel eines Kiels auf der Hinterseite des Rückens.

Im Jahre 1854 hat Herr Prof. Geinitz die Species mit diesem Namen im königl. mineralogischen Museum zu Dresden bezeichnet und vielfach versendet, da dieselbe mit Vorkommissen von Hohenstein nach seiner gütigen Mittheilung identisch ist, was der Art ein höheres Interesse verleiht. Von ihm auf dieses Verhältniss aufmerksam gemacht, ziehe ich gerne meinen der Art früher beigelegten Namen ein, und lasse des genannten Herrn Priorität gelten.

Da die Species bis jetzt nur in Steinkernen vorliegt, auf eine kritische Untersuchung der massgebenden Theile also nicht eingegangen werden kann, ist ihre Stellung nur nach den Analogien der äusseren Form, des Umrisses der Schale angewiesen worden.

Ziemlich häufig bei Balin.

Grösse des abgebildeten Exemplares: Länge 20 Millim., Breite 13·5 Millim.

GASTROCHAENA Lamarck 1818.

Gastrochaena Deslongchampsii Laube.

Tab. V, Fig. 15.

? *Fistulana subtrigona* Desl. Mém. Coqu. lithophages. Calvados, p. 8, Tab. IX, Fig. 11, 13, 16 (pars).

Schale querverlängert, keilförmig, vorn schief abgeschnitten, weit klaffend, hinten zusammengedrückt, wenig verschmälert, über dem Rücken zum Unterrande verläuft eine schmale seichte Impression. Die Wirbel sind klein und stumpf, liegen ganz weit nach vorn und stehen ein klein wenig vor. Auf wohlerhaltenen Schalen bemerkt man feine concentrische Falten, welche auf der Vorderseite dichter, gegen die Hinterseite weiter von einander abstehen und das Ansehen haben, als ob sie blättrig aufeinander lägen. Steinkerne sind ganz glatt, zeigen aber immer noch die Impression des Rückens.

Deslongchamps beschreibt seine *Fistulana subtrigona* (*Gastrochaena* d'Orb. Prod. 11 Ét. 14. Nr. 216) sowohl aus dem Oolith von Les Moutiers, als auch aus den Corallien von Trouville, auf welche Étage d'Orbigny die Species beschränkt. Die Abbildung l. c. stimmt ganz gut sowohl in der Grösse als in der Form, nur vermisst man jene oben erwähnte Einbuchtung über dem Rücken, und ist dieselbe weniger gegen hinten zugespitzt. Ich will daher nicht mit Bestimmtheit behaupten, dass die vorliegende Species mit der aus Calvados identisch sei, wohl aber mag sie sehr nahe verwandt sein. Übrigens scheint es auch in Berücksichtigung der wohl zu weit angegebenen Verbreitung der Species nothwendig, für den Fall, als die vorliegende Art mit der von Bajeux identisch ist, einen neuen Namen einzuführen.

Grösse des Exemplares: Länge 20 Millim., Breite 14 Millim.

Zahlreiche Exemplare von Balin.

Gastrochaena pholadoides Laube.

Tab. V, Fig. 13.

Schale quer rhombisch, ziemlich breit, wenig gewölbt, die Wirbel klein, stumpf, weit zurückliegend gegen die Mitte, daher ein ziemlich langer Vorderrand. Die Vorderspalte erscheint schmal elliptisch im Umriss, die Hinterseite klafft wenig. Die Schale ist vom Wirbel bis in die Mitte mit scharfen, gleichen concentrischen Rippen geziert, welche gegen den Unterrand hin nach und nach stumpfer werden, und endlich ganz verschwinden.

Die Species erinnert etwas an eine von Deslongchamps beschriebene *Pholas crassa* (Mém. sur foss. lithophages pl. IX, Fig. 1, 2, 7, 8). Doch ist die vorliegende Art durch den Mangel einer Falte über dem Rücken, durch die mehr rhombische Gestalt und schrägeren, längeren Vorderrand, so wie die concentrischen Falten, die nicht wie bei jener eingeknickt sind, verschieden.

Die Art scheint selten zu sein, wenigstens liegen bis jetzt nur zwei Schalenhälften vor, von denen die eine an den Rändern zerbrochen ist.

Grösse des abgebildeten Exemplars: Länge 15 Millim., Breite 10 Millim.

Fundort Balin.

Verbreitungs-Tabelle
der Acephalen des Baliner Juras nach den geognostischen Horizonten.

Name	Polen	Frankreich	England	Schwaben	Andere Fundorte
Eligmus polygyphs Dnnh.....	Balin	Grossoolith	—	—	—
„ *contortus* nov. sp.....	Balin	—	—	—	—
Ostrea Marshii Sow........	Balin , Pomorzany	Grossool.—Oxfordien	Grossool.—Oxfordien	br. Jura δ	Überall im gleichen Niveau.
„ *Amor* d'Orb.........	Balin	Callovien — Corallien	—	?	
„ *eduliformis* Schlthm.	Balin	—	—	br. Jura δ	Franken , Eseweggeneshein bei Mühlheim i. Baden.
Placunopsis fibrosa nov. sp...	Balin	—	?Grossoolith	—	anten Basel etc.
„ *oblonga* nov. sp...	Balin, Sanka	—	—	—	
Plicatula lyra nov. sp.....	Balin	—	—	—	
Pseudomonya Buchii Röm....	Kostelec	—	—	br. Jura δ	Neersen (Hannover).
Pecten spathulatus Röm.....	Balin, Sanka	Callovien	Callovien	br. Jura δ	Wittenberg in Hess. v. Franken, Steindorf oder Basel.
„ *demissus* Bean.......	Balin, Sanka	—	Unter — Grossool.	br. Jura β	Luxemburg, Longwy
„ *vaiferus* Mort. & Lyc.	Balin	Cornbrash	Grossool.—Cornbr.	—	—
„ *subspinosus* Schlthm.	Sanka, Baczin, Nedoplee	Grossoolith	Forest Marble	br. Jura ε	—
„ *fibrosus* Sow........	Balin, Sanka, Brodla	Callovien	Cornbrash	—	—
„ *vagans* Sow.........	Balin	Grossool.—Cornbr.	Grossoolith	—	Canton Aargau (Schweiz)
„ *hemicostatus* M.&Lyc.	Balin	—	Grossoolith	—	—
„ *lens* Sow...........	Balin, Brodla, Sanka&Kostelec	—	Unter—Grossool.	br. Jura α–γ	—
„ *riminus* Sow........	Balin, Brodla, Sanka	Grossoolith	Unteroolith	br. Jura γ	—
Lima pectiniformis Schlthm..	Balin, Brodla, Lutowice etc.	Unter — Grossoolith	Unter — Grossool.	br. Jura γ–δ	Luxemburg, Schweiz, Hannover, Ob. Jura Morlan.
Lima duplicata Sow........	Balin, Brodla etc.	Grossool.—Callovien	Grossool.—Callovien	br. Jura δ	Canton Aargau Schweiz Franken, Luxemburg
Lima semicularis Goldf.....	Balin, Brodla, Sanka&Lutowice	Bajocien	Grossoolith	br. Jura δ	Luxemburg, Val d'Arno (Italien).
„ *cardiiformis* Sow......	Balin, Brodla, Pomorzany	—	Grossoolith	—	—
„ *strigilata* nov. sp...	Balin, Brodla, Sanka	—	?Grossoolith	?br. Jura δ	—
„ *Lycetti* nov. sp........	Balin, Kostelec	—	Grossoolith	—	—
„ *complanata* nov. sp...	Balin, Brodla, Lutowice	—	—	—	—
„ *gibbosa* Sow.......	Balin, Kostelec	Bajocien—Bathonien	Unter — Grossoolith	br. Jura γ, δ	—
„ *pludularis* nov. sp.....	Balin	—	—	—	—
Hinnites tuberculosus Goldf..	Balin, Sanka, Brodla etc.	Bajocien	Grossoolith	br. Jura γ–δ	—
„ *abjectus* Phill......	Balin, Sanka,	—	Unter — Grossoolith	—	Unteroolith Schweiz.
„ *eublassis* nov. sp....	Balin	—	Stonesfields-slates	—	—
Inoceramus fuscus Quenst..	—	—	—	br. Jura β	Canton Aargau und Ct. Schaffhausen Schweiz Küps in Franken.

h *

Name	Polen	Frankreich	England	Schwaben	Andere Fundorte
Pinna cuneata Bean........	—	Unteroolith	Unterool. — Celloway	br. Jura δ	—
Gervillia acuta Sow........	Radwanowice	—	Grossool. — Stonesf.	br. Jura β - δ	—
Modiola Sowerbyana d'Orb...	Balin, Lusowice	Bajocien — Bathonien	Unter- — Grossoolith	br. Jura β	—
„ cuneata Sow.......	Balin, Poremba	Bajocien	Unter- — Grossoolith	br. Jura β - δ	Franken.
„ gibbosa Sow.......	Balin, Brodla, Sanka	Callovien	Cornbrash	—	Longwy, Luxemburg.
„ imbricata Sow......	Balin	—	Grossool. — Cornbr.	br. Jura δ	Canton Aargau (Schweiz.
„ striatula Quenst	Koscielec	—	—	br. Jura δ	—
Mytilus asper Sow........	Balin	—	Unterool. — Cornbr.	—	Cornbr Kandern (Baden).
Myoconcha crassa Sow.....	Balin	Bajocien	Unter- — Grossoolith	—	? Saragula (Orenberg).
Arcomia costata Smith	Balin, Lusowice	Bajocien	Unterool. — Cornbr.	—	—
„ Münsteri Bronn	Balin, Sanka, Koscielec	? Bajocien	Grossoolith	br. Jura γ–δ	Friesen in Franken. Stulzdorf im Banat.
Monotis decussata M Cnst. ...	Balin	Bajocien	?	br. Jura γ–δ	Norddeutschland.
Nucula variabilis Sow....	Balin	Bathonien	Cornbrash	br. Jura δ	Kandera (Baden).
Macrodon Hirsonense d'Arch.	Balin	Bajocien — Bathonien	Unter-, Grossoolith	—	Oxford schichten bei Weissenburg
„ semulum Phill.	Balin, Koscielec	—	Grossoolith	—	—
„ ovulum nov. sp...	Balin	Vieul St. Remy	—	—	—
Cucullaea corallina Dam....	Balin	—	Cornbrash	? br. Jura ε	—
„ clathrata Leck. ...	Balin	Oolith — ? Oxfordien	Cornbrash, Celloway	br. Jura δ	—
„ Goldfussi Röm. ...	Balin, Brodla	Bajocien	Unter-, Grossoolith	—	Hohneggelsen.
Isoarca depressa nov. sp.....	Balin, Brodla	—	—	—	—
„ ovata nov. sp......	Balin	—	—	—	—
Trigonia costata Park......	Balin	Bajocien — Callovien	Unterool. — Oxford.	br. Jura γ, δ	Longwy (Luxemburg), Ct. Aargau (Schweiz), Friesen in Franken.
„ signata Agas.......	Balin	Bajocien	Unter- — Grossoolith	br. Jura δ	Unterool. Schweiz, Luxemburg.
„ duplicata Sow.....	Balin	Bathonien	Unter- — Grossoolith	—	—
Corbis Madridi d'Arch......	Balin	Bathonien	Unter- — Grossoolith	—	—
„ crassiusta d'Orb....	Balin	Bathonien	—	—	—
„ obtusa nov. sp......	Balin	? Bathonien	—	—	—
Cypricardia cordiformis Desh.	Balin	Bajocien — Bathonien	Unter- — Grossoolith	—	—
Cardiodonta Balinensis Stol..	Balin	—	—	—	—
Isocardia minima Sow......	Balin	Bathonien	Grossoolith	—	Kandern in Baden.
„ gibbosa Münst......	Balin, Koscielec	Bajocien	—	br. Jura γ	—
„ cordata Buokm....	—	Bajocien	Unter- — Grossoolith	—	—
Cardium Stricklandi M. & Lyc.	Balin	? Bajocien	Grossoolith	—	—
„ cognatum Phill....	Balin	Bajocien	Cornbr. — Celloway	—	—
Opis Leckenbyi Wright.....	Balin	—	Cornbrash, Scarbor.	—	—
„ lunulata Sow........	Balin	Bajocien	Unter- — Grossoolith	—	—
„ similis Sow........	Balin	—	Grossoolith	br. Jura γ, δ	Friesen in Franken.
„ lucinasis d'Orb.....	Balin	Bathonien	Grossoolith	—	—
„ ceratoid-a nov. sp.....	Balin	—	—	—	—
Astarte obliqua Lamk......	Brodla	Bajocien	Unteroolith	—	—
„ trigona Lamk......	Balin	Bajocien	—	—	—
„ modiolaris Lamk....	Balin	Bajocien — Bathonien	Unteroolith	—	—
„ sulcata Röm......	Balin	Bajocien	—	—	—
„ rhomboidalis Phill...	Balin, Pomorzany	—	Unter- — Grossoolith, ? Kimmeridge	—	—
„ terminalis Röm.....	Balin	Bajocien	—	—	—
„ galiziana nov. sp.....	Balin	—	—	—	—
Tancredia donacsformis Ag..	Balin	—	Unter-, Grossoolith	—	Murchisonae - Schichten von Köps in Franken.
„ Dionvillensis Terq.	Balin	Bajocien — Bathonien	—	br. Jura β	—
„ axiniformis Phill.	Balin	—	Unteroolith	br. Jura β	—
Sowerbya triangularis Phill.	Balin	Bajocien	Unterool. — Cornbr.	—	—
Anatina aliqua Ag..........	Balin	Callovien	Cornbrash	br. Jura ε	Wandländischer und Solothurner Jura.

Name	Polen	Frankreich	England	Schwaben	Andere Fundorte
Anatina undulata Sow......	Balin	—	Grossoolith	? br. Jura ε	—
Pholadomya deltoidea Sow....	Balin, Brodla	—	Grossoolith	—	Solothurner Jura, Longwy Luxemburg), Corobrash bei Kandern.
„ *testa* Ag........	Balin	Cornbrash	—	—	Jura von Aarau und Solothurn.
„ *triquetra* Ag.....	Balin	Bajocien	—	br. Jura γ	Longwy (Luxemburg), Solothurner Jura.
„ *fidicula* Sow. ...	Balin	Bajocien—Bathonien	Unterool.—Oxford.	br. Jura β—ε	Longwy (Luxemburg).
„ *concentrata* Ag..	Balin	—	—	—	—
„ *ovalis* Sow......	Balin	—	Cornbrash	br. Jura γ—δ	—
„ *ovulum* Ag.	Balin	—	Grossoolith	—	Jura von Goldenthal (Schweiz).
„ *angulata* Sow...	Balin, Brodla	Bajocien	Unteroolith	—	—
„ *socialis* M. & L...	Balin	—	Grossoolith	—	—
Goniomya tropaenicata Pusch.	Balin, Brodla	—	? Grossoolith	—	Mistelgau (Franken).
Ceromya plicata Ag.........	Balin	Grossoolith	Grossoolith	—	Jura von Solothurn.
„ *columba* n. sp......	Balin	—	—	—	—
Gresslya gregaria Goldf......	Balin, Brodla	Bathonien—Bajocien	—	—	Osnabrück u. Hildesheim, Longwy (Luxemburg)
Myacites Agassizi Chap......	Balin, Brodla	Bathonien	Grossoolith	br. Jura δ	Clappes (Luxemburg).
„ *polonicus* n. sp......	Balin, Brodla	—	—	—	—
„ *compressiusculus* Ly..	Balin	—	Unteroolith	—	—
„ *Balinensis* n. sp.....	Balin	—	—	—	—
„ *dilatatus* Phill.	Balin	Bajocien	Grossoolith	br. Jura ε	—
„ *punctatus* Buckm...	Balin	—	Unteroolith	—	—
„ *aristo-punctatus* Gdf.	Balin	—	—	br. Jura δ	Longwy (Luxemburg).
„ *elongatus* Münst...	Balin, Brodla	Bathonien	—	—	Auerbach (Franken), Diersat, Solothurn, Longwy (Luxemburg).
Saxicava dispar Desl........	Balin	Bathonien	—	—	—
„ *Zeuschneri* Gein....	Balin	—	—	—	Hohenstein (Sachsen).
Gastrochaena Deslongchampsii n. sp...	Balin	—	—	—	—
„ *pholadoides* n. sp..	Balin	—	—	—	—

Erklärung der Tafel I.

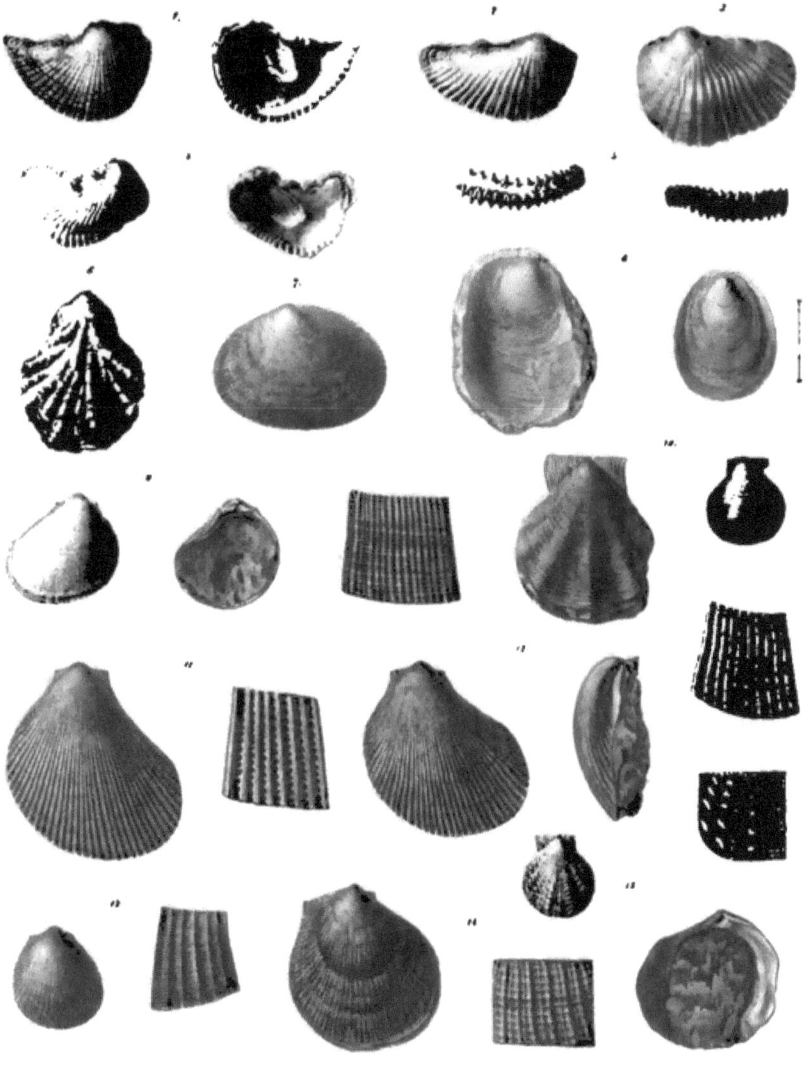

Erklärung der Tafel II.

Fig. 1. *Inoceramus fuscus* Quenst., p. 26.

   „ 2. *Pinna cuneata* Phil., p. 27.

   „ 3. *Modiola imbricata* Sow., Fig. 3 b verlängertes Exemplar, p. 29.

   „ 4. *Modiola gibbosa* Sow., p. 29.

   „ 5. *Septifer asper* Phil., a Schloss, p. 30.

   „ 6. *Mytoconcha crassa* Sow., a älteres, b jüngeres Exemplar, p. 30.

   „ 7. *Avicula costata* Sm., Rücken- und Bauchklappe, p. 31.

   „ 8. *Macrodon aemulum* Phil., dabei ein Stück Schale vergrössert, p. 33.

   „ 9. *Macrodon ornatum* Lbe., p. 33.

  „ 10. *Cucullaea corallina* Dam., p. 34.

  „ 11. *Cucullaea clathrata* Leckb., p. 34.

  „ 12. *Cucullaea Goldfussi* Röm., p. 35.

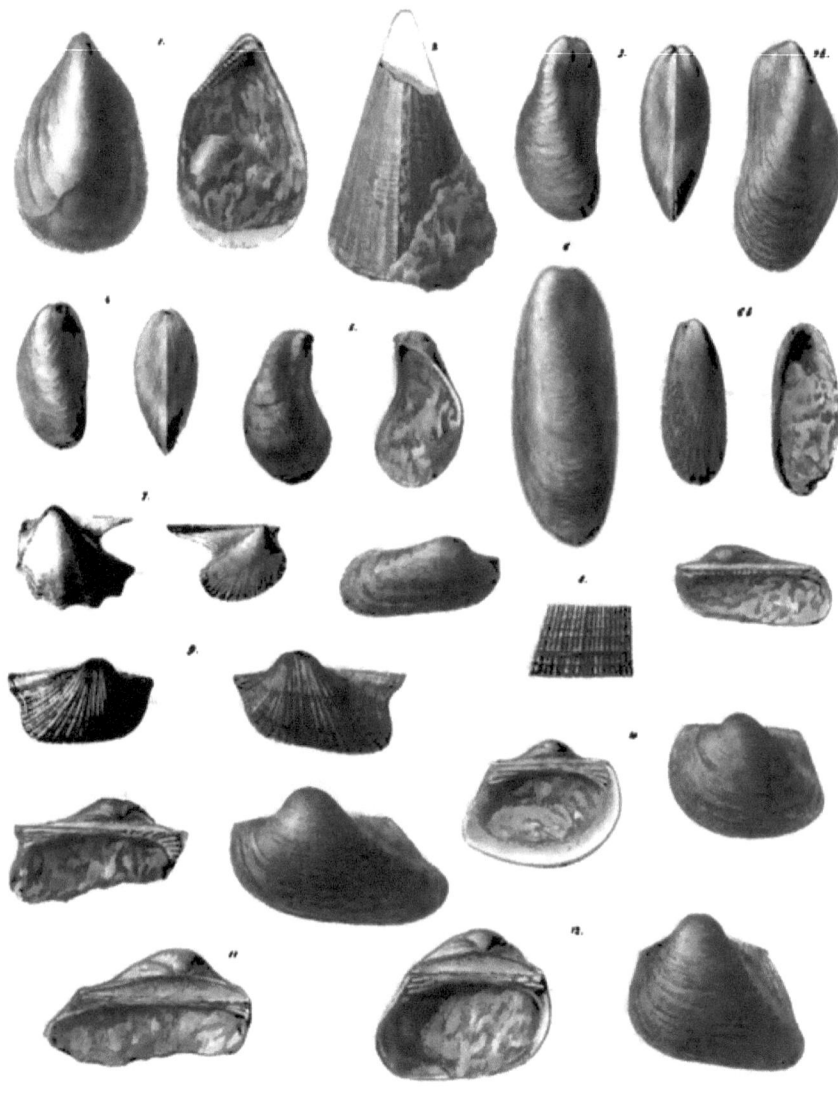

Erklärung der Tafel III.

Fig. 1. *Isoarca ovata* Lbe., p. 35.

,, 2. *Isoarca depressa* Lbe., dabei ein Stück Schale vergrössert, p. 36.

,, 3. *Trigonia duplicata* Sow., Fig. 3 a junges Exemplar. p. 37.

,, 4. *Corbis Madridi* Arch., p. 38.

,, 5. *Corbis crassicosta* d'Orb., b Schloss in beiden Klappen.

,, 6. *Corbis crassicosta* d'Orb., von Langrune, p. 38.

,, 7. *Corbis oborata* Lbe., p. 38.

,, 8. *Cypricardia cordiformis* Desh., mit den Schlüssern beider Klappen[1]). p. 39.

,, 9. *Cardiotonda Halinensis* Lbe., von oben, ab Schlüsser beider Schalen, c Schale von der Seite. d Schale vergrössert, p. 39.

,, 10. *Cardiotonda gibbosa* Sow., p. 41.

[1]) In der Abbildung etwas zu wenig scharfkantig.

Erklärung der Tafel IV.

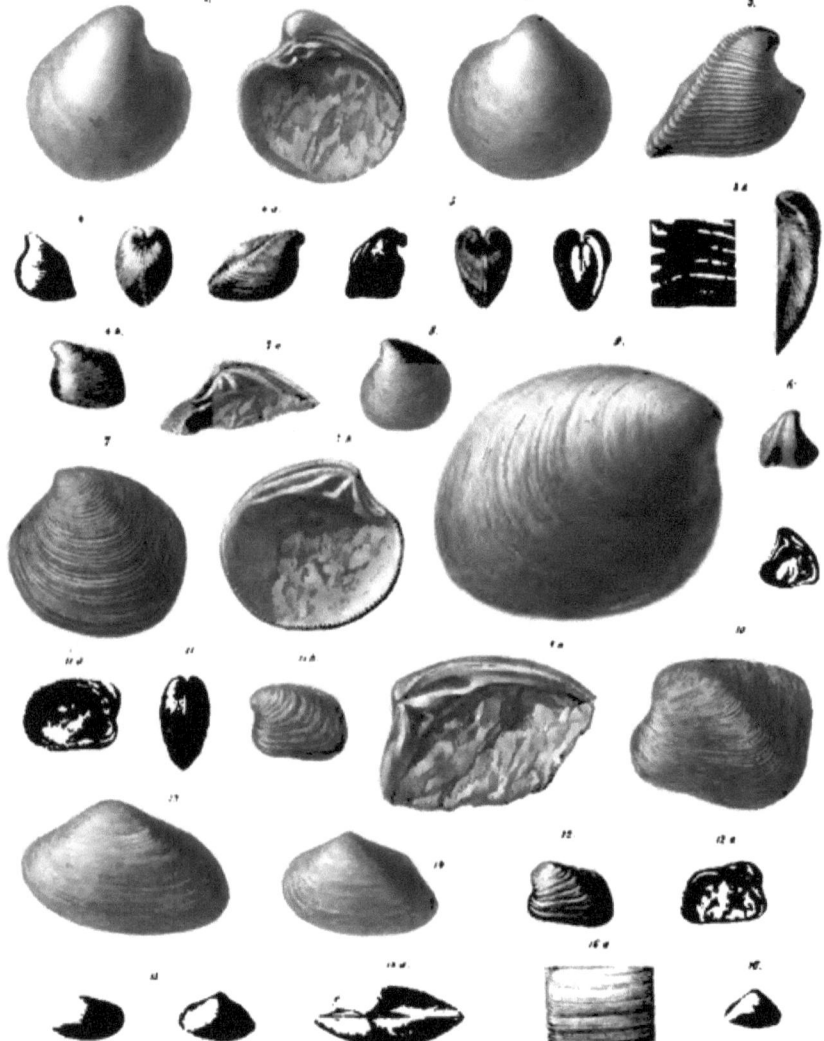

Erklärung der Tafel V.

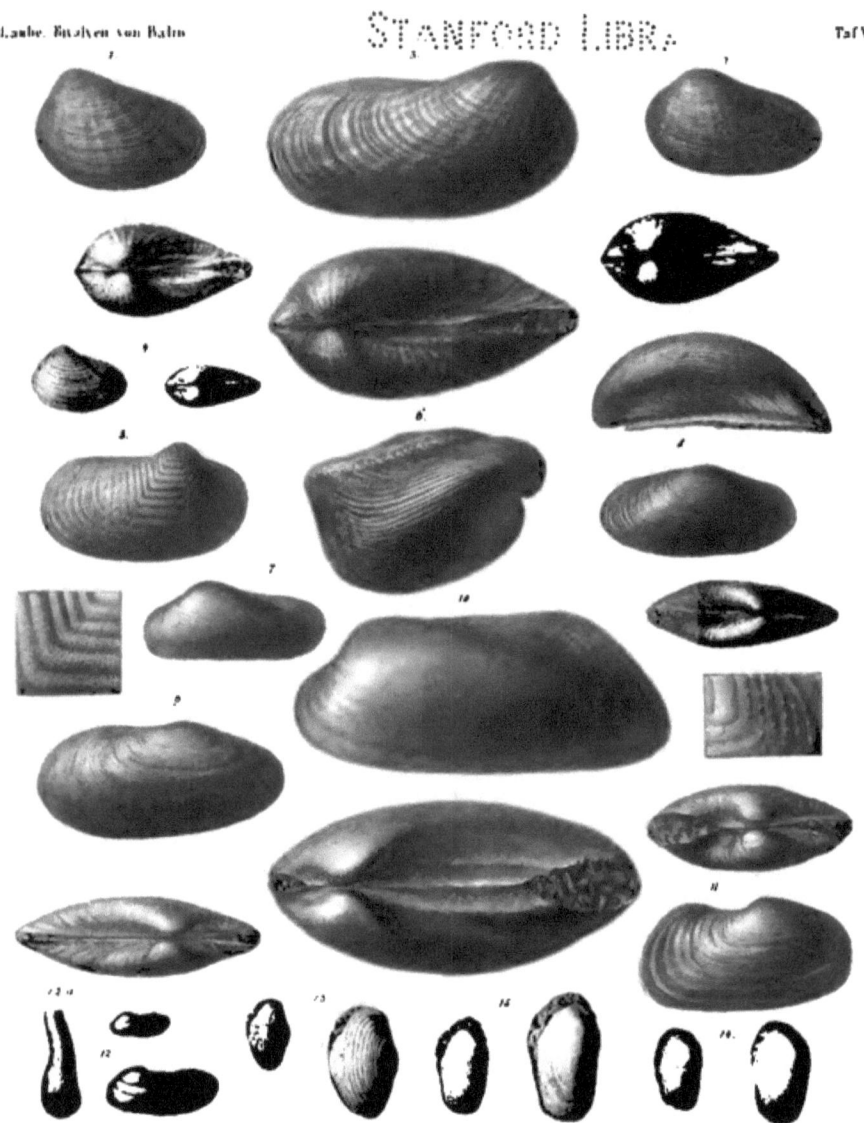

LIBRA

BEITRAG

THEORIE DES GRÖSSTEN UND KLEINSTEN DER FUNCTIONEN MEHRERER VARIABLEN

nebst

EINIGEN ERÖRTERUNGEN ÜBER DIE COMBINATORISCHE DETERMINANTE

Lorenz Żmurko,

k. k. Professor der Mathematik an der technischen Anstalt in Lemberg, thätiges Mitglied der galizischen Landwirthschafts-Gesellschaft.

VORGELEGT IN DER SITZUNG DER MATHEMATISCH-NATURWISSENSCHAFTLICHEN CLASSE AM 15. MÄRZ 1866.

§. 1.

Theorie des Grössten und Kleinsten.

Eine Function erreicht für solche Werthe ihrer Grundvariablen einen Maximal- oder Minimalwerth, für welche der zugehörige Functionswerth im ersten Falle alle seine nächsten Nachbarwerthe übertrifft — im zweiten Falle hingegen von allen seinen nächsten Nachbarwerthen übertroffen wird.

Die hieher gehörigen Betrachtungen mögen zunächst blos den primären (reellen) Werthen sowohl der Function selbst, als auch ihrer Grundvariablen gelten.

Es seien nun $x_1 x_2 x_3 \ldots x_m$ solche Werthe der Grundvariablen, welche die Function:

$$u = f(x_1 x_2 x_3 \ldots x_m) \tag{1}$$

zu einem Maximum oder Minimum machen; ferner seien:

$$\xi_1 = ra_1, \ \xi_2 = ra_2, \ \xi_3 = ra_3, \ \ldots \xi_m = ra_m \tag{2}$$

gehörig kleine primäre, sonst aber beliebige positive oder negative Zusätze, so erhalten wir die Darstellung aller Nachbarwerthe der Function u im folgenden Ausdruck:

$$u' = f(x_1 + ra_1, \ x_2 + ra_2, \ \ldots x_m + ra_m). \tag{3}$$

Da wir zur Darstellung aller möglichen Nachbarwerthe blos m gehörig kleiner unter einander unabhängiger Zusätze $\xi, \xi_i \ldots \xi_n$ benöthigen, so steht es uns frei unter den $(m+1)$ Grössen $r, a, a_i, a_2 \ldots a_n$ eine beliebige, somit auch eine die Zwecke der Discussion möglichst
(1) fördernde Relation zu etabliren, und etwa die Einrichtung derart zu veranstalten, dass man bei einem sehr kleinen r die Grössen $a_1 a_2 \ldots a_n$ endlich belässt, und nebstbei zur Erfüllung einer geeigneten Relation verwendet.

Der eben gegebenen Erklärung gemäss muss unabhängig von speciellen Werthen der mit ξ bezeichneten Zusätze:

(5)
$$\text{im Zustande des Maximums die Differenz } \Delta = u'-u < o,$$
$$\text{„ „ „ Minimums „ „ } \Delta = u'-u > o$$

sich ergeben, d. h. es muss die Differenz Δ im Falle des Maximums die Stabilität des nega-tiven — im Falle des Minimums die Stabilität des positiven Zeichens beurkunden.

Verwendet man in üblicher Weise die Differentiationsdeterminante:

(6)
$$D = \frac{d}{dx_1}a_1 + \frac{d}{dx_2}a_2 + \ldots + \frac{d}{dx_n}a_n = \frac{1}{r}\left(\frac{d}{dx_1}\xi_i + \frac{d}{dx_2}\xi_i + \ldots + \frac{d}{dx_n}\xi_n\right)$$

zur symbolischen Andeutung der an diejenige Function anzubringenden Differentiationen, vor welche dieser Ausdruck in entsprechender Potenz als Factor gesetzt wird, so lässt sich dem Taylor'schen Satze gemäss zur Darstellung der in (5) erwähnten Differenz Δ folgende Glei-chung schreiben:

(7)
$$\Delta = u'-u = \frac{r}{1!}Du + \frac{r^2}{2!}D^2u + \frac{r^3}{3!}D^3u + \ldots + \frac{r^{s-1}}{(s-1)!}D^{s-1}u + \frac{r^s}{s!}D^su_\theta,$$
wo für $\theta < 1$
$$u_\theta = f(x_1 + r\theta a_1, x_2 + r\theta a_2, \ldots x_n + r\theta a_n).$$

Hier sehen wir die oberwähnte Differenz durch eine nach steigenden Potenzen des sehr klein gedachten r geordnete Reihe dargestellt, deren jedes einzelne Glied bei der hier voraus-gesetzten Stetigkeit von u sich grösser gestaltet, als der Betrag der sämmtlichen nachfolgen-den Glieder dieser Reihe. Eine Ausnahme hievon bilden nur diejenigen Glieder der Reihe, welche unabhängig von r und den mit a bezeichneten Grössen Nullwerthe erhalten.

Die Glieder von der Form: $\frac{r}{1!}Du, \frac{r^3}{3!}D^3u, \frac{r^5}{5!}D^5u \ldots$ sind in Bezug auf das kleine sonst aber willkürliche r von einer ungeraden Ordnung, und besitzen die Eigenheit, entgegengesetzte Vorzeichen anzunehmen, sobald man bei unveränderten a-Werthen dem r einen entgegenge-setzten Werth zuerkennt.

Soll nun die in Reihenform dargestellte Differenz Δ die Stabilität des Vorzeichens gewähren, so darf der oben gepflogenen Auseinandersetzung zufolge, keines der mit einem ungeraden Exponenten versehenen Glieder als Anfangsglied von Δ auftreten, und in Folge dessen müssen die Werthe $x_1 x_2 x_3 \ldots x_n$ vor Allem so gewählt werden, dass hiedurch die Gleichung:

(8)
$$rDu = r\left(\frac{du}{dx_1}a_1 + \frac{du}{dx_2}a_2 + \ldots + \frac{du}{dx_n}a_n\right) = \frac{du}{dx_1}\xi_i + \frac{du}{dx_2}\xi_i + \ldots + \frac{du}{dx_n}\xi_n = 0$$

für willkührliche ξ in Erfüllung gehe. Diese Gleichung zerfällt in folgende zur Bestimmung von $x_1 x_2 x_3 \ldots x_m$ dienende Relationen:

$$\frac{du}{dx_1} = \frac{du}{dx_2} = \ldots = \frac{du}{dx_m} = 0. \tag{9}$$

Die aus diesen in hinreichender Anzahl vorliegenden Gleichungen gezogenen Systeme von je einander zugehörigen primären Werthen von $x_1 x_2 x_3 \ldots x_m$ dienen nicht nur zur Ermittlung der entsprechenden Werthe der Function u, sondern auch zur Bestimmung aller zu a gehörigen Coëfficienten in allen der Form Du angehörigen Gliedern; — es kann sich hiebei ereignen, dass in Folge (9) nebst dem Gliede $r Du$ zufällig noch mehrere unmittelbar darauffolgende Glieder der Reihe (7) gleichzeitig verschwinden. Unter solchen Umständen kann jedoch nur dann ein Maximal- oder Minimalzustand von u erwartet werden, wenn das diessfällige Anfangsglied von Δ einen geraden Exponenten aufweist, wenn somit das erste nicht verschwindende Glied in Δ der Form $\frac{r^{2n}}{2n!} D^{2n} u$ angehört. Für diesen Fall hat man aus (7)

$$\Delta = \frac{r^{2n}}{2n!} D^{2n} u + \frac{r^{2n+1}}{(2n+1)!} D^{2n+1} u + \ldots . \tag{10}$$

Nimmt man die mit ξ bezeichneten Zusätze so an, dass etwa:

$$\xi_1 \gtrless 0 \text{ und } \xi_1 = \xi_2 = \ldots \xi_{s-1} + \xi_{s+1} + \ldots = \xi_m = 0 \tag{11}$$

werden, so erhält man:

$$r \gtrless 0 \; a_s \gtrless 0 \text{ und } a_1 = a_2 = \ldots a_{s-1} + a_{s+1} - \ldots = a_m = 0 \tag{12}$$

und auch:

$$\frac{r^{2n}}{2n!} D^{2n} u = \frac{r^{2n}}{2n!} \frac{d^{2n} u}{dx_s^{2n}} a_s^{2n} ;$$

hiedurch wird besagt, dass man es immer so einrichten kann, dass das erste in (10) vorkommende Glied mit dem $2n^{ten}$ nach x_s genommenen Differentialquotienten in Bezug auf sein Vorzeichen übereinstimmt.

Die Gleichung (12) lässt sich im obigen Sinne für beliebige Werthe von s auffassen, und begründet hiemit den Schluss, dass die Differenz Δ in Bezug auf ihr Vorzeichen nicht stabil erklärt werden darf, sobald man unter den gleichtönenden Differentialquotienten:

$$\frac{d^{2n} u}{dx_1^{2n}}, \; \frac{d^{2n} u}{dx_2^{2n}}, \; \ldots \; \frac{d^{2n} u}{dx_m^{2n}} \tag{13}$$

verschieden bezeichnete Werthe antrifft. Hieraus schliesst man weiter, dass im Falle eines Maximums keiner dieser Ausdrücke ein positives, dass im Falle eines Minimums keiner dieser Ausdrücke ein negatives Vorzeichen darbieten darf. Verschieden bezeichnete Resultate in (13) gestatten den sicheren Schluss, dass in einem solchen Falle die Function u sich weder in einem Maximal- noch in einem Minimalzustande befinden kann.

Sind nun die gleichtönenden Differentialquotienten sämmtlich gleich bezeichnet, dann erst liegt es uns ob, eine weitere Untersuchung anzustellen, ob der Ausdruck:

$$(14) \qquad D^{2n}u = S\left[\frac{d^{2n}u}{dx_1^{a_1} dx_2^{a_2}\ldots}\cdot\frac{2n!\,a_1^{a_1} a_2^{a_2}\ldots}{a_1!\,a_2!\ldots}\right] = A_{2n}$$

mit der einzigen Bedingung: $(a_1 + a_2 + a_3 + \ldots + a_m = 2n)$ in Bezug auf beliebige Werthe von a die Stabilität seines Vorzeichens beurkundet oder nicht.

Den Ausdruck A_2, welcher aus (14) für $n = 1$ hervorgeht, und nur dann Gegenstand der Untersuchung sein kann, wenn er nicht unabhängig von den a-Werthen verschwindet, hat Herr Professor Dr. Joseph Petzval erschöpfend behandelt, und gelangte mittelst einer zweckmässigen Ausübung des in (4) in Aussicht gestellten Anrechtes zu einfachen und präcis ausgeprägten Kriterien [siehe weiter (48)], welche über die Stabilität oder Nichtstabilität von A_2 entscheiden. Den Grundpfeiler dieser über A_2 angestellten Untersuchung bildet nämlich die Aufstellung der Relation:

$$(15) \qquad a_1^2 + a_2^2 + a_3^2 + \ldots + a_m^2 = 1,$$

welche der Beliebigkeit der mit ξ bezeichneten Zusätze unbeschadet durch die Werthe von a in Erfüllung zu gehen hat.

In der Erwartung eines ebenfalls günstigen Erfolges habe ich bei der Untersuchung des Vorzeichens von A_{2n} folgende der (15) analoge Relation:

$$(16) \qquad a_1^{2n} + a_2^{2n} + a_3^{2n} + \ldots + a_m^{2n} = 1$$

zu Grunde gelegt, und hiedurch die Werthe von a in der Art eingeschränkt, dass die einzelnen a-Werthe blos innerhalb der positiven und der negativen Einheit variiren dürfen.

Setzt man in (14) $a_1 = a_2 = a_3 = \ldots = a_m = 1$ und summirt ohne Rücksicht auf die Vorzeichen die numerischen Werthe der in A_{2n} spielenden Coëfficienten von der Form:

$$C = \frac{2n!}{a_1!\,a_2!\,a_3!\ldots}\cdot\frac{d^{2n}u}{dx_1^{a_1} dx_2^{a_2}\ldots}$$

so erhält man einen endlichen Zahlenwerth $= S$, welcher ganz gewiss den jeweiligen numerischen Werth von A_{2n} übertrifft, — und es kann behauptet werden, dass der Werth von A_{2n} für alle möglichen Annahmen der der Bedingung (16) genügenden primären Werthsysteme von $a_1 a_2 a_3 \ldots a_m$ nur innerhalb der endlichen Grenzen von $-S$ bis $+S$ variiren kann, und hiemit nothwendiger Weise mindestens Einen endlichen **Maximal-** und Einen endlichen **Minimalwerth** aufweisen muss.

Hierauf fussend notiren wir folgende den Ausdruck A_{2n} betreffenden Schlussfolgerungen:

a) Gibt es Werthsysteme von $a_1 a_2 a_3 \ldots a_m$, welche ein positives A_{2n} liefern, so gibt es auch ganz gewiss solche, welche einen positiven Maximalwerth veranlassen.

(17) *b)* Gibt es Werthsysteme, von $a_1 a_2 \ldots a_m$, welche ein negatives A_{2n} liefern, so gibt es ganz gewiss auch solche, welche einen negativen Minimalwerth von A_{2n} veranlassen.

c) Ist kein Maximum noch Minimum von A_{2n} positiv, so ist A_{2n} positiver Werthe nicht fähig, und beurkundet hiemit die Stabilität des negativen Vorzeichens von Δ, und schliesslich den Maximalzustand von u.

d) Ist kein Maximum noch Minimum von A_{2n} negativ, so ist A_{2n} negativer Werthe nicht fähig, und beurkundet hiemit die Stabilität des positiven Vorzeichens von Δ, und schliesslich den Minimalzustand von u.

e) Ist überhaupt A_{2n} sowohl positiver als auch negativer Werthe fähig, so befindet sich diessfällig die Function u weder im Zustande des Maximums noch dem des Minimums.

Demzufolge läuft unsere Untersuchung darauf hinaus, das Vorzeichen blos von denjenigen Werthen von A_{2n} zu erforschen, welche in Bezug auf die primären Werthsysteme von $a_1 a_2 \ldots a_m$ den Vorbedingungen wie (8) des Maximal- oder Minimalzustandes von A_{2n} entsprechen, und gleichzeitig der Relation (16) genügen.

Zu diesem Behufe seien $\mathfrak{d}_1 \mathfrak{d}_2 \mathfrak{d}_3 \ldots \mathfrak{d}_m$ die unendlich kleinen Zusätze zu $a_1 a_2 a_3 \ldots a_m$, so müssen die Werthe von $a_1 a_2 \ldots a_m$ vor Allem die Gleichung:

$$\frac{dA_{2n}}{da_1}\mathfrak{d}_1 + \frac{dA_{2n}}{da_2}\mathfrak{d}_2 + \ldots + \frac{dA_{2n}}{da_m}\mathfrak{d}_m = 0 \tag{18}$$

und ausserdem wegen (16) noch die Gleichungen:

$$a_1^{2n} + a_2^{2n} + a_3^{2n} + \ldots + a_m^{2n} = 1$$
$$(a_1 + \mathfrak{d}_1)^{2n} + (a_2 + \mathfrak{d}_2)^{2n} + \ldots + (a_m + \mathfrak{d}_m)^{2n} = 1 \tag{19}$$

für sehr kleine Zusätze $\mathfrak{d}_1 \mathfrak{d}_2 \ldots \mathfrak{d}_m$ erfüllen.

Zieht man in (19) die erste Gleichung von der zweiten ab, so erhält man nach Weglassung der höheren Potenzen der kleinen Zusätze $\mathfrak{d}$:

$$2na_1^{2n-1}\mathfrak{d}_1 + 2na_2^{2n-1}\mathfrak{d}_2 + \ldots + 2na_m^{2n-1}\mathfrak{d}_m = 0. \tag{20}$$

Multiplicirt man die Gleichung (20) mit einem erst später näher zu bestimmenden Factor s, und subtrahirt selbe dann von der Gleichung (18), so erhält man:

$$\left(\frac{dA_{2n}}{da_1} - 2nsa_1^{2n-1}\right)\mathfrak{d}_1 + \left(\frac{dA_{2n}}{da_2} - 2nsa_2^{2n-1}\right)\mathfrak{d}_2 + \ldots + \left(\frac{dA_{2n}}{da_m} - 2nsa_m^{2n-1}\right)\mathfrak{d}_m = 0. \tag{21}$$

Wählt man nun den Factor s so, dass in (21) etwa der Coëfficient von $\mathfrak{d}_1$ verschwindet, so müssen dann wegen der völlig willkührlichen $\mathfrak{d}_2 \mathfrak{d}_3 \ldots \mathfrak{d}_m$ auch die übrigen in (21) vorfindigen Coëfficienten jeder für sich verschwinden.

Hiedurch gelangen wir zum folgenden Systeme von $(m+1)$ Gleichungen:

$$\frac{dA_{2n}}{da_1} = 2nsa_1^{2n-1}; \; \frac{dA_{2n}}{da_2} = 2nsa_2^{2n-1}; \ldots \frac{dA_{2n}}{da_m} = 2nsa_m^{2n-1}.$$
$$a_1^{2n} + a_2^{2n} + a_3^{2n} + \ldots + a_m^{2n} = 1, \tag{22}$$

welche zur Bestimmung von $a_1 a_2 a_3 \ldots a_m$ und des Factors s zu dienen haben.

1*

Wegen

$$A_n = D^{2n}u \quad \text{und} \quad \frac{dD}{da_i} = \frac{d}{dx_i},$$

hat man:

(23)
$$\frac{d.A_{2n}}{da_i} = \frac{d.D^{2n}u}{da_i} = 2n \frac{d}{dx_i}(D^{2n-1}u) = 2n . \frac{d}{dx_i} D^{2n-1} . u.$$

Demgemäss erhält man aus (22) folgendes System von Gleichungen:

(24)
$$\frac{d}{dx_1} D^{2n-1} . u = sa_1^{2n-1}; \frac{d}{dx_2} D^{2n-1} . u = sa_2^{2n-1}; \dots \frac{d}{dx_m} D^{2n-1} . u = sa_m^{2n-1}$$

$$a_1^{2n} + a_2^{2n} + a_3^{2n} + \dots + a_m^{2n} = 1,$$

in denen die symbolische Deutung der Potenzen von D nach (6) und (14) verstanden wird.

Multiplicirt man die ersten m Gleichungen in (24) der Reihe nach mit $a_1, a_2, a_3 \dots a_m$, und verbindet die so multiplicirten Gleichungen durch Addition, so erhält man mit Rücksicht auf die letzte in (24):

$$D^{2n-1}u\left(\frac{d}{dx_1} a_1 + \frac{d}{dx_2} a_2 + \dots + \frac{d}{dx_m} a_m\right) = D^{2n-1}u . D = s(a_1^{2n} + a_2^{2n} + \dots + a_m^{2n})$$

oder

(25)
$$D^{2n}u = s \quad \text{hiemit} \quad A_{2n} = s,$$

wodurch besagt wird, dass die aus (24) gezogenen Werthe von s mit denjenigen Werthen von A_{2n} übereinstimmen, welche den Bedingungen (18) und (19) genügen, d. h. mit denjenigen Werthen von A_{2n}, unter welchen die eventuell möglichen Maximal- oder Minimalwerthe von A_{2n} sich einfinden.

Die bisherigen Ergebnisse in Verbindung mit der Deutung der Gleichung (25) führen uns zur Einsicht, dass von nun an der Grösse s die Rolle zufällt, den Schlussstein der Untersuchungen über das Maximum und Minimum einer Function u zu bilden.

Setzt man:

$$\frac{a_1}{a_m} = r_1, \frac{a_2}{a_m} = r_2, \dots \frac{a_{m-1}}{a_m} = r_{m-1}$$

und

(26)
$$D : a_m = \mathfrak{D},$$

so erhält man aus (24):

(27)
$$\frac{d}{dx_1} \mathfrak{D}^{2n-1}u = sr_1^{2n-1}$$
$$\frac{d}{dx_2} \mathfrak{D}^{2n-1}u = sr_2^{2n-1}$$
$$\vdots \qquad \vdots \qquad \vdots$$
$$\frac{d}{dx_{m-1}} \mathfrak{D}^{2n-1}u = sr_{m-1}^{2n-1}$$
$$s = \frac{d}{dx_m} \mathfrak{D}^{2n-1}u.$$

Wenn man die erste Gleichung in (27) mit jeder nachfolgenden verbindet, und dann aus jedem so entstehenden Gleichungspaare s eliminirt, so erhält man:

$$\mathfrak{T}^{n-1}\left[\frac{d}{dx_2}\,r_2^{n-1}-\frac{d}{dx_1}\,v_1^{n-1}\right]u=0$$

$$\mathfrak{T}^{n-1}\left[\frac{d}{dx_3}\,r_3^{n-1}-\frac{d}{dx_2}\,v_2^{n-1}\right]u=0$$

(28)

$$\mathfrak{T}^{n-1}\left[\frac{d}{dx_m}\,r_{m-1}^{n-1}-\frac{d}{dx_{m-1}}\,r_{m-1}^{n-1}\right]u=0$$

$$s=\frac{d}{dx_m}\,\mathfrak{T}^{n-1}u,$$ (29)

wobei:

$$\mathfrak{T}=\frac{d}{dx_1}\,r_1+\frac{d}{dx_2}\,v_2+\ldots+\frac{d}{dx_{m-1}}\,r_{m-1}+\frac{d}{dx_m}.$$ (30)

Aus den $(m-1)$ Gleichungen in (28) findet man nach Umständen mehrere Systeme von primären Werthen der Verhältnisszahlen $v_1\,v_2\,v_3\ldots r_{m-1}$ und bestimmt mittelst (29) den einem jeden dieser Systeme entsprechenden Werth von s, welcher letztere ebenfalls primär ausfallen muss.

Auf Grund der Bemerkungen in (17) lassen sich aus dem Vorzeichen der so erhaltenen Werthe von s folgende Schlüsse herleiten:

a) Die Function u befindet sich im Maximum, wenn die eben erwähnten Werthe von s sämmtlich negativ sich ergeben.

b) Die Function befindet sich im Minimum, wenn diese s-Werthe sämmtlich positiv sich (31) ergeben.

c) Die Function u befindet sich weder im Maximum noch im Minimum, wenn diese s-Werthe sowohl positiv als auch negativ möglich erscheinen.

Die bisherige Untersuchung über Maxima und Minima von u betrifft blos die Systeme von primären aus (9) sich ergebenden Werthe von $x_1\,x_2\ldots x_m$. Im Fall der Einbeziehung der Systeme von complexen $x_1\,x_2\,x_3\ldots x_m$ müssten wir auch den Zusätzen $\xi_1\,\xi_2\ldots\xi_m$ und folgerichtig auch den in (2) ersichtlichen r und a complexe Formen einräumen. Das in Bezug auf das Vorzeichen von Δ vorherrschende Glied $\frac{r^{2n}}{2n!}\,D^nu$ erhält etwa für ein primäres r und eine zulässige Combination der a-Werthe — für $r=r'$ den Werth $\frac{r'^{2n}}{2n!}\,D^nu=\mathfrak{A}$, und dann für $r=r'\sqrt{-1}$ den Werth $\frac{-r'^{2n}}{2n!}\,D^nu=-\mathfrak{A}$, und berechtigt somit zum Schluss, dass die diess- (32) fällige Differenz Δ der positiven sowohl als auch der negativen Vorzeichen fähig ist, — woraus weiter geschlossen wird, dass Systeme complexer aus (9) sich ergebenden Werthe von $x_1\,x_2\ldots x_m$ weder ein Maximum noch ein Minimum von u zu veranlassen vermögen.

Von den besonderen Fällen der hier vorgetragenen Theorie mögen hier blos zwei näher gewürdigt werden, welche aus dem allgemeinen Fall dadurch hervorgehen, dass man:

I.....$m = 2$ setzt, und n als eine allgemeine ganze Zahl belässt;

II.....$n = 1$ setzt, und m als eine allgemeine Zahl belässt.

Im Falle I. erhält man für

$$(33) \qquad u = f(x, x_i), \quad \mathfrak{D} = \frac{d}{dx_1} r_1 + \frac{d}{dx_2}.$$

und nach (28), (29):

$$(34) \qquad \left(\frac{d}{dx_1} r_1 + \frac{d}{dx_2}\right)^{m-1}\left[\frac{d}{dx_1} - \frac{d}{dx_2} r_1^{2} {}^{-1}\right] u = 0; \quad s = \frac{d}{dx_2}\left(\frac{d}{dx_1} r_1 + \frac{d}{dx_2}\right)^{m-1} u.$$

Die erste in (34) ist nach r_1 vom $(1n-2)^{ten}$ Grade; die aus derselben sich ergebenden primären Werthe von r, liefern mittelst Substitution derselben in die zweite eben so viele primäre Werthe von s, aus deren Vorzeichen die weitere Entscheidung über den Zustand von u nach (31) gefällt wird.

Für $n = 2$ ist die erste in (34) vom 6ten Grade und gestaltet sich folgendermassen:

$$(35) \qquad \begin{array}{l} (3,1) r_1^4 + 3(22) r_1^3 + 3(13) r_1^2 + (04) - (40) r_1^3 - 3(3,1) r_1^2 - 3(22) r_1 - (13) = 0 \\ s = (31) r_1^3 + 3(22) r_1^2 + 3(13) r_1 + (04), \end{array}$$

wenn man überhaupt die runde Klammerfassung dahin deutet, dass man die Gleichung:

$$(36) \qquad (\omega\omega) = \frac{d^{m+m'}u}{dx_1^m \, dx_2^{m'}}.$$

einräumt.

Im Falle II sei

$$(37) \qquad u = f(x_1, x_2, x_3 \ldots x_m);$$

wegen $n = 1$ erhält man aus (24):

$$\frac{d}{dx_1} Du = s a_1; \quad \frac{d}{dx_2} Du = s a_2; \ldots \frac{d}{dx_m} Du = s a_m.$$

und nebstbei

$$(38) \qquad a_1^2 + a_2^2 + a_3^2 + \ldots + a_m^2 = 1;$$

wenn man diese Gleichungen entwickelt, und ganz allgemein die Gleichung

$$(39) \qquad (\omega, \omega') = (\omega\omega) = \frac{d^n u}{dx_m \, dx_{m'}}.$$

bestehen lässt, so erhält man aus (38):

$$(11)a_1 + (12)a_2 + (13)a_3 + \ldots + (1m)a_m = a_1 s$$
$$(21)a_1 + (22)a_2 + (23)a_3 + \ldots + (2m)a_m = a_2 s \qquad (40)$$
$$(m1)a_1 + (m2)a_2 + (m3)a_3 + \ldots + (mm)a_m = a_m s.$$

Wenn man alle diese Gleichungen durch a_m dividirt, so erscheinen diese m Gleichungen nach den Verhältnisszahlen $r_1 r_2 r_3 \ldots r_{m-1}$ geordnet. Die ersten $(m-1)$ Gleichungen verwende man dazu, um diese Verhältnisszahlen durch s auszudrücken. Durch Einführung der so erhaltenen Werthe in die letzte Gleichung erhält man eine Gleichung von m^{ten} Grade nach der Unbekannten s, welche durch Auflösung m Werthe für s liefert. Diesen m Werthen von s entsprechen ebenso viele Werthsysteme der Verhältnisszahlen $r_1 r_2 r_3 \ldots r_{m-1}$ und auch ebenso viele Systeme von $a_1 a_2 \ldots a_m$.

Seien nun zwei Systeme von zusammengehörigen Werthen:

$$(a_1, a_2, a_3, \ldots a_m, s)_1 \quad ; \quad (a'_1, a'_2, a'_3, \ldots a'_m, s')_1. \qquad (41)$$

von denen das erste in den Gleichungen (40), das zweite hingegen in folgenden Gleichungen sich ausprägt:

$$(11)a'_1 + (21)a'_2 + (31)a'_3 + \ldots + (m1)a'_m = a'_1 s'$$
$$(12)a'_1 + (22)a'_2 + (32)a'_3 + \ldots + (m2)a'_m = a'_2 s' \qquad (42)$$
$$(1m)a'_1 + (2m)a'_2 + (3m)a'_3 + \ldots + (m,m)a'_m = a'_m s'.$$

Die hier bewirkte Verstellung der Zeiger innerhalb der Klammern ist ja nach (39) gestattet.

Wenn man die Gleichungen (40) der Reihe nach mit $a'_1, a'_2, a'_3 \ldots a'_m$ multiplicirt, und die so erhaltenen Gleichungen addirt, und als Summe der aufeinander folgenden Verticalpolynome darstellt, so erhält man etwa als drittes Verticalpolynom mit Rücksicht auf die dritte in (42):

$$(13)a_1 a'_1 + (23)a_2 a'_2 + (33)a_3 a'_3 + \ldots + (m3)a_3 a'_m = a_3 \cdot a'_3 s',$$

und demgemäss als Summe aller Verticalpolynome:

$$a_1 \cdot a'_1 s' + a_2 \cdot a'_2 s' + a_3 \cdot a'_3 s' + \ldots + a_m \cdot a'_m s' = a'_1 \cdot a_1 s + a'_2 \cdot a_2 s + \ldots + a'_m \cdot a_m s,$$

oder

$$(s'-s)\{a_1 a'_1 + a_2 a'_2 + \ldots + a_m a'_m\} = 0. \qquad (43)$$

Sei nun

$$s = p + q\sqrt{-1}, \quad a_1 = a_1 + \beta_1 \sqrt{-1}, \quad a_2 = a_2 + \beta_2 \sqrt{-1}, \ldots a_m = a_m + \beta_m \sqrt{-1} \qquad (44)$$

das erste den Gleichungen (40) genügende Werthsystem, so können wir immerhin als das zweite den Gleichungen (42) genügende Werthsystem folgendes ansehen:

$$s' = p - q\sqrt{-1}, \quad a'_1 = a_1 - \beta_1 \sqrt{-1}, \quad a'_2 = a_2 - \beta_2 \sqrt{-1} \ldots a'_m = a_m - \beta_m \sqrt{-1}. \qquad (45)$$

Da ferner ganz allgemein $a_\nu a_\nu = a_\nu^2 + \beta_\nu^2$ sich ergibt, so erhält man auf Grundlage der Hypothese (44) die Gleichung (43) in folgender Gestalt:

$$(46) \qquad -2\eta\sqrt{-1}\,[a_1^2 + a_2^2 + \ldots + a_m^2 + \beta_1^2 + \beta_2^2 + \ldots + \beta_m^2] = 0.$$

Diese Gleichung lässt sich durch Annulirung des eingeklammerten Factors nicht erfüllen, weil dies im Widerspruche mit der zweiten in (38) die Satzungen:

$$a_1 = a_2 = \ldots a_m = \beta_1 = \beta_2 = \ldots = \beta_m = a_1 = a_2 = \ldots = a_m = 0$$

zur Folge hätte. Aber auch nicht durch die Satzung $\eta = 0$, weil dies der in (44) gemachten Hypothese widerspricht. Es bleibt somit nichts übrig, als dass wir von der Hypothese (44) abstehen und anerkennen, dass dem Gleichungssysteme (40) complexe s-Werthe zu genügen nicht geeignet sind, dass somit aus (40) nur primäre s-Werthe resultiren können.

Die aus (40) gefolgerte Eliminationsgleichung in s habe nun folgende Gestalt:

$$(47) \qquad s^m + b_{m-1}s^{m-1} + b_{m-2}s^{m-2} + \ldots + b_1 s^1 + b_0 = 0 \quad [\text{Siehe §. 3 (23).}]$$

welche auf Grund des eben gelieferten Nachweises blos primäre Wurzeln zulässt, und in Folge dessen nicht erst aufgelöst zu werden braucht, um in Bezug auf den Zustand der Function u folgende Kriterien zu bieten:

a) Bietet die Coëfficientengruppe in (17) lauter Zeichenfolgen, so ergeben sich die zugehörigen s-Werthe sämmtlich negativ und u befindet sich im Maximum;

(48)   *b)* Bietet die Coëfficientengruppe in (17) lauter Zeichenabwechslungen, so ergeben sich die zugehörigen s-Werthe sämmtlich positiv und u befindet sich im Minimum;

c) Finden sich in (47) sowohl Zeichenwechsel als auch Zeichenfolgen ein, so ergeben sich die betreffenden s-Werthe theils positiv, theils negativ, und u befindet sich weder im Maximum noch im Minimum.

Die Bildung der Eliminationsgleichung (47) aus (40) wird nach Crammer am einfachsten mit Hilfe der combinatorischen Determinante durchgeführt. Es sei mir hier gestattet die einschlägige Theorie in möglichster Kürze beizufügen. Bei dieser Gelegenheit werde ich mich bestreben, nebst einigen auf die Darstellung sich beziehenden Vereinfachungen, eine wichtige Eigenschaft der sogenannten Functionsdeterminante mit einem Beweis zu belegen, welche unbewiesen vom Herrn Otto Hesse aufgestellt und zur Transformation der zweiten Variation eines bestimmten Integrales von der Form:

$$\Delta = \int f(x, y, y', y'', \ldots y^{(m)})\,dx$$

mit ausgezeichnetem Erfolg verwendet worden ist, um zu den Kriterien des Maximums und Minimums von Δ zu gelangen. (Siehe Journale von Crelle, 54. Band, pag. 249.)

§. 2.

Über die combinatorische Zeichengruppe.

Einer jeden aus den Elementen 1, 2, 3, 4, ... $(n-1)$, n gebildeten Permutationsform entspricht ein System von je $\binom{n}{2}$ Ambon, von denen einige von Links nach Rechts gehend, eine Zunahme, die übrigen hingegen eine Abnahme beurkunden. Die ersteren Umstände (1) mögen Steigungen, die letzteren hingegen Senkungen heissen. Die Anzahl der Steigungen und Senkungen zusammengenommen beträgt demnach $\binom{n}{2}$.

Zu einer Permutationsform: $P_s = AkBkC$, in welcher h und k einzelne Elemente vorstellen, und durch A, B, C, die aus den übrigen Elementen gebauten Partialgruppen angedeutet sind, findet man die in Bezug auf das Elementenpaar hk zugeordnete Permutationsform $P_{s'}$ dadurch, dass man blos die Elemente h und k gegen einander austauscht.

Demgemäss ist: $P_{s'} = AkBhC$, wobei wir durch s und s' die jeweilig der Gruppe angehörige Anzahl der Senkungen andeuten.

Sind die aus den Partialgruppen Ah, AB, AC, kC, BC, kC zu gewinnenden Senkungen in der Anzahl γ vorhanden, so wissen wir, dass γ zu s und s' in gleicher Weise als gemeinschaftlicher Bestandtheil angehört.

Ist e die Anzahl der in B enthaltenen Elemente, und findet man unter diesen Elementen:

m höhere Elemente als h, w tiefere Elemente als h;

m'　,,　　,,　　,,　k, w'　,,　　,,　　,,　k, (2)

so erhält man vor Allem:

$$e = m + w = m' + w'. \tag{3}$$

Man findet für $h > k$ aus der Partialgruppe hBh:

$$(\text{die Anzahl Senkungen}) = 1 + w + m',$$

somit:

$$s = \gamma + m' + w + 1 \text{ und eben so } s' = \gamma + w' + m, \tag{4}$$

hieraus

$$s + s' = 2\gamma + (w + m) + (w' + m') + 1 = 2(\gamma + e) + 1, \tag{5}$$

dem zufolge hat man:

$$(-1)^s \times (-1)^{s'} = (-1)^{s+s'} = -1, \tag{6}$$

wodurch besagt wird, dass die den einander zugeordneten Gruppen P_s und $P_{s'}$ entsprechenden Potenzen $(-1)^s$ und $(-1)^{s'}$ auf entgegengesetzte Vorzeichen deuten.

Aus r Elementen erhält man $r!$ Permutationen. Bezeichnet man mit α, β, γ, δ, ε ... die den aufeinanderfolgenden Gruppen zugehörigen Anzahlen der Senkungen, so erhält man die diesen Gruppen entsprechende aus $r!$ Vorzeichen bestehende Zeichengruppe Z_r im Folgenden:

(7)
$$Z_r = (-1)^r, (-1)^3, (-1)^7, (-1)^4 . (-1)^r, \ldots$$

und dies ist die zu r Elementen gehörige combinatorische Zeichengruppe.

So erhält man für die Elemente 1, 2, 3 die Permutationen: 123, 132, 213, 231, 312, 321, welchen der Reihe nach die Senkungsanzahlen 0, 1, 1, 2, 2, 3 entsprechen.

Dem gemäss ist:
$$Z_3 = + - - + - -;$$

und in gleicher Weise:

(8)
$$Z_1 = + ; Z_2 = . -.$$

Die in dieser Weise eingeleitete Aufstellung der Zeichengruppe Z_r ist bei einem nur etwas höheren Zeiger r sehr mühsam — es erscheint daher ein Verfahren sehr wünschenswerth, nach welchem man mit Umgehung der Auszählung der Senkungen jede beliebige Zeichengruppe Z_r unmittelbar hinzuschreiben im Stande wäre.

Hiezu verhilft uns folgende Consideration: Die Aufstellung aller möglichen Permutationen aus r Elementen in der Aneihung derselben von der niederen zur nächst höheren Gruppe bietet uns r Partien von je $(r-1)!$ Gruppen dar, welche beziehungsweise mit den Elementen 1, 2, 3, ... r beginnen, je nachdem solche zur 1ten, 2ten, 3ten, r^{ten} Partie gehören.

Die zu irgend einer etwa zur s^{ten} Partie gehörigen Gruppen gehen Glied für Glied in die zur $(s+1)^{ten}$ Partie gehörigen Gruppen über, wenn man in jeder Gruppe der s^{ten} Partie blos die Elemente s und $(s+1)$ ihre Plätze wechselseitig austauschen lässt. Es sind somit die Gruppen einer jeden, etwa der s^{ten} Partie, Glied für Glied sowohl den Gruppen der unmittelbar vorangehenden, als auch den Gruppen der nächstfolgenden Partie zugeordnet, und zwar im ersten Falle in Bezug auf das Elementenpaar $(s-1)$, s — im zweiten Falle in Bezug auf das Elementenpaar s, $s+1$. Man erhält somit aus der der s^{ten} Partie angehörigen Zeichengruppe diejenige, welche der $(s+1)^{ten}$ Partie angehört dadurch, dass man den sämmtlichen zur s^{ten} Partie gehörigen Zeichencomplex entgegengesetzt anschreibt.

Die zur ersten Partie gehörigen Gruppen beginnen sämmtlich mit dem Elemente 1, und bieten nach einander dieselben Senkungszahlen und dieselbe Zeichengruppe, welche man aus den zu 2, 3, 4, ... $(r-1)$, r, oder auch aus den zu 1, 2, 3, 4, ... $(r-1)$ gehörigen Permutationsformen gewinnt. Demgemäss können wir die zur ersten Partie gehörige Zeichengruppe mit dem Symbol Z_{r-1} bezeichnen, und in weiterer Folge die zur 1ten, 2ten, 3ten ... r^{ten} Partie gehörigen Zeichengruppen durch die Symbole:

$$(-1)^0 Z_{r-1} \ (-1)^1 Z_{r-1} \ (-1)^2 Z_{r-1} \ldots \ldots -1)^{r-2} Z_{r-1} \ (-1)^{r-1} Z_{r-1}$$

ausdrücken und schliesslich folgende Relation anschreiben:

(9)
$$Z_r = (-1)^0 Z_{r-1} + (-1)^1 Z_{r-1} + (-1)^2 Z_{r-1} + \ldots + (-1)^{r-1} Z_{r-1}$$

dem gemäss erhält man:

$$Z_1 = + ;$$
$$Z_2 = (+) - (+) = + - ;$$
$$Z_3 = (+ -) - (+ -) + (+ -) = + - - + + - :$$
$$Z_4 = (+ - - + + -) - (+ - - + + -) + (+ - - + + -) - (+ - - + + -) = \qquad (10)$$
$$= + - - + + - - + + - - + + - - + + - - - + :$$
$$Z_5 = Z_4 - Z_1 + Z_4 - Z_1 + Z_1 \quad \&.$$

Bei der Austheilung der Vorzeichen an die einzelnen Permutationen können wir die in (10) angedeutete Vermittlung der Klammerfassungen ausser Acht lassen, und den stufenweisen Fortgang bei der Aufstellung der Zeichengruppen in Gedanken festhaltend, unmittelbar diejenige Zeichengruppe niederschreiben, welche zur verlangten Anzahl von Elementen hingehört.

Auf Grund der Gleichung (9) gelangt man für

$$A = a_m m! + a_{m-1}(m-1)! + a_{m-2}(m-2)! + \ldots + a_r r! \quad \text{wo ganz allgemein } a_r < s! \qquad (11.$$

zur folgenden sehr einfachen Relation:

$$(\text{Schlusszeichen von } A \text{ Anfangsgruppen}) = -(-1)^{\frac{r}{2} + s}, \qquad (12)$$

wo x die Anzahl der ungeraden in (11) vorkommenden a bedeutet, und unter $\frac{r}{2}$ die grösste in $\frac{r}{2}$ enthaltene ganze Zahl verstanden wird[*].

Es ist z. B.

$$12654 = 101.5! + 21.4! + 5.3!$$

$$(\text{Schlusszeichen von } 12654 \text{ Anfangsgruppen}) = -(-1)^{\frac{3}{2} + s} = -(-1)^4 = -1.$$

Es ist wegen (11):

$$A + 1 = a_m m! + a_{m-1}(m-1)! + \ldots + a_r r! + 1.1!$$

hiemit:

$$(\text{Schlusszeichen von } (A+1) \text{ Anfangsgruppen}) = -(-1)^{x+1+\frac{1}{2}|} = -(-1)^{x+1}$$

und

$$\frac{(\text{Schlusszeichen von } A \text{ Anfangsgruppen})}{(\text{Schlusszeichen von } (A+1) \text{ Anfangsgruppen}} = (-1)^{\frac{r}{2} \pm 1}. \qquad (13)$$

Hieraus geht hervor, dass das A^{te} Vorzeichen mit dem nächst folgenden übereinstimmt oder nicht, je nachdem $\frac{r}{2}$ ungerade oder gerad sich gestaltet.

Im Allgemeinen wechselt in der Zeichengruppe das Zeichenpaar $(+ +)$ mit dem Zeichenpaar $(- -)$ regelmässig ab. — Die Ausnahmen hievon sind mittelst (13) leicht zu eruiren.

---

[*] Ebenso könnte man die möglichst kleinste ganze Zahl, welche den Werth von $\frac{r}{2}$ in sich enthält, mit dem Symbol $\frac{r}{2}|$ bezeichnen, und in Folge dessen die Relation $\frac{r}{2}| + \frac{r}{2}| = r$ einräumen.

§. 3.

Über die combinatorische Determinante.

Zu einem Tableau von n^2 Zahlen, welches wir uns aus n Horizontalreihen von je n Zahlen, oder auch aus n Verticalreihen von je n Zahlen zusammengesetzt vorstellen, könnten wir uns folgender symbolischer Bezeichnung bedienen:

(1)

$$
\begin{array}{l}
(11)(12)(13)\ldots(1n) \\
(21)(22)(23)\ldots(2n) \\
(31)(32)(33)\ldots(3n) \\
\;\vdots\quad\;\vdots\quad\;\vdots\qquad\;\vdots \\
(n1)(n2)(n3)\ldots(nn),
\end{array}
$$

in welchem die einzelnen Zahlen mittelst je zwei in eine runde Klammer gefassten Zeigern dargestellt sind. Von Links nach Rechts gehend, ist der erste Zeiger der Horizontalzeiger, und zeigt an, in welcher Horizontale die betreffende Zahl zu suchen ist; der zweite Zeiger heisst der Verticalzeiger und zeigt an, in welcher Verticalreihe die betreffende Zahl sich aufhält. Die diesem Zahlentableau entsprechende Determinante pflegt man dadurch zu bezeichnen, dass man das entsprechende Zahlentableau zwischen zwei verticalen Linien

(2) einschliesst. — Der kürzeren Schreibweise wegen wollen wir diese Determinante symbolisch

durch $\left\{\;\boxed{}\;\right\}$ kennzeichnen, und durch das Symbol $\left\{s\;\boxed{}\;\right\}$ diejenige Determinante bezeich-

nen, welche einem, aus (1) dadurch hervorgehenden Zahlensystem angehört, dass man in (1) alle Zahlen weglässt, denen r als Horizontalzeiger oder s als Verticalzeiger angehört.

Dem gemäss schreiben wir folgende Gleichungen an:

(3)
$$
\left\{\;\boxed{}\;\right\} = \begin{vmatrix}
(11)(12)(13)\ldots(1n) \\
(21)(22)(23)\ldots(2n) \\
\;\vdots\quad\;\vdots\quad\;\vdots\qquad\;\vdots \\
(n1)(n2)(n3)\ldots(nn)
\end{vmatrix} ; \quad
\left\{\;\boxed{}\;\right\} = \begin{vmatrix}
(11)(13)(14)\ldots(1n) \\
(21)(23)(24)\ldots(2n) \\
(11)(43)(44)\ldots(4n) \\
\;\vdots\quad\;\vdots\quad\;\vdots\qquad\;\vdots \\
(n1)(n3)(n4)\ldots(nn)
\end{vmatrix}
$$

Durch das Symbol $\left\{\;\boxed{}\;\right\}$ wollen wir den Werth andeuten, welchen die zu (1) gehörige

Determinante annimmt, wenn man in der letzteren an die Stelle des Horizontalzeigers r durchgehends den Horizontalzeiger s einführt.

(4)   Durch das Symbol $\left\{r\;\boxed{}\;\right\}$ wollen wir den Werth andeuten, welchen die zu (1) gehörige

Determinante annimmt, wenn man in der letzteren an die Stelle des Verticalzeigers r durchgehends den Verticalzeiger s einführt.

Durch das Symbol $\left\{r\,\boxed{}\right\}$ deuten wir denjenigen Werth an, welchen die zu (1) gehörige Determinante annimmt, wenn man in derselben den Verticalzeiger r unterdrückt, und auf diese Weise etwa das Symbol (sr) in das Symbol (s) übergehen lässt. Hievon kann jedoch nur dann die Rede sein, wenn überhaupt die Symbole (1), (2), (3),...n) auf gewisse in der laufenden Untersuchung einbegriffenen Grössen deuten.

Die zum Tableau (1) gehörige Determinante $\left\{\boxed{}\right\}$ erhält man als eine Summe von $n!$ Gliedern, welche aus dem Producte:

$$(11)(22)(33)(44)\ldots(nn) \tag{5}$$

hervorgehen, sobald man in demselben blos die Verticalzeiger auf alle möglichen Weisen permutirt, und die Horizontalzeiger an ihren Plätzen belässt, und schliesslich den so entstehenden $n!$ Gliedern der Reihe nach jene Vorzeichen ertheilt, wie solche in der §. 2 (7)(10) besprochenen combinatorischen Zeichengruppe auf einander folgen.

Beispielsweise erhält man:

$$\left\{\boxed{}\right\} = (11)(11) - (12)(21)$$
$$\left\{\boxed{}\right\} = (11)(22)(33) - (11)(23)(32) - (12)(21)(33) + (12)(23)(31) + (13)(21)(32) \tag{6}$$
$$- (13)(22)(31)\,.$$

Man würde zu demselben Resultate gelangen, wenn man in (5) mit Belassung der Verticalzeiger blos die Horizontalzeiger permutirt hätte. Daraus ersieht man auch, dass bei der Bildung eines beliebigen Gliedes der Determinante die Horizontal- und Verticalreihen des Zahlensystems (1) blos mit je einem einzigen Bestandtheile betheiligt sind.

Die sämmtlichen aus den Verticalzeigern gebildeten Permutationsformen zerfallen mit Rücksicht auf zwei ins Auge gefassten Verticalzeiger h, k in $\frac{1}{2}n!$ Paare von je einander zugeordneten Gruppen. Jedes dieser Paare trägt zur Bildung eines entsprechenden Gliederpaares in $\left\{\boxed{}\right\}$ bei, von je zwei einander zugeordneten mit entgegengesetzten Vorzeichen versehenen Summanten.

In diesem Sinne erhält man aus den im §. 2 erwähnten Gruppen P_s und $P_{s'}$ die entsprechenden mit Rücksicht auf die Verticalzeiger h und k einander zugeordneten Summanten S_s, $S_{s'}$ im Folgenden:

$$S_s = (-1)^s \underline{A}(hh)\,\underline{B}(kk)\underline{C}\,; \quad S_{s'} = (-1)^{s'}\underline{A}(hk)\,\underline{B}(kh)\underline{C} \tag{7}$$

wo die unter A, B, C gelegten Schlangenstriche andeuten, dass die in dieser Partialgruppe enthaltenen Verticalzeiger die entsprechenden Horizontalbegleiter bereits erhalten haben, und je in eine runde Klammer gefasst sind.

Aus (7) erhält man:

$$S_s + S_{s'} = (-1)^s \underline{A\,BC}\left\{(hh)(kk) - (hk)(kh)\right\} \tag{8}$$

Diese Summe verschwindet in folgenden vier Fällen:

1. Wenn man in derselben h an die Stelle von k setzt;

2. „ „ „ „ k . . . . h „ ;

(9)

3. „ „ „ „ h' . . . . k' . :

4. „ „ „ „ k' . . . . h' . .

Es wird somit ein Paar von einander zugeordneten Summanten verschwinden, wenn man in demselben irgend einen Zeiger von dem zu Grunde liegenden Zeigerpaar durch den anderen Zeiger ersetzt. Das zu Grunde liegende Zeigerpaar mag sonst aus der Horizontal- oder auch aus der Verticalzeigerreihe entnommen worden sein.

Die Determinante lässt sich mit Zugrundelegung eines beliebigen Zeigerpaares in lauter Paare von einander zugeordneten Summanten abtheilen — muss daher in folgenden Fällen verschwinden:

(10)

a) Wenn man in derselben irgend eine Verticalreihe durch eine andere Verticalreihe ersetzt.

b) Wenn man in derselben irgend eine Horizontalreihe durch eine andere Horizontalreihe ersetzt.

Aus (9) und (10) folgern wir folgende Relationen:

(11)
$$\left\{ \cdot\overline{|\cdot|} \right\} = 0 \; ; \quad \left\{ \overline{|\cdot|} \right\} = 0 \text{ sobald } r \gtreqqless s .$$

Ordnet man die zu (1) gehörige Determinante nach irgend einer, etwa der s^{ten} Verticalreihe, so erhält man etwa:

(12)
$$\left\{ \overline{|\quad|} \right\} = (1s)q_1 + (2s)q_2 + (3s)q_3 + \ldots + (ns)q_n.$$

Wenn man die combinatorische Operation aufmerksam prüft, mittelst welcher man zum Ausdruck $\left\{ \overline{|\quad|} \right\}$ gelangt, so muss man zugeben, dass jedes von den in (12) ersichtlichen q etwa q_r gerade durch eine ähnliche Operation aus den Horizontalzeigern 1, 2, 3, 4, ... $(r-1). (r+1), r+2)\ldots n$ und aus den Verticalzeigern 1. 2, 3, 4, ...$(s-1), (s+1), (s+2),\ldots n$ gebildet wird, mit der einzigen Bedingung, dass man die diesen Zeigern im Sinne (2) entsprechende Determinante $\left\{ \begin{smallmatrix} \cdot \\ s \end{smallmatrix} \right\}$ mit $(-1)^{r+s}$ multipliciren muss, um q_r zu erhalten.

Wir werden jedoch in der nächstfolgenden Untersuchung zum Behufe der einfacheren Schreibweise jeden Ausdruck von der Form $(-1)^{r+s}\left\{ \cdot| \right\}$ schlechtweg durch das Symbol $\left\{ \cdot \right\}$ ersetzen, und demgemäss die Gleichung (12) in folgender Form anschreiben:

(13) und eben so

$$\left\{ \overline{|\quad|} \right\} = (1s)\left\{ \cdot\overline{|\cdot|} \right\} + (2s)\left\{ \cdot\overline{|\quad|} \right\} + \ldots + (ns)\left\{ \cdot\overline{|\quad|} \right\},$$

$$\left\{ \overline{|\quad|} \right\} = (s1)\left\{ 1\overline{|\cdot|} \right\} + (s2)\left\{ 2\overline{|\quad|} \right\} + \ldots + (sn)\left\{ n\overline{|\quad|} \right\},$$

und hieraus:

$$\left\{ \boxed{} \right\} = \left[(rs) \left\{ {}_{s}\boxed{} \right\} \right]_{s=1}^{s=m} = \left[(sr) \left\{ {}_{r}\boxed{} \right\} \right]_{s=1}^{s=m}. \tag{14}$$

Ist $s' \gtrless s$, so wird im Sinne (11) jedes der Polynome (13) und beziehungsweise jede der Summen in (14) verschwinden, wenn man in dem ersteren die s^{te} Verticalreihe durch die s'^{te} (15) Verticalreihe, dagegen in dem zweiten die s^{te} Horizontalreihe durch die s'^{te} Horizontalreihe ersetzt d. h., wenn man in (13) und (14) in die Coëfficienten (rs) und beziehungsweise (sr) statt s den Buchstaben s' hinschreibt.

Zu einem Systeme vom m Gleichungen mit m Unbekannten: $a_1 \, a_2 \, a_3 \ldots a_m$

$$(11)a_1 + (12)a_2 + (13)a_3 + \ldots + (1m)a_m = (1)$$
$$(21)a_1 + (22)a_2 + (23)a_3 + \ldots + (2m)a_m = (2) \tag{16}$$
$$(m1)a_1 + (m2)a_2 + (m3)a_3 + \ldots + (mm)a_m = (m)$$

denke man sich ein aus den vorstehenden Coëfficienten gebildetes Tableau — die zugehörige Determinante veranlasst im Sinne (12) etwa folgende Gleichung:

$$\left\{ \boxed{} \right\} = (13)q_1 + (23)q_2 + (33)q_3 + \ldots + (m3)q_m, \tag{17}$$

wo bekannter Weise etwa:

$$q_s = \left\{ {}_{3}\boxed{} \right\}$$

sich ergibt.

Multiplicirt man die Gleichungen (16) der Reihe nach mit $q_1, q_2, q_3 \ldots q_m$, verbindet die so multiplicirten Gleichungen durch Addition und ordnet das erhaltene Resultat nach den Unbekannten $a_1 \, a_2 \, a_3 \ldots a_m$, so erhält man:

$$Q_1 a_1 + Q_2 a_2 + Q_3 a_3 + \ldots + Q_m a_m = Q', \tag{18}$$

wo wegen (4) und (11)

$$Q_1 = (11)q_1 + (21)q_2 + (31)q_3 + \ldots + (m1)q_m = \left\{ {}_{3}\boxed{1} \right\} = 0$$
$$Q_2 = (12)q_1 + (22)q_2 + (32)q_3 + \ldots + (m2)q_m = \left\{ {}_{3}\boxed{2} \right\} = 0$$
$$Q_3 = (13)q_1 + (23)q_2 + (33)q_3 + \ldots + (m3)q_m = \left\{ \boxed{} \right\},$$

eben so findet man:

$$Q_4 = Q_5 = Q_6 = \ldots = Q_m = 0$$

und

$$Q' = (1)q_1 + (2)q_2 + (3)q_3 + \ldots + (m)q_m = \left\{ {}_{3}\boxed{.} \right\}. \tag{19}$$

Man erhält somit aus (18):

$$a_3 \left\{ \boxed{} \right\} = \left\{ {}_{3}\boxed{.} \right\} \text{ oder } a_3 = \left\{ {}_{3}\boxed{.} \right\} : \left\{ \boxed{} \right\}.$$

und somit allgemein:

(20)
$$a_r = \left\{ \overset{\cdot}{\underset{\cdot}{\overset{\text{---}}{|}}} \right\} : \left\{ \underset{\cdot}{\overset{\text{---}}{\Large \ulcorner}} \right\}.$$

Der vorstehenden Formel zu Folge haben alle in (16) spielenden Unbekannten die Coëfficienten-Determinante zum gemeinschaftlichen Nenner — der jedesmalige Zähler geht aus dem Nenner hervor, wenn man in den Klammerausdrücken des Nenners den entsprechenden Verticalzeiger unterdrückt und etwa statt (rs) den Ausdruck (r) schreibt.

Die im §. 1 sub (40) vorgeführten Gleichungen gehen aus den hier sub (16) angeführten (21) hervor, wenn man (1) = (2) = (3) = … = (m) = 0 setzt, und dann an die Stelle der Symbole (11), (22), (33),…(mm) die Differenzen: [(11)—s], [(22)—s], [(33)—s], … [(mm)—s] schreibt.

Auf Grund dieser Annahme geht die Determinante $\left\{ \overset{\cdot}{\underset{\cdot}{\overset{\text{---}}{\Large \ulcorner}}} \right\}$ in Folge ihres ersten Gliedes in ein nach s dem m^{ten} Grade angehöriges Polynom über, und lässt sich etwa so schreiben:

(22)
$$\left\{ \overset{\cdot}{\underset{\cdot}{\overset{\text{---}}{|}}} \right\} = s^m + b_{m-1}s^{m-1} + b_{m-2}s^{m-2} + \ldots b_1 s^1 + b_0.$$

Die sämmtlichen Zähler der $a_1 a_2 a_3 \ldots a_m$ erhalten wegen (21)(20)(19) Nullwerthe, da aber wegen der zweiten Gleichung sub (38) §. 1 die Relation $a_1 = a_2 = a_3 = \ldots = a_m = 0$ unstatthaft erscheint, so kann die diesfällige Auflösung der Gleichung (40) nur dadurch dem Widerspruche entgehen, wenn man durch schickliche Wahl der s-Werthe das Nennerpolynom (22) nöthigt, den Nullwerth anzunehmen. Es ist somit die Relation:

(23)
$$\left\{ \overset{\cdot}{\underset{\cdot}{\overset{\text{---}}{\Large \ulcorner}}} \right\} = 0,$$

die zur Bestimmung der s-Werthe dienende Gleichung, welche bereits im §. 1 sub (47) besprochen wurde.

Über die Functions-Determinante.

Denken wir uns aus dem Tableau (1) ein anderes dadurch abgeleitet, dass man ganz allgemein setzt:

(24)
$$(rs) = (\lambda a_r)^{(s-1)} = \frac{d^{s-1}(\lambda a_r)}{d x^{s-1}},$$

wo a und λ gegebene Functionen von x vorstellen. Hiedurch erhält man folgendes Tableau:

(25)
$$(\lambda a_1),\ (\lambda a_1)^{(1)},\ (\lambda a_1)^{(2)} \ldots (\lambda a_1)^{(s-1)}$$
$$(\lambda a_2),\ (\lambda a_2)^{(1)},\ (\lambda a_2)^{(2)} \ldots (\lambda a_2)^{(s-1)}$$
$$\vdots \qquad \vdots \qquad \vdots \qquad \qquad \vdots$$
$$(\lambda a_n),\ (\lambda a_n)^{(1)},\ (\lambda a_n)^{(2)} \ldots (\lambda a_n)^{(s-1)}$$

dessen Determinante wir in analoger Weise mit dem Symbol $\left\{ \overset{\cdot}{\underset{\cdot}{\overset{\text{---}}{\Large \ulcorner}}} \right\}_{\lambda}$ andeuten.

Für ($n=2$) erhält man aus (25) mit Rücksicht auf die entsprechende Determinante:

$$\left\{\begin{array}{c} \ \end{array}\right\}_{_{(\lambda)}}^{^{2}} = \left|\begin{array}{cc} (\lambda a_1)(\lambda a_1)'^{(1)} \\ (\lambda a_2)(\lambda a_2)'^{(1)} \end{array}\right| = \lambda a_1\,(\lambda a_2)^{(1)} - (\lambda a_1)'^{(1)}\,(\lambda a_2) = \lambda a_1\,(\lambda a_1'^{(1)} + \lambda^{(1)} a_2) - (\lambda a_1'^{(1)} + \lambda^{(1)} a_1)\,\lambda a_2,$$
$$= \lambda^2\,(a_1 a_2'^{(1)} - a_2 a_1'^{(1)}), \tag{26}$$

oder

$$\left\{\begin{array}{c} \ \end{array}\right\}_{_{(\lambda)}}^{^{2}} = \lambda^2 \left\{\begin{array}{c} \ \end{array}\right\}_{_{(1)}}^{^{2}}. \tag{27}$$

Die unter dem rechten Klammerarme angehängten Zeiger (λ) und (1) deuten an, ob die im Functionstableau mit a bezeichneten Functionen mit λ oder mit 1 multiplicirt gedacht werden sollen.

Aus (27) ersieht man, dass für den dort angedeuteten Fall die mit beliebigem λ versehene Determinante erhalten wird, wenn man die zu $\lambda=1$ gehörige Determinante mit λ^2 multiplicirt. Wir vermuthen, dass dieses Gesetz für beliebige Ausdehnung des Functionstableau's seine Giltigkeit bewähren wird, und sich in folgender Gleichung ausprägt:

$$\left\{\begin{array}{c} \ \end{array}\right\}_{_{(\lambda)}} = \lambda^n \left\{\begin{array}{c} \ \end{array}\right\}_{_{(1)}}^{*}. \tag{28}$$

Auf Grund der höheren Induction wird das Gesetz in (28) erwiesen sein, sobald wir gezeigt haben werden, dass es für den Fall $n=m$ gelten muss, wenn man seine Giltigkeit für den Fall $n=m-1$ bereits als erwiesen voraussetzt. (29)

Behufs dessen hat man wegen (13) und (24):

$$\left\{\begin{array}{c} \ \end{array}\right\} = (1m)\left\{\begin{array}{c} \ \end{array}\right\}_{_{(\lambda)}} + (2m)\left\{\begin{array}{c} \ \end{array}\right\}_{_{(\lambda)}} + \ldots \div (mm)\left\{\begin{array}{c} \ \end{array}\right\}_{_{(\lambda)}} = \left((\lambda a_r)^{(m-1)}\left\{\begin{array}{c} \ \end{array}\right\}_{_{(\lambda)}}\right)_{r=1}^{r=m}. \tag{30}$$

Da aber die Determinante $\left\{\begin{array}{c} \ \end{array}\right\}_{_{(\lambda)}}$ zu einem Functionstableau gehört, welches aus (25) durch Weglassung der m^{ten} Verticalreihe und der r^{ten} Horizontalreihe entsteht, so gehört diese Determinante für beliebiges r dem Fall $n=m-1$ an, und man hat der Hypothese (29) gemäss

$$\left\{\begin{array}{c} \ \end{array}\right\}_{_{(\lambda)}}^{^{r}} = \lambda^{m-1} \left\{\begin{array}{c} \ \end{array}\right\}_{_{(1)}}^{^{r}}. \tag{31}$$

Setzt man Kürze halber:

$$G = \lambda^{(m-1)} a_r + \binom{m-1}{1} \lambda^{(m-2)} a_r^{(1)} + \ldots + \binom{m-1}{m-2} \lambda^{(1)} a_r^m = \left(\binom{m-1}{i} a_r^{(i-1)} \lambda^{(m-i)}\right)_{i=1}^{i=m-1}. \tag{32}$$

---

*) Während Hesse seine Untersuchung auf dieses Gesetz zu stützen unternimmt, spricht er sich über dasselbe mit folgenden Worten aus: „Ich erinnere mich nicht, dieses Gesetz irgendwo gelesen zu haben." Da er seinen eigenen Beweis hievon bis jetzt der Öffentlichkeit nicht übergab, so glaube ich hiedurch hinlänglich gerechtfertigt zu sein, dass ich meinen eigenen Beweis dieses Satzes in dieser Abhandlung niederlege.

(33) so erhält man $(\lambda a_r)^{r-1)} = \lambda a_r^{r-1)} + G$, somit aus (30), (31):

$$(34) \quad \left\{\overline{}\right\} = \left[(\lambda a_r^{r-1)} + G)\lambda^{n-1}\left\{-\overline{}\right\}\right]_{r=1}^{r=n} = \lambda^n\left[a_r^{r-1)}\left\{-\overline{}\right\}\right]_{r=1}^{} + \left(G\lambda^{n-1}\left\{-\overline{}\right\}\right)_{r=1}^{}.$$

Aus (24) hat man aber für $\lambda=1$, $a_r^{r-1)} = (rv)$, $a_r^{r-1)} = (rm)$, hiemit auch:

$$(35) \quad \left[a_r^{r-1)}\left\{-\overline{}\right\}\right]_{(1)}^{} = \left[(rm)\left\{-\overline{}\right\}\right]_{r=1}^{} = \left\{\overline{}\right\};$$

und ebenso wegen (32), (13), (14) und (11):

$$\left(G\left\{-\overline{}\right\}\lambda^{n-1}\right)_{(1)}^{} = \left[\binom{m-1}{r-1}\lambda^{n-r}\lambda^{n-1}\left((rv)\left\{-\overline{}\right\}\right)\right]_{r=1}^{} =$$

$$= \left[\binom{m-1}{r-1}\lambda^{m-r}\lambda^{n-1}\left((1v)\left\{-\overline{}\right\} + (2v)\left\{-\overline{}\right\} + \ldots + (mv)\left\{-\overline{}\right\}\right)\right]_{r=1}^{} =$$

$$(36) \quad = \left[\binom{m-1}{r-1}\lambda^{m-r}\lambda^{n-1}\left\{-\overline{v}\right\}\right]_{(1)}^{} = 0.$$

Schliesslich erhalten wir aus (34) mit Hilfe (35) und (36):

$$(37) \quad \left\{\overline{}\right\} = \lambda^n\left\{\overline{}\right\}.$$

Das in (28) ausgeprägte Gesetz gilt also in der That für $n=m$, sobald man seine Geltung für $n=m-1$ annimmt, zum Beweise, dass es für jedes ganze positive n gelten muss.

GRUNDLINIEN

ZUR

GEOGRAPHIE UND GEOLOGIE DER DOBRUDSCHA.

VON

KARL F. PETERS.

CORRESPONDIRENDEM MITGLIEDE DER KAISERLICHEN AKADEMIE DER WISSENSCHAFTEN [1].

I. GEOGRAPHISCHER THEIL.

Mit 1 geologischen Uebersichtskarte, 1 lithographirten Tafel (Ansicht von Baßdaha) und 21 in den Text gedruckten Abbildungen

VORGELEGT IN DEN SITZUNGEN DER MATHEMATISCH-NATURWISSENSCHAFTLICHEN CLASSE AM 5. OCTOBER 1865 UND 19. APRIL 1866.

Eine neue, dem gegenwärtigen Stande der Geologie entsprechende Untersuchung der Länder im Süden der unteren Donau wurde von Jahr zu Jahr mehr wünschenswerth, je weiter die Arbeiten der österreichischen Geologen nach Osten und Süden vorschritten, je klarer sich einerseits der Bau der östlichen Alpen und deren innige Beziehungen zu den Gebirgsmassen zwischen den Karpathen und dem adriatischen Meere aus den Ergebnissen dieser Arbeiten entwickelten, je mehr sich andererseits die Fragen über die Verbreitung und den Charakter einzelner, das Wesen des alpinen Gürtels bestimmender Formationen häuften.

Diese geologische Übersichtsaufnahme von Dalmatien und den kroatischen Grenzdistricten hatte uns im Anschlusse an die von A. Boué und Viquesnel in den Jahren 1836—1839 unternommenen Studien gelehrt, dass mächtige, der Triasperiode angehörige Kalksteinmassen den wesentlichsten Theil der Gebirge ausmachen, die entlang der Ostküste der Adria nach Süden und Südosten fortstreichen. Dass der breite Gürtel von Kalkgebirgen im Westen der Halbinsel ein Zweig der südlichen Kalkalpenzone sei, war dadurch völlig ausser Zweifel gestellt. Andererseits hatte uns die nähere Bekanntschaft mit den südungarischen Gebirgen, namentlich mit der merkwürdigen Gruppe von Fünfkirchen und dem Banater Berglande gezeigt, dass in deren Bereiche die gleichzeitigen Abtheilungen der Trias und die mit ihnen auf das innigste verbundenen Liasgebilde einen ganz anderen Charakter zeigen als im inneren Gürtel der Alpen. Sie stimmen ja auf das genaueste mit jenen die nördlichen Voralpen einnehmenden Formationstypen überein, deren nahe Verwandtschaft mit dem Keuper und Lias des südlichen Mitteleuropa's von der Nähe des böhmischen Gebirgsmassivs in derselben Weise abhängig zu sein schien, wie der nahe Zusammentritt von mesozoischen Festländern, des böhmischen Massivs einerseits, des Schwarzwaldes, der Vogesen und des Centralplateau von Frankreich andererseits, in ihrer Gegenüberstellung zu der Centralkette der Alpen als eine Bedingung der auffallenden Unterschiede im Charakter jener Formationen nördlich und südlich vom Oberrhein und von der oberen Donau

---

[1] Um das Erscheinen dieser Abhandlung nicht zu verzögern, wurde dieselbe ausnahmsweise in die Abtheilung für Abhandlungen von Nichtmitgliedern eingereiht.

aufgefasst werden durfte. Wo lag das Festland, dessen Existenz die Bildung des Keupers und einen an wohlerhaltenen Pflanzenresten und Kohlenflötzen so überaus reichen unteren Lias bedingt? Wo durfte es gesucht werden, wenn nicht in den paläolithischen Gebilden der südslavisch-griechischen Halbinsel? Aus den Werken von Boué und Viquesnel entnehmen wir allerdings eine Vorstellung über die Verbreitung der krystallinischen Gesteine in jenen grossen Gebirgsstöcken, welche die Geographie noch in unseren Tagen irriger Weise als einen grossen fortlaufenden Gebirgswall betrachtet und mit dem türkischen Namen für Hochgebirge überhaupt „Balkan" genügend bezeichnet zu haben meint. Welcher Art aber diese krystallinischen Gebilde seien, und in welchen Beziehungen sie zu den Formationen mittleren Alters ständen, darüber konnten uns die vor mehr als 20 Jahren angestellten Forschungen der berühmten Reisenden kaum befriedigende Aufschlüsse geben.

Ich habe diese Fragen in einem kleinen Aufsatze niedergelegt, der im XLVIII. Bande der Sitzungsberichte der kais. Akad. der Wissensch. S. 418 erschien[1]) und im Wesentlichen dazu bestimmt war, die Bedeutung neuer Untersuchungen über die geologische Beschaffenheit der südlichen Donauländer und des sogenannten Balkan ersichtlich zu machen. Voll von Bewunderung für die grossen Arbeiten der englischen und französischen Geologen in allen Theilen der Erde konnten wir uns der Überzeugung nicht verschliessen, dass die Untersuchung von Ländern, die mit Österreich nicht nur unmittelbar zusammenhängen, sondern deren Formationen zum grossen Theil denselben physikalischen Charakter an sich tragen müssen, der unsere Alpen- und Karpathendistricte so auffallend von den westeuropäischen Ländern scheidet, eine natürliche Aufgabe österreichischer Geologen sei.

Ich unterzog mich desshalb sehr bereitwillig und dankbar für das mir geschenkte Vertrauen dem Auftrage der kaiserlichen Akademie, eine Reihe solcher Untersuchungen sofort zu beginnen, und erlaubte mir, die östlichen Landstriche am schwarzen Meere als die zum Anfange meiner Studien geeignetste Gegend vorzuschlagen.

Über die Dobrudscha, so heisst bekanntlich das zwischen der Donau von ihrer Krümmung an und dem schwarzen Meere gelegene Land, war mit Ausnahme einiger sehr schätzbarer Nachrichten von Herrn Capitän Spratt über die geologische Beschaffenheit der Seeküsten und von einer, wie ich später erfuhr, von Herrn Prof. Jos. Szabó in Pest über die Lage und Umgebung der Stadt Tuldscha in einer grösseren Abhandlung veröffentlichten Notiz nichts bekannt geworden, denn weder Boué noch ein anderer Geolog oder Geograph hatte dieses Land jemals bereist. Man wusste im Allgemeinen nur, dass ein ziemlich hohes Gebirge entlang der Donau von Hirschowa oder Matschin an bis weit hinab am Rande des Delta's sichtbar sei, dass der letzte Abschnitt desselben Besch-tepe, Fünf-Hügel heisse, und man übertrug diesen Namen (irriger Weise) auf das ganze Bergland der Dobrudscha. Dagegen war die kürzeste Verbindungslinie zwischen der Donau und dem Meere, der Weg von Tschernawoda nach Küstendsche, welchen die Reisenden von Wien nach Constantinopel seit mehr als 20 Jahren — seit eine geregelte Dampfschifffahrt zwischen beiden Hauptstädten besteht — zurücklegen, ziemlich genau bekannt. Und da man von dieser Linie aus höhere Gebirgsmassen kaum bemerkt, sich vielmehr auf derselben, Anfangs zu Wagen, seit 1862 auf einer Eisenbahn, in einem Einschnitt der grossen bulgarischen Küstentafel bewegt, welche den Charakter der nord-pontischen Steppen in mehrfacher Beziehung nachahmt, so wurde der Ausdruck, „die Steppe Dobrudscha" in Europa so geläufig, dass dadurch bei Vielen die irrige Vorstellung entstand, das ganze Land zwischen der untersten Donau, dem Delta und dem Meere sei wie die nördliche Küste des Pontus ein Steppenplateau. Dieselbe Linie war sogar schon vor Ende des 4. Jahrzehends Gegenstand einer genauen geodätisch-technischen Untersuchung, indem sowohl die hohe Pforte als auch Österreich auf die Herstellung einer Wasserverbindung, durch die der Weg nach Constantinopel mit Vermeidung des Delta's so wesentlich abgekürzt werden konnte, den höchsten Werth legen mussten. Der im Dienste der Pforte abgesandte Ingenieur, ein preussischer Officier, Herr v. Vinke, hat die dem Canalprojecte leider ganz ungünstigen Ergebnisse seiner Studien schon im Jahre 1840 veröffentlicht.

---

[1]) Bemerkungen über die Bedeutung der Balkan-Halbinsel als Festland in der Liasperiode. 19. November 1863.

Was die Beschaffenheit der nördlichen Dobrudscha betrifft, so hatte freilich der Name einer im Innern des Landes gelegenen Stadt, Baba-Dagh, Altgebirge, vermuthen lassen, dass sich eine bedeutende Bodenerhebung ziemlich weit nach Süden erstrecke, auch gab die österreichische Karte der europäischen Türkei (Wien, 1829) eine nicht ganz unrichtige, offenbar auf dem Augenschein eines geübten Ingenieurs beruhende Terrainzeichnung, die selbstverständlich für die Karte der Türkei von Kiepert (Berlin, 1853) eben so massgebend war, wie für neuere Darstellungen Bulgariens. Doch blieb es völlig unklar, wo das Bergland eigentlich aufhöre und die „Steppe" ihren Anfang nehme, die seit der Mitte des vorigen Jahrhunderts bis auf die neueste Zeit als Weideland der siebenbürgischen Wanderhirten (Mokkanen) für Österreich eine nicht geringe Bedeutung hatte.

Auf Dumont's geologischer Übersichtskarte von Europa ist ungefähr in der ganzen Ausdehnung höherer Gebirge ein Fleck von der Farbe für die krystallinischen Felsarten angebracht, ja sogar ein Punkt, der dem Orte Tschernawoda (Boghas-köi) an der Donau nächst ihrer Krümmung entspricht, mit der Farbe der Kreideformation bezeichnet. Beides vermuthlich nach Mittheilungen von dem berühmten Reisenden Herrn Tchihatchef, der die Linie Tschernawoda-Küstendsche und Odessa-Galatz mehrmals zurückgelegt hat, und vor dem letztgenannten Donauhafen aus einen Abstecher an das rechte Ufer bei Matschin gemacht haben dürfte.

Demselben, so wie Herrn Prof. Szabó, verdanke ich die Ansicht einiger Versteinerungen von Tschernawoda, die schon im October 1863 in der k. k. geologischen Reichsanstalt aufbewahrt waren. Zusammen mit einer reichhaltigen Gesteinssuite, die Herr Custos-Adjunct Zelebor von einer ornithologischen Reise nach dem Donau-Delta aus der Umgebung seiner Hauptstation Tuldscha mitgebracht hatte, bildeten sie den Gegenstand einer von mir im Jahrbuche der k. k. geologischen Reichsanstalt veröffentlichten Notiz, worin ich die Grundgebirge der Diluvialablagerungen am Tuldscha muthmasslich als Trias und einen Theil des thonigen Gesteins von Tschernawoda (mit *Natica macrostoma* Römer, *Nerinea* sp., *Diceras* sp.) als nicht der Kreide angehörig erklärte.

Eine für mich sehr wesentliche Vorarbeit war durch die trigonometrischen Arbeiten gegeben, welche das k. k. österreichische Geographencorps gelegentlich der Aufnahme der Walachei im Jahre 1856/57 ausführte, indem von Tschernawoda und Rassowa an der Donau eine Dreieckskette bis ans schwarze Meer gezogen wurde, um daselbst für jene Landesaufnahme eine Basis zu gewinnen. Die betreffenden Daten wurden mir von Sr. Excellenz dem Herrn Feldmarschall-Lieutenant v. Fligély gütigst mitgetheilt, so wie ich auch dem k. k. Major Herrn Ganahl und dem Abtheilungschef Herrn Schönhaber vielerlei Notizen über das Land und die Art es zu bereisen verdanke.

Der wichtigste Behelf für meine Untersuchung war aber eine genaue Copie der (publicirten aber sehr wenig verbreiteten) russischen Karte von Bessarabien, der Moldau, Walachei und einem Theile von Bulgarien, welche im k. k. geographischen Institute behufs jener Arbeiten war ausgeführt worden, und von der mir Herr v. Fligély ein Exemplar mehrere Wochen vor meiner Abreise zukommen liess. Auf dieser mit lithographischer Tinte gezeichneten Karte sind die Namen aus der cyrillischen in die slavische Lateinschrift umgesetzt, und war mir dadurch eine wesentliche Erleichterung geboten, wenn auch nicht verkannt werden darf, dass die ohnediess sehr problematischen Ortsnamen durch die Transcription nicht gewannen. Dieselbe Copie liegt meiner hier mitgetheilten geologischen Karte zu Grunde.

So viel über die Veranlassung und die Vorbereitungen zu meiner Reise, die ich, ausgerüstet mit allem Nöthigen, mir im Wege des kaiserlichen Ministeriums des Äussern und der kaiserlich osmanischen Gesandtschaft zu Theil gewordenen Documenten und Empfehlungsschreiben am 10. Mai 1864 antrat.

Über den Verlauf derselben und die Ergebnisse, so weit sie sich an Ort und Stelle übersehen liessen, wurden an die kaiserliche Akademie Berichte eingesandt, die mit einer kurzen, die Beschränkung meiner Untersuchungen auf die Dobrudscha rechtfertigenden Vorbemerkung in dem Sitzungsberichte vom 6. October 1864 erschienen.

Die Erfahrungen, die ich auf der Donaufahrt selbst zwischen Mohács und Sulina zu machen Gelegenheit hatte, und die sich nur zum Theil auf die Natur des Stromes und seiner Ufer, zum grösseren Theil auf das Verkehrsleben beziehen, glaubte ich von gegenwärtiger Abhandlung trennen zu sollen, und legte sie in einer Reihe von kleinen Aufsätzen nieder, die in der zweiten Hälfte des Jahrganges 1865 der „Österreichischen Revue" abgedruckt worden.

Eine kurze Notiz über die Gliederung der unteren Donau, gewissermassen den geographischen Inhalt dieser Aufsätze, gab ich im Sitzungsberichte vom 28. April 1865.

Jenen Aufsätzen lag zunächst die Absicht zu Grunde, die wichtigen Interessen Österreichs an der unteren Donau und an ihren Mündungen in einem weiteren Leserkreise in Erinnerung zu bringen und die erfolgreiche Wirksamkeit der „europäischen Donaucommission" zu besprechen, der wir die offene Verbindung mit dem schwarzen Meere, wenn auch nicht durch die zweckmässigste, doch überhaupt durch eine Mündung unseres Hauptstromes verdanken. Durch den Bestand dieser hochwichtigen Institution hat die Dobrudscha als unmittelbares Ufer- und Küstenland eine ganz eigenthümliche, sie von jeder anderen Provinz des osmanischen Reiches unterscheidende Bedeutung gewonnen, und bleibt fortan zu allen das Donau-Delta, die Schifffahrt, den Getreide-Export und die Machtstellung der östlichen Staaten Europa's betreffenden Fragen in der innigsten Beziehung. Nachdem ich mich selbst auf meiner Reise sowohl in Galaz und Sulina, als auch im Verlaufe mehrerer Wochen in Tultscha, der Hauptstadt der Dobrudscha, der Gastfreundschaft von Seite der Functionäre der europäischen Donaucommission zu erfreuen hatte, und dadurch erst eigentlich in den Stand gesetzt wurde, meine Untersuchung über das ganze Land zu erstrecken, unterliegt es keinem Zweifel, dass fortan jede zur Kenntniss desselben beitragende Forschung eine in gleicher Weise wirksame Unterstützung finden werde. Auch dürfte die europäische Commission eine trigonometrische Vermessung des Delta's und der Uferstriche, genaue Untersuchungen über die vielseitigen Beziehungen der See zur Donau und manches andere, was zu den Anfängen einer Potamographie und Kenntniss der Uferländer noch fehlt, nicht nur kräftig fördern, sondern selbst veranlassten. Ihre über Erwartung lange und in Folge der politischen Verhältnisse heute noch eben so wie im Jahre 1857 nothwendige Wirksamkeit bringt es ja mit sich, dass alles, was die Uferstaaten der oberen und mittleren Donau, vorzugsweise Österreich, für die Kenntniss des Stromes gethan haben, an den unteren Strecken, wo der Culturzustand der Bewohner und die politischen Einrichtungen eine Selbstthätigkeit der Uferländer nicht gestatten, von ihr angebahnt und bis zu einem gewissen Grade durchgeführt werde.

Dass Österreich sich an solchen Arbeiten und Untersuchungen in erster Linie zu betheiligen habe, ergibt sich aus der Natur der Sache. Indem der österreichische Geologe, Zoologe oder Botaniker die unteren Donauländer bereist, steht er nicht auf einem fremden Boden; er findet mit kleinen Abänderungen dort dieselben Formationstypen, dieselben Thiere und Pflanzen wieder, die er schon im ungarisch-serbischen Becken, ja vor den Thoren von Wien kennen gelernt hat, die seine ganze Naturanschauung erfüllen. Diese merkwürdige Verwandtschaft der südosteuropäischen Länder von gleicher geographischer Breite kommt aber nicht nur der Forschung in den noch unbekannten Regionen zu Gute. Sobald dieselbe in den pontischen und Balkanländern einige Ausdehnung wird erlangt haben, wird sie zuverlässig unsere Heimatskunde sehr wesentlich ergänzen, und wird den gesetzmässigen (geologischen) Zusammenhang nicht weniger Erscheinungen erweisen, die auf unserem Boden heute noch unvermittelt dastehen.

Literatur.

Der Schriften, die sich geradezu auf die Dobrudscha beziehen, gibt es sehr wenige: eigentlich mit Ausnahme meines eigenen Reiseberichtes nur die Notizen von Spratt und Prof. Szabó. Und nur sie haben einen wesentlich geologischen Inhalt. Die geographischen und kriegsgeschichtlichen Werke knüpfen entweder an die Linie Tschernawoda-Küstendsche oder an Silistria an, und behandeln dann erst die Umgebungen von Basardschik und Varna genauer, oder sie sind im Wesentlichen hydrographischer Natur, haben das Meer und das Donau-Delta zum Gegenstand und enthalten nur gelegentlich Andeutungen über die Natur der Küsten und Ufer.

Eine kurze Bemerkung zu jeder einzelnen Nummer der nachstehenden Liste möge die Beziehungen des Inhalts zu dem Lande andeuten, dessen genauere Beschreibung meine Aufgabe ist.

1. „A. Boué, La Turquie d'Europe, Paris, 1840, 4 vol." Ist bekanntlich das Hauptwerk über die physische Geographie der ganzen Halbinsel und enthält Vol. 1, p. 219—407 eine wohlgeordnete, den Anschauungen der damaligen Zeit entsprechende geologische Skizze derselben. Die Landschaften östlich und nordöstlich von Silistria hat Boué nicht bereist und bespricht sie mit Ausnahme einzelner ethnographischer Andeutungen auch nicht. Gleichwohl ist schon auf seiner geologisch colorirten Übersichtskarte das Gebirge der nördlichen Dobrudscha als krystallinisches Terrain verzeichnet. In neuester Zeit hat der berühmte Gelehrte seine Tagebücher revidirt und mehrere höchst interessante Profile vom „Balkan" und von den bosnisch-albanesischen Gebirgen nach dem gegenwärtigen Stande der Geologie erläutert. (Sitzungsgb. d. kais. Akad. d. Wissensch. XLIX, 179, LIII, 10 und Bulletin soc. géol. XXII 164, janv. 1865.) In einem neueren Werke desselben Verfassers, Recueil d'itinéraires dans la Turquie d'Europe, 2 vol. Vienne, 1854, finden wir nur einen sehr kurzen auf die Dobrudscha bezüglichen Absatz: Route de Toultscha à Bourgas, Vol. 1, p. 136, der in die Beschreibung der Reisewege nur eingefügt wurde, um die bezeichnete Linie künftigen Reisenden zu empfehlen. „Il serait bien temps qu'on connaisse positivement la structure physique et géologique du Besch-Tépé ou de ces hauteurs assez considérables ...votre Matschin, Isaktscha, Toultscha et Babadagh" heisst es hier unter Anderem.

2. „v. Vinke, Das Karassu-Thal zwischen der Donau unterhalb Rassowa und dem Schwarzen Meere bei Küstendsche, mit 1 Karte und 2 Plänen; Monatsberichte der Gesellschaft für Erdkunde zu Berlin, 1. Jahrg. (1840), S. 179—186." Diese Abhandlung ist nicht nur in geographischer Beziehung die wichtigste Schrift über die südliche Dobrudscha, sie erörtert auch das schon oben erwähnte Canalproject sehr gründlich und macht die kalksteinige Unterlage der jüngeren Bodenschichten als ein Haupthinderniss gegen die Anlage einer Wasserverbindung geltend. Dazu kommt auch eine sehr genaue Darstellung des Trajanswalles und eine schätzbare Notiz über die Reste eines antiken Bauwerkes bei Atanklissi (Adam-klissi). Die Karte des Kara-Su-Thales, die im Maassstabe von $^1\!/_{150000}$ gezeichnet ist, und gegen deren Richtigkeit sich, abgesehen von den seither völlig veränderten Gewässerverhältnissen, wenig einwenden lässt, war für mich von grossem Werthe.

3. „T. Spratt, Captain, Route between Kustendje and the Danube, 7 pag. with map; London geograph. Society, 23. June 1856." Die Tendenz dieser, von der vorigen ganz unabhängigen Schrift ist vornehmlich eine strategische, und betrifft die Eignung des kleinen Buchtvon Küstendsche und deren Umgebung als Landungspunkt und Aufenthaltsort für Truppen. Während des Krimkrieges das Land bis Tschernawoda und Rassowa recognoscirend, gelangte der scharfblickende Seemann binnen Kurzem zu einer beinahe eben so genauen, aber viel weiter ausgedehnten Kenntniss der geographischen und strategischen Momente desselben, wie sein Vorgänger. Der Existenz des merkwürdigen Süsswassersees bei Kanara, nördlich von Küstendsche, wird von ihm zum ersten Male gedacht.

4. Moltke, Freiherr v., Der russisch-türkische Feldzug in der europäischen Türkei 1828·9, mit Karten und Plänen, Berlin, 1845." Dieses schöne Werk giebt (S. 44 u. f.) eine kurzgefasste, ausserst treffende Beschreibung des Donaulaufes vom Eisernen Thore bis zum Meere. Die Beschaffenheit des rechtseitigen Steilufers ist vom strategischen Standpunkte aus darin eben so richtig aufgefasst, wie die für Heerzüge practikabelsten Punkte des Stromes bei Turtukaï und Hirschowa. Auch die physische Beschaffenheit der nördlichen Dobrudscha ist bezüglich ihrer strategischen Wichtigkeit nicht unrichtig angedeutet. Da es sich jedoch in der Geschichte dieses Krieges zumeist um Operationen zwischen Schumla, Varna und Aidos, Adrianopel handelt, und die Donaustrecken nur hinsichtlich des Überganges über den Strom in Betracht kommen, so treten diese letzteren völlig zurück hinter der rein kriegswissenschaftlichen Behandlung der Balkandistricte, der Gebirgspässe und der Heerstrassen, die von der Donau aus dahin führen. Gleichwohl müssen die Beschreibungen und Pläne von den festen Plätzen Isaktscha, Matschin, Hirschowa und Küstendsche (S. 74—78) als wesentliche Vorarbeiten für die Landeskunde überhaupt erklärt werden. Die Arbeiten, deren Beschreibung sich weder auf eine durchgreifende Cultur, noch auf vorhergegangene naturwissenschaftliche Untersuchungen stützen kann, ist wohl der Stratege mit seinem der Anschauungsweise des Geologen verwandten Scharfblicke für Bodenplastik der beste Geograph.

5. „Bazancourt, Baron de, L'expédition de Crimée, 2 vol. Milan, 1856." Obwohl diese interessante Kriegsgeschichte sich nur wenig mit der Beschreibung des Schauplatzes der Ereignisse befasst, insbesondere die Action der russischen Armee in den unteren Donauländern nur insofern in Betracht zieht, als sie (mit der Belagerung von Silistria im Mai und Juni 1854) die Bewegungen der französischen und englischen Armeecorps bestimmte, so erwähne ich unter allen vom letzten orientalischen Kriege handelnden Originalwerken doch gerade dieses hier, weil ein Abschnitt des ersten Bandes (S. 135—150) die verhängnissvolle Expedition zweier Heeresabtheilungen nach der südöstlichen Dobrudscha sehr genau und mit gebührender Rücksicht auf die physischen Verhältnisse des Landes schildert. Die Division des Generals Espinasse mit der irregulären Reiterei unter General Yusuf gingen (am 22. Juli 1854) von Varna an der Seeküste über Mangalia nach Küstendsche ab und kamen, die Letzte bis an den von Spratt recognoscirten Kanara-See (vgl. oben Nr. 3) und das Dorf „Kergeluk" (Kargalik), die Erstere bis gegen „Karassani· Kara-Nasib) an der Lagune Sinoe, wo beide Truppenkörper in ihren Bivouacs (am 9. Juli) so heftig von der Cholera befallen wurden, dass die ganze Expedition aufgegeben und der Überrest der Truppen zur See und zu Lande eiligst nach Varna zurückgezogen werden musste.

6. „A. Viquesnel, Voyage dans la Turquie d'Europe, Paris, 1855, 1861, 1868." Dieses grosse Werk, seiner ganzen Anlage nach Hauptwerk für die neuere Statistik der europäischen Türkei und in geographischer Beziehung massgebend für den südwestlichen Theil der Halbinsel bis an den (östlichen) Balkan, betrifft die Dobrudscha nur insofern, als

Tafel 31 des Atlas eine verkleinerte Copie der Karte enthält, welche die Officiere des französischen Generalstabes bei ihren Recognoscirungen zwischen Varna, Rassowa an der Donau und dem oben erwähnten Dorfe Karasasib ausführten. Hinsichtlich der Lage einiger neu entstandenen Dörfer und der Streichung anderer, die auf der russischen Karte noch angegeben sind, aber nicht mehr existiren, auch wohl durch die genaue Angabe der Brunnen, ist diese Skizze beachtenswerth. Den Ortsnamen ist freilich, wie schon die oben angeführten Beispiele zeigen, höchlich zu misstrauen.

7. „C. W. Wutzer, Professor an der Universität zu Bonn, kön. geh. Ober-Medicinalrath. Reise in den Orient Europa's u. s. w. 2 Bände. Elberfeld, 1860.“ Dieses namentlich in klimatologischer und hygienischer Beziehung wichtige Reisewerk ist mit einem Aufwand an Literatur gearbeitet, wie desgleichen nur von einem so gelehrten, als Arzt und Naturforscher hochachtenden Schriftsteller erwartet werden darf. Dass die Beschreibungen einer für den Verfasser neuen Natur gleich unterhalb von Wien beginnen, den ungarischen Ebenen, die derselbe doch nur auf einer Donaufahrt aus eigener Anschauung kennen lernte, und der Klimatologie Ungarns zwei umfangreiche Abschnitte, zumeist mit Benützung der älteren medicinischen und naturhistorischen Literatur gewidmet sind, macht das Werk für die österreichischen Leser etwas schwerfällig. Gleichwohl enthält es auch über die ungarische Donau, über Mehadia und die Donaufürstenthümer vielerlei interessante Thatsachen und Bemerkungen. Der 7. und 8. Abschnitt S. 212—291, die von der Dobrudscha und dem Donau-Delta handeln, waren für mich um so mehr beachtenswerth, als Wutzer nicht die Linie Tschernawoda-Küstendsche bereiste, sondern, von Varna über Hasardschik nach Rassowa kommend, Gelegenheit hatte, das Bauwerk von Adamklissi (vgl. oben Nr. 2) zu sehen, und dann die Donau abwärts bis Hirschowa in einem Nachen zu befahren. Ich lernte das Buch leider erst nach meiner Heimkehr kennen, und hatte von touristischer Literatur während der Reise nur die beiden nachfolgenden Schriften zur Hand, die sich beide lediglich auf die kürzeste Linie zwischen der Donau und dem Hafen von Küstendsche beschränken.

8. „Koch, Prof. Dr., Wanderungen im Oriente, 1. Theil: Reise längs der Donau nach Constantinopel u. s. w. Weimar, 1846.“ Fahrt von Tschernawoda nach Küstendsche, S. 106—113; Junikora der „Steppe“.

9. „Patrick O'Brien, Die Donaufürstenthümer im Herbst und Winter 1853; Südrussland und die türkischen Donauländer. Lorck's Hausbibliothek, Leipzig, 1—54. S. 180 u. f.“

10. „E. v. Sydow, Ein Blick auf das russisch-türkische Grenzgebiet, mit 1 Karte. Petermann's Mittheilungen, 1856, S. 119.“ Die bekannte Grenzregulirung in Bessarabien nach dem Pariser Friedenschlusse ist in diesem wichtigen Aufsatze in topographischer und politischer Beziehung erörtert.

11. „Le Jean, Ethnographie der europäischen Türkei. Petermann's Mittheilungen, 4. Ergänzungsheft, 1861.“ Sowohl bei Abfassung des Textes als auch beim Entwurf der ethnographischen Karte stand dem Verfasser mancherlei mündlich und schriftlich eingeholte Auskunft über das Völkergemische der Dobrudscha zu Gebote. Wie gut dieselbe auch benützt wurde, so konnten doch sehr beträchtliche Fehler in der kartographischen Darstellung nicht vermieden werden.

12. „Jonesco et Jovano, Voyage agricole dans la Dobrondja, Constantinople, 1850, in 8°, avec une carte ethnographique et topographique.“ Diese Schrift, die von Le Jean benützt wurde, suche ich seit zwei Jahren in Bibliotheken und im Buchhandel, bisher leider vergeblich, und ich muss mich damit trösten, dass die Studien der beiden rumänischen Herren, die, wie ich höre, im Auftrage der h. Pforte reisten, wenigstens in ethnographischer Beziehung nichts enthalten, was nicht von Le Jean verwerthet worden wäre.

13. „Zur Statistik der Dobrudscha. Auszug aus einem Berichte des kaiserl. österreichischen Vice-Consuls in Tuldscha Herrn L. Viscovich. Zeitschrift Austria, Wien, 1863, 15. Jahrgang, S. 698, 715, 737, 755.

14. „E. Taitbout de Marigny, Hydrographie de la mer Noire et de la mer d'Azow. Description topographique et archéologique de leurs côtes depuis le temps anciens jusqu'à nos jours. Trieste, 1856; Atlas de la mer Noire etc. 77 feuilles. Odessa, 1850.“ Von diesem Hauptwerke über die Hydrographie der pontischen Region, welches freilich kurz nach seinem verspäteten Erscheinen von den k. grossbritannischen Admiralitätskarten und hinsichtlich der Donaumündungen von den Arbeiten der europäischen Donau-Commission bei weitem überholt wurde, betreffen die Dobrudscha nächst der Generalkarte Nr. 1: Blatt Nr. 7 (Mangalia, Küstendsche-, Blatt Nr. 8 (das Donau-Delta und die Schlangeninsel oder Fidonisi) und die Blätter 9—12, welche den Sulinaarm und die Spaltung der Donau in den Arm von Kilia und von Tuldscha darstellen. Es ist hierbei zu bedauern, dass die Zeit, in der die zahlreichen Peilungen an den Mündungen und im Sulinaarme (von der k. russischen Seebehörde) angestellt wurden, nicht angegeben ist. An der Barre von Sulina ist die Minimaltiefe mit 11½ Fuss (engl.) bezeichnet, was ziemlich genau mit der (russischen) Aufnahme von 1859 übereinstimmt.

Vom Text, der namentlich reich ist an fliessend verbundenen Notizen aus der alten Geographie, betreffen die Küsten der Dobrudscha, das Donau-Delta und die Schlangeninsel S. 34-55.

15. „Commission européenne du Danube. Projets pour l'amélioration de la navigation du Bas-Danube.“ Ein starker Quartband, in dem alle Projecte, Denkschriften und Expertisen, die von den Fachmännern Österreichs, Preussens und Grossbritanniens zwischen 1856 und 1859 über diesen Gegenstand erstattet wurden, vereinigt sind. Zahlreiche Pläne und hydrographische Karten, zum Theil in sehr grossem Massstabe, dienen dazu als Beilagen. Dieses grosse und in seinen praktischen Folgen überaus wichtige Werk ist nicht im Buchhandel erschienen, wohl aber bei den betreffenden Behörden der Vertrags-Staaten (Traité de Paris du 30 Mars 1856) einzusehen. In den kaiserl. österreichischen Archiven wird noch über-

dies eine Specialarbeit von dem k. k. Oberstlieutenant v. Ghitain und dem k. k. Oberst Derrent (Les embouchures du Danube etc.) aufbewahrt. Auch hat der kaiserl. österreichische Ingenieur (Bau-Inspector) G. Wex in Förster's Allgemeiner Bauzeitung, XX. Jahrgang, 4. Heft, S. 93 (Wien, 1857) einen sehr instructiven Aufsatz zu Gunsten des St. Georgsarmes abdrucken lassen.

16. „Hartley, Sir Charles Augustus, M. Inst. C. E., Description of the Delta of the Danube, and of the works, recently executed, at the Sulina Mouth. London, 1862; from the XXI. vol. of the publ. of the Institution of Civil Engineers; 34 pag. with 5 plates." Sir Hartley ist Ingenieur en chef der europäischen Donau-Commission und gibt in seiner wichtigen Schrift über den Stand der bis 1861 ausgeführten Arbeiten Nachricht, woran sich eine höchst interessante Debatte über die Eignung des Sulinaarmes und des Armes St. Georg zur Schifffahrt knüpfte. Seither hat sich der Atlas über den Zustand der Sulina um viele Blätter vermehrt und ergeben sich daraus je nach dem Fortschritte der Dammbauten die merkwürdigsten Schwankungen in der Wassertiefe über der berüchtigten Barre, deren übermässiges Anwachsen zu vermeiden der Zweck jener Werke ist. Dieser Atlas ist dermalen noch Manuscript; nur einige der ersten Blätter sind im verkleinerten Maasstabe der Abhandlung Sir Hartley's beigefügt [1].

17. „Peters, Karl F., Über die geographische Gliederung der unteren Donau; Sitzungsberichte der kais. Akad. d. Wissensch. LII, S. 6—41 (1865)." Eine kurze Notiz, worin die geologische Bedeutung der Donauenge zwischen Basiasch und Turn-Severin, die Trennung der Donau in ihre natürlichen Abschnitte, insbesondere die Existenz einer unteren Donauenge zwischen Galatz und dem Dobrudscha-Gebirge am Eintritte des Stromes in sein Delta besprochen wird.

18. „Peters, Karl F., Reisebriefe eines österreichischen Naturforschers aus der Dobrudscha, I und II. Österreichische Revue, III. Jahrg. (1865), 4., 5., 6. und 7. Band. In diesem Aufsatze ist der Lauf der Donau von Mohács abwärts mit einiger Ausführlichkeit besprochen und insbesondere das zuerst von Suess mit v. Baer's Rotationshypothese in Verbindung gebrachte Andringen des Stromes gegen sein rechtes Ufer von Strecke zu Strecke erörtert. Was über das Delta mitgetheilt wird (6. u. 7. Bd.) beruht zum Theil auf eigener Anschauung, zum Theil auf den in Nr. 15 und 16 enthaltenen Thatsachen.

19. „T. Spratt, Captain, C. B. Remarks on Serpent Island. Quart. journal of the R. Geographical Society of London. 4. Juni 1857." Aus diesem interessanten Aufsatze ist hier von Belang der Nachweis, dass die Inselfels ident sei mit der Gebirgsmasse der Beach-Tepe.

20. „Verneuil, Bulletin soc. géol. 1. sér. T. VIII (1857), p. 148." In wenigen Zeilen, welche die Vorlage von Dr. A. Boué's Bericht über den Boden der südlichen Donauländer (bis Silistria) begleiten, spricht der berühmte Geologe aus, dass er das Gebirge von Matschke (auf seiner Reise nach der Krim) gesehen habe, und die Felsmassen desselben für Übergangsgebirge (terrain de transition) halte, umgeben von tertiären Ablagerungen. Im selben Bande folgt dann S. 188 die Vorlage des bekannten Mémoire über die geologischen Verhältnisse der Krim, welches so viele, erst in der neuesten Zeit einigermaassen nachgewiesene Beziehungen der tertiären Gebilde jener Halbinsel zu unseren Ostländern darstellt.

21. „T. Spratt, Captain, On the geology of Varna and the Neighbouring parts of Bulgaria. Quart. journal geol. soc. Vol. XIII, Nr. 19, p. 72—83." Dieser der Zeit nach erste Aufsatz von einem der trefflichsten Beobachter, welche die Krimkrieg an die Küsten des schwarzen Meeres geführt hat, über die geologischen Verhältnisse derselben ist zugleich der wichtigste von ihnen und berührt nächst einer ausführlichen Beschreibung der Eocengebilde von Varna einzelne höchst interessante Thatsachen über die Miocen- und Driftablagerungen der nordwestlichen Küste zwischen den Dardanellen und Constantinopel. Denselben Gegenstand, aber mehr die südöstliche Küste betreffend, behandelt eine zweite Notiz: On the Freshwater-Deposits of the Levant (l. c. Vol. XIV, Nr. 55, p. 212—219).

Wichtig für die Auffassung sämmtlicher geologischer und geographischer Verhältnisse der westlichen Pontusländer sind die unter dem Titel: „On the Geology of the Nord-East Part of the Dobrutscha (l. c. Vol. XIV, Nr. 55, p. 203—212)" und „On the Freshwater Deposits of Bessarabia, Moldavia, Walachia and Bulgaria (l. c. Vol. XVI, Nr. 55, p. 291—294) erschienenen Abhandlungen. Die Profile, die Spratt darin von der Küste bei Küstendsche (XIV, p. 206, 209), vom nördlichen Donaugehänge bei Tultscha (XVI, p. 290), von der Beach-Tepe mit der Popin-Insel (p. 294) und von den Ufern des Yalpuk-Sees p. 285, 287) mittheilt, waren für meine eigenen Beobachtungen vom grössten Belang.

Dieselben Beobachtungen und Notizen gaben auch den Anstoss zu der interessanten Abhandlung: „Über die Verbreitung der Innersdorfer oder Congerien-Schichten", von Fr. Ritt. v. Hauer (Jahrb. d. geol. Reichsanstalt, XI [1860], S. 1 u. f.). Man fing an, die innigen Beziehungen zu erkennen, in denen unsere Ostländer, einschliesslich des Wiener und mährischen Beckens, zu den Pontusländern, so wie zur Aralo-caspischen Niederung in den jüngeren Zeiträumen der Miocenperiode standen, Beziehungen, welche sich selbst in der Verbreitung der gegenwärtigen östlichen pannonischen Flora noch deutlich genug ausdrücken (vgl. A. Kerner, Das Pflanzenleben der Donauländer, Innsbruck, 1863, S. 161 u. f.).

22. „Szabó Jozsef, Egy continentalis emelkedés és süljedésröl Europa délkeleti részén. A. M. Tudom. Akad. Évkörvei X, 6, Pest, 1862." Diese Abhandlung (79 Quartseiten mit 5 Tafeln) ist das Ergebniss einer Reise, welche der Verfasser auf der Donau an das schwarze Meer nach Küstendsche gemacht hat. Wie der Titel: Über eine Erhebung und Senkung

---

[1] Andere Schriften über die Mündungen der Donau will ich hier übergehen, weil sie entweder nichts bringen, was nicht in dem oben Angeführten gründlicher und ausführlicher behandelt wäre, oder weil die ihnen beigegebenen Karten der der Natur allzuwenig entsprechen. Dies ist z. B. der Fall in l'aléocapa, Mémoire hydrographique sur les bouches du Danube, Paris, 1858, einer Brochure, welche sich durch Schärfe des Raisonnement auszeichnet und in völliger Übereinstimmung mit den deutschen Fachschriften für den Georgsarm plaidirt.

des Festlandes im südöstlichen Theile von Europa — andeutet, richtete Szabó sein Augenmerk vorzugsweise auf die Niveau-verhältnisse der jüngsten Ablagerungen, namentlich des Löss, dessen Streiband er am rechten Ufer vom Ofener Blocksberg bis an die Besch-Tepe bei Tuldscha aufmerksam verfolgte. Doch sind auch in den Tafeln, die dem sachlich verbundenen Texte beigegeben und mit kurzen Erläuterungen versehen wurden, Beobachtungen über ältere Gebilde enthalten. So über die Gehänge zwischen Ogredina und Plawischewitza oberhalb und zwischen der Prigrada-Bank und Turn-Severin unterhalb von Orsova (Tafel III und IV), über die nächste Umgebung von Tuldscha (Tafel V) und über die Form des südlichen Gehänges bei Tschernawoda, erläutert durch eine, nach Photographien im Besitze der Danube-black-Sea Company gezeichnete Abbildung (Tafel II).

Der wesentliche Inhalt der Abhandlung, von der ich mir vor Kurzem einzelne Stellen ins Deutsche übersetzte, ist in einer ausführlichen, vom Verfasser selbst geschriebenen Notiz niedergelegt, die ich schon vor meiner Reise kannte, und auf die ich in der Folge zurückkommen werde, so wie ich sie auch in meinen oben citirten Aufsätzen Nr. 17 und 18 berühren musste. Sie führt den Titel: On the Pleistocene and Recent Phenomena in the South-East of Europe; quart. journ. XIX. 1863. Miscell. p. 1 - 8.

23. „K. F. Peters, Nachrichten über die von Herrn Zelebor mitgebrachten Gesteine von Tuldscha, so wie über einige von Herrn Tchihatchef und Herrn Prof. Szabó gesandte Versteinerungen von Tschernawoda. Jahrbuch der k. k. geol. Reichsanstalt, XIII, Verh. S. 117 3. Nov. 1863." Die in diesem Sitzungsberichte besprochenen Materialien, deren Untersuchung ich gelegentlich einiger theoretischen Studien über den Charakter der Lissgebilde im südöstlichen Europa (vgl. sitzungsber. d. kais. Akad. d. Wissensch. XLVIII, S. 415 - 426) gerne unternahm, ohne die so eben citirte Notiz von Szabó und die Aufsätze von Spratt (Nr. 21) zu kennen, lenkten zuerst mein Augenmerk auf die Dobrudscha (vgl. oben S. 5). Wie richtig die Wahl meines ersten Arbeitsgebietes in unserer südöstlichen Nachbarschaft war, zeigt der Beifall, welchen der ausgezeichnete Kenner des Orients, Herr v. Tchihatchef derselben schenkte (vgl. dessen Prachtwerk: Le Bosphore et Constantinople, Paris, 1864, p. 520.

24. „K. F. Peters, Vorläufiger Bericht über eine geologische Untersuchung der Dobrudscha. Sitzungsber. der kais. Akad. d. Wissensch. L. S. 229-256 October 1864."

25. „Barometrische Höhenbestimmungen in der Dobrudscha, ausgeführt durch Prof. Peters im Sommer 1864, berechnet von Heinrich Wolf. Jahrbuch der k. k. geol. Reichsanstalt, XV, S. 444-450 September 1865.

26. Geographische Karten:

a Карта Театра Войны на Европ. 1828 и 1829 годов. Изд—ная 1833 Неранская въ 1853 году. In Bibliotheken und Kartenverzeichnissen unter dem Titel: Carte du théâtre de la guerre dans la Turquie d'Europe de 1828 à 1829; 10 feuilles. Von dieser Karte, die, wie der russische Titel in einer Anmerkung andeutet, im Jahre 1853 einer Revision unterzogen wurde, beruhen die bessarabischen Antheile auf einer wirklichen militär-geographischen Aufnahme, die übrigen, die Moldau, Walachei und einen Theil von Bulgarien umfassenden und jenseits des Balkan bis Constantinopel reichenden Aufnahmen sind nach Recognoscirungen vor und während des Krieges ausgeführt. Die Wege und Ortschaften sind sehr genau, was die ersteren betrifft, ohne wesentliche Unterscheidung der Qualität, nur allzu genau angegeben, auch sind Wälder und Buschflächen durch einen Ton ersichtlich gemacht, doch bezieht sich deren Einzeichnung wohl durchaus auf den Stand von 1829. Der Maasstab ist allenthalben der gleiche, oben angegebene, das ist 1 Zoll = 1∙49 geograph. Meilen oder 1 Wiener Zoll = 3843∙333 Klafter. Eine Terrainzeichnung giebt es selbstverständlich nicht, auch lässt sich hinsichtlich der Wasserläufe eine grosse Genauigkeit nicht erwarten.

Da sich von dieser Karte in Wien ein einziges Exemplar befindet im k. k. Kriegs-Archiv, musste ich mich zur Zeichnung meiner geologischen Übersichtskarte der Dobrudscha derselben Copie bedienen, die ich auf der Reise zu Hand hatte, und die ich, wie schon Eingangs bemerkt, der besonderen Güte, Excellenz des Herrn Feldmarschall-Lieutenants v. Fligély verdanke.

b Viel mehr verbreitet ist die Reduction dieser Karte auf die Hälfte des Masstabes, deren Titel in deutscher Übersetzung lautet: Generalkarte der Walachei, von Bulgarien und Rumelien, entworfen nach dem Masstabe von Lapie von Generalmajor Chatov I, lithographirt im topographischen Kriegsdepot im Jahre 1828, 4 Blätter.

c, Carte der europäischen Türkei in XXI Blättern, herausgegeben von dem österreichischen General-Quartiermeisterstabe im Jahre 1829.

Von dieser allgemein bekannten schön gearbeiteten Übersichtskarte im Masstabe von 1 Wiener Zoll = 2 geogr. Meilen enthält das Blatt Nr. VI die Dobrudscha gerade so weit, als ich das Land genau kennen lernte.

d Karte der europäischen Türkei von Kiepert, Berlin, 1853. Eine zweite Auflage derselben ist ihrer Vollendung nahe und ich bedauere, dass ich hinsichtlich der Ortsnamen und der aus der geologischen Colorirung gut ersichtlichen orographischen Verhältnisse der Dobrudscha zur theilweisen Berichtigung dieser ausgezeichneten Karte kaum mehr werde mein Theilchen beitragen können.

e Französischer General-Stab, vgl. oben Nr. 6.

1. Betrachtung der hydrographischen Verhältnisse und des angeschwemmten Landes.

Die Donau ist ein Beckenverbindungsstrom von eigenthümlichem Charakter. Selbst ihr Unterlauf, der von der östlichen Mündung des Eisernen Thores an zu rechnen ist, und bei den Alten den selbstständigen Namen Ister führte, strömt durch ein Becken[1]. Im grossen Ganzen genommen zieht die südliche Umrandung desselben von den westlichen Hochgebirgsstöcken über den Vitosch und die Pässe von Samakov als eine complicirte und äusserst ungleichmässige Wasserscheide über den krystallinischen Grundstock der östlichen Ketten an den Balkan von Tschipka (zwischen Trnova und Kesanlük), springt dann bald vom Hochgebirge ab, um über die aus Kreide- und Eocängebilden bestehenden Höhen nördlich von Schumla in nordöstlicher Richtung über das bulgarische Hügelland fortzulaufen, und erreicht, die Niederung von Bazardschik umgreifend, die hohe Plattform aus Lehm und miocänen Kalksteinen, in der die gegen Rassova zur Donau abströmenden Bäche entspringen, um bei der Hafenstadt Küstendsche das Meer beinahe zu berühren. Von hier biegt sie wieder nach Nordwest um, streicht am Allah-bair (SO. von Hirschowa) vorüber, quer über das Gebirge von Babadagh, wo der granitische Gipfel Sakarbair (264 Wr. Klafter ü. d. M.) beim Dorfe Atmadscha ihren höchsten Punkt bildet, durchschneidet dann, über einen 145 Klafter hohen Sattel laufend, beim Dorfe Akpunar die schmale Niederung, die jenes Gebirge von den complicirten Bergmassen der nördlichen Dobrudscha scheidet, streicht nun mit dem Höhenzug zwischen dem Thal von Taiza und der Donauniederung bei Tscherna in nordwestlicher Richtung fort bis 1½ Meile südöstlich von Matschin, wo sie jäh nach Ostsüdost umspringt und nun parallel mit dem Hauptstrom des Delta's und mit dem St. Georgsarm über Bergrücken von 168 bis 135 Klafter, oft auch nur über Lehmplateaux von 70 Klafter Seehöhe fortzuziehen, bis sie östlich von dem Bergrücken Besch-tepe zu niederen Lehmterrassen und Kalksteinklippen herabsinkt und durch den rückläufigen Donauzarm gerade abgeschnitten wird.

In ihrem letzten Stücke von Matschin ab ist diese Linie nicht mehr als Umgrenzung des Ister-Beckens zu betrachten, sondern als Steilrand des Donau-Delta's, welches als ein selbstständiges Glied des Stromes aufgefasst und dem pontischen Becken im engern Sinne zugerechnet sein will.

Eine Consequenz dieser Auffassung ist es, dass wir den Pruth nicht mehr zum Ister-Becken rechnen, sondern den Landrücken zwischen dem Sereth und dem Pruth, der in der That merklich über das allgemeine Niveau der Lehmterrassen des linken Donauufers bei Braila ansteigt, als die nordöstliche Grenzscheide dieses Beckens betrachten. Doch mag sowohl die Unstätheit der südlichen Umgrenzung desselben, so wie auch die eigenthümliche Natur jener letztangedeuteten nordöstlichen Scheidelinie gewichtige Bedenken gegen die Realität eines Isterbeckens überhaupt erheben lassen.

Im gewöhnlichen geographischen Sinne lässt sich dasselbe auch kaum rechtfertigen. Doch gewinnt unsere Anschauungsweise in doppelter Hinsicht an Berechtigung, sobald uns gestattet wird, den Bau der ganzen Ländergruppe einerseits, den Stromlauf andererseits von geologischen Standpunkte ins Auge zu fassen. Die geologischen Verhältnisse der Dobrudscha sind dabei durchaus massgebend, denn sie zeigen, dass das Hauptstreichen der Gebirgsmasse, von der das Bergland zwischen Matschin und den Lagunen nördlich von Küstendsche einen Überrest darstellt, derart von Südost nach Nordwest gerichtet ist, dass die Axe des Landrückens zwischen dem Sereth und dem Pruth gerade in deren Verlängerung fällt. Dieselben uralten krystallinischen Felsarten, welche der Strom zwischen Orsova und Guravoi durchbricht, bilden auch den Gebirgssporn, den das Dobrudschagebirge gegen Braila und Galatz verschiebt, und dem die krystallinischen Massen der Bukowina und Moldau zustreben. Ziehen wir dazu noch in Betracht, dass der untermeerische Rücken, welchen die Peilungen der britischen Seeleute (Spratt Lit. Nr. 21) nachgewiesen haben, den östlichen Balkan mit der Halbinsel Krim verbindet, und dass die Insel Fidonisi (Serpent-Island, vgl. Lit. Nr. 19) nichts anderes ist als ein losgetrenntes Stück des äussersten Bergrückens der nördlichen Dobrudscha (der Besch-tepe), so erblicken wir in ihnen, zusammen mit den bulgarisch-thracischen Hochgebirgsmassen (volgo „Balkan") und dem serbisch-transilvanischen Bergwall, ein System von geologischen und orographischen Grundlinien, welche einen überaus grossartigen Beckenraum umschliessen. Doch wenn wir auch von den bedeckten Verbindungen, als nicht massgebend für den gegenwärtigen Bestand des Festlandes, ganz absehen, andererseits aber den Kamtschik, den Devnofluss und die kleinen Küstenbäche als selbständige Flussgebiete ausser Acht lassen wollen, erscheint uns das Dobrudschagebirge immerhin schon als ein recht beachtenswerther Markstein in der weiten Lücke zwischen dem Cap Emineh und den Ausläufern des transilvanischen Hochgebirges.

Freilich darf hier nicht verhehlt werden, dass schon für die Gewässer der Driftperiode eine derartige Scheidelinie im Osten nicht mehr bestand, und dass ihre Ablagerungen, ganz unbekümmert um das Bergland der Dobrudscha, gleichartig und im selben Niveau sowohl die nördlichen als auch die westlichen Pontuskusten bis an den Balkan bilden.

Doch gerade die Driftablagerungen, jene grossen Massen von Lehm und lehmigen Sand, welche der Landschaft an der mittlern und an der untern Donau ein so eigenthümliches und gleichförmiges Gepräge geben (vgl. Lit. Nr. 18 u. 22), kommen bei der Abgränzung eines untern Donaubeckens im engern, thatsächlich bestehenden Rahmen vorzugsweise in Betracht.

Der grosse Bogen, welchen der Strom zwischen dem Eisernen Thore und Galatz darstellt, ist ihm weder durch starre Gebirgsmassen vorgezeichnet, noch ist er ein zufälliger Weg, den die Donau in der Niederung einschlug.

Eine Niederung im gewöhnlichen Sinne des Wortes gibt es überhaupt nur an der linken (walachischen) Seite des Stromes, wo derselbe, aus seiner ehemals rein westöstlichen Richtung gegen Süden abdrängend und allmählich jenen Bogen einnehmend, 6 bis 8 Meilen breite Alluvialflächen zurückliess. Rechterseits wird er von einer 100—400 Fuss hohen, zu oberst aus Driftlehm bestehenden Terrasse begrenzt, welche mit den höheren Terrassen und Hügeln der Walachei jenseits der Alluvialflächen correspondiren. Eine bulgarische Niederung besteht nicht, die Thäler der Nebenflüsse Isker, Vid, Yantra u. s. w. ausgenommen. Wohl aber gibt es in der Walachei zwischen jenen höheren, den bulgarischen Terrasse entsprechenden Terrainstufen und dem Alluvialboden eine Stufenreihe von niederen Terrassen, welche mit 35—40 Fuss ihr höchstes Niveau über den dermaligen Stromspiegel zu erreichen scheinen, und keineswegs aus Driftlehm (Löss), sondern aus jüngeren, dem Alluviallehm (oder Silt) des mittlern Donaubeckens entsprechenden Anschwemmungen gebildet sind. Auch an der bulgarischen Seite bemerkt man hie und da Ueberreste von diesen ehemaligen Stromläufen.

Da nun die Terrasse zwischen Sereth und Pruth, gleichwie der bessarabische Steilrand des Donau-Delta's wieder aus Driftlehm besteht, so stellt sie zusammen mit jenem Gebirgssporn der Dobrudscha eine letzte dem Eisernen Thore gewissermassen analoge Stromenge dar, und ist der oberhalb derselben gelegene Raum mit seinen Alluvialflächen und jüngeren (niederen) Terrassen als der Inhalt eines selbstständigen Beckens zu betrachten.

In diesem Sinne sagte ich am Eingange dieses Abschnittes, auch der Unterlauf des Stromes sei in ein Becken gefasst. Ausführliche Erörterungen darüber müssen dem geologischen Theile dieser Abhandlung vorbehalten bleiben.

Unstreitig einer der merkwürdigsten Abschnitte der unteren Donau ist das Stück zwischen Silistria und dem Scheitelpunkte des Delta's, der wichtigen Handelsstadt Galatz. Hier ist der Stromlauf bereits so tief, der bulgarische Steilrand relativ so hoch, dass unter dem Driftlehm nicht nur die streckenweise ansehnlichen Miocenablagerungen, sondern auch ältere, die Rolle eines Grundgebirges für das ganze bulgarische Hügel- und Terrassenland spielende Schichten zum Vorschein kommen. Zwischen Rassova und Hirschowa (Hirsova) treten sie nicht selten als imposante, den landschaftlichen Character des Ufers wesentlich

bestimmende Felsmassen hervor (vgl. Fig 1, welche eine Copie von Lit. Nr. 22, Tafel II ist, und Fig. 2)
Von Hirschowa abwärts, wo sich der Strom mit Bildung mehrerer kleiner Inseln in zwei mächtige Zweige

Fig. 1.

Südlicher Steilrand an der Mündung des Kara-su-Thales (Tschernawoda). Kalkstein und Mergel des oberen Jura. Zwischen beiden
Hauergruppen des Bahnhofes die Überreste einer 80 Fuss hohen Süsswassertrasse.

theilt, herrscht wieder die einförmige, hier selten mehr als 100—150 Fuss hohe Lehmterrasse bis zum Dorf
Petschenjaga. In der Nähe desselben springen hohe, in neuester Zeit durch Steinbrüche aufgeschlossene Grün-
steinfelsen bis in den östlichen Arm der Donau vor, der bis zu diesem Punkte hart am Steilrande hinzieht. Eine
weite, durch einen starken Bach, die alte Petschenjaga, gespeiste Sumpfniederung drängt ihn dann ziemlich

Fig. 2.

Uferfelsen (Jurakalkstein-Diceras-Schichten) bei Hirschowa mit der Türkenstadt und Festungsruine.

weit nach Westen ab. Doch berührt er alsbald wieder den Steilrand, indem sich beim Dorfe Turkoje feste
Gesteinsmassen einstellen, unter ihnen der 170 Klafter hohe, weithin sichtbare Jakobsberg. Eine 100 bis
150 Fuss hohe Felsmasse liegt sogar in der sumpfigen Au jenseits des Flusses, der hier als ein natürlich
geregelter, herrlicher Wasserstrang von ungefähr 100 Klafter in der Breite dahinfliesst. Durch sumpfige,

von Uferquellen gespeiste Alluvien von dem kleinen Felsvorsprunge beim Dorfe Kamenka abgehalten, trifft der Strom erst bei der Stadt Matschin noch einmal das feste Ufer, welches hier aber kaum mehr als 50 Fuss hoch und theils durch die Cultur theils durch natürliche Abschwemmung in eine sanfte Böschung verwandelt ist. Die letztgenannte Ursache und die mit ihr zusammenwirkende Verschlammung halten den mächtigen Wasserlauf auch von dem nun folgenden, gerade gegen die rumänische Handels-stadt Braila vorspringenden Gebirgszug ab. Nur ein schmaler Zweig, eine Girla, schlingt sich hart am Gebirge hin, um den Tarhan- und Ploska-See nebst mehreren kleinen Lachen zu speisen, die, westwärts von sumpfigen Auen umgeben, den Rand eines zweiten, aber viel weniger hohen Gebirgsvorsprunges bespülen. Derselbe ist durch eine kaum 15 Fuss hohe Ablagerung von Alluvialand entzwei geschnitten und gerade gegen Galatz hin gerichtet. Diese unter einem Winkel von 60 Grad aufgesperrte Gabel ist es, welche, von der 70 Fuss hohen Galatzer Terrasse nur ½ Meilen entfernt, mit ihr die oben besprochene Enge herstellt.

Der östliche Arm des Stromes geht schon von Matschin, allerdings erst nachdem er eine scharfe, dem Gebirge zuströmende Krümmung gemacht, auf Braila los, um sich unterhalb dieser, auf 35 Fuss hoher Silt-terrasse erbauten Stadt mit dem westlichen Arme zu vereinigen. Dieser letztere hat keineswegs ein so schönes und gleichmässiges Fahrwasser wie der erstere, dem er schon beim grossen Bulgarendorfe Dajeni (Dobrudcha) einen mächtigen Querast zusendet. Er ist vielmehr in je 3 bis 4 Zweige zerspalten, die weit-läufige, von Weidengebüsch bedeckte Inseln zwischen sich fassen. Doch benützt die grosse Schifffahrt einen dieser Zweige, um die bedeutenden Handelsplätze Braila und Galatz auf kürzestem Wege zu erreichen (vgl. Lit. Nr. 186), und kaum hat je ein reisender Beobachter vor mir Gelegenheit gehabt, die Ufer der Dobrudscha zwischen Hirschowa und Matschin zu betrachten.

Der nun folgende Abschnitt des Donaustromes, sein sogenanntes „Delta", befindet sich innerhalb eines Dreiecks, dessen beide nahezu gleich lange Schenkel durch Steilränder gebildet werden. Der nördliche Rand ist vielfach unterbrochen durch grosse Seen oder seeartige Erweiterungen der Bäche, die tief in das bessarabische Lehmplateau einschneiden, im Ganzen aber merklich nordwärts gekrümmt. Der südliche Rand, mehr geradlinig nach Ostsüdost gerichtet, ist ein von Lehmterrassen gesäumtes Gebirge. Zum Theil corre-spondiren seine Terrassen mit der bessarabischen Plattform, zum Theil erreichen sie eine viel beträchtli-chere Höhe. Am östlichen Ende, nachdem der scheinbar isolirte Höhenzug Besch-tepe zu ihrem tiefsten Niveau, ungefähr 50 Fuss über der See, herabgesunken ist, weichen auch sie zurück und lassen eine Reihe von sehr niedrigen, blankgescheuerten Kalksteinklippen blossliegen, welche stellenweise eine Breite von mehreren hundert Klaftern erreichen und von den Schilfgräsern der sumpfigen Niederung umwachsen sind. Im äussersten Osten jedoch wirft sich der Lehm wieder bis zu einer Höhe von 150—200 Fuss auf und bildet mit seiner kalksteinigen Grundlage noch einen kurzen, nach Südsüdwest gerichteten Steilrand, den der Dunavez bespült. Dieser Rand bildet gleichsam den südlichen Thürstock der Donaupforte gegen das Meer. Ihm gegenüber liegt auf einer Lehmterrasse, deren Höhe ich nicht kenne, Kilia, der letzte bedeutende Donauplatz des bessarabischen Ufers. Doch ist die östlich von der Linie Dunavez-Kilia liegende Festland-partie nicht durchwegs eine sehr junge Anschwemmung, eine Deltabildung im gewöhnlichen Sinne des Wortes. Das Trockenland zwischen dem Dorfe Vilkov, östlich von Kilia, und der Lagune im Süden der Stambulmündung fasst das Kiliawasser nach vielfacher Zerschlitzung in einzelne Arme noch einmal in einen starken, ungetheilten Strom zusammen, und liegt mehrere Fuss über dem Seespiegel. Ein ½ Quadratmeile grosser Wald, der Wald von Letti, dem nordöstlich von Dunavez ein zweiter minder grosser Wald, der Kara-Orman, entspricht, festigt den Grund der Donauniederung zunächst an den Mündungen des Stro-mes für alle Zeiten, das heisst für so lange, als nicht eine neue, die Gewässerverhältnisse des pontischen Gebietes wesentlich umgestaltende Veränderung eintritt.

Im Scheitelpunkte dieses also umgrenzten Dreiecks, dessen westlicher Winkel kaum 25 Grad beträgt, liegt Galatz, die öfters erwähnte, schon jetzt bedeutende Handelsstadt, die von Natur aus zu einer wichti-gen Rolle bestimmt ist, dieselbe ohne Zweifel auch spielen wird, sobald der Handel nicht mehr fast ausschliesslich in Getreideausfuhr bestehen, sondern in Folge höheren Culturzustandes der rumänisch-bulgarischen Ländergruppe vielseitige Formen wird angenommen haben.

Unmittelbar unterhalb Galatz wird der Strom zwischen zwei ausgedehnte Niederungen gefasst. Die nördliche erfüllt zum grossen Theil der See Bratisch, von dem sich der Pruth schon im Jahre 1829 durch einen mehr als 100 Klafter breiten Alluvialstrich losgelöst hatte, um entsprechend dem v. Baer'schen Stromgesetze, hart an die Lössterrasse von Reni hinzustreifen. Die südliche wird von Sumpfflächen mit vielen kleinen Wasserspiegeln eingenommen, welche durch schmale Arme mit dem oben erwähnten Ploskn-See, gegenüber von Galatz, und mit dem Hauptstrome selbst zusammenhängen. Erst bei der türkischen Stadt Isaktscha, welche in den Acten der Pariser-Conferenz als Haupt- und Scheitelpunkt des Donau-Delta's figurirte, erreicht der Hauptstrom, von Kagul See und von dem südlichen Theile des Yalpuk-Sees weit abdrängend, sein festes Ufer und sammelt da die Gewässer jener südlichen Sümpfe. Doch alsbald erscheint ein neues Sumpfterrain, welches den ganzen langgestreckten Raum zwischen dem (unter Löss) felsigen Ufer von Isaktscha und den complicirten Felsvorsprüngen bei Tuldscha einnimmt. Ein ziemlich wasserreicher Arm, die Girla (russisch Erik) von Samova vertritt die Stelle des alten Stromlaufes am Steilufer. Indem die Donau nun wirklich herankommt, um in den weiten Halbring einzudringen, dessen östlicher Theil von der Hauptstadt der Dobrudscha besetzt wird, ist sie nicht mehr der ganze ungetheilte Strom, sondern nur die minder wasserreiche Hälfte desselben. Nach den Messungen der Donau-Ingenieurs (vgl. Lit. Nr. 15 u. 16), enthält der Arm von Tuldscha nicht mehr als 10/11 der ganzen Wassermasse, gegenüber 11/11, welche der Kiliaarm nordwärts entführt und in doppelt geschwungenem Bogen an den nördlichen Steilrand bei Ismail anprallen lässt.

Die Ursache dieser Theilung, ehemals Tschatal Sulinakol, die Gabel von Sulina, jetzt Tschatal Ismail genannt, konnte ich mir an Ort und Stelle nicht recht klar machen. Sehr wahrscheinlich gab ein Überrest von alter Lehmablagerung mit einer felsigen, dem „Steine" von Tuldscha analogen Grundmasse schon in sehr frühen Zeiten Veranlassung dazu. Der Lehm ist allerdings längst fortgeschwemmt und das felsige Grundgebirge von der mächtigen Auenvegetation gleichförmig überdeckt worden. In der Tiefe aber halten die gabelförmig auseinander weichenden Rinnen die ihnen zufallenden Stromantheile unabänderlich fest. Genaue, von Zeit zu Zeit zu wiederholende Querschnittpeilungen können darüber Aufschluss geben. Dermalen weiss ich nur, dass der Arm von Kilia seinen auffallend grossen Wasserreichthum keineswegs seiner Breite, sondern vielmehr der gleichmässig beträchtlichen Tiefe des Rinnsals in der Nähe des Tschatals verdankt. Dagegen scheint das Grundgefälle im Arme von Tuldscha von der Spaltung an bis unterhalb der Hauptstadt beständig zuzunehmen, ohne dass dadurch die grössere Wassermasse herbeigezogen werden konnte. Schon in einer früheren Periode fand der Strom an der festen, als Klippe weithinein vorspringenden Felsmasse des „Steins" von Tuldscha ein unüberwindliches Hinderniss, welches nicht wenig zur allmählichen Verkleinerung seines Querschnittes beitragen mochte [1]. Mit dem so eben Gesagten, so wie mit der ganzen bisherigen Darstellung ist zugleich die Behauptung ausgesprochen, dass wir es bei der ersten Spaltung der Donau in ihrem steilgeränderten Dreiecke (bei der Bildung des Armes von Ismail und des Armes von Tuldscha) noch keineswegs mit einer Deltaform im herkömmlichen Sinne zu thun haben. Der letztgenannte Arm, so wie seine Fortsetzung, der Arm St. Georg, verhalten sich zum nördlichen Strom gerade so, wie der Donauarm von Hirschowa-Matschin zu dem vielfach zerschlitzten Stromlauf zwischen Brailiza und Braila. Freilich konnte dieser hier, nachdem der ganze Strom bis an seinen südöstlichen meridional gerichteten Steilrand der zum grössten Theile ein Gebirgsrand ist) vorgedrungen war, nicht mehr allzuweit nach links hin abweichen, während im sogenannten Delta bei nahezu äquatorialem Laufe eine Abweichung gegen Norden hin nicht nur stattfinden konnte, sondern vermöge der Terrainbeschaffenheit der einstigen Ufer und der Stellung der bessarabischen Küste zu den Gebirgszügen der nördlichen Dobrudscha sogar stattfinden musste.

---

[1] Die Vermuthung Spratt's, dass der Strom einst zwischen Isaktscha und Satonov (seinem auf 20 Fuss hoher Silterrasse des nördlichen Randes gelegenen Dorfe) ins Meer gemündet habe, scheint mir nicht begründet zu sein.

Wollte ich von hier ab in den Versuchen zu einer Erklärung der factischen Stromläufe fortfahren, so müsste ich einige geologische Thatsachen herbeiziehen, die erst im zweiten Theile dieser Abhandlung besprochen werden sollen, namentlich den ehemals viel tieferen Stand des Festlandes betonen, der mit einer, von der gegenwärtigen Beschaffenheit des Pontuswassers wesentlich verschiedenen Natur des damaligen Meeres verbunden war und sich als ein, im geologischen Sinne gesprochen, vorübergehendes Begebnis lange nach der Ablagerung der grossen Massen von Driftlehm, aber wohl eben so lange vor den ersten Anfängen der historischen Zeit ereignete. Um dergleichen hier unstatthafte Erörterungen zu vermeiden, will ich mich auf eine kurze Beschreibung der Formverhältnisse beschränken, wie sie aus der beigegebenen Karte und viel ausführlicher aus den oben citirten Werken und Abhandlungen (Lit. Nr. 14, 16, 18) zu entnehmen sind.

Nachdem der Arm von Ismail 1½ Meile von dieser einst blühenden Handelsstadt abwärts mit dem südlichen Steilrande genau parallel lief, wendet er sich beim Mönchskloster St. Nicolaus unter einem Winkel von 75 Grad plötzlich nordwärts und verliert dabei seine bisherige Stätigkeit. Ähnlich einer mit Wundernetzen behafteten Arterie löst er sich zwischen St. Nicolaus und Kilia und nach einem weiteren, ½ Meile langen, ungetheilten Laufe zwischen Neu-Kilia und Vilkov abermals in ein Geflecht von Armen auf. Überreste von einem rechtsseitigen Steilrand, an die sich der Strom, wie gering auch ihre Höhe sein möge, anpressen musste, sind augenscheinlich die Ursache des streckenweise einfachen Laufes und damit der ganzen auffallenden Erscheinung (vgl. oben S. 94). Bei Vilkov fährt nun das Kiliawasser in fünf Arme auseinander, die, mit 12—13 getrennten Mündungen und ein paar kleinen Lagunen ins Meer reichend, ein ausgezeichnetes kleines Delta bilden — im grossen (uralten) Delta ein secundäres (modernes) Delta. Die Namen der Mündungen, die ich nicht aus eigener Anschauung kenne, mögen von meiner Karte abgelesen werden, wo sie nach Sir Hartley's (Spratt's) Angaben verzeichnet sind. Ich will hier nur bemerken, dass in den Navigationsverhandlungen der europäischen Donau-Commission anfangs viel von der Otschakov-Mündung die Rede war, die Spratt (als Experter der Commission) zur Hauptschifffahrt für sehr geeignet erklären wollte.

Der Arm von Tuldscha muss gleich nachdem er den öfter genannten Stein und die schöne Felskuppe, von welcher derselbe ausgeht, umgriffen, einer Alluvialbildung an seinem rechten Ufer weichen (vgl. Taf. I). Ein grösserer Teich und einige kleine Lachen, von *Limnaea*- und *Planorbis*-Arten und das reichlichste bewohnt, legen sich zusammen mit einer torfartigen Vegetation zwischen ihn und sein grösstentheils felsiges Steilufer. Aus der Krümmung, zu der sie ihn nöthigen, geht er aber nicht mehr ungetheilt hervor, sondern giebt, bevor er in seinen normalen Lauf am Gebirgsrande zurükkehrt, ½ seiner Wassermasse, also ⅙ des ganzen Stromes (oberhalb vom Tschatal-Ismail), als selbstständigen Zweigarm ab. Die Theilungsstelle, ungefähr 0·8 deutsche Meile von Tuldscha entfernt, heisst der Tschatal-St. Georg und der neugebildete Zweigarm der Arm (sehr uneigentlich auch Canal) von Sulina.

Kaum 0·3 Meile vom Tschatal entfernt, entlässt derselbe bereits einen Zweig, die Girla Popadia, deren auf meiner Karte nach Sir Hartley gezeichneter Lauf sehr stark von dem der russischen Karte (von 1835) abweicht. Auch hat er sogleich eine Untiefe, die Strecke Argani, deren zum Theil thoniger, zum Theil torfartiger Grund stark ausgebaggert werden musste. Als provisorischer Schifffahrtsweg der letzten Jahrzehende, als Wasserstrasse, deren Herstellung die europäische Donau-Commission aus hier nicht zu erörternden Gründen vor acht Jahren beschlossen, ausgeführt und neuesten Datums sogar durch einen *Acte public* definitiv sanctionirt hat, ist dieser Arm, so wie seine Mündung ins Meer am genauesten bekannt, und ich darf mich hier auf wenige Bemerkungen beschränken. Beiderseits von sumpfigen, bei Hochwasser vom Wellenschlage der Raddampfer überspülten Ufern eingefasst, hat er mit Ausnahme des Ortes Sulina an seiner sandigen, mit einer kleinen Dünenbildung versehenen Mündung keine andere menschliche Wohnung in seiner Nähe, als die neuen Häuser der vier Sicherheitsposten (Strompolizei, Surveillance) und eine Gruppe von elenden Hütten, Gorgova genannt, die von einer Ansiedelung der siebenbürgischen Schafhirten (Mokkanen) herrührt. Die Orientirung im Sulinaarm findet deshalb nicht nach Ortschaften, sondern nach Strecken (Tavlassi) Statt, welche ihre Namen von alter Zeit her haben. Seit der Regelung der Schifffahrt ist die ganze Wasserstrasse durch anossirte Pfähle eingebreit. Auf einer weiten Fläche, vom Walde von Letti, so wie vom Kara Osman hinreichend entfernt, hatte das strömende Wasser hier einen freieren Spielraum als irgendwo im Dreiecke der Donau. Jeder Vorschub von angeschwemmtem Land konnte die Stromrichtung ändern. So ist es denn auch zu einer grossen Anzahl von sehr scharfen Krümmungen gekommen, unter denen das sogenannte M und in dessen westlicher Spitze das kleine m am meisten auffallen. Dass der Sulinaarm, je näher seiner Mündung, an Wassermenge eher gewinnt als verliert, hat er wohl zumeist dem Grundwasser zu danken, welches ihm von Norden her zuströmt. Auch empfängt er von Ismail ab eine nicht unbeträchtliche Girla, die Tschonga (die russischen Karten nennen vielleicht richtiger Tschonda), welche wahrscheinlich Überrest einer ehemals viel stärkeren Anastomose und deren Richtung, parallel dem Gebirgsrande, ein augenfälliger Beweis dafür ist, dass das Baer'sche Stromgesetz auch im untersten Abschnitte der Donau seine Geltung habe.

Der St. Georgsarm bleibt im Gegensatze zu den beiden anderen Strömen beinahe geradlinig am Steilrande der Dobrudscha bis über das Ende der Besch-tepe hinaus, wo die neue Stadt Mahmudié steht und jenes oben (S. 94) erwähnte Sumpf- und Klippenterrain beginnt. Hier macht er mit einemmale eine überaus scharfe, zum Theil sogar rückläufige Krümmung, gibt dann den Donavez ab und sucht nun in einer Luftlinie von 1½ Meile an Krümmungen reichlich einzubringen, was er früher als eigentliche Fortsetzung des Hauptstromes ersparen durfte. Drei dieser Krümmungen, die beiden von Galinovak und die dritte ausserhalb von der kleinen Ortschaft Ivantscha, wären als Schifffahrtshindernisse im höchsten Grade bedenklich, wenn sie nicht durch ihre Schärfe und die günstige, nur streckenweise sumpfige Beschaffenheit des Terrains Durchstiche von verhältnissmässig geringer Kostspieligkeit ermöglichten, und sowohl die Tiefe als auch die Breite des Fahrwassers ungeschmälert liessen. Die letzte Strecke des Georgsarmes, etwa 2 Meilen lang, ist überaus günstig und beide Ufer, namentlich das nördliche, lassen, was Höhe und Festigkeit betrifft, nichts zu wünschen übrig.

Um über die Verhältnisse des Meeresgrundes im Bereiche der Donaumündungen eine beiläufig richtige Vorstellung zu geben, habe ich auf meiner Karte einige Tiefenlinien nach Sir Hartley's Reduction aus den grossen Peilungskarten (Lit. Nr. 16) einzeichnen lassen. Sie sind instructiv genug und zeigen, wie bedeutend die Anhäufung von Sinkstoffen ist, die der Littoralstrom an der bessarabischen Küste herabbringt und mit denen der Kiliamündungen vereinigt. In gleicher Weise wird ersichtlich, wie breit vor der Sulinamündung der Abstand der Tiefenlinie von 30 Fuss (engl.) von der Linie ist, die Tiefen von mehr als 60 Fuss ausschliesst, so wie es sich auch von selbst versteht, dass ein den Littoralstrom rechtwinkelig treffender, mit Sinkstoffen nur allzu reichlich beladener Fluss bei herrschendem Südostwinde, welcher der Küstenströmung entgegenbläst, zur Bildung einer die Ausfahrt allmählich verschliessenden Barre geneigt sein müsse, und dass der Schiffsverkehr nur durch Kunstbauten erhalten werden könne. Erreichen diese den Süsswasserstrom einpressenden Dämme im Laufe der Jahrzehnde eine Länge, welche das Ein- und Auslanden von Segelschiffen ausserordentlich erschwert, so wird man den Kampf gegen natürliche Hindernisse endlich ganz aufgeben müssen.

An der Mündung des St. Georgsarmes zeigen die Peilungen ganz andere Verhältnisse. Der Südostwind hat, dem Süsswasserstrom entgegenwirkend, an der Südseite eine sehr ausgedehnte Bank hervorgebracht. Die Tiefe von 30 Fuss ist der Küste um weniges näher, wie der Tiefenlinie von 60 Fuss, welche letztere mit den Tiefen von 72 Fuss beinahe zusammenfällt. Dammbauten von verhältnissmässig geringer Länge wären im Stande, die freie Durchfahrt für sehr lange Zeit zu erhalten. Es ist deshalb leicht begreiflich, warum sich die Schifffahrt bis zu Anfang dieses Jahrhunderts, wo in Ermangelung von technischen Vorkehrungen die Versandung einen hohen Grad erreicht hatte, ausschliesslich des Georgsarmes bediente.

Über alle diese Verhältnisse habe ich mich in Übereinstimmung mit bewährten Fachmännern an einem andern Orte ausführlicher geäussert (vgl. Lit. Nr. 18) und erwähne sie hier nur, um es meiner Karte nicht an genügender Erläuterung fehlen zu lassen.

In Ermangelung von Vermessungen — denn alle geographischen Karten dieses Bereiches sind lediglich à la vue gezeichnet — lässt sich das Wachsthumsverhältniss des Donau-Delta's in historischer Zeit kaum beurtheilen. Bei Sulina, also in der Mitte desselben, ist der Vorschub allerdings beträchtlich. Der alte Leuchtthurm, welcher nach den russischen Karten von 1829 hart am Meere stand und 1842 ohne Veränderung der Grundmauern durch einen schönen Steinbau ersetzt wurde, war schon 1857, bevor die Festlandbildung durch die Dammbauten begünstigt werden konnte, durch eine trockene Sandbank von mehr als 40 Klafter Breite vom Fahrwasser getrennt (vgl. Lit. 16, Taf. 6, 7). Doch ist es im höchsten Grade unwahrscheinlich, dass das Meer noch vor 18 bis 19 Hundert Jahren bis an die Besch-tepe gereicht haben solle, wie dies von Taitbout de Marigny nach der Angabe Strabo's über den Abstand der Insel Fidonisi von der Küste (500 Stadien) als möglich angedeutet wird (Lit. Nr. 14, p. 51). Es würde dies eine jährliche Zunahme des Festlandes von mindestens 12 Klaftern voraussetzen, also mehr wie sechs Mal so viel als die Festlandzunahme in den letzten Jahrzehnden an irgend einem Punkte der Küste wirklich betrug.

Mit der Vegetation des Donau-Delta's mich zu beschäftigen, war ich leider nicht in der Lage, wie wichtig es auch für die geologische Auffassung gewesen wäre, verlässliche und einigermassen ausführliche Daten darüber zu erlangen. Von den beiden mehrfach erwähnten Wäldern weiss ich nur, dass sie vorherrschend Eichenbestände haben. Sie gleichen darin den Urzuständen der Au- und Inselwälder der mittleren Donau und können als Au-Urwälder bezeichnet werden. Nach Taitbout de Marigny (l. c. p. 39) besteht der südliche Theil des Waldes von Letti aus Pappeln und Espen, es scheint sich also hier bereits eine neuere Formation des Auwaldes hergestellt zu haben [1]. Das Bodenniveau und die Fauna im Untergrunde dieser Wälder genau zu kennen, wäre vor Allem wichtig. Vom hohen Deck eines Dampfers schätzte ich die vom Tschamurli-Tavlassi gegen den Kara-Orman hinziehende Bodenerhöhung auf 5—6 Fuss, ohne nach irgend einer Seite hin einen steil abgebrochenen Rand zu bemerken. Der Wald von Letti liegt nach de Marigny (l. c. p. 39) zehn Fuss über dem Meere. Da es nicht im mindesten wahrscheinlich ist, dass die Dünen die erste Grundlage der hochstämmigen Vegetation bildeten, kann ich ihren Untergrund für nichts anderes als für den Überrest einer alten, weit über den jetzigen Wasserstand erhobenen Stromanschwemmung halten. Dieselbe würde demnach den Siltablagerungen entsprechen, die in den Terrassen zwischen Reni und Ismail und am Steilrande von Tuldscha ein ziemlich hohes Niveau einhalten und durchwegs von limnischer Natur sind. Ihre Fauna scheint im Wesentlichen mit der gegenwärtig lebenden übereinzustimmen, von der weiter unten noch die Rede sein soll [2].

Nach dieser Auffassung würde nur der Theil des Festlandes im Bereiche der beiden südlichen Donauarme für einen neuen Vorschub, für eine moderne Deltabildung zu erklären sein, der zwischen den beiden Wäldern und dem Dorfe Dunavez liegt. Ihm entspräche denn auch das kleine selbstständige Delta des Kilia-Armes und jener Grenze die mögliche Küstenlinie der antiken Zeit, seit welcher eine schwankende Continentalbewegung nicht stattgefunden zu haben scheint, sondern nur eine sehr langsame, im Bereiche des Donaudreiecks ungleichmässige Erhebung.

Die russischen Ingenieure und Gelehrten brachten die ganze Anfüllungsmasse des Dreiecks ohne Unterschied ihrer (postdiluvialen) Altersstufen in drei Abschnitte: die Doppelinsel Letti und Tschatal

[1] Eingehende Studien über diese Wälder glaube ich von Herrn Dr. Jellinek, Arzt der europäischen Commission in Sulina, erwarten zu dürfen. Auch in rein pflanzengeographischer Beziehung wären Untersuchungen über die Flora der Sulinaküste von hohem Interesse. Dass es an einem Punkte, wo Schiffe aus sehr fernen Ländern im Ballast ankommen, an Fremdlingen nicht fehlen könne, versteht sich von selbst. Doch gibt es darunter höchst auffallende Erscheinungen. So meldete mir mein Freund Dr. Th. Kotschy kurz vor seinem bekbgenswerthen Tode über ein Exemplar einer heliotropiumartigen Pflanze, die ich vor Ende Mai am Strande von Sulina massenhaft in der Blüthe gefunden hatte, dass sie entweder mit einer nordostasiatischen Species ident oder neu sei. Es mag also hier gar manche interessante Einwanderer geben, von denen erst ermittelt werden muss, ob sie, wie nach der Vermuthung des Herrn Directors Prof. Fenzl jene Species etwa durch eine gestrandete Theeküste, zu Schiffe oder in älterer Zeit zu Lande hierher gelangt seien.

[2] Es würde die Deutlichkeit eines grell auszuführenden Bildes erhöht haben, wenn ich auf der Karte das Trockenland von Letti und den Kara-Orman mit der für die ältesten Siltablagerungen gewählten Farbe angelegt hätte. Ich unterliess es aber, weil sie das Alter (die Höhe) der letzteren doch bei weitem nicht erreichen und die Vorstudien zu detaillirter Abstufung der Siltablagerungen — einer Aufgabe für die Zukunft — dermalen noch gänzlich fehlen.

zwischen dem Kilia- und Sulinaarm unterhalb und oberhalb der Tschonga, die Insel St. Georg zwischen dem Sulina- und St. Georgsarme und die Insel Dranov zwischen letzterem, dem Dunavez und der Lagune Rasim (Raselm). Die Bodenbeschaffenheit und Culturfähigkeit jedes dieser Abschnitte sind schon längst einigermassen bekannt, und die neuen hydrographischen Studien haben in dieser Beziehung kaum wesentlich Neues zu dem beigefügt, was de Marigny (p. 37—50) ziemlich ausführlich, und, so viel ich zu urtheilen vermag, zum grössten Theile richtig darüber mittheilte.

Sehr interessant ist es, aus seinem Werke zu entnehmen, wie erheblich die Cultur des nördlichen Abschnittes schon zu Anfang des Jahrhunderts vorgeschritten war. Der Vertrag von Bukarest 1812, durch welchen das Delta für ein neutrales Gebiet erklärt und die bessarabischen Ansiedler Russen und Deutsche zurückgetrieben wurden, noch mehr aber die Kriegsjahre 1829 und 1830 und die seither ausgedehnte Benützung des Delta's als Weideland, haben die alten Culturen beinahe vernichtet. Doch berechnete de Marigny nach agricolen Aufnahmen russischer Experten zu Ende der Vierziger Jahre das alte Weinland von Letti auf ungefähr 300 österr. Joch, das zum Feldbau geeignete Terrain beider Inseln auf 3700 Joch, das productive Wiesenland auf 14.700, die Wald- und Buschfläche in runder Zahl auf 9000 Joch. Auch der Obstbau beider Inseln, namentlich ihre Erzeugung an Quitten und Pfirsichen soll ehemals bedeutend gewesen sein. Dass der letzte orientalische Krieg durch die mit ihm verbundene Völkerbewegung der Bodencultur dieses Flächenraumes vollends den Garaus gemacht hat, versteht sich von selbst, und wenn sich die siebenbürgischen Sachsen, welche die Weide im Delta in den letzten Jahren noch zeitweilig benützten, vollständig werden zurückgezogen haben, so ist dermalen nicht abzusehen, von welchen Elementen die Verwerthung dieser grossen Bodenfläche ausgehen solle. Zu den Inseln Tschatal und Letti kommen noch ungefähr 15 Quadratmeilen durch die Regulirung des Stromes und der (?) bessarabischen Seen entsumpfbaren Landes. Im oberen Delta und das genau mehr als 8 Quadratmeilen grosse cultivirbare Theil der Insel St. Georg, der Insel Dranov gar nicht zu gedenken.

Die grosse Verbreitung des culturfähigen Bodens im nördlichen Theile des Delta's, insbesondere in dem östlichen, Insel Letti genannten Abschnitte, zeigt sehr deutlich, wie das Stromwasser in den letzten Jahrtausenden vom Nordrande abgelenkt wurde, und wie der Kiliaarm, zwischen die bessarabischen Terrassen und den alten hohen Siltboden von Letti gefasst, eigentlich die Rolle eines selbstständigen Flusses spiele. Eben so augenfällig ergibt sich aus den Terrainverhältnissen der südlichen zwei Drittheile des Delta's, dass der St. Georgsarm, als die eigentliche Fortsetzung der Donau, zunächst an seiner Mündung in den ausgedehnten Überresten der alten Siltablagerung sehr standhafte Ufer besitze, der Sulinaarm dagegen als Mittellinie der modernen Anschwemmung, des Delta's im Delta, zu betrachten sei.

Das Lagunengebiet, südlich vom Delta der Donau, steht mit letzterem im untrennbaren Zusammenhange. Mündet ja doch der Dunavez, der dem Georgsarme eine beträchtliche Menge, vielleicht ein Zehntheil seines Wassers entführt, direct in den grossen Brackwassersee Rasim, dessen beinahe vollkommene Abschnürung vom Meere nichts anderes ist, als eine Folge der mächtigen Stromanschwemmung! Auf welchen Höhenpunkt in der Umrandung des Rasim man sich auch stellen möge, auf den Kara-Bair bei Dunavez, auf die Kalksteinberge von Adschigiöl, auf den Fels von Jenissala östlich von Babadagh oder auf das Cap Dolaschina, überall befindet man sich auf Vorgebirgen einer einstigen grossen Meeresbucht, obwohl man auf den beiden erstgenannten durch beinahe drei Meilen Festland von der See getrennt ist.

Wenn wir am Strande von Sulina durch jeden Griff in das Mischwasser Tellerschnecken und Limnäen herausheben können, die das fluthlose Meer an sich musste herankommen lassen, so ist hier im Lagunengebiete alles Organische vom Salzgehalt des Wassers und des Bodens abhängig. Ja selbst der kleine See von Babadagh, in den die zwei Hauptbäche der nördlichen Dobrudscha eintreten, hat (im Sommer) einen Salzgehalt, der nur um Weniges hinter dem des Rasim zurückbleibt.

Um einen Maßstab zur Beurtheilung der Beschaffenheit dieser Wässer zu geben, lasse ich gleich hier eine kurze Reihe von Zahlen folgen, welche die specifischen Gewichte des Salzwassers von nachbenannten Punkten angeben.

a) Offenes Meer, 1 Seemeile vom nördlichen Damm- pier der Sulinamündung entfernt; Seetiefe 26 Fuss; Grund blaulichgrauer Schlamm ohne Schalenreste. Das Meer ziemlich ruhig, jedoch am Tage vorher scharfer Südostwind.

b) Lacke zwischen dem südlichen Damm von Sulina und der Küste, mit der Flussmündung in offener Verbindung, vom Meere durch eine breite Sandbank abgeschlossen. Die limnische Weichthierfauna des Donau-Delta's und der bessarabischen Seen lebt hier fort, ohne durch den geringen Salzgehalt merklich zu leiden. Die Schalenreste derselben sind am

Rande dieser Lache mit See-Conchylien und Balanen gemischt, deren Erhaltungszustand auf eine lange Lagerzeit schliessen lässt.

c) Lagune Rasim, zwischen der Popin-Insel (île du prêtre) und der Küste nächst dem Dorfe Kalika; Seetiefe 10 Fuss, Grund sandig, mit zahlreichen abgestorbenen und einzelnen lebenden Conchylien bedeckt.

d) See von Babadagh, nächst dem südlichen Ufer in der Mitte des Sees.

e) Der kleine See südlich vom Dorfe Kara-Nasib, östlich von Dislodschja, 5 Meilen nördlich von Küstendsche; abgeschlossen von Süsswasserzuflüssen, stark verdunstend und deshalb von Salzkrusten umgeben.

f) Küstendsche, nördliche Bucht, zwischen Kalksteinklippen; nach bewegter See.

g) Offenes Meer, 1 Seemeile östlich vom Hafen von Küstendsche, bei ruhiger See, Tiefe 39—40 Fuss; Grund: sandiger Schlamm ohne Schalthierreste.

Ort	Zeit der Beobachtung	Tiefe, aus der das Wasser genommen wurde, in Wr. Fuss	Temperatur des Wassers nach Celsius [1]	Specif. Gewicht durch ein Aräometer bestimmt	Darnach berechnet der Salzgehalt in 1000 Gew. Theilen
a	28. Mai 11 a. M.	2	16·5	1·009	11·02
b	29. „ 3 p. M.	1	16	1·0015	2·05
c 1.	9. Juni 1 p. M.	1	22	1·018	15·25
2.		9½	26·5	1·011	11·56
d	27. Juli 9 a. M.	1	25·5	1·010	11·25
e	28. „ 9 a. M.	1	25	1·019	26·00
f	3. August 7 p. M.	1	21	1·011	14·56
g 1.	1. „ 10 a. M.	1	27	1·011	14·56
2.	—	8	27	1·0115	15·21
3.	—	21	27	1·014	18·57

Trotz ihrer Geringfügigkeit zeigt diese kleine Tabelle doch einzelne beachtenswerthe Thatsachen.

Der Unterschied des specifischen Gewichtes zwischen *g)* 1., *g)* 2. und *g)* 3. ist ziemlich gross und kann wohl nur dadurch erklärt werden, dass die oberflächliche Wassermasse noch bei Küstendsche von der Littoralströmung, somit vom Donauwasser in hohem Grade beeinflusst wird. Dagegen scheint zufolge *a)* die Mischung des Sulinawassers mit dem Seewasser ziemlich rasch zu geschehen. Das specifische Gewicht des oberflächlichen Wassers kommt an der Küste von Küstendsche, also ferne von den Flussmündungen, dem des oberflächlichen Wassers von der Elbemündung bei Cuxhafen gleich, wie es Lorenz 1863 beim Stillstand zwischen Ebbe und Fluth beobachtet hat (vgl. Lorenz, Sitzungsb. d. kais. Akad. XLVIII, 2, S. 602 und Tafel Fig. 2), während meine sub *a)* angeführte Bestimmung der Mittelzahl gleicht, die sich aus den Beobachtungen von Wiechers (l. c. S. 607) für das Elbewasser bei Cuxhafen zur Ebbezeit ergibt.

Hinsichtlich des oben bemerkten Unterschiedes zwischen *g)* 1. und *g)* 3., der in berechneten Salzgehalte ausgedrückt, 4·01 beträgt, ist es von Interesse, aus den Beobachtungen von Wiechers (ebenda) zu entnehmen, dass die Differenz des Salzgehaltes bei Cuxhafen zwischen 0 und 20 Fuss Tiefe „beiläufig" 4·2 ausmacht. Das Littoralwasser bei Küstendsche zeigt also trotz der grell verschiedenen Natur beider Meere mit dem Wasser der Elbemündung eine auffallende Analogie.

---

[1] Die Zahlen ohne Klammer geben die direct ermittelten Temperaturen des Seewassers, die in ( ) eingeschlossenen zeigen die Temperatur an, welche das Wasser hatte, als am Lande die Ablesung des Aräometers vorgenommen werden konnte. Der Salzgehalt wurde nach einer Formel berechnet, deren Mittheilung ich Herrn Dr. J. R. Lorenz verdanke, der sie seinerseits von Herrn Wiechers in Cuxhaven erhielt. Dabei ist aber die Temperatur-Correction nicht wahrgenommen.

An der Mündung des Sulinaarmes hatte es mir allerdings nicht an Gelegenheit zu einigen Beobachtungen über die Verhältnisse des Fluss- und Seewassers gefehlt. Doch war der Apparat, den ich mir zum Aufholen aus bestimmten Tiefen construirt hatte, wegen zu geringer Schwere des Eröffnungsgewichtes unbrauchbar, und ich musste nach mehreren vergeblichen Versuchen darauf verzichten. Bei Küstendsche war dieser Mangel behoben, es traf mich aber ein anderes Missgeschick, indem von den mitgenommenen Rechergläsern das eine während der Landreisen, das andere in Kustendsche selbst zerbrochen wurde und ein zum Ablesen meines Aräometers halbwegs brauchbares Gefäss schlechterdings nicht aufzutreiben war. Mit Landreisen in diesen Gegenden lassen sich dergleichen Beobachtungen, so wie auch Untersuchungen mit dem Schleppnetze wohl kaum verbinden, es wäre denn die See selbst die eigentliche Beobachtungsbasis und der Beobachter unternähme seine Forschungen am Festlande von einzelnen Küstenstationen aus.

Untersuchungen hierüber dürften sehr lehrreiche und für die Naturgeschichte des Schwarzen Meeres wichtige Aufschlüsse geben.

Das tiefe Wasser der Lagune Rasim unterschied sich im specifischen Gewicht nicht vom oberflächlichen Meerwasser, wenigstens nicht im Sommer 1864, der in der Dobrudscha durch häufige und starke Gewitterregen ausgezeichnet war. Im See von Babadagh scheint der vorräthige Salzgehalt dem beständigen und periodischen Süsswasserzuflusse das Gleichgewicht zu halten (vgl. weiter unten S. 120), dagegen bringen es einzelne abgeschnürte Becken, wie der kleine See von Kara-Nasib, *es*, auf einen Salzgehalt, der den des Meerwassers aus geringen Tiefen bei weitem überschreitet. Was den Rasim betrifft, so werde ich in der Folge noch Gelegenheit haben, auf seine Fauna, namentlich auf gewisse Cardineen und *Dreissena polymorpha* zurückzukommen. Gewiss wird aus diesen wenigen Thatsachen, wenn wir sie mit den schönen Untersuchungen von Spratt (Lit. Nr. 21) zusammenhalten, ersichtlich, welche ungemein hohe Wichtigkeit ausgedehnte und sorgfältig unternommene Betrachtungen über die Zustände der pontischen Gewässer und ihre Bewohner für die Thiergeographie und die Geologie erlangen müssten.

Die Terraingestaltung des Lagunengebietes, um die es sich hier zunächst handelt, wird uns nun insofern klar, als wir einsehen, dass die Donaualluvien, sobald sie einmal das östliche Ende der Besch-tepe erreicht hatten, auch südwärts mit dem Meere zusammenstossen mussten. Denn jene Kalksteinbänke und Klippen, welche auf meiner Karte zwischen Mahmudié und Dunavec angegeben sind, haben eine so geringe Höhe, dass sie sammt den von ihnen gestützten Lehmmassen von jener Stromhöhe überflossen werden konnten, welcher das höhere Trockenland von Letti und St. Georg entspricht (vgl. oben S. 98). Die Ausfüllung der südlichen Meeresbucht, von deren Wasserspiegel die Lagune Rasim mit ihren südlichen, besonders benannten Anhängen, dem Toloviza-See (Jezero Toloviza), dem Dämonen-See (J. Zmeika) und Schinoé (J. Sinoé) ein Überrest ist, konnte demnach schon in sehr frühen Stadien der Deltabildung beginnen. Sie musste aber höchst unvollständig bleiben, nachdem das Stromniveau unter die Höhe jener Klippen gesunken war. Denn nun wurde der bei weitem grössere Theil der Sinkstoffe des südlichen Donauarmes zur Vergrösserung des Delta's verwendet und verhältnissmässig wenig hätte sich als ein Vorschub desselben gerade südwärts anhäufen sollen. Doch brachte das beständige Andrängen des Stromes gegen sein rechtes Ufer eine nicht geringe Wassermenge um den Kara-bair herum, und es wuchs ein gewissermassen selbstständiges Delta in die ehedem gewiss ziemlich tiefe Meeresbucht hinein, der Dunavec als dessen vielfach gekrümmter moderner Wasserlauf. Dass ehemals die Girla Tschernez und ihr gerade nach Südsüdost gerichteter Zweig, die Girla Turez, die Hauptader waren, möchte kaum zu bezweifeln sein. Doch darf in diesem Bildungsprocesse der Detritus von dem anliegenden Festlande der Dobrudscha nicht als ein geringfügiger Factor veranschlagt werden. Einst bis über die Stadt Babadagh hinausreichend, ist das Salzwasser allenthalben durch mächtige Bodenanhäufung verdrängt oder abgeschnürt worden. Bis zu Ende des 15. Jahrhunderts mochte die Anschwemmung eine grössere Regelmässigkeit und eine verhältnissmässig geringe Massenhaftigkeit gehabt haben, denn damals war noch der grösste Theil der Landschaft mit Wald bedeckt. Doch als an die Stelle der genuesischen Herrschaft die osmanische trat und die Wälder bis zu den fernen Bergen ausgerottet wurden, da hörte auch das Gleichgewicht zwischen atmosphärischem Niederschlag und dem Abrieb der Festlandmasse auf. Jeder Gewitterguss reisst viele Kubikklafter Lehm von den hohen Driftterrassen nieder und schickt sie der Lagune zu. So musste denn das Salzwasser von seiner einstigen Steilküste weichen, die ehedem gewiss blühenden Landschaften dieses grossen Golfes wurden mehr und mehr zur salzigen Wüste, auf der nur mehr einige Pferdezucht der Bulgaren und die Fischerei der grossen und wohlgebauten russischen Dörfer Sarikiöi und Schurilovka (Žurilovka) gedeihen mag. So wird es auch begreiflich, wie die schöne genuesische Ruine auf dem Kalksteinfelsen vor Jenisala, die schon Spratt als einen geologisch interessanten Punkt bezeichnet (Quart. journ. XVI, 291), und von der in der Folge noch mehrfach die Rede sein wird (Fig. 3), durch einen breiten Strich Sumpfland vom Wasserspiegel getrennt ist, während die alte Seefeste zum Schutze der Handelsniederlassungen doch offenbar an einer guten Ankerbucht mit freier und tiefer Ausfahrt erbaut sein musste.

Und hiemit kommen wir zu dem Antheil, den das Meer und die herrschende Windrichtung an der Bildung des Lagunenterrains haben. Vollkommen normal zur Linie Südost, in der 70 Tage im Jahre der Wind und jeder der Stürme weht, die das Schwarze Meer so furchtbar gemacht haben, läuft die lange Sandbank, die oberhalb des Cap Midia (Muschel-Vorgebirge) beginnt, um gegenüber vom Cap Dolaschina[1] mit

Fig. 3.

Kreidemergel oberhalb Babadagh	Berge von Tscherna und Ostrohl Serpentin 190—195.° ü. d. M	Porphyrberg Pomesi 200° ü. d M	Telas Berge u.s.w Abbades und Tenedoch de. 450? ü. d M Isenbergs

Der Brackwasser-See von Babadagh mit der Fernsicht gegen Nordwest und der Ruine der genuesischen Feste bei Jenisoala auf Kalkstein des mittleren Jura, an der Laguna Razin.

dem Delta des Dunavez zu verschmelzen. Eine unscheinbare Lücke darin, die Portitsa oder Porditza-Mündung (russ. Proliv Porotica) sichert dem Meere den Eintritt in sein altes Gebiet, das es sich selbst verschliessen half, und lässt mit einer leichten Strömung den Überfluss austreten, den der Dunavez, die beiden wasserarmen Bäche von Babadagh (nach ihren Ursprungsthälern Teliza- und Taiza-Bach genannt), der Slava-Bach und der Bach von Beidaud in die einzelnen Flügel des Liman gebracht haben.

Über die Zustände des Meeres und der Atmosphärilien habe ich keine massgebenden Beobachtungen angestellt. Verweisend auf die vorliegenden Studien von Hartley und von Spratt[2] und auf die im Besitze der kön. grossbritann. Admiralität befindlichen Daten, muss ich die Ausführung dieses für die Geologie so wichtigen Kapitels den competenten Fachmännern überlassen.

Am Ende des Liman Schinoe, vom Cap Midia aber noch 1½ geogr. Meile entfernt, liegt das Dorf Kara-Arman (türk. schwarze Tenne), welches auf allen geographischen Karten und in allen Handbüchern unter den sonderbarsten Varianten, Kara-Hermann, Kara-Kermane, Karairmane u. s. w. genannt, in der Regel sogar zur Stadt befördert ist. Als ein von der See aus sichtbarer Orientirungspunkt, so wie in historischer Beziehung (vgl. Taibout de Marigny l. c. p. 36) hat es allerdings auf Beachtung einigen Anspruch. Der schon bei Kara-Nasib unter dem Driftlehm hervortretende felsige Untergrund erhebt sich nun mehr und mehr und schon eine halbe Meile südlich von Kara-Arman bei einer verlassenen Fischercolonie kommen beträchtliche Klippen aus grünem Schiefergestein mit den Wogen des Meeres in unmittelbare Berührung. Über ihnen liegt ein der Juraformation angehöriger Kalkstein. Beim Cap Midia aber sind es wieder horizontal liegende Kalk-

---

[1] Dolaschma, ein Druckfehler bei Spratt.
[2] Insbesondere bezüglich der Luftströmungen auf Lit. Nr. 15: Annexe 1, p. 14, 15 und Append. 1.

mergelbänke, welche hier, so wie an mehreren Punkten der Limans die 4—5 Klafter mächtige Ablagerung von gelblichem Driftlehm tragen (Fig. 4). Die Küste ist hier überall sehr muschelreich, und ich verdanke den zwischen Kara-Arman und dem Cap besuchten Punkten meine beste Ausbeute an Conchylien.

Unterhalb vom Cap Midia zieht sich die Küste in weitem Bogen zurück und zwei kleine Seen, deren Wasser sehr schwach salzig schmeckt, und von denen der grössere, südliche durch einen nicht unbeträchtlichen Bach, Tasehaul mit Namen, gespeist wird, schneiden ziemlich tief in das Lehmplateau und seine

Fig. 4.

Cap Midia, nördlich von Küstendsche: Löss auf Krudsmergel.

hier wieder kalksteinige Unterlage ein. Ihre Abgrenzung gegen das Meer ist eine schmale, mit Sanddünen besetzte Barre [1]. Über das landeinwärts gelegene Dorf Karakiöi gelangt man, einen Abschnitt der Lehmterrasse übersetzend, nun an den merkwürdigen See von Kanara (vgl. Lit. Nr. 3), der, obwohl vom Meere nur durch eine sehr schmale Sandbarre getrennt, Dank den zahlreichen Quellen, die an seinem Steilufer ausbrechen, ein völlig süsses Wasser hat, und um die Quellmündungen herum Millionen von schön gezeichneten Neritinen (*N. fluviatilis* Müll.) beherbergt [2]. Das hohe geologische Interesse, welches sich an seine südwestliche Umrandung knüpft, wird mich noch zu wiederholten Malen zu ihm zurückführen.

Da sind wir nun endlich an der Hafenstadt Küstendsche, die auf einer 60 Fuss hohen, von tertiärem Kalkstein unterlagerten Lehmterrasse greller in das Meer hinein vorspringt, als irgend ein Vorgebirge zwi-

[1] Die französische Karte (vgl. Lit. Nr. 6) ist hier sehr unrichtig gezeichnet.
[2] Talbout de Marigny nennt ihn Lac de Sïngol und den ihn südlich begrenzenden Küstenvorsprung Cap Sïngol.

schen Messembria und der taurischen Halbinsel. Gleichviel, ob Küstendsche (Constantia) wirklich die mile-
sische Colonie Tomi (Tsuts) war oder nicht, jedenfalls stehen wir hier auf einem der ehrwürdigsten Punkt
der pontischen Cultur, der wegen der Abkürzung des Wasserweges zwischen der unteren Donau und Constantinopel schon vor 30 Jahren die Aufmerksamkeit Österreichs und der Pforte auf sich zog, und nach
schweren Schicksalen während des letzten orientalischen Krieges in unseren Tagen zu neuer Blüthe gelangt
(vgl. Lit. Nr. 2, 3 u. 14, p. 35). Als Einschiffungspunkt der Reisenden von Wien nach Constantinopel wurde
Küstendsche vielfach beschrieben und Gegenstand erhöhter Theilnahme, seit es mit dem Donauhafen
Tschernawoda (Boghaskiöi) durch eine Eisenbahn verbunden ist, und die Chancen der neuen Hafenanlage
(durch die Danube-Black-Sea-Railway Company) viele Privatinteressen berühren.

Die Küste südlich von Küstendsche wird im geologischen Theile meiner Abhandlung nur wenig berührt
werden, da ich sie nicht aus eigener Anschauung kenne. Doch darf ich wohl aus der unveränderten Gestaltung des Landes vermuthen, dass sowohl ihre Terrainform, als auch ihr geologischer Charakter bis Mangalia
oder noch weiter südlich keine wesentliche Änderung zeigen. Das kleine Riff bei Tusla besteht, wie mich die
mit den Pegelbeobachtungen im Jahre 1856 betrauten k. k. österreichischen Officiere versicherten, aus demselben Kalkstein, der bei Küstendsche ins Meer vorspringt. Dasselbe gilt wahrscheinlich von den Felsen von
Mangalia, welche die Seeleute für Überreste eines alten Molo halten (Lit. Nr. 14, p. 34).

2. Gliederung des Festlandes ausserhalb des Delta's.

Nachdem wir nun sowohl an der Stromseite als auch an der See das Land umschrieben haben, dessen
geologischen Bau ich so weit in meine Untersuchungen reichen, darlegen will, mag ein Überblick der
Formengliederung und eine kurze Andeutung einiger allgemein geographischen Verhältnisse
am Platze sein. Wenn Taihout de Marigny den nordöstlichen Theil von Bulgarien, die eigentliche
Dobrudscha, die „Halbinsel von Babadagh« genannt und ihre Gebirge für den letzten Ausläufer des
„Balkan« erklärt hat (vgl. Lit. Nr. 14, p. 35), so darf man dies dem Kenner des Meeres und der Donaumündungen wohl zu Gute halten. Den kurzen Weg zwischen Tschernawoda und Küstendsche zurücklegend,
und ausser Berührung mit den anderen Ländern des untern Donauberkens, mochte er sich allerdings auf
einem Isthmus glauben und in den Felsen von Boghaskiöi einen Theil der Wurzeln erblicken, die unter dem
bulgarischen Lehmplateau vom Balkan bis zu den Bergen von Matschin, Babadagh und Tultscha fort-
kriechen.

Uns, die wir unsere Beobachtungen, nicht von der See, sondern von den Beckenländern der mittleren
Donau her kommend anstellten, erschien die Dobrudscha schon im Vorhinein als ein selbstständiger Gebirgskörper, der zum östlichen Hämus in keiner näheren, ja sogar in einer viel entfernteren Beziehung steht, wie
zu den transilvanischen Alpen und zu den serbisch-banater Gebirgen.

Nur eine geologische Karte, wie ich sie hier vorzulegen vermag, kann, zusammen mit so im Lande gemachten Höhenbestimmungen (Lit. Nr. 25), in so kleinem Maasstabe ein genügendes Bild der Terrainformen geben, die ziemlich complicirter Natur und bei verhältnissmässig geringen Höhenunterschieden nicht arm an grellen Gegensätzen. Eine blosse
Terrainkarte verdeckte dies nimmermehr, sie wäre denn in einem Maasstabe von mindestens ¹⁄₁₀₀₀ ausgeführt, dergleichen
wir in absehbarer Zeit von keinem Theile Bulgariens besitzen werden.

Fassen wir die vorliegende Karte näher ins Auge, so bemerken wir zunächst, dass die gelbe Farbe,
den Driftlehm oder Löss bezeichnend, einen ungemein grossen Flächenraum einnimmt. Die darauf zerstreuten Höhenzahlen, in der Regel die Maxima für einen grösseren Bezirk angebend, schwanken im südlichen
Theile des Landes zwischen 40 und 100 Wiener Klaftern derart, dass sich die grösste Seehöhe zunächst an
der Donau und am nördlichen Rande des Lehmplateau's befindet, an der Küste nächst Küstendsche dagegen
die geringste, ja sogar nicht unbeträchtlich unter 40 Klafter. Südlich von der Linie Tschernawoda-
Küstendsche, wo grössere Fehler von anderen Farben das Gelb unterbrechen, aber nicht um Berge, sondern
um jene Gebilde zu bezeichnen, die durch Abtragung des Lehms blosgelegt worden, erscheinen in der Mitte

zwischen der Donau und der See wieder Höhen von 60—80 Klaftern, die noch weiter nach Süden als Maxima der Plattformhöhe eher zu- als abnehmen dürften.

Dieses ganze weite Terrain ist aber trotz der Einförmigkeit seiner geologischen Grundlage auch im Einzelnen ziemlich stark coupirt. Tiefe Gräben, Mulden, Rücken und Buckeln wechseln allenthalben. Nur entlang der Küste, so wie in der Richtung nordwestlich und südwestlich von Küstendsche herrscht die einigermassen ebene Plattform. Wohl mag man auch den Strich an der Donau im Ganzen als ein hohes Plateau betrachten, wenn man von den tiefen, dasselbe durchschneidenden Thälern und ihren zahlreichen Zweiggräben absehen will. Um die Übersicht des Ganzen nicht zu unterbrechen, verzichte ich vorderhand auf die Betrachtung dieser Thäler, sie späteren Abschnitten vorbehaltend. So ist das Relief des Landes beschaffen, welches man die „Steppe der Dobrudscha" nennt, wohl auch schlechthin die Steppe Dobrudscha, indem man den von „dobro, gut" hergeleiteten Namen gerade an diesen Boden knüpft, der unter günstigen Feuchtigkeitszuständen als Weideland wie als Ackergrund gleich vortrefflich ist. Es lässt sich auch nicht leugnen, dass dieser Landstrich in mehrfacher Beziehung mit den bessarabischen, oder allgemeiner gesprochen, mit den nordpontischen Steppen verwandt ist. Von der Donau aus betrachtet, ist er eben die Fortsetzung der westbulgarischen und der rumänischen Lössterrassen, die sich in nichts Wesentlichem von den Terrassen des ungarisch-serbischen Beckens unterscheiden. Ob dieselben nun Träger einer rein „pannonischen" (richtiger nordpontischen) Flora seien oder Einmengsel von anderen Floren, namentlich von jenem reichen Pflanzengemische Kleinasiens tragen, welches man als (süd-) pontische Flora zu bezeichnen pflegt, das hängt, wie mir scheint, lediglich von der beiderseitigen Einwirkung des subalpinen und des Seeklima's und von der geographischen Länge ab, in welcher sich noch gewisse Wanderungsetappen kenntlich machen dürften.

Über das Lehmland der südlichen Dobrudscha erhebt sich ein einziger kleiner Gebirgsstock, der Allahbair, Südsüdost von Hirschowa, dessen Seehöhe die österreichische Triangulirung mit 108·6 W. Klafter bestimmt hat, während meine barometrische Messung für die unweit davon gelegene Plattformhöhe 97, für den Gipfel selbst 123·7 Klafter ergab (vgl. Lit. Nr. 25, Anmerkung, S. 449). Wie wenig der Berg auch über die Terrasse erhaben sei, ist er doch von der Südseite her aus grossen Entfernungen sichtbar und zeichnet sich selbst, von der höheren Plattform im Nordosten gesehen, recht scharf am Horizonte ab (Fig. 5).

Fig. 5.

Ansicht des Gebirgsstockes Allah-Pair von dem Lehmplateau zwischen Satischiöl und Terdschiki 8i mit einzelnen (aufgeworfenen) Tops, 106 Klafter ü. d. M.

Einzelne felsige Höhen an der Donau haben auf den Namen Berg keinen Anspruch, denn obgleich sich manche von ihnen, wie z. B. die Kalksteinkuppe nordwestlich von Hirschowa mit ihrer Seehöhe von 60 Klaftern, recht stattlich über die Flussniederung erheben, so werden sie doch von den ungleich höheren Lehmflächen der Nachbarschaft landeinwärts bei weitem überragt (vgl. oben S. 92, 93). Dasselbe würde von den

Grünsteinbergen bei Petschenjaga gelten, wenn nicht das zusammenhängende Gebirge, von dem sie nur vorgeschobene Posten sind, noch höher anstiege wie der Lehm, so z. B. der Durbetschrücken mit 102·4 W Klaftern.

Hiemit haben wir aber schon den südwestlichen Rand des B e r g l a n d e s erreicht, welches die nördliche Dobrudscha einnimmt.

Es zerfällt naturgemäss in drei Gruppen, von denen jede in Folge geologischer Besonderheit ihre eigenthümliche Physiognomie hat.

Die s ü d l i c h e Gruppe ist ein geschlossenes Waldgebirge mit wenigen, nur an ihrer Mündung tief einschneidenden Thälern, einem vielkuppigen, zum grössten Theile aus Kalkstein bestehenden nordöstlichen und einem aus langgestreckten Schieferzügen mit stark aufgeworfenen Wällen aus Porphyr und granitischen Gesteinen gebildeten südwestlichen Rande. Im Nordosten sinkt es zur Lehmterrasse herab, welche den Hauptzweig der Donau begleitet; südöstlich verflacht es sich allmählich zur hohen und breiten Lehne aus Löss, die kaum merklich zur Mündung des Lagunengebietes abfällt, hart am Basin aber einzelne Ausläufer des Gebirges als ausgezeichnete Vorgebirge (Burun, Nase) — Cap Dolaschina, 39 Klafter, und Kara-burun, 47 Klafter über der See — hervortreten lässt. Das herrschende Gestein, im Innern und an den beiden Vorgebirgen ist ein gelblicher dünngeplatteter Kalkmergel, zum Theil reich an Kieselausscheidungen, dessen beinahe wagrecht liegenden Schichten zwischen den Felsmassen jener Ränder eingepresst sind. Einen Gesammtnamen für dieses Gebirge gibt es nicht, da jedoch die Stadt Babadagh in einer schönen Bucht seines nordöstlichen Randes Platz genommen hat, da, wo derselbe sich der Lagune zuwendet, und Babadagh zu deutsch Altgebirge oder Altvatergebirge heisst, so muss dieser Name wohl auf die ganze, durch ihren unverwüstlichen Holzreichthum und ihre milden angenehmen Formen dem Türken sympathische Gebirgsgruppe, bezogen werden. Die älteste, ehrwürdigste Stadt des Landes hat er an diese üppig grünen Berge gelehnt und halb in deren Saum verborgen. Den reichlich hervorbrechenden Quellen folgend, hat er seine Hauptverkehrslinien, die Strasse vom Donau-Delta nach Stambul, über ihren Rücken geführt [1]).

Zur Charakteristik des Reliefs will ich einige Höhenbestimmungen anführen. Die Kalksteinkuppen des nördlichen Randes schwanken zwischen 56 (südlich von Satunov, nordwestlich von Babadagh) und 90 Klafter über dem Meere, welche letztere Zahl die Seehöhe des Kera-Bair südlich vom Dorfe Baschküi bezeichnet. Von den beiden im Innern des Gebirges gelegenen Dörfern hat das östliche, Tschukurowa an den Ursprüngen des Slavabaches die mittlere Seehöhe von 123–124 Klafter und ist von Baschküi durch einen 138 Klafter hohen Sattel getrennt. Das westliche, Atmadscha (Falkendorf) erreicht sogar 169 Klafter, und dessen nördliche Umrandung mag mehr als 190 Klafter hoch sein. Südlich aber steigt eine sanfte Lehne zu der grell aufspringenden Granitkuppe Sakar-Bair oder Goldberg an, der mit 261 Klafter Seehöhe nicht nur der höchste Berg dieser Gebirgsgruppe, sondern der ganzen Dobrudscha ist. Viel weniger bedeutend ist die Höhe des westlich anschliessenden Gebirgsrückens aus Porphyr, der östlich wieder auftaucht und beim Dorfe Kamena nur 107 Klafter erreicht. Ungefähr ebenso hoch ist die Kammhöhe zwischen diesem Dorfe und Babadagh, welches mit seiner höher gelegenen Häusergruppe bis 26 Klafter über dem Meeres-spiegel ansteigt und von einem 135 Klafter hohen Rücken beherrscht wird. Geringer wird die Höhe dieses Rückens weiter östlich, denn zwischen der Lagunenterrasse am Wege von Pascha Kischla und dem Dorfe Vesterna, dessen kleines Thal sich gegen den See von Babadagh öffnet, beträgt die Kammhöhe nur 126 Klafter. Der lange und ziemlich breite Zug aus Schiefern und Grünsteinen, der die äusserste südwestliche Umwallung der Gebirgsgruppe bildet, macht sich viel weniger durch grelle Formen als durch die Verbreitung seiner allent-

---

[1]) Diese Linie ist von der Natur so genau vorgezeichnet, dass schon die Heerzüge des Alterthums gleichwie die modernen ihr folgen mussten, so Darius, so Marschall Diebitsch, deren Marschlinien wahrscheinlich auf der ganzen Strecke zwischen Isaktscha und Varna zusammenfallen (vgl. General Jochmus: Notes on a Journey into the Balkan. R. Geograph. Society of London. 28. Nov. 1853).

halben unter dem Driftlehm anstanehenden Gesteine auffallend und dürfte sich selbst in der höchsten, über den Sakar-bair laufenden Terrainwalle nicht wesentlich über 150 Klafter erheben.

Diese wenigen Höhenpunkte möchten genügen, um die Plastik der ganzen Gruppe anschaulich zu machen, sie dürften aber nicht übergangen werden, damit die verhältnissmässig geringe Anzahl von Höhenbestimmungen und die eigenthümliche Lage der beiden Dörfer im Innern des Gebirges nicht eine ganz irrige Vorstellung über die Formverhältnisse desselben aufkommen lasse.

Ich nannte den Babadagh oben ein Waldgebirge. Er ist dies im vollsten Sinne des Wortes. Allenthalben, von den äusseraten Vorbergen aus Kalkstein, die aus der sumpfigen Thalsohle des Taizabaches emporsteigen, bis zu dem Schieferzug im Südwesten sehen wir eine Walddecke vor uns, die freilich durch das tolle Beginnen der Holzausbeutung von Seite der (deutschen!) Dörfer Tschukurova und Atmadscha schon arg gelitten hat. Im Bereiche dieser Dörfer hat die Buche *(Fagus silvatica)* einigen Antheil an der Bildung der Wälder. Am Nordabhange des Sakar-bair herrscht sie von 210 Klaftern Seehöhe an und scheint sich sporadisch über benachbarte Höhen zu verbreiten, die nicht unter dieser Grenze liegen. Im Allgemeinen besteht der Bergwald aus gemischten Laubhölzern, namentlich aus Hainbuchen und Silberlinden. Sie beginnen im Südosten zwischen Pascha-kischla und Vesternja schon bei 120 Klafter und reichen nördlich bis zu 100 Klafter herab. Im Übrigen sind es schöne Eichenbestände, welche die Flanken der Berge, die zwischen ihnen gelegenen Hochwalden und Thäler bekleiden.

Bevor ich von dieser Gebirgsgruppe zur nächsten, der nordwestlichen, übergehe, muss ich noch zweier Umstände gedenken.

Wo der Taizabach seine enge Thalsohle verlässt, um über das kleine Dorf Tschinili gegen Baschkiöi (14 Klafter über der See) hinabzueilen, da erhebt sich ein mächtiger Kegelberg, der an seinem nördlichen Fusse von diesem Bache umflossen wird, südlich aber durch eine schmale, von Lehm halbausgefüllte Rinne vom Nordrande des Babadagh getrennt ist. Er sperrt scheinbar das ganze Thal ab, besteht aus Porphyr mit

Fig. 4.

| Kreidemergel | Berge von Terberun 700—750? Thonschiefer u. Quarz.) | Pomali 200 ?' | Dorf Tschinili | Porphyr kuum | | Thal von Atmadscha (Trias- bechere.) | Dorf Alt- heilei (untere Trias) | Berge von Mulbach) 670—730? (Porphyr u. Melaphyr) | Sandsteinzüge des unteren u. oberen Trias (ib. 40.° | Kalkstein- hügel |

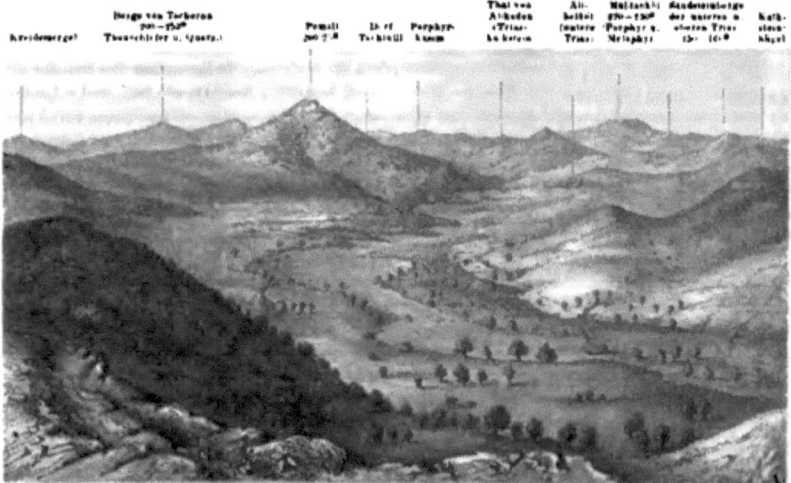

ein wenig Kalk und Mergelschiefer, hat die Seehöhe von 20·25 W. Klafter und führt den Namen Pomsil (Fig. 6).

Drei Viertelmeilen westlich von ihm liegt die Wasserscheide zwischen dem Taizabache und der alten
Petschenjaga, von der wir bereits wissen, dass sie der Donau zufliesst. Diese Wasserscheide besteht aber
nicht bloss aus Lehm, wie man dies aus den Formen der weiten Thalung zwischen dem Babadagh und den
bedeutenden Höhen vermuthen möchte, die das obere Taizathal umgeben, sondern zum grossen Theile aus
einem Vorsprunge des Babadaghmergels, der, durch ältere Gesteine gestützt, in der Form eines recht auffallenden Riegels zwischen den Dörfern Ak-punar und Ortaküi nordwärts hereingeschoben ist. Seine Seehöhe beträgt nach meiner (wegen Gewitters nicht ganz sicheren) Messung 111 Klafter, während das letztgenannte Dorf am Taizabach nur 34 Klafter hoch liegt. Dieser Riegel ist offenbar eine Folgeerscheinung der
hohen Terrainwelle von Atmadscha und macht, dass der Babadagh, rein orographisch genommen, mit der
nordwestlichen Gebirgsgruppe in directe Verbindung tritt, so wie der Porphyrberg Pomsil diese Verbindung
im geologischen Sinne wirklich herstellt.

Eine viel stärkere Zersplitterung und einen viel grösseren, selbst in Vergleich mit Hochgebirgsländern
auffallend zu nennenden Formenreichthum zeigt die nordwestliche Gebirgsgruppe.

Ich nenne sie nach der bedeutendsten Niederlassung in ihrem Bereiche, nach der bekannten türkischen
Stadt an der Donau, die Gruppe von Matschin.

Die geographische Gliederung derselben fällt zusammen mit den Grundlinien ihres geologischen Baues.
Ich kann deshalb bei der allgemeinen Besprechung der orographischen Verhältnisse des Hinweises auf das
relative Alter der einzelnen Glieder des Gebirges nicht ganz entbehren.

Blicken wir auf das nordwestliche Ende, die unmittelbare Umgebung von Matschin, so macht sich zunächst jener gegen Braila zu vorspringende Sporn als Ausläufer einer sehr umfänglichen Partie von krystallinischen Gesteinen bemerklich. Die schiefrige Hauptmasse derselben ist sammt den in ihr steckenden granitischen
und grünsteinartigen Massengesteinen von Nordwest nach Südost gestreckt. Es ist dies nahezu dieselbe
Richtung, nach welcher beide Ränder der Gebirgsgruppe von Babadagh verlaufen und überhaupt das Hauptstreichen sämmtlicher aus den Driftablagerungen der Dobrudscha auftauchenden Gebirgsmassen. Selbst in
jenem Sporne, namentlich in seiner westlichen Hälfte, hält die Schichtung der krystallinischen Schiefer die
angegebene Streichungsrichtung ein. Dieselben sind demnach augenfällig das älteste Gebilde des Landes.
Sie bilden aber nichts weniger als eine durch ihre Höhe ausgezeichnete Kette. Die höchste Kuppe, östlich vom
Wege nach Vaka-Reni (das wahre oder Alt-Reni) erreicht nur eine Seehöhe von 87 W. Klafter. Auch die Formen
sind rundlich mit wenig blossgelegten Felsen. Gerade das Gegentheil gilt von der Westseite der Hauptgebirgs-
masse. Ein ungemein schroffes vielgipfeliges Gebirge, welches bei weitem höher zu sein scheint, als es wirklich
ist, tritt dem Reisenden entgegen, wenn er sich, gleichviel von welcher Seite her, der Stadt Matschin nähert.
Die Einschnitte zwischen den einzelnen Gipfeln sind auffallend tief und diese selbst zeichnen sich als spitze
Pyramiden, ja mitunter nadelgleich verschmächtigt am Horizonte ab. Einen derselben, den ich für den höchsten
hielt, der aber von seinem südlichen Nachbar um mehrere Klafter überragt wird, bestimmte ich mit 178·54 W.
Klaftern, den nördlich darauf folgenden Sattel mit 123·75 W. Klafter. Der Unterschied beträgt also beinahe ein
Drittheil der Gipfelhöhe. Treffender als die lange Beschreibung mag die hier beigegebene Ansicht der nördlichen
grösseren Hälfte des Gebirges (Fig. 7) seinen Formencharakter darstellen, so wie ein Blick auf das weiter unten
folgende Bild (Fig. 14) die Verhältnisse der Hauptmasse zu dem oben besprochenen Ausläufer erkennen lässt.

Dem höchsten Gipfel entspricht auch die grösste Massenentwickelung und ein dem Gesteinsbaue nach
rechts complicirter Vorsprung zieht von ihm in das Terrassenland herab. Bis zu diesem Punkte will ich die
Kette das Matschiner Gebirge nennen. Die südliche (südöstliche) Fortsetzung desselben verfliesst mit
einer viel höheren, aber weniger schroffen Partie, welche ich in der Folge unter dem Namen Gebirge von
Gretschi anführen werde. Es bildet die längere Hälfte der ganzen krystallinischen Masse, die im Osten
von einer nordnordwestlich streichenden Spalte begrenzt wird. Diese Spalte setzt nicht allenthalben bis auf

den Grund des Gebirges durch,
sondern lässt einen beiläufig
120 Klafter hohen Sattel übrig[1],
von dem nördlich der Bach von
Langaviza auf schmaler Sohle
der Donau zuläuft, südlich aber
der bereits genannte Bach von
Taiza entspringt, um durch ein
weites offenes Thal zu dem
Hauptquerthal zu gelangen, welches den Babadagh von der hier
besprochenen Gruppe scheidet.

Bevor ich das Gebirge von
Gretschi und die daran stossenden Abtheilungen näher be-
zeichne, muss ich noch auf den
zweiten Ausläufer oder
Sporn hinweisen, der gerade
gegen Galatz vorspringt und
dabei das Hauptstreichen sehr
genau einhält. Er hängt mit der
Gebirgsmasse von Matschin keineswegs zusammen, ist vielmehr,
wie die Karte zeigt, durch eine
breite Lehmterrasse davon getrennt. Leider tauchen nur zwei
erhebliche Gesteinspartien aus
dem Niveau der jüngsten Ablagerungen auf. Am äussersten
Ende bilden Thonschiefer und
Quarzit mit etwas Grünstein
einen bei ¼ Meile langen Bühl.
Namens Bajak, der kaum mehr
als 30 Klafter über den Wasserspiegel emporragt[2]. Zunächst
am Dorfe Garbina erhebt sich
eine schöne Gneisskuppe 66 Klafter hoch, die in geologischer
Beziehung dadurch bedeutsam
wird, dass in ihrer untern Hälfte

[1] Ich hatte nicht Gelegenheit, denselben zu messen.
[2] Es wurde hier Gestein für Galatz
gebrochen und daher mag die
Vermuthung entstanden sein,
das ganze Matschiner Gebirge
bestehe aus thonschiefrigen Gebilden (vgl. Lit. Nr. 20)

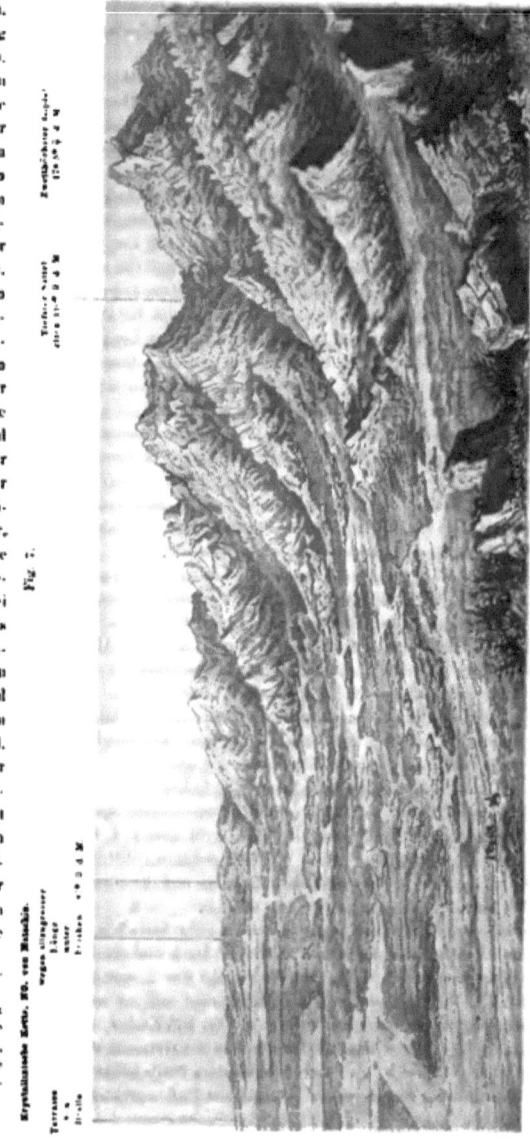

ein sehr charakteristischer Gneiss erscheint, der dem siebenbürgisch-serbischen und österreichischen gleich-zustellen (bojische Stufe) und offenbar die uralteste Gesteinsbank der Dobrudscha ist.

Das Gebirge von Gretschi oder Soganlük (Zwiebeldorf), ein mächtiger, geschlossener Bergwall mit fünf kurz zugespitzten Hauptgipfeln, ist die krystallinische Hauptmasse des ganzen Landes. Die Seehöhe des Gipfels, der unmittelbar über dem Dorfe ansteigt, und wie ich glaube, der höchste ist (wenigstens nennen ihn die rumänischen Dorfbewohner Znznjat mare, den Hochspitz), bestimmte ich auf 253 Klafter. Die ande-ren vier können nicht viel niedriger sein, doch hält es wegen einer grösseren Anzahl von Felsmassen, die sich erst bemerklich machen, wenn man den Hauptkamm erreicht hat, schwer, das Maximum der Gipfelhöhe anzugeben. Die Kammhöhe vermöchte ich kaum annäherungsweise zu bezeichnen; weniger als 200 Klafter kann sie keinesfalls betragen. Dieses Gebirge hat somit eine ganz andere Physiognomie wie die Kette von Matschin. Seine Abhänge sind viel weniger schroff und viel reichlicher bewaldet. Es verfliesst auch nicht unmittelbar mit ihr, sondern zwischen dem Hauptgebirge und einer Hügelreihe, die sich vom südlichen Vor-sprunge der Matschiner Berge dem Hauptstreichen nach bis zum Dorfe Gretschi erstreckt, öffnet sich eine von Lehm erfüllte Bucht, die in eine ziemlich tiefe, nach Lungaviza hinüberführende Einsattelung umbiegt.

Trotz ihrer orographischen Bedeutsamkeit enthalten diese beiden Abtheilungen der Matschiner Gruppe doch keineswegs die ältesten Gebilde derselben, als welche ich schon oben den Gneiss von Garhina und die Schiefer des Spornes gegen Braila genannt habe. Granitgesteine und Feldspath führende Schiefer wechseln, mächtige Lagerbänke darstellend, mit Phylliten, grauwackenartigen Felsarten und Grünsteinen, welche Letzteren auch gangförmig alle anderen, im Ganzen ausgezeichnet geschichteten Bestandmassen durch-schwärmen. Die Schichten fallen unter einem Winkel von ungefähr 30 Graden in Nordost ein und errei-chen als gneissartige Schiefer die Thalsohle jener Spalte zwischen Lungaviza und Taiza, bei welchem letzt-genannten Dorfe wieder ein ziemlich schroffer, aber nur mässig hoher Felskamm von Granit mit vielen Stücken von Grünstein aufspringt und jene zurückstaut.

Die nun südlich folgende Abtheilung, das Gebirge von Tscherna, hat wieder ihre besonderen Eigen-thümlichkeiten, durch die sie sich von ihrer nördlichen Nachbarschaft sehr auffallend unterscheidet. Allerd-ings besteht noch ein geschlossener Hauptkamm. Seine Höhe fand ich an einem der Übergänge zwischen Hands-barka und Tscherna 206·51 Klafter über dem Meere. Aber die noch bei Gretschi geringfügigen Vor-hügel sind hier zu bedeutenden Berggruppen angewachsen, welche die Lehmstufe des genannten Dorfes in eine weitläufige Kesselausfüllung verwandeln. Auch gibt es hier keineswegs feldspathführende Schiefer mehr (Granit erscheint im Hauptkamme nur höchst untergeordnet), sondern chloritische Schiefer und Phyllite bilden mit etwas körnigem Kalkstein die Vorberge, Quarzitschiefer und phyllitartige Gesteine, wohl auch ganz matte, sehr dunkel graue Thonschiefer den geschlossenen Höhenzug. Dafür tauchen hart am Strome ganz neue und selbstständige Gebirgsmassen auf: der aus einer schönen Granitvarietät bestehende Sersem-bair oder Jakobsberg bei Turkoje, eine andere Granitgruppe und einige kleine Porphyrberge weiter süd-lich. Der genannte Berg überragt mit seiner, von dem k. k. Geographencorps vom linken Donauufer aus trigonometrisch bestimmten Seehöhe von 181. richtiger vielleicht 170 Klaftern (vgl. Lit. Nr. 25, Anmerkung S. 110) alle anderen Vorberge zwischen Tscherna und der Donau und ist auf viele Meilen weit vom Strome und von der walachischen Niederung aus sichtbar.

Östlich von der Spaltenlinie Lungaviza-Taizathal herrschen, wie dies die Karte zeigt, ganz andere geo-logische Elemente, wie die bisher berührten. Doch sind damit die alten Schieferstufen noch keineswegs völlig verschwunden. Sie bilden vielmehr beinahe den ganzen sehr ansehnlichen Höhenzug, der das Taiza-thal von dem östlich folgenden Losowathale trennt und von welchem ich einen Punkt, wahrscheinlich den allerhöchsten, unweit vom Dorfe Maidankiöi, bei 236 Klafter über dem Meere fand. Auch gegen Lungaviza hin macht sich eine von beträchtlichen Stücken von Grünstein durchsetzte Zone der alten Schiefer bemerk-bar. Allerdings kann ich, wie im stratigraphischen Theile näher erörtert werden soll, nicht behaupten, dass diese Schiefer einer und derselben geologischen Stufe angehören. Es ist mir sogar im hohen Grade wahr-

scheinlich, dass ein guter Theil davon bereits der Trias bei-
gezählt werden müsse. Orographisch aber sind sie von den
älteren Thonschiefern nicht wohl zu trennen.

Entschieden von mesozoischem Alter, genauer bezeichnet,
zur Trias gehörig, sind alle anderen, in dieser Gebirgsgruppe
ersichtlich gemachten Gebilde, gleichviel ob sie eine schiefrige,
sandsteinige und kalkige Beschaffenheit haben oder Eruptivgesteine seien.

Die ersteren würden an und für sich keinerlei neue Formen
in die Physiognomik ihrer Gruppe einführen. Sie würden vielmehr einfache, dem Hauptstreichen des westlichen Gebirges
folgende Züge von allmählich abnehmender Höhe darstellen.
Dies umsomehr, als die Kalksteine der unteren Trias kaum
irgendwo merklich emporgestossen sind, und Kalksteine der
oberen Trias hier keine wesentliche Rolle spielen. Die Eruptivgebilde aber ändern insofern die Scene, als sich zwei derselben,
ein melaphyrartiges Gestein und ein ausgezeichneter Quarzporphyr, an mehreren Punkten und in sehr beträchtlichen Massen
zwischen jene eindrängen. So bildet der Porphyr den schon
oben erwähnten Kegelberg Pomsil bei Tschinili (Fig. 6) und, der
Streckung desselben entsprechend, eine Reihe von Felskämmen
im östlichen Höhenzuge des Lossowathales. Der Melaphyr, der
sich beinahe unmittelbar an jenen anschliesst, erlangt aber
noch eine viel höhere geotektonische Bedeutung, indem er südlich von Isaktscha einen kolossalen Stock ausmacht. Die aben-
teuerliche Form desselben, wie sie sich auf der Karte ausdrückt, ist offenbar nichts anderes, als eine Folge von grossen,
längst vor der Driftperiode erfolgten Einstürzen, die nur ein
Ringsegment davon stehen liessen, dessen innerer Rand durch
lehmerfüllte Thaleinrisse mehrfach gekerbt ist. Hart an der
Donau bei Rakelu und bei Isaktscha selbst erscheinen noch einzelne Felsmassen davon unter der Lehmterrasse.

Wie denn alle in dieser östlichen Hälfte der Gebirgsgruppe
inbegriffenen Höhen bewaldet sind, so auch der besprochene
Überrest jenes Melaphyrstockes. Nur hat es die minder leichte
Zugänglichkeit desselben mit sich gebracht, so wie auch der
Reichthum an Eichenbeständen, die ehedem die Terrasse von
Isaktscha schmückten, dass seine Laubholzwälder etwas besser
geschont wurden und dass uns seine wenig schroffen und ziemlich gleichmässigen Höhen als ein ausgezeichnetes Waldgebirge
erscheinen. Ich gebe hier (Fig. 8) eine Ansicht davon, die etwas
mehr als ein Drittheil des Kreisbogens ausmacht, den man
von dem äussersten Vorsprunge des nordwestlichen Randes
unweit von Isaktscha aus überblicken kann. Darauf sind auch
die wenigen Höhen bezeichnet, die ich gemessen habe, und
von denen der höhere Gipfel der Piatra rosch (rother Felsen)
bei Nikulizel (mit 168 Klafter Seehöhe) nicht wesentlich hinter

dem Maximum zurückbleibt, welches das Gebirge in der Nähe des grossen rumänischen Klosters Kokosch erreicht.

Was die Nomenclatur dieser Partien betrifft, so kann es nicht zweifelhaft sein, dass dem Melaphyrgebirge mit dem Wenigen, was von Kalkstein daran hängt, der Name Gebirge von Isaktscha gebühre.

Hinsichtlich der südöstlichen Abtheilung bin ich aber in grosser Verlegenheit, welchem der Dörfer ich die Ehre zuerkennen soll, den Namen für die ganze meilenweite Gebirgspartie abzugeben. Da ich bisher stets peripherisch gelegene Orte wählen konnte, so entschliesse ich mich auch hier für ein Dorf, welches am Rande des Gebirges gegen das innere Lehmplateau liegt und ziemlich genau die Mitte des Abstandes zwischen dem Teliza- und dem Taizabache bezeichnet. Ich will also die südöstliche Partie das Gebirge von Trestenik nennen. Das Dorf selbst steht etwa 40 Klafter über der See an einem kleinen, gegen Nalbant südwärts abrinnenden Bach; der nächste Sandsteinberg, an den sich in Form einer Gehängestufe etwas dunkelgrauer Kalkstein der unteren Trias anschliesst, hat die Seehöhe von 153 Klaftern (vgl. Fig. 6). Einen tiefen Einschnitt zwischen beiden Abtheilungen bildet die Weitung, in welcher der Telizabach entspringt. Die ausserordentliche Höhe, welche der Lehm in dieser Gegend erreicht (bei 71 Klafter über dem Meere), macht, dass der Einschnitt auf der geologisch colorirten Karte wie einfach erscheint. In der That aber besteht er aus zwei vollkommen getrennten Thälern mit gleich starken Bächen. In dem nördlichen derselben steht hoch am Gehänge das Dorf Teliga und hat die Sohle hart dabei die Seehöhe von 45 Klaftern. Im südlichen Thale, welches einer der lieblichsten und frischesten Winkel der ganzen Dobrudscha ist, befindet sich am Bache, 41.5 Klafter über dem Meere, das kleine Mönchskloster Tschilik. Prachtvolle, zumeist aus Hainbuchen und Silberlinden bestehende Wälder bedecken die Gehänge, in denen der Lehm an vielen Punkten die Triasgesteine hervortreten lässt. Hoch oben erhebt sich aus dem südlichen Gehänge des Tschilikthales eine imposante Bergmasse von einem granitartigen Gestein 170 Klafter über das Meer und correspondirt mit den Melaphyrgipfeln bei Nikulizel. Westlich davon aber und südlich vom letztgenannten Orte stellt sich eine Art von Plattform her, welche allmählich gegen das Lossowathal zu absinkt, von den Thon- und Mergelschiefern bei Maidankiöi gestützt, sonst allenthalben von nicht unbeträchtlichen Höhen umrandet wird. Ein starker Zufluss des Telizabaches entspringt im nordöstlichen Winkel derselben. Die Seehöhe dieser Plattform oder, vielleicht richtiger gesagt, dieser eigenthümlichen, kesselartig eingezwängten Gebirgsstufe, beträgt nach einer barometrischen Messung, welche nächst jener Quelle vorgenommen wurde, nicht weniger als 152 Klafter. Ich habe diesen Fleck auf der Karte durch die Farbe des Diluviallehms ersichtlich gemacht, doch versteht es sich nach dem Gesagten von selbst, dass damit nicht eines der gewöhnlichen Terrassengebilde, wie hoch dieselben auch stellenweise ansteigen, gemeint sein könne [*].

So viel zur allgemeinen Orientirung über die nordwestliche Gebirgsgruppe, die ich zur leichteren Übersicht in die beschriebenen fünf Abtheilungen zerlegte.

Es erübrigt nun noch eine kurze Betrachtung des nordöstlichen Drittheils, von dessen Rändern schon im hydrographischen Kapitel mehrfach die Rede war. Nachdem wir es bei den besprochenen zwei Hauptabtheilungen der nördlichen Dobrudscha, bei der Gruppe von Babadagh und der Gruppe von Matschin mit mehr oder weniger fest geschlossenen Gebirgsmassen zu thun gehabt, welche von Lehmablagerungen, zumeist von wahren Driftterrassen umgeben, und nur hie und da in ihren bedeutenderen Thälern von solchen erfüllt sind, so treffen wir Angesichts der dritten grossen Abtheilung, die wir als Gruppe von Tuldscha zu bezeichnen allen Grund haben, auf ein ausgedehntes Lehmterrain, aus dem sich die älteren, das Grundgebirge herstellenden Gebilde zumeist nur in der Form von einzelnen Bergen und Kuppenreihen, zum kleineren Theile als wahre Gebirgszüge erheben.

Die Bestimmung der Seehöhe des Lehms, welcher ein so wesentliches Element des Bodens bildet, und welchen wir ziemlich rückhaltlos als eine echte Diluvialablagerung erklären dürfen, ist hier von weit

---

[*] Eine eben so hohe Lehmablagerung von zweifelhaftem Alter fand ich am westlichen Abhange des Zuzuja mare; auch bei Atmadscha liegt der thatausfüllende Lehm bei 160 Klafter über dem Meere.

grösserem Belange, wie bei den früheren betrachteten Gruppen. Es würde eine sehr grosse Anzahl von einzelnen Höhenmessungen erforderlich sein, um das Relief dieses Landes einigermassen genau auszudrücken. Die wenigen, die ich wirklich angestellt und auf der Karte verzeichnet habe, können nur insofern auf Beachtung Anspruch machen, als sie in der That für ganze Regionen als massgebend gelten dürfen.

Ein Blick auf die Karte zeigt uns ein grosses Trapez, welches im Westen vom Gebirge von Trestenik und vom östlichen Flügel des Melaphyrstockes, im Norden vom Stromdelta, östlich von den Lagunen und südlich vom Taizabache mit dem See von Babadagh begrenzt wird. Der Scharikaberg (121·38 Klafter ü. d. M.), eine ziemlich schroff gegen Norden und Nordost zu abfallende Masse und eine schmal im Lehm (Löss) auslaufende Fortsetzung derselben bilden südlich von dem Dorfe Parkisch an der Donau das äusserste Ende des Melaphyrstockes. Östlich davon erheben sich Kalksteinberge, deren Seehöhe bei Samova 80 Klafter kaum überschreitet, und die dem Deltarande entlang, an Tuldscha vorüber, bis in die Nähe von Malkodsch fortstreichen. Die 98 Klafter hohe Porphyrkuppe Tafschan-bair (Hasenberg) südlich von Kischla unterbricht diesen beinahe geschlossenen Kalksteinrücken, der nun, je weiter östlich um so höher, ansteigt und durch mächtige, ihn fast verhüllende Lehmablagerungen zu einem breiten Walle verdickt wird. Der Uferstrich von Parkisch, Samova, Tuldscha, Malkodsch mit seinen, die Seehöhe von 40 Klaftern nicht erreichenden Terrassen und einzelnen ziemlich hoch aufspringenden Grundgebirgsmassen östlich von der Hauptstadt (Steinbruchberg, SSO. von Tuldscha, 83·43 Klafter ü. d. M.) wird durch diesen Wall von den südlich gelegenen Niederungen des Telizabaches vollkommen getrennt.

Für die Höhe des Walles, so wie auch für das Niveau, welches der einhüllende Lehm als Überrest einer sehr hohen, mit den fremden moldauisch-walachischen Terrassen correspondirenden Drittablagerung hier einnimmt, mögen folgende Höhenbestimmungen als massgebend gelten. Die Übergänge südlich von Tuldscha fand ich:

Am Ursprunge des Derin-dere trockenen Grabens SSW. von der Stadt auf Löss . . . . 90·42 Klafter
Auf der Höhe Lipka, S. von der Stadt, auf kieseligem Triaskalkstein . . . . 102·45 „
SO. von der Stadt, Kuppe am Wege nach Adachigjöl, aus schwärzlichem Triaskalkstein bestehend . 113·11 „
über dem Meere.

Eben so wenig wie hier besteht zwischen dem Melaphyrstocke und dem besprochenen Kalksteinzuge eine tiefe Einsattelung. Die alte Heerstrasse zwischen Isaktscha und Babadagh, die übrigens, beiläufig bemerkt, gerade in dieser Gegend beinahe spurlos verwischt und in einen gewöhnlichen Fahrweg verwandelt ist, hat einen bei 50 Klafter hohen Lehmrücken zu übersteigen. Zunächst dem Kalksteinzuge, südwestlich vom Tafschan-bair, fand ich das Lehmniveau sogar 70-86 Klafter über der See. Von einem ehemaligen Stromlaufe in dieser Richtung, den einzelne Reisende vermutheten, kann somit nicht die Rede sein. Die österreichische Karte (Lit. Nr. 26 c), wie unrichtig sie auch in vielfacher Beziehung ist, drückt durch ihre grelle Terrainzeichnung den strategisch wichtigen Gebirgswall und seine Überschreitung durch jene Strasse doch in befriedigender Weise aus. Eine geologische Karte, die sehr hohe Driftlagen von den mittleren und unteren nicht abscheiden kann, gibt, je richtiger sie in ihrer Art ist, von solchen Gebieten ein um so weniger genaues Terrainbild. Ich habe deshalb in der südöstlichen Umgebung von Tuldscha die Oberflächenausdehnung des Grundgebirges stark übertreiben müssen, um beiden Zwecken meiner Karte einigermassen zu genügen.

Dies gilt namentlich von dem starken Triaskalkflügel, der sich südlich von Malkodsch zwischen Tuldscha und Adachigjöl (Bitter-See) erstreckt. Es soll dadurch keineswegs ein formenreiches Kalkgebirge ausgedrückt werden, sondern vielmehr ein langer und breiter Rücken, welcher vom besprochenen Nordwalle in südöstlicher Richtung abgezweigt ist, und in dem sich bei mehr detaillirter Untersuchung mehrere einzelne, mit Lehm erfüllte Mulden und Quervertiefungen hätten verzeichnen lassen. Überhaupt hält es hier schwer, unter der mageren aber dichten Grasnarbe, unter dem schon weit ausgedehnten Feldbau und den Eichengesträuppen, welche als Überrest einstiger Hochwälder alle diese Höhen bedecken, nachzuweisen, ob mächtige Lehmmassen oder ein schwach von lohmigem Boden überlagerter Kalk- oder Sandstein den Untergrund bilde.

Von jener Abzweigung weiter östlich sinkt die Höhe des Lehmwalles merklich herab. Die Grundgebirgsformen werden dadurch deutlicher und es sind nun wahre Berge aus sandigem Quarzit und Sandstein, welche auf der Karte südlich von Malkodsch, dem wegen seiner Hausenfischerei und Caviarbereitung einst berühmten Dorfe Prislav und der Fischercolonie Perlita angegeben sind. Einen derselben, der aus einem längern Rücken südöstlich von dem erstgenannten Dorfe ansteigt, hat die Seehöhe von 63·67 Klafter; ein Anderer, südöstlich von Prislav, ist um ungefähr 10 Klafter höher und macht auch, dass der stark gesunkene Lehmwall sich wieder in einer beträchtlicheren Seehöhe erhalten konnte. Doch in der weiten Grundgebirgslücke zwischen diesem Berge und dem schon in früheren Abschnitten öfters genannten Rücken Besch-tepe (der Fünfkuppige) wird der Lehmwall neuerdings so niedrig, dass er erst in den südlich verlaufenden Hügelzügen aus Triaskalksteinen sein eigentliches Widerlager findet. Das Dorf Türkisch-Besch-tepe

Fig. 9.

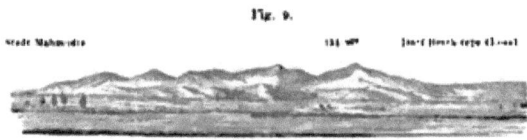

Ansicht der Bergreihe Besch-tepe vom Sulina-Arm.

am westlichen Fusse des gleichnamigen Gebirges hat wieder eine Seehöhe von ungefähr 50 Klaftern. Das geologisch sehr einförmige, seinen Formen nach aber nicht unschöne Gebirge, von dem ich beistehend zwei Ansichten gebe (Fig. 9 und 10), steigt so jäh aus diesem Niveau auf, dass schon die erste seiner fünf Kuppen die Seehöhe von 134·36 Klaftern und damit zugleich seine grösste Erhebung erreicht. Mit der letzten, niedersten Kuppe, an deren Ferse die Stadt Mahmudié erbaut wurde, ist sämmtliches Gebirge zu Ende,

Fig. 10.

Die mittleren Kuppen der Besch-tepe (Fünf-Hügel), gesehen von dem westlichen Gipfel dieses Gebirges (Trias-Sandstein und Quarzit).

denn die nun folgenden kleinen Kalksteinmassen liegen, wie schon oben (S. 94 und 101) bemerkt, zum grossen Theile im Niveau des Delta's oder steigen, den Überrest von Driftlehmterrassen festigend, beim Dorfe Dunavez höchstens bis zu einer Höhe von 10 Klaftern empor. Der Kara-bair, südwestlich vom genannten Dorfe, den ich leider nicht betreten habe, kann etwa 20—25 Klafter über der See liegen, von der er einst als eine vorgeschobene Klippe oder kleine Insel umspült war.

So ist der nördliche Rand des trapezförmigen Stückes Land beschaffen, in dem die moderne Hauptstadt denjenigen Punkt des Ufersaumes einnimmt, der von der Natur am schärfsten gezeichnet, zugleich in landschaftlicher Beziehung am schönsten und den bisherigen Verkehrsverhältnissen am günstigsten gelegen ist (vgl. Taf. 1). Der dem Muselmann so widerwärtige Mangel an frischem Quellwasser war ein nicht zu beseitigender Übelstand bei Anlage der Stadt, doch gibt es am ganzen Nordrande keine Stelle, die in dieser Beziehung mehr begünstigt wäre und zugleich strategische Vortheile böte[1]). In den Jahren 1828 bis 1830 war Tuldscha ein unbedeutendes Dorf, und ein grosses Erdwerk stand im ausspringenden Winkel der Uferterrasse, die hier beiläufig 10 Klafter über dem Stromspiegel hoch ist. Von der Lage der gegenwärtigen, bei 3000 Häuser und 35000 Einwohner zählenden Stadt gibt Taf. 1 und die von mir à la vue gezeichnete Terrainskizze (Fig. 11) eine hinreichend klare Vorstellung.

Da ich in späteren Abschnitten dieser Abhandlung auf die anderweitigen Verhältnisse der Hauptstadt werde zu sprechen kommen, beschränke ich mich hier auf diese flüchtige Andeutung ihrer geographischen Lage.

Fig. 11.

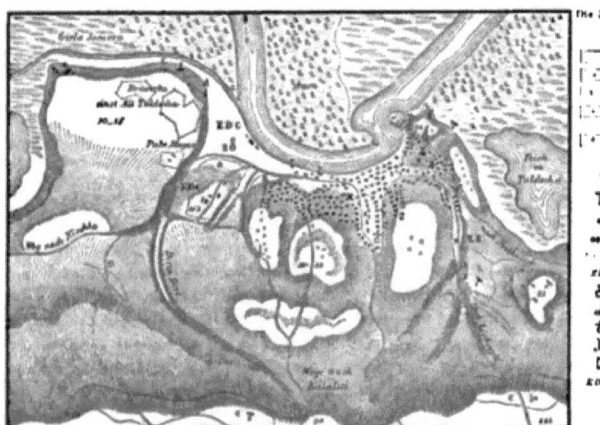

SKIZZE DER SITUATION VON TULDSCHA.

Über die in südlicher Richtung zwischen Tuldscha und Babadagh befindlichen Terrains kann ich mich kurz fassen.

Das Grundgebirge, zum Theil aus lichten, plump geschichteten, zum grösseren Theile aus dunkelfarbigen dünn geplatteten Kalksteinen bestehend, erscheint in der Form einzelner Berggruppen. Das südöstliche Gehänge derselben ist schon zu lange von der See verlassen, auch ursprünglich zu stark von Lehm umlagert, als dass schroffe, den einstigen Küstensaum deutlich verrathende Formen daran sollten erhalten sein. Es ist vielmehr die westliche Seite, die hie und da steile und mehr entblösste Felsgehänge besitzt. Der offenbar einst wasserreiche kleine Fluss, dessen Stelle heutzutage der Telizabach einnimmt, hat sie noch in einer viel spätern Zeit benagt.

Unter diesen Gruppen besitzt das Gebirge von Adschigjöl die bestentwickelten Umrisse. Sein Hauptgipfel, der mir (rumänisch) Djala en Curuna (Kronenberg) genannt wurde, ist über 100 Klafter hoch[2]) und

---

[1]) Isaktscha angenommen, welches jedoch unter den bestehenden Verhältnissen weder der Schifffahrt dienen kann, noch ohne Eisenbahnverbindungen im Innern und kostspielige Wasserleitungen, zur Hauptstadt geeignet wäre.

[2]) Vgl. Lit. Nr. 25, Höhennummer 60 und Anmerkung S. 450.

fällt steil gegen Norden ab. Ausser ihm bestimmte ich noch einen hervorragenden Höhenpunkt südöstlich vom Dorfe Kongas, in der hier oft hibriden, slavisch-türkischen Nomenclator Sibilski-bair genannt, der trotz seiner beträchtlichen Seehöhe (119·76 Klafter) nur wenige hundert Fuss aus der Lehmmasse hervorragt. Dieselbe ist zwischen diesen Berggruppen wieder so hoch angestaut, dass man an den Gehängen des Telizathales bei Katalui, Jenikiöi und Kongas die Nähe des Lagunengebietes nicht ahnen kann. Sämmtliche Berggruppen sind durch den Lehm derart verbunden, dass sich ähnlich, wie an der Stromseite des Trapezes, auch hier eine grosse wallartige Erhöhung herstellt, die mit den niedrigen Grundgebirgsmassen nordöstlich von Adschigiöl zu einer das Lagunengebiet umsäumenden Bogenlinie verschmilzt.

Leider gelang es mir nicht, die oben genannten Thalpunkte, somit das Gefälle des Telizabaches zu bestimmen, weil die Barometer, trotz gleichzeitiger Ablesung absurde Resultate gaben. Richtigere, mit dem Augenschein gut übereinstimmende Messungen konnte ich auf der hohen Lehmterrasse anstellen, die den Raum zwischen dem Gebirgsrande von Trestenik und der Telizaniederung einnimmt.

Zwischen den Dörfern Althelkiöi und Nalbant, also nahe an jenem Gebirgsrande, fand ich das Niveau derselben 91·66 Klafter, zwischen Nalbant und Katalui ¹/₂ Meile von letzterem Dorfe entfernt) 65·18 Klafter. Doch muss ich bemerken, dass auffallende Terrassenränder, wie man sie bei so grellen Niveauunterschieden erwarten sollte, nicht bestehen, sondern dass die einstigen Stufen völlig verwischt und in eine wellenförmige, hie und da von vertrockneten Rinnsalen durchfurchte Oberfläche verwandelt sind. Auch beschränkt sich die erstbemerkte beträchtliche Lehmhöhe auf die Nähe des Gebirges, reicht nicht über Nalbant hinaus und verdankt ihre Erhaltung einer ansehnlichen Kette von Kalksteinhügeln, die zwischen den genannten Dörfern, aber in beinahe rein östlicher Erstreckung verläuft, und deren Kuppen nur 6 bis 10 Klafter hoch über die Lehmniveau aufspringen. Südwärts, gegen Baserhklöi und Tschinili, fallen sie allerdings steil und tief ab (vgl. S. 107, Fig. 6).

Die merkwürdigste Erscheinung der grossen Lehmterrasse ist ein ganz isolirt auftauchender Berg von beträchtlicher Höhe und grellen Formen. Er steht zwischen den Dörfern Satunov (Neudorf) und Adschilar, und führt den interessanten (türk.) Namen Denis-tepe (Meereshügel). Von Trestenik her oder von den Höhen bei Kongas aus betrachtet, stellt er sich als ein ostwärts ausgebauchter, ungefähr ¹/₄ deutsche Meile langer Rücken dar, mit drei stumpfen Kappen, von denen die mittlere die höchste ist und nach meiner (barom.) Messung genau 125 Klafter über den See emporragt. Fasst man ihn jedoch von einem südlich oder nördlich gelegenen Höhenpunkte aus ins Auge, so erscheint er als ein schlanker, westwärts durch einen kleinen Vorsprung gestützter Kegel; so gleichmässig schärft sich seine Kammpartie zu.

Am besten erhält man dieses Bild, so wie einen trefflichen Überblick von dem ganzen innern Raum des Trapezes von Tultscha, der sich wie eine weite, vielkuppig umsäumte Mulde darstellt, am Tatschan-bair bei Kischla, und ich bedaure lebhaft, dass ich in der Zeichnung einer Halbrundsicht von diesem ausgezeichneten Orientirungspunkte aus zweimal durch Gewitter unterbrochen wurde.

Trotz der Einfachheit der Formen des Denis-tepe, auf den ich im stratigraphischen Theile noch flüchtig zurückkommen werde, ist die Lage seiner ganz und gar aus einem sehr festen weissen oder grauen Sandstein bestehenden Schichten doch keineswegs frei von Unterbrechungen. Ich habe zwei grell verschiedene Richtungen derselben auf der Karte ersichtlich gemacht.

Dass sich an einen derart auffallenden Berg die Sage geheftet hat, ist leicht begreiflich. Zu wiederholten Malen erzählten mir Anwohner verschiedenen Stammes von Ankerketten, Tauringen, ja sogar von den Kielen gestrandeter Schiffe, die sich auf diesem Berge befinden sollen, und man schüttelte ungläubig den Kopf, als ich versicherte, nichts von allen dem bemerkt zu haben.

So entbehrt denn auch diese letzte Abtheilung der nördlichen Dobrudscha trotz ihres Mangels an hohen und zusammenhängenden Gebirgsmassen keineswegs interessanter orographischer Verhältnisse und ist sowohl der Aufmerksamkeit des Geographen als auch des Studiums des Geologen vollkommen werth.

Hier wird es am Platze sein, über die hydrographischen Verhältnisse der Festlandmasse selbst noch einige Worte beizufügen.

Der atmosphärische Niederschlag ist in der ganzen Dobrudscha nach allem, was ich darüber vernahm, gering. Die vom Meere aufsteigenden Dünste werden von dem herrschenden Südoststrom rasch

fortgeführt und kommen in der Regel erst dem Berglande der Walachei und dem transilvanischen Hochgebirge zu Gute. Gleichwohl ereignen sich im Sommer sehr häufig von Nordwest oder Ostnordost heranzie-
hende Gewitter mit starken Regengüssen, welche die Niederschlagsmenge des Sommerhalbjahres auf eine
nicht unbeträchtliche Zahl erheben und sowohl zur Durchfurchung des Lössterrains als auch zur Erhöhung
der Thalsohlen und Verdrängung des Meeres wesentlich beitragen.

Ausser den Beobachtungen, die Herr J. Jerinich, Advocat in Galatz, seit 1855 regelmässig, aber hinsichtlich des
Luftdruckes mit einem allzu unvollkommenen Instrumente anstellt, und in besonderen Monatstabellen (Bulletin météorolo-
gique de la Station de Galatz) veröffentlicht, werden seit vier Jahren von meinem geehrten Freunde, Herrn Oberst v. Malinowski, regelmässige und sehr genaue Bestimmungen des Luftdruckes, der Temperatur, des Niederschlages und der Windrichtung angestellt. Erstere Reihe anfangs an demselben Gehaltsorte, wie die Beobachtungen in Galatz, seit 1864 aber
befindet sich im technischen Bureau der europäischen Donau-Commission in Tuldscha ein sehr gutes Kapeller'sches Instru-
ment, dessen Aufhängepunkt ich auf barometrischem Wege mit 21·58 Wiener Klafter über dem Seespiegel bestimmte. Überdies werden noch an der Rhede von Sulina von einem der Functionäre unter der Leitung des Sir Charles Hartley mittelst
englischer Schiffsinstrumente Luftdruck, Windrichtung und Intensität bestimmt.

So wie sich der kais. österreichische Commissär Herr v. Kremer im Interesse der Schifffahrt darum bemühte, eine
telegraphische Verbindung zwischen Sulina, Odessa und Constantinopel herzustellen, so war ich meinerseits bestrebt, sämmtliche Stationen an der unteren Donau, zu denen in neuester Zeit Rustschuk (k. österr. Consul Herr v. Martyn) hinzukam,
mit dem österreichischen Beobachtungsnetz zu verknüpfen. Doch scheitern dermalen alle dergleichen Anknüpfungsversuche
noch an der Mangelhaftigkeit der telegraphischen Correspondenz auf den östlichen Linien und daran, dass keine der competenten Körperschaften sich berufen fühlt, die Kosten der gleichförmigen Instruirung so ferner Stationen, der Correspondenz
und der Publication periodischer Tabellen zu übernehmen.

Ich schalte diese Bemerkung hier ein, um zu zeigen, dass es an den ersten Anfängen zur Meteorologie dieser Länder
keineswegs fehlt, und dass sich dieselbe binnen nicht sehr ferner Zeit mit den Ergebnissen hydrographischer und geologischer
Studien werde verarbeiten lassen. Dermalen wäre aber jeder Versuch dazu noch verfrüht.

Obgleich nun die Dobrudscha als ein Land von verhältnissmässig geringer Feuchtigkeit gelten mag, so
wäre wenigstens sein nördlicher Theil, Dank den complicirten geologischen Verhältnissen, nicht arm an
Quellen und strömendem Wasser, wenn seine Gebirge nicht so tief in die Diluvialablagerungen eingetaucht wären, dass die grössere Menge der Gebirgswässer unter dem Niveau derselben ausbriche und die
wirklich zu Tag gekommene alsbald wieder versänke.

Dies gilt namentlich von der letztbesprochenen Gruppe von Tuldscha, die meines Wissens keine einzige
unebhaltige Quelle besitzt. Selbst das unterirdische Wasser ist auf den hohen Plattformen und Buckeln nicht
wohl erreichbar. Nur da, wo das Grundgebirge die tieferen Sohlen mit theilweise günstiger Schichtenlage
unterteuft, ist eine reichliche Menge guten Wassers durch Brunnenschächte zu gewinnen. So z. B. in dem
östlichen Graben von Tuldscha am Fusse des Steinbruchberges (Fig. 11). Im Übrigen muss man das Wasser
durch Schächte von sehr verschiedener Tiefe aus dem Löss hervorheben.

Die nordwestliche Gruppe ist begreiflicher Weise weit reicher an Quellen, insbesondere an den Rändern
des grossen Melaphyrstockes. Auch dem Waldgebirge von Babadagh fehlt es am nördlichen und südlichen
Rande nicht daran, selbst im Innern hat das weite Hereingreifen des Stockes Sakar-bair mit den ihn ausge-
henden Schiefern bei Atmadscha die Bildung eines tiefen Auswaschungsthales zur Folge gehabt, in dem
die Dörfer Atmadscha, Tschukurowa und Alt-Slava eben so viele aus den beinahe horizontal liegenden Mer-
gelbänken sich lösende Quellen bezeichnen. Günstige Localverhältnisse bedingten sogar in der Nähe des
kummartigen Walles südwestlich von Babadagh reiche Quellen und durch sie die Führung der alten Heerstrasse von Isaktscha nach Bazardschik über diese Höhe des Gebirges.

Mit einer einzigen Ausnahme, die ich sogleich näher bezeichnen werde, sind alle diese Quellen das
Ergebniss von wenig eingesenkten Wasseradern. Ich zähle in nachfolgender Reihe einige von ihnen auf,
deren Temperatur und Seehöhe ich bestimmt habe.

Ort	Formation	Seehöhe in W. Kftr.	Temp. nach R. der Quelle	Temp. nach R. der Luft	Beobachtungs-zeit
Westabhang des Zuzujat mare bei Gretschi .	Granulit mit Grünsteingängen . .	192·12	10·0	21·0	30. Juni Mittag
Ursprung des Tschilikbaches, W. von Telisa, N. von Maidankiöi	Triaskalkstein u. Schiefer unter 'miocenem?. Thon. .	145	10·5	17·0	1. Juli 3ʰ p. m.
Thalsohle von Maidankiöi	Zwischen Triaskalkstein und Melaphyr	89·01	10·5	16·5	1. Juli Mittag
„ „ Nikulizel	ebenso	60	10·5	19·5	15. Juni 6ʰ p. m.
„ „ Tschamurli	Aus grünen Schiefern gefasst . .	57·56	10·5	18·0	10. Juli 6ʰ a. m.

Ausser diesen habe ich von mehreren Thalquellen vorübergehend die Temperatur bestimmt und sie in sehr verschiedener zwischen 10 und 80 Klafter schwankender, Seehöhe, Tageszeit der Monate Juni und Juli und Lufttemperatur ausnahmslos zwischen 10 und 10·6 Grad R. gefunden.

Die vorhin erwähnte abnorme Quelle befindet sich in der

Ort	Formation	Seehöhe in W. Kftr.	Temp. nach R. der Quelle	Temp. nach R. der Luft	Beobachtungs-zeit
Thalsohle von Baschkiöi, NW. von Babadagh	Alluvium am Fusse eines schroffen Kalksteinberges	ungefähr 10	14·0	20·0	28. Juni 5ʰ 30ʲ p. m.

Das Wasser sprudelt in der Verbreitung mehrere Klafter aus feinem Kalksteinschutt hervor und bedeckt sich, wie sich die Bewohner des Dorfes versicherten, niemals mit Eis; dies die einzige Therme, die mir bekannt wurde.

Die Bäche der nördlichen Dobrudscha betreffend, habe ich der Karte wenig beizufügen. Wie frisch und wasserreich die beiden Zweige des Telizabaches auch sein mögen, er selbst verliert durch Verdunstung und Einsickerung sein Wasser so rasch, dass er schon bei Frikaze ärmer ist als jeder von jenen. Unterhalb von Jenikiöi erhält er wieder etwas Grundwasser. Der Sumpf seiner Sohle zwischen Kongas und dem See von Babadagh wird ohne Zweifel zumeist von Quellen gespeist, die gleich der Therme von Baschkiöi am Fusse der Kalksteinmassen ausbrechen, aber ohne an der Oberfläche sichtbar zu werden. Ganz ähnlich verhält sich der Taizabach, der mit dem vorigen unter spitzem Winkel in den See mündet. Seine beiden Hauptzweige sind aber mächtiger und haben so lange Thalsohlen aufgeschüttet, dass sie schon vor ihrem Austritte in die Hauptspalte stagniren würden, wenn nicht das Rinnsal derselben zwischen Ortakiöi und Tschinili ein steiles Gefälle hätte und die gesammte Wassermasse mit einiger Beschleunigung abrinnen liesse. Jedoch schon oberhalb von Baschkiöi nimmt das Gefälle wieder so stark ab, dass der ganze Bach sich zu zersplittern beginnt (vgl. Fig. 6). Unterhalb des genannten Dorfes beginnt er mitsammt der Verstärkung, die er durch jene Therme erhält, zu versumpfen und mündet als ein schmaler tiefer Sumpf mit kaum merklichem Wasserlauf in den Brackwasser-See.

Die zur Donau mündenden Bäche bringen eine im Verhältniss zu ihrer geringen Länge nicht unbeträchtliche Wassermasse an den Strom heran, namentlich die Neue Petschenjaga, die beim Dorfe gleichen Namens mündet. Die periodische Rückstauung durch den Strom hat auch den Unterlauf dieser Bäche sumpfig gemacht, namentlich den der Alten Petschenjaga, die im westlichen Flügel der Hauptspalte anfangs steil von der Wasserscheide zwischen Ortakiöi und Akpunar abfliesst. Am meisten unter ihnen hat der nördlich ablaufende Bach von Lungaviza den Charakter eines Gebirgswassers. Mühlentreibend fliesst er bis an den Steilrand freilich nur um sich da im sumpfigen Deltaboden zu verlieren. Die reiche Quelle von Kokosch (die im Alterthume Noviodunum eben so trefflich versorgt haben mag, wie sich dies von der Quelle des Zuzujat mare in Bezug auf die Römerstadt Trosmis erweisen lässt) versinkt ohne einen Bach zu bilden im Terrassenboden. Das Rinnsal des Thales von Nikulizel liegt sichtlich seit langer Zeit trocken und dient nur dem Abfluss von Regengüssen.

Die oben erwähnten Quellen des Kreidegebirges von Babadagh bilden den schönen und starken Slava-bach. Die Sümpfe von Klein-Tschamurli nehmen ihn sammt der (nur durch Tradition bekannten) Therme von Hamamdschi auf.

Es unterliegt keinem Zweifel, dass alle diese Sumpfstrecken durch die allmählige Erhöhung der Donau-alluvien und die Verbreitung der Sinkstoffe mittelst des Littoralstromes ihre gegenwärtige Ausdehnung erhalten haben, zumeist wohl erst in verhältnissmässig neuen Perioden historischer Zeit. Doch eben so gewiss ist es, dass durch Regulirungsarbeiten ein grosser Theil des natürlichen Übels nicht nur unschädlich, sondern manchen Culturgattungen dienlich gemacht werden könnte.

Die mittlere und die südliche Dobrudscha haben in ihren Eigenwässern manche interessante Beson-derheit. Eine windschiefe Wendung ist in der Wasserscheide beider Landestheile unverkennbar. Die Ursache davon liegt im Bau und in der Verbreitung des ältesten Grundgebirges, wovon im zweiten Theile ausführlicher die Rede sein wird. Sie machen, dass der lange, obgleich verhältnissmässig nicht mächtige Taschaulbach beinahe dieselbe südöstliche Richtung einhält, die wir an den nördlichen Wasserläufen beob-achteten. In seinem Bereiche gibt es an der Westseite mit Ausnahme der Ursprünge des kleinen Baches von Boastschik in der Umgebung der Allah-bair keine Quellen.

Dasselbe gilt von der Seeseite der südlichen Partie, in der vom merkwürdigen Kara-Su an alle Terrain-furchen und Wasserläufe nach Nordwest und Nord gerichtet sind. Das alte Grundgebirge liegt hier in gros-ser Tiefe und die vielfach gestörten Lagerungsverhältnisse der jüngeren, kalksteinigen oder thonigen For-mationen geben Veranlassung zur Entstehung von Quellen an Punkten, die von der Donau weit entfernt sind. Diese Bäche haben, ehedem wahrscheinlich zusammenmündend, einen nach Nordwest gerichteten Nebenfluss des Hauptstromes gebildet. In ihrem äussersten Vorrücken nach Süden und Südosten hat die Donau diesen Nebenfluss nicht nur absorbirt, sondern drängt ihre Hochwasser tief in die Seitenthäler, die Zweige des einstigen Nebenflusses, hinein. Sie haben deshalb Sümpfe und Seen [1]. An der Seeseite dagegen haben frühzeitige tiefe Localeinstürze geräumige Buchten bereitet, welche von Sinkstoffen des Lit-toralstromes nicht mehr berührt werden und nur durch Wirkung der Südostwinde schmale Barren erhielten. Die Anschwemmungen des Taschaulbaches, wie stark sie auch zeitweilig sein mögen, haben noch lange nicht hingereicht, den schönen Liman auszufüllen, in den er nächst dem Cap Midia einmündet.

Die Quellen der südlichen Bäche habe ich zum Theil nicht besuchen, zum andern Theil der Fassung wegen, ihre wahre Temperatur nicht bestimmen können. Sie brechen entweder an der Grenze von Jura- und Kreidemergel oder Miocenkalkstein oder in ersterem selbst hervor. Ihre Temperatur scheint durchwegs von der mittleren Bodentemperatur abhängig zu sein. Ich fand sie bei günstiger Fassung aller Orten zwischen 10·5° und 12° R. Am reichsten an Quellen ist das Thal von Gjülpunar. Es ist wie die benachbarten viel weniger durch oberflächliche Auswaschung, als durch innere Ausnagung des Grundgebirges entstan-den. Am Wege von Mahmudkiöi nach Gjülpunar überzeugte ich mich deutlich von dieser Art der Thalbil-dung. Gruppen und Reihen von kleinen Kesselstürzen, in die der Löss nachgesunken ist, hie und da auch schon völlige Thalrinnen mit Steilrändern aus gestörten Miocenbänken erscheinen auf der Höhe der Platt-form. Künstlich angelegte Brunnen kommen der Beobachtung zu Hilfe. So sah ich z. B. im Dorfe Kokar-dscha, welches in der obersten Mulde einer solchen Thalrinne liegt, zwei Brunnenschächte. Einer davon ist nur 3—4 Klafter tief, hat mehr als 1 Klafter Wasser und ist eigentlich nichts anderes als ein ausgebroche-nes Quellrohr, welches die unterste Bank von Miocenkalkstein durchsetzt und auf einer Platte von Jurakalk-stein aufsteht. Der andere Schacht wurde weiter thalwärts niedergebracht und stand bei meinem Besuche bereits 10 Klafter tief im Jurakalkstein, ohne eine Spur von Wasser zu geben. Die armen Tataren waren sehr betrübt über die Erfolglosigkeit ihrer, wie sie selbst anfingen einzusehen, vergeblichen Mühe.

Vom Kanara-See bei Küstendsche und den überaus mächtigen Quellen, die unter seinem Spiegel aus-brechen, war schon oben (S. 103) die Rede. Sie entstehen an der Grenze von horizontalen Thonbänken der

---

Kreideformation (Ilsenlitenthon) und dem allgemein verbreiteten Jurakalkstein. Auch die grünen Schiefer an der Seeküste geben an mehreren Stellen gutes Süsswasser. So in Kara-Nasib, Kara-kiöi und anderen Dörfern, deren Anlage dadurch in der Regel bedingt ist. Die Temperatur betrug an den Brunnen der genannten Ortschaften nicht über 11° R. Die Wasseradern steigen also, obwohl sie dem ältesten Grundgebirge angehören, keineswegs aus grösseren Tiefen auf.

Das merkwürdige Kara-Su-Thal, wie oft dasselbe auch durchreist und mehr oder weniger ausführlich beschrieben wurde, verlangt wegen des dermaligen Bestandes seiner Gewässerverhältnisse noch eine ausführlichere Bemerkung [1]. Es ist, wie ich beim Leser aus der schönen Abhandlung und Karte v. Vinke's als bekannt voraussetzen darf, eine breite, mehrfach gewundene Rinne, die ungefähr ¹/₂ deutsche Meile vom Steilabsturz der Küste von Küstendsche anhebt, aber erst in der geraden Entfernung von ¹/₂ Meile (zwischen der 5. und 6. Meile engl. der Bahnlinie) tiefer einzuschneiden beginnt. Der Küstenrand aus Löss liegt ungefähr 33 W. Klafter über der See. Der Schienenweg überschreitet ihn nach steilem Anstieg in einer Seehöhe von 30·6 Klafter. Der Einschnitt wächst nun so rasch, dass die Schienen schon beim Dorfe Asandscha (Hassandscha, 9 Meilen engl. der Bahnlinie) auf eine Seehöhe von wenig über 18 W. Klafter herabgesunken sind. Aber noch hat die Thalrinne weder Steilränder noch einen Wasserlauf. In kleinen Lachen sammelt sich das Regenwasser. Erst unterhalb von Asandscha erscheint an der Südseite ein Steilrand, der alsbald eine Höhe von 4—5 Klaftern, beim Dorfe Umurdscha (wo die Schienen 12·01 W. Klafter ü. d. See liegen) 6 Klafter erreicht und nicht nur den jungtertiären Kalkstein des Gebietes, sondern auch die unter ihm liegende Kreide bloslegt, von denen im stratigraphischen Theil ausführlicher die Rede sein wird (Fig. 12). Ohne dass die Sohle absinkt, hebt sich allmählich der südliche Rand, durch Seitengräben mehrfach unterbrochen, auf eine Höhe von 9 Klafter, und die Plattform, deren mehr oder weniger schroffer Absturz er ist, erlangt anstatt der Seehöhe von 30—36 Klafter, die sie am Küstenrande einnimmt, Höhe von 40, 50 und 68 Klafter (Murvad-öjük,

Fig. 12.

Das mittlere Kara-Su-Thal abwärts vom Dorfe Murvallar.

südöstlich von Medschidje 68·1 Klafter ü.). Das nördliche Gehänge des numehr schon bedeutenden Thales bleibt aber beständig flach und erst in einer beträchtlichen Entfernung von der Sohle werden Höhen, wie die letztbezeichneten, erreicht. Den Wasserlauf betreffend zeigt sich erst bei Alikapu, wo die Seehöhe der Schienen nur 6·5 Klafter beträgt, eine Art von flachem Rinnsal, welches sich aus einer teichartigen aber nur bei Hochwasser der Donau spiegelnden Sumpffläche entwickelt und eine deutsche Meile weiter abwärts mit einem beständigen See von ungefähr 600 Klafter in der Länge und 200 Klafter in der Breite zusammenhängt. Dieser See hat einen seit alten Zeiten regulirten Ablauf, den die „Kara-Su-Brücke" und mittelst ihr die alte Heerstrasse überschreitet. In einer weiten, aber ziemlich stark ansteigenden Einbucht des südlichen Gehänges liegt die neue, trotz der enormen Sterblichkeit noch immer 12000 Einwohner zählende Tatarenstadt Medschidje (Fig. 13). Die Schienenhöhe beträgt hier nur 5·66 W. Klafter ü. d. M. Unterhalb der Kara-Su-Brücke wird auch das nördliche Gehänge minder flach und nimmt bald die Formen des südlichen Steilrandes an, derart, dass das Thal in eine mächtige Plattform eingetieft erscheint. Und so bleibt es bis zu seiner

Mündung gegen die Donau, wo beide Steilränder schroff abgebrochen auseinanderfahren und in die hohen
Felsufer des Strombettes bei Tschernawoda übergeben (vgl. S. 93, Fig. 1). Aber die Thalsohle dieser

Fig. 13.

Ansicht der neuerbauten Tatarenstadt Medschidje im Kara-Su-Thale, mit dem unteren Trajanswall im Vordergrunde.
Zwischen dem Wall und der Moschee eine Kahlbauung von Jurakalksteien.

Strecke hat seit der Zeit, als Herr v. Vinke seine Untersuchung anstellte, grosse Wandlungen erfahren.
Der 2 deutsche Meilen lange See ist, wenn nicht ganz verschwunden, so doch auf einige Spiegel von gerin-
gem Umfang reducirt. Die ganze Sohle ist eine Sumpffläche, die sich, je nach der Intensität der Einschwem-
mung vom Ufer her, mehr oder weniger dazu geneigt zeigt, ihre Schilfwälder vor Cyperaceen, ja sogar vor
Futtergräsern zurückzuziehen. Die Eisenbahn selbst durchschneidet, von Medschidje an am nördlichen
Gehänge fortlaufend, auf sehr einfachem Unterbau die einstige Seefläche an mehreren Stellen.

Diese grosse Veränderung ist nicht nur durch die starke Abbröckelung von den Lössmassen bewerkstel-
ligt worden, die zwischen der Tatarenstadt und Tschernawoda theils auf Miocen- und Kreide-, theils auf
Juraschichten liegen, sondern sehr wesentlich dadurch zu Stande gekommen, dass man den Abzugscanal,
den die Alten möglichst stark ausgetieft hatten, völlig verschloss. Das Donauufer bei Tschernawoda (das
einwärts liegende ehedem türkische Dorf heisst Boghas-köi, Mündungsdorf) genauer bezeichnet, das Schie-
nennetz des Bahnhofes liegt 8·01 Klafter ü. d. See, also um 2·35 Klafter höher wie bei Medschidje. Indem
man den Ablauf, der jeder, auch der kleinsten Rückstauung von Seite der Donau ausgesetzt war, einfach
abdämmte, die Bahn über ihn und mit möglichst weiter Verdrängung des Sumpfes am nördlichen Gehänge fort-
führte, machte man sie von dem beständigen Fluctuiren des Kara-Su einigermassen unabhängig [1].

Es liess sich aber nicht verhindern, dass die Grundwässer nicht nur unter- und oberhalb von Medschidje, sondern selbst bei Alikapu noch beträchtlich ansteigen, wenn die Donau ungewöhnlich hoch geht.
Der Betrieb der Eisenbahn wird dadurch nicht behindert, es wäre denn durch Erkrankung der Stations-
bediensteten in Folge der Sumpfmiasmen.

Ganz unabhängig von diesen oberflächlichen Erscheinungen sind die Gewässer der Tiefe. Sie sind
meines Wissens durch einen einzigen Brunnen bei Assandscha, wo jetzt das Stationshaus steht, aufgeschlossen.

---

[1] Leider geschah die Abdämmung nicht durch ein Schleussenwerk, sondern auf die mindest kostspielige Art. Die Salubrität
der ganzen Gegend würde durch einen, bei niedrigstem Wasserstande der Donau regulirbaren Abfluss wesentlich gewonnen haben.

Der sehr alte Schacht ist, wie dies schon v. Vinke angibt, 12 Klafter tief und steht wohl ganz und gar in den Kreideschichten. Das Wasser ist augenein frisch und wohlschmeckend und dürfte in der Tiefe eine Temperatur von 8·5—8° R. haben [1]. Höchst wahrscheinlich sammelt es sich an der Grenze des Jurakalksteins, der mit einem sehr unregelmässigen Relief unter der Kreideformation fortstreicht und schon innerhalb der Stadt Medschidie als ein zufällig blosgelegter Buckel zu Tage tritt.

Überblicken wir die nördliche Dobrudscha als Ganzes noch einmal, so mag Manches, was ich in der Einleitung zu dieser hydrographischen und orographischen Skizze vorgreiflich andeutete (S. 91 u. ff.) schon nach dem bisher Gesagten als gerechtfertigt erscheinen. Manches Andere wird in dem geologischen Theile seine Begründung finden. Immerhin lässt die Mangelhaftigkeit unserer Kenntnisse von der geologischen Natur der Gebirgsstücke und Höhenzüge, welche die Geographie unter dem nichts sagenden Namen östlicher „Balkan“ zusammengefasst hat, jeden Versuch geographischer Kennzeichnung in diesem Theile von Europa noch als höchst gewagt erscheinen. So viel aber gilt von diesem wie von jedem andern wenig bekannten Ländercomplex, dass geologische Recognoscirungen vor Allem geeignet sind, einiges Licht über den dunkeln Zusammenhang ihrer Glieder zu verbreiten. Leider führen sie nicht unmittelbar zur Erwerbung von Thatsachen, die sich auch in geographischer Beziehung verwerthen liessen. Die Resultate, in denen die Geologie mit der Geographie nothwendig zusammenfällt, reifen desshalb nur sehr allmählich. In der misslichsten Lage aber befindet sich der Geologe als Pionnier eines ganzen Corps von Naturforschern, wenn er bei seiner Exploration den Fragen über die Verbreitung wichtiger Pflanzen und Thiere nicht völlig aus dem Wege gehen will, und doch zu deren förderlicher Erwägung weder die nöthigen Specialkenntnisse, noch anderweitigen Mittel besitzt. Es bleibt ihm da kaum Anderes übrig, als die reassumirende Wissenschaft, die Geographie, auf die Specialforschungen der Zukunft zu verweisen.

Gleichwohl möchte ich es wagen, gelegentlich aufgelesene Materialien zu Gute zu bringen, um den nach mir kommenden Zoologen wenigstens einige forschenswerthe Punkte zu bezeichnen.

3. Einige Bemerkungen über die Molluskenfauna,

insofern ich dieselbe an einigen Punkten des Delta’s, der Meeresküste und des Festlandes, letztere zumeist nach freundlichen Mittheilungen des Herrn Custos-Adjuncten Zelebor kennen lernte, mögen hier ihren Platz finden.

Zoologische Studien sind in der Dobrudscha erst in den letzten Jahren begonnen worden.

Im Sommer 1862 besuchte Herr Zelebor Tultscha in der Absicht, ausgedehnte Studien über das Wassergeflügel des Donau-Delta’s, dessen Brutplätze und Lebensweise anzustellen und Sammlungen für die kaiserliche Naturaliensammlung zu Wien anzulegen. Nebenbei schenkte er auch der Gasteropodenfauna der Sümpfe und des Festlandes seine Aufmerksamkeit. Ja er brachte auch ansehnliche Suiten von Gesteinsexemplaren mit, die er zum Theil selbst gesammelt hatte, theils durch Herrn Friedrich Weickum, damals Gehilfe im Geschäfte seines Vaters in Tultscha, sammeln liess. Dass diese Gesteine und die Bemerkungen, die mir Herr Zelebor darüber mittheilte, die erste Anregung zu meinen Untersuchungen gaben, wurde schon weiter oben berichtet. In Herrn Weickum hatte Zelebor sich und mir einen eben so kundigen als aufmerksamen Sammler und wegen vielfacher Sprachkenntnisse unschätzbaren Reisebegleiter herangezogen. Eine in wissenschaftlicher Beziehung viel wichtigere Bekanntschaft hatte Zelebor mit meinem hochgeehrten Freunde Oberst v. Mallinowski, Emir-Bey angeknüpft. Schon vor Zelebor’s Ankunft besass Herr v. Malinowski eine beträchtliche Coleopterensammlung, die er am Bosporus anzulegen begonnen und in der Dobrudscha, namentlich in der Umgebung von Tultscha, Babadagh und Tschukurova ansehnlich vermehrt hatte [2]. Durch die mit dem kaiserlichen Cabinete hergestellten Beziehungen erhielten die Studien des hochgebildeten und um das Befestigungswesen in Rumelien und Kleinasien wohlverdienten Obersten neue Nahrung und wesentliche Förderung. Das Coleopteren-Cabinet verdankt ihm interessante Bereicherungen; seine Käfersammlung übersteigt bereits 500 sicher gestellte Arten aus der Dobrudscha, eine Abhandlung von ihm über die für die Cultur der Pontusländer so verhängnissvolle Wanderheuschrecke erschien in den Schriften der k. k. zoologisch-botanischen Gesell-

---

[1] Eine genaue Temperaturbestimmung, die ich leider unterlassen musste, wäre von nicht geringem Interesse.

[2] Auf der Industrieausstellung in Constantinopel 1863 war dieselbe durch eine geschmackvolle Auslese vertreten (vgl. den österreichischen Bericht. Dr. A. Dorn: Die nationale Ausstellung in Constantinopel. Leipzig. 1864. S. 140).

schaft, Bd. XV, S. 62. Leider sind seine Arbeiten in neuester Zeit durch wiederholte Abberufungen nach Constantinopel und zu den Festungsbauten im Innern von Kleinasien unterbrochen worden. Immerhin wird das gastliche Haus, welches er in Tuldscha als Functionär der europäischen Donau-Commission inne hat, auch ferner ein wesentlicher Stützpunkt naturhistorischer Untersuchungen in diesem interessanten Lande sein.

Ich muss es den Fachmännern überlassen, die Resultate der ornithologischen und malakozoischen Studien Zelebor's, so wie die Verwerthung der Arbeiten Malinowski's in den betreffenden Fachjournalen einzusehen und wende mich gleich zu dem kleinen Beitrage, den ich zur Kenntniss der Weichthierfauna der Dobrudscha zu bieten vermag.

Es waren lediglich Fragen geologischer Natur, die mich zu einiger Aufmerksamkeit auf die lebenden Bewohner dieses Wassergebietes veranlassten. Es musste ein Anfang dazu gemacht werden, die fossilen Land- und Sumpfschnecken, so wie etwaige marine Überreste der merkwürdigen und zum nicht geringen Theile in stratigraphischer Beziehung problematischen Lehmablagerungen an den Rändern des Delta's und an der Westküste des Pontus kennen und mit lebenden Arten einigermassen zu verknüpfen zu lernen [*].

Ich verzeichne hier vor Allem die Örtlichkeiten, an denen ich, wenn auch nur sehr flüchtig und höchst unvollständig gesammelt habe. Es sind dieselben, die schon oben (S. 99 u. ff.) in hydrographischer Beziehung genannt wurden.

I. Die Klippen südlich von Kara-Arman, etwas über ½ deutsche Meile vom genannten Orte entfernt. Verlassene Fischerhütten aus Stein gebaut, bezeichnen den Ort genau. Unter schwacher Lehmbedeckung liegt hier Jurakalkstein und unter ihm springen kleine Felsmassen von grünem Schiefer einige Klafter weit ins Meer vor. Sandbänke, reich an frisch angespülten Conchylien nehmen den Zwischenraum ein.

Cap Midia (vgl. oben S. 103), der Terrainverhaltnisse wegen zum Sammeln minder günstig, unterscheidet sich in seinen Conchylien von diesem Punkte nur durch den grossen Individuenreichthum einzelner Arten, wie z. B. *Serrula truncula* Linn. und *Mytilus edulis* L., von welcher letzterer der Name des Vorgebirges herstammt.

II. Die südöstliche Bucht von Küstendsche, von welcher der äusserste, von Natur aus tiefste Theil durch Dammbauten und Baggerung zu einem gut practicablen Hafen umgewandelt wurde. Unter der mächtigen Lössdecke zeigt sich hier, namentlich an der südlichen Küste, mioener Thon; darunter allenthalben, etwas über oder unter dem Seespiegel, mioener Kalkstein in beinahe horizontaler Lage. Die eingetauchten Felsbrocken sind von Seetang und *Mytilus latus* Chemn. bedeckt. Der Conchylienreichthum an der Küste ist keineswegs erheblich. Auch Schleppnetzzüge bis zu 1 Seemeile ausserhalb des Hafens gaben nur geringe Ausbeute.

III. Der Strand von Sulina, zwischen dem South-pier, dem alten Leuchtthurm und dem katholischen Kirchhofe. Durch die neue Regulirung des Stromwassers hat sich hier im Zusammenhange mit dem Strome eine kleine Brackwasserlache gebildet, die bei Südoststürmen über den niederen Strand her von der See gespeist werden kann. Der durchwegssandige Strand ist sehr reich an Conchylien. Dieselben sind aber keineswegs frisch angespült, sondern ein Überrest von frühen Zeiten, wo die Flussmündung noch weiter zurückstand und die südliche Küste eine vom Flusswasser berührte Sandbank sein mochte. Von der gegenwärtigen Mündung bringt das Schleppnetz bis zu 1 Seemeile Abstand nur ganzen thonigen Schlamm mit äusserst geringen Bruchstücken von Flussconchylien zu Tage. Gleichwohl sind auch in der alten Strandbildung beträchtliche Mengen von Flussbewohnern dem Meeresmuschel beigemengt (vgl. oben S. 99).

IV. Nordwestliche Küste der Popin-Insel in der Lagune Rasim. Massenhafte Conchylienanhäufung an den schmalen Bänken, die sich entlang dem Lössrande gebildet haben. Durch Schleppnetzzüge zwischen 4 und 10 Fuss Wassertiefe (dem Maximum) wurden nur *Cardium edule* L., *Didacna crassa* Eichw. var., *Adacna plicata* Eichw. und *Neritina polymorpha* Pall. sp. als dermalen hier lebend nachgewiesen, die erstgenannte Art in Tausenden von Exemplaren. Alle anderen in nachstehender Tabelle genannten Arten scheinen in dieser Gegend der Lagune jetzt nicht mehr zu leben und rühren vielleicht von Zeiten her, wo der Donauarm minder wasserreich oder aber die Communication mit dem offenen Meere stärker war als dermalen.

V. Der kleine See von Kara-Nasib (vgl. oben S. 100). Trotz des hohen Salzgehaltes haben sich hier nur wenige Arten erhalten, was wohl der allzu geringen Tiefe zuzuschreiben ist. Diese wenigen Species aber bilden durch ihren Reichthum an Individuen massenhafte Aufhäufungen.

VI. Der See von Babadagh. Obwohl der Salzgehalt dem der grossen Lagune gleichkommt, so hat sich doch unter zahlreichen Süsswasserschnecken von Cardiaceen nur *Adacna edentula* Eichw. in grosser Individuenmenge erhalten. Die Einströmung von Süsswasser durch die beiden Bäche und von den Gehängen ist in den Jahreszeiten mit starkem Niederschlag so reichlich und die Entfernung von der Lagune so gross, dass der Salzgehalt sehr grossem Wechsel unterworfen sein muss. Die Sümpfe oberhalb der Mündung beider Bäche sind beinahe salzfrei und machen die grosse Anzahl von Süsswasserspecies erklärlich.

[*] Der wichtigen Studien von Spratt, denen einzelne kleine Listen von lebenden und fossilen Mollusken nach Woodward's Bestimmungen beigegeben sind, wurde schon in meinem Reiseberichte (l. c. S. 245, 243 u. ff. und Lit. Nr. 21 dankbar gedacht, und wird davon noch weiter unten die Rede sein.

VII. Die Sulinastrecke Argani nächst dem Tschatal St. Georg. Hier wurden im Jahre 1862 tiefgreifende Baggerungen vorgenommen, wobei eine 18 Zoll mächtige Torflage und eine bei 9 Zoll mächtige Schichte von bräunlichgrauem Lehm durchsetzt werden musste. Unter dem Lehm fand man gelblichen Sand, aus dessen Conchylienreichthum mir die unten verzeichneten Arten mitgetheilt wurden, unter denen *Adacna picta* Eichw. vor allen bemerkenswerth ist.

VIII. Yalpuk-See; Süsswasser. Die Sandbänke an der Fischercolonie südlich von Babéle, nordwestlich von Ismail, zusammen mit mehreren Schleppnetzzügen, die ich bis zu Tiefen von 7—8 Fuss gemacht habe, setzten mich in den Stand, die jetzt im See lebende Weichthierfauna ziemlich vollständig kennen zu lernen und mit der unter IX. aufgezählten fossilen Fauna des anstossenden Drittlehms vergleichen zu können. Der leichteren Übersicht wegen füge ich die letztere meiner Tabelle bei, obgleich sie erst im stratigraphischen Theile ausführlicher besprochen werden kann.

Name der Species	Kara-Arman	Bucht von Kustendsche	Strand von Sulina	Popin-Insel im Kasm-See	See von Kara-Kasit	See von Babe dagh	Sulinastrecke Argani	Yalpuk-See	Drittlehm von Babele
	I.	II.	III.	IV.	V.	VI.	VII.	VIII.	IX.
Buccinum reticulatum L.	•	•		•	•				
" L. var.	•	•		•	•				
" *neritaeum* L.	•	•		•	•				
Cardium spina Partsch				•					
" *scabrum* Olir.				•					
Nassa donatiolis Mhfld.		•			•		+		
" *fluviatilis* Mull.					•		+	+	
Lithoglyphus naticoides Fér.					•				
Hydrobia (Rissoa) caspia Eichw. sp.					•	+			
Bithynia rubens Mke.						•			
" *tenta ulata* Linn.						•			
Paludina ventricosa Gray					•				
" *romatica* Keyu.						•			
" *atra* Villa					•				
" *fasciata* Müll.					•				
" *decorticata* L. (*P. impura* Lam.)					•	+ •			
" sp.					•	+			
" *Sadleri* Partsch var.					•	+			
Valvata piscinalis Fér.					•	+			
Melanopsis Esper.				•			•		+?
" *acicularis*				•			•		+?
Limnaea stagnalis L.			•				•		
" *palustris* Müll.			•				•		
Succinea oblonga							•		
Limnaeus tridens Müll.					•		•		
Planorbis marginatus Drap.			•						
" *vortex* Müll.			•						
" *corneus* L.			•						
" *leucostoma* Mich.			•						
Helix ericetorum Drap.	+								
" *instabilis* Ziegl.	+								
Bulla truncata Adams	•			•					
Dactylus orientalis Gould		•							
Solen vagina L.		•							
Corbula Swainsoni Turt.	+ •		+						
Mactra sp., ähnlich M. *stultorum* L.			•				•		
Monodonta corona Poli			•						
Venerupis piperita Gmel. Brut			•						
Syndosmya (Tomon) tenuculus L.			•				•		
Tellina tenuis Dal.	+ •						•		
" *pulchella* L.			•				•		
Venus gallina L.			•				•		
" *radiata* Lam. var.			•				•		
Cytherea sp., schmal, stark gerieft			•						
" *ovata* Gmel.			•						
Psidium fontinale L.			•						
Adacna picta Eichw. typ.			•				•	•	
" Eichw. var.			•				•	•	
" *edentula* Pall.			•				•		
Didacna crassa Eichw. typ.							•		+++
Eine kleine verkümmerte Varietät derselben			+++						
Eine vielfältige gestreckte			•						
Cardium edule L.			•				•		

Name der Species	Kara-Orman I	Bucht von Kustendsche II	Strand von Salina III	Papas-Canal im Razim-See IV	See von Kara-Harb V	See von Baba-dagh VI	Salzmeerstreife Zeryani VII	Taipuches VIII	Dumbiau von Babin IX
Cardium edule L.	+	+	+		+	+			
Anodonta cygnea									
Unio tumidus									(?)
* – pictorum* L.								+	+
Congeria (Dreissena polymorpha L all.) sp.									
Mytilus edulis L.			+						
* – latus* Chem.									
Pecten sulcatus Lam.					+				
Ostrea adriatica Lam.									
Membranipora Lacroixii Sav. sp.									
Balanus sp., ähnlich *B. improvisus* Darw.									
Gammarus pulex L.								+	+
Polytalamia, zumeist sehr kleine und dünnschalige Heliantegier									

In dieser kleinen Liste von Mollusken, der ich am Schlusse noch einige andere Funde beigefügt habe, sind die Arten des süssen Wassers von den Meeresbewohnern mit Vorbedacht nicht getrennt worden, weil es von Belang ist sub I. Im Gegensatze zu II.) zu bemerken, wie weit die Littoralstrom manche, im Salzwasser sogleich absterbende Flussschnecken an die Küsten südwärts verschlägt und den Seeconchylien beimengt. Die beiden *Helix*-Arten, die, wie unten noch ausführlicher gesagt werden soll, auch jetzt noch zu den gemeinsten im Lande gehören, wurden hier nur wegen der Vollständigkeit von IX. angeführt.

Vergleichen wir diese Liste mit der schönen Zusammenstellung der nordpontischen Mollusken von Professor W. Kessler in Kiew "Eine zoologische Reise an die Nordküste des Schwarzen Meeres u. s. w., Erman's Archiv, 21. Bd., 1862, S. 109—153), so finden wir, dass sich die Anwohner der nördlichen Dobrudschaküsten von jenen nicht wesentlich unterscheiden, und dass wir bei meinen flüchtigen Aufsammlungen keiner der charakteristischen Überreste der Mediterranfauna in diesen Gewässern entgangen sein dürfte. Die Weichthierwelt des Pontus ist eben beispiellos arm; eine längst bekannte Thatsache, die jetzt mehr als je ins Gewicht fällt, seit wir aus Abich's Mittheilungen über eine Entdeckung Beyer's bei Odessa wissen (Bull. soc. géol. 2. ser. XXI, p. 279), wie artenreich die Ablagerungen des Meeres noch in einer jüngst verflossenen Zeit waren. Freilich stand damals das Niveau des Meeres bei weitem höher und waren seine Communicationen mit dem Mittelmeere nicht auf eine schmale Wasserstrasse beschränkt (vgl. Spratt im Quart. journ. XIII, Nr. 49, p. 81).

Einzelne von mir angeführte Speciesnamen erheischen noch kurze Bemerkungen.

Buccinum reticulatum var. ist offenbar eine verkümmerte Schlammform der bekannten Mittelmeerspecies, die auch hier mit raüössen Zuwachsstreifen und lebhafter Farbenzeichnung in völliger Übereinstimmung mit dem westlichen Typus herrscht. Die Abweichung jener zeigt sich in allmählicher Unterdrückung der Knötchen, dem Mangel an merklichen Zuwachsstreifen und gleichmässig grauer Farbe.

Interessant ist das ziemlich häufige Vorkommen des winzigen Cerithiums, *C. spina*, welches wir von den griechischen und dalmatischen Küsten in gleicher Häufigkeit und als eine der verbreitetsten, wenngleich nicht sehr häufigen Arten der Wiener Miocenthone kennen. Auch *C. scabrum* stimmt hier mit dem mediterranen und fossilen Typus vollkommen überein. Merkwürdiger Weise fehlen alle grösseren Cerithien-Arten, obwohl sie in den gegenwärtigen Gewässerverhältnissen günstige Lebensbedingungen fänden!

Erstaunlich ist bei *Neritina fluviatilis* der Salzgehalt, den sie (in VI) verträgt. Ich überzeugte mich, dass sie auch an Stellen, wo weit und breit keine süsse Quelle ausbricht, in vielen Tausenden von Exemplaren lebt, ein Umstand, der für das Verständniss mancher minderen Gesellschaften von Belang ist.

Ungefähr dasselbe gilt von den kleinen Paludinen, deren Bestimmung ich Herrn Ritt. v. Frauenfeld verdanke. Die grösseren Arten aber sterben alsbald im Salzwasser, namentlich *P. fasciata*, *P. atra*, als selbstständiger Typus wieder hergestellt, und andere, darunter auch die ohne Namen angeführte, die v. Frauenfeld als eine neue, von *P. fasciata* zu trennende, kleinere, nicht allzu stumpfe Art mit gleichwohl sehr rasch wachsenden Umgängen erklärt Ich fand in VI nur leere Gehäuse und ist ihr Sitz in den ausserhalb des Sees liegenden Sümpfen zu suchen.

Die angeführten Arten von *Dreissena* und *Solen* haben eine grössere Verbreitung, als sie auf der Liste ersichtlich ist. Kleine Scherben von beiden sind auch in I. und II. keine Seltenheit.

Von *Corbula Swainsoni* fand ich nur kleine (junge) Exemplare und massenhafte Brut. Dasselbe gilt von *Serobicularia piperita*.

Die erwähnte *Mactra* vermag ich nach unserem Materiale mit *M. subtruncata* nicht zu vereinigen. Sie ist viel kleiner und stärker grau in Weiss gestreift, wie die mir vorliegenden Mediterranformen, doch glaube ich, dass sich in grösseren Sammlungen Übergänge wohl finden liessen.

Von *Tellina tenuis* herrscht die lebhafte fleischrothe gestreckte Varietät über die blass gefärbte oder ganz weisse, letztere vor.

Venus aurea ist in I. durch eine stärker geriefte, violgrau und bräunlichgrau gefärbte Varietät vertreten, die auch viel kleiner bleibt als die Mittelmeerformen.

Die *Cytherea* (von H.) scheint eine selbstständige Art zu begründen. Im Allgemeinen ist sie der *Venus verrucosa* sehr ähnlich, aber schmal und, gleich der besprochenen Varietät derselben, stark gerieft.

Die Cardiaceen spielen begreiflicher Weise in diesem Gebiete eine besonders wichtige Rolle.

C. edule gedeiht in der Lagune ganz ausgezeichnet. Mein Netz war stets voll davon. Es erreicht aber keineswegs die durchschnittliche Grösse seiner Art im Mittelmeer. Eben so massenhaft lebt *C. rusticum* an den Küsten, doch kann es in der Grösse und Stärke der Schale mit mediterranen Exemplaren kaum verglichen werden. In IV fand ich am Strande der Insel nur wenige Scherben davon, glaube also, dass es jetzt in der Lagune nicht mehr lebt.

Adacna plicata Eichwald, Fauna caspica, p. 221, Tab. XXXIX, Fig. 3 ist am Strande der Popininsel dem *C. edule* beigemengt. Am Ufer des Yaplok-Sees (VIII) fand ich zahlreiche Schalen davon. Die besonders angeführte Varietät davon zeichnet sich durch eine viel grössere Länge (bis zu 22 Millim.) aus und ist äusserst dünnschalig.

Mit *Adacna edentula* Pallas (F. casp. p. 223, Tab. XL, Fig. 8, 9, von *Cardium edentulum* Desh. bei Nordmann, Voyage Demidoff, pl. 7, Fig. 1), die in Gesellschaft von *Congeria polymorpha*, *Adacna* und *Didacna* den nördlichen Theil des caspischen Meeres bewohnt, so wie auch in einzelnen Partien des Küstenmeeres wohl nicht lebend? vorkommen soll, glaube ich die merkwürdige Cardiacee vereinigen zu sollen, die im Yaplok-See heutzutage massenhaft lebt, und von der ich Hunderte von Exemplaren fischte (vgl. Spratt Quart. journ. XVI, Nr. 63, p. 287 u. ff.). Sie ist aber keineswegs absolut zahnlos, wie die typische *A. laeviuscula* Eichw. (F. casp. p. 225, Tab. XXXIX, Fig. 1; vgl. Adams Shells. II, p. 459, pl. 112, Fig. 1), hätte also auf den Namen *A. edentula* den mindesten Anspruch. Die Siphonen sind bei der grössten Streckung, die sich am Weingeistexemplaren ermessen lässt, kaum 1/2mal so lang, wie sie Adams von *A. laeviuscula* zeichnet, allerdings aber an der Mündung mit einander verschmolzen. Diese letztere ist einfach und ein wenig trichterförmig erweitert. Der Mantelrand ist einfach, der Anheftungssaum bei weitem nicht so stark ausgebildet wie bei jener. Der Fuss hat aber dieselbe Form. Die Schalen kann ich von der oben bezeichneten Abbildung der *A. edentula* durchaus nicht unterscheiden. Im Baggersand von Argani (VII) und im See von Bobadagh fand ich sie ebenso. Hingegen muss ich entschieden Einspruch dagegen erheben, dass eine der fossilen Cardiaceen aus dem Lehm von Babéle (IX) auf diese Art bezogen werde. Herr Woodward hat dies auch nicht gethan in der kleinen Liste, die Herrn Spratt's Abhandlung (l. c. S. 208) beigegeben ist.

Sie gehören sämmtlich Varietäten oder der typischen Form von *Didacna crassa* an, welche letztere Eichwald (F. casp. Tab. XXXIX, Fig. 6) nach caspischen Exemplaren vortrefflich abgebildet hat. Ich erinnere daran, dass diese Muschel nach Eichwald (l. c. p. 218) im caspischen Meere nicht mehr lebt, sondern nur durch Schalen vom Ufer bekannt wurde, eine Thatsache, die für die stratigraphische Auffassung ihrer beträchtlichen Lagerstätte von Wichtigkeit ist. Die typische Form kommt im Lehm von Babéle ungemein häufig und in allen Grössen vor, Eichwald's Abbildung sogar um ein weniges übertreffend.

Ausser ihr fand ich noch eine etwas gestreckte Abart, die um 2–3 Falten mehr hat. Sie ist eben so zahlreich wie die andere. Da sie erst bei der genaueren Bearbeitung von ihr getrennt wurde, kann ich nicht sagen, ob sie dem Horizonte nach davon absteht. Bei künftigen Untersuchungen möge darauf gearbeitet werden. Als eine andere, verkümmerte Varietät von *D. crassa* betrachte ich eine Cardiacee, die an der Popin-Insel mit *Adacna plicata*, aber viel häufiger als sie, vorkommt.

Diese wenigen Thatsachen dürften die Wichtigkeit einer genauen Unterscheidung der Untergruppen der Cardiaceen im engeren Sinne für die Naturgeschichte dieses Gebietes und zugleich die dringende Nothwendigkeit von guten Beschreibungen und Abbildungen der Weichtheile der lebenden Typen dargethan haben. Eine Monographie der Cardiaceen des pontisch-caspischen Gebietes wäre für die südrussischen Naturforscher gewiss eine der schönsten und lohnendsten Aufgaben.

Um gleich der übrigen mit wenigen Worten abzufertigenden Arten zu gedenken, erwähne ich nur, dass mir die Auster lediglich vereinzelt oder zu 2–3 Individuen verwachsen vorkam. Von Bankbildung wusste mir keiner der befragten Fischer etwas zu sagen.

Membranipora Lacroixii, deren Bestimmung ich Herrn Professor Reuss verdanke (Catalogue of marine polyzoa, Coll. of brit. Mus. II, p. 60, Tab. 69 u. 106, Fig. 1; Savigny, Exped. Egypt. Polypes, pl. 10, Fig. 9) lebt in der Lagune Razim überaus häufig. Beinahe alle Pflanzenstengel und jedes Holzstückchen, die das Schleppnetz heraufbringt, sind von ihr überzogen oder von dem kleinen *Balanus* besetzt, den ich, ohne eine exacte Bestimmung zu wagen, mit *B. improvisus* Darw. (Balanidae, p. 250, Tab. 6, Fig. 1) vergleiche. Wenn sehr feine Längsstreifen massgebend sind, so bildet er freilich eine selbstständige Art.

Die wichtigste unter allen oben angeführten Weichthierarten ist ohne Zweifel *Congeria* oder *Dreissena* (*Dreissensia* nach Bronn's Orthographie) *polymorpha* Pall. sp. Ich erlaube mir deshalb bei ihr etwas länger zu verweilen. Die moderne Verbreitung dieser interessanten, nun beinahe in ganz Europa eingebürgerten Muschel ist, wie dies längst vermuthet und neuerlich von O. A. L. Moerch (Journ. de Conch. VII, p. 361) gezeigt wurde, von der caspisch-pontischen Niederung ausgegangen. Rossmässler, der sie bekanntlich unabhängig von *Dreissena* als *Tichogonia* von *Mytilus* abtrennte und als identisch mit dem *M. Volgae* Chem. unter dem Namen *Tichogonia Chemnitzii* sehr ausführlich beschrieb (Iconogr. 1. Heft, S. 112

---

[1] Mit *Monodacna caspica* konnte ich kein von mir gesammeltes Exemplar vereinigen.

bis 111. Tab. III. Fig. 69.), kannte sie von mehreren Punkten der mittleren und unteren Donau, aus der Havel bei Potsdam, aus der Elbe bei Hamburg und aus der Themse bei London. Seither ist sie, im Unterlauf der meisten europäischen Ströme bekannt und unter mancherlei Namen beschrieben worden. An manchen Punkten kannte man sogar die Zeit ihrer Ansiedlung. So zeigte sie sich nach Stark erst im Jahre 1834 bei Edinburg; neuestens soll sie von Norden her in den Main-Donaucanal eingetreten sein und dürfte, abwärts wandernd, zwischen Wien und Pest mit den Abkömmlingen der frühesten Donauhewohner ihrer Art zusammentreffen. Ihre längst bekannte allgemeine und uralte Verbreitung in den östlichen Gewässern lässt nun keinen Zweifel mehr über den Gang ihrer Wanderungen zu. In den Nebenflüssen der Donau gelangt sie nur an jene Orte, die mit der unteren Donau in directem Schiffsverkehr stehen. So hat sie sich (nach Zeleor's mündlichen Mittheilungen) in der oberen Save ausschliesslich um Moravicz angesiedelt, welcher Ort einen lebhaften Holzhandel mit dem Banate treibt.

Da sich die Muschel sehr begierig an Holzwerk anheftet, so konnte sie von jedem mit den Donau- und Dniestermündungen, mit Odessa und anderen Pontushäfen verkehrenden Schiffe mit fortgenommen werden, und, da sie in ihrer Fruchtbarkeit hinter den Mytilus-Arten kaum zurückbleibt, konnte sie rasch ganze Stromgebiete erobern (vgl. Journ. de Conch. XII. p. 5, 6.).

Doch hätte man sich trotz der Dauerfähigkeit geschlossener Süsswassermuscheln im Seewasser gewisser Bedenken gegen sehr weite Übertragungen der C. polymorpha nicht ganz entschlagen können. Ich glaube deshalb zunächst auf die Thatsache allen Nachdruck legen zu sollen, dass die Muschel in salzigen Wässern von 1·32 bis 1·45 Procent Salzgehalt (vgl. oben S. 100; See von Babadagh und Lagune Rasim) sehr gedeihlich lebt. Ohne Zweifel kann sie wochenlang auch einen viel höheren Salzgehalt ertragen und von Neuem aufleben, sobald sie in ein Aestuarium oder in eine Lagune versetzt wird. Sie konnte also ihre Wanderungen aus den pontischen Gewässern nach West-Europa trotz der Langsamkeit der Schifffahrt füglich schon im Alterthum ausgeführt und sich von dort seit Jahrhunderten weiter verbreitet haben.

Eine zweite wichtige Thatsache ist ihr hohes geologisches Alter. Dass C. polymorpha im Lehm von Babele fossil vorkommt, wurde schon von Spratt & Woodward l. c.) nachgewiesen. Ich sammelte da eine grosse Menge von Exemplaren, die in unmittelbarer Nachbarschaft der oben besprochenen Didacnen gelagert und eben so gehäuft waren, wie die lebenden in ihrem Byssuscovolut zu stecken pflegen. Da die Schalen sich nicht im mindesten von den recenten unterscheiden und die mächtigen Lehmwassen am Yapuk-See, in welchem ich unter nachweisen werde, der Driftperiode angehören, dem Löss eingeschaltet sind, so ergibt sich für diese Muschel schon daraus eine sehr lange Dauer.

Eine Vergleichung derselben mit dem reichen Congerienmateriale der Wiener Museen hat mich aber gelehrt, dass ihr geologisches Alter noch viel weiter zurückreiche. Unter den Congerien der inner-österreichischen Becken gibt es Formen, früher mit C. spatulata Partsch vereinigt, jetzt von Hörnes als C. propinqua (in lit.) herausgehoben, die offenbar nichts anderes sind, als gewöhnliche Abänderungen der C. polymorpha. Namentlich die kleinen in Gesellschaft von C. triangularis und mehrerer für die österreichischen „Congerienschichten" bezeichnender Gastropodenarten vorkommenden Congerien von Gaja und Biernz in Mähren, von Brunn bei Wien und wohl noch von anderen Orten müssen als identisch mit ihr bezeichnet werden. Vornehmlich sind es die Formen aus IV, VI und IX, also aus dem Brackwasser unserer Küsten und aus dem Lehm von Babele, welche genau die kleinen Abänderungen jener miocenen Lagerstätten nachbilden.

Unter den ferner stehenden „Arten" scheinen mir C. Basteroti Desh., C. subcarinata Desh. und C. spathulata (in ihrem dermaligen Umfange, trotz der auffallenden Verschiedenheit ihrer Extreme) mit C. polymorpha sehr nahe verwandt zu sein.

Im Ganzen dürfte es an reichhaltigen Materialien aus den Miocenschichten der Krim, aus Ungarn und Österreich und von lebenden Formen aus westeuropäischen und caspisch-pontischen Gewässern nicht allzu schwer halten, die Abänderungen eines Grundtypus nachzuweisen, ja vielleicht selbst den Gang derselben zu erkennen. Wenn das von d'Orbigny aus den lacustren Diluvialablagerungen von Joinville (Dép. Seine) angeführte Exemplar von C. polymorpha (Bullet. soc. géol. 21. Nov. 1859) nicht einer modernen Ausschwemmung entnommen war, wie F. Fischer dies vermuthet (Journ. de Conch. XII, 1864, p. 309 u. ff.), so wäre die Art auch dem westeuropäischen Diluvium nicht fremd geblieben, und wären selbstständige Übergänge davon zu allerlei unter fernen Himmelstrichen lebenden Formen annehmbar (vgl. bezüglich des Formenreichthums aussereuropäischer Congerien Dunker's werthvolle Abhandlung: De septiferis genere Mytilacearum et de Dreissenia, Marburgii, 1855).

Schliesslich muss ich noch auf die in der Liste angeführte *Paludina Sadleri* Partsch zurückweisen. Dieser Name bezeichnet eine der fossilen P. achatinoides Desh. von Kertsch nahe stehende grosse Art, die zu den häufigsten Fossilresten der „Congerienschichten" in Ungarn, namentlich im südwestlichen Theile des Landes gehört. Unter meinem Materiale von Babele fand ich eine *Paludina*, die von der oben genannten durchaus nicht getrennt werden kann. Der bessarabische Lehm stellt also in mehrfacher Hinsicht eine wichtige Vermittlung zwischen den osteuropäischen Miocengebilden und der gegenwärtigen Fauna der caspisch-pontischen Niederung her.

Anhangsweise möge noch eine kleine Liste der auffallendsten Weichthiere aus den Süsswassersümpfen der Umgebung von Tuldscha hier angereiht werden: *Paludina desmaculata* L. (impura Lam.), *Limnaeus stagnalis* L., *Planorbis cornens* L., *Congeria polymorpha*, *Cardium edule* L. Die letztgenannte fand ich nicht lebend, aber doch so frisch, dass seit ihrem Aussterben keine sehr lange Zeit verflossen sein kann.

In den sumpfigen Stellen des Delta's, namentlich im sogenannten Tatarsumpf bei Tuldscha lebt die neue, von Zelebor Malakozool. Bl. 1865) beschriebene *Succinea Dunkeri*.

In den Sümpfen des Kara Su habe ich leider krankheitshalber nicht auf die Fauna achten können. Ich weise nur, dass *Unio pictorum* und *Anodonta cygnea* darin massenhaft und zu erstaunlicher Grösse gedeihen [1].

Über die Landschnecken der Dobrudscha hat Herr Zelebor ausgedehnte Beobachtungen angestellt und sie zum Theil (l. c.) veröffentlicht. Ich verdanke ihm nachstehende Auslese von Arten, die zeigen soll, wie wesentlich der Antheil dieses Landes an der dalmatinisch-griechischen Landschneckenfauna sei und inwiefern es die letztere mit der südrussischen und mitteleuropäischen verbinde.

Vitrina pellucida Drap., Melaphyrberg Scharika, SO. von Isaktscha; Eichen und gemischtes Laubholz, reiche Vegetation.
Hyalina Dobrudscha Zeleb., l. c. ebenda und am Porphyrberg Pomsil, üppiger Laubwald und Fels.
Helix cerygensis Partsch., Atmadscha, W. von Babadagh dichter Eichenwald; Keresek-Bair, S. nächst Baschklöi Buschwerk.
- *conditum* Ziegl. typ., um Babadagh.
- var. *Dobrudschensis* Zeleb. (l. c.), ebenda.
- var. *spuria* Zeleb. (l. c.), Kersek-Bair, Strand von Kara-Arman.
- var. *ill. minor* Fridvaldski, nur 10—11 Millim. im Durchmesser mit mehr oder weniger dunklen braunen Streifen, von denen die breitesten ununterbrochen bis zur Mündung verlaufen; Strandsteppen S. von Kara-Arman.
- *instabilis* Ziegl. var. *major*, um Tuldscha.
- Ziegl. var. *Weikauri* Zeleb., Fels Donaustschuk bei Baschklöi.
- Ziegl. var. *minor*, Fels Zeltep zwischen Baschklöi und Nalbant Eichenbüsche und Graswuchs.
Bulimus detritus Müll. typ., Pomsil, um Baschklöi, Tuldscha u. s. w.
- Müll. var. *acuminata* Zeleb., Fels Sepildschen (?) bei Baschklöi.
- *tridens* Müll. typ., Fels Donaustschuk (auch nach meiner Beobachtung auch an anderen kahlen Stellen häufig).
- Müll. var. *elongata* Zeleb., Tuldscha, Atmadscha.
- Müll. var. *minor*, um Babadagh.
- *microtragus* Parr., Zeltep, Donaustschuk, um Baschklöi, Babadagh.
- *seo.* Rism., ebenda.
Clausilia laminata Mont., Pomsil, um Tuldscha.
- *plicata* Drap., ebenda.

Das Vorkommen dieser und anderer Landschnecken war für mich deshalb von Interesse, weil ich aus der Vergleichung der lebenden mit den im jungen Lehmablagerungen Silt und im Löss gefundenen einige Anhaltspunkte zur Charakteristik dieser Stufen zu gewinnen hoffte. In wie geringem Masse diese Hoffnung erfüllt wurde, wird aus der stratigraphischen Betrachtung hervorgehen. Doch ist es in zoologischer Beziehung von Interesse, zu erfahren, dass die Mehrzahl der fossilen Landschnecken Arten angehört, die jetzt noch im Lande leben, ja, wie *Helix candicans*, *H. profuga* A. Schmidt. *Bulimus microtragus* u. s. w., überaus zahlreich und verbreitet vorkommen.

Bemerkenswerth ist es ferner, dass die Lössschnecken fast durchgehends den Grundtypus der Art zeigen, wie er in Dalmatien oder in den mitteleuropäischen Ländern heimisch ist, wogegen die hier lebenden Formen nach Zelebor starke Abänderungen erfahren haben [?]. Erklärungsversuche für diese Thatsachen, selbst wenn wir diese als völlig constatirt annehmen dürften, wären jedenfalls verfrüht, bevor wir die arabo-caspische Landschneckenfauna einigermassen genau kennen und mit der hier besprochenen Gebiete verglichen haben.

Anhang zu 3. In pflanzengeographischer Beziehung ist die Dobrudscha gewiss eines der interessantesten Mischungsgebiete verschiedenartiger Floren. Dass die Pflanzendecke ihrer Waldgebirge und Terrassen den analogen Partien der „pannonischen" Flora vollkommen gleicht, namentlich der Flora des Bannts und des südlichen Siebenbürgens wird jedem Beschauer auf den ersten Blick klar. Doch gibt es in ihr gleichwie in der Landschneckenfauna zahlreiche Einmengungen von specifisch mediterranen Arten. Andere, die auf ihrem Wege von Kleinasien und den arabo-caspischen Gebieten her Ungarn noch nicht oder nur vereinzelt erreicht haben, scheinen hier, ihrem Stammgebiete um so viel näher, vollkommen heimisch zu sein. Schon die Buschvegetation, die heutzutage die Stelle der ausgerotteten Terrassenwälder einnimmt, zeigt durch ihre, mit verkrüppelten Beständen von *Quercus pedunculata* wechselnden Buschwälder von *Rhus*

---

[1] Nebenbei bemerkt, sind diese Sümpfe ein wichtiger Gewinnungsort für Blutegel und treibt Herr Kalisch in Medschidje damit einen nicht unbedeutenden Handel.

[2] Vgl. die wichtige Abhandlung von Dr. E. v. Martens: Über die Verbreitung der europäischen Land- und Süsswassergastropoden. Württemberg. Jahreshefte 1855, S. 129—272, namentlich S. 153, 211, 254.

cratinus L., durch zartblättrige Spiraen, die wildwachsende *Paeonia officinalis* und viele andere Species eine dem pannonischen Terrassenlande fremdartige Physiognomie. Besonders war es mir darum zu thun, die Arten, welche die hohen und die Strandsteppen bedecken, näher kennen zu lernen. Ich habe daher zum Theil selbst einige Vorräthe gesammelt, zum Theil durch Herrn Weik um sammeln lassen und dem kaiserlichen Herbar übergeben. Herr Director Dr. Fenzl war auch so gütig, mir die Liste dieser Suiten zukommen zu lassen. Wie interessant manche Einzelheiten daraus sein mögen, so glaubte ich doch nicht, eine Reihe von Namen zufällig gesammelter, zum Theil der Frühjahrs-, zum Theil der Herbstflora angehöriger Pflanzenarten hier anbringen zu sollen. Ich ersehnte vielmehr meinen verstorbenen Freund, Dr. Th. Kotschy, eine kleine pflanzengeographische Skizze zu entwerfen, in welcher die nord- und ostpontischen Beziehungen der Dobrudscha-Flora einigermassen dargelegt werden sollten. Leider machte der plötzliche Tod des vielgereisten Forschers mein Vorhaben zu nichte, und ich muss darauf verzichten, die Botaniker, welche die Dobrudscha in ihre Untersuchungen einzubeziehen gedenken, auf manche Erscheinungen aufmerksam zu machen.

Über den Waldbestand der Gebirge, der übrigens ein sehr einförmiger ist und die Halbbuche fast allenthalben in derselben Weise von der Silberlinde begleitet zeigt, wie sie im Banat, im Bihargebirge und anderwärts im Südosten des pannonischen Gebietes erscheint, habe ich im Vorangehenden einzelne Bemerkungen eingestreut. Stets sind es zwei Momente, der Feuchtigkeitszustand und die geschlossene Form des Grundgebirges, die Waldbestände der letzteren Art bedingen, keineswegs aber die Seehöhe. Terrassen und Plattformen aus Lehm zeigen, auch wenn sie um Beträchtliches höher liegen wie feuchte Gebirgsthäler mit mächtigen Halbbuchenwäldern, ausnahmslos die Eichenwald- und Buschvegetation der niedrigsten Terrassen. Die Buche (*Fagus*) scheint auf die bedeutendsten Gipfel des Waldgebirges von Babadagh beschränkt zu sein, wo sich allerdings Grösse des Gebirgskörpers und ein hoher Grad von örtlicher Feuchtigkeit mit ansehnlicher Meereshöhe zur Bildung einer Spur von Vegetationsgürteln vereinigen (vgl. S. 107).

4. Beiträge zur politischen Geographie und Ethnographie.

Nach den Andeutungen, die ich schon oben (S. 105) über den Sinn des Namens Dobrudscha gab, kann es nicht auffallend erscheinen, wenn ich nun erkläre, dass seine geographische Geltung eine sehr schwankende sei. Im weitesten Sinne bezieht er sich auf den ganzen bulgarischen Küstenstrich bis zum Cap Kaliakra, ja sogar bis Varna mit Einschluss des weiten Bezirkes von Tatar-Bazardschik. Selbst das Donau-Delta ist davon nicht ausgenommen, wenigstens machen die siebenbürgischen Schafhirten (Mokkanen) keinen Unterschied zwischen dem Deltalande, den Terrassen seiner Steilränder, dem Lagunengebiet und den südlichen Plattformen. Für sie war bislang ihr ganzes tractatmässiges Weidegebiet Dobrudscha. Die russische Auffassung des Namens ist davon wenig verschieden. Taibout de Marigny umschreibt ihn mit den Worten: „La Bulgarie maritime", ohne eine südliche Grenze anzugeben. Im engeren Sinne gilt er freilich nur für die „Halbinsel von Babadagh" mit Einschluss des ganzen Bezirkes von Küstendsche, dem wegen der Bedeutung des Hafenplatzes (eben so wie Sulina) nicht ein Mudir, sondern ein Kaimakam vorsteht.

Die Regierung scheint auf den Landschaftsnamen wenig Rücksicht zu nehmen. Sie kennt eben nur ein Paschalik von Tuldscha, welches die von mir durchreisten Bezirke Tuldscha, Sulina, Mahmudié, Matschin, Hirschowa, Babadagh, Medschidje und Küstendsche umfasst und dem Gouvernement der Donauprovinz mit dem Sitze in Rustschuk untergeordnet ist[1].

Meine Beobachtungen, die nicht wesentlich über das Gebiet der Karte hinausgreifen, beschränken sich auf das so umgrenzte Paschalik.

Die Bedeutung von Städten haben nebst Tuldscha als der modernen, Babadagh als der alten Hauptstadt des Landes und Küstendsche als Seehafen noch Salina, wie armselig es auch als Wohnort sein möge, Mahmudié, eine neue Anlage an Stelle des alten Dorfes Moldanisch-Besch-tepe, Isaktscha, eine ehemals bedeutende, jetzt sehr herabgekommene Türkenstadt, Matschin, ein am Donauverkehr lebhaft betheiligter

---

[1] Herr Viskovich, dessen auszugsweise veröffentlichter Consularbericht (1863) viele handelspolitisch und statistisch interessante Thatsachen enthält, zählt 11 Bezirke (Kasa's). Drei davon entfallen somit auf den südlichen Theil des Landes, dessen Mittelpunkt Tatar-Bazardschik ist (vgl. Lit. Nr. 13).

Ort von mehreren hundert Häusern und gemischter Bevölkerung, Hirschowa, die Türkenstadt mit den Ruinen der einstigen Festung, durch eine felsige Uferstrecke von dem rumänischen (Mokkanen-) Orte Varasch getrennt (vgl. oben S. 93) und die neue Tatarenstadt Medschidje im Kara-Su-Thale.

Einen **Marktflecken** könnte man Rassowa an der Donau nennen, dessen rumänische Bevölkerung einen schwunghaften Verkehr in Körnerfrüchten unterhält. **Grosse Dörfer** sind Topalo und Dojeni (Dojan) an der Donau, beide rumänisch und zumeist durch sesshafte Mokkanen in Wohlstand gerathen; Tscherna und Gretschi (Soganlück) südlich von Matschin mit gemischter, zum grossen Theile bulgarischer Bevölkerung; Schurilovka (Žuribovka) und Sarikiöi (Gelb-Dorf) an der Lagune Rasin, beide ausschliesslich von Lipovanern (altgläubigen Russen) bewohnt. Das erstgenannte Dorf der Altgläubigen hat mehr als 300 Häuser und eine sehr ansehnliche Kirche.

Alle anderen Ortschaften bleiben mehr oder weniger hinter der Häuserzahl 100 zurück, womit ich jedoch nicht die Summe der Feuerstellen gemeint haben will, die in manchen, mit starken Tataren- oder Tscherkessencolonien verbundenen Dörfern die Zahl der bedachten und mit mindestens 5 Fuss hohen Wänden versehenen Wohngebäude um das Doppelte übersteigt.

Tuldscha hat 2800 bis 3000 Häuser und nach Ausschluss der Garnison, der Beamten, Consulate und Functionäre der europäischen Donau-Commission eine Seelenzahl von 30000, die sich in absteigender Reihe auf folgende Nationalitäten vertheilt. Als die zahlreichsten und meist begüterten nannte man mir die Griechen, dann die Bulgaren. Ihnen folgen die Russen (ohne Unterschied der Confession), die moldanischen Rumänen, Juden, Armenier, Türken und Tataren [*]. Babadagh besitzt jetzt ungefähr 1000 Häuser, von denen aber mehr als ein Drittheil in Ruinen liegt und etwa 5000 Einwohner, unter denen die gewerbtreibenden Türken mit beiläufig 600 Seelen den grössten Stamm bilden.

In administrativer Beziehung muss ich noch bemerken, dass die **Tatareneinwanderung** von 1856 bis 1861, welche ursprünglich 60000 Köpfe betragen haben soll, aber durch Krankheiten im Lauf von 6 Jahren sich auf die Hälfte verringerte, und die im Sommer 1864 (während meiner Reise) angelangten **Tscherkessen**, von denen ungefähr 2000 im Paschalik von Tuldscha untergebracht werden sollten, unter der Obhut eines besonderen Pascha's stehen, dem auch die Regelung des Sanitätswesens unter den Ankömmlingen obliegt. Zur Zeit meiner Anwesenheit in Küstendsche und Medschidje sah ich diesen General einigemal auf Inspectionsreisen; seinen Sitz hat er seither in Medschidje aufgeschlagen, Conflicte zwischen ihm und der Provinzialregierung in Tuldscha sind unvermeidlich, so wie auch die sesshafte Bevölkerung des Landes durch beide Einwanderungen viel zu leiden hat.

Die einzelnen Elemente der ersteren will ich hier aufzählen und dann über ihre Ausdehnung noch Einiges bemerken.

Rumänen, a. Moldauer (Moldovani); b. Mokkanen (siebenbürgische Schafhirten, zum Theil sesshaft).

Bulgaren.

Russen [*], a. Orthodoxe Russen; b. Philipponen, gewöhnlich Lipovaner genannt; c. Eigentliche Altgläubige (Starovierci); d. Protestanten (Sjimodol).

Tataren (Nogaier von Alters her ansässig, aber jetzt mit Neueingewanderten aus der Krim gemischt.

Türken, Osmanen (Pomaken nur im Süden).

Tscherkessen.

Deutsche, zumeist von Bessarabien und aus der Gegend von Odessa herübergekommen.

---

[*] Die von Herrn Vlahovich (l. c. S. 716) mitgetheilte Tabelle unterscheidet sich sowohl in der Gesammtzahl (vor 22000) als auch in der Reihenfolge sehr wesentlich von meiner Aufzählung, die ich zum Theil nach den Angaben des Gouverneurs, zum Theil nach den Aussagen des seit vielen Jahren in Tuldscha ansässigen Herrn Weikom machte.

[*] Le Jean (vgl. Lit. Nr. 11, S. 30) identificirt die Lipovaner mit der Secte der Skopel, Herr Vlahovich dagegen (l. c. S. 715) führt die letztere besonders auf und beschreibt sie derart, dass ich in ihnen eine kleine Fraction der in Tuldscha lebenden Russen wieder erkenne. Während meines Aufenthaltes in der Hauptstadt wurde ich auf den religiösen Unterschied zwischen Skopel und den im Lande verbreiteten Lipovanern nicht aufmerksam gemacht. Auch von den Sobotnici erhielt ich erst aus dem in der "Austria" veröffentlichten Fragmente Kenntniss. Beide Secten mit je 100 Seelen sind ohne Zweifel auf die Hauptstadt beschränkt.

Griechen.

Zigeuner.

Armenier und Juden leben nur in den Städten.

Von Ansiedlern anderer Nationen habe ich nur einen Franzosen kennen gelernt, von dem in der Folge noch die Rede sein wird. Die im Dienste der europäischen Donau-Commission, der Schifffahrtsgesellschaften und der Danube-Black-Sea-Railway and Harbour-Company stehenden Beamten und Werkleute Engländer, Franzosen, Italiener, Deutsche und Polen kommen als Fremde nicht weiter in Betracht[1]. Auch die Ottoman-Bank von Galatz hat einige Leute zum Betrieb von Steinbrüchen in die Dobrudscha versetzt, darunter 2 oder 3 Ungarn.

Die oben aufgezählten Volksstämme leben auf Grundlage der für die Unterthanenländer der h. Pforte bestehenden Gesetze, namentlich eines neuen Colonisationspatentes, welches sich gleich allen neueren Statuten dieses Reiches durch sehr liberal abgefasste Artikel auszeichnet. Die unentgeltlich überlassenen Ländereien in Rumelien bleiben durch sechs Jahre frei von Grundsteuern und der Loskaufsumme (vom Militärdienste), gehen nach zwanzig Jahren in den Besitz der Colonisten über, denen (im Artikel 3) die vollste Cultusfreiheit noch besonders gewährleistet wird. Dass die letztere auch in der Praxis bestehe, unterliegt keinem Zweifel; die Regierung nimmt von den nicht mohamedanischen Culten kaum irgend welche Notiz. Auch die unentgeltliche Überlassung der Ländereien ist Thatsache und liegt vollkommen im Interesse der Regierung, deren Einnahmen lediglich von den wirklichen Productionsmengen abhängig sind. Doch ist mir auf meiner Reise kein eigentliches Tschiftlik (Freigut) begegnet, wohl aber mancherlei Klage über die im Verhältniss zum möglichen Ertrage der Viehzucht auf jedem einzelnen Zuchtthiere lastende Steuer. Ein wirklicher Grundbesitz könnte sich in einem von Kriegsereignissen, von Ein- und Auswanderungen ganzer Stämme wiederholt und tief bewegtem Lande, wie die Dobrudscha, eben so wenig entwickeln, wie eine gewerbliche Thätigkeit[2].

Eine natürliche Folge derselben Umstände ist eine überaus starke Mischung der Nationalitäten in einzelnen Bezirken, ja selbst in einzelnen gut gelegenen und grosse Anbauflächen beherrschenden Dörfern. Eine ethnographische Karte der Dobrudscha ist dieserwegen kaum ausführbar, auch nicht von sonderlichem Belange, da sich statistisch wichtige Momente darin nicht auszudrücken vermöchten. Wenn Le Jean auf seiner Karte der europäischen Türkei der nördlichen Dobrudscha und dem bessarabischen Deltarand ein besonderes Feld widmet, so that er dies ohne Zweifel, weil er den Angaben der Herren Jonesco und Jovano (vgl. Lit. Nr. 12) ein grösseres Gewicht beilegte, als sie zu haben scheinen[3].

Die moldauischen Rumänen. Le Jean gibt die Gesammtzahl auf 33000, Viskovich auf 12000 an. Die erstere Zahl muss wohl der Wahrheit näher liegen, denn in der That hat dieser Volksstamm, dem die Einwanderung in die Dobrudscha seit seiner Festigung und raschen Vermehrung in den Fürstenthümern stets offen stand, nicht nur an Tuldscha (1–5000), sondern auch an Matschin, Mahmudié und einigermassen an Isaktscha Antheil. In Matschin mann die rumänische Bevölkerung weit über 1000 Seelen betragen, in dem schönen Dorfe Gretschi zwischen 300 und 400. Überdies hat sie die grossen Dörfer Nikulizel (S. von Isaktscha), Topalo (S. von Hirschowa) und den Ort Rassova beinahe ungetheilt inne. Die anderen, ausschliesslich oder vorzugsweise, von Moldauern besetzten wichtigeren Dörfer sind der Reihe nach von Ost nach West folgende: Saranna (20 Familien mit 70 Fam. Tataren-, Karaibel, Sarigjöl (Gelber See), Adschigjöl (Bitter See), Kalika (mit Russen), Sabaudschi (Rumänen), Katalui, Nalbant, Kisebla, Samova, Parkiosch (mit orthodoxen Russen), Rakela, Langaviza; im Gebirge: Zufirka und Talza (mit Russen); gegenüber von Galatz: Vakareni, Garbina und Schlachbila (Zizila; südlich von Matschin: Turkeja, Satanov und Petschenjaga (mit Bulgaren)[4]. Mit ansässigen, zum Theil sehr wohlhabenden Mokkanen und mit fleissigen Bulgaren gemischt sind die Moldauer im grossen Dorf Dojeni und in den östlich daran liegenden Orten Kolju-punar (Hammelsbrunnen), Igramat, Tschemschiller, Araklar u. a. Geringeren Antheil haben sie an der Umgebung von Hirschowa, einen grösseren da-

---

[1] Herr Viskovich zählt in Tuldscha 400 Deutsche und 200 Polen. Es muss also ausser den oben angeführten Kategorien noch andere Stadtbewohner von diesen Stämmen geben.

[2] Vgl. hierüber Lit. Nr. 13, S. 699. Ich beschränke mich hier auf wenige Bemerkungen, da ich diese Landeszustände an einem andern Orte ausführlicher bespreche (Österreichische Revue, 1866, 8–10. und 12. Heft).

[3] So ist es z. B. ein greller Irrthum, den Ubicini (Lettres sur la Turquie, 2. partie, p. 173) der Abhandlung der genannten Herren entlehnt, indem er schreibt: M. Jonesco ne compte pas un seul village mixte parmi les 74 villages de la Dobrudja.

[4] Ich schreibe diesen Ortsnamen, der mit dem alten Volksstamme der Petschenegen gleichlautet, nach der Aussprache der Bewohner. Das Dorf Satanov (Neu-Dorf) lag vor dem Kriege (1854) eine deutsche Meile weiter nördlich.

gegen an den um Rassova liegenden Dörfern, von denen Kokerlenji und Ohlaklöi (Walachendorf) ganz rumänisch sind. Sie erstrecken sich hier unter einer mit Tataren stark untermischten bulgarischen Bevölkerung ziemlich weit ins Land hinein. In dem grossen Dorfe Mahmudkiöi (SW. von Medschidje) bilden sie die Majorität, so wie auch in Adamklissi und Jaspunlar. Ausserdem ist noch das bedeutende Mönchskloster Kokosch (mit 30 Mönchen und eben so vielen Arbeitern), welches im Telizathale eine schöne Meierei (Lonowa) hat, und das kleine Kloster Tschilik bei Teliza (SW. von Tuldscha) zu nennen. Gemischt mit Bulgaren leben viele Moldauer in den Dörfern Kamber und Satanow bei Rabadagh.

Le Jean's Karte ist somit hinsichtlich der Rumänen nicht ganz unrichtig.

Die Mokkanen sind in mehreren Gegenden vom nomadisirenden Leben zur Ansässigkeit übergegangen. Nördlich von Hirschowa haben sie nebst Varnach, wo der Angesehenste und Gebildetste von ihnen, Herr Zirka, die Functionen eines k. Consularagenten ausübt, die Dörfer Gerlitsche und Groppa Tschobannlui (Hirtengrube) gegründet. Ihre Weideplätze mit Sommersässen (Tirla) waren während meiner Reise hauptsächlich die Uferterrassen von Turkoje und die Hochebenen nordwestlich vom Allah-Bajr.

Durch den zunehmenden Feldbau, durch die neue Ansiedlung der Tataren und Tscherkessen, welche nicht nur grosse Flächen in Anspruch nahm, sondern auch die Sicherheit der Heerden stark gefährdete, so wie auch durch die Erhöhung der Weidesteuer an die Regierung und die früher unbekannten Abgaben an die Dorfgenossenschaften hatte die Mokkanenwirthschaft im letzten Jahrzehnt stark abgenommen. Die Heerden, welche in den Bezirken von Tuldscha, Isaktscha, Babadagh und Matschin im Jahre 1862 noch 50000 Stück betrugen, waren 1864 auf 10000 herabgeschmolzen. Da die alten Staatsverträge nach Ablauf der Convention vom Jahre 1855 von Seite der h. Pforte nicht wieder erneuert wurden, so ist das Weideleben der Siebenbürger in der Türkei jetzt als erloschen zu betrachten. Ich vermuthe aber, dass die Ansässigkeit derselben in Folge dieser Änderung stark zunimmt, und dass der h. Pforte dadurch wenigstens ein Theil der Einnahmen erhalten bleibt, die sie ehedem aus der Mokkanenwirthschaft zog. Am meisten werden dadurch die griechischen und bulgarischen Käser und Käsehändler benachtheiligt, welche als Kunstleute und als Genossen der Mokkanen in den grossen Tirla's den grösseren Antheil am Weideertragniss hatten, und das Zollbudget, in dem die Käseausfuhr und Wiedereinfuhr in Constantinopel und den türkischen Mittelmeerhäfen einen sehr wichtigen Posten bildete.

Die Bulgaren (Bigaren), deren Gesammtzahl Herr Viskovich auf 25000, wie mir scheint ganz richtig, veranschlagt, sind den moldauischen Rumänen nahe an Volksmenge und als physischer und an Fleiss überlegen. Mit den Osmanen und mit den Griechen besser befreundet wie jene, haben sie in der Landwirthschaft und im Handel mit Rohprodukten manche Vortheile errungen.

Sie sind sowohl im Lagunengebiet: Karamankiöi, ein grosses Dorf mit ausgezeichneter Pferdezucht, Pascha-Kischla, Kaukadschöi, Tschamurli, Hamamdschöi, Sarigjöl, Kassabkiöi und andere Dörfer bis gegen Cap Midia, als auch in der Niederung zwischen dem Haume von Tuldscha und Babadagh stark vertreten: Jenikiöi, Kongas, Trestenik, Adschilar, Baschkiöi und Tschinili. In den schönen Mulden zwischen den Vorbergen und dem Hauptzuge der Matschiner Gebirgsgruppe haben sie einen grossen Antheil an Gretschi und die Majorität in Tscheras, wo von 110 Häusern 25 türkisch und nur 2 oder 3 moldauisch, alle übrigen bulgarisch sind. Nach Südrande des Babadagh erstrecken sie sich über Beidaud, Sarigjöl (das dritte Dorf dieses Namens) und Terdschikiöi ziemlich weit über die Hochflächen, wo ich nur wenige Dörfer aus eigener Anschauung kenne. Sie mengen sich hier mit der alten tatarischen Ansiedlung, die ihnen in Fleiss und Gute des Feldbaues wenig nachgibt. Im Kara-Su-Gebiete und südlich davon haben sie grössere Dorfantheile, auch an der Donau Seimenj, Tschernavoda, Rassova, Oltina (ausser der Karte) ganz. Kusgun und in Bereiche des Deli-Orman (Südwaldes) viel mehr Dörfer als Le Jean andeutet.

Von den neuen Einwanderungen sind sie stark belästigt, doch sitzen sie in der Dobrudscha fest genug, um nicht zur Auswanderung geneigt zu sein, wie im westlichen Bulgarien, von wo sie gerne als Gärtner und Feldarbeiter nach Serbien ziehen und da der einheimischen Bevölkerung an Arbeitskraft bei weitem überlegen sind [1].

Die orthodoxen Russen leben unserer Tuldscha zu mehreren Stellen in Dorfantheilen zumeist an der Donau und an den Lagunen. So in Parkisch, in Prislav (einem der bedeutendsten Orte der Hausenfischerei und Caviarbereitung) in Kalika und anderen Orten. Zibila war früher ebenso ganz russisch. Auch im Gebirge fand ich ein Dorf, das 50 Häuser starke Teliza, ganz von Russen bewohnt, eben so die Einschichte Ziganka bei Taiza, wo sich einige Familien unberührt vom Kriege erhielten. Dagegen wurden Taiza und Zufirka, ehedem schöne russische Dörfer, durch übereilte Auswanderung ganz entvölkert und neuerlich von stark gemischten Elementen wieder eingenommen.

Von den grossen Dörfern der Lipowaner am Rasm war schon oben die Rede. Sie sind von der Regierung sehr begünstigt und blieben auch von den neueren Einwanderungen ganz verschont. Kamenka südlich von Matschin ist ein grosses russisches, so viel ich während einiger Minuten bemerken konnte, exclusiv lipowanisches Fischerdorf.

---

[1] Dass die Bulgaren in der Dobrudscha vorzugsweise Fischerei treiben, wie Le Jean (S. 29) meint, kann ich nicht bestätigen. Gerade in ihrem Bereiche sind alle Fischerplätze in den Händen der Russen. Nach einer Quelle, deren Zahlenangaben wegen nationaler Befangenheit wenig Glauben zu verdienen scheint (Briefe über bulgarische Zustände, Wiener Journal „Wanderer" 1864, Nr. 63) hatte im Jahre 1861 eine nicht unbedeutende bulgarische Auswanderung nach Südrussland stattgefunden. Da die grosse bulgarische Colonie Bolgrad am Yalpuk-See jetzt zu Rumänien gehört und die russische Regierung einen hohen Werth darauf legt, mit Bulgarien durch consanguine Elemente in Verbindung zu bleiben, so möchte wohl der Zug der Auswanderung neuerlich wieder lebhaft geworden sein.

Von den anderen russischen Elementen kann ich nichts Bemerkenswerthes anführen, als dass ich in Kutschikiui, NO. von Terdschiköi zufällig eine njiwolakische Familie antraf. Dergleichen mag es zerstreut noch mehrere geben. Ich muss hierüber auf die von Viskovich herrührenden Nachrichten verweisen, bezüglich derer ich sehr bedauere, dass nur ein allgemein statistischer Anaug und nicht das ganze Ergebniss einer officiösen, die Mokkanensache betreffenden Reise durch die Dobrudscha (bis Bazardschik) veröffentlicht wurde.

Der Tataren wurde im Vorhergehenden schon mehrfach gedacht. Herr Viskovich, der auf seiner Reise vorzüglich auf ihre Verbreitung zu achten hatte, stimmt in der Angabe mit mir überein, dass die Neueinwanderung bei 60000 Köpfe betragen habe. Deren Herabminderung auf die halbe Anzahl, wie oben erwähnt, durch Krankheiten, erfuhr ich von competenter Seite, das ist durch die von der Regierung angestellten Ärzte und durch Herrn Kalisch, einen gebildeten preussischen Geschäftsmann, der seit 6 Jahren in Medschidje wohnt. Die alten Einwohner tatarischen Stammes schätzt Viskovich, wie mir scheint zu niedrig, auf 12000. Sie haben das Gebiet des Tascha-ul-Baches, der bei Cap Midia ausmündet, die Kara-Su-Linie und nicht unbeträchtliche Strecken südlich davon ziemlich dicht besetzt, also im Bereiche meiner Karte einen Bezirk von etwa 40 □Quadratmeilen. Die See erreichen sie erst südlich von Kara-Arman, untermischt mit Bulgaren, doch in getrennten Dörfern (z. B. tat. und bulg. Karga-Iük oder Rabendorf), haben Dörfer um den Liman Tascha-ul und um den Kanara-See bis einschliesslich Pallasch (Pallas). Die westliche Grenzlinie läuft 1½ deutsche Meilen von Hirschowa vorbei, umgeht den Allah-Bair, trifft den Kara-Su bei Tschebliklök (tat.) und umgreift dann mit einer starken Krümmung die südwestlich von Mahmudiöi liegenden Dörfer Spaapunar, Kokardscha u. s. w. Die südliche Grenze kenne ich nicht, doch meine ich, dass sie sich gegen Bazardschik zu im Bereiche mohamedanischer Bulgaren und zum Theil echter Osmanen sehr unstät und verschwommen gegen die Küste zurückkrümmt.

Eine Hauptbeschäftigung der tatarischen Bewohner ist nächst dem Ackerbau etwas Pferde- und Kameelzucht und Fuhrwerk zwischen dem Innern und Küstendsche.

Herr Viskovich bemerkt mit Recht, dass die neue Einwanderung jetzt vielfach mit den „alten" Tataren gemischt sei. Anstatt der ungefähr 200 Köpfe auf die Quadratmeile müssen jetzt im Bereiche meiner Karte mindestens 800 auf den gleichen Flächenraum wohnen. Eine noch stärkere Mischung besteht auch in der neuen Stadt Medschidije, die am südlichen Gehänge des Kara-Su-Thales sehr regelmässig angelegt ist und 12000 Einwohner hat. Die Alt-Tataren leben da zumeist als Kaufleute und wohlbestellte Ackerbauer. Die Neu-Tataren haben die zahllosen Hütten der Peripherie des Halbkreises besetzt (vgl. Fig. 15). Hier wie anderswärts sind sie ihren altansässigen Stammesgenossen mindestens eben so lästig, wie den christlichen Bewohnern, denen sie Dorf für Dorf von Matschin bis Rassova und von Kara-Arman bis Mahmudie aufgedrängt wurden.

In den Jahren 1860—1864 hatten sie es erst zu sehr schwachen Anfängen von Ackerbau gebracht und das Zugvieh, welches die Regierung ihnen schenkte, zu wiederholten Malen aufgespeist.

Wie und da, wo es gerade thunlich war, liess man sie selbstständige Dörfer bauen oder verlassene von ihnen bevölkern. So hat das einst blühende Russendorf Dunavez jetzt eine ganz neutatarische Bevölkerung. Beibudschuk und Moriziöi westlich davon, Saral südlich von Dojeni und andere mehr sind neue Dörfer. In ersterem sah ich Frauen noch mit Stolz ihre grossen silbernen Nasenringe tragen. Da sich aber die Jugend dieser Neu-Tataren in der Eigenschaft als Dienstbuben und Hirten sehr anstellig, ja sogar ansehnlich intelligent zeigt, so lässt sich für die Zukunft Besseres hoffen [1].

Osmanen. Die türkische Bevölkerung ist nichts weniger als zahlreich. Nach einer beiläufigen Schätzung kann die Gesammtmenge der Ackerbau und Gewerbe treibenden Türken im Bereiche der Karte etwa 2000 Köpfe stark sein. Die Organe der politischen Verwaltung und des Cultus auf etwa 500 und die Militärmacht einschliesslich der Marine und des Kavassencorps auf 4500 Mann veranschlagt, ergibt sich eine Summe von weniger als 7000. Tuldscha, Küstendsche und Sulina haben nur an der zweiten Abtheilung erheblichen Antheil. In Babadagh mögen beide Kategorien einander das Gleichgewicht halten.

Ausser den früher angeführten Bezirksstädten und der Tatarenstadt Medschidije, wo etwa 30 oder 40 Moslims türkischen Stammes sesshaft sind, vertheilt sich die Landbevölkerung auf eine mässige Anzahl von grösseren und kleineren Dörfern, in denen sie mit einer bulgarischen oder rumänischen Majorität oder mit neutatarischen und tscherkessischen Ansiedlern zusammen leben. Dergleichen Dörfer sind Gretschi und Tschernu südlich von Matschin, Handscharka (nur 15 Häuser, Türken und Bulgaren), Akpunar und Ortaköi zwischen Matschin und Babadagh, Hassanlar, Ragman, Ali-Faki und mehrere andere im südwestlichen Umlange der Gebirggruppe von Babadagh, Baltadschestí (15 türk., 35 tatar. Familien und 67 Köpfe Tscherkessen), Terdschiköi, Satieköi und andere südöstlich von Hirschowa, Ausdof und Karaköi südlich, Aidieljük und andere südlich von Küstendsche.

Ausschliesslich von Türken bewohnte Dörfer habe ich nur zwei kennen gelernt, Kanatlfa und Kardschelar westlich von Babadagh. Die hohe Lage dieser Dörfer und die zweckmässige Ansiedlung der Tataren in neuen selbstständigen Dörfern, wie z. B. Humurlar bei Hassanlar, haben die seit alter Zeit hier ansässigen Osmanli von der lästigen Gesellschaft der ungeordneten Elemente frei erhalten [2]. Diese Dorfbevölkerung treibt ziemlich guten Ackerbau mit etwas Büffel-

---

[1] Die angebliche Autonomie der alten Tartaren unter einem erblichen Chan, von der Le Jean spricht (S. 56), besteht wohl längst nicht mehr. Auch kenne ich keinen Ort „Tschetel-Orman" (tschatal, Gabel; orman, Wald), wo dieser Chan residiren soll.

[2] Von einer kartographischen Ausscheidung der türkischen Bevölkerung, wie Le Jean sie auf einer sehr unvollkommenen Kartengrundlage versucht, kann nach Obigem kaum die Rede sein. Es wäre denn, dass man Babadagh und Isaktscha mit grösseren, die anderen Städte und Dörfer mit kleineren Farbenpunkten bezeichnen wollte.

und Pferdezucht und macht im Allgemeinen einen günstigen Eindruck. In den Städten und grossen Dörfern verwahrlosen einzelne Familien in Folge von Unglücksfällen und belästigen als Freibeuter die christlichen Bewohner.

In ethnographischer Beziehung erinnere ich daran, dass die erste turkmanische (seldschukische) Einwanderung auf europäischen Boden im Jahre 1263 gerade die Dobrudscha betraf, „die dobrunische Tatarey“, wie v. Hammer sich ausdrückt (Geschichte des türkischen Reiches, 1834, 1. Bd., S. 117.) Diese Colonie soll allerdings nur kurze Zeit bestanden haben (l. c. S. 118) und während der grossen Bewegung der Osmanen im Jahre 1391 (erste Belagerung von Byzanz) eine neue Tatarenschaar eingerückt sein. Ich habe die Gesichtszüge und den Körperbau der türkischen Landbevölkerung an mehreren Orten aufmerksam betrachtet und mich bei Sprachkundigen nach etwaigen Spuren von Stammesunterschieden erkundigt, aber nichts erfahren, was auf ein hohes Alter und sonstige Eigenthümlichkeiten dieser Türken, gegenüber den Städtebewohnern hier und in anderen Theilen von Bulgarien schliessen liesse.

Was ich bezüglich der Tscherkessen mit ansah, ist nicht Gegenstand dieser Abhandlung. Während meiner Reise waren sie noch kaum provisorisch untergebracht. Einigermassen festsitzend fand ich sie nur im türkischen Dorfe Baltadscheöstl in Gjölpunar (Rosenbrunn) und in einer neuerrichteten Ortschaft Sa-baschi südlich von Rassowa. Wohl aber sah ich bereits vor meinem Abgange von Tuldcha eine Anzahl junger Männer als Infanterierekruten exerciren und schliesse daraus, dass die Regierung einen grösseren Theil der waffenfähigen Mannschaft in die Linie aufnehmen wird. Gewiss der beste und zugleich meist wohlwollende Gebrauch, den sie von diesem Volksstamme machen kann [1].

Die Deutschen bewohnen vier Dörfer, die ich wegen des näher liegenden Interesses für diese Ansiedlung einzeln anführe.

Malkodsch (Abkürzung von Malkovich [2]) hat 30 Familien von süddeutschem Stamme, die wenige Jahre vor dem Kriege aus der Gegend von Odessa eingewandert und beinahe ausschliesslich katholisch sind.

In Deutsch-Katalui südöstlich vom moldauischen Dorfe wohnen 20 Familien.

In Tschukarowa 30 Familien, die einen ziemlich gut gebauten Dorfantheil neben Russen, Rumänen und einer absetzigen Tatarencolonie bewohnen. Das Dorf liegt im obersten Stücke des Slavathales, auf schmaler Sohle mitten im Waldgebirge.

Eine ähnliche aber viel höhere und noch mehr beschränkte Lage hat Atmadscha (Falken-Hain); darin 30 Familien, mit einer neuerbauten Kirche und einem aus Preussen berufenen Geistlichen.

Malkodsch hat guten Feldbau und blieb vom Kriege ungestört. Die anderen Dörfer waren nach dem Kriege verlassen, doch kehrte die Mehrzahl der einstigen Bewohner nach kurzem Verweilen in der Moldau wieder hieher zurück und erlangte von der Regierung die Räumung ihrer mittlerweile von Tataren bezogenen Dörfer. Sie sind zum grössten Theile von norddeutschem Stamme und haben ihre Eigenthümlichkeiten durch drei Generationen unter russischer und türkischer Herrschaft bewahrt. Katalui treibt Fuhrwerk und Spirituosenverkauf, indem es am Hauptwege von Babadagh nach Tuldcha liegt. Die Leute von Tschukarowa und Atmadscha sind Holzmacher und Fölzleute und treiben arge Waldverwüstung. Durch Lieferungen für die Dammbauten in Sulina sind sie zu einigem Wohlstande gelangt. Sämmtliche drei Dörfer sind protestantische augsb. Confession.

Die Griechen haben als Ackerbauer nur ein Dorf inne, das von Le Jean ganz richtig bezeichnete Alibeiköi, 3 Meilen nordöstlich von Babadagh, mit ungefähr 30 Familien. Eine sehr grosse Anzahl von Griechen lebt nicht nur in den Städten, sondern auch in vielen Dörfern in der Eigenschaft als Schenkwirthe, Kaveedschi's u. s. w. Der arge Unfug, den sie als Lichter und Lootsen ehemals an der Sulina trieben, wurde zum grossen Theil schon während des türkischen Commando's (1854), und völlig durch die internationale Regulirung der Schifffahrt behoben (vgl. Lit. Nr. 18), die besseren Elemente dieses Volkes haben sich seither geregelten Geschäften zugewendet. Es wäre interessant, die Zahl der in der Dobrudscha lebenden Griechen zu kennen. Herr Viskovich giebt die Bewohner von Tuldcha mit 1540 an, eine Zahl, die ich für zu niedrig halte. Angenommen, dass in Sulina 800, in Küstendsche etwa 600, in Matschko und Babadagh je 50 und am Lande einschliesslich Alibeiköi 1000 Griechen leben, so konnte die Gesammtzahl nicht wohl unter 4000 veranschlagt werden. Da, wo in Tuldcha noch Schiffbau betrieben wurde, muss sie viel grösser gewesen sein. Nachdem der letzte Eichenstamm in der Nachbarschaft gefällt war, hat die Regierung den Schiffbau verboten, obwohl der Babadagh bei einigermassen geregelter Waldnutzung dazu noch vollauf Material bieten würde.

Die ansässigen Zigeuner leben in Gesellschaft der Moldauer hier in ganz ähnlicher Weise wie in den Fürstenthümern und in Siebenbürgen. Man unterscheidet sie nur an den Gesichtszügen, nicht an ihren Lebensgewohnheiten. Ihre Zahl kann nicht bedeutend sein. Nomadisirende Zigeuner sind mir nicht begegnet.

---

[1] Die von der h. Pforte übernommenen und nach Rumelien überführten Tscherkessen, ursprünglich bei 200000 Köpfe, gehören (auch einer Mittheilung, die ich dem k. russ. Commissär, Frhr. v. Offenberg nicht zu den eigentlichen Bergvölkern, sondern zu den Stämmen der nördlichen Hügellande, welche schon vor Jahren ins Gebirge geflohen waren und bei der Regelung des übervölkerten Berglandes in ihre ursprünglichen Sitze zurückzukehren sich weigerten. Zunächst mögen als Abkömmlinge jener Bewohner der grossen Kabarda sein, die schon 1822 aber den Kuban flohen (vgl. A. Berger: „Die Bergvölker des Kaukasus“, Petermann's Mittheil. 1860, S. 161, 172). Herr J. Kanitz, der die Colonien im westlichen Bulgarien kennen lernte und ausführliche Studien über die Tscherkessenauswanderung gemacht hat, erklärt sie für eine Fraction der Adighe-Stämme (Schapsuchen, Abessechen und Ubechen, die erst im Frühjahre 1864 völlig unterworfen wurden. Vgl. Österr. Revue, 1865, 1. Bd., S. 272, 232.

[2] Diesen Namen führte einer der Befehlshaber osmanischer Truppen in den Kämpfen gegen den Wlachenherrscher Wlad (v. Hammer, Geschichte, I, S. 471).

Die Gesammtzahl der Einwohner des Landes schätzt Herr Viskovich, die Russen sämmtlicher Culten etwas hoch mit 26000 annehmend, auf 169500. Dabei hat er offenbar die Neu-Tataren mit 60000 in Rechnung gebracht. Ziehen wir den oben erwähnten Verlust derselben mit 30000 ab, so scheint mir, alle Nebenantheile der Städte (Israeliten, Armenier u. s. w.) genügend hoch gerechnet, von den Tscherkessen aber als einem noch gar nicht stabilen Elemente abgesehen, 140000, die höchste annehmbare Zahl sämmtlicher Civilbewohner des Paschaliks zu sein.

Der unangenehme Umstand, dass ich vor meiner Abreise nicht mehr nach Küstendsche kam, brachte es mit sich, dass ich über die südliche Grenze der Liva (des Verwaltungsgebietes), somit auch des Paschaliks nichts erfuhr. Es ist also trotz der hinreichenden Genauigkeit der mir vorliegenden Karten nicht möglich, den Flächeninhalt des productiven Bodens (mit Ausschluss der Delta- und Lagunenniederung) mit einiger Genauigkeit anzugeben. Ich schätze ihn in runder Summe auf 200 Quadratmeilen. Somit entfiele auf die Quadratmeile die Einwohnerzahl 700. Herr Viskovich berechnet die ganze Steuer- und Zolleinnahme des Paschaliks auf 1,500000 österreichische Silbergulden [1]. Die neutatarische Bevölkerung als steuerfrei abgerechnet, ergibt sich für den Kopf eine totale Steuerlast von mehr als 13·63 fl. Würde nicht ein grosser Theil dieses Erträgnisses auf die Erhaltung von dermalen und noch für längere Zeit ganz unproductiven, ja sogar im hohen Grade schädlichen Einwanderungen verwendet, so wäre die Dobrudscha für die h. Pforte auch in finanzieller Beziehung ein wichtiges Land [2].

Seine hohe strategische Bedeutung ergibt sich in Anbetracht der politischen Lage und der Kriegsgeschichte des letzten Jahrhunderts wohl genugsam aus der physischen Beschaffenheit, die vom geologischen Standpunkte aus im zweiten Abschnitte dieser Abhandlung genauer dargelegt werden soll.

5. Kleine Beiträge zur Alterthumskunde des Landes.

Obgleich zu antiquarischen Untersuchungen weder durch Kenntnisse noch durch äussere Mittel ausgerüstet, konnte ich doch nicht umhin, von einem Lande, welches in so vielfacher Beziehung Ziel und Schauplatz der Culturbestrebungen früherer Jahrhunderte war, einige hierauf bezügliche Daten zusammenzutragen oder von den Arbeiten einzelner Fachgelehrten Kenntniss zu nehmen. Es handelte sich dabei fast ausschliesslich um die topographische Feststellung dem Wesen nach bekannter Punkte.

An die Beiträge zur physikalischen Geographie, die ich im 2. und 3. Abschnitte zu geben versuchte, dürfte sich am nächsten eine Bemerkung knüpfen lassen über die eigenthümlichen Erdhügel, Tumuli, türkisch schlechthin Tepe genannt, die sich hier zu allermeist auf den Lössterrassen, aber auch auf anders geartete Grundlage befinden.

1. Die Tumuli sind in der Dobrudscha so zahlreich wie in anderen Pontusländern, stellenweise vielleicht noch zahlreicher wie in der Krim, von wo wir sie schon aus den Beschreibungen von de Verneuil (Mém. Soc. géol. III, 1838, p. 9) kennen. Wie nahe auch deren genaue Untersuchung den reisenden Geologen anginge, so muss ich doch leider gestehen, dass ich zu sorgfältigen Aufgrabungen derselben nicht Gelegenheit fand.

Gerade um Tultscha, wo ich lange genug verweilte, und wo ich die nöthigen Arbeitskräfte hätte aufbringen können, befindet sich kein einziger dieser merkwürdigen, nach ihrem Ursprunge noch immer nicht genugsam erklärten Erdwerke einer uralten Völkerschaft. In Küstendsche gelang es mir nicht Arbeiter aufzustellen. Auf meinen Zügen durch das Land aber musste ich zunächst auf die Gewinnung hinreichender stratigraphischer Thatsachen bedacht sein und diesem Hauptzwecke alle anderen Interessen unterordnen. Leider haben die unterrichteten Männer, welche als Bauleiter bei der Eisenbahn zwischen Tschernavoda und Küstendsche und mit der Anlage von Steinbrüchen in verschiedenen Theilen des Landes beschäftigt waren und Hunderte von Arbeitern zur Verfügung hatten, dergleichen wissenschaftliche Zwecke nicht verfolgt. So kam

---

[1] Dabei ist die Mokkanensteuer (Odiockié) noch mitgezählt.

[2] Hinsichtlich der Productions- und Handelsverhältnisse verweise ich auf Lit. Nr. 15. Anderweitige Beiträge zur Landeskunde habe ich in der Österr. Revue von 1866, 8.—10., 12. Heft, veröffentlicht.

es, dass meines Wissens kein einziger der zahllosen Tumuli der Dobrudscha umgestürzt und das Innere genau untersucht worden wäre.

Ich muss mich desshalb auf einige Angaben über die Verbreitung derselben im Lande beschränken. Die meist beachtenswerthe Thatsache ist, dass die Erdbügel ohne Unterschied der Grösse auch hier den Strom- und Küstenlinien folgen. Sie fehlen allerdings auch im Innern des Landes nicht; die Lössterrassen nördlich von Babadagh haben mehrere Tepe aufzuweisen, und im Lössterrain zwischen Hirschowa und den Lagunen einerseits, der Kara-Su-Linie andererseits gibt es davon ausgezeichnete Exemplare. Aber deren Anzahl kann nicht verglichen werden mit den Summen, die man entlang der Donau und an der Küste auf kurzen Strecken zählen mag. Nicht ohne Belang dürfte die Bemerkung sein, dass sie an der Donaustrecke zwischen Parkisch und Prislav fehlen, oder nur als unbedeutende Erdaufwürfe auf den Höhenpunkten des Gebirgswalles von Tultscha erscheinen, dagegen um Isaktscha im Westen und zwischen Türkisch-Besch-tepe, Dunavez und der Alluviallinie des Lagunengebietes ungemein häufig und hoch sind. Die Landschaft der niederen von dem Besch-tepe-Gebirge beherrschten Lössterrassen erhält durch den üppigen Graswuchs und das auffallend vom fahlen Terrassengrunde abstechende Grün der Tumuli ein eigenthümliches Ansehen.

Dieselben stehen hier nicht reihenweise, sondern sind zu 3 oder 5 derart gruppenweise gestellt, dass stets ein Hügel der einen Gruppe von einem der Nachbargruppe aus leicht gesehen werden kann. In Anbetracht dieses Umstandes konnte ich mich der Ansicht nicht entschlagen, dass die Tumuli, wäre es auch nur in untergeordneter Weise, die Rolle von Warten gespielt haben. Denselben Eindruck machte mir ihre gruppenweise Anordnung um Küstendsche und Isaktscha. An letzterem Punkte scheint sich sogar die Vertheidigungskunst späterer Zeiten einzelner alter Tepe bedient zu haben. Ich fand daran Spuren wie von römischer Wallarbeit mit Ziegeltrümmern. Eine Escarpirung jedoch, etwa dem Baue des Kriegspa der Maori auf Neu-Seeland vergleichbar, ist nirgends zu bemerken. Die Abhänge sind vielmehr allenthalben gerade und glatt, der Hügel stets ein einfacher Conus von 2—4 Klafter Höhe über der Bodenfläche. Die oben geäusserte Vermuthung wird durch den Umstand wesentlich gestützt, dass auch in Gegenden, die arm an Erdhügeln sind, Exemplare von seltener Höhe, in der Regel von kleineren umgeben, dominirende Hochflächen einnehmen, ja sogar dazu bestimmt zu sein scheinen, die Fernsicht von Bergen zu erweitern.

So steht z. B. zwischen Satiskiöi und Terdschiköi auf der Höhe des Lehmplateau's ein grosser Tepe, der nach Südwest hin mit dem Allah-Bair, gerade nach West mit einzelnen Tumuli auf dem Höhenzuge gegen die Lössterrasse von Topaio an der Donau correspondirt, und eben so in nordwestlicher Richtung von den höchsten Punkten des Grünsteinterrains bei Satiskiöi aus gesehen wird (vgl. S. 105, Fig. 5, welche Ansicht von diesem Tepe aus gezeichnet wurde). Ausgezeichnete Tumuli befinden sich auf dem höchsten Terrainwalle zwischen Murvatlar und Medschidjé, nahe an der letztgenannten Stadt und waren in dieser Position vollkommen geeignet, die Fernsicht sowohl östlich gegen den Rand der Platiform von Küstendsche, als auch westlich gegen Tschernawoda zu gestatten (vgl. Fig. 12 u. 13, so wie auch nordwärts, wo die best gelegenen Tumuli als Triangulirungspunkte gewählt wurden. Der höchste Punkt nächst dem Dorfe Kongas, NNO. von Babadagh, Zil-jiskiАch, ein aus ungemein mächtiger Lehmbedeckung sich erhebender Triaszipfel (vgl. S. 116) trägt einen 18 Fuss hohen Lehm-Tumulus, der es möglich macht, die höhere Umgebung von Kalika und Satiskiöi zu überblicken. Und so könnte ich noch mehrere Beispiele anführen, welche mir die Bedeutung der Tumuli als Umschaupunkte zu erweisen scheinen.

Im eigentlichen Gebirgsland gibt es keine dergleichen Hügel, was, so wie ihr Mangel zwischen Prislav und Parkisch, mit der einstigen oder noch bestehenden Hochwaldbedeckung der geschlossenen Gebirgsmassen und hohen Lössrücken zusammenhängen dürfte.

Aber auch auf den weiten und niederen Vorstufen des Gebirges von Matschin und am Lössterrain der Donauufer nördlich von Hirschowa erinnere ich mich nicht, eigentliche Tumuli gesehen zu haben. Desgleichen scheinen sie in den Ausläufern des Südwaldes (Déli-Orman) südlich und südwestlich von Rassova gänzlich zu fehlen, obgleich sich das Terrain hier weder in der Lössbedeckung noch in der Seehöhe merklich von den Uferstrichen bei Oltina und Rassova unterscheidet, die mit zahlreichen und grossen Tepe besetzt sind. Dieselben stehen hier aber so nahe am Steilrande des Stromes, dass sie ihren Zweck als Hochwarten selbst dann erfüllen konnten, wenn die Waldrodung sich auf Uferstriche von geringer Breite beschränkte.

Was den Bau der Hügel im Innern betrifft, so kann ich einen einzigen derselben, der am Wege zwischen Adschigjöl und Jeniköi, NNO. von Babadagh, schon ziemlich tief an der Westseite des Sattels zwischen jenen beiden Dörfern liegt, als einigermassen lehrreich bezeichnen. Das Regenwasser hat daran einen ziemlich tiefen Einriss hervorgebracht, und ungefähr 1½ Fuss über der Lössgrundfläche sowohl ein grosses Trumm von Triaskalkstein als auch kleinere Bruchstücke davon blossgelegt. Da an spätere Zuthat oder an ein ausnahmsweise junges Alter dieses einen Tumulus nicht zu denken ist, so glaube ich, dass innere Steingerüste, wie sie Verneuil an den Tumulis der Krimm fand, Gerüste, die vielleicht mit den Dolmen des westlichen Europa verglichen werden können, auch den Erdhügeln der Dobrudscha eigen seien.

Was die Verwandtschaft der pontischen Tepe mit den Dolmen betrifft, so würde sie, ganz abgesehen von den Steingerüsten als näherem Kennzeichen, in der Lage beider auf den Plattformen entlang der Küsten und Flussufer begründet sein.

Die Einwohner der Dobrudscha respectiren die Tepe selbst da, wo sie ihnen bei Neuanlagen unbequem werden, als Überreste eines uralten Cultus.

Schliesslich muss ich noch einer Ansicht über die Tumuli gedenken, die für mich darum nicht ohne Bedeutung ist, weil der Gelehrte, der sie aussprach, einen Theil der Dobrudscha kennen gelernt hat. Mein geehrter Freund, Herr Prof. J. Szabó in Pest meint (vgl. Lit. Nr. 27, Quart. Journ. XIX, Miscell. p. 8, diese Hügel seien nur zum kleinsten Theil ein Werk von Menschenhand, zumeist aber das Ergebniss ausgedehnter Abschwemmung einer hohen Lösslage. Es mag sein, dass sich die hügelartigen Löss-Überreste in der ungarischen Niederung, wo Szabó deren allein bei 600 zählt, ihrer Mehrzahl nach auf diese Weise erklären lassen, auf die Tepe der Dobrudscha aber kaum, wie aus dem Vorstehenden genugsam hervorgeht, ein solcher Erklärungsversuch wohl keine Anwendung finden. Mein geehrter Freund scheint sich Angesichts der Tumuli von Küstendsche und vom Kara-Su-Thale der berüchtigten Hornitos am Fusse des Jorullo allzu lebhaft erinnert und gemeint zu haben, zwei der Form nach ähnliche, dem Wesen nach aber grundverschiedene räthselhafte Erscheinungen liessen sich etwa auf denselben allgemein wirksamen Vorgang zurückführen.

2. Bemerkungen über die Situation antiker und mittelalterlicher Bauwerke. In meinem Reiseberichte (Nr. 24, S. 50 u. ff.) habe ich auf mehrere Überreste antiker und mittelalterlicher Cultur hingewiesen, die in diesem Lande bekanntlich zahlreiche Punkte besetzt hatten und eine lange Reihe von Jahrhunderten umfassten. Ohne Zweifel bietet die Dobrudscha, so wie sämmtliches Donau- und Küstengelände Bulgariens ein weites Feld für antiquarische Forschungen, und es ist im hohen Grade zu beklagen, dass zahlreiche Überreste an Inscriptionen und Münzen von hier in europäische Museen verschleppt, noch zahlreichere und vielleicht auch wichtigere von den Bewohnern zerstört oder der Wissenschaft für unabsehbare Zeit entzogen worden, bevor das Terrain und die Situation der Fundstellen durch eine geographische Untersuchung auch nur einigermassen genau dargestellt werden konnten.

Schon die Tabula Peutingeriana, die älteren Werke über die antike Geographie von Mannert, Forbiger und Anderen, so wie die Seekarten aus der Blüthezeit der venetianischen und genuesischen Colonien am Pontus und von neueren Werken die oft citirte Hydrographie de la mer noire von Taitbout de Marigny enthalten eine Fülle von Thatsachen und Deutungen der alten Schriftdenkmale, doch herrscht allenthalben die grösste Unsicherheit über die Örtlichkeiten und eine unheilvolle Verwirrung wirklicher und vermeintlicher moderner Ortsnamen, so dass die Karten von Spruner, Kiepert u. A., die wir ja doch als möglichst treue Darstellungen der Literatur ansehen dürfen, nur ein sehr unklares Bild dieser uralten Culturstätten gewähren.

Einer der Punkte, die ich besuchte, wahrscheinlich das bedeutendste unter den in neuester Zeit hier aufgeschlossenen Alterthümern ist die römische Stadt Trocesmenes oder Trosmis nächst der Ansiedlung Igliza, 1½ deutsche Meilen südlich von Matschin.

Sie ist in der Inschriftenliteratur unserer Tage bereits mehrfach genannt worden; auch mussten für die Bestimmung ihrer Lage schon in älterer Zeit einige Daten vorliegen, denn gerade sie ist in den oben genannten Atlanten (vgl. z. B. Spruner's Atlas antiquus, Gotha 1850, Blatt Nr. XXII) richtiger locirt als die meisten anderen Culturstätten.

Ich wurde schon zu Anfang meiner Reise von den Commandanten der österreichischen Stationsschiffe, dem Herrn k. k. Linienschifislieutenant Spindler und Herrn Fähnrich Tratnik, die eine Jagdpartie gegen Igliza unternommen hatten, auf die Bedeutung dieses Punktes aufmerksam gemacht, und später, während meines Aufenthaltes in Tuldscha, lernte ich sogar den Ansiedler von Igliza, Herrn Moore, einen gebildeten Franzosen, dem die Blosslegung der antiken Überreste seiner Gegend zum grössten Theile zu verdanken ist, kennen. Auch von Herrn Dethier's Forschungen, deren Publication ich in meinem Reiseberichte ankündigte, hatte ich schon in Tuldscha Nachricht erhalten. Ich war demnach vollkommen darauf vorbereitet, bei Igliza die Reste einer bedeutenden römischen Niederlassung zu finden. Wenn sich nun nichtsdestoweniger mein Aufenthalt an dieser Stelle auf wenige Stunden beschränkte, deren Benützung überdies durch ein heftiges Gewitter wesentlich geschmälert wurde, so hat dies einerseits seinen Grund darin, dass ich nach den Andeutungen Herrn Moore's die von Dethier im Jahre 1862 gemachten Studien für völlig umfassend und den Gegenstand zur Zeit erschöpfend halten musste, andererseits fand ich Herrn Moore durch meine ganz zufällig mit einer Visitation des Mudirs von Matschin zusammentreffende Anwesenheit derart in Verlegenheit gesetzt und so wenig geneigt, mein Verweilen am Orte seiner Entdeckungen zu begünstigen, dass ich es schon der Verpflegung wegen für gut fand, in das naheliegende Dorf Turkoje abzuziehen. Es lag damals in einer gedeckten Bucht nächst Igliza eine Barke, die römische Steine von beträchtlichen Dimensionen mit und ohne Inschriften geladen hatte und sichtlich deren noch mehrere aufnehmen sollte. Diese vor den Türken zu verbergen, war Herrn Moore's angelegentlichstes Bestreben, so dass ich vermuthete, er verkaufe die Steine als Baumateriale nach Braila, wo ich kurz vorher griechischen Marmor und römisches Materiale in Verwendung zu einem Kirchenbau gesehen hatte (vgl. Reisebericht l. c. S. 51).

Dies war aber ein Irrthum. Von solchem Vandalismus darf ich den Ansiedler jetzt nach wiederholter Correspondenz mit Herrn Dr. Dethier freisprechen. Es handelte sich um die Verführung der Steine nach Westeuropa, also zu wissenschaftlichen Zwecken. Dies mir zu offenbaren schien aber Herrn Moore eben so wenig gelegen, als die Anwesenheit meines Kavassen, der ehedem in Matschin stationirt und bei den ersten Ausgrabungen selbst betheiligt war, ja sogar nach seinem eigenen Geständnisse die Beträchtliches an Münzen und Metallgeräth gesammelt und vertrödelt hatte.

Das Einzige, was ich vom geographischen Standpunkte aus für die Erforschung von Troesmis zu leisten vermag, besteht in der genauen Bezeichnung des Punktes auf meiner Karte und in beistehender Skizze (Fig. 14), die ich am 5. Juli 1864 von dem Granitgipfel Sersembair bei Turkoje, also aus angemessener Nähe und Höhe gezeichnet habe.

Fig. 14.

Situation der römischen Statt und Festung bei Igliza, südlich von Matschin, Troesmaovas oder Troesmis, aufgenommen von Sarcem-Bair (Jakobsberg) nächst Turkoje.

Die römischen Bauten concentriren sich in drei, richtiger in vier Gruppen, sämmtlich auf der 70—80 Fuss über dem Donauspiegel liegenden Lössterrasse, unter der hart am Flusse zum Theil Thonschiefer als Fortsetzung der kleinen Felsmassen von Kamenka und von Igliza selbst, zum Theil grauer oder schwarzer weissgeaderter Kalkstein anstehen.

Die erste Gruppe im äussersten Nordwesten, der Ansiedlung des Herrn Monte am nächsten, war ein zusammenhangender äusserst solider Bau, eine Art von Castell, mit mächtigen Grundmauern aus dem heimischen Kalkstein und aus weissem porösem Muschelkalkstein, der nicht unterhalb von Silistria gebrochen sein dürfte, vielmehr dem bei Rustschuk vorkommenden Materiale gleicht, aus dem dort die Filtrirsteine gemacht werden. Dasselbe scheint, nebenbei bemerkt, von den Römern in ganz Mösien als gemeiner Werkstein vielfach verwendet worden zu sein, selbst Grabsteine mit Inschriften bestehen in der Regel aus den härteren, etwas sandigen Varietäten dieser Schichte. Im kleineren Mauerwerk gibt es hier allerlei Kalkstein, dessen Lagerstätte ich nicht kenne, aber auch ziemlich viel Grünsteine von Petschenjaga, dieselben, auf die man in neuester Zeit zu den Dammbauten in Sulina wieder gegriffen hat. Manche Grabsteine, sowohl hier bei Iglitza wie an den anderen später anzudeutenden Punkten, bestehen allerdings aus griechischen Marmorarten, doch sind die antiquarisch werthvolle Ausnahmen. Über einem Gewölberest sah ich sorgfältig blossgelegt ein schön gearbeitetes Karnies aus weissem Kalkstein, mehrere Fuss lang, auch eines der grossen Thongefässe von Urnentorm, bei 5 Fuss hoch und 3 Fuss in der Bauchweite messend, dergleichen man hier viele gefunden haben soll. An den Ziegeln, die zum Theil lose aufgeschichtet wurden, zum Theil noch im Mauerwerk stecken, sah ich nur die Legionsmarke LEG V. M . . . , doch weiss ich von Herrn Dethier, dass auch andere Stempel vorkamen. Von Inschriftensteinen gab es zur Zeit meiner Anwesenheit noch vier, die blossgelegt und nahe an den Gewölberesten aufgestellt waren, einen halbbedeckt in ursprünglicher Lage und zwei zur Verfrachtung bereit zur Landungsplatz der vorerwähnten Bucht.

Die zweite und die dritte Gruppe haben die Form grosser Vierecke, letztere gegen Osten mit einem polygonalen Abou, sehr werthlosig aber nur wenig blossgelegt. Es scheint hier noch keineswegs eine regelmässige Ausgrabung, sondern nur ein schlechtes Wühlen nach Münzen und Scherben stattgefunden zu haben, welche letztere, nach unterliegenden buntgemalten Resten zu schliessen, von interessanten Gefässen herrühren.

Ausser diesen drei Gruppen, von denen die zweite und dritte etwa 120 Schritte von einander entfernt und durch einen Lösseinriss getrennt sind, gibt es in grösserer Entfernung gegen Süden noch Spuren von einzelnen, anscheinend nicht ummallten Gebäuden.

Wenn ich diesen kargen Notizen noch einige Bemerkungen über die mir bekannte Geschichte der antiquarischen Untersuchungen beifüge, so geschieht dies lediglich aus dem Grunde, weil ich dem verdienstvollen Constantinopler Archäologen Herrn Dr. Dethier Gerechtigkeit erweisen und, vom Standpunkte des Naturforschers, den Werth seiner als der ersten sachkundigen Untersuchung der Reste von Trosmis an Ort und Stelle, nachdrücklich betonen möchte. Ich verdanke nachstehende Chronologie einem Briefe des genannten Herrn und der flüchtigen Einsicht in ein Manuscript seiner noch nicht publicirten Abhandlung über diesen Gegenstand.

Herr Dethier begab sich im Sommer 1862 von Tuldscha aus nach Iglitza und verweilte hier in vertraulichem Verkehre mit Herrn Monte einige Tage. Die erste Anzeige der Resultate seiner Untersuchung erschien in der Constantinopler Zeitung „Courrier d'Orient" vom 16. August 1862. Von 25 Inschriften, alle beinahe sämmtlich den Ortsnamen Troesmen oder Troesmenis tragen, transscribirte Herr Dethier alle gut leserlichen und ergänzte die daran befindlichen ausgemeisselten Stellen durch die Attribute Caracalla's. Von Truppenkörpern fand er die I. und II. Italienische, die V. und VI. macedonische Legion, die Legio fretensis und verschiedene Hilfstruppen vertreten.

Am 17. December erhielt die kais. Akademie der Wissenschaften eine deutsch geschriebene Abhandlung von Herrn Dethier über diesen Gegenstand, und stellte ihm dieselbe nach genommener Einsicht wieder zur Verfügung, eine Thatsache, von der ich selbst erst kürzlich Nachricht bekam.

Im Pariser Moniteur erschien kurz vor Ende 1862 eine Correspondenz aus Galatz, worin der Fund, offenbar mit Benützung obiger Notiz im Courrier d'Orient, besprochen, zugleich aber die Situation der bezeichneten drei Abtheilungen etwas genauer angegeben war. Es hatten nämlich im Herbst dieses Jahres einzelne Besuche der Localität stattgefunden, namentlich von Seite des französischen Mitgliedes der europäischen Donau-Commission, Herrn v. Engelhardt.

Eine archäolog. Abhandlung von Chev. Renier im „Bulletino dell' istituto di corrispondenza archeologica", Septemberheft 1864, behandelte acht von den Inscriptionen, deren Copien Herr Dethier während seiner Localstudien vor dem Ansiedler von Iglitza nicht verborgen, sondern ihm vielmehr freundschaftlich mitgetheilt hatte.

Im December 1864 wurden im Corpus Inscriptionum vier von jenen acht Inschriften behandelt. Mommsen verwarf aber Renier's Interpretation der maculirten Zeilen und gab eine Erklärung, die mit der ursprünglichen Deutung von Dethier zusammenfällt, ohne dass der letzteren dabei gedacht wurde oder gedacht werden konnte.

Ich muss hier ausdrücklich bemerken, dass der Stein mit einer der strittigen Inscriptionen, welche beginnt:

IMP.CAESARI.M   und wo die maculirte Stelle von Herrn Dethier (in lit.) durch
AVRELIO . . . . . .   ANTONI
. . PIO FEL.AVG   NO   ergänzt wurde, am Tage meiner Anwesenheit noch auf der Höhe der Terrasse nächst dem Mauerwerke der ersten Gruppe lag, dessen Karnies ich in Herrn Dethier's Manuscript sehr genau abgezeichnet fand. In dem kurzen Gespräche, das ich damals mit Herrn Monte führte, wurde ich von ihm auf diese Ausmessung aufmerksam gemacht, mit dem Bedeuten, dass Herr Dethier die Attribute Caracalla's eingefügt habe, und dass

offenbar die Impopularität dieses Kaisers die Austilgung seines Namens zur Folge hatte. Die Meisselschrunden an dieser Stelle fand ich unzweideutig alt und durch Verwitterung obliterirt; der Stein besteht aus einem schönen körnigen Marmor.

Es können also nach Obigem wohl nur Copien von dieser Inschrift Gegenstand der Publication von Renier und der sich daran knüpfenden Controverse gewesen sein.

Am 10. April 1866 gelangte eine in französischer Sprache geschriebene Abhandlung von Herrn Dethier an mich, welche ich schon am nächstfolgenden Tage der kais. Akademie übergab, wo sie sich dem Wunsche des Verfassers gemäss in Aufbewahrung befindet.

Einem gleichzeitigen Briefe von ihm verdanke ich auch die Nachricht, dass die Pariser Académie des Inscriptions, wahrscheinlich in Folge der seither von Igliza nach Frankreich gelangten Steine und der Berichte, welche Herr v. Engelhardt über die Bedeutung der antiken Reste in der Dobrudscha an seine Regierung erstattet hat, eine archäologische Expedition nach der unteren Donau sendete, bestehend aus den Herren Belissière und Baudry. Da diesen Gelehrten von Seite der französischen Regierung das Stationsboot La Meurtrière und von Seite der h. Pforte die Mudie von Matschin, ein intelligenter junger Mann, zur Verfügung gestellt wurde, so zweifle ich nicht, dass sie sowohl an der Donau als auch am Pontus interessante Untersuchungen anstellen oder vielmehr bereits angestellt haben, und dass sie insbesondere bei Igliza tiefer eingedrungen sind, als dies Herrn Moore und Herrn Dethier möglich war. Ich bedaure nur, dass ihnen meine Karte nicht gleich während ihrer Reise dienlich sein konnte.

Spärliche Überreste eines Aquäductes, durch welchen der Stadt Trosmis die Gebirgsquellen von Gretschi zugeführt wurden, hatte ich schon auf einer früheren Fahrt bemerkt. Grossentheils unterirdisch verlaufend, überbrückte er den nördlich von Igliza ausmündenden Bach an einer schmalen Stelle des Thales, nahe am Fahrwege, der Matschin direct mit Tscherna verbindet. Die Thonschieferhügel im Osten (vgl. Fig. 14) scheint er mit einer leichten Krümmung umgangen und mit einem trefflichen Gefälle die einzelnen Gruppen von Trosmis erreicht zu haben. Vermuthlich war die Wahl dieses Terpunktes gerade durch die leichte Bringbarkeit eines vorzüglichen Trinkwassers bedingt, denn das Gebirge von Matschin entbehrt seiner Schichtenlage wegen beachtenswerther Quellen.

In gleicher Weise konnte Noviodunum, die nächst bedeutende römische Stadt, welche Herr Dethier, wie mir scheint, mit vollem Rechte genau an die Stelle von Isaktscha setzt, von den Gehängen des M. Insphyrstockes aus, wohl direct vom heutigen Kloster Kokosch, durch einen einfachen Stollen mit reichlichem und sehr gutem Trinkwasser versorgt werden.

Dieser für die römischen Beherrscher des Landes in ihrer Defensive gegen Angriffe von jenseits der Donau so wichtige Punkt (vgl. Lit. Nr. 4, S. 74 u. ff.) muss wohl für die Sicherheit der römischen Legionen nahezu dieselbe Bedeutung gehabt haben.

Im Schoosse des Metaphyrstockes war das quellenreiche Thal von Nikulizel für einen mit Noviodunum correspondirenden Gebirgsposten wie geschaffen. In der That hatten die Römer hier eine sehr bedeutende Niederlassung. Ein Wall, in der Construction dem Trajanswälle des Kara-Su-Thales ähnlich, umgab im weiten Halbkreis die schöne Thalmündung. Vor etwa 20 Jahren hatte man in Orte selbst eine römische Therme entdeckt und ein Klosterkirchlein darüber erbaut. Erst in neuester Zeit, etwa um das Jahr 1858, wurde der antike Überrest völlig zerstört, so dass mein Begleiter, Fr. Weikum, nichts mehr davon erfragen konnte, als eben die Thatsache der Vertilgung zum Zwecke armseliger Neubauten.

Über die Lage von Aegissus habe ich leider durch eigene Erkundigung etwas erfahren, noch glaube ich, dass Herr Dethier Thatsachen hierüber besitzt. Dass es sich an der Stelle von Tuldscha befand, wie Mannert annimmt, ist nicht ganz unwahrscheinlich, da über den in römischer Zeit sehr schön (mit Eichen) bewaldeten Rücken eine Communication mit dem Becken von Babadagh (wo das einstige Halmyris liegen musste) leicht möglich war. Da jedoch die Alten offenbar an eine Befahrung des Sulinaarmes nicht dachten, sondern sich lediglich am Georgsarm bewegten, konnte ihnen der quellenlose Punkt der heutigen Hauptstadt ziemlich gleichgiltig sein, und das West- oder das Ostende der Besch-tepe, wo jetzt Türkisch-Besch-tepe und Mahmudié stehen, dürfte sich für ihre Zwecke besser geeignet haben. Ich glaube deshalb, dass Sproner Aegissus auf seiner Karte nicht mit Unrecht weiter östlich als Tuldscha setzt. In einem modernen Vertheidigungssystem würde freilich die ausgezeichnete Terrasse von Prislav der wichtigste Punkt an der östlichen Donaulinie sein.

Ich muss hier eines verschanzten Lagers gedenken, welches sich ⅓ Meile östlich vom Tatarendorfe Morhigöl, also ungefähr 1 Meile von Mahmudié entfernt, auftrat. Es ist ein sehr stark profilirtes Viereck von beiläufig 80 Klafter Seite, enthält zahlreiche Steintrümmer und Mörtelsporen aber keine Ziegelfragmente. Das Gestein ist der graue, dünngeschichtete Jurakalk vom Kara-Hair an Donauer, der sich trotz der Entfernung von ¾ Meile leichter gewinnen liess, als der am Wasserspiegel liegende weisse Kalkstein, der den klippenartigen Untergrund der sumpfigen Niederung bildet. Ich möchte nicht behaupten, dass dieses Lager römischen Ursprunges sei; jedenfalls ist der Mangel an Ziegelfragmenten in einer Gegend auffällig, die an gutem Lehm keinen Mangel hat. Nachgrabungen dürften über das Alter des Werkes leicht Aufschluss geben.)

Salsovia an der Stelle des heutigen Sarikiöi würde den nördlichen Theil der Lagune beherrscht haben, die vor 18 Jahrhunderten vom offenen Meere viel weniger abgeschnürt sein musste wie gegenwärtig.

Dass die Existenz einer **mittelalterlichen Burg bei Jenisala** (vgl. oben Fig. 3) auf eine mehr offene Communication des Rasim mit der See und auf eine grössere Tiefe der Lagune in einer verhältnissmässig sehr neuen Zeit hinweist, ist schon oben (S. 101) erwähnt worden.

Weiter südwärts sind mir alte Culturreste nicht bemerkbar geworden. Erst am **Schwarzen Vorgebirge** (Kara-burun), ostsüdöstlich vom Dorfe Hamamdschi, häufen sich Mauerreste, fremdartige Gesteins- und Ziegeltrümmer, so wie auch zierliche Scherben von Thongefässen so sehr, dass ich an einer bedeutenden antiken Niederlassung nicht zweifeln kann.

Ich war nicht so glücklich, beim Durchreiten des stark mit Feldbau bedeckten Bodens gestempelte Ziegel zu finden, doch müsste man bei einiger Sorgfalt schon an der Oberfläche dergleichen antreffen und durch Nachgrabungen interessante Aufschlüsse gewinnen. Der Name des Dorfes, zu deutsch Hamam's Bad, soll auf die Existenz einer noch von den Osmanen gekannten römischen Therme hindeuten. Jetzt ist das Terrain an der Lagune sumpfig und äusserst unwirthlich. Ehedem mag es aber bei dem mehrmaligen Wechsel von grünen Schiefern und Kreideschichten an guten und leicht fassbaren Quellen nicht gefehlt haben. Auch bildete das 4? Klafter über dem Seespiegel erhobene Vorgebirge mit seinem ungefähr ¾ deutsche Meile langen Wurzelrücken und eben so langen südöstlichen Ausläufer bei geschonter und cultivirter Vegetation eine überaus wohnliche und durch ihre gegen Südost geschützte Lage für die Küstenschifffahrt wichtige Bucht.

Ich halte es für sehr wahrscheinlich, dass die vielfach herumgeschobene **Istropolis**, die „nicht unmittelbar an der Küste, aber doch noch ziemlich weit vom Danubius (Ister) entfernt lag“ (Forbiger, Handbuch, Leipzig 1848, 3. Band, S. 1098) hier gefunden werden dürfte und nicht bei Kara-Arman am Südende der Lagune, ihrer vermeintlichen Position bei Constantia, Küstendsche (Mannert, 7. Band, S. 126) nicht zu gedenken.

Als der nächste wichtige Punkt dürfte das Dorf **Anadol** nördlich von Küstendsche, so wie die ganze Umgebung des **Kanara-Sees** ins Auge zu fassen sein.

Die Süsswasserquellen sprudeln bei Kanara ein klein wenig unter dem Spiegel so mächtig hervor, dass nicht nur der ganze See dadurch ausgesüsst wurde, sondern auch beständig frisches Wasser durch Schöpfen zu gewinnen ist. Bei Anadol aber bricht weit entfernt vom See und mehrere Klafter über dem Meeresspiegel eine Quelle so mächtig zu Tage, dass sie den Alten die Anlage eines Wasserstollens für den Hafen von Constantia ermöglichte (vgl. Reisebericht, S. 52). Beim Dorfe Anadol, wohin Herr Dethier (nach brieflicher Mittheilung) Tomis versetzt, während Küstendsche nach seinen Untersuchungen, über die mir Weiteres nicht bekannt ist, das alte Flavia neu gewesen sein soll, habe ich im Vorüberkommen auf dem modernen türkischen Begräbnissplatze mehrere antike Steine gesehen, zum Theil mit Sculpturen, die trotz der Verwitterung eine nicht geringe Kunststufe erkennen lassen, zum Theil auch mit Inschriften. Eine derselben fand ich ohne weitere leserlich. Obwohl sie nicht sonderlich lehrreich sein mag, interessirte mich doch die ausgesetzte Stelle am Anfange der dritten Zeile, welche der Ausmeissung auf dem Steine von Iglisa sehr ähnlich sieht, hier wie dort wesentliche Buchstaben betrifft, im vorliegenden Falle aber mit Tyrannenhass und Parteileidenschaften der Zeitgenossen gewiss nichts zu schaffen hatte.

> ? FLAVIO LONCN
> OMARCIOTVRBIS
> .LEGAVG PR PR
> TITIVS CRISPVS
> GORNICVL
> EIVS

Der Boden von **Küstendsche** ist bekanntlich eine unerschöpfliche Fundgrube von Antiken. Beinahe jeder Reisende, der sich hier einige Tage aufhält, jeder zum Gebrauch von Seebädern hier weilende Gast von Galatz oder Bukarest, trägt zum mindesten einige Münzen davon. Dadurch mögen der wissenschaftlichen Untersuchung sehr wichtige und interessante Stücke entzogen worden sein. Doch befinden sich in grösseren Museen wohl ganze Serien davon; die schönste Sammlung soll der österreichische Internuntius in Constantinopel, Freiherr v. Prokesch-Osten besitzen. Eine Bearbeitung derselben wäre in hohem Grade wünschenswerth, denn eine genauere Kenntniss von der Bedeutung eines der wenigen Häfen an der westlichen Küste des Pontus in den einzelnen Zeiträumen der Antike und des Mittelalters müsste über die noch so dunkle alte Geschichte des ganzen Ländercomplexes Licht verbreiten.

Ich will hier nur zweier kleiner Sculpturen gedenken, die wahrscheinlich noch wenig bekannt und nirgends abgebildet sind. Das rohe, an der Basis ungefähr 2½ Fuss breite Basrelief, Fig. 15, ist im neuen Leuchtthurm eingemauert; das Delphinsymbol, Fig. 16, sah ich in einer Nische am vorspringenden Eck eines türkischen Hauses im Innern der Stadt. Minder vollkommen gearbeitet fand ich es noch einmal als Hautrelief und auf einer plumpen Schaumünze (ohne Schriftzeichen)

wieder. Als Zeichen glücklicher Schifffahrt steht es offenbar mit ähnlichen Symbolen der Handelsrepubliken Italiens im Zusammenhang, scheint aber hier einem weit früheren Zeitalter anzugehören.

Wie übel die christlichen und osmanischen Völker auf diesem Boden mit den steinernen und metallenen Denkmälern auch gewirthschaftet haben, die Erdwerke der Alten liessen sie ziemlich unberührt. Nicht nur die räthselhaften Erdhügel (Tepe), von denen im Vorhergehenden die Rede war, noch die römischen Wälle sind aller Orten so wohl erhalten, dass der Beschauer hie und da in Zweifel sein mag, ob er nicht moderne Befestigungswerke vor sich habe. An manchen Stellen haben freilich neue Anlagen störend eingegriffen; so hinsichtlich der ausgezeichneten Walllinien zwischen Küstendsche und der Donau die Eisenbahn, die sie an einigen Stellen durchkreuzen musste, und die zwischen 1856 und 1860 überaus weitläufig angelegte Tatarenstadt Medschidje an der Stelle des alten Kara-Su (vgl. Seite 121, Fig. 13).

Diese Wälle sind noch vor dieser Zeit von Herrn v. Vinke und Capitän Spratt (Lit. Nr. 2 u. 3) so ausführlich beschrie-

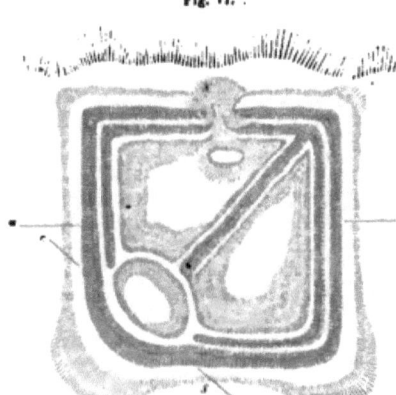

Fig. 17.

ben und möglichst genau gezeichnet worden, dass mir darüber kaum etwas zu sagen übrig blieb. Über eine plötzliche Einsenkung des untern Walles in der Nähe des kleinen, noch heute bestehenden Kara-Su-Sees gab mir Herr Schönhaber, Vorstand der photographischen Abtheilung im k. k. militär-geographischen Institute, der im Jahre 1856 als Triangulirungs-Ingenieur hier gearbeitet hat, einige Andeutungen, welche mich eine nicht uninteressante Erscheinung von natürlichen Bodenveränderungen aus jüngster Zeit erwarten liessen. Doch fand ich nichts dergleichen, wohl aus dem Grunde, weil an derselben Stelle beide oben erwähnte Ursachen zur Umgestaltung des Terrains zusammengewirkt hatten.

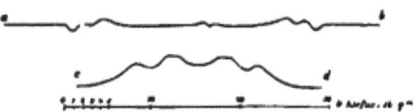

Eine Art von Überresten der alten Vertheidigungswerke ist von den genannten Beobachtern minder genau beschrieben worden. Ich meine gewisse viereckige Umwallungen, welche, nicht zu verwechseln mit den grösseren Camps, die von Vinke und Spratt verzeichneten, oberhalb des obern Trajanswalles angebracht sind und allem Anscheine nach die Bedeutung von festen Lagerplätzen für kleine Truppenabtheilungen haben.

Ich zeichnete einen derselben (Fig. 17), der merkwürdig gut erhalten ist und sich an einer dominirenden Stelle des Gehänges, ungefähr 100 Klafter vom Walle entfernt, südöstlich von Medschidje (genau S. 60° in W. vom Minareh der Moschee) befindet. Ein zweites kleines Camp der Art sah ich eine Viertelstunde weiter westlich. Dergleichen mag es viele in ähnlicher Lage gegeben haben und schienen sie mir dazu bestimmt gewesen zu sein, die Vertheidigungslinien mit möglichst geringem Kraftaufwand zu bewachen und doch im Falle eines Angriffs binnen wenigen Minuten genügende und vollkommen kampftüchtige Truppenmassen an den Wall werfen zu können.

Je mehr ich diese Wälle und die mit ihnen zusammenhängenden Seitenwerke betrachtete, um so mehr musste ich staunen über den kolossalen Massstab und die Sorgfalt, die das kriegstüchtigste Volk des Alterthums zur Sicherung seiner Positionen unter den scythischen Barbaren anzuwenden für nöthig erachtet hatte.

Schliesslich sei noch der Ruinen und des sogenannten Mausoleums von Adam-klissi 2½ d. Meilen südlich von Rassowa gedacht.

Fig. 16.

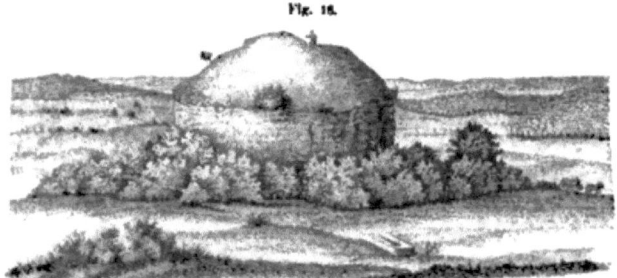

Ansicht der Plattformen südlich von Rassowa mit dem Mausoleum am Fahrwege von Adam-klissi nach Jügsunlar.

Zuerst von Herrn Schönhaber darauf aufmerksam gemacht, fand ich diese Reste später in Herrn v. Vinke's Abhandlung sehr ausführlich und treffend beschrieben. Auch Prof. Wutzer bespricht sie in seinem Reisewerke (vgl. Lit. Nr. 7).

Ich habe schon in meinem Reiseberichte (l. c. S. 52) darauf hingewiesen, dass die beträchtlichen Mauerwerkreste im Thale von Oblakiöl und Gjülpınar (im äussersten Südwesten meiner Karte entnehmen lassen, es müsse dasselbe in der römischen Zeit eine der wesentlichsten Verkehralinien zwischen der Donau und dem Pontus gewesen sein. Da sich aber aus denselben Gründen, Quellenreichthum und Waldwuchs, auch die moderne Ansiedlung hier stark entwickelt hat, sind die antiken Reste allenthalben zerstört worden, ja sie schwinden von Tag zu Tag, da die türkische Bevölkerung hier nicht unterträchtlich ist und die Steingalerie nicht scheut, um Hausbottiche, Wassertröge u. dgl. zu erzeugen und die Dorfbrunnen (Tscherne) mit mächtigen Quadern zu umgeben.

Zu allen diesen Zwecken wurden die antiken Steine herbeigeschleppt und gar manche Inschrift weggemeiselt. Nur Rohmauern stehen noch hie und da fest, namentlich die Grundmauern der von Vinke erwähnten Stadt und die Bogen eines Castells in der Einbucht, die aus dem Hauptthale südwärts gegen das hochliegende Dorf und Klösterchen Adam-klissi hinaufführt.

Vielleicht der räthselhafteste aller antiken Reste ist das „Mausoleum" (Fig. 18 und 19). Es liegt hart am Fahrwege von Adam-klissi (etwa mit „Menschen-kirche" zu übersetzen) nach dem Dorfe Jügsunlar (Hundert-Brunnen) ziemlich auf der Höhe der Plattform, die ich hier durch Anknüpfung an einen trigonometrischen Punkt mit 83·65 Klafter über der See bestimmte, das ist etwa 40 Klafter über der benachbarten Sohle des Hauptthales.

Eine rohgemauerte Rotunde, ungefähr 35 Fuss hoch und 55—60 Fuss im Durchmesser haltend, steht da, umgeben von einem Trümmerwall und dichtem Buschwerk, ohne Öffnung im Umfange. In der Nähe des Scheitels der Wölbung, die mit Vegetation über und über bedeckt ist, befindet sich ein schon Herrn v. Vinke bekanntes aufgebrochenes Loch, gross genug, dass ein Mann hineinsteigen kann. Ich war zur Zeit meiner Anwesenheit durch einen Sturz so übel angerichtet, dass

Ich nicht daran denken konnte, die Mauer zu erklimmen. Jedoch mein Begleiter Welkam stieg hinan und drang in die Höhlung ein, von der er mir den Fig. 19 dargestellten Aufriss zeichnete. Die senkrechte Wand des beinahe kreisrunden

Fig. 19.   Fig. 20.

aber sichtlich excentrischen Schlottes fand er glatt, mit wohl erhaltenem Mörtel, die der Aussenwand näher liegende (nordwestliche) Seite rauh, ihres Mörtels entkleidet, aber aus festem Mauerwerk gebildet. Am Grunde lagen Schutt und einige grosse Steine von der einstigen Verkleidung. Durch Hammerschläge gegen die Wände des Schlottes soll sich nirgends ein verborgener Hohlraum verrathen haben, und glaubt Welkam, dass das Innere zu mehr als 0·9 jedes Durchmessers mit Mauerwerk oder Schutt ausgefüllt sei. Insofern kann ich die Angaben meiner Vorgänger ergänzen. Was die mächtigen Steine der abgerissenen Bekleidung betrifft, die durchwegs aus schönem Marmor bestanden zu haben scheint, so kann ich nur bestätigen, was Jene von der rohen Ausführung der Sculpturen sagten. Das in Fig. 20 dargestellte Basrelief gibt eine Probe davon. Doch sind die Figuren weder stark verzerrt noch ohne Leben. Die Zickzackzeichnung an den Beinen des Mannes, der die fesselartige Querspange hält, deutet nach der Ansicht des Herrn Custos Baron v. Sacken in Wien auf einen dacischen Barbaren. Leider ist die andere Figur, der Gefangene ?, sehr schlecht erhalten. Ein anderer Stein zeigt eine mit hemdartiger Tunika, die bis zu den Knien reicht, bekleidete männliche Gestalt, leider ohne Kopf und in sehr steifer Haltung. Auch sah ich einen kolossalen Torso in sitzender oder kauernder Stellung aus dem Boden hervorragen, ob Hautrelief oder Statue vermochte ich nicht zu entscheiden.

Wie dürftig auch die blossgelegten Reste sein mögen, so unterliegt es doch keinem Zweifel, dass mit Anwendung einiger Mittel wesentliche Thatsachen gewonnen werden könnten. Es müssen noch viele Steine in der Tiefe liegen.

Da zu solchen Untersuchungen die Einwilligung der Behörde unerlässlich ist, die christliche Bevölkerung aber von entlohnbarer Arbeit unter der Assistenz eines Mudirs oder seiner Kavassen keinen Begriff hat, im Gegentheil bei ähnlichen Gelegenheiten fürchtet, zu Zwangsarbeiten gepresst zu werden, so sind die Schwierigkeiten antiquarischer Forschung in diesen Ländern nicht gering. Jedenfalls muss sich der Reisende mit den rumänischen oder bulgarischen Bewohnern der Gegend durch einen guten Dolmetsch und durch freigebige Zahlung seiner Bedürfnisse erst vertraut und von seinem, ganz speciell auf Ausgrabungen lautenden Bujurdu des zuständigen Paschas erst dann Gebrauch machen, wenn die Arbeit demnächst beginnen soll. Die Vorbereitungen dürften also an jedem Punkte einige Tage erfordern. Die Herren Boissière und Baudry scheinen ihre Untersuchungen in dieser Art eingeleitet zu haben, und ich zweifle nicht an deren glücklichem Erfolge. Ich selbst war nicht im mindesten in der Lage, mich an antiquarische Forschungen zu wagen, doch wollte ich meine wenigen Bemerkungen über diesen Gegenstand nicht ausfallen lassen, um wenigstens zur topographischen Fixirung einzelner Punkte mein Theilchen beizutragen.

Hiemit schliesse ich den ersten Theil dieser Abhandlung. Möge sie zur Verwerthung der zerstreuten und höchst lückenhaften Nachrichten über den mindest bekannten Theil der europäischen Pontusküste das Ihrige beitragen, zu weiteren Forschungen anregen und somit auch in geographischer Beziehung den Titel einigermassen rechtfertigen, den ich ihr gegeben habe.

VIII

Bertlin buffera di L Mhud el Wessers h math nature Cl XXVII. Bd. 1862.

GRUNDLINIEN

ZUR

GEOGRAPHIE UND GEOLOGIE DER DOBRUDSCHA.

VON

KARL F. PETERS.

II. GEOLOGISCHER THEIL.

Mit 1 palaeontologischen Tafel und 36 in den Text gedruckten Profilen und anderen Figuren.

VORGELEGT IN DER SITZUNG DER MATHEMATISCH-NATURWISSENSCHAFTLICHEN CLASSE AM 29. NOVEMBER 1866

Die nördliche Dobrudscha oder das Paschalik von Tuldscha enthält nachstehende Schichten- und Massengebilde:

A. Palaeolithische Gruppe:

Gneiss und Granit; bojische Stufe (?).
Mehrerlei krystalinische Schiefer; hercynische Stufe.
Eine Quarzit- und Phyllit-Stufe;   mit wenig krystal-   { Halbgranit.
Eine paläozoische Formation, Thonschiefer,   linischem Kalkstein; Granitgesteine.
Grüne Schiefer und sandiger Diabastuff;   Steinkohlenformation Diorit.

B. Mesolithische Gruppe:

Grobe Quarzpsammite; Rothliegendes (?).
Trias: Sandstein und Mergelschiefer.
Dunkelfarbige Kalksteine und Kalkschiefer.
(?) Granitische Gesteine.
Quarzporphyr.
Muschelkalk; Schichten von Köves-Kalya in Ungarn und Mikultschitz in Schlesien.
Halobienschiefer; rothe und weisse Kalksteine.
Lichte Sandsteine mit Kohlenspuren; Keuper (?).
Melaphyr (eine Mittelvarietät zwischen dem echten Melaphyr und dem Augitporphyr von Süd-Tirol.
Lias: Spuren von sandigen Kalksteinen mit Mergelschiefern; unterer Lias (?).
Rother Ariëtenmarmor (bei Baschkiöi).
Mittlerer Jura: Kalkstein von Jenissala – von Kardschelar (?); ungarischer Klippenkalk.
Oberer Jura: Weisse Terebratel-Kalksteine (Schichten von Stramberg in Mähren); Astarten-Thon; Kalksteine und Mergel mit *Inoceras* und *Pteroceras Oceani*.
Kreideformation: (? Crinoidenbänke, Sandstein und Mergel mit Hornstein, Turonische Stufe?); Baculiten-Thon und weisse Feuerstein-Kreide, Senonische Stufe.

C. Känolithische Gruppe:

   Neogenformation: Sarmatische Stufe: Kalkstein und Thon.
       Congerien-Stufe: Thon mit Cypris.
   Diluvialformation: Löss; Lehm mit einer limnischen Fauna, rother Lehm.
   Alluvial-Lehm: Terrassenbildender Silt; moderne Anschwemmung.

1. Die paläolithische Gruppe.

Das krystallinische und Grauwacken-Gebirge.

Mehrere Umstände vereinigten sich, um den Antheil der alten krystallinischen Schichten an den Gebirgen der Dobrudscha zu schmälern. Der wesentlichste von ihnen ist wohl die Tieflage sämmtlicher älteren Gebirgsglieder, welche macht, dass selbst in dem geschlossenen Körper der Gruppe von Matschin (vgl. I. S. 108 u. ff.) die Formationen mittleren Alters viel breiter ausgelegt erscheinen als die paläolithischen Gebilde. Doch kaum weniger einflussreich war ein anderes Moment, der Umstand nämlich, dass die ältesten Massen hier schon zur Zeit derjenigen paläozoischen Ablagerung, von der wir wenigstens lithologisch kenntliche Überreste vor uns haben, unter einander stark verschoben und tief untergetaucht waren. Es liegt uns im ganzen Bereiche keine uralte Festlandpartie vor; nur der Massenhaftigkeit mancher granit- und grünsteinartigen Durchbrüche, die theilweise in lagerartiger Ausbreitung unter den ältesten Schiefern erscheinen, so wie auch der stellenweise tiefen Abtragung der oberen paläolithischen Schichten und der im Knie der Donau etwas stärkeren Hebung haben wir es zu danken, dass sich von den ältesten Bestandmassen einige Spuren an der Oberfläche zeigen.

Der ältesten oder bojischen Gneissformation glaube ich die krystallinische Masse von Garbina und den Gneiss der Kamupartie des Gebirges zunächst bei Matschin zuschreiben zu sollen.

Der Berg von Garbina erhebt sich als eine rundliche Kuppe aus sehr flachliegenden, von Grünsteinstöcken mehrfach durchsetzten Quarziten, Phylliten, grauen und grünen Thonschiefern, welche den nördlichen Ausläufer des Gebirges gegenüber von Galaz bilden. Er besteht durchwegs aus einem grobflaserigen grauen Gneiss, zum Theil von granitartiger Beschaffenheit, mit bis zollgrossen Orthoklaskörnern und seltenen Plättchen von einem klinoklastischen Feldspath. Sowohl das granitartige als auch das schieferige Gestein, die ganz allmählich und zu wiederholten Malen in einander übergehen, gleichen auffallend den Grundfesten der österreichisch-bairischen Gebirgsmasse, wie sie an der Donau zwischen Linz und Passau so ausgezeichnet blossliegen. Nur ist die Zersetzung hier so weit vorgeschritten, dass es schwer hält, einigermassen frische Flächen zu erhalten, und die Identität der Gesteine recht augenfällig zu machen. Dieser Gneiss, dessen mächtige Bänke am Fusse des Berges nach hor. 8 (obs.) streichen und steil in NO. einfallen, ist von einem nach hor. 14 gerichteten, 2½—3 Klafter mächtigen gangartigen Stocke eines ziemlich kleinkörnigen granititartigen Gesteins durchsetzt, von dem (als der Hauptmasse des Gebirges von Gretschi) weiter unten noch die Rede sein wird. Dieser Stock bewirkt eine grelle Lagenänderung der Gneissbänke, welche höher oben und am Gipfel des Berges einen sehr feldspathreichen, von dunklem Glimmer geflaserten Schiefer darbieten und von dem Stocke ab, d. i. in hor. 8 einschiessen. Wenige Zoll mächtige Massen von einem beinahe weissen, aus feinkörnigem Feldspath und winzigen Quarzkörnchen mit wenigen dunklen Glimmerblättchen bestehenden Ganggranit durchziehen sie nach allen Richtungen. Was diesem Ganggranit einiges lithologische Interesse verleiht, ist die stellenweise ungemein weit fortgeschrittene Umwandlung seiner Feldspathmasse zu Pistazit. Zolldicke, zum Theil ziemlich grobstengelige Pistazitaggregate sind keine Seltenheit darin und stets sind sie mit gröberen Ausscheidungen von derbem Quarz verbunden. Viel häufiger findet man 1—2 Linien dicke Schnürchen des grünen Minerals. Dieser Ganggranit hat aber keineswegs die Bedeutung unserer bald grobkörnig pegmatitartigen, bald rein quarzigen Ganggmassen aus dem Gneiss oder Gneissgranit an der oberen Donau, sondern ist hier eine sehr weit verbreitete, auch den viel jüngeren paläolithischen Gebilden keineswegs fremde Erscheinung.

So wie der Berg von Garbina verhält sich auch die vielzackige Gebirgsmasse von Matachin (vgl. I. Fig. 7, S. 169 und unten Fig. 1 u. 2), nur mit dem Unterschied, dass der jüngere Granit (Granitit) anstatt vereinzelter stockförmiger Massen einen mächtigen Lagerbank bildet, der den unteren Theil des Gebirges bis über die halbe Höhe desselben einnimmt. Insoferne als man die sehr deutliche Sonderung in Bänke berücksichtigt, ist das Verflächen des aufliegenden, so überaus schroff gestalteten Gneisses normal auf das Hauptstreichen, d. i. in hor. 1 gerichtet. Die Anordnung der Gemengtheile dagegen scheint sehr wechselvoll zu sein und nähert sich in dem südlichen Theile des Gebirges (gegen die in Fig. 7 in den Vordergrund gerückte Abtheilung) der transversalen Schieferung. Die pistazitreichen Feldspath-Kieselgangmassen hat der Gneiss hier mit dem von Garbina gemein.

Jene auffallende Discordanz zwischen der Bankbildung und der Schieferung hätte mich viel weniger überrascht, wenn ich zuerst die südliche und gleich darauf die nördliche Partie dieses in landschaftlicher Beziehung anscheinend so gleichförmigen Gebirges durchquert hätte. Erstere, eben jener Vordergrund des Bildes, der allerdings donauwärts viel weiter vorspringt, wie die Querfortsätze der etwas concaven Mittelpartie, besteht nämlich ganz und gar nicht aus Gneiss, auch nicht aus jenem Granitit (von Gretschi), sondern (vgl. Profil Fig. 2) aus denselben Quarziten und Schiefern, welche den Garbinaberg umlagern, hier aber von einer vom Fusse des Gebirges sich erhebenden Grünsteinmasse emporgestossen, zum Theil überlagert und auf die wunderlichste Art mit ihr verquickt sind. Da dieselben gegenwärtig beinahe dieselbe Seehöhe erreichen, wie der nördlich anstossende Gneiss, und da andererseits (bei Gretschi) der Granitit eine noch grössere Massen- und Höhenentwickelung erlangte, so musste ersterer, zunächst durch die also eingeklemmte Schiefer- und Grünsteinpartie, einen völlig abnormen Druck erleiden und konnte im Verlaufe der paläozoischen Perioden ein regelmässiges Texturverhältniss schlechterdings nicht eingehen.

Stimmte er nicht in substantieller Beziehung gar so genau mit dem Gneiss von Garbina überein, so wäre ich in Anbetracht der wechselvollen Beschaffenheit dieser Gebirge und des grossen Zeitaufwandes, den ihre (von mir keineswegs beabsichtigte) Detailuntersuchung erfordern würde, einer argen Verlegenheit nicht entgangen, und vermöchte die Gliederung der krystallinischen Gebilde dieses Gebietes nicht einmal in so groben Zügen anzudeuten, wie ich es hier versuche. Ich will hier noch daran erinnern, was ich in einer kurzen Notiz[1]) schon früher angedeutet habe, dass auch der serbische Ausläufer der transilvanischen Gebirgsmasse, den die Donau im eisernen Thor durchbricht, aus demselben uralten Gneiss besteht, dass somit sämmtliche Engen des Stromes wenigstens zum grösseren Theil durch die bojische Gneissformation gebildet werden.

Unzweifelhaft jünger, das heisst der hercynischen oder laurentianischen Stufe angehörig, sind die vielgestaltigen Schiefer des Höhenzuges, der sich von der Matachiner Hauptmasse gegen Braila hin erstreckt.

Abgesehen von einer mehreren tausend Fuss mächtigen Partie von feldspathreichen, doppelglimmerigen Gneissgesteinen, die untermischt mit Amphibolschiefer und lichten glimmerreichen Bänken zwischen dem Strome und der Fahrstrasse von Matachin nach Garbina anstehen, aber zu wenig entblösst sind, um eine genauere Gliederung zuzulassen, unterschied ich östlich von jener Strasse einen sehr wechselreichen Complex von krystallinischen Schiefern.

Zuerst bemerkt man einen ausgezeichneten rothen Gneiss mit schönen Flasern und Nestern von weissem Glimmer und zum Theil recht grossen fleischrothen Orthoklaskörnern. Er bildet die erste Kuppe nächst der Strasse und mag bei 40 Klafter mächtig sein. Auf ihn folgt ein sehr quarzreicher Glimmerschiefer, dann ein grau gefärbter feinkörnig-schuppiger Gneiss, der sich im Ansehen von einem schieferigen Sandstein kaum unterscheidet, dann wieder ein orthoklasreicher ziemlich grobkörniger Gneiss mit weissem und graublich-fahlem Glimmer, ein wenig Pistazit und seltenen aber recht deutlichen Plättchen von einem klinoklastischen Feldspath. Er bildet mächtige Bänke, macht aber im Ganzen

[1]) Vgl. Sitzungsber. d. kais. Akad. Bd. LII. S. 6.

1*

nur 25—30 Klafter aus. Ihn bedeckt ein Complex von grobschuppigem, holzscheiterartig abgesondertem Glimmerschiefer und feinkörnig-lamellarem Gneiss, der wieder von einem Wechsellager aus lichtem Glimmerschiefer und gründlich schwarzem Amphibolschiefer überlagert wird. Endlich folgt abermals eine Bank von typischen rothen Gneiss, hie und da mit ansehnlichen Muscovittafeln, darüber ein sehr quarzreicher Glimmerschiefer, der stellenweise völlig in Quarzfels übergeht und mindestens 100 Klafter mächtig ist.

Den Beschluss macht ein dichter weisser Quarzit, der weder glimmerartige Mineralien enthält, noch in seiner Textur wechselt. Er tritt eigentlich nicht mehr an dem Rücken selbst zu Tage, sondern bildet einen gegen die Lössebene zu vorspringenden Fels, der mit einigen anderen, am Fusse der Mittelpartie des Matschiner Gebirges vereinzelt emporragenden Felsmassen übereinstimmt und seinem Streichen nach mit ihnen wohl zusammenhängen muss. Auch in dem mehrfach erwähnten südlichen Vorsprunge gibt es über dem Grünstein ganz ähnliche Quarzite. Diese Gesteine bezeichnen also, wie mir scheint und wie dies ihre gleich zu nennenden Lagerungsverhältnisse sehr plausibel machen, die obere Grenze der hercynischen Stufe dieses Gebietes, die von der Hauptmasse des Matschiner Gebirges durch eine beträchtliche Verwerfung losgelöst wurde. Wäre der eben besprochene Gebirgsrücken nicht von hohen Driftablagerungen völlig verschont geblieben, so entfiele mit der aufgezählten Schichtenreihe die Möglichkeit einer lithologischen Gliederung, ja überhaupt der Nachweis der ganzen Stufe. Denn die Ostseite des Matschiner Gebirges, wo über dem (böjischen) Gneiss die volle Entwickelung derselben vorausgesetzt werden darf, ist wegen dichter Waldbedeckung aller Aufschlüsse baar, und zeigte mir nur wenige an sich werthlose Punkte.

Die Streichungsrichtung der einzelnen Bänke ist westlich und östlich von jener Strasse verschieden. Jenseits stehen die Gneissbänke, so weit man sie sehen kann, senkrecht und geben das Hauptstreichen des ganzen Systems nach hor. 9—10 an. Diesseits streichen die vorhin aufgezählten Schichten nach hor. 7 und fallen unter Winkeln von 70° bis 40° (je näher gegen das Hauptgebirge um so weniger steil) südwärts ein. Nur der Quarzit liegt discordant auf und neben ihnen, und streicht mit steiler Schichtenlage nach hor. 10—11, also derart, dass die vorhin erwähnten Punkte in seine Richtung fallen und an die Verwerfungsebene stossen, welche durch die schroff ansteigende Granititmasse recht scharf bezeichnet wird.

Der Mangel an Kalksteinen in dem für hercynisch erklärten Schichtencomplexe befremdete mich schon an Ort und Stelle, und ich war anfangs sehr geneigt, den einzigen Punkt von krystallinischem Kalkstein, den ich hier, genau in der Mitte zwischen Gretschi und Tscherna kennen lernte, zu den besprochenen Stufe einzubeziehen. Die mit ihm verbundenen Kalkschiefer, so wie die nächst benachbarten Phyllite und Chloritschiefer, welche sämmtlich über jenen Quarziten liegen müssen, sprechen jedoch entschieden dagegen. Letztere zeigen sich nämlich in der südöstlichen Umgebung von Gretschi sowohl in vereinzelten kleinen Kuppen wieder, als auch in Verbindung mit den letztgenannten Schiefern, die entschieden den Charakter einer jüngeren Gebirgsstufe an sich tragen.

Um auf das Matschiner Gebirge nicht noch einmal zurückkommen zu müssen, gebe ich hier gleich nebst einem Profil von der Mittelpartie, Fig. 1, einen gleichlaufenden Durchschnitt des aus Grünstein und Quarzit bestehenden südlichen Vorsprunges, Fig. 2.

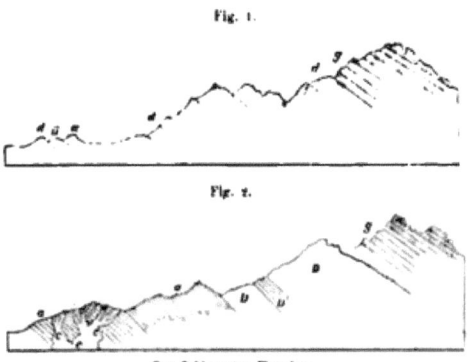

Fig. 1.

Fig. 2.

Das Gebirge von Matschin.
Fig. 1 die Mittelpartie, Fig. 2 der südliche Vorsprung.

a Quarzit, e Granit, d krystallinisches Gestein, c Übergangsgestein zu a u. e, g Gneiss (mit transversaler Schieferung), b schuppiger, b′ zertrümmerter Gneiss. — Maassstab ¹⁄₂₀₀₀.
Höhe = Länge.

Das erste dieser Profile ist über die merkwürdigste unter den kleinen Felsmassen am Fusse des Gebirges geführt. Der Granitit (d) erscheint schon an ihrer schroffen Westseite und bildet gewissermassen einen Fels für sich. Unmittelbar darüber steht eine ganz quarzige Masse an, die zu oberst mit dem zuerst erwähnten weissen Quarzit des nördlichen Höhenzuges ident ist (a), hierzwischen aber ein Gemenge von röthlichgrauer Feldspathmasse mit wohlunterschiedenen Quarzkörnern (b) derart in sich aufnimmt, dass die Grenze zwischen dem Quarzit und dem Granitit völlig verwischt wird. Von den Gliedern des Kammes (d, g war schon oben die Rede.

Die unterste Partie des zweiten Profils besteht aus grünlichgrauem schieferigem Quarzit (a), der von zahlreichen 3—6 Zoll mächtigen Gangmassen eines sehr quarzreichen Granits von röthlicher Farbe mit reichlichen Pistazitausscheidungen durchsetzt wird. In der höheren Lage ist der Quarzit zum kleineren Theil weiss und dicht wie in Fig. 1, zumeist aber grau, sehr feinkörnig, sandsteinartig, und stellenweise, je weiter hinan um so mehr, grünlichgrau gefärbt von mikroskopischen Glimmerschüppchen und einer nicht organischen dunkeln Substanz, die auch bei starker Vergrösserung keine bestimmten Formen zeigt [1]. Endlich erreicht man, ohne eigentlichen Thonschiefer passirt zu haben, den Grünstein (D), der, wie ich gleich hier bemerken will, ein echter Diorit und trotz vorherrschend aphanitischer Beschaffenheit mitunter so feldspathreich ist, dass man Handstücke von manchen Granititvarietäten schwer unterscheidet [2]. Er hält bis zum Gipfel an und setzt ohne Zweifel noch eine ziemliche Strecke weit in südöstlicher Richtung fort.

Würde ich das Profil anstatt von W. nach O., von NNW. her gezogen haben, so wäre die Quarzitpartie ganz ausgeblieben, denn der Diorit steigt hier vom Grunde auf, ohne etwas von kieseligen Gesteinen in sich zu fassen.

Letztere setzen als eine von der grossen Dioritmasse getrennte Hügelreihe bis hart an das Dorf Gretschi fort, wo der Quarzit sehr dicht ist und eine auffallend hellgrüne Farbe annimmt. An zwei, vielleicht auch an mehreren Stellen setzen kleine Granitstöcke in ihnen auf, deren Gestein sich von dem der Gänge e in Fig. 2 nicht wesentlich unterscheidet. An einem Punkte fand ich auch den Grünstein, aber nicht anstehend.

Dass auch die Umgebung des Garbinaberges und der Vorsprung gegen Galaz (Bujack, vgl. I, S. 109) aus derzleichen Quarziten mit Grünsteinstöcken besteht, ist schon berichtet worden. Ich füge hier nur noch bei, dass die Kieselgesteine in der Nähe des Dorfes und seines Gneissberges unvollkommen glimmerigen Quarzschiefern gleichen und einen bedeutenden Dioritstock zwischen sich fassen, der ihre Streichungsrichtung von hor. 9 in hor. 11 verschiebt. Am Bujak dagegen gesellen sich zu den Hornsteinnadern durchgezogenen Quarziten ausgezeichnete graue und grüne Thonschiefer, welche zwischen hor. 6 und 8 streichen und südwärts einfallen. Von einzelnen kleinen Dioritstöcken haben sie nur untergeordnete Krümmungen erlitten.

Das Gebirge von Gretschi ist schon im geographischen Theile (S. 110) als einer der Hauptkörper der ganzen nordwestlichen Gruppe beschrieben worden.

Das Massengestein, das es seine Bedeutung verdankt, habe ich oben Granitit genannt. Es hat in der That einigen Anspruch auf diesen Namen, obwohl es von den typischen Granititen des böhmischen Riesengebirges weit genug abweicht. Es ist ein ziemlich gleichkörniges Gestein, dessen orthoklastischer Feldspath, Körner von der Grösse einer Erbse (im Maximum) bildend, einen beigemengten klinoklastischen Feldspath von mehr regelmässiger Plättchenform bei weitem überwiegt. Sein Quarzgehalt ist, obgleich nicht unbeträchtlich, dem echter Granite doch nicht vergleichbar und dem Orthoklas in verschwindend kleinen Körnchen beigemengt. Der dunkle Gemengtheil besteht in der Regel aus 2—3 Millim. grossen Blättchen von schwarzem (grünlichem) Glimmer, die beinahe nirgends regelmässige Umrisse haben, sondern zu wirren Aggregaten verbunden sind. Auch fehlt es nicht an Stellen, wo man noch deutliche Amphibolreste bemerkt. Dieser Granitit bildet am gut entblössten Westabhang des Zuzujat mare drei mächtige, durch Diorit und Dioritschiefer von einander getrennte Lagermassen, welche zusammen 600—700 Fuss ausmachen (Fig. 3).

Etwa 200 Fuss mächtig, steht am Fusse des Gebirges unmittelbar oberhalb des Dorfes ein sehr feinkörniger quarzreicher Granit an, in dem in einem Gemenge von Glimmer und Amphibol punktförmig und in winzigen Nestern überaus sparsam eingestreut ist. Er mag mit dem Ganggranit von Fig. 2, dem auch die in nebenstehender Figur mit e' bezeichneten kleinen Gangmassen vollkommen entsprechen, ziemlich nahe verwandt sein, hat aber hier eine ganz eigenthümliche Ausbildung erlangt.

---

[1] Dünne Splitter des Gesteins lassen sich im strengen Löthrohrfeuer an den Kanten fritten, ohne dabei entfärbt zu werden.

[2] Der klinoklastische Feldspath desselben ist leichter schmelzbar als der „Oligoklas" der meisten Diorite und scheint aus einem Theil Natron- und einem nicht geringen Theil Kalkfeldspath zu bestehen.

Der Thonschiefer zwischen ihm und dem ersten Granititlager hat trotz dieser Position (α, α) nichts, was ihn von den Phylliten und Thonschiefern des Bujak oder der südlichen Umgebung unterscheiden würde. Dagegen zeigt das mit α″ bezeichnete Lager einen sonderbaren Gesteinscharakter. Halb und halb ein gewöhnlicher feinkörniger Quarzit, wird es im grösseren Theile seiner etwa 6 Klafter betragenden Mächtigkeit psammitisch und nimmt eine Menge von Feldspathfragmenten in sich auf, die ihm ein granitartiges Ansehen geben. Es ist ein wahrer Quarz-Feldspathpsammit. Unter den von Grünsteingängen durchzogenen und mit schieferigen Grünsteinen wechsellagernden Thonschiefern gibt es mancherlei beachtenswerthe Stellen. Insbesondere fiel mir in der zwischen dem ersten und dem zweiten Granitit liegenden Partie eine ganze Lagermasse von gelbgrünem Pistazit auf.

Die massigen Grünsteine wechseln hier wie überall vom zähesten graugrünen Aphanit mit seltenen weissen Feldspathkryställchen und mikroskopischen Amphibolnadeln bis zum phanerokrystallinischen feldspathreichen Diorit. Auch im Feldspathe des letzteren zeigt sich hie und da eine Spur der Pistazit umwandlung.

An einer Stelle des Gehänges bricht aus dem mittleren Granitlager jene reiche Quelle hervor, deren Seehöhe ich mit 192 Klafter bestimmte (vgl. I, S. 118). Der Abfluss derselben hat einen nicht unbedeutenden Graben ausgetieft, der um ungefähr 15 Klafter tiefer in eine geräumigere Mulde übergeht. Hier fand ich eine jener problematischen Lehmablagerungen, deren Höhe mich überraschte, und deren Alter in Ermanglung von organischen Resten schlechterdings nicht bestimmt werden konnte.

Was mich jedoch zunächst mehr interessirte, waren Überreste von Magneteisensand, den das Wasser vom Berge herabgebracht und gemengt mit Quarzkörnchen in den Vertiefungen des

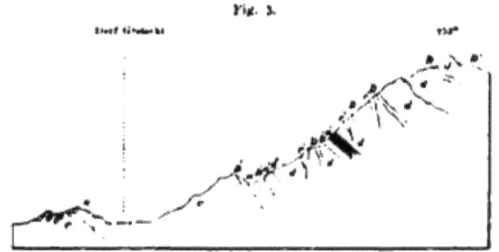

Fig. 3.

Dorf Ginzkecht   132°

Der südwestliche Abhang des Zangat mare (Hochspitz).

a Quarzitschiefer, a′ Phyllit, a″ Grauwacke-Feldspathpsammit, c feinkörniger Granit, c′ Conglomerat, D grünstein, D′ schiefeiger Grünstein, d grue Grünsteine-Gesteine, die Hauptmasse bildend
Maasstab wie Fig. 1 u. 2

Rinnsals abgelagert hat. Da ich ihn bei der Untersuchung völlig titanfrei fand und nirgends eine Spur von eruptivgesteinen entdeckt habe, in denen reines Magneteisen ein normaler Gemengtheil ist, nicht einmal die winzigste Masse von wirklich diabasartigen Gesteinen, so bleibt der Ursprung desselben völlig im Dunkeln und gleich den zahlreichen lithologischen Einzelnheiten, die diesen Gebirgen ein nicht geringes Interesse verleihen, Gegenstand künftiger Untersuchungen. Wahrscheinlich enthält eine oder die andere Masse des dichten Diorits Magneteisen in wirklicher Weise, wie das von Keubel untersuchte Gestein von der Höhne am Harz (vgl. Zeitschr. d. deutsch. geol. Ges. IX, p. 574). Mehrere Proben von Gesteinspulver zeigten aber keinen durch den Magnet ausziehbaren Gemengtheil. Dagegen ist frischer Eisenkies in formlosen Körnchen in allen diesen Gesteinen reichlich eingesprengt.

Da ich mich auf eine lithologische Beschreibung dieser Grünsteine nicht näher einlassen will, um den Zusammenhang der Darstellung im Grossen nicht zu unterbrechen, bemerke ich gleich hier, dass ihre Grundmasse mit den bekannten Vogesenaphaniten (z. B. von St. Bresson) viel Ähnlichkeit hat. Auch der Kieselsäuregehalt scheint nahezu derselbe zu sein. Eine vollkommen quarzfreie Probe mit opak-weissen, aber scharfkantigen Feldspathkrystallen vom vorderen Gipfel des Zangajat mare enthält nach einer von Dr. Freiherrn v. Sommaruga gemachten Bestimmung 4880 Proc. Kieselsäure. In gleichem Gestein vom Berge Girma, südlich von Lungavica, fand ich 49·23 Proc.

An der Ostseite des Gebirges, die ich von Taiza aus eine ziemliche Strecke weit recognoscirte, gibt es leider keine normale Schichtenfolge, sondern derselbe feinkörnige Granit, der drüben (Fig. 3 c) zu unterst erscheint, bildet hier zusammen mit stockförmigen Grünsteinmassen eine selbstständige kleine Kette, in deren Umgebung ich wieder nur Quarzite, Grünsteinschiefer und Diorit bemerkte.

Eine eigentliche Phyllitformation gibt es also in diesem Gebiete nicht, das heisst, sie ist durch die besprochenen Quarzite und Grünsteine und nur zum kleinsten Theile durch glimmerige Schiefer vertreten.

Bevor ich mich der südlichen Partie, dem Gebirge von Tscherna zuwende, möchte ich noch auf einige Massengesteine hinweisen, welche ihrem Alter nach von jenen Granit- und Granitítmassen nicht wesentlich verschieden sein können. Auch in rein lithologischer Beziehung sind sie mit ihnen verwandt.

Das Gestein des Sersem-bair oder Jakobsberges bis Turkoje (vgl. I, S. 110) ist ein eigenthümlicher Halbgranit, der aus nahezu gleich viel Feldspath und Quarz mit ein wenig eingestreuten schwarzen Amphibol besteht und regelmässige, ein bis acht Fuss mächtige Bänke bildet, die nordöstlich einfallen. Der Feldspath ist vollkommen frisch, farblos oder grau, und scheint durchaus Orthoklas zu sein. Seine Körnchen erreichen stellenweise, namentlich in den höheren Partien des kegelförmigen Berges eine Ausdehnung von 4—5 Millim., in der Regel bleiben sie weit darunter und halten die hirse- bis hanfkorngrossen Quarztheilchen das Gleichgewicht. Wo sich der Orthoklas etwas gröber ausscheidet, nimmt auch die Hornblende die Form von greitbaren Stengelchen an; im Übrigen bildet sie nur punktgrosse Massen, deren mikroskopische Spaltungsflächen nicht minder lebhaft glänzen, wie die der Stengelchen. Von Glimmerbildung findet sich eben so wenig eine Spur, wie von accessorischen Gemengtheilen. Am Gipfel wird das Gemenge sandstein-artig sein, ohne an Frische zu verlieren, und gleicht da vollkommen dem Granit *e* des Profils Fig. 3.

Die nächste Umgebung des Berges besteht sowohl östlich, wo er durch einen niedrigen Rücken mit einer ähnlich gestalteten Bergmasse (bulgar. Pro ovče, also etwa Schafberg genannt) zusammenhängt, als nördlich, wo unweit von Igliza ein kleiner Rücken über den Löss emporragt, aus blätterigem Thonschiefer, der am Ufer von Igliza Einlagerungen von schwarzem oder grauem weissgeadertem Kalkstein enthält und regelmässig in ONO. einfällt (Profil Fig. 4). Der beschriebene Halbgranit bildet also eine stockförmige Masse in diesem Schichtencomplex, der unzweifelhaft einer paläozoischen Formation angehört.

Fig. 4.

Den nordöstlich gelegenen Berg, der als Schafweide mit kurzem Rasen dicht bewachsen ist, konnte ich nicht besuchen, doch ist es wahrscheinlich, dass an seinem westlichen Umfange derselbe Halbgranit noch einmal zu Tage tritt, und ältere, der Phyllitformation angehörige Schichten empor-gehoben hat. Denn jenseits, am Wege von Gretschi nach Tscherna, fand ich sowohl im Liegenden, als auch im Hangenden jenes oben erwähnten krystallinischen Kalksteins chlo-ritische Schiefer und graue Phyllite, welche, wenn nicht älter als die Schichten von Igliza, doch jedenfalls anders ausgebildet sind, was ohne wiederholte Durchbrüche kaum verständlich wäre.

Auch südlich von Turkoje, am Wege nach Satanot, gibt es einen verwitterten kleinen Berg von jenem Halbgranit.

Die kleinen paläolithischen Partien südlich von Matschin und bei Kamenka, deren ich gleich hier gedenken will, bestehen aus grauen und bräunlichen Thonschiefern von theilweise fein sandiger Beschaffenheit. An letzterem Punkte enthalten sie kleine Lagermassen von gelblichgrauem, Quarzkörner einschliessenden Kalkstein. Es sind unbedeutende Felsmassen, deren Enthlössung wir nur der Abschwemmung der höheren Lösslagen zu danken haben.

Sehr ähnlich dem Halbgranit des Jakobsberges, ich darf wohl sagen, identisch mit ihm, ist das Gestein, welches den Sakar-bair oder Goldberg bei Atmadscha bildet und am Westrande des Kreidegebirges bis gegen Hassanlar fortsetzt (vgl. I, S. 106). Die Orthoklaskörner erreichen jenes Maximum ihrer Grösse in manchen Partien häufiger und mehr gleichförmig, wie am Jakobsberge, auch der Amphibol scheidet sich demzufolge etwas gröber aus, das Gestein ist minder frisch und deshalb etwas dunkler grau oder gelblich, oder im höchsten Grade der Verwitterung röthlichgrau gefärbt. Darin besteht der Unterschied. Im Wesentlichen aber und in der Hauptmasse dieses sehr ausgedehnten Gebirges ist das Gestein genau dasselbe, obwohl seine Lage und Umgebung von der des Jakobsberges völlig verschieden ist (Profil Fig. 5). Stünde nicht an der Sohle von Atmadscha unter dem hier ungemein hoch liegenden Lehm etwas grauer Schiefer an (Streichen nach O., Verflächen sehr steil in S.), der möglicher Weise paläozoisch ist, und jenseits, innerhalb des Dorfes Kardschelar, ein dem Rothliegenden oder der Trias angehöriger Schichtencomplex, in den auch die auf der Karte verzeichneten Porphyre einzubeziehen sind (Fig. 6), so hätte es den Anschein, als erhebe sich der Goldberg mitten aus der Kreideformation, deren nahezu horizontale Schichten die ganze nördliche und östliche Umgebung bilden. Der dichte Hainbuchenwald, der das ganze Gebirge gleichförmig bedeckt, trägt nicht wenig dazu bei, diese Täuschung eine Weile zu erhalten. Aber auch durch eine genauere

Fig. 5.

Maasstab das Fünffache der Karte; Höhe zur Länge = 2 : 1.
b Thonschiefer, *d* grüne Schiefer und Kieselschiefer, *e* Halbgranit, *f* Porphyr, *h* Kreidemergel, *i* Lehm.

Untersuchung des Terrains würde sie sich nicht gänzlich beheben lassen, wenn nicht der petrographische Charakter die Identität dieses Granitgesteins mit dem des Jakobsberges ausser Zweifel stellte.

Fig. 6.

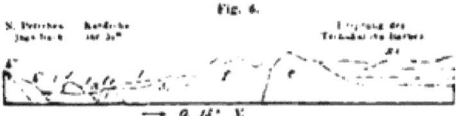

d'' grüner Serpentin, *e* Halbgranit, *f* Porphyr, *fcc a* Conglomerate (Deckliegendes (?)er gestörte Trias), *i* Triasschiefer, *j* Jakobsberges, *k* Kreiden (?),
l Lehm

Die erst am Gipfel des Sakar-bair deutlichen Entblössungen zeigen grosse matratzenförmige Blöcke als die hervorragenden Theile von eben so vielen 4—6 Fuss mächtigen Banken, die ostwärts einzufallen scheinen.

Trotz seiner Abgelegenheit hatte dieser Gipfel doch schon in alter Zeit die Aufmerksamkeit der Bewohner erregt. Er enthält nämlich einige nicht ganz regelmässig nach N. nach S. streichende Gänge, in denen, mehr auffallend als reichlich, blättrig körniger Eisenglanz einbricht.

Das Ganggestein ist ein röthlichbraun gefärbter Quarzit, wohl 3—4 Fuss mächtig, in dem die unregelmässig umherschweifenden Erzadern zwischen 1, und 3 Zoll in der Dicke wechseln. Trotz dieser ungünstigen Beschaffenheit hat man sowohl von Seite des türkischen Gouvernements als auch von Seite der Russen während der Occupation der Dobrudscha in den Jahren 1829 1830 mehrere 4—5 Klafter tiefe Einbaue gemacht, von denen die Halden und einzelne Hohlräume noch jetzt bemerkbar sind. Diesen Schürfungen verdankt der Berg seinen Namen Goldberg.

Eine dritte Masse von granitischem Gestein bildet eine recht ansehnliche, die Nachbarschaft bei weitem überragende Kuppe am südlichen Gehänge des Tschilik-Thales, südöstlich vom Dorfe Teliza und ungefähr ¼ Meile oberhalb des kleinen (rumänischen) Klosters Tschilik (vgl. I, S. 112). Leider steckt der rundliche, mit dem übrigen Thalgehänge innig verbundene Fuss des Berges, so wie auch sein pyramidenförmiger Gipfel wieder im dichtesten Wald, und befinden sich die Gesteine deshalb im Zustande tiefgreifender Verwitterung.

So wie die Halbgranite des Jakobsberges und des Goldberges sich an den feinkörnigen Granit von Gretschi anschliessen, so ist das hier befindliche Gestein mit jenem sogenannten Granitit nahe verwandt. Nahezu der gleiche Quarzgehalt, Spuren von einem klinoklastischen Feldspath, nebst der Hornblende etwas Glimmer, lassen trotz der zumeist von der jüngsten Zersetzung abhängigen röthlichgrauen oder fleischrothen Färbung die petrographische Ähnlichkeit nicht verkennen. Die Absonderung ist hier eine mehr kuboidische. Über Lagerungsformen konnte ich nicht das Mindeste entnehmen, was ich um so mehr bedaure, als die Umgebung des Berges, so weit ich sie kennen lernte, nur Gesteine aufweist, die ich Grund habe, für triassisch oder jünger zu halten, und die eine sehr regelmässige Lagerung (Streichen hor. 8, Verflächen in SW.) zeigen.

Die ungewöhnliche Erscheinung eines granitartigen Gesteins in der Nähe von Triasschichten, die einerseits gegen dasselbe einschiessen, andererseits von demselben abzufallen scheinen, erklärt sich einigermassen daraus, dass der ganze Berg, den es bildet, von einer mächtigen Melaphyrgangmasse durchsetzt wird. Ich konnte dieselbe von der halben Höhe bis an die Ostseite des Gipfels verfolgen, ihr Streichen aber blieb unklar. Da nun sowohl nördlich als auch südlich die grossen Melaphyrmassen der Scharikaberges und bei Maidankiöi in denselben Schichten, aber ohne die mindeste Spur von granit- oder syenitähnlichen Begleitern auftreten, so glaube ich, die Existenz jenes Berges einer ausserordentlichen Dislocation zuschreiben zu sollen, die sich gerade hier (zwischen dem grossen Melaphyrstocke von Isaktscha und dem compacten Triasgebiete von Treetenik) am leichtesten ereignen konnte. Wäre das Terrain günstiger entblösst, so würden sich wohl noch andere Folgezustände einer solchen Störung entnehmen lassen [1]).

Was den Berg von Tschilik noch auszeichnet und was theilweise die Veranlassung gab, dass ich ihn besonders aufsuchte, ist eine eben so ausgedehnte als tiefgreifende Verschlackung und Verglasung an der Ostseite seines Gipfels.

Fr. Weikum hatte sie 1862 beim Sammeln von Landschnecken bemerkt und meine Aufmerksamkeit im Vorhinein darauf gelenkt. Diese höchst auffallende Erscheinung betrifft sowohl das granitartige Gestein, als auch den Melaphyr. Ich fand an einem, wie ich glaube anstehenden Block des Granitits eine mehr als 1 Quadratfuss grosse Fläche denselben in halbglasigem Zustande, derart, dass zwischen dem wasserhellen Feldspathglas die schlackigen Massen der Hornblende und die rissig gewordenen Quarzkörner, jene etwas verschmolzen, letztere scharf gesondert, hervortreten.

Diese Schmelzung blieb auf eine dünne Rinde beschränkt. Nur stellenweise, wo sich Klüfte gebildet hatten, griff sie mehr als 2 Millim. tief ein. Im Übrigen ist das Gestein brüchig und von Eisenocher gefärbt.

Viel stärker hat die Schmelzgluth auf den Melaphyr gewirkt. Ich fand ihn nicht nur zunächst an dem besprochenen Granitblock stellenweise brüchig, sondern los Röthlichgrane, innen lichtgrau verfärbt, sondern auch stärke, die oberflächlich und in Klüften völlig verschlackt waren. Ausserdem lagen im Waldboden zahlreiche Fragmente von einer krystallinisch feinkörnigen Schlacke umher, die aus einem feldspatharigen und einem pyroxenartigen Gemengtheil besteht, und kleine Einschlüsse von einer schwarzen halbglasigen, mit glasharten Substanz enthält. Nur letztere wirkt auf die Magnetnadel und zeigt in der Boraxperle einen beträchtlichen Eisengehalt. Die krystallinische Masse gibt kaum so viel Eisenreaction, als ihn ein (untergeordneter) pyroxenartiger Gemengtheil erfordert und keine Andeutung von einem anderen Metall.

Als ich mich im ganzen Thale nach Erzspuren umsah, traf ich am Bache unweit vom besprochenen Berge und in der Nähe des Klosters ziemlich grosse Brocken von derbem Eisenglanz, mit röthlichem Quarz- und Feldspathkörnern verwachsen, die offenbar von einer den Eisenglanzgängen des Goldberges analogen Lagerstätte herrühren. Einer der Blöcke mass 1 Fuss in der Länge und mehr als 6 Zoll im Querdurchmesser und bestand ungefähr zur Hälfte seines kubischen Inhaltes aus aderförmig verzweigtem Hämatit. Eine so beschaffene Gangmasse würde in cultivirten Ländern allerdings für bauwürdig gelten. Wie man es aber hier vor vielen Jahrzehnden die jetzigen Anwohner wissen nichts von einem Bergbau und die Umgebung der verglasten Stelle ist mit hochstämmigen Laubholz bedeckt, zu einer Art von Hüttenbetrieb gebracht haben soll noch dazu nächst dem Gipfel des Berges, das bleibt mir ganz räthselhaft. Doch wollte ich dieses, auch in anderer Beziehung schwer erklärbare Vorkommniss nicht ganz mit Stillschweigen übergehen, weil künftige Reisende es vielleicht mehr eingehend studiren können [2]).

Die Formverhältnisse des Gebirges von Tscherna sind im I. Theile (S. 110) genugsam angedeutet worden.

An welcher Stelle man aus der Mulde von Tscherna ostwärts das Gebirge überqueren möge, um in die Thalsohle des Taizabaches zu gelangen, überall findet man dieselbe Schichtenreihe im südöstlichen Streichen (zwischen hor. 8 und 11), doch nicht in der gleichen Anordnung und mit denselben Verflächen. Am besten entblösst trifft man sie in dem langen Sporn, der südlich von Tscherna und westlich vom Dorfe Balabandscha senkrecht auf das Hauptstreichen und das obere Taizathal gestellt ist und die genannte Mulde von der Weitung zwischen den nördlichen Gebirgsgruppen und dem Babudagh scheidet.

Zu unterst stehen glimmerreiche Quarzitschiefer, etwa 1200 Fuss mächtig an, dann Phyllitquarzite mit untergeordnetem Schiefer, ungefähr 2000 Fuss, endlich folgen nahe am Kamme gegen Balabandscha, der die Höhe des Hauptkammes (gegen Handscharka) kaum zur Hälfte erreicht, Thonschiefer von grauer Farbe und

---

[1]) Allerdings bleibt die Möglichkeit offen, dass das Gestein von Tschilik wirklich der Trias angehöre und seine Ähnlichkeit mit dem „Granitit" von Gretschi nur zufällig wäre. Es würde sich dann zu den beschriebenen Halbgraniten ungefähr so verhalten, wie der Granit von Faarkas-Buda bei Fünfkirchen (mit dem ee einige Ähnlichkeit hat) zu dem Granit von Velencze bei Stuhlweissenburg (vgl. Peters Sitzungsber. d. kais. Akad. XLV, 288; Zirkel Jahrb. d. k. k. geol. Reichsanst. XII, Verhandl. S. 121 und Lehrb. d. Petrographie, S. 193).

[2]) Mit den „Glasburgen" hat die Stelle im Ganzen genommen wenig Ähnlichkeit, doch wäre sie geeignet, bei flüchtiger Betrachtung zu abenteuerlichen Hypothesen über eine jung vulcanische Wirkung zu verführen.

zumeist sandiger Beschaffenheit, in denen ich eben so vergeblich nach Kalklagern, wie nach organischen Resten überhaupt suchte. Das Gestein braust nicht im mindesten mit Säuren, gleichviel ob es licht oder von bituminösen Substanzen dunkel gefärbt sei. Diese Schiefer tauchen unter die hohe Lössstufe jener Weitung, so wie unter die Alluvialsohle von Balabandscha, und scheinen sich am jenseitigen Gehänge ohne wesentliche Änderung zu wiederholen.

Stöcke von granitartigen Gesteinen und Diorit gibt es in dieser südlichen Quere nicht. Um so häufiger sind sie in der nördlichen, die man auf leidlich guten und der Aufschlüsse keineswegs entbehrenden Fahrwegen zwischen Handscharka und Tscherna zurücklegen kann. Namentlich eine mit dem Gestein von Tschilik identische Varietät schwärmt neben und mit dem bekannten Diorit (von Matschin und Gretschi) in den Grauwackenschiefern umher, die bald mehr glimmerig quarzig, bald mehr chloritisch an dem ganzen, ziemlich steilen Gehänge von Handscharka bis jenseits des Kammes mit Quarziten und kleinkörniger Grauwacke wechsellagern. Sie halten nicht nur ihre normale Streichungsrichtung (hor. 9) sehr genau ein, sondern werden auch im Einzelnen von den durchbrechenden Lagerstöcken nur wenig gestört. Ihr Verflächen aber, welches am ganzen Ostgehänge ein nordöstliches unter Winkeln von 70—80° bleibt, muss in der breiten, aufschlusslosen Kammpartie jäh umschlagen. Denn sobald man, gegen Tscherna absteigend, wieder auf anstehendes Gestein kommt, hat man die Thonschiefer von Balabandscha, südwestlich einfallend, vor sich. Dieselben werden hier mitunter so dunkelgrau und wechsellagern so deutlich mit sehr feinkörnigen, minder dunkel gefärbten Grauwacken, dass ich zuversichtlich hoffte, erkennbare organische Reste in ihnen zu finden. Doch trotz wiederholten Besuches der besten Stellen blieb meine Ausbeute auf formlose bituminöse Flecke und kleine Trümmchen von einer lebhaft glänzenden harzlosen Kohle beschränkt.

Als ich die östlichen Partien jenseits des Tnizabaches in der Umgebung von Taiza und Ziganka betrat, fand ich in der Richtung gegen Kokosch und Nikulzel allerdings graue kalkige Schiefer, die noch von Grünsteinen durchsetzt werden. Ich hatte sie schon früher zwischen Lungaviza und Taiza kennen gelernt und mich überzeugt, dass sie im Liegenden (z. B. am Berge Girua, eine Meile südlich von Lungaviza) von sehr beträchtlichen Massen von Diorit mit etwas Halbgranit berührt werden, die mich damals, wo ich die Gebirge von Matschin und Gretschi noch nicht kannte, sehr befremdeten. Ich wusste aber auch, dass die Triasschichten in der Nähe des grossen Melaphyrstockes sehr bald auf sie folgen. Da sie sich eben so als versteinerungslos erwiesen, wie jene Thonschiefer, verwendete ich nicht viel Zeit auf ihre Verfolgung, die in der oben bezeichneten Richtung unternommen werden müsste.

Dasselbe Verhalten zeigen dünnblättrige graue Thonschiefer an dem hohen Kamme von Maidanküi (vgl. unten Fig. 14). Sie stehen beinahe senkrecht und werden sowohl an dem östlichen Absturze des Kammes als auch in der Sohle des engen Thales von kalkigem Mergelschiefer und schwarzen Kalksteinen überlagert, in denen unweit vom Dorfe ein ansehnlicher Melaphyrstock aufsetzt. Die Einbeziehung der letzteren zur Triasgruppe konnte deshalb kaum zweifelhaft sein. Hingegen stehen an der Mündung des Thales von Maidanküi im Liegenden jener Thonschiefer glimmerreiche Phyllite an, die bei der Meierei Losowu von einem Porphyrgang durchschnitten werden und zahlreiche Quarznester mit etwas Eisenglanz enthalten (vgl. Fig. 13).

Als ich hierauf im Bereiche des Dorfes Zufirka wieder die ganze Musterkarte der bisher beschriebenen Quarzit- und Phyllitgesteine mit 15—20 Klafter mächtigen Massen des „Granulit" von Tschilik vor mir sah, mit vielen Spuren von Halbgraniten und den ihnen benachbarten Felsitporphyren, glaubte ich auf weitere und voraussichtlich eben so wenig erfolgreiche Nachforschungen über das Alter dieser paläolithischen Formation verzichten zu sollen.

Ich spreche eine kaum begründete, aber durch manche Analogien zwischen diesem Gebiete und unseren karpathisch-transsilvanischen Gebirgen nahe gelegte Vermuthung aus, wenn ich sage, es sei mir wahrscheinlich, dass alle diese über dem Quarzit-Phyllitcomplex folgenden Schichten gleich jenen der Banater Militärgrenze der Steinkohlenformation angehören.

Ungemein einförmig gegenüber der bunten Verschiedenartigkeit der paläolithischen Gebilde in der nordwestlichen Gebirgsgruppe (in der nordöstlichen erscheinen sie gar nicht zu Tage) ist das Grundgebirge der südlichen Gruppe, welches erst am südwestlichen Rande hervortritt und sich von da unverändert in das mittlere Terrassenland fortsetzt (vgl. I, S. 105 u. ff.).

Auch die detaillirteste Untersuchung würde darin nichts anderes nachzuweisen vermögen, als grüne Schiefer mit einigen Quarzfelslagern und massige Gesteine von derselben Farbe, die in der Form von concordanten Lagern mit den Schiefern innigst verbunden und von denselben auch in petrographischer Beziehung durch nichts anderes verschieden sind, als durch den Mangel an schiefriger Textur.

Dieser Schichtencomplex hat eine überaus grosse Verbreitung.

Von Petschenjaga an der Donau, wo sie beträchtliche Felsmassen bilden, über den Durbetschberg, gegen das Dorf Kardschelar und von hier an als breite Umwallung des Kreidegebirges Baba-dagh (vgl. Fig. 5 u. 6) ziehen sie in geschlossener Masse über Tschamarli bis an die Niederung des Lagunengebietes, gegen welche sie in ansehnlichen bewaldeten Höhen ziemlich schroff vorspringen (vgl. unten Fig. 7). Eine Abzweigung von jenem Walle führt sie an einen breiten Buckel, der die Lösshochebenen der mittleren Dobrudscha um 30 Klafter überragt und von einzelnen Felsmassen gekrönt wird (Fels bei Sarigjöl 137 Klafter ü. d. M.). Von ihm aus sinken sie in einzelnen Hügelzügen zu den niederen Lehmstufen der Lagunenküste herab, tauchen aber, theils unter einer Bedeckung von Kreide- und Juragebilden, theils ohne dieselbe, am Kara-burun, bei Kassabkiöi, Kara-Nasib, Kara-Arman aus den Strandalluvien und unter dem Löss der Küste wieder auf (vgl. I, S. 102). Selbst bei Karakiöi, südwestlich vom Cap Midia, erscheinen sie wieder und müssten sich noch an vielen Punkten bemerklich machen, wenn nicht die oberste Stufe der Kreideformation und die Miocengebilde das den Küstenfelsen zukommende Niveau für sich behaupten würden. Ebenso bilden sie im Innern die Grundlage des Allah-bair (I, Fig. 5) und die felsige Unterlage des ganzen Lössterrains, welche der Taschaulbach gewiss an viel mehr Stellen blossgelegt hat, als ich auf der Karte ersichtlich machen konnte.

Was die Lagerung dieser Stufe betrifft, so folgt sie nur bis zu einem gewissen Grade dem Hauptstreichen der paläolithischen Schichten des nordwestlichen Gebietes.

Wie nachfolgendes Verzeichniss lehrt, hat sich das Streichen aus der südöstlichen und südwestlichen Richtung wieder etwas äquatorial gewendet.

Durbetschberg	. .	Streichen hor. 8,	Verflächen in NW.,	20.–30°
Sarigjöl	. . . .	» 7–8,	» senkrecht
Tschamarli	. . .	» 9,	» in SW., 70–80°
Hamamdschi	. . .	» 9,	» in SW., 80°
Allah-bair	. . .	» 9,	» in SW., 70°
Terdschikiöi	. . .	» 5,	» in S., 80–85°.

An der Küste tritt diese Wendung noch deutlicher hervor:

Kara-Nasib	. . .	Streichen hor. 7,	Verflächen in S.,	60°
Kara-Arman	. . .	» 6–7,	» in N., 45–50°
Karakiöi	. . .	» 7,	» in S., 60–70°.

An der Donau streicht die Hauptpartie nächst Petschenjaga allerdings auch von O. nach W. mit südlichen Verflächen, nördlich davon aber gibt es eine Stelle, wo ich es in hor. 3 mit südöstlichem Verflächen fand. Nahezu dieselbe Richtung haben die Schichten auch bei Bojeni, dem äussersten Punkte, wo sie unter dem Lössplateau am Strome noch zum Vorschein kommen. Am Donauufer äussern sich demnach die wiederholten Brüche, denen die paläolithischen Schichten vor und nach der Ablagerung der Kreideformation ausgesetzt waren, durch allerlei locale Störungen.

Die Mächtigkeit des ganzen Complexes von grünen Schiefern lässt sich ganz und gar nicht beurtheilen, da die Unterlage derselben nirgends sichtbar ist. Am Durbetschberg hat man ungefähr 110 Klafter wirkliche Mächtigkeit vor sich. Zwischen Kamena und Tschamarli, wo sie von dem dort sehr mächtig auftretenden Felsitporphyr abfallen und zwei beträchtliche Lager von lichtem, beinahe reinem Quarzfels einschliessen (vgl. Fig. 7), würden sie im Ganzen bei 1500 Klafter ausmachen. Doch sind die Entblössungen da nicht genügend, um entscheiden zu lassen, ob die erwähnten Quarzlager wirklich getrennt oder nur die Wiederholung einer und derselben Masse sind. Aber selbst in letzterem Falle wären 5–600 Klafter das Minimum, das man annehmen könnte.

Die petrographische Beschaffenheit dieser Schichten im Einzelnen zu studiren, konnte nicht meine Absicht sein. Die Einförmigkeit der „grünen Schiefer" in den Alpen gab mir wenig Hoffnung, auf eine loh-

Fig. 7.

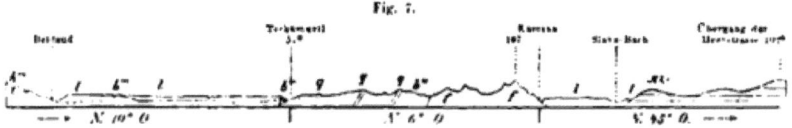

b''' Grüne Schiefer und Diabastuff, g Quarzfelslager, f Porphyr, k Kreidemergel, l Löss.
Maasstab wie Fig. 5

nende Ausbeute. Gleichwohl habe ich mich mit einigen wenigen gut aufgeschlossenen Punkten etwas eingehender beschäftigt, insbesondere mit den massigen Bänken, von denen es sich vor Allem darum handelte, nachzuweisen, ob sie aus einem normalen krystallinischen Gesteine, etwa Diabas, bestehen oder nicht.

Die besten Punkte sind die felsigen Höhen bei Petschenjaga, wo Steinbrüche für die Dammbauten in Salina betrieben werden und der Durbetsch [?]. An beiden nur mit kurzem Rasen bewachsenen Bergen haben die massigen Bänke einen grossen Antheil, und wiederholen sich in einer Mächtigkeit von je 2 bis 10 Klaftern einigemale, um ganz allmählich in dünngeplattete, ja sogar ausgezeichnet dünnblättrige Schiefer überzugehen.

In dem kurzen offenen Thälchen, welches nächst dem Dorfe Petschenjaga ausmündet, um die bei Hassanlar und Kardschelar mit zwei Zweigen entspringende Nova Pečenjaga zum Strome zu führen, sieht man eine schöne, angefähr 7 Fuss mächtige Gangmasse von weissem Quarz ostwärts (gegen den Steinbruchberg) durchstreichen. Dergleichen Quarzmassen, zum Theil Lager, zum Theil Gänge, sind überhaupt keine seltene Erscheinung in dem besprochenen Schichtencomplex.

Das massige Gestein ist äusserst feinkörnig, doch niemals ganz dicht, im frischen Zustande grünlichgrau, stellenweise bräunlichgelb gefärbt. Unter der Loupe erkennt man als herrschenden, die Grundmasse bildenden Gemengtheil ein chloritisches Mineral, welches zerrieben in mikroskopische Schüppchen zerfällt. Darin liegen zahlreiche opakweisse Körnchen ohne regelmässige Form, deren Grösse ½ Millimeter nicht erreicht, und andere, noch kleinere Körnchen von grauer Farbe, die stellenweise sehr dicht gedrängt, anderwärts selten sind, und sich, auf einer Glastafel verrieben, wie Quarzsand verhalten. Die letzteren sind an manchen Stellen Schüppchen von weissem Glimmer beigesellt, deren Grösse ⅓ Millim. nicht selten überschreiten. Spuren von einem pyroxenartigen Mineral liessen sich nirgends deutlich genug nachweisen.

Splitter, die sich von dem zähen Gestein in beliebiger Schärfe abschlagen lassen, werden vor dem Löthrohre an den Kanten gefrittet, im starken Feuer sogar glasartig überschmolzen. Man überzeugt sich leicht, dass die Schmelzung von den weissen Körnchen ausgehe. Die Flamme wird dabei stark rothgelb gefärbt. Im Kolben gibt das Gestein Wasser aus und färbt sich nach längerem Glühen bräunlich. In Salzsäure zeigt sich an manchen, äusserlich nicht kenntlichen Punkten ein leichtes Aufbrausen. Weisse mikrokrystallinische, meist erdige Krusten, die manche Schichtflächen und Klüfte überziehen, bestehen aus Kohlensaurem Kalk mit etwas Eisen. In starker Salzsäure zersetzt sich das Gestein theilweise schon vor dem Erhitzen und wird nach längerem Kochen völlig entfärbt. Fein gepulvert löst sich ein grosser Theil der Masse unter Abscheidung gelatinöser Kieselsäure. Der gesammte Kieselsäuregehalt einer gemischten Probe von Petschenjaga beträgt nach einer Bestimmung, die ich Dr. Freiherrn Erwin v. Sommaruga verdanke, 62·55 Procent.

Das Gestein ist also keineswegs ein Diabas, wofür man es auf den ersten Blick zu halten geneigt ist, überhaupt kein krystallinisches Gestein im gewöhnlichen Sinne des Wortes, sondern eine eigenthümliche sandsteinartige Ablagerung, zu der Diabas im Ganzen, namentlich in den sandarmen Partien, die Hauptmasse geliefert zu haben scheint. Der Name Diabaspelit, um nicht zu sagen Diabastuff, dürfte es ziemlich richtig bezeichnen [?].

Die Schiefer, die sich, mit Ausnahme der Schmelzbarkeit, vor dem Löthrohre und in Säuren ähnlich verhalten wie das massige Gestein, sind vollkommene Pelite von derselben Natur. Dünnplattig oder blättrig

[1] Schon die Römer hatten in ihrer Stadt Troesmis (vgl. I, S. 137) dieses Gestein als Baumaterial benützt.

[2] Vgl. die Zusammensetzung der kieselreichen Schalsteine aus Nassau. (Roth, Die Gesteinsanalysen, Berlin, 1861, S. 65.)

erweisen sie sich als dichte klingende Massen, die angehaucht einen starken Thongeruch geben. Sie zeigen hie und da, namentlich ferne von massigen Bänken, wie am Allah-bair, an den Klippen von Kara-Arman und anderen Orten eine sehr feine Bänderung von dunkelgrüngrauer in lichtgrauer oder bläulichgrauer Masse. Den Kieselsäuregehalt eines gleichmässig graulichgrünen Schiefers von Kara-Arman bestimmte Dr. v. Sommaranga auf 68·07 Procent.

Dass sich das ganze Gebilde trotz seiner enormen Verbreitung in einem so gleichförmigen Zustande befindet und keine höhere krystallinische Entwickelung zeigt, als die Ausbildung eines chloritischen, wohl dem Delessit sehr nahe stehenden Minerals, möchte ich zunächst seiner geringen Überlagerung durch mesolithische Formationen zuschreiben, als welche wir in der Folge nur hohe Abtheilungen der Juraformation und der Kreide in der Gesammtmächtigkeit von 2—300 Fuss kennen lernen werden.

Wo der Ursprungsort dieses grossen Tuffeldes zu suchen sei? Diese Frage lässt sich einigermassen aus der Verbreitung des sandsteinartigen Tuffs beantworten. Derselbe ist ganz und gar an den breiten nördlichen Zug gebunden. Bei Petschenjaga, am Dorbetsch, bei Sarigjöl und an zwischenliegenden Punkten fand ich seine Bänke allenthalben sehr mächtig entwickelt, dagegen keine Spur davon in den südlichen Gegenden, obwohl der blossliegende Schichtencomplex mitunter, wie z. B. am Allah-bair, beträchtlich genug ist. Der Durchbruch der Diabase, die zu diesen Tuffen das Materiale gaben, muss also entweder unter dem Waldgebirge von Babadagh oder unter dem Lössterrain östlich von Dojeni verborgen sein.

Vielleicht wird er am Rande des Gebirges südlich von Atmadscha, welche Gegend ich zu wenig durchstreift habe, später einmal gefunden. Die einigermassen reihenweise Anordnung des Felsitporphyres hart an dem Halbgranit würde eine ähnliche Eruptionslinie für das basische Gestein der paläolithischen Zeit im Vorhinein erwarten lassen.

Zu den feinsandigen Beimengungen seiner Tuffe konnte es in angemessener Entfernung von den Halbgraniten des Sakar-bair-Zuges und den nördlichen Quarziten an Gelegenheit wahrlich nicht fehlen.

Wie die Natur der grünen Schiefer und Tuffe aller Orten, selbst in viel jüngeren Formationen, der Erhaltung organischer Reste ungünstig ist — ich erinnere an die grünen Tuffe der Eocenperiode in Siebenbürgen und in der Oberkrainer Bucht, an die „Palla" und das Gestein von Ottok — so auch hier. Vergebens suchte ich in diesen Schichten nach Versteinerungen. Es möchte also billig in Zweifel gezogen werden, dass diese Schichten überhaupt einer paläozoischen Periode angehören. Vielleicht rühren sie von Eruptivmassen her, nach Art und Alter gleich den Augitporphyren und Mandelsteinen Siebenbürgens, den Tescheniten oder Algoviten[1]? Ihre unmittelbare Überlagerung durch Jurakalksteine, welche den „Stramberger Schichten" in jeder Beziehung nahe stehen, würde bedeutsam dafür sprechen. Doch habe ich mich für die Stellung derselben in der paläolithischen Gruppe entschieden. Die ausgezeichneten Forscher, denen wir die Kenntniss von den genannten jung-mesolithischen Gesteinen verdanken, berichten nichts von Tuffen derselben und von Schiefern, mit denen sie verbunden wären. Das Alter der siebenbürgischen Augitporphyre discutirend, weist Stache nach (l. c. S. 167), dass sie den Stramberger Kalk durchbrachen. Hier dagegen liegen die oberen Juraschichten den besprochenen Gebilden als dem allgemein verbreiteten Grundgebirge eben so auf, wie die Kreide, die Miocenformation oder der Löss. Nichts lässt sich für ihre nähere Beziehung zu den erstgenannten geltend machen. Ferner muss ich zu den vorstehenden Beschreibungen noch beifügen, dass viele typische grüne Schiefer aus der grossen savoyischen Partie, vom Eisenhut und seiner Umgebung in der Steinkohlenformation der Kärnthner Hochgebirge und von anderen Orten in den Südalpen den hier besprochenen Gesteinen zum Verwechseln gleichen. Ich glaube also, nicht nur an deren Stellung in der paläolithischen Reihe festhalten zu sollen, sondern weise auch geradezu auf die genannten alpinen Gebilde als auf die nächst analogen hin. Mit den von G. Rose beschriebenen grünen Schiefern des Ural scheinen sie nicht minder nahe verwandt zu sein. Die Dobrudscha würde demnach die Vermittlung zwischen beiden, so weit von einander entfernten Districten herstellen.

Ich gestatte mir, hier am Ende die Besprechung einer lithologischen Einzelheit anzureihen, die ich in diesen Gebilden beobachtet habe, und die mir deshalb von Interesse schien, weil sie einerseits ein Stadium

---

[1] Vgl. v. Hauer und Stache, die Geologie Siebenbürgens, Wien 1863, S. 162—169.

ihrer Umbildung näher bezeichnet, andererseits von einer der gemeinsten Pseudomorphosen ein annehmend instructives Beispiel gibt.

Pseudomorphosen von Limonit nach Schwefelkies sind sowohl in den massigen, als auch in den schiefrigen Bänken eine überaus häufige Erscheinung.

Am Durbetschberg fand ich eine Schieferschichte ganz durchwebt von den Überresten einstiger Markasitkrystalle in der Gestalt 2—6 Millim. grosser rhombisch sechseckiger oder oblonger Hohlräume, die mit erdigem Limonit ausgekleidet sind und den Winkel des Markasitprismas recht deutlich wiedergeben. Die Umwandlung des Schwefelmetalls ging aber so rasch vor sich, dass es nicht zur Bildung wohlerhaltener Pseudomorphosen kam. Auch wirkte der Druck der Gebirgsmasse derart, dass die Überreste der Krystalle in der Regel völlig zusammengequetscht und die überliegende Schiefermasse in die grösseren und mehr vereinzelten von ihnen hineingepresst wurde. Stellenweise hat man an frischen Bruchflächen nur braune Linien oder Flecke vor sich, an denen man im günstigsten Falle noch etwas von den ehemaligen Umrissen entdeckt.

Dergleichen braungefleckte Schiefer gibt es fast aller Orten. Aber nur an der genannten Stelle wurde mir die Ursache dieser Art von Fleckschieferbildung vollkommen klar.

Viel besser erhalten und in ihrer Art interessanter sind die Pseudomorphosen nach Pyrit, an denen die massigen Tuffbänke von Petschnajaga und Sarigjöl ungemein reich sind. Die wohlerhaltenen selten gerieften Hexaëder erreichen mitunter die Grösse von 15 Millim.; 2—3 Millim. grosse sind allenthalben eingestreut.

Wenn man einen derartigen Gesteinsblock etwas näher betrachtet, so sieht man bei jedem der grösseren Würfel, in der Regel stets an derselben Seite, in der anstehenden Bank gegen unten zu, einen Hohlraum, der von einem grauen raukig-spiessigen Mineral zum grössten Theil erfüllt ist (vgl. Fig. 8).

Fig. 8.

Dieses Mineral erweist sich aber keineswegs als Gyps oder als Aragonit, wofür man, je nach der herrschenden Form der Spiesse, die Auskleidung des einen oder des andern Hohlraumes halten möchte, sondern ist Kiesel, nach vorgenommener Untersuchung genauer gesprochen, Chalcedon in der Form von spiessigen Gypskrystallen, stellenweise von büschelig meisselförmiger Aragonitkrystälichen(?). Hie und da erscheint, wie in Fig. 8 bei d, ein winziges Quarzdrüschen an der Wand unterhalb des Limonitwürfels. Getragen werden die pseudomorphen Chalcedonbüschel, an denen hie und da, bei b, die Gypsform besonders deutlich ist, von einem äusserst feinteugeligen oder stenglig-körnigem Quarzaggregat, welches ziemlich tief in die Gesteinsmasse eingreift.

Der Gang des Processes ist der allgemein bekannte. Als Nebenproduct der Umwandlung des Pyrits wurde der Gyps hier unmittelbar abgesetzt, während das Alkali der kohlensauren Lösung als schwefelsaures Salz davon ging. Als nach Vollendung der Limonitpseudomorphose kein schwefelsaures Eisenoxydul mehr übrig war, hörte selbstverständlich auch die Gypsbildung auf. Die Durchsickerung von kohlensaurer Kalk-Natronlösung blieb aber im Gange. Der Gyps wurde allmählich wieder aufgelöst und kohlensaurer Kalk trat an seine Stelle. Gleichzeitig musste aber die kieselhaltige kohlensaure Flüssigkeit auch etwas Kieselsäure absetzen. War endlich die in der Stromrichtung liegende Menge von Feldspathkörnchen so weit zersetzt, dass die durchsickernde Flüssigkeit ärmer an Kalk und Natron wurde, so konnte auch das im Hohlraum angesammelte Kalkcarbonat (Aragonit?) wieder gelöst werden und der beständige Kieselabsatz führte endlich zu einer letzten dauernden Verdrängung-Pseudomorphose, deren Formen abhängig sein mussten von dem Formbestande, in dem die Chalcedonbildung die einzelnen Gebilde des Hohlraumes einzuhüllen begann und dadurch bis zur völligen Verdrängung zu erhalten vermochte[1]). Da der Gypsabsatz zuerst hart an der Würfelfläche erfolgen musste, und der Raum zu seiner Vergrösserung erst nach und nach geschafft wurde, so mag es in der Regel gar nicht zur Bildung von freien Krystallenden gekommen sein. So ansprechende Exemplare, wie das Fig. 8 abgebildete, sind deshalb nicht häufig, anordentliche Chalcedonmassen die Regel. Gab es in ausgewascheren Hohlräumen nichts mehr zu lösen und zu ersetzen, als Kieselmasse, für die ein Ersatzmittel auch in den letzten Stadien der Durchsickerung fehlte, so kam es noch zum Absatz kleiner Quarzdrüsen (wie a), als dem letzten Gebilde der ganzen Reihenfolge.

Ich bemerke hiezu noch, dass die weissen Körnchen der an Limonitwürfeln reichen Gesteinspartien beinahe vollständig in Kaolin umgewandelt sind, was sich gleich an der veränderten Schmelzbarkeit seiner Splitter verrath. Hie und da gibt es auch hanfkorngrosse Ausscheidungen von kohlensaurem Kalk und von Quarz, welche durch mikroskopische Schüppchen des chloritischen Minerals gefärbt sind.

Durch diese Betrachtung, möge der wirklich stattgehabte Vorgang ihr in allen oder nur in einigen Punkten entsprochen haben, wird zugleich der hohe Grad von Auslaugung begreiflich, den das Gestein erfahren hat, und wie die Bildung eines chloritartigen Minerals, im grossen Ganzen unabhängig von dergleichen

[1]) Vgl. den analogen von G. Tschermak beschriebenen Fall (Sitzungsb. kais. Akad. XLVI, 486) und die von G. Rose gegen die pseudomorphe Natur dieser Quarzbildung geäusserten Bedenken (Zeitschr. deutsch. geol. Gesellsch. XVI, p. 195).

interenrrirenden Processen *in nuce*, so ausgedehnte Tuffbänke in einen überraschend gleichförmigen Mineralbestand versetzen konnte [1]).

Die Verwendung des Massengesteins von Petschenjaga zu Bauten im Meerwasser veranlasste mich, seine Dauerhaftigkeit in auflösenden Flüssigkeiten einigermassen prüfen zu lassen.

Herrn Dr. R. Maly verdanke ich nachstehende Daten: „Die Substanz wurde als feines Pulver von verschiedenen Handstücken angewendet und vor und nach dem Digeriren über Schwefelsäure getrocknet. Die Digestion geschah in Bechergläsern bei gewöhnlicher Sommertemperatur. — 1·349 Grm. verloren durch 24stündige Digestion mit einer 2procentigen Lösung von Ammoniumcarbonat 0·016 Grm. oder 0·11 Procent. 1·634 Grm. verloren durch 24stündige Digestion mit der fünfzigfachen Menge 2procentiger Chlorwasserstoffsäure 0·0155 oder 0·95 Procent." Andere Lösungsmittel anzuwenden hielt ich nach diesem über Erwartung günstigen Resultate für überflüssig. Mag auch der sandigen Beschaffenheit wegen die Abfuhr des Gesteins in einer geringen Meerestiefe unter Einfluss massenhafter organischer Zersetzungsproducte und der Stürme nicht unbeträchtlich sein. Jedenfalls beträchtlicher als bei einem nicht sedimentären Grünstein, so muss ich es nach obigen Versuchen im Kleinen doch als ein gutes Material erklären. Auch das specifische Gewicht, welches ich an hirsekorngrossen Stückchen im Pyknometer bei 14° C. = 2·746 bestimmte, verursacht keinerlei Transportschwierigkeit, die bei der Billigkeit der Wasserfracht und unmittelbarer Verladung in die Schiffe ohnedies nicht wesentlich in Betracht käme.

2. Mesolithische Gruppe.
Trias, Lias und unterer Jura.

Es ist eine sonderbare Eigenthümlichkeit der südöstlichen Länder Europa's, dass die Geologen selbst in Gegenden mit einer sehr günstigen Gebirgsentwickelung, wie z. B. in der Banater Militärgrenze, im ungarisch-transilvanischen Grenzgebirge, bei Fünfkirchen u. s. w. die Frage mussten unentschieden lassen, ob ein Theil der Schiefer- und Sandsteine, welche unter charakteristischen Schichten der Triasgruppe liegen, dieser selbst angehören oder mit dem „Rothliegenden" in eine Linie zu stellen sei.

In manchen dieser Gebirge liessen sich Gründe dafür und dawider geltend machen [2]). Die wenig und aller Orten nur absatzweise erhobene mesolithische Schichtenreihe der Dobrudscha kann zur Beleuchtung dieser Frage kaum einen wesentlichen Beitrag liefern. Ich will hier nur bemerkt wissen, dass sie auch Angesichts dieses Landes wieder erhoben werden musste.

Die Trias.

Es würde wenig Werth haben und selbst den Zweck dieser Abhandlung, die Ergebnisse einer geologischen Recognoscirung festzustellen, kaum fördern, wenn ich alle klastischen und pelitischen Gesteine mit den verschiedenen Arten von Triaskalkstein, die zwischen dem Taiza- und dem Telizabach, so wie in der Gruppe von Tuldscha auftauchen, beschreiben und zahlreiche Einzelprofile discutiren wollte. Eine wohlbegründete Schichtenfolge von unten nach aufwärts, das ist: zwischen den grauen Schiefern und Sandsteinen von Tscherna und Taiza und dem ersten sichergestellten Horizont der Trias würde auf diesem Wege kaum zu erreichen sein.

Ich ziehe es deshalb vor, die Beschreibung der wenigen versteinerungsführenden Triasschichten, die ich hier kennen lernte — es gibt deren nur zwei, der Betrachtung problematischer Stufen vorauszuschicken [3]).

Der Halobienschiefer von Katalui.

Eine und eine halbe deutsche Meile südöstlich von Tuldscha, nahe an der Hauptkrümmung des Telizabaches liegt das Doppeldorf Katalui (vgl. I, S. 131, 134). Unweit vom deutschen Antheil desselben ragt

---

[1]) Welch' eine lange Reihe von Umwandlungsprocessen mit der Ausbildung der Talk- und Chloritschiefer unserer Alpen abgeschlossen sein mag, davon gibt das Apatitgestein von Greiner ein gutes Beispiel. Der apfelgrüne Talk desselben ist jünger als der Apatit, vielleicht gleichzeitig mit dem Breunerit und um vieles jünger als die stellenweise noch ziemlich gut erhaltenen Einschlüsse von Barytsulfat.

[2]) Vgl. Geologie Siebenbürgens, S. 179 u. ff. und die dort angeführte Literatur.

[3]) Die Anwesenheit mehrerer Triasschichten von alpinem Charakter entnahm ich schon vor meiner Reise aus den von Herrn Zelebor mitgebrachten Handstücken (vgl. Lit. Nr. 23).

aus der Alluvialsohle ein Hügel hervor, der seiner einstigen Lössdecke völlig entkleidet und kaum 30 Fuss hoch ist.

Unter der schwachen Vegetationsdecke sieht man Gesteinsbänke heraustreten, die hor. 9 streichen und unter einem Winkel von 25° in NO. verflächen. An der nördlichen Seite des Hügels, also im Hangenden, bestehen sie aus lichtgrauem Kalkstein und zeigen Spuren von globosen Ammoniten. In der Mitte und am südlichen Gehänge stehen dunkelgraue, ziemlich dünngeplattete Kalkschiefer von starkem Thongehalt an, die sehr zahlreiche, stets nahezu senkrecht auf der Schiefer- und Schichtenfläche stehende Schalen einer Halobia-artigen Muschel enthalten (vgl. Lit. Nr. 24, S. 234). Die Schalen haben ihre Kalkmasse zum grössten Theil an das Gestein abgegeben, doch liegt ihr Relief deutlich genug vor. Wegen ihrer Stellung im Schiefer, die macht, dass beinahe jede Schale von Gesteinsblättern durchsetzt wird, lassen sich gute Exemplare äusserst schwer ausbringen, doch ersetzt der Reichthum an Individuen die Mängel der Erhaltung [1]).

Halobia Lommeli Wism., die echte Form von Wengen, herrscht in zahllosen Exemplaren von geringer Grösse. Hie und da zeigt sich auch die concentrisch gestreifte Form *Halobia Moussoni* Mer.

Wäre dieser Hügel sieht so ganz vereinselt, der Schiefer und der Kalkstein im versteinerungslosen Zustande etwas mehr charakteristisch, so würde ich durch diesen Fund für die Schichtengliederung der höheren Triasstufen sehr viel gewonnen haben. In Ermangelung dieser Bedingungen ist er wohl werthvoll an und für sich, aber in jener Beziehung von geringer Tragweite.

Wichtiger für die Auffassung sämmtlicher Glieder der unteren Trias ist ein zweiter Punkt. Noch mehr entlegen von den geschlossenen Gebirgsmassen gab er doch Aufschlüsse, die ich durch das Wiederfinden desselben Gesteins mit Spuren von Versteinerungen und im Zusammenhang mit petrographisch nicht gleichgiltigen Bänken verwerthen konnte.

Der Muschelkalk der Popin-Insel.

Popin-Ostrov, die Priester-Insel, heisst das kleine Eiland im nördlichen Theil der Lagune Rasim, nordwestlich von der Mündung des Dunavez. Bei Besprechung der Fauna dieses grossen Brackwassersees wurde desselben schon oben gedacht (I, S. 123 u. ff.).

Herr Capitän Spratt hat die Insel bei seiner Recognoscirung der Küsten und des Delta's besucht und sie in eines der Profile einbezogen, die er von den Ufergebirgen der Dobrudscha entwarf (l. c. Vol. XVI. p. 291). Die wenigen Zeilen über die Beschaffenheit derselben waren für mich insofern von grossem Werthe, als sie mich im Vorhinein auf die Bedeutung des Punktes aufmerksam machten [2]).

Fig. 9.

Die Popin-Insel (Priesterinsel) vom Dorfe Kalika aus.

Obenstehende Fig. 9 gibt die Ansicht der Insel, wie sie sich von der ungefähr 30 Fuss hohen Lehmterrasse von Kalika aus darstellt. Fig. 10 zeigt die Vertheilung der wenigen geologisch unterscheidbaren Bestandmassen [3]).

---

[1]) Es liegt hier einer jener instructiven Fälle vor, wo sich die Gesteinsplattung als Folge normalen Druckes ganz unabhängig zeigt von der Einbettung der schlammbewohnenden Conchylien, die ihre ursprüngliche Stellung am Meeresgrunde trotz gänzlicher Umhüllung mit neuerem Sediment bewahrt haben.

[2]) „The calcareous shales here are more calcareous than in the Beshtepeh and Tultcha-range, and contain abundant fossils, possibly of the Triassic (?) age."

[3]) Ich besuchte die Insel von dem genannten Dorfe aus, wo ich glücklicher Weise einen (orthodoxen) russischen Fischer antrieb (I, S. 132).

Das Gestein, welches in der ganzen Kuppe sichtbar und am nordwestlichen (und nördlichen) Steilrand in grosser Ausdehnung entblösst ist, hat wenig Anspruch auf den Namen Kalkschiefer. Es ist vielmehr ein grauer splittriger, mitunter roth gezeichneter Kalkstein, in manchen Bänken reich an Crinoiden von spätbiger Masse, oft bröcklig, dolomitähnlich, aber nirgends so stark dolomitisch, dass sich nicht Splitter davon in kalter verdünnter Salzsäure unter lebhaftem Aufbrausen lösen würden. Seine Schichten schwanken in der Mächtigkeit zwischen 6 und 15 Zoll in den oberen, zwischen 2 und 4 Fuss in den unteren Partien und fallen, entsprechend dem in der Gruppe von Tuldscha herrschenden Streichen hor. 8, unter einem Winkel von 20—25° nach NNO., theilweise nach N. ein.

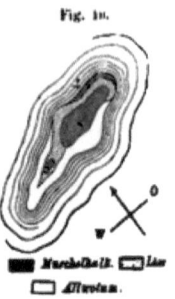

Fig. 10.

Spuren von Brachiopoden und anderen Weichthierschalen sind darin häufig anzutreffen, wie ich dies nach der Notiz von Spratt nicht anders erwarten konnte. Aber nur da, wo das Gestein weniger reich an organischen Resten ist, gelingt es durch glückliche Anbrüche bestimmbare Formen blosszulegen. Zu einer grösseren Ausbeute wären Sprengarbeiten unerlässlich, denn die glatt geschneuerten Klippen der Nord- und Nordwestseite gestatten tiefe Eingriffe mit dem Hammer eben so wenig, wie die mit kurzem Rasen bedeckte Kuppe.

Der Zufall wollte es, dass mir gerade die zwei Arten der nachfolgenden Liste, welche mit bezeichnenden Formen des alpinen Lias die grösste Ähnlichkeit zeigen, zuerst zur Ansicht kamen. Daher die Bezeichnung dieses Kalksteines als ein Repräsentant der „Hierlatz-Schichten" in meinem Reiseberichte (l. c. S. 234). Aber noch viel später, ja selbst nach Aufarbeitung des ganzen Materiales, verharrte ich in dieser Täuschung.

Erst durch Präparation eines ziemlich gut erhaltenen Ammonitenfragments und durch die Ansicht einer reichen Suite von Versteinerungen aus dem „Muschelkalk" von Köves-Kallya am Plattensee, welche mein hochgeehrter Freund, Prof. Suess, kürzlich präparirte und die Güte hatte, mir vorzulegen, wurde ich zur Überzeugung gebracht, dass der Kalkstein der Popin-Insel wirklich Muschelkalk sei.

Seine Versteinerungen gehören folgenden Arten an:

Spiriferina Mentzeli Dunk. Palaeontogr. I, p. 287. Kolossale Exemplare von 30—40 Millim. in der Breite, die den typischen Formen der *Sp. rostrata* Schloth. von Ilmünster und anderen westeuropäischen Lias-Localitäten zum Verwechseln ähnlich sind.

Jüngere Exemplare gleichen jenen Formen der *Sp. rostrata*, die Oppel als *Sp. brevirostris* aus dem Hierlatzkalkstein beschrieben hat (Zeitschr. deutsch. geol. Gesellsch. 1861, Taf. 9, Fig. 5). Von der *Sp. rostrata* bei Suess (Brachiopoden der Kössener Schichten, S. 19 u. ff. — *Sp. Suessi* Winkl.) unterscheiden sie sich durch die minder scharf ausgeprägte Bucht und ihre gleichmässige Wölbung, wie das Winkler in Beziehung auf die echten *Spirifer rostratus* des Lias in seiner Schrift (Die Schichten der *Avicula contorta*, München 1859, S. 23) geltend gemacht hat.

Völlig ident sind sie mit der *Spiriferina*, die den Kalkstein von Köves-Kallya in Begleitung von *Retzia trigonella*, *Terebratula vulgaris* u. s. w. erfüllt, und die Suess bereits vor längerer Zeit als *Sp. Mentzeli* Dunk. anerkannt hat. Doch besteht in der Grösse immerhin noch einiger Unterschied, denn das grösste Exemplar von Köves-Kallya überschreitet in der Breite nicht 28 Millim., bleibt also um ein Beträchtliches hinter den Riesenformen der Popin-Insel zurück.

Wie nahe die Verwandtschaft zwischen *Sp. rostrata* und *Sp. Mentzeli* ist, lässt sich wohl nicht deutlicher und treffender aussprechen, als dies Eck in seiner wichtigen Abhandlung: „Über die Formationen des bunten Sandsteins und des Muschelkalkes in Ober-Schlesien, Berlin 1865" gethan hat (vgl. S. 93).

In den Bänken, aus denen es mir gelang, bestimmbare Reste auszubringen, ist *Sp. Mentzeli* keine seltene Versteinerung. Kleinere Formen mit beinahe verstrichenem Sinus, der *Spiriferina alpina* Opp. aus dem Hierlatzkalkstein nicht unähnlich, kommen mit den Grossen untermischt vor.

Diese riesige Entwickelung der *Sp. Mentzeli* an einer so fernen östlichen Localität, für die Köves-Kallya eine Verbindung mit dem schlesischen Muschelkalk herstellt, ist nicht nur in stratigraphischer Beziehung interessant, sie lässt hinsichtlich der Veränderlichkeit in unwesentlichen Eigenschaften auch eine Anwendung auf die oftgenannte Art aus dem Lias zu und spricht demnach sehr für die weite Umgrenzung, die Davidson und Suess derselben gaben [1].

Spiriferina gregaria Suess in coll. (Fig. 11 *a*—*d*).

So wie *Sp. Mentzeli* mit der *Sp. rostrata*, so steht auch die hier genannte Art mit *Sp. Münsteri* Dav. in naher Verwandtschaft. Wie beistehende Figuren *a*, *b* zeigen, ist sie jederseits mit 5—7 Falten versehen, in der Bucht selbst durch

---

[1] Vgl. hierüber meine Notiz im Jahrb. d. k. k. geol. Reichsanst. XIV, 2. Heft, S. 3.

1—3 schwache Falten ausgezeichnet. Sie nähert sich in letzterer Beziehung einigermassen der *Sp. Emmrichi* Suess Kössener Schichten, Taf. II, Fig. 7, ohne derselben an Breite, Bauchigkeit, Faltenzahl und Grösse im Entferntesten gleich zu kommen. Noch ferner steht sie der *Sp. Tenuis* Dav. (Ann. a. Mag. Nat. Hist. 8. ?, Vol. 9. pl. XV, Fig. 1, 2. Durch ihre im Verhältniss zur beträchtlichen Höhe geringe Breite erinnert sie an die *Spiriferina* der Kössener Schichten, die Suess mit *Sp. Münsteri* vereinigt hat. Nicht minder ähnlich ist sie in ihrer ganzen Tracht mit *Sp. Münsteri* aus den Crinoidenkalksteinen der nördlichen Kalkalpen, unterscheidet sich aber von dieser, so wie von allen mit *Sp. Münsteri* verwandten Arten des Lias durch ihre Buchtfalten, die sie mit *Spiriferina hernia* Alb. Eck l. c. S. 92, Taf. 1, Fig. 6 gemein hat. Von dieser aber ist sie durch die Form der Oberklappe (a—d), durch den starken Stirneindruck und den, entsprechend den Buchtfalten der Oberklappe, faltigen Wulst der kleinen Klappe (b) sehr wesentlich verschieden.

Beinahe identisch ist sie mit einer *Spiriferina*, die im „Muschelmarmor" am hohen Gschür im Lafatschthale bei Hall (Tirol) vorkommt, jedoch sind deren Buchtfalten etwas gröber.

Fig. 11.

Spiriferina gregaria Suess
aus dem Muschelkalk der Popin-Insel.

Zwischen den Exemplaren von der Popin-Insel und von Köves-Kallya findet nicht der mindeste Unterschied statt. Eine Gabelung der Falten wird an keiner von ihnen bemerkt.

Die Anwesenheit von Buchtfalten scheint unter den Spiriferinen vom Typus der *Sp. Münsteri* für die der Trias angehörigen Formen bezeichnend zu sein.

Kommt im Kalkstein der Popin-Insel viel häufiger vor wie am Plattensee.

Terebratula vulgaris Schloth.

Ein kleiner Unterschied zwischen den vorliegenden Exemplaren, welche ident sind mit *T. sp.* aus dem Val del monte bei Esino, mit *T. sp.* von Commonda im Venetianischen und mit *T. vulgaris* aus dem Muschelkalk von Luneville kais. Hof-Mineraliencab. und der typischen Form der genannten Art von vielen Punkten des mitteldeutschen Muschelkalkes mag in der nur ein weniges geringeren Breite gefunden werden. Überblickt man jedoch ganze Reihen von Exemplaren von verschiedenen Fundorten, so gewinnt man leicht die Überzeugung, dass sie alle einer und derselben Art angehörten.

Zwischen dem Kalkstein der Popin-Insel und dem von Köves-Kallya besteht hinsichtlich dieser Art nicht der mindeste Unterschied. Sie ist in beiden ungemein häufig und in allen Grössen zu finden, doch liegt es in der Natur des Gesteins, dass sie sich darin keineswegs so auffallend bemerkbar macht, wie im mitteldeutschen Muschelkalk oder im „blauen Sohlenstein" von Ober-Schlesien.

Rhynchonella orientalis nov. sp. (Fig. 12 a—d).

In einer beiläufigen Beziehung zu *Rh. teretula* von Ilminster und manchen Fundorten in Portugal, aber flügelartig verbreitert, deshalb mit einem Schlosskantenwinkel von mehr als 120° und viel weniger dick als jene, ist *Rh. orientalis* durch ?—9 Seiten- und 7 Buchtfalten ausgezeichnet, welche letztere an der convexen Klappe weder breiter noch beträchtlich höher sind, als die Seitenfalten.

Von einer Gabelung der Falten ist keine Spur zu bemerken. Abgesehen davon, unterscheidet sie sich von *Rh. fasciculata* Suess und deren Verwandten aus der rhätischen Stufe sehr auffallend durch die Grösse ihres Schlosskantenwinkels und durch ihre neunfaltigen Flügel, welche sie auch von den Arten des Lias ferne halten, denen sie sich hinsichtlich einzelner Formverhältnisse nähern möchte.

Unter den Trias-Rhynchonellen steht sie wohl ganz vereinzelt da.

Fig. 12.

Rhynchonella orientalis Peters.

Im Kalkstein von Köves-Kallya ist dermalen noch keine Spur davon bemerkt worden. Auf der Popin-Insel ist sie nicht sehr selten. In Anbetracht der leichteren Ausbringbarkeit möchte ich ihr quantitatives Verhältniss zu *Spiriferina Menzeli* wie 1 : 10 und zu den entwickelten Individuen von *Terebratula vulgaris* wie 1 : 30 schätzen.

Mit diesen 4 Brachiopodenarten kommen vor:

Natica sp. ähnlich *N. sublineata* Münst. aus dem Esino-Kalkstein von Unter-Petzen in Kärnthen und *N.* sp. aus dem Bonebed von Nürtlingen. Auch mit einer im Kohlenschiefer des Fünfkirchner Lias vorkommenden Art hat sie viel Ähnlichkeit. Da die Schale an zweien als Steinkern gut erhaltenen Exemplaren zum grössten Theile fehlt und eine nahe Beziehung zu bekannten Triasarten nicht zu bestehen scheint, will ich darauf keinen sonderlichen Werth legen.

Euomphalus sp. Eine Art von mindestens 30 Millim. im Durchmesser. Das Gewinde ragt gar nicht hervor, doch bilden die unterseits stark convexen, an den oberen Seiten planen Umgänge einen seichten Trichter. Von einer Verzierung nach Art von *E. orixtinus* Schloth. sp. ist nichts erhalten.

Vor Aussprengung der Gesteinsmasse aus dem Trichter mit Hilfe von Säure hatte das von dieser Scbnecke erhalten. Segment eine auffallende Ähnlichkeit mit *Dicrocoelia orbis* Reuss sp. aus dem Hierlatzkalk (vgl. Stoliczka, Die Gastrop. u. Aceph. der Hierlatz-Schichten, Sitzungsber. d. kais. Akad. XLIII, S. 182.

Ammonites sp. Ein Bruchstück, gross genug, um deutlich erkennen zu lassen, dass die Art in die Gruppe des *A. Aon* gehört, d. h. nach der vordem üblichen Zusammenfassung der ganzen Gruppe in eine Species als *A. Aon* Münst. angesprochen werden müsste.

Dies das Ergebniss einer 2—3stündigen Arbeit auf der Kuppe der Popin-Insel.

Die untergelagerten Kalksteinbänke, die eine Gesammtmächtigkeit von ungefähr 50 Meter haben, gleichen in petrographischer Beziehung den versteinerungsführenden oberen Schichten, die für sich auf 10—15 Meter veranschlagt werden können. Organische Reste sind in jenen überaus selten und es gelang mir nicht, aus den Klippen irgend etwas Bestimmbares herauszuschlagen. Eben so wenig Aufschlüsse boten mir die zahlreichen Kalksteinmassen, die südlich von Tuldscha und östlich von den Waldgebirgen aus der mächtigen Lössdecke hervorragen oder an Abstürzen derselben blossgelegt sind. Allem Anscheine nach sind sie zwischen dem Muschelkalk der Popin-Insel und den überaus mächtigen und weitverbreiteten Complex von grauen und rothen Psammiten, Schiefern und dunklen Kalksteinen einzureihen, die zwischen Malmundié, Babadagh und Isaktscha an so vielen Punkten auftauchen. Erstere würde demnach hier wirklich das oberste Glied der ganzen unteren Abtheilung der Triasformation bilden.

Von grossem Belange für den Entwurf der Karte war eine Beobachtung, die ich, leider nur eilfertig, an der Kalksteinpartie zwischen Abkaden und Alibeikiöi, nordwestlich von Babadagh, machte. Über einer ziemlich mächtigen Schichtenreihe von dunklem Kalkstein nach Art unserer „Guttensteiner Schichten", der östlich einfällt, liegt ein grauer, etwas roth gezeichneter dolomitischer Kalk, gleich dem der Popin-Insel. Spuren von Brachiopoden darin brachten es mir beinahe zur Gewissheit, dass er mit letzterem identisch sei.

Ohne Zweifel werden genaue Untersuchungen in Serbien und in den Balkanländern den Zusammenhang aller dieser Schichten aufhellen. Vor der Hand können wir die Schichten von der Popin-Insel und von Köves-Kallya für nichts Anderes als für ein beiläufiges Äquivalent des oberschlesischen (unteren) Muschelkalkes, insbesondere der Schichten von Mikultschütz betrachten (vgl. Eck a. a. O. S. 80 u. ff., S. 112 u. ff.) und sie mit der alpinen Trias in dieselbe Verbindung bringen, die zwischen den „Virgloria-Schichten" v. Richthofen's und der schlesischen Formation schon längst hergestellt ist.

Dass sie unter dem problematischen Keupersandstein der südöstlichen Länder überall zu finden sein dürften, wo auf letzterem der kohlenflötzreiche Lias folgt, also wohl im ganzen westlichen Gebirgszweig der siebenbürgischen Masse, der von der Donau durchbrochen wird, lässt der neulich von Foetterle in dem Kalkstein des Mecsekberges bei Fünfkirchen gemachte Fund von *Spirifera Mentzeli* (Jahrb. d. k. k. geol. Reichsanst. 1865) mit einiger Zuversicht erwarten.

Indem ich mich nun anschicke, die ganze Schichtenreihe der Triasformation in der nördlichen Dobrudscha zusammenzustellen, bemerke ich im Vorhinein, dass nächst der Lückenhaftigkeit der Entblössungen die grösste Schwierigkeit darin bestehe, dass die einzelnen Gesteinsbänke und Stufen weder der alpinen Trias noch der Schichtenfolge in den südlichen Strichen der österreichischen Ostländer genau entsprechen. Der Letzteren durch ihre Psammite und charakterlosen Kalk- oder Mergelschiefer der untersten Stufe viel näher verwandt wie der Ersteren, haben sie doch in ihren mittleren Abtheilungen mit den Alpen jene weissen, rothen oder überhaupt lichtfarbigen, oft brecienartigen Kalksteine gemein, die wir in vielen Gebirgsrücken unserer alpinen Kalksteinzonen auf Grund der Lagerungsverhältnisse als „Hallstätter Schichten" bezeichneten, ohne ihre Identität mit dem Cephalopodenkalkstein unserer classischen Localitäten erweisen zu können. Hinwieder fehlt es hier auch nicht an bräunlichen oder lichtgrauen Sandsteinen, die man versucht ist, mit dem Keupersandstein der äussersten Nordzone von Nieder-Österreich, mit dem „flötzleeren Sandstein" von Fünfkirchen in Ungarn und den ihm entsprechenden Gebilden in den südwestlichen transsilvanischen Grenzgebirgen und im Banate gleichzustellen. Erscheinen nun in der Nähe solcher Sandsteine hie und da Bänke von grauem Kalkstein, der den Lagern unserer Gryphäen und (mit Quenstedt zu sprechen) Thalassiten des untersten Lias sehr ähnlich sieht, so mag man

v *

glauben, die oberste Grenze der Triasgruppe berührt zu haben. Doch scheiterte während meiner Reise jeder Versuch, von solchen petrographisch sehr ansprechenden Punkten aus zu einer plausiblen Gliederung zu gelangen, an der Zersplitterung der Gebirgsgruppe von Tuldscha und an der dichten Waldbedeckung der geschlossenen Höhenzüge von Tschilik und Trestenik. Ich muss mich vielmehr sehr glücklich schätzen, durch die beiden versteinerungsführenden Localitäten zu einer sicheren Bezeichnung der Formationsgruppe gelangt zu sein.

Schon in dem oben mitgetheilten Profile, Fig. 6, erscheinen am Dorfe Kardschelar eine der problematischen Schichten. Zu unterst liegt hier ein grober verrucanoähnlicher Quarzpsammit, darüber grauer dickgeschichteter Mergelschiefer, den man beinahe Thonschiefer nennen könnte, dann ein eben solcher Schiefer von grünlichgrauer Farbe und zu oberst in der ganzen eine Mächtigkeit von 50 Klafter kaum überschreitenden Reihe ein dünnblättriger grauer Schiefer. Ein gangförmiger Stock von bräunlichem quarzreichen Felsitporphyr, den ich einige Klafter weit verfolgen konnte und der, so wie alle weiter unten zu beschreibenden Varietäten dem Porphyr unserer „Werfener Schichten" gleicht, durchsetzt diese Bänke.

So wie diese hier auf die grünen Schiefer des südwestlichen Bergwalles (Fig. 5, 6) zu folgen scheinen, so liegen in den nördlichen Gebirgen ganz ähnliche Schichtencomplexe auf dem oben beschriebenen Thonschiefer mit Dioritstöcken oder auf Phyllit. Wo die mehr oder weniger groben Psammite fehlen, da merkt man den Wechsel der Schieferstufen kaum und hält sich erst dann für überzeugt, auf triassischer Unterlage zu stehen, wenn man eine mindestens 50 Klafter mächtige Bank von schwarzem, weiss geadertem Kalkstein zur Ansicht bekommt. Weniger mächtige Bänke von solchem Kalkstein wechseln zu wiederholten Malen mit den Schiefern, die nur selten jene charakteristischen rothbraunen oder grünen Farbentöne zeigen, wie sie unseren „Werfener Schichten" eigen sind.

Besser entspricht der Kalkstein unseren „Guttensteiner Schichten". Obwohl ich nirgends deutliche Versteinerungen darin bemerkte, so fehlt es doch nicht an jenen Knötchen und Wülsten, die den dunkelgrauen Kalksteinen der alpinen Trias selbst da, wo deutliche Reste fehlen, einen so bestimmten Typus aufprägen. Trifft es sich nun, dass an einer oder der anderen Stelle der Kalkstein der Popin-Insel im Hangenden erscheint, wie dies zwischen Abkaden und Alibeikiöi der Fall ist, so hat die ganze Kalkschichtenreihe eine

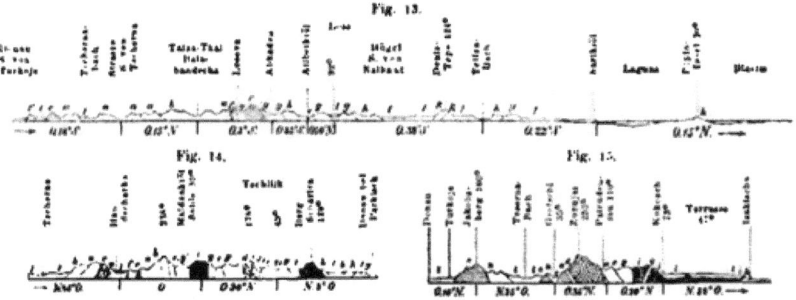

Fig. 13—15. Maassstab der Karte 1 Wr. Zoll = 400 Klafter; Höhe zur Länge = 5:1; Höhenzahlen: Wiener Klafter.

a Quarzit und Phyllit,   e Untere Trias-Schiefer und Sandsteine,   z Melaphyr,
b Thonschiefer und kalkhältige Grauwacke,   f Porphyr,   h Keuper-Sandstein (?),
c Halbgranit,   g Kalkschiefer und schwarze Kalksteine,   i Löss.
d Granitartige Gesteine (der Diorit nicht angegeben),   h Muschelkalk der Popin-Insel und lichte Kalksteine über g,

feste Position gewonnen. Die Eruptivgesteine, wie sehr sie auch im Einzelnen die Auffassung zu erschweren pflegen, halfen mir nach kurzem Studium der Einzelnheiten doch wesentlich zur Fristung des Zusammenhanges. So wie es hier kaum einen grösseren Porphyrstock gibt, der nicht zu jenen Mergel- und Kalkschiefern genau in denselben Beziehungen stünde, wie die Porphyre der Alpen zu den Werfener

Schichten, so setzen auch sämmtliche Melaphyrmassen der Dobrudscha in den besprochenen schwarzen oder den ihnen aufgelagerten lichtfarbigen Kalksteinen auf. Gerade sie bilden die festen Punkte in dem Schichtengewimmel dieser Formationsgruppe.

Voranstehende Profile (Fig. 13—15) dürften geeignet sein, das Gesagte klar zu machen.

Von West nach Ost geführt durchschneidet Fig. 13 sämmtliche Längenthäler der nordwestlichen Gruppe zunächst an ihrer Mündung und den südlichen Theil des „Beckens von Babadagh" mit dem Denis-Tepe inmitten (vgl. I, S. 116). Die beiden anderen durchqueren das Gebirgsland nahezu senkrecht auf das Hauptstreichen seiner Glieder und biegen dann nordwärts ab, um über den grossen Melaphyrstock den Steilrand des Donau-Delta's zu erreichen. Sehr lückenhaft im Einzelnen, geben sie doch im Ganzen ein ziemlich treues Bild vom Schichtenbau und Relief dieser verwickelten Berg-masse.

Ich bemerke dazu, dass die Stufen *e* und *g* nirgends scharf geschieden und hier nur deshalb getrennt sind, weil ich in den steil gestellten Schichten eine untere und eine obere Abtheilung kenntlich machen wollte, — ferner, dass der Kalkstein der Priester-Insel mit weit höheren Kalksteinen (Hallstätter Schichten) unter dem Zeichen *h* vereinigt werden musste, weil es in der Regel an Thatsachen fehlte, auf die sich eine Trennung hätte begründen lassen.

Wenn ich auf folgenden Seiten in Details eingehe, so geschieht dies mehr um den Untergrund und die nächste Umgebung der Hauptstadt einigermassen darzustellen, als in der Hoffnung, den Triasschichten, die um Tuldscha allenthalben aus der Lössdecke auftauchen, wesentliche Folgerungen abzugewinnen. Herrschte in der nordwestlichen Gruppe trotz der Massenhaftigkeit der Eruptivgebilde eine befriedigende Regelmässigkeit der Lagerungsverhältnisse, so gilt vom Deltarande um Tuldscha das Gegentheil. Das süd-östliche oder südsüdöstliche Hauptstreichen jener Gebirge hat sich hier nicht nur gegen Ostsüdost gewendet, sondern der Aufbruch, der im Allgemeinen die Richtung des Deltarandes bestimmte, war auch mit Faltungen und Verwerfungen so vielfach verbunden, dass man selbst auf sehr kurze Strecken kein einfaches Profil erhalten kann.

Der „Stein" von Tuldscha (vgl. I, S. 96 mit Taf. I und S. 116) besteht in den unteren zwei Drittheilen seiner nur 26—27 Klafter betragenden Höhe aus einem grauen dünnblätterigen oder, in besonders quarzreichen Lagen, gelblichen Schiefer, der paläolithischen Thonschiefern sehr ähnlich sieht und keine Spur von kohlensauren Erden enthält. Das obere Drittheil wird durch ein Quarzconglomerat gebildet, welches ein rothbraunes thonschieferartiges Bindemittel hat und manchen Varietäten des Verrucano zum Verwechseln gleicht. Beide Bänke fallen unter einem Winkel von 65° in hor. 14 ein und sind nach allen Seiten schroff abgebrochen, mit Ausnahme der südlichen, in welcher der Stein durch einen breiten Hals mit den anstossenden Terrassen zusammenhängt (I, Fig. 11, — Fig. 16).

Dass der Fels in so ausgesetzter Lage überhaupt stehen blieb, scheint er einer 3—4 Fuss mächtigen Gangmasse zu verdanken, die nach hor. 9—10 streicht und unter einem Winkel von 45° in SW. einfällt. Das Gestein ist porphyrartig, von röthlichweissen Feldspathkrystallen ganz erfüllt, aber sehr arm an Quarz und so stark zersetzt, dass sich kaum entscheiden lässt, ob man es den verbreiteten Felsitporphyren oder dem Granitit von Tschilick beigesellen dürfe.

Mag man nun diese Schiefer und Conglomerate zur Trias ziehen oder eine ältere Formation in ihnen erblicken, in jedem Falle ist die Felsmasse des Steines die älteste Abtheilung der Schichten, die entlang des Deltarandes zum Vorschein kommen.

Fig. 16.   Fig. 17.

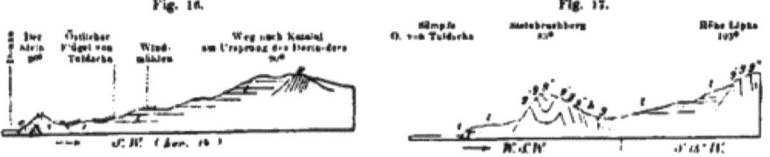

Länge der Flussfläche der Karte; Höhe: Länge = 5:1.

a grauer Schiefer, *f* Porphyrgang, *o* Verrucano (?), *c* rother Sandstein, *d* Kalk- und Mergelschiefer, *g* schwarzer Kalkstein, *f* Kieselkalk, *h* lichter Kalkstein, *l* Löss.

Sie erscheinen in zwei, stellenweise in drei Parallelen.

Die erste ist der Absturz der Uferterrasse, die in der Regel eine Höhe von 70—80 Fuss hat und das Grundgebirge an vielen Stellen hervortreten lässt. Nur wo höhere Schutterrassen vorliegen oder die Massen des Löss allzu starke Abrutschungen erlitten, entbehrt man den Anblick festen Gesteins.

Die in Form eines Vierecks vorgeschobene Terrasse von Alt-Tuldscha an der Girla von Samova und die Strecke zwischen dem See von Tuldscha und dem Dorfe Malkodsch sind reich an Entblössungen. Erstere ist überdies durch eine Reihe von Steinbrüchen aufgeschlossen.

166 Karl F. Peters.

Die zweite Linie wird durch einzelne Kuppen und kleine Rücken gebildet, die zwischen dem Steilrande und dem hohen Walle auftauchen, bald dem Einen bald dem Andern näher stehend oder mit ihnen verbunden. Der Steinbruchberg südlich vom Stein gibt das auffallendste und zugleich lehrreichste Beispiel davon (Fig. 17).

Während die Entblössung des Grundgebirges in dieser Linie zu allermeist der Abschwemmung der ältesten höchsten Lehmlager zu danken ist, und die Lückenhaftigkeit der ganzen Höhenreihe mehr in der Unregelmässigkeit des Skelets, als in dessen allzu starker Verhüllung seinen Grund hat, erscheinen die Massen der dritten, innersten Linie deshalb dichter gedrängt, weil sie das höchste Niveau des Lehms zum Theil überragen, zum Theil nahezu erreichen. Ich durfte mir deshalb erlauben, ihre Ausdehnung auf der Karte zu übertreiben, damit der ganze Wall deutlich genug hervortrete.

Zunächst über dem muthmasslichen Verrucano scheinen in der ganzen Linie rothe, bräunlichgraue oder ganz lichte Sandsteine zu folgen. Sie werden am Ufersaum östlich und westlich vom Stein zu allererst sichtbar. An der Giria (1, Fig. 11) herrschen die lichtfarbigen Gesteine, denen ein rein kieseliges Bindemittel einen hohen Grad von Zähigkeit gibt. Sie wechseln mit blättrigen Bänken von kalkschieferartigem Ansehen und sind an vielen Stellen von Adern und winzigen Nestern von Eisenspath durchschwärmt, die bei ihrer Zersetzung zu Limonit der Tenacität des Gesteins grossen Eintrag thun. Das Verflächen dieser Schichten schwankt in der Ausdehnung von etwa 6m Klaftern hor zwischen hor. 1 und 2, der Winkel aber zwischen 45° und 70°. Weiter westlich und greifbar im Hangenden derselben stehen sandig schiefrige und schiefrig kalkige Gesteine an. Ihre minder mächtigen, dem Ufer genau parallel von Ost nach West streichenden Bänke befinden sich zum Theil in senkrechter, zum Theil in umgestürzter Stellung. Auch im kleinen werden Falten und Knickungen bemerkbar, namentlich in den rein schiefrigen Partien, deren Farbe zwischen grüngrau und rothbraun wechselt. Die knotige Beschaffenheit der Flächen gab mir grosse Hoffnung auf den Fund eines oder des anderen Petrefactes unserer Werfner Schiefer. Allein der Zustand der Masse ist der Erhaltung organischer Reste allzu ungünstig. Die Kalkschiefer sind dunkelgrau und zwerchlessen viele, mitunter mehr als faustgrosse Knoten von dichtem schwarzem Kalkstein mit gelblichen, in die schiefrige Umgebung fortsetzenden Adern von Ankerit und Eisenspath.

Die Mächtigkeit dieser Schichte mag sehr bedeutend sein, so wie es den Verhältnissen der westlichen Gebirge Profile Fig. 13—15 e, g entspricht.

Am äussersten Ende des Vorsprungs, schon dem Dorfe Kischla zugewendet, folgt der obere lichtfarbige Kalkstein (4 der Profile).

Zumeist roth mit gelblichen Flecken, Nestern von Hornstein und Zeichnungen von Kalkspath ohne deutliche organische Formen, theilweise auch gelblichgrau thonig und in einer stark kieselhaltigen Schichte grünlichweiss, bildet er 1—3 Fuss mächtige Bänke, die schön geschichtet unter einem Winkel von 70° in hor. 23 einfallen. Die ganze Stufe, von der hier nur etwa 20 Klafter blossliegen, scheint von jenem dunkelfarbigen Schichtencomplex mit einer starken Verdrückung herabgesunken zu sein und jene in Fig 17 mit g bezeichnete Bank von Kieselkalkstein im Liegenden zurückgelassen zu haben.

Am Steinbruchberg dagegen, so wie in den Mittelkuppen südwestlich von Kischla und am Deitarande zwischen Tuldscha und Malkodsch ist diese Bank sehr auffallend entwickelt. Ich nannte sie schlechtweg den Kieselkalkstein. Doch liegt das Merkmal dieser Bank gegenüber ihrer Umgebung weniger in dem stark schwankenden Kieselgehalt, der in Salzsäure einen theilweise gelatinirenden Rückstand lässt, als vielmehr in der steten Anwesenheit von gangartigen Ausscheidungen zelligen, epigenetisch zum Theil nach Baryt, zum Theil nach Calcit gebildeten Quarzes, dessen Hohlräume allenthalben mit netten Baryttäfelchen besetzt sind. Bei Kischla fand ich in einer beinahe rein weissen Bank von 4 Klaftern Mächtigkeit den älteren Baryt mit in wenig Quarz zu einem körnigen Aggregate verbunden und in einzelne liegenden Brocken von Zelliquarz Barytkrystalle der zweiten Generation (oP. ∞P. P∞, ∞P∞), von mehreren Linien in der Dicke. Das Liegende dieser Bank, die wohl richtiger als ein Lagergang, denn als normale Schichte aufzufassen, ist ein stark gestörter Complex von dunkelgrauem Kalkschiefer mit thonschieferartigem Mergelschiefer, ähnlich der Halobienschichte von Kataici (Streichen hor. 13 bis hor. 10, Verflächen östlich; weiter nördlich hor. 8, Verflächen in hor. 2), das Hangende ein lichtgrauer Breccienkalkstein, der normal, d. h. der höchstgelegenen Kammpartion entsprechend, in hor. 8 streicht und nordöstlich einfällt. Selbstverständlich suchte ich an diesen Stellen mit Eifer nach Erzspuren, fand jedoch nichts als hie und da ein wenig Pyrit, von dem auch der dichte Kieselkalk schöne Kryställchen (∞O∞) enthält. Später sah ich bei einem Ingenieur der europäischen Donau-Commission kleine Anbrüche von derlei Kupferkies, die man in einem der Steinbrüche an der Giria gefunden haben will. Es wäre also nicht unwahrscheinlich, dass in gewissen Teufen Erze vorkommen, und es würde sich künftig einmal der Mühe verlohnen, die Gänge durch einige Schürfe zu verfolgen [1].

Vom Kalksteine 4 ist eine der grössten Entblössungen in der nächsten Nähe von Tuldscha zu finden. In dem Hauptgraben, der von der Stadt aus das Gehänge tief durchschneidet und den nach Aderbigjöl führenden Weg enthält, wurde ehedem ein grosser Steinbruch darauf betrieben (vgl. Fig. 17). Geringer sind die Aufschlüsse nächst Malkodsch. Leider gelang es mir weder in den bunten Kalksteinen Petrefacte zu finden, noch eine Spur vom Muschelkalk der Popin-

[1] Östlich von Tuldscha befindet sich die Entblössung an einem Punkte des Ufers, der ungefähr gleich weit vom „Stein" wie von der Mündung des Grabens von Malkodsch entfernt ist, westlich an einer von drei Mittelkuppen, die zwischen dem Porphyrberg Tafschan-hair und dem Dorfe Samova liegen, etwa 800 Klafter vom Fahrwege über den Kamm, südwestlich vom Dorfe Kischla. Bei Samova steht das Ufer wieder der schwarze Kalkstein g an, der den „Guttensteiner Schichten" zu entsprechen scheint.

Insel, doch wird jeder mit der alpinen Trias vertraute Beobachter darin mit mir übereinstimmen, dass die Deutung der hier beschriebenen Schichten der Umgebung von Toldscha (e, g, 4) als Äquivalente der Werfener, Guttensteiner und Hallstätter Schichten die grösste Wahrscheinlichkeit für sich habe.

In den Höhenzügen zwischen Maßkodsch und Mahmudié, also in dem Rücken von Prislav, im Berge von Perlitza und in den Beschtepe herrschen beständig die unteren psammitischen Schichten. In der Regel sind sie derart geknickt, dass sie am Ufer noch einmal erscheinen (Fig. 18). In den Besohtepe dagegen, entlang deren am St. Georgsarm nur eine schwache Lössterrasse verläuft, zeigt sich eine stellenweise sehr deutliche Fächerstellung (Fig. 19).

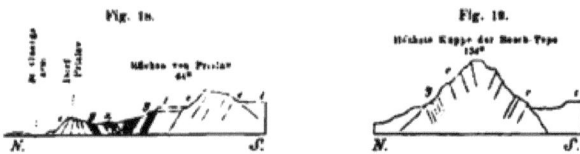

Fig. 18.   Fig. 19.

Maßstab und Bedeutung der Buchstaben e, g, l wie in Fig. 16 und 17.

Zwischen dem Rücken und dem Ufer von Prislav bemerkte ich im grauen schiefrigen Kalkstein Spuren von einer *Pseudomonopis*-artigen Muschel und unweit davon in einer mergelig schiefrigen Bank kleine Trümmer von Saurierknochen. Für diese letztere wüsste ich keinen besseren Vergleich, als die *Ichthyosaurus*-Schichte von Reifling an der Enns, an die sie mich sogleich lebhaft erinnerte. Leider war in Fig. 18 mit z bezeichnete Stelle gar nicht aufgeschlossen und trotz stundenlangen Suchens an losen Gesteinsbrocken nichts Deutliches zu finden. Auch an anderen Stellen der Umgebung von Tuldscha, an der Girla, wie am Steinbruchberg, gibt es im Bereiche von g'' einzelne Bänke, die organischer Reste keineswegs entbehren. Manche schwärzlich graue Kalkschiefer von brecienartigem Aussehen, deren dunkle Trümmerchen von Bivalvenschalen herrühren, machen sich besonders kenntlich. Die Oberflächen der Schalenreste sind aber völlig abgerieben, ja selbst von der Textur nur schwache Spuren erhalten. Dergleichen Schiefer mahnen einigermaßen an die versteinerungsreichsten Bänke der „Illelberger Schichten".

Ganz ähnliche Gesteine, wie die oben beschriebenen, herrschen auch in den zwischen Tuldscha, dem Taizabache und der Lagune emporragenden Partien. Das Streichen der Schichtenrippen, die, je näher dem Rasim, um so mächtiger und zu reinen Kalksteinen werden, schwankt zwischen hor. 7 und hor. 8. Nur gegen den Südrand zu sind alle Lagerungsverhältnisse verworren, und wird es mehr als anderwärts zweifelhaft, ob man einzelne lichtfarbige Kalksteinpartien noch mit einigem Recht der Trias zuweise, oder ob sie jüngeren Stufen angehören. Doch glaube ich am wenigsten fehlzugreifen, wenn ich, gestützt auf die Schichtenfolge zwischen Alibeikiöi und Nalbant (vgl. Fig. 13) selbst die jenseits des Taizabaches als schroffer Nordrand des Waldgebirges von Babadagh emporgestossenen Kalksteinmassen südlich von Satanöv noch zur Trias rechne. Die Bodengestaltung wird dadurch nachstehendes Profil (Fig. 20) ziemlich richtig wiedergegeben.

Ich habe diesen Durchschnitt über den Donistepe gezogen, um die Längenseite dieses Berges zu zeigen, der mich als der mächtigste in der ganzen Gruppe der Sandsteinhügel zwischen dem Teliza- und dem Taizabache zumeist interessirte. Sein unteres Drittheil besteht aus einem bräunlich grauen ziemlich feinkörnigen Sandstein, der allerdings ein kieseliges Bindemittel hat, aber doch bei weitem nicht die Zähigkeit der Sandsteine von Tuldscha hat. Körnchen von einem zersetzten Feldspath und Schüppchen von weissem Glimmer sind reichlich darin eingestreut. Die höheren Partien weisen dagegen einen beinahe ganz weissen, sehr festen Sandstein auf, in dem ausser etwas Feldspath keine anderen als quarzige Elemente hervortreten. In der Regel sehr fein körnig enthält er doch einzelne Bänke, in denen die Quarzgeschiebe die Grösse einer Erbse überschreiten. Wenig abgerollt und eckig, sind

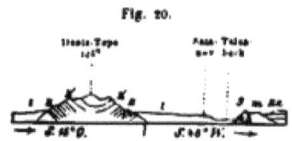

Fig. 20.

F—m, Länge zur Höhe = 1 : 2
(a brauner, a' weisser Sandstein, Kenper ?), m Dolomit; g schwarzer Kalkschie, h Kreidemergel, l Löss)

sie oft mit feinen Körnchen untermengt. Die Schichtung ist in beiden Abtheilungen gleich ausgezeichnet. Im südlichen Theile des Rückens fallen die (1—4 Fuss mächtigen) Bänke in hor. 21, unten wenig steil, in der Höhe bis zum Winkel von 70°. Am nördlichen Ende dagegen, wo der Berg gegen Adschilar eine auffallende Ferse hat, ist das Verflächen constant in hor. 11 gerichtet, der Berg somit ein Segment einer kreis- oder halbkreisförmigen Erhebung. Auf der Höhe des Kammes gibt es einzelne von Menschenhand gemachte uralte Löcher und daneben die entsprechenden Halden. Wahrscheinlich gaben hier in ähnlicher Weise wie am Sakar-bair Nester von Eisenglanz die Veranlassung zum Schürfen. Vielleicht haben einzelne Individuen von den italienischen Niederlassungen im Mittelalter den Anfang dazu gemacht.

Ich hatte schon unter den Gesteinssuiten Zelebor's Stücke von dem weissen Sandstein gesehen, in denen Brocken von Schwarzkohle eingeschlossen waren. Ich fand sie auch bei der Untersuchung an Ort und Stelle, ja glaube sogar eine equisetienartige Rindensubstanz daran bemerkt zu haben. Sie sind aber auf eine einzige Bank beschränkt und keineswegs, wie ich hoffte, von thonigen Schichten begleitet.

Schon im Profil Fig. 13 habe ich diesen Punkt als fraglichen Keuper-Sandstein bezeichnet. Es ist aber nicht der Denistepe allein, der hiebei in Betracht kommt. Die ganze Sandsteinpartie von Trestenik, insoweit sie scheinbar im Hangenden des Kalksteins von Abkaden liegt, und alle vereinzelten Hügel des Lössterrains nördlich und südlich vom Telizabach werden von dieser Frage gleichmässig betroffen. Sie alle bestehen aus dem unteren bräunlichen Sandstein vom Denistepe, dessen Ähnlichkeit mit dem flötzleeren Sandstein unter den kohlenführenden Schichten von Fünfkirchen und Steiersdorf, so wie auch mit dem Sandstein des Bihargebirges (Ungarn, Banat) so gross ist, dass man Stücke aus diesen so weit entlegenen Ländern von hier gesammelten nicht unterscheiden kann.

Andere Beobachtungen kommen noch dazu.

Am Hügel nördlich von Frikazé (dem grössten von den drei auf der Karte verzeichneten und dem einzigen von ihnen, den ich untersucht habe) folgt über dem braunen Sandstein ein dunkelgrauer Kalkstein (Streichen hor. 2—3), der sich durch seine sandige Beschaffenheit von den Kalksteinen der unteren Trias merklich unterscheidet. Obwohl ich keine Spur von Versteinerungen darin fand, kann ich doch nicht umhin, seine schlecht entblössten Bänke für gleichbedeutend mit dem Kalkstein der Onceasa-Alpe und anderer mir wohlbekannter Punkte unseres Bihargebietes zu halten[1].

An der Mündung des Tschilikthales steht der rothe hornsteinführende Kalkstein (b, von Tuldseh an. Er streicht normal in hor. 8 und fällt unter einem Winkel von 45° in SW., das ist unter den braunen Sandstein ein, der auch einen Theil des südlichen Gehänges von Tschilik bildet. Nördlich vom Dorfe Trestenik steht am Fusse des Sandsteingebirges schwarzer Kalkstein an, den ich für die Schichte g (Fig. 13—20) halten muss. Er ist so zerrüttet, dass er auf Entfernungen von kaum 50 Klaftern aus dem normalen Streichen nach hor. 9 in hor. 2—1 umspringt. Steil in westlicher Richtung einschiessend wird er durch den ungestört über ihn hinlaufenden Sandstein handgreiflich überlagert.

Der letztere bildet demnach eine Stufe, die stellenweise regelmässig, stellenweise discordant auf den Stufen g und h liegt.

Woher sollten auch bei der ausserordentlichen Armuth der paläolithischen Stufen an Kalksteinen die starken Lagerungsstörungen kommen, von denen wir diesen Sandstein im „Becken von Babadagh" betroffen sehen, die cyclische Anordnung im Denistepe, das nordöstliche Streichen in jenem Hügel von Frikazé und andere, wenn nicht in der Tiefe ein mächtiger Complex von Kalksteinschichten läge, deren Lösung und Zusammenbrechen sie verursacht haben könnte? Diese Frage würde sich wahrscheinlich jedem Beobachter Angesichts eines Landes aufdrängen, dessen gebirgsbildende Formationsglieder durch Eruptivmassen gleichsam festgerammt sind und dessen einzige grössere Mulde der festigenden Massengesteine völlig entbehrt.

Indem ich alle einzelnen hier angeführten Thatsachen zusammenfasse, halte ich es für unerlässlich, dass diese beschriebene Sandsteinstufe provisorisch als ein Äquivalent des Keupers bezeichnet werde.

Betrachten wir nun die Eruptivmassen etwas näher, die dieser für Trias erklärten Stufenreihe angehören.

Es sind deren nur zwei: der Felsitporphyr und ein Melaphyr.

Wer den Felsitporphyr der „Werfener Schiefer" in den Südalpen beobachtet hat, kann Angesichts der Porphyrmassen der Dobrudscha an der Identität beider Gesteine nicht zweifeln. Insbesondere die Oberkrainer Alpen zwischen Tarvis und dem Kankerthale, die an schönen Porphyren so reich sind, bieten zahlreiche Vergleichspunkte für sämmtliche Varietäten dieses Gebietes.

Herrschend ist ein quarzreicher Porphyr mit ungemein harter, splittriger Grundmasse von rauchgrauer bis rothbrauner Farbe. Von dem Löthrohre werden feine Splitter entfärbt, doch bleiben ihre Kanten selbst im strengsten Feuer unverändert und durchscheinend. Der ausgeschiedene Quarz erscheint beinahe ausnahmslos in rundlichen, mit der Grundmasse innig verbundenen Körnern. An wenigen Stellen bemerkte ich Durchschnitte von Pyramiden. Starken Schwankungen hinsichtlich der Menge unterliegen die Einschlüsse von Feldspath, die in den quarzreichen Gesteinen ausschliesslich Orthoklas sein dürften. Ganze Blöcke mag man absuchen, ohne einen einzigen mehr als 1 Millim. grossen Krystall zu finden, anderwärts am selben Berggehänge fallen 4—5 Millim. grosse Tafeln mit der Basisfläche und dem ersten Doma schon von weitem ins Auge. Freilich sind im ersteren Falle mikroskopische (rectanguläre) Täfelchen um so dichter gesäet und geben den Präparaten ein sehr nettes Ansehen. In der rauchgrauen Grundmasse ist der Feldspath stets farblos, in den rothbraunen Gesteinen dagegen opak weiss. Anderweitige Einschlüsse habe ich selbst an geschliffenen Plättchen nicht wahrgenommen.

Ganz anders verhalten sich manche grüne Varietäten, von denen der südliche Abhang des Pomail-Berges schöne Beispiele gibt. Ihre grünlichgraue Grundmasse ist bei weitem weniger hart, schmilzt an den Kanten ohne Schwierigkeit zu einem wasserhellen Glase und ist stets wasserhaltig. Die Menge der

Quarzkörner scheint geringer zu sein; neben rötblieben, in der Regel noch mit glänzenden Spaltungsflächen versehenen Orthokalkkörnern erscheinen matte Täfelchen von einem **klinoklastischen** Feldspath und stellenweise bemerkt man (unter dem Mikroskope) Anhäufungen von schuppigen Elementen, die sichtlich mit der Umwandlung des Gesteins zusammenhängen. Denn eben diese Stellen geben sich am Handstück als tiefer grün gefärbte Flecke kund. Überdies ist eine Anlage zu **schiefriger** Textur bemerkbar, und es hält nicht schwer, Übergänge dieser Porphyrvarietät in wirkliche Schiefer vom Charakter der grünen „Werfener" Schiefer herzustellen. Doch muss ich hiezu gleich bemerken, dass solche Gesteinspartien auch eine wahre Schichtung besitzen, und dass dergleichen Übergänge nichts anderes ausdrücken, als die Massenverwandtschaft des umgewandelten Eruptivgesteins und seiner auf- oder unterliegenden gleichartig zersetzten Tuffe.

Gleichwohl habe ich so innige Beziehungen zwischen untergeordneten Porphyrlagermassen und mächtigen Complexen von Triasschiefern, wie man sie in den Krainer Alpen findet, hier nicht beobachtet; wohl deshalb nicht, weil eine so ausgezeichnet mergelschiefrige Stufe hier überhaupt fehlt, und weil der Porphyr entweder gangförmig in der paläolithischen Unterlage stecken blieb (vgl. Fig. 13, 14, 16), oder in grossen Massen über das Niveau der unteren Triasbänke emporgestossen wurde (Fig. 13, 21).

Das schönste Beispiel von letzterer Art gibt wohl der mehrfach genannte Pomeilberg, von dem ich im ersten Theile (Fig. 6) ein Bild gegeben habe.

Wenn man ihn von der Sohle des Talzabaches oder vom Dorfe Tschinili aus ersteigt, so kommt man zuerst auf einen grauen, sehr brüchigen Dolomit, von dem sich kaum entscheiden lässt, welcher Stufe er angehören mag. Allem Ausscheine nach ist es derselbe, der am nördlichen Rande des Waldgebirges zu wiederholten Malen in der nächsten Nachbarschaft der unteren Kalkschieferstufe erscheint (Fig. 20, 21). Unmittelbar an ihn stösst der graue Porphyr in einer frischen, sehr quarzreichen Varietät und bildet ohne Unterbrechung etwas mehr als ein Drittheil des nördlichen Abhanges. Nachdem man eine kleine schroffe Gehängekuppe umgangen hat, trifft man plötzlich auf dunkelgraue Kalkschiefer. Die knotige Beschaffenheit seiner Flächen und eine mehrmalige Wechsellagerung mit dünnen Bänken von bräunlichgrauem Mergelschiefer kennzeichnen ihn als ein Glied der unteren Triasstufe (s, p). Ungefähr 6 Klafter höher steht man wieder auf grauem Porphyr, der concordant

Fig. 21.

mit der Schichtung des Schiefers geplattet ist und ein zweites Lager von Kalkschiefer enthält, nicht mächtiger wie das vorige und gleich ihm ohne merkliche Contacterscheinungen. — Am Beginne des letzten Drittheils der ganzen Höhe, wo sich die Kuppe aus dem breiten Stocke steil emporzuheben beginnt, fand ich noch zwei oder drei kleine Lagermassen, die zum Theil der bekannten Pietra verde der Südalpen gleichen, zum Theil nichts anderes sind als dünngeplattete Porphyrmasse ohne sichtbare Feldspath- und Quarzkörner. Die Kuppe besteht wieder aus dem normalen, unregelmässig zerklüfteten Porphyr. Am Südabhang, der mehr gleichmässig steil ist, kehren die letzterwähnten Lager nahezu im gleichen Abstand vom Gipfel wieder und mit entgegengesetztem Verflächen wieder, so dass sie den ganzen Berg für einen geknickten Complex von Lagern und Stöcken halten muss. Doch ist der Gesteinswechsel an diesem Gehänge, was den massigen Porphyr betrifft, viel stärker wie an der Nordseite. Namentlich die oben beschriebene grüne Varietät, von der ich im Austeigen kaum Spuren bemerkt hatte, nimmt hier grosse Räume ein und wird stellenweise der Art schiefrig, dass die Schieferlager der Nordseite hier durch sie vertreten zu sein scheinen.

Der lange Porphyrzug zwischen dem Losowathal und Abkaden ist die gerade Fortsetzung der Pomsilmasse und besteht, soviel ich in der Nähe der Thalmündung bemerken konnte, aus denselben Varietäten. Zunächst an der Sohle (gegenüber der Meierei Losowa, die zum Kloster Kokosch gehört) steht schwarzer Kalkstein von Art der „Gutlensteiner Schichten" an (Fig. 13).

Durch schöne rothbraune und grüne Varietäten zeichnet sich die Porphyrmasse zwischen Tschamurli und Kamena aus (vgl. Fig. 7). In ersteren sind die Quarzeinschlüsse, obwohl kaum hanfkorngross, doch nicht selten deutlich krystallisirt, besonders in der schroff geformten Felsmasse, die unmittelbar zum Dorfe Kamena abstürzt.

Bei genauerer Untersuchung würden sich in der Einsattlung zwischen diesem Berge und den südlichen Porphyrhöhen wohl auch Schieferlager nachweisen lassen. Die Plattung der grünen Porphyre wies auf ein nordöstliches Verflächen, also entgegengesetzt der Richtung der Diabaspelite von Tschamurli.

An den Porphyrmassen von Turkoje, Hassanlar und Kardschelar fand ich nichts für sich bemerkenswerthes.

Oberhalb von Zufirka (SO. von Matschin) zeichnet sich der graue Porphyr durch eine sehr dunkle Grundmasse und fleischrothe Orthoklaskryställchen aus, dagegen in der zunächst am Taizathale anstehenden Kuppe durch grosse, verschwommene Quarzkörner in lichtgrauer Grundmasse.

Durch seine hochgradige Zersetzung zu einer thonsteinartigen Masse macht sich der Porphyr des Tafschan-Dair (Mosesberges, bei Kisehla nächst Tuldscha) bemerklich. Ich erwähne ihn ausdrücklich, weil dieser Berg einer der ausgezeichnetsten Orientirungspunkte ist und dem Reisenden schon während der Donaufahrt zwischen Isaktscha und Tuldscha ins Auge fällt (vgl. Spratt l. c. XVI, 290, Fig. 4). Die Grundmasse ist im Allgemeinen gelblichgrau und von secundären Ausscheidungen von derbem Quarz vielfach unterbrochen. Hinsichtlich der Lagerungsverhältnisse bietet der allenthalben mit Gebüsch bewachsene Berg leider keine Aufschlüsse.

Der Melaphyr. Schon in meinem Reiseberichte (l. c. S. 234) bezeichnete ich durch diesen Namen das Gestein des Gebirgsstockes von Isaktscha (vgl. I, S. 111), welches im Bereiche der untersten Triasbänke des Lomoxathales bei Maidankiöi einen zweiten nicht unbedeutenden Stock bildet, auch am Donaurande von Rakelu und Lungaviza, im Granitit von Tschilik und wohl noch an mehreren anderen Stellen hervortritt. Die völlige Identität des Aussehens seiner zahlreichen, theils dichten, theils mandelsteinartigen und in den verschiedensten Graden zersetzten Varietäten mit manchen Melaphyren von Südtirol gab mir dazu die Berechtigung und genauere Untersuchungen, von denen ich hier nur das Wesentlichste mittheilen will, erwiesen diese Bezeichnung trotz der eigenthümlichen Masseneutwickelung der Felsart als vollkommen zutreffend.

Am meisten frisch und gleichförmig in seinem ungemein dichten Gefüge ist das Gestein des Hauptstockes zwischen dem Thale von Nikulizel und der Umgebung des Klosters Kokosch, sowie auch vom Berge Schurika, nördlich von Teliza (I, Fig. 8). Es ist dem Ansehen nach mehr basaltartig als irgend ein Melaphyr von Südtirol, manche Gangmassen der Margola ausgenommen [1]).

Aus der tief dunkelgrauen, beinahe schwarzen Masse glänzen hie und da länglich rechteckige Feldspathkryställchen von 1—2 Millim. in der Länge auf. An manchen gewahrt man sogar eine Spur von Zwillingsstreifung. Viel seltener und ganz verschwommen mit der Grundmasse sind Ausscheidungen des dunklen Gemengtheiles. Obwohl ich niemals glänzende Flächen daran bemerkte, so vermochte ich doch von einigen derselben Theilchen loszutrennen, die sich unter dem Mikroskope als ein grünlichgraues Mineral von amphibolartiger Beschaffenheit erwiesen. Gewiss ist der Winkel, den die stark unebenen Flächen der Splitterchen einschliessen, nicht der Pyroxenwinkel. Dagegen kamen mir während des Schleifens mehrerer Proben von der Gangmasse im Tschilikgranitit (vgl. S. 153), der eine bräunlichgraue Grundmasse hat, dunkle Stellen von 1—3 Millim. im Durchmesser zur Ansicht, die sich von jenen amphibolartigen Gemengtheilen schon äusserlich unterscheiden und in einem glücklichen Falle noch deutlich genug den achtseitigen Querdurchschnitt des Pyroxenkrystalls zeigten. Ich fand sie, dadurch aufmerksam gemacht, dann auch in der Grundmasse des schwarzen Gesteins von Kokosch und es ist mir nicht unwahrscheinlich, dass die amphibolartigen Splitter der Letztern nichts anderes seien, als Reste einer Uralitumwandlung derselben Pyroxenkrystalle.

Wie frisch und homogen dieses Gestein auch anzusehen, so ist es doch von haarfeinen Calcitäderchen reichlich durchsetzt; sein Wassergehalt ist beträchtlich und im durchfallenden Lichte zeigt sich der dunkle Gemengtheil der Grundmasse, der zwischen den farblosen und scharf geränderten Feldspathkryställchen als eine verschwommene stengelig-körnige Masse von schwärzlichgrüner Farbe inneliegt, fast allenthalben von einer sehr hell gelblichgrünen Substanz durchdrungen, die für sich keine bestimmten Umrisse hat. Unmittelbar an den Rändern grösserer Feldspathkrystalle, vor denen das dunkle Aggregat in der Regel ein wenig zurückweicht, bemerkte ich daran (bei einer Vergrösserung von 150—200 lin.) eine krümmelig-poröse Beschaffenheit. Die im auffallenden Lichte schwarzen, als Pyroxenformen erwiesenen Einschlüsse des Melaphyrs von Tschilik bestehen ganz und gar aus derselben gelbgrünen, weichen Masse. Versucht man gut polirte Plättchen des schwarzen Gesteins mittels scharfer Splitter von Flussspath zu ritzen, so ist die hervorgebrachte Riefung um so deutlicher, je mehr die betreffende Partie von dieser grünen Substanz enthält. Ich glaube deshalb, dass die Umwandlung des Gesteins trotz der schwarzen Farbe und der augenscheinlichen Frische des

[1]) Vgl. F. v. Richthofen, Geognostische Beschreibung der Umgegend von Predazzo u. s. w. Gotha, 1860, S. 143, 261.

Feldspaths bereits bis zur Bildung eines serpentin- oder eines chlorophäitartigen Minerals gelangt sei[1]). Ein Thongeruch ist nicht wahrzunehmen. Die Wirkung auf die Magnetnadel ist gering: auch vermochte ich den Eisengemengtheil, der, wie die Analyse zeigt, beinahe titanfrei ist und in der Gestalt winziger Punktmassen von den dunklen Umwandlungsproducten eingehüllt zu sein scheint, morphologisch nicht nachzuweisen. Ebenso wenig konnte ich im schwarzen Gestein des Hauptstockes Nadelkrystalle von Apatit, der nahezu 1 Procent desselben ausmacht und im wesentlichen ein Chlorapatit ist, von den zahllosen wirre durcheinander liegenden Feldspathkryställchen unterscheiden. Deutlicher tritt er in dem Gestein von Tschilik hervor, dessen Feldspathkryställchen grösser, ja sogar stellenweise als 5—6 Millim. lange polysynthetische Täfelchen ausgebildet sind. Sternförmige Nadelgruppen machen sich daneben sehr wohl bemerkbar.

Nachstehende Analyse, die ich Dr. E. Freih. v. Sommaruga verdanke, wurde mit einem von verschiedenen Blöcken des schwarzen Gesteins nächst dem Kloster Kokosch (beim Schaftalle) bereiteten und sorgfältig gemischten Pulver vorgenommen. Auf dieselben Gesteinsproben beziehen sich die mitgetheilten Ergebnisse der mikroskopischen Untersuchung.

Das specifische Gewicht derselben fand ich (bei einer Temperatur von 17° C.) an einer als grobes Pulver gewogenen Probe = 2·86, an einer zweiten in hirsekorngrossen Stürkchen = 2·83.

Kieselsäure	. . . 48·31	. . . . .	(52·25)	Kalkerde	. . . 9·84	. . . . . (7·69)
Phosphorsäure	. 0·43	verlangen Kalkerde { 0·51		Magnesia	. . . 1·64	
Chlor	. . . . . 0·04	0·02		Kali	. . . . . 1·86	
Fluor	. . . . . Sp.	um 1 Proc. Apatit zu bilden		Natron	. . . 1·05	
Thonerde	. . 16·76	. . . . . (19·13)		Wasser	. . . 3·07	
Eisenoxydul	. . 10·86			Kohlensäure	. . 2·41	verlangen Kalkerde 3·32
Manganoxydul	. Spuren				99·36	

Die Reaction auf Titansäure war nicht deutlich.

Ich enthalte mich hier einer näheren Erörterung der Verwandtschaft dieses Gesteins mit mehreren in ähnlicher Weise zersetzten Melaphyren, die ihm in den chemischen und mikroskopisch nachweisbaren Eigenschaften nahe kommen[2]). Im Ganzen genommen scheint es zwischen dem typischen Melaphyr und dem Augitporphyr von Südtirol so ziemlich in der Mitte zu stehen, wie dies v. Richthofen für das Gestein von der Margola, dem es sein Ansehen ähnlich ist, geltend gemacht hat[3]).

Wollte man es für Augitporphyr erklären, so würde man, wie mir scheint, sowohl gegen die speciellen petrographischen Analogien mit den typischen Augitporphyren von Südtirol als auch gegen die Charakteristik dieser Gesteinsart überhaupt verstossen, die sich mit einiger Schärfe eben nur auf dieses eine in geologischer Beziehung so sorgfältig studierte Gebiet anwenden lässt[4]). Überdiess fehlen den grossen Stöcken der Dobrudscha die für den Augitporphyr in seinem Gegensatz zum Melaphyr in Südtirol so bezeichnenden Sedimentärtuffe gänzlich und manche kleine Gangmassen, von denen ich die aus dem Tschilikthale als Beispiel hervorhob, entfernen sich vollends vom Bilde des typischen Pyroxengesteins.

Auch die Mandelsteine, die ich vorzugsweise an der Piatra rosch bei Nikulizel entwickelt fand, mitten zwischen den grossen Massen schwarzen Gesteins des Selarikaberges und des Hauptgebirges von Kokosch, mit zahlreichen Anhängen von Kalksteinen der unteren Triasstufe, gleichen ganz und gar nicht den mineralogisch so interessanten Mandelsteinen des Tiroler Augitporphyrs.

Die in der Regel nur haufkorngrossen Hohlräume sind durchwegs von körnigem Calcit erfüllt, selten mit einer Spur von fleischrothem Stilbit. Ihre Form und Lage ist sehr unregelmässig. Stellenweise dicht gedrängt, fehlen sie wieder in anderen Partien desselben Blockes, ja desselben Handstückes. Buchtige und ästige Verzerrungen sind eine häufige Erscheinung, die sich namentlich in der Nähe der Kalksteingrenze einstellt und ganz unmerklich in eine vielfache Zersprengung des Gesteins durch feine und dickere Calcitadern übergeht. Insbesondere am Fusse des Piatra rosch, wo zunächst am Dorfe und einem gegen ele gelehnten Kalksteinhügel (Djalu zuelului) noch Kalkstein selbst als rothbraunes

---

[1]) Von Olivinformen habe ich keine Spur wahrgenommen. Vgl. G. Rose, Über den Melaphyr vom Hockenberge, Zeitschr. d. deutsch. geol. Gesellsch. 1859, S. 290. Vielleicht ist die grüne Substanz dasselbe Mineral, welches G. Tschermak im zersetzten "Pikrit" von Nöhle fand? (Sitzungsber. d. kais. Akad. LIII, 269.)

[2]) Vgl. J. Roth, Die Gesteinsanalysen, S. 28—39. — G. Rose a. a. O. S. 294 u. ff.

[3]) Leider besitzen wir meines Wissens von dem Margola-Melaphyr noch keine chemische Analyse.

[4]) v. Richthofen, Sitzungsb. d. kais. Akad. 34 (1859), S. 371, 388 u. ff.

hervorienartiges Gebilde mit einem Netz von fingerdicken Kalkspathadern ansteht, fand ich dergleichen Gesteinspartien, die manche Geologen ohne weiters „Reibungsconglomerate" nennen würden.

Aber auch Einschlüsse vom Kalkstein im Melaphyr sind keine seltene Erscheinung. Am schönsten sah ich sie an der entgegengesetzten (südwestlichen) Seite des Thales von Nikulizel und an der Donau nächst Langavicza.

Manchmal nur wallnussgrosse, häufiger viel grössere Brocken sitzen fest verschmolzen in der Melaphyrmasse und machen sich durch ihre rothbraune oder gelblichweisse Farbe von weitem bemerklich. Die Textur derselben ist, wenn nicht dicht, doch äusserst feinkörnig und durch keinerlei accessorische Mineralien ausgezeichnet. Die Masse löst sich in verdünnter Salzsäure unter lebhaftem Aufbrausen zum grössten Theil.

Die Grundmasse des Melaphyrs zeigt sich unter diesen Umständen gegenüber den beschriebenen Normalgesteinen etwas verändert, in der Regel schwärzlichgrün, welche Farbe zum Theile von einer reichlicheren Entwickelung der gelbgrünen Substanz, zum Theile aber von einer ganz anderen Ausbildung der Pyroxenelemente abzuhängen scheint. Eben da, wo bei Nikulizel die meisten Kalksteineinschlüsse vorkommen, ist die Textur des Melaphyrs etwas gröber und lässt neben farblosen klinoklastischen Feldspathkryställchen greifbare Stengel eines diopsidartigen Pyroxens erkennen.

Augenscheinlich ist das ganze Thal von Nikulizel nichts anderes als eine Auslieferung dieser Contactzone, innerhalb welcher jener Djalu zmeiulul (Dämonenhügel) als ein mächtiges Stück vom Grundgebirge stehen blieb Fig. 22.

Auch an kleinen Bestandmassen von Melaphyr fehlt es nicht in diesem geologisch ebenso interessanten als in landschaftlicher Beziehung anmuthigem Thale.

Der genannte Hügel besteht zu unterst aus einem dünngeplatteten schwarzen Kalkstein, der noch stellenweise mit braunem Mergelschiefer wechselt und mit starken Schichtenkrümmungen ostwärts einfällt, dann in einen minder dunklen Kalkstein mit vielen Hornsteinbrocken übergeht, über welchem endlich mächtige grau und roth gezeichnete Bänke vom Ansehen des Muschelkalkes der Popin-Insel folgen. Innerhalb der zweiten Abtheilung kam ich auf einen 3 Klafter mächtigen Lagerstock von Melaphyr, den ich etwa 5 Klafter weit dem Streichen nach verfolgen konnte. Das Gestein gleicht in seiner schwärzlichgrünen bis grünlichgrauen Farbe dem am grünsten anstehenden Felsen mit den Einschlüssen von Kalkstein, ist aber weder von Calcitadern durchzogen, noch hat es, eine merkliche Verfärbung abgerechnet, auf die umschliessenden Schichten eingewirkt.

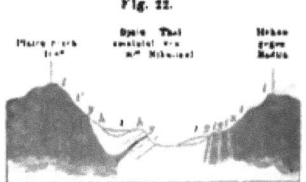

Fig. 22.

a Untere Trias, *g* Hornsteinkalk, *b* lichter Kalkstein, *l* Löss, *t* Melaphyr, *d* Mandelstein, bei *e* Melaphyrbreccie, *e* Einschlüsse von Kalkstein.

Die ganze Contactzone von Nikulizel scheint mit Neubildungen sehr sparsam ausgestattet zu sein. Auch am nördlichen Abhange des Scharikaberges, wo ein lebhaft rother dünngeschichteter Kalkstein vom Ansehen des Marmors der oberen Stufe *h* (vgl. Fig. 14) hart an den Melaphyr stösst, so wie auf den Höhen um Kokosch, wo eine 3 Klafter mächtige Bank von schwarzem Kalkstein aus den Felsen des Eruptivgesteins emporragt, suchte ich vergeblich nach Contactgebilden. Nur am Fahrwege von Nikulizel nach Maidankiöi bemerkte ich unweit über der Grenze des Löss(?), der den ganzen Hintergrund des Thales erfüllt hatte und eine Seehöhe von mehr als 90 Klafter erreichte, zwischen dem dunklen Kalkstein und dem höher oben ungefähr 700 Fuss mächtig hervorbrechenden Melaphyr eine Art von Contactband, welches sich zum Theile durch eine feinkörnige Beschaffenheit, zum Theile durch eine grünlichgraue Silicatstreifung des Kalksteins kundgibt.

Von besonderem Interesse war mir eine andere, vom Wege durchschnittene Contactstelle über der Melaphyrmasse, wo sich bereits ein mächtig geschichteter Kalkstein von lichtgrauer Farbe zeigt und steil in Süd einschiesst.

Hier lagert zwischen letzterem und dem Melaphyr, etwa 10 Fuss mächtig, ein durch Weichheit und höheres Gewicht auffallendes Zwischengebilde von gelblichgrauer Farbe mit einem 4—6 Linien starken schwärzlichgrauen Rande. Das herrschende Gestein, welches dichtem Gyps sehr ähnlich sieht und nach einer Pauschanalyse, die Dr. v. Sommaruga so freundlich war, damit vorzunehmen, 11·261 kohlensauren Kalk und nahezu 3 Procent Gyps (Schwefelsäure = 1·829) enthält, im übrigen aber aus (zum Theil wasserhaltigen) Silicaten von Thonerde, Kalk u. s. w. mit einem geringen Gehalt von Chlor und Phosphorsäure (Apatit?) besteht, widerstrebte der mikroskopischen Untersuchung derart, dass ich über die Natur der Gemengtheile durchaus im Unklaren blieb. Das graue Band aber rührt von zahllosen Körnchen und kuboidisch-dodekaedrischen Kryställchen eines Quarz ritzenden, leicht schmelzbaren ziemlich eisenreichen granatartigen

Silicate her, dem möglicher Weise auch etwas Spinel beigemengt ist, denn Topasplatten behalten, damit gerieben, einzelne feine Riefen. Da diese Körnchen kaum $\frac{1}{10}$ Millim. im Durchmesser haben, und sich sehr schwer von der sie umgebenden, dichten, weissen (unter dem Polarisationsmikroskop körnig-scholligen, doppelbrechenden) Masse ablösen lassen, so verzichtete ich vorderhand auf eine weitere Untersuchung derselben [1]).

Für die stratigraphische Stellung des Melaphyrs der Dobrudscha wurde in der Umgebung von Nikulizel die Wahrscheinlichkeit gewonnen, dass er im Wesentlichen zwischen die untere Stufe und den Muschelkalk (Popin-Eiland) einzureihen sei. Doch ist es nicht unwahrscheinlich, dass einzelne Durchbrüche erst nach Ablagerung der oberen Stufe (etwa dem Mendola-Dolomit v. Richthofen's gleich zu stellen) stattgefunden haben. Die Natur des Gesteins betreffend, glaube ich an der schon oben ausgesprochenen Behauptung festhalten zu sollen, dass es die Bedeutung einer Mittelvarietät zwischen den eigentlichen Melaphyren und den typischen Augitporphyren habe, somit dem Margola-Melaphyr entspreche.

Nähere Parallelen zwischen verwandten Gesteinen zweier Länder so verschiedenartiger Gebirgsentwickelung, wie die Dobrudscha und Süd-Tirol, — Gesteinen, die hier inmitten von lückenhaft entblössten, versteinerungsarmen Schichten als wenig emporragende aber wuchtige Stöcke, dort an sehr tief eingreifenden Querschnitten als Gangmassen und als deckenartige Ausbreitungen in und über Complexen von ziemlich genau bestimmten Schichten und ungemein reichlich gegliederten Felsarten zu Tage kommen, scheinen mir dermalen noch unstatthaft.

Lias.

Ich habe bereits oben die Vermuthung ausgesprochen, dass gewisse sandige Kalksteine, die über den Sandsteinen von Frikazé (Keuper?) liegen, den untersten Schichten des Lias angehören. Beweise dafür liessen sich nicht aufbringen, doch wurde es mir in hohem Grade wahrscheinlich, dass unter dem Löss der Telizamulde und der nordöstlichen Terrassen, so wie auch unter dem Delta- und Lagunenboden, in unmittelbarem Anschluss an die beschriebenen Triasschichten, küstennahe Ablagerungen des Liasmeeres (Grestener Schichten, Thalassitenbänke u. dgl. m.) in ähnlicher Weise bestehen, wie wir sie im Banate und im transilvanisch-serbischen Gebirgszuge kennen gelernt haben.

In dieser Annahme wurde ich noch bestärkt, als ich am Rande des Kreidegebirges (Babadagh), freilich nur an einem einzigen Punkte, den rothen Ammonitenmarmor dieser Stufe in seiner specifisch alpinen Form (Adnether Schichten) auffand.

Beim Dorfe Baschkiöi, 2 Meilen NW. von der Stadt Babadagh, erhebt sich der Kalksteinrand in ziemlich steilen und hohen Felsmassen (Fig. 25), an deren Fuss die früher (vgl. I, S. 118) erwähnte Therme entspringt.

Der bei weitem grösste Theil dieser theilweise bewaldeten, theilweise kahlen Felsen besteht aus Dolomit, in dem sich zwei Abtheilun-

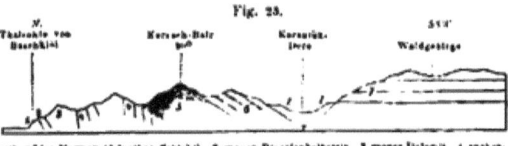

Fig. 25.

1 rother Lias-Marmor (Adnether Schicht), 2 grauer Brecciankalkstein, 3 grauer Dolomit, 4 zuckerkörniger Dolomit, 5 undeutlich geschichteter Dolomit und derselbe mit Hornstein-lagern, (in Kalkmergel übergehend), 7 Inoceramen-Mergel, 8 Lias.

gen, ein unterer von grauer Farbe und gut geschichtet (3) und ein oberer von zuckerartigem Aussehen (4) recht deutlich unterscheiden lassen. Die Schichten streichen hor. 8—9 und fallen unter Winkeln von 60—80° ostwärts ein. Indem man vom Dorfe her ostwärts gegen den nächsten kurzen Seitengraben kommt, gewahrt man unter den geschichteten Dolomit einen nur wenige Klafter mächtigen grauen Brecciankalkstein (2) und am tiefsten Aufbruch darunter, gerade an der Ecke des Seitengrabens, gleichförmig braunrothen dünngeschichteten Marmor, von dem eine Bank, ungefähr 6 Klafter mächtig, über der Sohle des Hauptthales und dem Schutt des Seitengrabens sichtbar wird. Die Gesteinsähnlichkeit dieses Marmors mit den typischen Adnether Schichten ist sehr auffallend. Auch fand ich darin sehr bald Spuren von Ammoniten, endlich zwei bestimmbare Exemplare der trefflichen Species *A. Jamesoni* Sow.

In Ermangelung von Aufbrüchen auf die Arbeit mit Hämmern angewiesen, machte ich trotz mehrstündigen Suchens eine sehr karge Ausbeute, bestehend in zahlreichen Bruchstücken von Belemniten, einigen Resten von Ilmaähn-

[1]) Dass diese Untersuchung weiter getrieben wurde, als der Befund rechtfertigt, hat seinen Grund in der Vermuthung, dass jene Körnchen Borazit oder ein ähnliches Borat seien (vgl. meine Reiseberichte, S. 245). Dieser Irrthum war freilich bald widerlegt, doch wollte ich die Natur des Minerals nach Möglichkeit ergründen. Überhaupt möchte ich die mikroskopische Untersuchung unscheinbarer Contactgebilde den Beobachtern auch bei dieser Gelegenheit angelegentlich empfehlen.

lichen Zweischalern und in unbestimmbaren Abdrücken von Arieten. Doch erwies dieses an und für sich ganz unbedeutende Ergebniss die völlige Identität dieses Marmors mit der gemeinsten Form unserer Adnether Schichten. Noch muss ich erwähnen, dass in der untersten Bank ein hochmündiger Ariet vom Habitus des *A. angulatus* (etwa *A. Charmassei* d'Orb.) gefunden wurde.

Es möchte also wohl der Fall sein, dass an dieser glücklich entblössten Stelle ein grosser Theil des inneralpinen Lias in erstaunlich geringer Mächtigkeit vorläge. Die Entfernung derselben von den muthmasslichen (sandigen) Liaskalksteinen bei Frikaze würde den Abständen der inneralpinen Ammonitenzone von dem Randlias der nördlichen Voralpen von Österreich ziemlich gut entsprechen.

Wie Fig. 23 zeigt, folgt über dem zuckerkörnigen Dolomit am hervorragenden Hügel Keresch bair (Keresch, Kirsche) ein Crinoidenkalkstein, dessen Lagerung dem Winkel, wenn auch nicht der Richtung nach von den unteren Schichten weit abweicht. Es ist ein gelblichgraues, seinem ursprünglichen anorganischen Materiale nach eigentlich thonig-sandiges Gestein, welches aber durch Myriaden von feinen Crinoiden-Stielgliedern zu einem sehr compacten Kalkstein wurde. Äusserst dünnplattig, bildet es in einer Mächtigkeit von mehr als 25 Klaftern die ganze Kuppe, und setzt noch jenseits derselben fort. Hier nimmt es aber ganze Bänke von gelbgrauen Hornstein auf und geht endlich, so viel ich unter der hinter dem Kereschbair beginnenden Walddecke bemerken konnte, in gelblichgrauen Mergel über, denselben, von dem noch später als dem herrschenden Gestein des Waldgebirges die Rede sein wird, und der sich an mehreren Stellen durch inoceramenreste als ein Glied der Kreideformation kund gab. Hornsteinbänke, wie die hier beobachteten, sind ihm durchwegs eigen. Ob auch der gleichförmige Crinoidenkalkstein schon zur Kreideformation gehört, muss ich in Ermangelung von bezeichnenden Versteinerungen in Frage lassen.

Leider fand ich an keiner anderen Stelle des Nordrandes von Babadagh ähnlich günstige Aufschlüsse. Zumeist scheint der Kreidemergel unmittelbar an die bekannten Triasschichten oder an fragliche Dolomite (wie Fig. 20, 21) zu stossen. Die Geringfügigkeit der Aufbrüche, die kolossale Bedeckung der älteren Gebilde durch die Kreide und, wo diese fehlt, durch den Löss, bringen es mit sich, dass alle im Folgenden zu beschreibenden Schichtenstufen, den oberen Jura an der Donau zwischen Hirschowa und Tschornawoda etwa ausgenommen, als vereinzelte Massen zu Tage treten.

Mittlerer Jura, (unterer) Klippenkalk.

Auch in dieser Stufe gibt es einen einzigen Punkt, der durch Reichthum an Versteinerungen, leider nicht durch günstige Erhaltung der Formen, besondere Beachtung verdient. Es ist dies der Fels von Jenissala, auf dem die Burgruine steht; in ihm eigentlich nur eine ungefähr 3 Klafter mächtige Bank, die an der im Bilde (I, S. 102, Fig. 3) gezeichneten Seite unterhalb und südlich von der Ruine durchstreicht.

Sie ist ein ausgezeichneter, ein wenig roth und gelblichweiss gefärbter, im höchsten Grade brüchiger Crinoidenkalkstein; das Ausbringen der Schalthierreste, von denen es stellenweise wimmelt, deshalb sehr schwierig.

Die über- und untergelagerten Schichten sind nichtssagende graue oder rothe Kalksteine.

Alle Schichten fallen unter einem Winkel von 30—35° in hor. 2—3 ein.

Am nordwestlichen Fusse des Felsens, hart an den Sumpfflächen des Sees von Babadagh und in der Nähe des Dorfes Jenissala steht ein kalkreicher Sandstein von gelblicher Farbe an, der vereinzelte Crinoidenglieder enthält und mit den unteren Schichten der Kreidebildung von Babadagh völlig übereinstimmt. Südlich dagegen setzt der Fels in schroffe Kalksteinküsten fort, die, nach der Lagerungsrichtung zu schliessen, das Liegende der wichtigen Schichte bilden. Sehr schön, beinahe krystallinisch ist der Kalkstein am „felsigen Vorgebirge" (Tasch-burun). Unweit davon erreicht der Löss die Küste deren höhere Stufen bereits dem bewaldeten Kreidegebirge angehören.

Auf den folgenden Seiten erlaube ich mir die Liste der Versteinerungen des Crinoidenkalkes von Jenissala mitzutheilen und den wichtigeren Namen einige Bemerkungen beizufügen.

Terebratula ovoides Sow.

Sowohl die schmälere Form (*T. trilineata* Young und Bird), als auch die ovale (*T. ovoides* Sow.) kommen häufig vor, stellenweise auch Exemplare, welche der *T. lata* Sow. entsprechen. Diese letzteren stehen Exemplaren von Aalen in Württemberg sehr nahe.

Wahrscheinlich ist eine in unseren Sammlungen (kais. Hof-Mineraliencab.) als *T. perovalis* Sow. bezeichnete Terebratel aus einem lichten Kalkstein „zwischen Windischgarsten und Hinterstoder in Ober-Österreich" auch hieher zu beziehen.

An Ort und Stelle nahm ich sie für eine Art aus den Hierlatz-Schichten, die am Schafberg bei (sech) massenhaft vorkommt, und die Suess *T. erionea* genannt hat. Nicht vollständig ausgebrachte Steinkerne sehen den schmäleren Varietäten derselben sehr ähnlich; auch das Gestein ist völlig das gleiche. Gute Exemplare aber können nicht mit ihr verwechselt werden.

Terebratula globata Sow. var. (?).

Wenn ich den nichtssagenden Namen *T. biplicata* nicht gebrauchen will und dies um so weniger zulässig wäre, als die vorliegende Terebratel keine *Waldheimia* zu sein scheint, sich auch von *T. indentata* Sow. weit entfernt (vgl. den Ausspruch von Eug. Deslongchamps in Suessmann's interessantem Bericht über die *Anomia biplicata* von Brocchi, Bullet. soc. géol. XIX, p. 160, 166, so bleibt mir nur die Anknüpfung an *T. globata* Sow. oder an *T. ornithocephala* Sow. übrig. In der That ist sie mit den Exemplaren der letzteren aus der Fullerscarth von Dow-Tunnel und Bath viel Ähnlichkeit, doch befindet sich ihre grösste Dicke wenige Millimeter unter dem Schnabel, und fällt die undurchbohrte Klappe von da an steil nach abwärts. Auch sind die äusseren Ränder weniger convergirend, und der untere Rand weniger gerade und nicht so gleichmässig wie bei jener Art. Durch eben diese Eigenschaften nähert sie sich der *T. globata* (vgl. Davidson, Brit. brach. III, p. 54, pl. XIII, 2—7), jedoch mit dem Unterschiede, dass sie mehr länglich ist und die Einbuchtung ihres unteren Randes die Tiefe des Sinus nicht erreicht. Immerhin stimmt sie gut genug mit Exemplaren von Ipf, Avallon und anderen Orten überein, dergleichen in unseren Sammlungen (kais. Hof-Mineraliencab.) in früherer Zeit mit dem Namen *T. biplicata* Sow. bezeichnet worden.

Terebratula sp.

Eine der flachen und breiten Formen aus dem Kreise der *T. perovalis* Sow., identisch mit einem kleinen Exemplare aus einem weissen Kalkstein „aus Tirol" (Vils?), welches sich mit Graf Münster's eigenhändiger Überschrift: *Terebratula oborata* Sow. in der Klippenkalk-Serie von *Terebratula* im kais. Hof-Mineraliencabinete befindet. Von einer wirklichen Beziehung zu *T. oborata* kann wohl nicht die Rede sein (vgl. Davids. Brit. brach. III, p. 39, pl. V, 14—15).

Waldheimia sp.

Eine schöne kleine, länglich-ovale Art mit stark gewölbter Oberklappe und wenig gewölbter Unterklappe, den flachen Formen der *Terebratula ovoides* Sow. nicht unähnlich; identisch mit einer neuen (?) Art aus dem Klippenkalk von Czorstyn, östlich von Neumarkt (Ungarn).

Terebratella (Trigonosemus) sp.

Der ausgezeichnetste, zugleich am besten erhaltene Brachiopode dieser Localität ist eine 25 Millim. lange und 16 Millim. breite *Terebratella* mit langem Schnabel und ausgezeichneter Streifung.

Unter 7 Individuen sind 2 so wohl erhalten, dass sich die Charaktere genau entnehmen lassen. Im Habitus und in der Faltung hat sie mit *Terebratulina latirostris* Suess (Brachiop. Stramberg, S. 39, Taf. IV, Fig. 7, 8) und, was die Form des Schnabels betrifft, mit *Terebratulina Hagenowa* d'Orb. (Davila. Annals and magazine of Nat. hist. Vol. 9, pl. XIV. Fig. 5) mehr Ähnlichkeit als mit irgend einer bekannten *Terebratella*. Der völlige Mangel von Ohren an der Dorsalklappe, deren Rippen gleich an dem beinahe geradlinigen oberen Rande beginnen, verweist sie jedoch zu *Terebratella*, unter deren Arten ihr *T. pectiniformis* Defr. sp. und *T. Menardi* Defr. sp. aus der weissen Kreide von Ciply am nächsten stehen, namentlich die erstgenannte, deren Länge mitunter beträchtlich wird. Doch ist der Schnabel derselben bei weitem mehr gekrümmt. Mit den bucaligen Arten vom Typus der *T. trigonella* Schloth. sp. hat sie nichts gemein; aus dem braunen Jura und älteren Schichten scheinen Terebratellen noch nicht bekannt zu sein. Die Art ist also jedenfalls neu und von so grosser paläontologischer Wichtigkeit, dass sie am geeigneten Orte recht bald beschrieben und abgebildet werden sollte.

Terebratulina sp.

Eine kleinere und viel feiner gestreifte Art mit wenig hervorragendem aber stark umgebogenem Schnabel, ähnelt der *T. tenuistriata* Münst. in coll. und der von Quenstedt hervorgehobenen Varietät der *T. substriata* Schloth. aus dem weissen Jura γ, welche Suess unter dem Namen *Terebratulina Quenstedti* (*T. tenuistriata* Münst. in coll.) von *T. substriata* getrennt hat (Brachiop. Stramberg, S. 38). Namentlich die Münster'schen Exemplare von Engelhardsberg kommen der vorliegenden *Terebratulina* nahe, doch auch von ihnen unterscheidet sie sich, abgesehen von beträchtlicherer Grösse, durch die mindere Wölbung der undurchbohrten Klappe und durch ihren sehr wenig aus der Ebene abweichenden unteren Rand, der beinahe einen Halbkreis bildet. Bezüglich der generischen Bestimmung verweise ich auf die von Suess (l. c.) gemachte Bemerkung.

Bruchstücke von anderen Brachiopoden gestatten keine auch nur annähernde Bestimmung.

Ostrea sp., von *O. hastellata* (*castellata*) Quenst. (*O. colubrina* Lam. pars) nicht zu unterscheiden. Alles was Quenstedt (Jura, S. 750) über diese Auster aus dem weissen Jura ε sagt, passt eben so gut auf die zahlreichen, freilich nur bruchstückweise erhaltenen Exemplare aus dem Kalkstein von Jenissala. Nur die Höhe der Schale scheint hier mehr beschränkt zu sein; denn ich finde kein Stück, woran sie mehr als 20 Millim. betrüge.

Das Vorkommen dieser Auster in diesem Kalkstein macht es wahrscheinlich, dass d'Orbigny hinsichtlich einiger Fundorte seiner *O. amor* (Prodr. I, p. 342) nicht im Unrecht war, als er solche Formen in die Etage callovien versetzte, und dass sie in noch viel tiefere Jurastufen (vielleicht nur in den östlichen Ländern?) hinabgreifen. Übrigens möchte ich bemerken, dass deren Verwandtschaft mit den schmalen, zusammengedrückten Austern des braunen Jura, auf die sich der Schlotheim'sche Name *O. cristagalli* bezieht (Goldf. Petref. Germ. Taf. LXXIII, Quenst. Der Jura, S. 426), ja nicht eine gar so ferne ist.

Exogyra sp., ähnlich der *E. sinuata* Sow. aber kleiner.

Unter den jurassischen Arten kann sie allerdings manchen Verwandten der *E. virgula*, z. B. der *E. angusta* Lam., *E. spiralis* Buv. und anderen angereiht werden, doch unterscheidet sie sich von ihnen durch ihre regelmässige, der *E. sinuata* entsprechende Kante, ihre seichte Höhlung auf der einen und gleichmässig starke Wölbung mit beträchtlicher Breite auf der anderen Seite, der 20—30 Millim. grossen, dicken und, so viel ich aus anhaftenden Schalenresten entnehme, durchwegs glatten Schale.

Gryphaea dilatata Sow. (?)

Eine *Gryphaea*, die hier nicht selten vorkommt, lässt sich von der genannten Art wohl kaum unterscheiden. Mit jungen, dünnschaligen Exemplaren aus dem französischen Oxfordthon, deren innere Höhlung die äussere Form noch ziemlich getreu wiedergibt, liessen sich die Steinkerne von Jenikaala etwa identificiren, doch zeigen sie auch dieser gegenüber noch eine stärkere *Exogyra*-artige Einrollung und an den Schalenresten einen schärferen Wirbel. In keinem Falle wird durch eine umständliche Vergleichung derselben mit westeuropäischen Formen für die Parallelisirung der Schichten etwas gewonnen.

Gryphaea calceola Quenst. (?) (Jura, S. 352 u. f.). Wenn nicht identisch, doch sehr nahe verwandt mit den kleinen Gryphäen von Aalen und Wasseralfingen.

Nimaites sp., sehr ähnlich dem *H. eximus* Goldf. sp. (Petref. Germ. Tab. CV, Fig. 4), namentlich Exemplaren von Beaumont (Sarthe, und von Langrune. Weniger Verwandtschaft besteht mit einer sicher zugehörigen Versteinerung aus dem Jurakalk von Stramberg in Mähren. Mit den grossen Schalen von Wasseralfingen (*Lytoceras tubercolosum* Goldf. Tab. CV, Fig. 2; Quenst. Jura, S. 431, Taf. 59, Fig. 9, 10) lässt sich mein nur 16 Millim. grosses Exemplar nicht wohl vergleichen. Mit *Nimaites spec.(?)oides* Röm. sp. (Ool. Tab. XIII, Fig. 11) hat es weder in der Sculptur noch in der Form Aehnlichkeit; in Ermanglung der Ohren lässt es sich überhaupt nicht genau charakterisiren.

Pecten sp. Eine ziemlich reiche Fauna von mindestens 4 Arten. Drei davon sind gleich- und glattrippig. Bei der einen sind die Rippen sehr fein, etwa so wie bei *P. Dewalquei* Münst., jedenfalls viel feiner als bei *P. armentatus* Schloth., dessen Form sie nachahmt. Eine grösser gerippte Art steht dem *P. aequivalvis* Sow. nicht ferne und, wie ich glaube, noch näher einer mit derselben verwandten Art aus dem Jurakalk von Stramberg. Die dritte übertrifft an Stärke der Rippen selbst *P. aequivalvis* Sow. Die vierte, mit ungleichen Rippen, entspricht im Typus dem *P. rimosus* Sow. und trug wesentlich dazu bei, dass mir dieser Kalkstein an Ort und Stelle manchen „Hirtzeig-Schichten" zu entsprechen schien.

Ein nicht unwichtiges Petrefact, auf dessen stratigraphische Bedeutung ich von Herrn Prof. Suess aufmerksam gemacht wurde, ist:

Dysaster sp., dem *D. ellipticus* Lam bei Quenst. (Der Jura, S. 455, Taf. 62, Fig. 16) ähnlich, aber mehr länglich, etwa so wie *D. granulosus* Ag. aus dem Impressa Thone von Geislingen (l. c. Taf. 73, Fig. 9). Ohne als Species genau charakterisirbar zu sein, leistet diese Versteinerung in stratigraphischer Beziehung wenigstens das eine, dass sie ein zu tief Greifen in den Parallelen, wenn überhaupt eine Versetzung dazu vorhanden wäre, verhindern müsste.

Zwei weit verbreitete und gemeine Brachiopodenspecies stellen die Vermittlung mit den unteren Stufen von West-Europa her. Eine Art (*Waldheimia* sp.) verknüpft ihn mit dem karpathischen Klippenkalk, für dessen theilweise Einbeziehung in den mittleren Jura so viele Thatsachen vorliegen.

Wie unbestimmt und wenig befriedigend auch dieses Ergebniss der Untersuchung zahlreicher und mit ziemlich viel Zeitaufwand gesammelter Fossilreste sein möge, so gibt es doch über die Stellung des Kalksteins von Jenikaala einige Andeutungen, durch welche die Überschrift „Mittlerer Jura: Klippenkalk" bis zu einem gewissen Grade gerechtfertigt erscheint. Wären aus dem ungarischen Klippenkalk mehr Versteinerungen bekannt, oder wäre, was ungefähr dasselbe bedeutet, die hier vertretene ammonitenarme Tiefenstufe des Klippenkalkmeeres in unseren, etwas genauer untersuchten Ostländern stärker ausgeprägt, so würden sich auch zwischen diesem fernen östlichen Punkte und den ungarischen Kalksteinen der mittleren Juraperiode zahlreichere Beziehungen nachweisen lassen.

Dermalen kann ich nichts anderes thun, als das vorgerichtete Materiale in unseren Sammlungen (Hof-Mineraliencab.) hinterlegen und die Hoffnung aussprechen, dass es sich bei einer bevorstehenden Bearbeitung der Brachiopoden und Pelecipoden des südosteuropäischen Mittel-Jura möge verwerthen lassen[1].

Unmittelbar über dem versteinerungsreichen Crinoidenkalk folgt eine 5 Klafter mächtige Bank von einem lichtgrauen dichten Kalkstein, in dem ich mich vergeblich nach organischen Resten umsah.

Ein zweiter Fundort von mitteljurassischen Versteinerungen liegt beinahe in derselben Breite aber am entgegengesetzten Rande des Waldgebirges. Es ist ein langer, riffartiger Fels, der südlich vom Dorfe Kardachelar aus einem ziemlich steilen Gehänge von Löss und Kreidemergel(?) auftaucht und vom östlichen Rande des Walles aus grünen Schiefern und Grünsteintuff ungefähr ¼ Stunde weit entfernt ist. Man bemerkt ihn leicht, wenn man von Kardachelar in der Richtung nach Kanatalfa gegen den südlichen Zweig des Petschenjagabaches herabsteigt (vgl. Seite 152, Fig. G).

Der kaum 6 Klafter hohe, aber mehr als 500 Klafter lange Fels besteht durchwegs aus einem graulichweissen Kalkstein, dessen plumpe Bänke unter einem Winkel von 30° in hor. 22 einfallen. Abgesehen von Crinoiden, die stellenweise in ihn eingestreut sind und ziemlich häufigen, aber unkenntlich gewordenen Korallen enthält er Reste von Pectineen, Lima

---

[1] Ich muss bloss bemerken, dass die Untersuchung meiner Ausbeute an Versteinerungen aus der Dobrudscha im Herbst 1865 stattfand, und dass ich seither nicht Gelegenheit hatte, von den erfolgreichen Forschungen meiner Freunde über die Gliederung der nordungarischen Kalksteine Anwendung zu machen.

und anderen Zweischalern. Ich würde ihn gleich den an der Donau anstehenden Felsmassen für oberen Jura genommen haben, wenn ich darin nicht zwei gut erhaltene Rhynchonellen gefunden hätte, die auf eine ältere Species hinweisen.

Rhynchonella concinna Sow. Obwohl Schnabel und Deltidium wegen völliger Verwachsung der Schale mit dem Gesteine nicht vorliegen, so lassen sich die Exemplare doch mit ziemlicher Sicherheit auf die genannte Species beziehen. Sie gleichen den breitesten und mindest bauchigen Formen von Miehlnhampton und Les Marcaquets bei Ranville an Zahl und Feinheit der Falten, übertreffen sie aber noch an Breite, indem ihre 10 Seitenfalten etwas stärker sind und mehr divergiren. Der zwischen ihnen und den Buchtfalten bestehende Unterschied macht ihre Vereinigung mit *R. plicatella* Sow., mit der sie in der Breite gut übereinstimmen würde, unmöglich, sowie sie denn hinwieder die Feinheit ihrer Buchtfalten von *R. obsoleta* Sow. (*R. subtrusedra* Dav.), ihre geringe Bauchigkeit zugleich von ähnlichen Formen der *R. rariaea* und anderen Arten ferne hält.

Andere isolirte Kalksteinfelsen blieben in Ermanglung von Petrefacten zweifelhaft.

Oberer Jura.

Waren jene zwei Punkte von mitteljurassischen Schichten zufällige Funde, die bei künftigen Untersuchungen leichtlich vervielfältigt werden können, so gilt eine ähnliche Zufälligkeit doch nicht vom oberen Jura. Der Umstand, dass die Ablagerungen dieser Stufe beinahe ausschliesslich an den gleichlaufenden Steilrändern zu Tage kommen, machte es mir möglich, sie ziemlich genau zu verfolgen und mir die Überzeugung zu verschaffen, dass sie nicht nur eine beständige Tafel unter den jüngeren Ablagerungen der mittleren und südlichen Dobrudscha, so wie überhaupt im ganzen nördlichen Bulgarien bilden, sondern dass sie auch dem paläolithischen Grundgebirge, den grünen Schiefern, unmittelbar aufliegen. Die Einfachheit des Baues, auf die ich schon bei den älteren Formationen hinzuweisen Gelegenheit hatte, zeigt sich auch in der Anordnung dieser Gebilde.

Entsprechend dem südöstlichen Hauptstreichen der älteren Glieder beginnen die gleichartigen Jurakalke an der Donau bei Hirschowa, an der Seeseite bei Kara-Arman. Wo die grünen Schiefer südlich von der Verbindungslinie beider Orte emporkommen, haben sie entweder dieselben Jurakalksteine oder Kreideschichten oder Löss auf und um sich.

Die ganze Trias, so wie auch Alles, was ich vom Lias und Mittel-Jura im Lande vorfand, ist auf den nördlichen, gebirgigen Theil desselben beschränkt. Südlich von dem grossen Walle aus grünen Schiefern beginnt eine andere Natur. Bedeutende Aufbrüche gibt es hier nicht mehr; mit den Triasschichten sind auch die ihnen zugehörigen Massengesteine fern geblieben. Der obere Jura hat sich ebenend über die Schollenfläche jener Schiefer gebreitet. Nur einzelne Höhen, wie z. B. der Allah-bair, blieben als Inseln darin stehen und nahmen später, gleich ihm, die Kreideablagerungen auf, die von den Diluvialströmungen zum grössten Theile fortgeschwemmt, zum kleineren Theile unter der mächtigen Lössmasse begraben wurden, welche der europäischen Umrandung des Pontus jenen eigenthümlichen, durch den Ausdruck „pontische Steppe" bezeichneten Charakter gab.

Wenn hinsichtlich des oberen Jura zwischen seiner alpin-südeuropäischen Form und dem ausseralpinen (nordwestlichen) Formationsbilde derselbe Gegensatz überhaupt noch bestünde, der sich in der oberen Trias und im Lias beider Regionen so auffallend gezeigt hat, so müsste ich, wie auf den nachfolgenden Seiten ausführlicher dargelegt werden soll, erklären, dass der obere Jura der südlichen Dobrudscha mehr den Charakter des Letzteren als die wenigen eigenthümlichen Züge der Ersteren an sich trage [1]. Er vereinigt in sich, freilich in getrennten Strecken, die ausgezeichnete karpathische Form, die, zumeist durch die Untersuchungen

---

[1] Inwiefern „die tithonische Etage" Oppel's (Zeitschr. d. deutsch. geol. Ges. 1865, 535), hiebei in Frage kommt, deren ausführlichere Begründung durch den beklagenswerthen Tod des ausgezeichneten Forschers unterbrochen wurde, dürfte bei der geringen Anzahl der Cephalopodenreste in den zu beschreibenden Schichten kaum zu ermessen sein. Voraussichtlich werden sich die Anschauungen über das Wesen der Grenzschichten zwischen Jura und Kreide einigermassen geklärt haben, bevor eine geregelte und ergiebige Ausbeutung der Fossilreste eines so fernen Landes genügendes Materiale zur Erörterung so grosser Probleme liefern kann. So viel aber scheint mir festzustehen, dass sie nur durch ein vergleichendes Studium von Schichtenprofilen aus Ländern von sehr verschiedener geographischer Länge gelöst werden können (October 1866).

von Hohenegger und Suess unter den Namen „Stramberger Schichten" bekannt ist, mit versteinerungsreichen Stufen des französischen und Schweizer Jura, namentlich mit den sogenannten „Kimmeridge-
thonen" von Besançon. Doch fehlt es auch nicht an nahen Beziehungen zu norddeutschen (hannöverschen) Fundorten.

Ein kleiner osteuropäischer Bezirk vereinigt somit Typen in sich, die in Mitteleuropa nur an weit auseinander liegenden Punkten entwickelt sind.

Freilich können auf den folgenden Seiten nur Andeutungen darüber gebracht werden, wie sie aus einer
flüchtigen Untersuchung hervorgehen.

Sie beziehen sich ausschliesslich auf das Tafelland der mittleren und südlichen Dobrudscha, d. h. auf die
südlich von dem grossen Walle aus grünen Schiefern gelegenen Strecken. — Nördlich davon hat die
einzige bisher nachgewiesene Ablagerung von oberem Jura einen anderen Charakter. Am Kara-bair, der
äussersten Grundgebirgsmasse, die der Dunavez umkrümmt, liegt unter der mächtigen Lössdecke ein schwärzlich oder bräunlichgrauer Kalkstein mit Planulaten und einigen anderen Resten, deren Aussehen an den
Moskauer Jura erinnert. Sehr interessant wäre es, wenn künftige Forschungen erweisen würden, dass
diese Schichte hier wirklich eine Art von Vermittelung zwischen der karpathischen Facies, prägnanten Formen
des südlichen (ausseralpinen) Mitteleuropas und den in so vielfacher Hinsicht eigenthümlichen Juragebilden
des Inneren von Russland herstelle. Dermalen ist nur das eine sicher, dass sie durch ihre Gesteinsbeschaffenheit von gleichzeitigen Ablagerungen in der mittleren und südlichen Dobrudscha, die dergleichen
westliche Beziehungen deutlich genug verrathen, auffallend verschieden ist. Es scheint demnach, dass die
Gebirgsmasse der nördlichen Dobrudscha als kleiner Überrest eines der ältesten und bedeutendsten Gebirgs-
grate der Mediterranregion Europas auch für den oberen Jura die Rolle eines Scheiderückens gespielt habe,
und dass seine südwestliche Seite nicht nur den brachiopodenreichen Kalkbildungen der mittleren Donauländer („Stramberger Schichten" u. s. w.) sondern auch Ablagerungen offen stand, die mit gleichzeitigen
Absätzen im Nordwesten der Alpen eine grosse Ähnlichkeit haben.

1. Paläontologische Beziehungen machen es nöthig, dass ich gleich mit den Felsmassen von Tschernawoda beginne, die den grössten Reichthum an organischen Resten, leider zumeist nur als Steinkerne
und Hohldrücke, besitzen.

Von der Gestaltung des südlichen Felsens habe ich eine Abbildung mitgetheilt
(vgl. I, S. 92, Fig. 1. Weniger hoch, im Übrigen aber ganz ähnlich ist der nördliche Abschnitt des Steilufers. Zwischen beiden ist
die rundlich-dreieckige Sohle der einstigen
Mündung des Kara-Su-Flüsschens ungefähr 100
Klafter breit und gibt einen hinreichend weiten Zwischenraum, um erklärlich zu machen,
dass die Schichtenfolge an beiden Felsmassen trotz nahe zu horizontaler Lagerung nicht
genau übereinstimmt. Wie die Profile Fig. 24
A und B zeigen, gibt es in der relativen
Mächtigkeit und Gesteinsbeschaffenheit der einzelnen Bänke erhebliche Unterschiede, auf die ich in den Bemerkungen
zu den vorkommenden Species noch genauer
hinweisen werde. Der Text zu den vorstehenden Profilen zeigt schon, mit welcher Ein-
zelnstufe des oberen Jura wir es hier zu thun

Fig. 24.

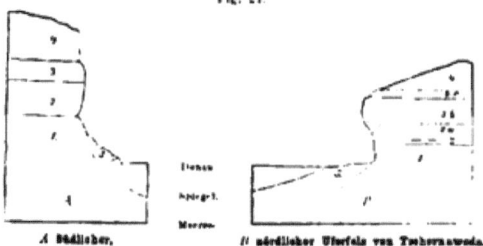

A südlicher, — B nördlicher Uferfels von Tschernawoda.

1 Wr. Lächte — 1 Wr. Klafter.

1. Weisser kreideartiger Thon mit *Perisphinctes titanus*, *Nerinea marcocalus*, *Neritina tuberculosa* etc.
2. gelbgrauer Thon, zum Theil durch Eisen-
oxydhydrat mehr-farben röthlich. Hauptsitt des Perisph-
ras und Nerva mit hierbei inneren Wena
der Mergel, dann
3. Fester Kalkstein reich an *N. tuberculosa*.
4. mit *Perisphinctes*, *Nerinea marcocalus*,
im unteren *N. M. croax*, *N. tuberculosa* etc.
N. hohe Austern-röhren
4 a. Oolitische Austern-Bänke, Austern, N.
tuberculosa, wenig Perisphinctes.
5. J. Kalkstein, *Perisphinctes magnilobatus*, *Nerinea*
etc.
6. Mergel mit derselben Fauna.

6. Löss, 3. Schutt.

haben [1]. Doch weil ich mir die Feststellung derselben besonders angelegen sein liess und die Untersuchung der Petrefacte
manche auch in paläontologischer Beziehung nicht uninteressante Details ergab, bespreche ich sie die Sippen nach ihrer

---

[1] Vgl. auch Lit. Nr. 23 und 24, S. 249.

bealen Bedeutung geordnet; im folgenden Absatz etwas ausführlicher, zur Erläuterung die unten angehefteten Tafel II bei-
fügend.

Die Juraversteinerungen von Tschernawoda.

Pteroceras Oceani Brongn. sp. (Taf. II, Fig. 3, 4).

Die Zersplitterung dieser wichtigen und im westeuropäischen Jura allgemein verbreiteten Gastropodenart in zahlreiche
Species, Subspecies und Varietäten hat einen so hohen Grad erreicht, dass es in der That schwer hält, sämmtliche For-
men, auf die der ursprüngliche Name Anwendung finden kann, nach den seither gemachten Unterscheidungen zu sondern.
Eine monographische Bearbeitung der Sippe *Pteroceras* [1]) erscheint um so dringender nöthig, als beinahe jede eingehende
Localforschung zur Aufstellung neuer Typen geführt hat. So die schönen Untersuchungen von Eudes Deslongchamps [2]),
von Buvignier, Contejean, Etallon und Anderen [3]).

Sie alle kritisch zusammenzuhalten, kann hier nicht meine Absicht sein.

An A. Etallon's Darstellung, als die umfassendste unter den neueren anknüpfend, will ich seine Typen mit meinem
glücklicherweise reichlichem Materiale und den alten Hauptwerken vergleichen.

Pt. Thurrine Contej. bei Etallon (l. c. p. 133, pl. 12, Fig. 109) in der Etude (p. 243) *Pt. coronata* Contej. genannt und
von Etallon mit *Pt. Ponti* d'Orb. bei Deslongchamps l. c. p. 162, pl. 9, Fig. 2, 3) identificirt, kommt bei Tschernawoda nicht vor, obgleich zu bemerken, dass an Steinkernen überhaupt die Mittelrippe viel mehr vorspringt als die anderen
Rippen des Flügels, wodurch manche Nuclei von Tschernawoda eine nicht geringe Ähnlichkeit mit den citirten Abbildungen (und Etude, pl. 9, Fig. 1, 2) bekommen. Indes der Habitus, namentlich die niedergedrückte Wölbung des letzten Umganges und das völlige Verstreichensein der Nebenrippen an den Steinkernen bezeichnen *Pt. Thürine* zu scharf, als dass
Verwechselungen leicht möglich wären. Nach Contejean erscheint sie in den Calcaires et Marnes à Pteroceres beinahe
plötzlich, erlangt sofort ihr Maximum und gilt als Seltenheit durch die oberen Schichten bis in die Marnes à Virgules.
Etallon (Thurmann) bestätigt dies, indem er angibt, dass sie in Epistartien spurenweise, in der Zone stromatieuse überaus häufig und allgemein erscheine, sie dagegen in seiner 9 Fauna (Epistrombien lnf. p. 42, nicht mehr anführt.

Pt. Oceani Brongn. sp. A. Brongniart Ann. des mines, VI (1821), p. 554, pl. 7, Fig. 2 A; 2 B (?).

Römer, norddeutsch Oolit, S. 145, Tab. 9, Fig. 9.

Die Abbildung in Brown's Lethaea (Tab. 21, Fig. 7) gehört wohl derselben Art an, ist aber nach dem Steinkerne
einer Varietät gemacht, die der typischen Form nicht ganz entspricht.

Goldfuss Petref. germanslae., S. 15, Tab. 169, Fig. 44.

Etallon erklärt, dass Goldfuss' Abbildung Fig. 4a nicht dieser Art, sondern dem wahren *Pt. Ponti* d'Orb. (non
Deslongchamps) angehören, von den ich gleich sprechen werde.

Vier mit der Schale erhaltene Exemplare von Tschernawoda, von denen ich zur Vermeidung von Missverständnissen
zwei hier abbilden lasse (Fig. 3 und 4) und mehrere Steinkerne bringen mich zur Überzeugung, dass die Abweichung zwischen beiden Figuren bei Goldfuss völlig im Bereiche der Altersveränderungen dieser Species liege, indem die Schärfe
der Rippe, welche schnabelwärts zunächst auf die Mittelrippe folgt, und die nach derselben Seite hin mehr oder weniger
geschwungene Form dieser beiden Rippen beträchtlichen Schwankungen unterworfen sind, ohne dass die Exemplare dadurch
aus dem engeren Formenkreise des *Pt. Oceani* heraustreten.

Pt. Atgisi Thurm. (Leth. Brunte. p. 153). Eine Varietät, welche der von Etallon (pl. 12, Fig. 111) gegebenen Zeichnung entspräche, ist mir bei Tschernawoda nicht begegnet.

Pt. Ponti d'Orb. Eine sehr schlanke Varietät, von der ich nur zwei flügellose Exemplare besitze, gemahnt einigermaassen an die Abbildungen von Deslongchamps, *Pt. accostata* Desl. l. c. p. 164, pl. 9, Fig. 5) und Brongniart (l. e.
pl. 7, Fig. 3 A), die ich nach Etallon's Darstellung für den Typus der genannten Subspecies halten muss, doch zeigen sie
sehr deutlich die vier Hauptrippen des *Pt. Oceani* und die Zwischenrippen so vertheilt, dass deren zwei zwischen dem
zweiten Umgang und der ersten Hauptrippe, zwei zwischen dieser und der Mittelrippe und drei zwischen ihr und der vorletzten Rippe erscheinen, welche Sculptur allen Exemplaren des *Pt. Oceani* von Tschernawoda eigen ist, den grössten und
meist bauchigen, so wie den kleinsten, zum Theil auch schlankesten Exemplaren (vgl. Fig. 4). Wären die Flügel der letzteren erhalten und Etallon's Zeichnung nicht gar so skizzenhaft und unsicher, so liesse sich die Ähnlichkeit jener mit
Pt. Ponti genauer erweisen.

Die anderen, von den genannten Autoren angeführten, von *Pt. Oceani* auch wirklich mehr oder weniger weit entfern-
ten Species (Subspecies) kommen hier nicht in Betracht, doch kann ich mir nicht verhehlen, dass manche Formen, die dem
Typus in der Tracht und der Hauptrippenbildung gleichen, wie z. B. *Pt. polygoda* Buvign. aus dem Corallien, mit den
Resten von Tschernawoda in ziemlich nahe Berührung kommen. Selbst die Pteroceras-Art aus dem Neocomien, *Pt. Pelagi*
Brongn. sp. (l. c. pl. 7, Fig. 1) wäre nach der Originalbildung wegen Undeutlichkeit der oberen Flügelpartie von meinen
Exemplaren kaum zu unterscheiden, doch hat sie nach d'Orbigny (terr. crét. pl. 212) zwischen der zweiten und dritten

---

[1]) Neuerlich hat Hörmann (Die Pteroceras-Schichten von Hannover, Dissert. Göttingen) die Jura-Pteroceren der Sippe
Aporrhais zugetheilt.

[2]) Mémoires de la société Linnéenne de Normandie, VII, p. 161, pl. 9 (1842).

[3]) Buvignier, Statist. géol. du dép. de la Meuse, 1852, p. 44, pl. 28, 29. — C. H. Contejean, Etude de l'étage kim-
meridien, Paris 1859, p. 241, pl. 8, 9. — A. Etallon, Lethaea bruntrutana par Thurmann etc. 1860, p. 132, pl. 12.

Hauptrippe nur eine Zwischenrippe, worin wohl cæteris paribus der wesentliche Unterschied zwischen ihr und den juraischen Formen zu finden ist.

Ich habe ziemlich weit ausholen müssen, um darzuthun, dass bei Tschernawoda nur der echte Typus des *Pteroceras Oceani* vorkomme. Wie Fig. 3 zeigt, erreicht die Schnecke hier eine bedeutende Grösse. Sie ist keiner der Bänke, den obersten Kalkstein Fig. 24 *A 3*, etwa ausgenommen, fremd, am häufigsten aber in dem gelblichen Mergel *A 2*. Das Prachtexemplar, Taf. II, Fig. 5, stammt aus dem thonigen Kalkstein *B 3 b*. Um vorerst nur zwei in stratigraphischer Beziehung mit ihr gleichwerthige Arten zu nennen, bemerke ich, dass sie in *A 2* und *B 4* von *Natica macrostoma* Römer und *Natica globosa* Römer, beide bezeichnende Species der Zone strombienne an der Westseite des Jura, begleitet ist.

In ihrer typischen Reinheit, Häufigkeit und, wenigstens stellenweise, guten Erhaltung, mögen die Exemplare von diesem Fundorte an der östlichen Grenze Europa's als ein zweites Musterbild der Art gelten, und zu deren genauerer Kennzeichnung einigermassen beitragen.

Natica macrostoma Röm. Nordd. Oolit, S. 157, Taf. 10, Fig. 11.

Sehr häufig und in der Grösse von mehr als 125 Millim. in der Höhe, also weit grösser als die Exemplare vom Thonberge bei Hannover (vgl. Credner, Gliederung der ob. Juraformation Prag, 1863, S. 143; das von Goldfuss (Petref. Germ. Taf. 109, Fig. 9) abgebildete Exemplar vom Lindenerberge erreichen die nicht ganz.

Natica globosa Röm. Nordd. Oolit, S. 156, Taf. 10, Fig. 9.

Identisch mit Exemplaren vom Lindener Berge und aus dem Kimeridge-Thon von Besançon, aber grösser. Ich besitze ein Exemplar (Steinkern), welches 85 Millim. breit ist und eine Höhe von nahezu 70 Millim. erreicht haben muss. Diese Art kommt in Gesellschaft der vorigen im gelben Thon des südlichen Absturzes (*A 2*) vor, aber bei weitem nicht so häufig, wie jene, von der man viele hunderte von zerschlagenen Steinkernen in der Aufschüttung des Bahnhofes antrifft.

Nerinea.

Sämmtliche Bänke sind mehr oder weniger reich an Resten von Nerineen.

Leider bestehen dieselben nur in Steinkernen, zu denen in günstigen Fälle der Abdruck der Schale in genügender Deutlichkeit erhalten ist. Durch Abklatsch mittelst einer Art von Glaserkitt, den ich mir in Küstendsche verschafft hatte, gelang es mir, Abdruck und Steinkern von einigen Arten an Ort und Stelle sicher zu stellen. Zur Bestimmung anderer Arten liess sich das Materiale bearbeiten. Einige hatte ich schon in der Felsmasse deutlich genug vor Augen, um die Species sicher zu erkennen (vgl. Reischer. l. c. S. 250).

Trotz der Verbreitung des *Pteroceras Oceani* in allen drei Schichten beider Abstürze war ich auf Unterschiede in den sie begleitenden Arten gefasst und beschränkte meine Beobachtungen um Nerineen auf zwei Bänke, in denen sie sich vorzugsweise häufig zeigten. In der That scheinen sich, was die Nerineen betrifft, Unterschiede zu ergeben, und ich bringe die kleine Artenliste gleich in die entsprechenden Abtheilungen.

a, In weissen kreideartigen Gesteine, welches die unterste Bank des nördlichen Absturzes bildet Fig. 24, *t*, wurden in Gesellschaft von Korallenresten, den Schalen einer dicken Auster, deren Bestimmung nicht möglich war, und anderen weiter unten zu nennenden Arten gefunden.

Nerinea Moreana d'Orb., nicht selten und vollkommen charakteristisch. In der Schärfe der Falten bleibt sie hinter den Exemplaren vom Plassenberg, von Stramberg und Nikolsburg zurück (vgl. Peters, Nerineen, Sitzungsb. d. kais. Akad. XVI 355, Tab. III, Fig. 5—7) und entspricht völlig den Originalen von St. Mihiel (*N. tornatella* Bavigneir Dép. de la Meuse, pl. XXII, Fig. 10—12, non 13), erreicht aber eine viel bedeutendere Grösse, gleich dem von d'Orbigny abgebildeten Exemplare.

N. Bruntrutana Thurm. (*N. Mandelslohi* Bronn).

Ich muss nun, nachdem diese Species eine lange Geschichte von irrigen und ungenügenden Deutungen aufzuweisen hat (vgl. Peters l. c. S. 316 u. ff.), Etallon's Abbildung (Lethaea Bruntrut. pl. VII, Fig. 39) als massgebend betrachten, kann aber mein Bedauern darüber nicht verhehlen, dass Herr Etallon, dem meine Abhandlung unbekannt geblieben war, eine so wichtige Art mit einer einzigen Abbildung abfertigt und die von ihm anerkannte aber etwas enge aufgefasste *N. carpathica* Zeuschner (welche den Beisatz *N. Bruntrutana* (non *N. carpathica*) bei Peters l. c. hätte erhalten müssen), auch nur flüchtig skizzirt. Letztere kommt übrigens hier nicht in Frage, welche *N. Mandelslohi* Bronn, welche Herr Etallon (l. c. p. 95., so wie ich es that, als Species einzieht und als Varietät coralline der wahren *N. bruntrutana* erklärt. Credner gibt in seiner „Gliederung des oberen Jura in Norddeutschland" von *N. Mandelslohi* eine ganze Reihe von Abbildungen, welche den Übergang dieser Form in *N. bruntrutana* deutlich genug zeigen. Letztere fasst er in Übereinstimmung mit mir auf, also nicht im Sinne Etallon's, von dem ich voraussetze, dass er den Originalen Thurmann's entspricht.

Die hieher gehörige Nerinea von Tschernawoda wurde von mir schon in meinem Reiseberichte zur Vermeidung von Missverständnissen als *N. Mandelslohi* bezeichnet, und ich habe nicht Grund, diesen Namen heute in einem anderen Sinne zu nehmen, wie vor 10 Jahren.

Sie scheint in den untersten, nur hie und da unter dem Schutt sichtbaren Lagen der weissen Bank heimisch zu sein.

N. nodosa Voltz. Var.

Eine Nerinea, deren Faltenbildung mit der von *N. bruntrutana* übereinstimmt, deren Oberfläche aber davon völlig verschieden ist. Eine Knotenreihe ziert die der Spitze zugewendete Seite jedes Umganges, ohne über die Naht fortzusetzen. In der Mitte des Umganges befindet sich eine Reihe von niederen und gestreckten Knötchen. Mit einem Worte diese Nerinea hat den Typus der *N. nodosa*, wie ihn die Originalabbildungen Bronn Jahrb. 1836, Fig. 9. Goldf. T. 176, Fig. 8 zeigen. Doch ist die Sculptur viel schwächer ausgeprägt, wogegen *N. nodosa* Voltz bei Etallon (*L. brunt.* p. 196, pl. VIII.

Fig. 53. äusserst *grelle* Sculpturformen an sich trägt. Diese entgegengesetzte Abweichung der Exemplare von Tschernawoda kann mich nicht hindern, sie der genannten Art einzuverleiben, die denn doch keine „Oxford" Species in ausschliesslichem Sinne ist, da sie im Jura in den Korallenschichten mit und ohne *Diceras* und nun auch hier vorkommt. Credner's *N. nodosa* (l. c. S. 176, 185, Taf. V, Fig. 13) mit ihrer Doppelreihe von Knoten scheint mir etwas verdächtig.

N. sequana Thirr. (?).

Eine *Nerinea* von auffallend grossem, über 20° betragenden Spiralwinkel hat die bei den spitzigen Jura-Nerineen so überaus verbreiteten zwei Spindelfalten mit einer Wandfalte, genau so, wie sie von den minder spitzen Nerineen eigentlich nur *N. speciosa* Voltz und *N. sequana* Thirr. besitzen (vgl. d'Orb. terr. jur. pl. 269). Da die schlecht erhaltene Oberfläche der letztgenannten Art nicht widerspricht, will ich hier auf sie verweisen. Da aber der Spiralwinkel immerhin noch grösser ist, mag sich aus künftigen Sammlungen und Studien wohl eine neue Art ergeben.

N. Marina d'Orb. Terr. jur. pl. 275, 1, 2. — Credner, Gliederung, S. 171, Taf. IV, Fig. 6. Vgl. auch S. 183.

Ein Exemplar von nur 8½ Umgängen, die aber die charakteristische Sculptur der genannten Art sehr vollkommen an sich tragen. Auch die Faltenbildung entspricht genau.

b) In den thonigen *Pterocera*-Bänken des südlichen Absturzes, die sich durch eine intensiv bräunlichgelbliche (isabellgelbe) Färbung auszeichnen (Fig. 24, 2), und in den weissen, reiner kalkigen Mergeln über ihnen, die in den Kalkstein (3 a) übergehen, herrscht stellenweise eine dreifaltige Nerinee nicht nur durch ihre Individuenzahl, sondern auch durch ihre Grösse. Manche Gesteinspartie besteht ganz aus ihren und aus *Diceras*-Steinkernen und ist eben dieserwegen durch den kohlensauren Kalk der ehemaligen Schalen fester gebunden.

Nach langen Vergleichen zahlreicher Steinkerne, die mit grossem Zeitaufwand sammt der Gebirgsmasse gebrochen wurden, um die grösstentheils überkrusteten Abdrücke der Schale mitzugewinnen und durch den glücklichen Umstand, dass einzelne Stellen doch so weit frei waren, um den Abklatsch einzelner Umgänge zu gestatten, gelangte ich zur Überzeugung, dass der ganze Reichthum an dreifaltigen Kernen einer einzigen Species angehöre.

N. tuberculosa Römer var. *stompaia* Credner.

Credner's Schrift (a. a. O. S. 165, T. II u. T. III, Fig. 5) und eine Reihe von Exemplaren vom Tönjesberge, die ich anderen vom Lindener Berge entgegenhalten konnte, haben mich dabei wesentlich unterstützt und die Identität meiner herrschenden *Nerinee* mit der längeren Varietät der genannten Species von der erstgenannten hannöverschen Localität dargethan.

Exemplare, die eine Länge von 150 Millim. erreichten oder übertrafen, haben am letzten Umgange einen Querdurchmesser von 30—34 Millim., doch gibt es deren auch von 40 Millim.; Spiral- und Suturalwinkel stimmen mit Credner's Fig. 5.

Die Knoten am mündungsseitigen Rande sind an meines Abklatsches eben noch merklich, die der Axe parallelen etwas sichelförmigen Streifen, der Maceration entsprechend, sehr deutlich; auch von den Gürtelstreifen an und unter der stark ausgehöhlten Mitte der Umgänge sind Spuren zu bemerken. (Vgl. Credner S. 167.)

N. Visurgis Römer, die ich an dem im Jahre 1865 nach Wien gelangten Steinkernen zu erkennen, und die ich auch an Ort und Stelle vor mir zu haben glaubte, ist, wie ich jetzt erweisen kann, nicht darunter. Gerade die mit den Gürtelstreifen versehenen Exemplare sind am tiefsten ausgehöhlt, auch hat die Wandseite des Steinkernes niemals den für *N. Visurgis* charakteristischen gerade aufsteigenden Theil, sondern beide Flächen sind, unterhalb und oberhalb der Wandfalte, eben an den letzten, gewölbt an den älteren Umgängen, beinahe gleichmässig gneigt. In dieser Beziehung finden ziemlich starke Schwankungen statt, die auf den ersten Blick 2—3 Species anzudeuten scheinen, die sich aber im Ganzen doch nur als untergeordnete Abweichungen von *N. tuberculosa* ergeben.

N. Coecilia d'Orb. bei Credner (S. 170, T. IV, Fig. 8) mit der sowohl die Steinkerne als auch die Höhlung der Umgänge gut übereinstimmen würden, scheint mir durch ihre Sculptur und ihre Wachsthumsverhältnisse ausgeschlossen. — Von *Nerinea Gosae* Röm. als einer zweispaltigen Species, von der hie und da ohne Rücksicht auf die Spiralfalten Missbrauch gemacht wird, kann nicht die Rede sein.

Abgesehen von den Beziehungen zu *N. Defrancei* d'Orb. die schon von Credner vollkommen gewürdigt wurden, kommt *N. Elegantina* Th. (Leth. bruntr. p. 91, pl. VII, Fig. 35) in Betracht. Nicht nur, dass die Charakteristik, die Etallon von dieser Art gibt, mit auf die hier besprochene *Nerinea* von Tschernawoda und vom Tönjesberge genau passt, auch die Abbildung ist sehr ansprechend, namentlich was meine Schalenabdrücke betrifft. Ich glaube aber nicht an die Selbstständigkeit der *N. Elegantina*, deren locale Eigenthümlichkeiten sich mit *N. tuberculosa* ebenso werden verbinden lassen, wie jene der Nerineen vom Tönjesberge und von Tschernawoda.

Der Mangel an Abbildungen von Steinkernexemplaren oder wenigstens von Durchschnitten eines mittleren Umganges erschwert sehr wesentlich die Benützung der Lethaea bruntrutana. Wer wollte z. B. die von Etallon pl. VII, Fig. 36, unter dem Namen *N. Gosae* Röm. abgebildete *Nerinea* von *N. Desvoidyi* d'Orb. (terr. jur. pl. 261) unterscheiden, wie dies Herr Etallon im Texte selbst hervorhebt, ohne im Klaren darüber zu sein, ob die Art trotz der abgebildeten Mundöffnung in den Umgängen nur eine Säulenfalte habe?

Grosse Revisionsarbeiten in grossen Museen, die mit Originalexemplaren der Localforscher ausgestattet sein werden, können dergleichen Schwierigkeiten um so sicherer von Grund aus beheben, je mehr Localstudien nach dem bewundernswerthen Vorbild der Lethaea bruntrutana vorliegen, und je umfassender die Irrthümer widerlegt sein werden, die sich an Namen von Etagen wie „Corallien" oder von Zonen, wie „Zone der *Pterocera Oceani*" u. dgl. knüpfen.

Als seltenere Funde am Übergange der Bänke 2 und 3 erwähne ich noch:

N. brunitana Th.
N. nodosa Voltz. var.   } welche sämmtlich von den gleichnamigen Formen in der untersten Bank des nördlichen Absturzes
N. Mariae d'Orb.   } (B 1) nicht wesentlich verschieden sind.

In einer der untersten Bänke des nördlichen Felsens, wo die kreideartige Masse durch reichlichere Ansammlung von dichtem Calcit in Kalkstein mit Korallen, Zweischalern und den aufgezählten Nerineen überzugehen beginnt, fand ich ziemlich häufige Reste einer neuen Trochusart.

Trochus Alginoides Peters, T. II, Fig. 1, 2.

T. testa conica, imperforata, spira angulo 63°, anfractibus complanatis, longitudinaliter striatis, ultimo infra convexiusculo, laterorum subcarinato.

Die Höhe des Gehäuses beträgt 10, die Breite 11 Millim.

Diese Art hält gewissermassen die Mitte zwischen der Linasspecies *T. Aspion* d'Orb. 1. Jur. p. 255, pl. 507, und dem *T. Dorus* d'Orb. von St. Mihiel 1. Jur. p. 236, pl. 319. Mit Ersterer hat sie den Habitus gemein, ihr Spiralwinkel ist aber bei weitem grösser. Die Sculptur, durch Fig. 2 vergrossert dargestellt, erinnert an *T. Dorus* mit dem wesentlichen Unterschied, dass letzterer nebst der Nahtrippe, welche einen kleinen Absatz bildet, nur zwei feine Rippen, unsere Art dagegen nebst einer ganz ähnlichen Nahtrippe vier sehr feine Rippchen (striae) besitzt, auch hat sie bei geringerer Grösse des Spiralwinkels keine auffallende Convexität. Die Öffnung scheint sehr niedrig gewesen zu sein, ähnlich mit *T. spion* d'Orb.; die untere Fläche des letzten Umganges glatt. Ein Nabel wird nicht bemerkt, wohl aber eine kleine trichterförmige Einsenkung.

Trochus sp. Ihm Vorigen beigemengt ist eine kegelförmige Schnecke mit vier scharfen Rippen auf jedem Umgange und einem Spiralwinkel von nur 50°. Da ihre untere Fläche nicht vorliegt, kann von einer Charakteristik nicht die Rede sein.

Diceras. Die zahlreichen Einzelformen dieser Sippe sind in der Literatur, von A. Favre's Monographie an 1843 bis auf die *Lithera brunitana* (1865), so verschieden-artig aufgefasst worden, dass der Localforschung kaum anderes geboten scheint, als sorgsame Unterscheidung abgrenzbarer Typen, die hier wohl noch viel weniger als in anderen Sippen auf Speciesgeltung Anspruch haben.

Diceras arietina (arietinum) Lamk., *D. sinistra* Desh., *D. minor* Desh. und die von Deshayes zur richtig charakterisirte *D. Buffoi* sind die unzweifelhaften Repräsentanten dieses Genus und *D. Lucii* Defr. wurde durch Favre's Untersuchung nicht nur als echtes *Diceras*, sondern auch als ein von *D. arietinum* verschiedener Typus erwiesen. Sie alle sind auf das „Corallien“ beschränkt oder reichen, wie Deshayes schliesslich angibt „Cours Clément. II, p. 83 als Seltenheit in den Astartenkalkstein herauf. Doch hat unser Meister in der Conchyliologie nicht alle ähnlichen Schaltthierreste aus den nächst jüngeren Schichten in andere Sippen verwiesen, sondern *Diceras speciosa* Goldf. (Petref. germ. II, p. 295, T. 139, Fig. 1) für eine Varietät des *D. arietinum* erklärt. Dass es mit dem „Plattenkalken“ und dem „Portlandstein“ des schwäbischen und fränkischen Jura, von wo Jene herstammt, eine besondere Bewandtniss habe, konnte Deshayes bei Abfassung des Textes im Traité élément. freilich nicht ahnen und somit den Widerspruch nicht bemerken, der zwischen dieser Vereinigung und jener stratigraphischen Beschränkung der Sippe besteht.

Durch die rastlosen und in neuester Zeit wohl allgemein anerkannten Arbeiten der Schweizer Jura-Geologen so wie durch die Schriften von J. Marcou und Oppel's Werk ist die Dicerasfrage in ein neues Stadium gerückt worden. Thurmann, Gressly und nach ihnen Etallon unterscheiden in dem Corallien blanc crayeux à nérinées nebst *D. arietina* noch *D. Verneau* Gressl. (*D. Mandeliardensis* Contej.), *D. orsinia* Thurm. und überdies *D. mypragensis* Thurm., welche letztere in drei Schichten, vom Astartien supérieur bis ins Virgulien inférieur vorkommt, und mit *D. arietina* so nahe verwandt ist, dass Etallon nur durch ihre stratigraphische Stellung abgehalten wurde, sie als Varietät derselben zu betrachten (Leth. brunat. p. 226 etc.).

Was unsere östlichen Länder betrifft, so haben die bekannten Localitäten: Plassenburg bei Hallstatt, der Kalkfels bei Ernstbrunn in Niederösterreich, eine Schichte der Pollauer Berge bei Nikolsburg und der Kalkstein von Stramberg in Mähren *Diceras arietina*, die letztgenannte Localität und Inwald bei Krakau auch *D. Lucii* geliefert. Bei Ernstbrunn (unweit der mährischen Grenze) ist neben dem normalen *D. arietinum* und starken Abänderungen derselben eine höchst auffallende Form (allerdings nur durch Steinkerne) vertreten, die, welcher Sippe sie auch künftig zugewiesen werde, jedenfalls einen neuen, dem westeuropäischen Jura fremden Typus andeutet. Ich beschreibe sie weiter unten als *D. bubalinus*.

In den Bänken von Tschernawoda sind Dicerasreste eine überaus häufige Erscheinung, namentlich in der mittleren Abtheilung des nördlichen Absturzes (Fig. 21, B, 3 a), die die Auflösung dieser Schalen ihre halb kalksteinige Natur so allermeist verdankt. Allenthalben ist *Pterocera Oceani* in ihrer Gesellschaft, allerdings im selben Uferfels mehr über ihnen im festen Kalkstein (3 b, als in den ursprünglich rein thonigen Schichten, die ich im Profil als Diceras-Bank bezeichnet habe, und mehr in der mittleren Bank des südlichen Absturzes (3 2, wo nur vereinzelte und kleinere Diceraten zu finden sind. Nichtsdestoweniger gibt es in den Abtheilungen 2 und 3 kaum eine Stelle, die von Resten der Pterocera-Art ganz frei wäre. Dagegen habe ich in der untersten Bank des nördlichen Felsens (B 1), die *Nerinea Mariae*, *N. bruntrutana* (Mandelschi) und bedeutende Korallenstöcke enthält, also dem westeuropäischen Corallien zumeist entsprechen würde, neben *Pterocera* keine Diceras-Spuren bemerkt. Wahrscheinlich liegen massenhafte Anhäufungen des echten *D. arietinum* in der Tiefe, unter dieser allzuwenig entblössten Bank.

Nachstehendes zur Orientirung über die Formen:

Diceras (?)*nec. speciosa* Münst., Goldf. Petr. germ. p. 205, t. 139, Fig. 1 a, 1 b (non 1 c) aus den Schichten von Regensburg und Kehlheim. Die Identität des grossen Steinkernes, den Goldfuss (Fig. 1 b) abgebildet hat, mit den mir vorliegenden Steinkernen aus *B 3 a* von Tschernawoda geht bis ins Kleinste, dagegen stimmt die Form und Richtung der (am Steinkerne als Zapfen erscheinenden) Grube mit dem analogen Schlosstheil von *D. arietinum* ganz und gar nicht überein. Ob der Rest Fig. 1 c (aus dem dolomitischen Kalkstein von Ingolstadt) zu *D. arietinum* gehöre, wie Herr Deshayes dies für die Münster'sche Art in ihrem ganzen Umfange behauptet, getraue ich mich nach der Abbildung nicht zu entscheiden. Die vordere Leiste (am Steinkern Falte), welche die rechtseitige Klappe des rechten *D. arietinum* auszeichnet, ist am Fig. 1 c allerdings sehr scharf ausgeprägt. Den Exemplaren von Tschernawoda fehlt sie ganz. Dagegen zeigt mir ein Steinkern mit sehr gut erhaltenem Abguss der Schlosspartie der rechten Klappe mit dem Schloss von *D. arietinum*, wie es Deshayes abbildet (Traité élém. pl. 26., Fig. 5) sehr grosse Ähnlichkeit. Die grellen Zuwachsstreifen des typischen *D. arietinum* fehlen selbst an meinen grössten Exemplaren. Die linke Klappe ist stets die grössere, ihr Wirbel sehr stark nach auf- und auswärts gekrümmt, der Steinkern deshalb von der Seite zusammengedrückt, hakenartig.

Zu *D. sinistra* Desh. haben die Reste von Tschernawoda weder im Habitus noch im Schlossbau nahe Beziehungen.

Nach Fraas (Würtemb. Jahreshefte XVI, S. 127) ist gerade *D. speciosa* Münst. die Art, welche im Krebsscheerenkalk von Oberstotzingen gefunden wurde, worauf einiger Werth zu legen, da ja die genannte Schichte (vgl. Oppel die Juraformation S. 812) zum grossen Theil in „die Zone der *Pterocera Oceani*" fallen soll.

D. ursina Et. (l. c. p. 228, pl. 36, Fig. 3) steht meinen Exemplaren aus *A 2* sehr nahe, doch mehr nach Exemplaren von Tonerre-(Yonne) als nach Etallon's Abbildung urtheilend, glaube ich nicht, dass sie mit dieser Art vereinigt werden dürfen, es wäre denn, dass man *D. arietina*, *D. speciosa*, *D. ursina*, *D. minor* ohne weiteres zu einer Species von sehr grossem Umfange den Formen und den Horizonten nach vereinigen wollte. Da es bei Tschernawoda auch in *B 3 a* u. *3 b* an dergleichen Mittelformen nicht fehlt, so kann dieser Fundort zur factischen Herstellung des grossen Formenkreises beitragen. Das stratigraphische Localstudium verfolgt inzwischen nähere Ziele.

D. minor Desh. var. **gigantea**. Karl Haidinger, Beschreibung einer seltenen Versteinerung. Physik. Arbeiten der einträchtigen Freunde, Wien 1785, I. Jahrg. 3. Quartal, S. 87, t. 2.

Mit den letzterwähnten Formen zusammen findet man Steinkerne eines sehr grossen und dicken *Diceras* mit verhältnissmässig kurzen Wirbeln (Hörnern); der Wirbel der linken Klappe ist ungleich grösser und stärker eingerollt. Abgesehen von diesem Gegensatze in der Grösse und Form der Klappen möchte man die vorliegenden Exemplare zu *D. arietinum* stellen, deren Steinkerne sie in der plumpen Entwickelung, beträchtlichen Breite und der Stumpfheit des untern Randes gleich kommen. Auch die Stärke der Zuwachsstreifen haben sie mit ihr gemein. Es fehlt ihnen jedoch der hintere, bei *D. arietinum* aufs schärfste ausgesprochene Falte (Leiste) und die vordere Furche, die unsere mit *D. speciosa* identificirten Steinkerne wenigstens linkerseits besitzen, ist so flach, dass sie nur als ein leichter Eindruck (Buckel der Schale) erscheint. In diesen Eigenschaften, von der Grösse natürlich abgesehen, stimmt der Steinkern mit *D. minor* Desh. sehr genau überein. Exemplare von Maas, Dép. Sarthe, von „La Ferté" bei Paris und von La Mortagne, Dép. de l'Orne (kais. Hof-Mineraliencab.) sind gewissermassen Miniaturbilder der Steinkerne von Tschernawoda, deren Breite, ungefähr in der Mitte zwischen dem (unteren) Schlossrande und dem untern (hinteren) Rande gemessen, 105 Millim. beträgt. Dadurch, dass die hintere Furche bei *D. minor* nicht so vollständig angetilgt ist, sondern noch einigermassen an *D. arietinum* erinnert, stellen die kleinen Exemplare von jener aus Frankreich den Übergang zwischen den Steinkernen von Tschernawoda und der typischen Form der Lamarck'schen Species her. Doch übertrifft bei ihnen das linke Horn an Grösse und Drehung das rechte noch weit mehr als dies bei den vorliegenden Stücken von Tschernawoda der Fall ist.

Zur Rechtfertigung des Beinamens var. *gigantea* zum Namen *D. minor* bemerke ich noch, dass selbst die grössten Individuen hinter den Dimensionen zurückblieben, welche *D. arietinum* an günstigen Standorten, z. B. in der unteren Bank von Stramberg in Mähren, erreichte.

In dem Abschnitt über den „Corallrag" und die „Astartkalke" von Mortagne bezeichnet Oppel (die Juraf. S. 700 u. 738) die kleinen Steinkerne, die sich daselbst „in unzähliger Menge" vorfinden, die *D. arietina* und nennt vier verbreitete Korallenspecies als ihre Begleiter. Wenn man aber dieselbe verewigte Geichte auch die *Diceras*-Formen von Tonerre ohne weiteres mit demselben Namen anspricht (a. a. O. S. 707) und als Begleiter derselben *Natica grandis* und *N. macrostoma* (?) nennt und dann wieder die Schichten mit *Exogyra virgula* als seine „Zone der *Pterocera Oceani*" erklärt, so muss ich, absehend von allerlei Fragen, die zu erheben für mein Localstudie nicht von Belang ist, annehmen, dass Oppel überhaupt alle Diceraten unter der ursprünglichen Species zusammenfassen wollte. Bei Tonerre kommt nämlich, wie schon oben erwähnt, nebst *D. arietinum* auch *D. ursinum* Thurm. vor, die sich nächst *D. Lorenae* Gerasl. unter allen europäischen *Diceras*-Formen am weitesten vom Lamarck'schen Typus entfernt.

Wofür man sich auch in Zukunft entscheiden möge, für die scharfe Distinction von Localtypen, die durch ihre Verbreitung einen stratigraphischen Werth erlangt haben, oder für die Zusammenfassung aller zweihörnigen Juramuscheln, die nicht wahre Chamaceen oder *typi* sind, unter einem Namen, so wird man doch schon jetzt zugeben müssen, dass die Species *Diceras arietina* Autor weniger als die meisten anderen Zweischaler geeignet ist, einen Horizont zu bezeichnen. Scheint es doch, dass sie ungefähr dieselbe Rolle spiele, wie *Megalodus triqueter* und Consorten im alpinen „Muschelkeuper" einschliesslich des Dachsteinkalkes, dass sich irgend eine ihrer Varietäten oder Schwesterspecies in den Ablagerungen über dem Korallenkalken des oberen Jura bänkebildend überall da angesiedelt hat, wo ihr die physikalischen Verhältnisse günstig waren, und dass sie dabei sogar der Gesellschaft von bezeichnenden Arten höherer „Zonen" (Localhorizonten) nicht entgehen konnte. Um die hier beschriebenen Jurabilde mit den gut untersuchten Terrains der Westländer einigermassen zu verknüpfen oder vielmehr zu einer Anknüpfung Gelegenheit zu geben, muss ich wohl möglichst genau unterscheiden, was von *diceras*-artigen Weichthieren hier gelebt hat.

Die besprochene Varietät von *D. minor* kommt auch bei Ernstbrunn in Niederösterreich vor und gelangte schon im vorigen Jahrhundert von da in die Wiener Museen. K. Haidinger's Beschreibung und Abbildung bezieht sich auf sie, nicht auf den Typus von *D. arietinum* oder auf *D. bubalinum* Peters, welche wegen ihrer grösseren Gleichförmigkeit beider Klappen nicht im selben Grade merkwürdig schienen, wie die höchst unsymmetrische *D. major*. „Doch finden sich auch einige wenige, die ganz gleich sind" sagt der ehrwürdige Naturforscher und knüpft daran die Vermuthung, dass die ungleichförmigen „in der Erde einigen Druck gelitten."

Diceras monstrum Peters, T. II. Fig. 5—8.

Testa uni aequivalvi, crassa, incrassta, lamellis incrementorum certos margines ruentes aratis, valva majore dextra, nucleorum cornu dextro recto, parum incurvo aut fere recto, sinistro brevi, acuminato incurvo aut obtuso, vix evoluto, nucleorum suturis postices fere nullis, margine postica et inferiore lamina ad instar subimbricata. — Magnitudo mochae humoque sola inter 30 et 50 Millim. varias.

Die Form des Steinkerns ist so eigenthümlich, dass ich nicht nöthig habe, vorstehender Charakteristik und den Abbildungen viele Worte beizufügen. Wie stark auch die Veränderlichkeit sei, ob der Steinkern der rechten Klappe ein gestrecktes, nur wenig nach einwärts gekrümmtes Horn bilde (Fig. 8) oder sich von beträchtlicher Dicke rasch verjünge und einwärts krümme (Fig. 7), ob das linke Horn stumpf hackenförmig (Fig. 6) oder ein unentwickelter Zapfen sei, ob endlich die vorderen Furchen als wenig tiefe und breite Rinnen angedeutet oder beinahe völlig verstrichen seien, der Charakter bleibt in allen Abänderungen derselbe. Von *D. major*, mit der man ohne Rücksicht auf den Gegensatz zwischen rechts und links kleine Schalenexemplare von *D. monstrum* zusammenlegen könnte, unterscheidet sich letztere Art sehr auffallend durch den Steinkern. Dasselbe gilt von *D. arietinum*. Da jener Gegensatz zwischen *D. monstrum* und *D. arietinum* nicht besteht, ist es auch nur die grelle Eigenthümlichkeit des Steinkernes, welche die grössten Exemplare der Einen von den kleinsten der Anderen fern hält (vgl. Fig. 5 u. 6, von denen erstere den Abguss der Schale, letztere den im selben Hohlraum steckenden Steinkern darstellt).

Ich will hier noch bemerken, dass vor Entscheidung über die stratigraphische Stellung der Schichten von Tschernawoda auch Steinkerne von Caprotinen zu Rathe gehalten wurden; da ja die beschriebenen *Nuclei* an *Requienia Lonsdalii* d'Orb. und *R. cornea* auffallend genug erinnern. Doch musste der Schlossreste wegen jeder Gedanke an eine nähere Verwandtschaft derselben aufgegeben werden.

Sie ist, wie ich glaube, getrennt von *D. minor var. pig.*, in den untersten Lagen des festen Kalksteins heimisch (A. S., die noch halbthonig auf den gelblichen *Pterocras*-Mergel folgen und *Nerinea subtenuosa* Röm., *Trigonia plicata* Ag. und Korallen, aber meines Wissens keine *Pterocras* enthalten.

Diese drei Typen kann ich in dem Materiale von Tschernawoda unterscheiden, welches ich an Ort und Stelle sämmtlich auf *D. arietinum* bezog (vgl. Reisebericht l. c.) aber glücklicher Weise schichtenweise sonderte, weil ich im vorhinein nicht glaubte erwarten zu dürfen, dass die typischen Thierreste der westeuropäischen Jurachichten in diesem fernen östlichen Lande ganz in derselben Reihenfolge erscheinen würden. Dadurch, dass die typische Art des „Corallien" nach der älteren Auffassung oder „des unteren *Diceras*-Horizontes Frankreichs" und der „Schweizer *Diceras*-Schichten" nach den neuesten vergleichenden Studien (W. Waagen, Versuch einer Classification. München 1865, S. 25) in den hier zu Tage liegenden Bänken gar nicht vorkommt, ist ein wesentlicher Theil der Schwierigkeit behoben, mit der ich anderen Fällen harte kämpfen müsste.

Anhangsweise erlaube ich mir hier die Beschreibung der schon oben erwähnten auffallenden *Diceras*-Form von Ernstbrunn einzufügen:

D. bubalinum Peters, T. II, Fig. 9, 10.

Testa aliae ignota, caritate tamen certe minima et valde compressa, nucleorum apicibus bubali cornuum ad instar recurvis, compressis, sinistro majore, sulcis posticis fere nullis, suticis parum aratis.

Ein eigentlicher Steinkern, dem Hörnerpaar eines Büffels vergleichbar. Der Theil, welcher der Schalenhöhlung entspricht, ist im Verhältniss zu den, an manchen Exemplaren beinahe gleich langen Umbonaltheilen ausserordentlich klein. Im Allgemeinen ist das linke Horn länger, auch stärker und von der Mittelebene mehr abgebogen als das rechte. Beide Hörner sind derart zusammengedrückt, dass sie oben und innen eine abgerundete Kante zeigen. Bei nahezu völligem Mangel der rückwärtigen Einkerbung ist die vordere nur durch eine seichte, nach aufwärts verstreichende Rinne angedeutet.

Diese bezeichnende Form der Hörner ist allerdings nur an kleineren, die gesammte Höhe von 80 Millim. nicht überschreitenden Exemplaren ganz scharf ausgeprägt, sie lässt sich aber auch an sehr grossen mehr oder weniger einwärts und vorwärts gekrümmten Hörnern selbst dann noch erkennen, wenn ausnahmsweise ihre hintere Fläche etwas stärker ausgeprägt und Bruchstücken dadurch eine grössere Ähnlichkeit mit *D. arietinum* gegeben ist. Der Typus ist also ein eigenthümlicher und nichts weniger als eine Jugendform von der echten Lammark'schen Art, mit welcher er im Kalkstein der Jurainsel von Ernstbrunn zusammen vorkommt. Auch *D. minor (minus) var. pig.* ist in den grossen Materialien, welche unsere Museen (Hof-Mineraliencab. und geolog. Reichsanstalt) von dieser Localität besitzen, zahlreich vertreten.

Genaue Untersuchungen an Ort und Stelle (mit Gewinnung der Schalenformen durch Abguss) müssen lehren, ob der reine Typus von *D. arietinum* in derselben Schichtenebene des Felsens liege, wie die beiden anderen. Eine mehr thonige Beschaffenheit der Letzteren gegenüber der rein calcitischen Masse jener lässt mich das Gegentheil vermuthen.

Von Stramberg und Inwald kennen wir *D. subalanum* nicht, wohl aber wurde sie von Partsch bei Mittel-Bludo- witz in der Gegend von Teschen gefunden (Fig. 10). Ein angeblich „aus der Normandie" ? stammendes Exemplar aus einer sehr alten Suite im kaiserl. Hof Mineraliencabinet stimmt damit sehr nahe überein. Mündlichen Mittheilungen von Herrn Hofrath Dr. Oberdorfer verdanke ich die Nachricht, dass bei Oberau nächst Kehlheim gerade dieser Typus der herr- schende sei.

Bei Tschernawoda fand ich keine Spur davon und eben dieser Umstand bestimmt mich, den Typus hier ausdrücklich zu besprechen. Die unter dem Namen *D. speciosa* Münst. beschriebene Form, deren linke Klappe gleichfalls die grössere ist, hat, abgesehen von der Gestalt der Hörner des Steinkerns, in den Beziehungen der Höhlung zu den Wirbeln gerade den unserem *D. subalanum* entgegengesetzten Charakter, nämlich eine sehr beträchtliche, alle anderen Dimensionen überwiegende Höhe des Schalenraumes nächst den Rändern.

Die Bedeutung, welche die Uferfelsen von Tschernawoda für die Erörterung aller den Formenkreis der Sippe *Diceras* berührenden Fragen unzweifelhaft haben, dürfte die Ausführlichkeit obigen Abschnittes rechtfertigen.

Perna subplana Etallon (Leth. bruntr. p. 234, pl. 34, f. 4.).

Perna Thurmanni Contejean, Kimm. Montb. p. 303, pl. 21, f. 12.

(?) *Perna Bouchardi* Oppel, die Juraform. Seite 720.

Ich würde mir die Beziehung eines einzigen guten Hohldruckes, der sieben Bandgruben aufweist und dem guten Erhal- tungszustande des auffallend geraden, die ganze Schalendicke zeigenden vorderen Randes einige Vollständigkeit verdankt, auf diese Species nicht gestatten, wenn mir nicht Exemplare von Porrentruy (*Perna plana* Thurm. collect.) und von Besançon vor- lägen, die mit meinem Exemplare befriedigend übereinstimmen. Die Muschel war klein; der Schlossrand misst zwischen der ersten und der letzten Bandgrube nur 21 Millim.; die ganze Höhe kann 47 Millim. nicht überschritten haben. Das ist ungefähr dasselbe Verhältniss, wie es das grosse Exemplar zeigt, welches Contejean abbildet. Der in der Jugend mehr gerade Rand Exemplare von Porrentruy) scheint sich im Alter ziemlich stark zu krümmen.

Gesammelt in *A* 1 zu oberst.

Trigonia plicata Ag. — Agassiz, Trigoniae, p. 33, pl. 10, f. 1).

Ausgezeichnete erhaltene Hohldrücke und Steinkerne stimmen auf das genaueste mit der Abbildung und mit Exemplaren aus dem *Pteroceras*-Kalk von Besançon überein.

Es ist dies die einzige *Trigonia*, die ich hier antraf, was freilich bei der völligen Auflösung der Schale der grossen Mehr- zahl der bei Tschernawoda vorkommenden Arten und der verhältnissmässig sehr kurzen Sammelzeit nicht viel bedeutet. Immerhin fällt es auf, dass gerade diese Art weder bei Porrentruy noch im norddeutschen Jura gefunden wurde.

Im *Pteroceras*-Thon hart am weissen Nerineenkalk der nördlichen Absturzes (*B*2.).

Arca reticulata Quenst. (Der Jura, Seite 760, T. 93, Fig. 11).

Diese Art, von den alten Nattheimer Species *A. texura* Münst., *A. trisulcata* M., *A. fracta* M. und *A. funiculosa* M. (Goldf petr. Arenae, Seite 141 u. f, T. 121, denen sie in der Textur sehr nahe steht, durch ihren kurzen Schlossrand und gleichmässige Wölbung unterschieden, scheint allerdings mit *A. subtexura* Etallon (Lethaea bruntrut. pag. 215, pl. XXVII, fig. 3) aus dem Epicorallien von Laufen identisch zu sein. Der Steinkern von Tschernawoda zeigt ganz dieselbe Tracht wie Etallon's Fig. 3 unten), doch ist die Sculptur aus dieser Abbildung (Fig. 3 oben) nicht deutlich genug zu entnehmen. Ich muss mich deshalb an die Quenstedt'sche Angabe halten.

Auch *A. texturata* Buv. (Stat. géol. du dép. de la Meuse, pag. 20, pl. XVI. fig. 4—6) hat in der Flächenansicht viel Ähn- lichkeit aber eine auffallend geringere Wölbung.

Ich fand Steinkerne und einen gut erhaltenen Abdruck in der unteren Nerineenbank am nördlichen Absturz (*B* 1).

Mionicardium sp. Steinkerne einer schönen, zwischen 60 und 70 Millim. in der Höhe messenden Art, welche aus dem westeuropäischen Jura nicht bekannt zu sein scheint. In *B*1.

Lima sp. ähnlich *L. spectabilis* Contej. (Lethaea bruntr. p. 245, pl. 34. f. 1); aus dem Kalkstein *A*3.

Lima sp. wahrscheinlich *L. Portesi* Et. (L. bruntr. p. 238, pl. 32, f. 7); nicht selten in *B*1.

Lima sp. ähnlich *L. corallina* Et. (ebenda p. 247, t. 33, f. 6); mit *Diceras minus* var. gig. in *B*3.

Wie wenig Werth auch auf diese, nur beiläufig auf Arten des Berner Jura beziehbaren Reste zu legen ist, so fällt doch auf, dass sämmtliche Drei auf Formen hinweisen, die dort nur den älteren Schichten (Hypo-trombulus bis Corallien) eigen sind.

Korallenreste kommen, namentlich in der Bank *B*1, häufig genug vor, doch geben nur wenige Anbrüche Hoffnung auf die Bestimmung der Art. An folgenden schien sie zulässig.

Calamophyllia Stokesi M. Edw. und Haime, Brit. foss. corals, p. 89, T. 16, 1.

Die genaue Übereinstimmung der vorliegenden Koralle mit den ausgezeichneten Abbildungen der genannten Coraltrag- species, sowohl was den Parallelismus vieler benachbarter Äste im selben Anbruch, als auch deren Oberfläche und den Bau des Kelches betrifft, — andererseits der Umstand, dass sich weder die Exemplare von *Calamophyllia* und *Rhabdophyllia* aus dem oberen Jura von Besançon und Porrentruy noch die Abbildungen in der Lethaea br. (T. 54) auf meine Stücke mit annähernd gleicher Trefflichkeit beziehen lassen, auch aus dem deutschen Jura Entsprechendes nicht vorliegt, bestimmen mich den Namen der britischen Art für sie in Anspruch zu nehmen.

Im weissen Kalkstein von Stramberg in Mähren kommt dieselbe Koralle vor; bei Tschernawoda über und unter *B*3a, auch in *A*2, zum Theile verwachsen mit der folgenden Art.

Calamophyllia sp., ähnlich *C. radiosa* M. Edw. und Haime.

Astrocoenia bulgarica nov. sp. (Taf. II, Fig. 11, 12).

Herr Professor Reuss war so gütig die Art, die er selbst für neu hält, in folgenden Zeilen so genau zu charakterisiren, als es ein gelungener Abguss des vorliegenden Hohlabdruckes gestattete.

„Die Koralle bildet fingerförmig gelappte Knollen, deren Oberfläche mit dicht an einander gedrängten, 2 bis 2½ Millim. grossen Sternzellen bedeckt ist. Dieselben sind im Umrisse rundlich, ziemlich tief, gleich gross und durch eine ziemlich breite, oben stumpfrandige Zwischenwand geschieden, die am oberen freien Rande fein gekörnt erscheint. Drei vollständige Cyklen von Radialzellen, die sich in der Grösse nur wenig unterscheiden, besonders die primären und secundären, sind gleich entwickelt; die Axe griffelförmig, dick, aber nicht sehr vorragend.

Von der ähnlichen *A. Guillardi* Mich. sp. unterscheidet sie sich durch drei vollkommen entwickelte Cyklen von Radiallamellen, von *A. tuberosa* d'Orb. sp. durch den Mangel der Radiallamellen eines vierten Cyklus".

Im gelbgrauen *Heterras*-Thon Fig. 21, 22.

Die Foraminiferen, an denen (vgl. Fig. 24) die Bank A 2 so reich ist, dass der kalkreiche Thon dadurch ein oolitisches Ansehen erhält, sind leider nicht bestimmbar. Allerdings zerfällt die Masse sehr leicht im Wasser und lässt sich gut schlämmen, die ausgebrachten Schalen sind aber zum Theile von Calcit überkrustet, zum Theile derart zerfressen, dass von einer Charakteristik der Species nicht die Rede sein kann.

Herr Prof. Reuss, dem ich das Material mit der Frage vorlegte, ob sich etwa Beziehungen zu Kreideforaminiferen daraus nachweisen liessen, erklärte auf das entschiedenste, dass nicht einmal die Gesellschaft der Sippen auf die Kreideformation hinweise.

Schlüsslich muss ich noch eines Petrefacts gedenken, von dem gerade das Gegentheil gilt. Am nördlichen Absturze (B) fand ich unter dem Schutt, der zum grossen Theile aus Steinkernen von *Isocras spectus* und der beschriebenen Varietät von *D. minor* besteht, auch viele Reste der erwähnten Calamophyllien enthält und ausschliesslich von den Bänken 1 bis 3, 5 herrührten scheint, einen grossen Stock mit rührig-bandförmigen Hohlräumen, den ich, verschlämmt wie er war, auf den ersten Blick für eine Koralle hielt. Nach der Reinigung zeigte sich aber, dass das Petrefact, dem dicke Austernschalen anhaften, keineswegs eine Koralle, sondern ein hippuritenähnlicher gesellig lebender Rudist sei. Die innere Fläche der dutenförmigen Kammer, also der Abdruck der konischen Rudistenschale ist ein grossen Theils glatt; erst gegen die etwas becherförmig erweiterte Mündung der Dute, die 10—15 Millim. im Durchmesser hat, stellen sich feine Längsstreifen ein. Die Gesteinsbeschaffenheit stimmt mit der jener *Isocras* und Korallenreste vollkommen überein und entspricht überhaupt der Bank 3 a. Die Verwickung dieses Petrefacts zu einer der bekannten Hippuriten-species schien allen alten Wiener Paläontologen, denen ich es vorlegte, ebenso unzulässig, wie die Natur desselben räthselhaft. Ich muss mich also damit begnügen, die Existenz desselben mit der Bemerkung notifizirt zu haben, dass sein Ursprung aus einer der ziemlich abseits liegenden Kreideschichten der Gegend völlig unwahrscheinlich sei (kais. Hof-Mineraliencabinet).

2. Boten die Absturze des Stellufers von Tschernawoda Schichten dar, welche sich trotz ihrer mehrfachen Eigenthümlichkeiten an westeuropäische Horizonte, namentlich an die „Kimmeridge-Thone" und „*Diceras*-Schichten" des Berner Jura und der Umgebung von Besançon knüpfen liessen, so haben wir in folgenden Localitäten zumeist Abbilder unserer „Stramberger-Schichten" vor Augen. Ich beginne die kleine Reihe mit dem äussersten Punkte an der Donau, an dem überhaupt Juragebilde zu Tage kommen, mit

Hirschowa. Ungefähr 10 Minuten nördlich von der behäbigen Mokkaneu-Niederlassung Varusch, die durch den im Vordergrunde des Bildes I, Fig. 2 gezeichneten Fels von der Türkenstadt, dem eigentlichen Hirschowa, getrennt ist, erhebt sich als ein Vorsprung des abgeflachten Strandes eine felsige Kuppe, 60 Wiener Klafter über dem Meere, also ungefähr 56 Klafter über dem Spiegel der Donau und durch eine schmale Alluvialbank von ihr getrennt, die, bisher ungetheilt, gerade hier nach der Einschnürung von Brailica, in weitsparrige Zweige zerfällt. Der Absturz des Hügels ist zu unterst durch Steinbrucharbeiten eingermassen angefrischt und das gebrochene Materiale macht es möglich, über den Charakter der unteren Bänke ins Klare zu kommen.

Die Lagerung ist hier beinahe horizontal; bei Varusch fallen die Schichten unter Winkeln von 5—20° in Nordost ein. Ein gelblichweiss oder gelblichgrauer splittriger Kalkstein, in einzelnen Lagen stark thonig, in andern breccienartig und von Hornstein derart durchzogen, dass einzelne Terebratelschalen völlig verkieselt und mit dem Gestein untrennbar verschmolzen sind, enthält nachstehende Thierreste:

Rhynchonella lacunosa Schloth. sp.

Ein sehr wohlerhaltenes Exemplar war glücklicherweise einer der ersten Funde an dieser Stelle. Im Habitus ist er identisch mit der *Rh. lacunosa* von Streitberg und vom Randen. Doch hat diese in der Regel nur drei Buchtfalten, während die vorliegende an der undurchbluchteten Klappe fünf, vom Wirbel bis zur Stirn angetheilt verlaufende Mittelfalten und in der Bucht gleichfalls fünf Falten besitzt, die bis in die Nähe des Wirbels (die oberste Partie ist undeutlich) ungetheilt bleiben. Von Seitenfalten zähle ich fünf, wovon jedoch die äusserste beinahe verschwindet. Die Streitberger und Randener haben deren nur 3—4. In allen diesen Beziehungen gleicht unsere *Rhynchonella* manchen Varietäten der *lacunosa* von Amberg und nähert sich einigermassen den ausgeprägten Formen der *Rh. trilobata* Münst. von Sirchingen. Stelzweiler bei Nattheim und anderen Orten. Mit der *Stramberger Lacunosa* oder der eigentlichen und der Var. *substriata. Terebratula substriata* Schloth.; stimmt sie nur im weitesten Umfang der Species überein.

Terebratula formosa Suess (Stramberg, S. 27, Taf. I, Fig. 10—13) nicht selten und merkwürdiger Weise die einzige Terebratel-Art, die ich hier antraf.

Einige Planulaten sind nicht selten, aber schlecht erhalten. Bestimmbare Reste fand ich von:

Phylloceras (*Ammonites*) *biplex* Sow. (d'Orb. Terr. jur. p. 509, pl. 192, non pl. 191), dann von einer demselben in der Rippenbildung und in der platten Form sehr nahe stehenden Art, die aber einen stumpfen, beinahe ebenflächigen Rücken hat. Derselbe Ammonit kommt auch im weissen Kalkstein von Stramberg vor.

A. tortisulcatus d'Orb. (p. 566, pl. 189), ein kleines, durch die charakteristischen Furchen hinlänglich bezeichnetes Exemplar.

Aptychen wurden nicht bemerkt.

Cidaris-Stachel; Bruchstücke, beinahe cylindrisch fein gerippt, bei einer Dicke von 2 Millim., mit 16—18 schwach gekörnten Leisten.

Auch der Fels, auf dem die Festung steht, scheint ziemlich reich an Versteinerungen zu sein.

Mein Begleiter brachte mir *Terebratula formosa* Suess, eine nicht bestimmbare Koralle, dem Ansehen nach dieselbe *Astrocoena*, die bei Tschernawoda vorkommt, und allerlei unbedeutende Fragmente.

Der Baustein der Festung wurde allem Anschein nach von Tschernawoda bezogen, denn Steinkerne von *Inoceras minor* Desh. var. *gig.* und *Inoceras monstrum* Pet. sind darin allenthalben verbreitet. Auch stimmt das Gestein, ein gelblichgrauer poröser Mergelkalk, genau mit dem Gestein der *Inoceras*-Bank von B 3 a (Fig. 21) überein. Von Interesse war mir, in einem dieser Bausteintrümmer ein kleines Exemplar der *Terebratula trochleaiensis* Zeuschn. (Stramberg, Taf. II, Fig. 9—11, S. 30) zu finden, welche Art mir weder im Steinbruch von Hirschowa, noch bei Topalo zur Hand kam. Ob es wirklich von Tschernawoda herstammt, lässt sich unter den obwaltenden Umständen nicht entscheiden.

Topalo ist ein grosses wohlgebautes Dorf, 2 deutsche Meilen südlich von Hirschowa. Die inzwischen an vielen Stellen des Steilufers hervortretenden Jurakalkfelsen nehmen hier wieder grössere Dimensionen an und bilden zu beiden Seiten des Dorfes, welches in eine natürliche Einsenkung mit steiler Lehne hineingebaut ist, ansehnliche Absturze, an denen etwas Steinbrucharbeit getrieben wird.

Der Kalkstein ist blendend weiss, dicht, ungemein reich an organischen Resten, namentlich an Terebrateln und deshalb von krystallinisch ausgefüllten Hohlräumen ganz durchzogen. Leider sind wohlerhaltene Reste äusserst schwierig auszubringen.

Ich erkannte zum Theil an Ort und Stelle, zum Theil an mitgenommenen Blöcken folgende Arten:

Terebratula tichaviensis Suess (Brachiop. d. Stramberger Kalksteins, S. 30, Taf. 3, Fig. 2—4).

T. mitis Suess (a. a. O. S. 31, Taf. III, Fig. 5—7).

T. Hilimeki Suess (a. a. O. S. 26, Taf. I, Fig. 7—9). Beide letztere sehr häufig, stellenweise das ganze Gestein erfüllend.

Terebratella pectunculoides Schloth. sp., genau entsprechend den sternförmig geränderten Varietäten aus dem schwäbischen ε (vgl. Quenst. Der Jura, Taf. 90, Fig. 47).

Pecten acquatus Quenst. (Der Jura, S. 755, Taf. 92, Fig. 12.)

Pecten sp., ähnlich dem *P. spathulatus* Röm. aus dem Callovien supérieur von Montreuil-Belay. Die Oberklappe ist aber minder flach und am rechten Rande mit Bildung einer seichten Mulde merklich aufgeworfen. Auch sind die concentrischen Linien viel feiner. Bei Exemplaren des *Pecten comptus* Goldf. Petref. Germ. II, p. 74, Taf. XVIX 3 a, aus dem Kalkstein von Streitberg hat er im Umriss, in der Form der Ohren und in der Linirung viel Ähnlichkeit. Ein unvollkommener Rest aus dem weissen Kalkstein von Stramberg scheint derselben Art anzugehören.

Cardita extensa Goldf. (Quenst. Jura, S. 761, Taf. 92, Fig. 30) und viele andere Zweischaler, von denen es mir nicht gelang, brauchbare Bruchstücke loszuzulegen. Nicht geringer scheint die Zahl kleiner Gastropodenarten zu sein.

Von zwei **Trochus** sp. liegen unvollkommene Reste vor.

Die eine Art hat ein sehr niedriges Gewinde und fünf starke Streifen auf jedem der weit ausgebauchten Umgänge. Sie gleicht einer (noch nicht bekannten?) Art von Nattheim, von der das kais. Hof-Mineraliencabinet geringe Exemplare besitzt. Die andere ist gerippt.

Littorina (*Turbo*) *ornata* Sow. sp., beinahe ident mit Exemplaren dieser Art aus dem Jura von Moskau.

Mehrere **Nerinea** sp., darunter kenntlich *N. canoidea* Pet. (Die Nerineen des oberen Jura in Österreich, S. 26, Taf. III, Fig. 8, 9).

Stellenweise zahlreiche Korallen, namentlich eine *Calamophyllia* sp. (?), die auch bei Stramberg vorkommt.

Krebsscheeren und zahlreiche mit der Gesteinsmasse völlig verschwommene Foraminiferen.

Die Felsen von Donatschik zwischen Topalo und Tschernawoda konnte ich leider nicht besuchen, was ich um so mehr bedaure, als sie möglicherweise zwischen den die Nähe des Grundgebirges einschliessenden Terebratelkalksteinen und den *Pteroceras*-Thonen Lagerungsbeziehungen oder sonst eine Art von Vermittelung zeigen.

Nicht minder interessant scheinen die Ufer südlich von Tschernawoda zu sein, namentlich in der Umgebung des Dorfes Kokerlenji, wo das dem Kara-Su zunächst liegende Thal ausmündet. Freilich sind die zum Theil kalksteinigen, zum Theil thonigen Jurabänke von einer mehr oder weniger mächtigen Schichte von miocenem Kalkstein überlagert und deshalb von Abrutschungen der auflastenden Massen von Löss (und zum Theil von miocenen Süsswasserthonen) stark überschüttet, doch wurden sie die Kosten von Sprengarbeiten wahrscheinlich lohnen.

Wir beistehendes Profil Fig. 25 zeigt, liegen nur einzelne Bänke bloss. Die Bank a ist ein gelbgraues bis bräunlichgelbes Thongestein, welches von Millionen kleiner Astartenschalen erfüllt war, und durch deren Auflösung in einen kalkreichen Mergel umgewandelt wurde. Ich erkannte mit Sicherheit nur:

Fig. 25.

Astarten bei Kaharleuji an der Donau. a—c oberer Jura, d Miocen-kalkstein (barras Sanka), f Löss, e Schutt

Astarte submultistriata d'Orb. (A. muss. u Goldf. 192, Tab. 134, Fig 15; A. polymorpha Conte J. Kim. p. 266, pl. II. Fig. 15 16) aus dem Hypozastarten und Epicoralllen von Porrentruy, die ich für ident halte mit der betrebenden Art des Astartenkalksteins von Ulm.

In der Bank b, welche ein fester, gelblichweisser Kalkstein und dem Astartenthon entweder auf oder eingelagert ist, fand ich einen guten Abdruck der Area reticulata Quenst. ganz übereinstimmend mit den Exemplaren aus b von Tschernawoda.

Bei c endlich gelang es mir aus einem zum Theil thonigen, zum Theil oolitischen, an Schnecken- und Bivalventesten ziemlich reichen Kalkstein einen genügenden Durchschnitt und den dazu gehörigen Abdruck von Nerinea nodosa Voltz loszumachen.

Diese Stelle ergänzt somit die Schichtenfolge von Tschernawoda durch den tiefer oder nebengelagerten Astarten-Thon.

Den einzelnen Schollen der grossen Jurakalktafel, die sich in den Thälern um Rassova ziemlich weit einwärts verfolgen lässt, und je weiter im Lande, um so mehr durch Einstürze in Folge innerer Auswaschung gestört ist vgl. I. S. 119 habe ich nur wenige Versteinerungen abgewonnen. Sie genügten eben, um den Zusammenhang nothdürftig zu fristen und entsprechen zum Theil dem Schichten unter und über dem Pteroceras-Thon, zum Theil dem Terebratelkalkstein von Topalo Stramberg.

So fand ich an der schroffen östlichen Thalwand nächst Polukdschi im Thale von Gjulpunar dieselbe Calamophyllia sp., die aus b von Tschernawoda erwähnt wurde, zusammen mit Area reticulata Quenst.

Am zweiten Rücken südlich von Medschidje, wo durch Abschwemmung der Lössdürre anstatt des Miocenkalksteins die Juraschichten unmittelbar blossliegen, im gelblichweissen Kalkmergel und Foraminiferen-Oolith unter undeutlichen Nerineen die stark verbreitete N. nodosa und eine der Arietia-Arten.

Innerhalb der Stadt Medschidje selbst ragt ein kleiner Buckel von Jurakalkstein aus dem abgeschwemmten Gehänge hervor (das Haus des Mudirs steht darauf), der ziemlich reich ist an Nerineen mit der Faltenbildung der N. bruntrutana.

In einem gelblichgrauen splittrigen Kalkstein von Kokardscha (vgl. I. S. 119), der zum Theil dicht, zum Theil von krystallinischen Massen ganz durchzogen ist, sammelte ich mehrere Exemplare von sehr bezeichnenden Terebrateln:

Terebratula ticharionais Suess; eine ziemlich langovalbreite Form.

T. formosa Suess (Brachiop Stramberg, S. 27, T. I, Fig 10–13). Ich bemerke hier, dass diese Art auch im Süden der Alpen, im Gebiete von Görz vorkommt. — **T. sp.**, vielleicht T. suboessata Münster (Stramberg S. 37).

Und so scheinen dieselben Horizonte von Strecke zu Strecke auf- und abzuschwanken, bald mit horizontaler Schichtenlage, bald wieder durch Einstürze steil geneigt.

Ganz ähnliche Verhältnisse zeigen sich an der Küste zwischen Kara-Arman und dem Kanara-See, doch sind die Entblössungen hier der Aufsammlung von Versteinerungen weniger günstig als an den Donauufern.

Der geeignetste Punkt ist die Klippe südlich vom erstgenannten Orte (vgl. I. S. 103 u. 123), wo über den grünen Schiefern eine ansehnliche Bank von lichtgelbgrauem, dichtem, zum Theil sehr feinkörnigem Kalkstein liegt. Ich sammelte hier sämmtliche von Topalo aufgezählten Terebratula Species, überdies noch eine der Terebratula trigonella Schloth. sp. verwandte Form, die aber mehr gestreckt ist und nicht so stark vorspringende Rippen hat. Ihr Deltidium Buss sich leider nicht rein blosslegen. Auch eine gut erhaltene Lima fand ich, die wahrscheinlich mit L. Bonnouxi Etall. (L. bronni p. 241, pl. 30, Fig. 11) aus dem Epicorallien von Laufon ident ist. (Die Rippen sind etwas schärfer und reichen bis an den Wirbel, was bei dem von Etallon abgebildeten Steinkern nicht der Fall ist.)

Die Ränder des Limau Taschaul und des benachbarten, bei meiner Anwesenheit beinahe trockenliegenden Brackwasserbeckens, die aus demselben Kalkstein bestehen, mögen auch instructiv sein. Ich konnte dabei nicht verweilen. Die unterste Gesteinslage des Cap Midia gehört wohl auch noch hierher. Ein Bruchstück einer grossen fächerförmigen Schale mit sehr breiten, durch eine seichte Rinne gespaltenen Rippen ist in der Tracht dem Pecten ragans Sow. und P. fibrosus Sow. ähnlich, noch mehr einer am Lindener Berge (Hannover), vorkommenden Art, die sich im kais. Hof-Mineraliencabinet unter dem Namen P. fibrosus Sow. befindet.

Einigermassen zweifelhaft ist der Kalkstein, der das Becken des Kanara-Sees an der nordwestlichen Seite umrandet und ausnahmsweise nicht horizontal liegt, sondern in mächtigen mit etwas Mergel wechselnden Bänken unter Winkeln von 15° bis 60° in Südwest und zunächst am Dorfe wieder in Nord einfällt. Ich fand darin mit Ausnahme eines zweifelhaften, obwohl gut erhaltenen Brachiopoden der an Megerlea ambitiosa, Suess erinnert (Stramberg, S. 47, Taf. 5, Fig. 9) keine wesentlichen organischen Reste. Im

Gegentheil, ein lose liegender Steinkern einer grossen Muschel, die mit Gümbel's *Megalodon*-Arten *M. columbella* und *M. chamaeformis* manches gemein hat, heisst mich die Möglichkeit wahrnehmen, dass hier zwischen den grünen Schiefern und den südwärts anstossenden Kreideschichten eine vereinzelte Partie von weit höherem Alter vorliege.

Auf der Karte habe ich sie, um die Einheit des Bildes nicht zu stören als Jurakalkstein angegeben, was sie vielleicht auch ist.

3. Es erübrigt, dass ich noch die Fossilreste jenes dunkelfarbigen Planulatenkalksteins vom Kara-bair am Dunavez aufzähle.

Ich lernte denselben im Tatarendorfe Beibudschuk kennen (wo zum Bau von Brunnen ziemlich grosse Bruchsteine aufgehäuft waren) leider zu spät, um den Absturz der Kara-bair genannten Lehne gegen den Dunavez, von dessen Lössufer ich eben kam, noch aufzusuchen. Die Hauptmasse, von der die Tataren zu sagen wussten, dass sie horizontale Bänke bilde, ist aschgrauer, schwärzlich gefleckter, höchst dichter Kalkstein, splittrig mit sehr vollkommen muscheligem Bruch. Lichtere Abänderungen mahnen an die Fleckenmergel des alpinen und oberungarischen Lias.

Auf den ersten Blick hat das dunkle Gestein die grösste Ähnlichkeit mit dem oberen Lias von Whitby, und ich war nahe daran, den häufigsten Ammoniten mit zweispaltigen Rippen, die sehr fein und gleichmässig mit etwas vorgezogener Wölbung über den „Rücken" verlaufen, für *A. annulatus* Sow. zu halten. Bei der äusserst ungünstigen Gesteinsbeschaffenheit, welche macht, dass jeder Bruch vielmonchlig durch die Masse läuft, als ob keine Versteinerungen darin wären, muss ich es einen Glücksfall nennen, dass mir doch an Ort und Stelle ein sehr gut erhaltenes und charakteristisches Petrefact in die Hand fiel:
Rhynchonella lacunosa Schloth. sp., völlig ident mit den tiefbuchtigen Exemplaren von Streitberg und vom Randen, und bei einem Querdurchmesser von 30 Millim. ebenso dick wie sie.

Nun liessen sich die Ammoniten auch ziemlich gut unterbringen. Rundliche, mit scharfen, nach vorn gezogenen Rippen gehören zu *Ammonites colubrinus* Rein., mehr platte mit starken, gerade gegen den Rücken zu laufenden und dort erst sehr regelmässig gespaltenen Rippen müssen wohl zu *Ammonites biplex* Sow., oder nach Suess *Phylloceras heplex* (*A. picutilis* Sow., bei d'Orb. Terr. Jurass. p. 509, pl. 192, non pl. 193) gezogen werden. Ausser diesen in sehr zahlreichen, mehr oder weniger instructiven Bruchstücken gesammelten Arten fand ich noch ein Fragment von *A. tortisulcatus* d'Orb., der bekanntlich auch in den Juraschichten der Krim vorkommt, einige *Lima* sp. und mancherlei unbestimmbare Reste.

Mit dem Moskauer Jura ist demnach die Ähnlichkeit im wesentlichen gering. Keiner der Ammoniten passt besser zu den Moskauer als zu schwäbischen oder westeuropäischen Formen. Auch mit dem kaukasischen Jura scheinen die wenigen hier nachgewiesenen Arten, so wie die zahlreicheren von Tscheruawoda, Hirschowa u. s. w., nur insofern übereinzustimmen, als sie zu den gewöhnlichsten Vorkommnissen der westeuropäischen Länder gehören. Doch wären alle ostwärts gerichteten Anknüpfungsversuche wegen beiderseitigen Mangels an einer genügenden Artenzahl ohnedies noch bei weitem verfrüht.

Deutlicher sind die Beziehungen der unter 1 und 2 beschriebenen Juraformen der südlichen Terrains, von denen ich sagte, dass sie von der Ablagerung am Kara-bair durch den Grundgebirgsrücken der grünen Schiefer getrennt seien, zu den „Stramberger Schichten" und westlichen Lagerstätten. Doch dürfte ich sie betreffend in den am Eingange dieses Abschnittes vorausgeschickten Sätzen so ziemlich das Äusserste angedeutet sein, was sich auf Grundlage der mitgetheilten Beobachtungen mit einiger Wahrscheinlichkeit in Aussicht stellen liess.

Möge meine Recognoscirung einiges zum Gedeihen künftiger Untersuchungen beitragen!

Die Kreideformation.

Dass es mit der Charakteristik dieser Formation in der Dobrudscha gar übel stehe, haben die Geologen, die sich für die östlichen Länder interessiren, bereits aus meinen Reiseberichten entnommen. Der ziemlich durchsichtige Bau der Gebirgsmassen und die verhältnissmässig günstige Entwickelung des oberen Jura machen es allerdings leicht, die Umrisse der Formation als Ganzes mit einiger Genauigkeit zu zeichnen. Zu einer Gliederung jedoch fehlen noch beinahe jegliche Behelfe. Ich bin darin um nicht viel weiter gekommen, wie mein scharfblickender Vorgänger an den Küsten des Lagunengebietes (Cap. Spratt, l. c. XIV. p. 204. XVI, p. 292) der die weisse Kreide (Chalk) am Kanara-See und einen bräunlichgrauen Kalkmergel mit Inoceramen am Cap Dolaschina sehr richtig notificirte. Ob daran die ausserordentliche Petrefacten-Armuth der Mergel Schuld sei, welche den grossen Gebirgskörper von Babadagh bilden, die dichte Waldbedeckung desselben oder eine nicht genugsam fleissige Durchspähung der wenigen, kaum 2—3 Klafter tiefen Aufschlüsse in den horizontal liegenden Bänken, darüber konnte ich mir nach wiederholter Durchquerung des Gebirges selbst nicht Rechenschaft geben. Ich hatte mit Ausnahme der weissen Kreide und eines unter ihr liegenden Baculitenthons, die beide erst südlich von der Linie Tschernawoda-Kanara vorkommen, im ganzen Lande keinen einzigen Punkt kennen gelernt, der durch hoffnungsvolle Petrefactenspuren zu wiederholtem Besuche eingeladen hätte.

Die wenigen, einigermassen leitenden Fossilreste werde ich im Contexte mit einigen stratigraphischen Nachweisungen sogleich geben.

1. Die Schichten von Babadagh und vom Allah-Bair.

Knüpfen wir an das Profil von Baschkiöi Fig. 23, Seite 178) an, so haben wir als unterste, wahrscheinlich schon der Kreide angehörige Bank jenen dünngeplatteten Crinoidenkalkstein und darüber den gelblichen Kalkmergel mit seinen Einlagerungen von Hornstein. Die Mächtigkeit des ersteren beträgt etwa 50 Klaftern, die des letzteren, wenn wir dieses Profil mit anderen Querschnitten des Gebirges zusammenhalten, wohl 100 Klaftern oder darüber.

Sehr ähnlich ist die Schichtenfolge bei der Stadt Babadagh selbst, die eine von Löss theilweise erfüllte Bucht zwischen der geschlossenen Hauptmasse des Kreidegebirges und der Kette der nördlichen Vorberge einnimmt. Steinbrüche haben am östlichen Ende der Stadt die tiefsten Schichten entblösst, deren Gestein jenem Crinoidenkalkstein sehr ähnlich, aber minder gleichmässig dünn geschichtet ist und sich mehr einem kalkreichen Sandstein nähert. Seine 3—8 Zoll mächtigen Bänke liegen vollkommen horizontal. Dadurch und durch die Terrassenform, in der es, von Löss überlagert, scheinbar an die steile Gebirgsmasse stösst, deren Fuss es bildet, macht es auf den ersten Blick den Eindruck einer jungertiären Ablagerung. Man überzeugt sich aber bald, dass sie von den gelbgrauen, zum Theil auch intensiv isabellgelb gefärbten Kalkmergeln, aus denen die nächsten Berge bis zu einer Seehöhe von 135 Klafter bestehen, conform überlagert werden. Hinsichtlich der späthigen Calciteinschlüsse, von denen sich die grösseren unzweifelhaft als feine Crinoidenstielglieder kund geben, verhalten sie sich beinahe ebenso, wie das Gestein vom Kereschhair bei Baschkiöi. Doch wird es nebenbei klar, dass die winzigen Kalkspaththeilchen in überwiegender Menge von Foraminiferen und anderen mikroskopischen Thierresten herrühren. Von greifbaren Versteinerungen sah ich darin nur einige nicht sehr dicke Austernschalen und Spuren von glatten Terebrateln. Inoceramen kommen in diesen tiefen Schichten noch nicht vor, sondern erst in den höheren Kalkmergeln, die leider in der Nähe der Stadt nicht genügend entblösst sind. Auch sie haben stellenweise eine starke Beimengung von feinem Quarzsand, gehen sogar in wahre Sandsteine über, die manchen Quadersandsteinen der böhmisch-sächsischen Kreide auffallend gleichen. Mitunter gibt es wieder dünnblättrig zerfallende Mergel, die mit Sandstein wechsellagern. Die Hauptmasse hat bei einer Schichtendicke von 6—10 Zoll mit dem „Pläner Mergel" von Böhmen eine grosse Aehnlichkeit.

Aehnliche Wechsellagerungen einer höchst einförmigen Schichtenreihe fand ich allenthalben. Hornsteinbänke stellen sich hie und da auch mitten in den Mergeln ein, z. B. bei Tschukarova, wo die reichste Quelle des Gebirges, südöstlich vom Dorfe mitten aus ihnen entspringt. Ebenda ist auch das thonige Gestein selbst vom hornsteinartiger Kieselmasse mitten in den Bänken durchdrungen.

Eine einzige Stelle ist mir vorgekommen, wo das Gestein mit den älteren Karpathensandsteinen nahe übereinstimmt. Es ist dies jener schon mehrfach erwähnte Riegel zwischen Akpunar und Ortakiöi, welcher vom Kreidegebirge nach der nordwestlichen Gruppe hervorlangt. Die Schichten liegen discordant aber keineswegs horizontal auf steil in ONO. einfallenden Conglomeraten, welche der Trias (oder dem Rothliegenden) angehören. Da Petrefacten hier ebenso wenig wie in der südlichen Nachbarschaft bemerkt wurden, so kann ich auf jene Gesteinsähnlichkeit keinen Werth legen.

An dem schon von Spratt besuchten 60—80 Fuss hohen Steilrande zwischen Karamankiöi und Schurilaovka, auf welchen sich der Name Cap Dolaschiua bezieht, fand auch ich Abdrücke von Inoceramen. leider keinen einzigen der deutlich genug wäre, um die Species zu unterscheiden. Auch einzelne unbedeutende Fischreste kommen hier vor. Ganz die gleichen Bänke erscheinen weiter südlich am Kara-burun, aber weniger gut entblösst.

Auch der Allah-bair, auf den ich grosse Hoffnungen setzte, erwies sich hinsichtlich der Petrefacten als ein steriler Punkt, obgleich die Gesteinsbeschaffenheit nicht dieselbe ist, wie im Gebirge von Babadagh und seinen directen Ausläufern (Fig. 26, vgl. I, Fig. 5).

Über den steil in SW. einschliessenden grünen Schiefern liegt beinahe horizontal ein gelblich weisser, ziemlich poröser Kalkstein, der die ganze Mächtigkeit

Fig. 26.

a grüne Schiefer, b Kreide (zum Theil Turonien), l Löss.

von ungefähr 45 Klaftern ausmacht. In manchen Bänken ist er kreideartig zerreiblich. Zu der grossen Armuth an greifbaren Thierresten kommt noch der Umstand, dass die Schalen gänzlich aufgelöst sind. Ich fand nur einen Steinkern von einer ziemlich stark gewölbten und mässig gekielten *Exogyra*, etwa wie *E. subcarinata*, Münst., dessen Mangelhaftigkeit jedoch den Gedanken an *E. columba* nicht ausschliesst; ein Stück Abdruck von *Inoceramus Cripsi*(?) und einen Pectenscherben.

Besser möchte sich die nördliche Umgebung des Berges anlassen, wenn die Kreideschichten mehr aufgeschlossen wären. Ich fand da in gelblichgrauem festem Mergel, wenigstens eine ganze Terebratel, welche wohl kaum etwas anderes ist als ein kleines Exemplar von *T. carnea*.

Damit wäre allerdings ein Anhaltspunkt für die Vermuthung gewonnen, dass ein Theil dieser Schichten der mittleren Kreide (etwa Plänerkalkstein) angehöre. Viel wichtiger ist das negative Ergebniss, dass darin keine Spur von Rudistenbänken, überhaupt Nichts angetroffen wurde, was auf die südeuropäische Kreide hinweisen würde[1].

Einen entschieden nordeuropäischen Charakter hat auch die folgende Stufe.

2. Baculitenthon und weisse Kreide vom Kanara-See und aus dem Kara-Su-Thale.

Wie schmal auch das Festland zwischen dem nordwärts gekrümmten Theile des Stromes und dem Meere sei, wie stark sein Gebirgsskelet von jungen Ablagerungen verhüllt, so macht sich doch eine stufenweise Sonderung der einzelnen Formationen sehr deutlich bemerkbar. Je weiter man von der äussersten Umrandung des Waldgebirges Babadagh gegen Süden fortschreitet, um so jüngeren Schichten begegnet man. Allerdings wissen wir über das geologische Alter der bisher besprochenen Kreidegebilde so gut wie gar nichts, doch soviel steht fest, dass die obersten Schichten der Formation in der Gestalt von Baculitenthon und weisser Kreide erst südlich vom Cap Midia erscheinen. Ich lernte sie zuerst am Kanara-See kennen, wo sie unter einer schwachen Decke von Miocenablagerungen an den äussersten, in seiner Lagerung ausnahmsweise stark gestörten Kalksteinfels einer älteren Formation stossen.

Es ist ein Glücksfall, dass sie hart an der Küste noch 12 bis 14 Fuss hoch über dem Meeresspiegel blieben, denn schon bei Küstendsche sinkt selbst die ganze Miocenbank unter denselben herab und die

---

[1] Dass letztere in Serbien und im westlichen Theil der Halbinsel ausgezeichnet und in völliger Übereinstimmung mit den „Gosau-Schichten" von Siebenbürgen entwickelt ist, hat Boué längst nachgewiesen (Turquie d'Europe, I, p. 257). Die untere Kreide hat Serbien mit Ungarn, Krain und Istrien gemeinsam (Caprotinen-Kalkstein von Belgrad; mein Reisebor. l. c. 250). Aber auch im östlichen Bulgarien scheinen ausser der bekannten weissen Kreide von Schumla (Turquie, p. 254, Rudistenschichten und die untere Kreide der Karpathenländer (Fucoidenmergel und Sandsteine) verbreitet zu sein (Boué l. c. 238 u. ff.).

weiter einwärts im Lande, das heisst an den Gehängen des Kara Su-Thales und der südlich davon zur Donau ausmündenden Thäler, von den Juragebilden mehr oder weniger hoch emporgehaltenen Kreideschichten gleichen Alters sind viel zu wenig instructiv, als dass sie eine genauere Bestimmung zuliessen.

Ich habe am Kanara-See zwei anscheinend horizontale Bänke unterschieden. Die tiefere, die nur stellenweise 2—3 Fuss über den Wasserspiegel emporragt, ist etwas gelblichgrau gefärbt, nicht so mager anzufühlen, wie die obere und zeichnet sich vor ihr durch den Mangel von Feuerstein, so wie durch das häufige Vorkommen von Baculiten aus. Obgleich sich letztere leicht von dem Thone ablösen, so kann doch von einer Untersuchung der Lobenzeichnung nicht die Rede sein. Sämmtliche, mitunter 10—12 Zoll lange Reste sind in die weiche, im feuchten Zustande schmierige, trocken sogleich zerbröckelnde Gebirgsart umgewandelt. Es war mir deshalb sehr tröstlich, dass ich unmittelbar über der Baculiten führenden Bank, wo die Thonmasse bereits in reine Kreide übergeht und Feuersteinknollen, so wie auch ganze Bänder von kieseliger Substanz sich einzustellen beginnen, *Ostrea vesicularis* in grosser Häufigkeit und bald darauf in einer der höchsten Lagen ein gutes Bruchstück von *Belemnitella mucronata* fand. Die Auster zeigt trotz ihrer Vielgestaltigkeit die entschiedenste Herrschaft des reinen Typus von Meudon; nebenbei die zusammengedrückte Form *O. lateralis*, Nils., im offenbaren Übergange zu Ersterem. Die Schalen bilden keine eigentlichen Bänke, sitzen aber in der Regel gruppenweise der Art beisammen, dass Übergangsformen mit einem der genannten Typen verbunden sind. Ob im Niveau zwischen Beiden gewisse Unterschiede bestehen, habe ich zu beobachten unterlassen. Jedenfalls kann es sich dabei nur um einige Zoll oder höchstens einen Fuss Gesteinsmächtigkeit handeln.

Von naheliegendem Interesse war es mir, im kais. Hof-Mineraliencabinet einiges Materiale aus der Mucronatenkreide von Baktschi-Serai in der Krim zu sehen und ich bemerke hier nebenbei, dass ich darin die typische *O. vesicularis* nicht fand, sondern nur riesige Exemplare, welche der *O. Pyrenaica* d'Orb. sehr nahe stehen[1]).

Dass am Kanara-See andere greifbare Reste sollten zu gewinnen sein, ist mir nicht wahrscheinlich. Die Auflösung der nicht schwer löslichen Weichthierschalen ist zu allgemein und das Ausbringen von Steinkernen mit Ausnahme jener Baculitenreste kaum möglich. Eine lithologisch beachtenswerthe Thatsache, von der gleich ausführlicher die Rede sein wird, steht vermuthlich damit im Zusammenhange.

Dass die Kreide reich an Foraminiferen sei, hat schon Spratt (Woodward, l. c.) bemerkt. Ich übergab Herrn Prof. Reuss einiges Materiale und kann nun mit Befriedigung auf das stratigraphische Resultat verweisen, welches er aus einer nicht geringen Anzahl von Foraminiferen und Ostracoden gewann[2]).

Der nächste Punkt, an dem die senonische Kreide wieder erscheint, ist das südliche Gehänge des Kara-Su-Thales bei Umurdscha. Die hier entblösste Mächtigkeit beträgt 35 Fuss. Die 6—10 Fuss mächtigen Bänke fallen unter einem Winkel von 10° in SW. Aber keine derselben enthält Baculiten, auch *Ostrea vesicularis* scheint äusserst sparsam vertreten zu sein. Dagegen ist dieser Absturz hinsichtlich des Feuersteins und seiner schon bei Kanara bemerkten Umwandlung interessant, so wie auch wegen der Mioconschichten, welche der Kreide unmittelbar aufliegen. Bei Murvatlar sind nur die letzteren sichtbar, doch taucht die Kreide ober- und unterhalb von Medschidje in Berührung mit den besprochenen Nerineengestein des oberen Jura wieder auf. Bemerkenswerth ist, dass man es hier zumeist mit Wechsellagerungen von weisser (feuersteinführender) Kreide und Sandsteinen, stellenweise auch mit letzteren allein zu thun hat.

---

[1]) In Bithynien, dem nächsten Kreideterrain Kleinasiens, scheint nach den Untersuchungen von Tchihatcheff die weisse Senonkreide nicht vertreten zu sein, sondern eine den Mergeln von Bahadagh und dem Kalkstein des Allah-bair analoge Schichtenreihe mit vielen Inoceramen zu herrschen (Bullet. soc. géol. 2. sér. VIII, p. 285).

[2]) Sitzungsber. d. kais. Akad. LII, p. 445 (October 1865). Ich will hier nur bemerken, dass von 35 erkannten, zum grössten Theile in der nordfranzösisch-britischen Schreibkreide und im Mucronatenmergel von Lemberg gemeinen Foraminiferenspecies der Baculitenbank nur 9 auch in den Gosau-Schichten vorkommen, und davon nur 2 dermalen ausschliesslich aus letzteren beschrieben sind. 6 (im Ganzen also 11) wurden von Reuss als neu bezeichnet.

Dieselben sind sehr lichtfarbig, beinahe weiss und durch kohlensauren, zum Theil krystallinischen Kalk ungemein fest gebunden. Ein grosser Steinbruch, etwa 1500 Klafter westlich von Medschidje, zeigt ein 80 Fuss mächtiges Lager von solchem Sandstein mitten in der Kreide, die im Hangenden derselben einzelne ähnliche, aber nur 6—15 Zoll mächtige Bänke von Sandstein enthält. Unweit davon im Westen liegen schon die *Diceras*- und *Pteroceras*-Schichten von Tschernawoda unmittelbar unter dem Löss. Diese Sandsteine sind also augenscheinlich eine Randbildung an dem oberjurassischen Grundgebirge, welches diese besprochene Stufe der Kreideformation von dem heutigen Stromthale Bulgariens in seiner ganzen Ausdehnung getrennt zu haben scheint[1]). Ganz ähnlichen Erscheinungen begegnete ich in den obersten Abschnitten der Thäler um Rassova.

Um nun auf den berührten lithologischen Gegenstand näher einzugehen, erwähne ich vorerst, dass die Feuersteine der weissen Kreide an und für sich kaum irgend eine bemerkenswerthe Eigenthümlichkeit haben, das lagerbandartige Vorkommen der Kieselmasse neben der gewöhnlichen Knollenform ausgenommen. Die Farbe der Knollen und der Bänder ist zumeist lichtgrau mit ocherbrauner Zeichnung, niemals dunkel[2]). Dagegen erregten manche seladon-grüne oder grünlichgraue Knollen, die ich schon am Kanara-See beobachtete, bei Umordscha meine besondere Aufmerksamkeit.

Sie liegen stellenweise derart gruppirt in der Kreide, dass sie die gewöhnlichen Feuersteinknollen augenscheinlich vertreten. Auch ein ganzes Lagerband aus derselben Substanz, aber reichlicher von kreideartigem Kalkcarbonat durchdrungen, fand ich an einem der westlich am See nahe am Dorfe Kanara gelegenen Abstürze. Obwohl die Grenzlinien dieses Bandes keineswegs scharf sind, so fällt es doch durch seine im feuchten Zustande recht dunkle Farbe schon von weitem auf. Näher betrachtet, zeigt es eine ganz ähnliche Vertheilung der grünen Substanz in ihrem Verhältnisse zur Kreide, wie sie der Feuersteinmasse der normal verkieselten kleinen Einlagerungen anderer Stellen eigen ist. Gerade über und unter diesem Bande ist die Kreide ziemlich reich an *tutres remendaris*. Die Schalen derselben sind aber schlechter erhalten, wie anderwärts.

Von glauconitischen Körnern oder Färbungen, so wie von Mineraleinschlüssen, die dazu hätten führen können, ist in der Kreide des ganzen Gebietes keine Spur zu finden.

Bei weitem mehr instructiv ist der erwähnte Absturz bei Umordscha im oberen Kara-Su-Thale, mit seiner starken Decke von Mioceakalkstein. Ich fand in im Innern deutlich abgegrenzter faustgrosser Knollen bröckliche Überreste von Kieselmasse, die allerdings theilweise oder graue Farbe der normalen Feuersteine gegen ein schmutziges Grünlichgrau eingetauscht hatte, aber durch ihre Härte von der sie umschliessenden und durchdringenden grünen Substanz leichtlich zu unterscheiden war. Aller Anschein spricht somit dafür, dass in diesen Knollen, so wie auch in den Lagerbandern eine Verdrängung des Feuersteins durch ein anders geartetes Mineral stattgefunden habe (vgl. meinen Reisebericht l. c. S. 250). Nachstehend das Ergebniss einer näheren Untersuchung desselben:

Das Mineral behält nur im feuchten Zustande seine Knollenform; lufttrocken zerfällt es in kleine Brocken, wobei sich stellenweise eine concentrische Anordnung der dichten Masse bemerklich macht. Auch wird sein Farbenton viel lichter, durch starkes Erhitzen auf dem Platinblech aber wieder dunkler, ins Braune geneigt. Der Bruch ist unvollkommen muschlig und fettartig schimmernd bis ins Erdige. Es lässt sich mit dem Fingernagel ritzen, nimmt unter dem Messer lebhaft fettglänzende Schnittflächen an und wird, mit Wasser befeuchtet, knetbar. In verdünnter Salzsäure löst sich ein mehr oder weniger grosser Theil, je nachdem die Probe näher vom Umfange des Knollens oder näher der Mitte genommen wurde, unter lebhaftem Brausen auf. Der centrale Theil der Knollen enthält sehr wenig kohlensauren Kalk, aber nicht selten Reste von wasserhaltiger Kieselsubstanz. Das nach der Behandlung kieselfreier Proben mit Säuren zurückbleibende Pulver ist krystallinisch, unter dem Mikroskop gelblichgrün oder in sehr feinen Theilchen farblos, durchaus gleichartig körnig und doppelt lichtbrechend. Organische Formbestandtheile werden weder vor noch nach der Behandlung mit Säuren wahrgenommen. Sein specifisches Gewicht fand Herr Dr. R. Maly, dem ich auch nachstehende Analyse verdanke, = 2·31 (bei 21° C). Vor dem Löthrohre schmilzt es unter starkem Leuchten nicht schwierig zu einer braunen trüben Perle, ohne der Flammenspitze eine charakteristische Färbung zu geben. Mit Soda schmilzt es leicht zu einer schwammigen Schlacke. In concentrirter Salzsäure ist es nur zum kleinsten Theile löslich.

Der Auszug mittelst Essigsäure enthält nebst Kalk etwas Bittererde. Der krystallinische Rückstand ergab, bei 100° getrocknet und mit kohlensaurem Natronkali aufgeschlossen, folgende Bestandtheile:

Kieselsäure	. . . . . .	66·11	
Magnesia	. . . . . .	2·40	Keine Spur von Kalk.
Thonerde	. . . . . .	26·21;	Mittelst kohlensaurem Baryt gefällt, und das gegenseitige Verhältniss durch
Eisenoxyd	. . . . .	1·77)	Reduction mittelst Wasserstoff bestimmt.

---

[1]) Schumla fällt wieder in den östlichen Strich, dem die Dobrudscha angehört.

[2]) Die mikroskopische Untersuchung einiger Schliffplättchen blieb erfolglos.

Wasser . . . . 12·80
Organische Substanz   Spuren
                      94·49

An einer für sich getrockneten Portion bestimmt.
Kein auf Alkalien zu prüfender Rest.

Wenn man neben den physikalischen Eigenschaften das Verhältniss der Kieselsäure zur Thonerde allein ins Auge fasst, so mag man versucht sein, diese Substanz mit den kieselreichsten Agalmatolithen und manchen aus Feldspathgestein entstandenen Thonarten zu vergleichen. Doch wird es durch den völligen Mangel an Alkalien und seinen verhältnissmässig hohen Wassergehalt sowohl von ihnen, wie von den pinitartigen Mineralien ferngehalten. Nicht minder nahe läge die rein chemische Beziehung zum Annuxit, Razoumofskin und zu manchen Pyroxenthonen. Doch fehlt uns da wohl jedwede physikalische und paragenetische Verwandtschaft. In Hinsicht auf letztere möge eine gewisse Ähnlichkeit mit den Chloropalen, namentlich manchen Varietäten des Unghvarit nicht unbemerkt bleiben, wobei wir freilich ein Thonerdesilicat als offenbare Verdrängungsbildung einem nahezu gleichartigen Absatz von Eisensilicat mit überschüssigem Kieselsäurehydrat gegenüberstellen.

In Anbetracht der Unmöglichkeit, die besprochene Masse als Pseudomorphose auf eine plausible Mineralspecies zu beziehen und den Vorgang einer solchen Verdrängung zu erklären, würde ich die Untersuchung derselben ganz fallen gelassen haben, wenn sich nicht zwischen ihr und den bekannten Green-coated Flints aus der Kreide von Kent, richtiger aus dem eigenthümlichen Feuersteinlager zwischen derselben und dem Thanet-Sand, eine sehr beachtenswerthe Beziehung herausgestellt hätte [1].

Ein grünes Mineral, welches Prof. Morris auf Grundlage einer Analyse von Mr. Dick für Allophan erklärt, ist dort nicht nur mit den grüngeänderten, in ihrer Oberflächenbeschaffenheit merklich veränderten Feuersteinmassen innig verbunden, sondern erstreckt sich auch in die Spalträume der unmittelbar unterliegenden Kreide. Wie gross nun auch der Unterschied zwischen diesem Allophan und dem Mineral aus der Dobrudscha-Kreide hinsichtlich des Verhältnisses der Kieselsäure zur Thonerde und zum Wassergehalt sei, so sind sie doch beide im Wesentlichen Thonerdesilicate und deuten an, dass der Feuerstein in seiner Zersetzung nicht nur wie in den bislang bekannten Fällen Alkalien und Wasser aufnehmen oder durch kieselsaure Magnesia ersetzt werden, sondern unter gewissen Umständen ganz ungewöhnlichen Verdrängungen unterliegen könne [2]. Es würde von Interesse sein, die chemische Zusammensetzung der grünen Rinde der Feuersteinfragmente aus jener Schichte von Kent näher kennen zu lernen, denn sehr wahrscheinlich steht sie dem hier beschriebenen Mineral viel näher, als der dort nebenbei entwickelte Allophan.

Bis auf Weiteres muss ich mich damit begnügen, auf die Verwandtschaft beider Erscheinungen hingewiesen zu haben [3].

Ob die Auflagerung von miocenem Kalkstein (dessen Conchylienmassen sämmtlich aufgelöst gefunden werden) eine Bedingung der besprochenen Pseudomorphose sei und hier directe Rolle spiele, die man in Kent dem Thanet-Sand zuzuschreiben geneigt ist, kann ich nach meinen Beobachtungen weder behaupten noch bestreiten, indem alle Kreidelager des Gebietes, sowohl an der Küste wie auch im Kara-Su-Thale von Mineralablagerungen der Verhältnisse wie der dem bedeckt waren. Die Mächtigkeit der letzteren ist freilich sehr verschieden. Bei Dobrudscha z. B., wo die Kreidebänke unter Winkeln von 15—20° in SW. einfallen, schätze ich die Mächtigkeit des horizontal aufgelagerten Kalksteins auf 20 bis 30 Fuss, an der Küste bei Kanara, wo beide horizontal liegen, auf 5 – 6 Fuss. An dem Küstenabschnitt, der nebst vielen Knollen jene grüne Lagermasse enthält, ist die Miocendecke völlig abgetragen, an anderen Punkten der Küste besteht sie nur aus einer schwachen versteinerungsleeren aber kalkreichen Sandbank, deren Schichten über der (horizontalen?) Kreidemasse unter einem Winkel von 15° in N. geneigt sind.

An Infiltrationen von Kalklösung kann es unter solchen Umständen zu keiner Zeit gefehlt haben. Auch muss ich bemerklich machen, dass die Kreide im südlichen Theil der Kanara-Küste, wo die Feuersteine ganz unverändert blieben, vom Miocänkalkstein durch eine thonig gebundene Breccie getrennt ist, welche das Durchsickern der kohlensauren Wasser wesentlich hemmen konnte. Wie die freie Einsickerung von kohlensauren Lösungen aus einem conchylienreichen Kalkstein oder auch vom Meerwasser während dessen Absatzes die Bildung eines Thonerdesilicats an der Stelle von Feuerstein bewirken konnte, bleibt vor der Hand in Frage. Weitere chemische Untersuchungen über die Feuersteine von Kent werden darüber Aufschluss geben.

Dass ich das beschriebene Mineral, entsprechend der allgemeinen Anschauung von der primären Bildung des Feuersteins, geradezu eine Pseudomorphose nenne, mag durch die vollkommene Erhaltung der Knollenform und die darin steckenden Flintreste gerechtfertigt erscheinen. Unter solchen Umständen gilt die Gestalt eines Morpholithen beinahe eben so viel wie eine Krystallform. Ohne ihr eine mineralogische Bedeutung beimessen zu können, glaube ich diese Ersatzbildung doch in Ansehung der grünen Lagermassen, die ohne sie sehr irrig hätten gedeutet werden können, zu jenes

---

[1] Vergleiche die Abhandlungen von Prestwich im Quart. Journ. geol. soc. Vol. VIII, p. 243, von Prof. Morris ebenda. Vol. XIII, p. 13; ferner die interessanten Notizen von J. Dowker und M'Kenny Hughes im Geol. Magazine, Vol. 3 1866), 210, 223 und 239, wo auch die anderweitige Literatur über den Gegenstand verzeichnet ist.

[2] Vgl. G. Bischof, Lehrb. d. chem. u. physik. Geologie, 2. Aufl. 2. Bd. S. 845 u. ff., so u. ff.; ferner die Analysen von Kieselknollen aus der westphäl. Kreide von W. von der Mark, ebenda, S. 857 u. ff.

[3] An den Green-coated Flints wäre vielleicht auch Gelegenheit zu erfolgreichen mikroskopischen Untersuchungen, unter gewissen Umständen zur Erwägung der Frage geboten, ob nicht, entgegengesetzt der bisherigen Auffassung, manche Kieselknollen der Kreide aus thonigen Einschlüssen entstanden seien.

metamorphischen Erscheinungen zählen zu dürfen, die über die fremdartige Beschaffenheit einzelner Bestandmassen Aufschluss zu geben geeignet sind.

3. Känolithische Gruppe.

Die Tertiärablagerungen.

Spratt hat neuerlich gezeigt, wie grossartig die Nummulitenformation in der Umgebung von Varna entwickelt ist (l. c. XIII, p. 73). Sie erstreckt sich aber keineswegs bis in das von mir bereiste Land, ja es ist nicht einmal wahrscheinlich, dass sie das Cap Kaliakri nordwärts überschreite (s. a. O. p. 77).

Alle von mir beobachteten Tertiärgebilde sind nicht nur entschieden jungtertiär, sondern sie gehören mit Ausschluss der conchylienreichen Ablagerungen des Meeres von hohem Salzgehalte (marinen Stufe) sämmtlich jenen Etagen an, die in Österreich als Brackwasser- und Süsswasserstufe der osteuropäischen Miocenformation bekannt sind, und deren erstere von Suess neuerlich mit dem treffenden Namen „sarmatische Stufe" bezeichnet wurde[1]). Da ich voraussetzen darf, dass die wichtige Abhandlung meines geehrten Freundes sowie auch die interessante Notiz von Herrn Barbot de Marny[2]) in den Händen aller Geologen sind, die sich für die Tertiärgebilde von Ost-Europa interessiren, überdies in ersterer das wesentlichste Ergebniss meiner Untersuchung bereits angeführt werden konnte (Sep. Abdr. Seite 20), so darf ich mir in dieser Beziehung weitläufige Erörterungen des Zusammenhanges, in dem die Dobrudscha mit den österreichischen und den Ländern des Pontusgebietes steht, füglich ersparen. Ich beschränke mich auf die Mittheilung der Thatsachen, aus denen jene Ergebnisse geschöpft wurden.

In der nördlichen Dobrudscha wurden Tertiärablagerungen bisher nicht nachgewiesen. — Ich will allerdings nicht im vorhinein in Abrede stellen, dass manche sehr hochliegende Thonmassen, wie z. B. jene am Westgehänge des Zuzujat mare (vgl. oben Seite 150), die Stufe nördlich von Maidankiöi (I, Seite 112) und andere, in denen keine Thierreste gefunden wurden, nicht der Drift, sondern der miocenen Süsswasserbildung angehören. Auch mögen einzelne miocene Thonbänke in der Tiefe, unter dem Löss, verborgen geblieben sein. Die „sarmatische Stufe" aber kommt dort sicher nicht vor. Die Ablagerungen derselben beginnen erst an dem bekannten See von Kanara (auf der Kreide), erstrecken sich quer über das Land bis Bekiragiorn bei Tschernawoda, erreichen dann, vom Jurakalke nicht mehr abgestossen, sondern ihn überlagernd, bei Kokerlenji die Donau, um sich fortan sowohl landeinwärts als stromaufwärts und entlang der Küste über Baldschik gegen Varna zu erstrecken.

Im Wesentlichen bestehen sie aus zwei, durch ihre Gesteinsbeschaffenheit so wie durch ihre Thierreste vollkommen geschiedenen Abtheilungen: aus einem unteren zum Theile sehr festen obgleich porösen, zum Theile oolithischen Kalkstein und aus einer oberen nur stellenweise erhaltenen Thonschichte. Letztere habe ich nur an der südlichen Küste von Küstendsche kennen gelernt, wo sie in einer Mächtigkeit von 15 bis 16 Fuss entblösst ist (vgl. unten Fig. 27), doch bezweifle ich nicht, dass sie unter der Lössdecke landeinwärts weit verbreitet sei. Die erstere ist auch bei der Hafenstadt und zwar im nördlichen Absturz der Lössterrasse in sehr instructiver Weise entwickelt, doch hebt sie sich zu wenig über den Meeresspiegel, als dass man ihre Mächtigkeit ermessen könnte. Dafür sind die Abstürze und Höhenzüge im Kara-Su-Gebiete und südlich davon um so günstiger. Man hat die ganze in ihrem landschaftlichen Charakter der miocenen Kalksteinbildung des mittelungarischen Terrassen- und Inselgebirgslandes völlig entsprechende Kalkbank, 40—60 Fuss mächtig, bald auf der Kreide, bald auf Juraschichten ruhend, vor sich und gegen die Höhen der Plattformen ansteigend, gewinnt man leicht die Überzeugung, dass die Gesammtmächtigkeit 150—200 Fuss betrage (vgl. I, Seite 120, Fig. 12). Glücklicher Weise ist der Löss hier von den Plattformen zumeist abgetragen und eine grosse, im

---

[1]) Untersuchungen über den Charakter der österreichischen Tertiärablagerungen, II. Sitzungsber. d. kais. Akademie, LIV, I. Abtheilung, Juliheft (1866).

[2]) Über die jüngeren Ablagerungen des südlichen Russlands, ebenda LIII, Seite 339.

Einzelnen freilich mehrfach unterbrochene Terrainwelle erhebt die miocenen Kalksteine bis zu einer Seehöhe von 55—68 Klafter. Zugleich ist dieser Kalkstein mit seiner constanten Fauna ein treffliches Mittel, den Gebirgsbau der Landenge zwischen Tschernawoda und Küstendsche zu studiren. Im Inneren derselben durch ein der Auflösung stark ausgesetztes Grundgebirge in einer beträchlichen, im Einzelnen aber stark schwankenden Seehöhe erhalten, sinkt er seewärts durch eine Reihe von bedeutenden, wahrscheinlich gerade von Nord nach Süd laufenden Verwerfungen so rasch, dass er im Küstenstriche bis nahezu an, zum grösseren Theile bis unter den Meeresspiegel gesunken ist.

Die vorhin erwähnte Ähnlichkeit dieser miocenen Kalkbildung mit der ungarischen, namentlich den ansehnlichen Bänken von Fünfkirchen (nicht Ilidas) und der südwestlichen Umgebung von Ofen, liess mich erwarten, dass ich in den unteren Abtheilungen am Kara-Su wenigstens einige in Ungarn gemeine Arten aus der marinen Fauna unserer Becken antreffen würde, und dass die völlig aus Tapesresten gebildeten oder oolithischen (Foraminiferen-) Kalksteinbänke von Küstendsche nur die obere, auch in Ungarn stets durch Brackwasserconchylien ausgezeichnete Abtheilung bilden. Ich hatte mich jedoch getäuscht. Die ganze Schichtenreihe, einförmig, wie sie in petrographischer Beziehung ist, zeigt auch durchwegs die von Suess so trefflich gekennzeichnete „sarmatische" Fauna.

Die Conchylienreste sind beinahe sämmtlich schalenlos, nur als Abdrücke und Steinkerne erhalten. Durch Abdrücke mittelst Kitt konnten nachstehende, ganz eigentlich Bänke bildende Arten sicher bestimmt werden:

Tapes gregaria Partsch, zu unterst wie auch zu oberst als eigentlich gesteinsbildende Muschel.
Cardium obsoletum Eichw.
   „ *plicatum* Eichw., letztere varietätenreich, beide nur stellenweise massenhaft (Kanara-See, Beklugiorta bei Tschernawoda und südlich von Medschidje).
Brut von feingerippten Cardienarten.
Trochus podolicus Desh. ident mit den Formen von Kischinev in Bessarabien, Tessov und Simonov in Podolien.
   „ *Bosmantii* d'Orb. (Voy. de X. Homaire de Hell paléont. pl. II, f. 4—5).
   „ *Hommani* d'Orb. (l. c. pl. II, f. 1, 2) beide ident bei Kischinev.
Buccinum duplicatum Sow. (*B. coriosum* d'Orb., *B. dissitum* d'Orb., *B. Bouchage* d'Orb. l. c. pl. III, f. 20, 21, 24, 25).

Winzige Brut der genannten Arten bildet zusammen mit kugeligen und linsenförmigen Foraminiferen (wie es scheint zumeist *Polystomella*), die oolithische oder steinmasse (sic), und den Tape-bänken wechselnder Lager, deren organische Bestandtheile dick überkrustet sind. Ähnliche kleine Reste fehlen auch dem sehr festen, grosslöcherigen Tapeskalkstein nicht, sind aber mit der Calcitmasse verschmolzen oder stellenweise, wo letzterer fein porös wird, durch Auflösung der Schalen daraus entfernt worden (vgl. Suess l. c. Sep. Abdr. Seite 17, 25).

Die obere Abtheilung, der Thon, war schon Gegenstand einer eingehenden Untersuchung von Spratt, welcher (Quart. journ. XIII, p. 78 u. XIV, p. 209 u. s. f.) Profile davon zeichnete. Ich liess es mir angelegen sein, die Schichtenreihe an der günstigsten Stelle, welche mir bezeichnende Schalenreste geliefert hatte, zu verfolgen, wie nachstehende Fig. 27 zeigen soll.

Fig. 27.

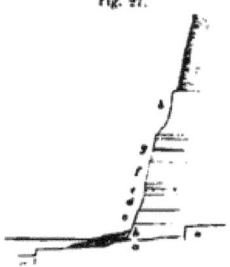

a, Untere Abtheilung, Tapeskalkstein, von 2—4 Fuss bis zu 20 Fuss unter dem Seespiegel, der grössten Tiefe in der südwestlichen Hälfte des Hafens und entlang der Küste gegen Tusla, treppenförmig absinkend.

b, Grünlicher fetter Thon ohne Versteinerungen, 1 Fuss sichtbar.

c, Kalkiger Thon (Mergel) mit zwei festen Lagen von knolligem, dichtem Kalk, darin zahlreiche, aber schlecht erhaltene Schalen von *Mactra podolica* Eichw. und *Ervilia podolica* Eichw., 1½ Fuss.

d, Grüner Thon, darin *Helix* sp. und einzelne Brocken von mürbem, gelblichem Sandstein, der wohlerhaltene Schalen der beiden früher genannten Arten enthält.

e, Zu unterst derselbe Mergel wie c, ¼ Fuss, dann eine kalkig-kieselige Breccie mit *Mactra pod.* ½ Fuss. Zu oberst grüner Thon mit Kalkknoten, ½ Fuss.

f, Gelblicher, etwas thoniger Sand, ohne Versteinerungen 2—3 Fuss.

g, Grüner Thon mit Kalkknollen und schönen, mitunter kopfgrossen Krystallgruppen von farblosem Gyps, darin ein schwärzliches Band aus Kalkmergel mit malmigen Lignitresten, welches seltene Exemplare von *Ervilia pod.* enthält, 2 Fuss.

Küstenabfall südwestlich von Küstendsche.

h, Dieselbe grüne Thon, von *g* durch eine Kalkmergellage getrennt, 6—7 Fuss. Versteinerungen wurden in dieser Schichte nicht gefunden, doch kann sie nicht wohl als eine selbstständige Stufe von ihrer Unterlage getrennt werden. Darüber folgt Löss (Spratt's *a—g*).

Diese Schichtenreihe entspricht allerdings nur sehr beiläufig der allgemeineren Auffassung meines Vorgängers, doch mag das zumeist von der Wahl des Querschnittes abhangen und davon, dass Spratt seine Aufmerksamkeit zumeist auf die Driftlehm lenkte und ihn nach kleinen Unterschieden der Aggregation und der Farbe gliederte. Wichtiger ist der Um stand, dass Spratt in einer Schichte, welche dem *g* meines Profils zu entsprechen scheint, Schalen von Süsswassermuscheln (casts of Cyclas or Cyrena) gefunden haben will und daraus den Schluss zieht, dass die ganze Schichtenreihe von dem (für seren genommenen) Kalkstein an bis zur Dammerde, zu seiner grossen pontischen Süsswasserablagerung gehöre (vgl. hierüber meine Reiseberichte l. c. p. 212 u. s. w.) Ich gab mir viele Mühe, an dieser Stelle Spuren der wohlbekannten Süsswasserstufe unserer Miocenformation zu finden, allein vergeblich. Da nun Spratt hingegen von den podolischen Brackwassermuscheln keine Erwähnung thut, so muss ich wohl annehmen, schlecht erhaltene Exemplare der letzteren hätten eine Täuschung herbeigeführt[1].

Jedenfalls bestimmen jene, also *Mactra podolica* und *Ervilia podolica*, das Alter und den Charakter dieser Ablagerung, d. h. sie charakterisiren dieselbe als eine örtlich gesonderte, obere Abtheilung der „sarmatischen" Stufe[2].

In grösserer Verbreitung scheinen Spuren der miocenen Süsswasserstufe, für die ein passender Name erst gewählt werden muss, an der Donau gegen Rassova vorzukommen.

Ich fand dort an einer Stelle zwischen der genannten Ortschaft und Kokerlenji unter einem 20 Fuss hohen Absturz von Löss (Fig. 24, *f* und unter einer 3 Fuss mächtigen Bank von Localschotter aus Jurakalkstein *d*, einen thonigen Sand, der von lebhaft rothbraunen Adern und Nestern vielfach durchsetzt ist. Diese am ganzen Donauufer stark verbreitete Schichte *c*, enthält wohl keine Schalenreste und scheint überhaupt noch zur Driftbildung zu gehören, aber unmittelbar darunter liegt *b*, ein dünnblättriger stark sandiger Mergel, der ziemlich viele Schälchen derselben *Cypris* enthält, die auch in den Congerienschichten Ungarns lagenweise vorkommt. Die zu unterst liegende Schichte *a* ist ein feiner gelber Sand, dessen Beschaffenheit den Cardien- und Congerienreichen Sanden von Arpad bei Fünfkirchen und anderen Orten vollkommen zu entsprechen scheint.

Absturz westlich von Kokerlenji an der Donau.

Ob die cardinomartige Muschel, die Cap. Lefort in der Nähe von Rassova gefunden hat (Spratt l. c. XVI, p. 280), hierher gehört oder zu einer, dem bessarabischen Driftlehm gleichzustellenden Schichte, lässt sich ohne directe Vergleichung des Exemplars nicht wohl entscheiden.

Günstig scheinen diese Donauufer der Erhaltung der organischen Reste nicht gewesen zu sein. Die Nähe des Grundgebirges (vgl. Fig. 25), die Ablagerungen von gröberem Materiale und die in den Miocenschichten umgegangenen Eiswässer mögen gleich ursprünglich mit der Ansiedlung der typischen Species dieser Stufe unverträglich gewesen sein. Das abgestufte Terrain in der Umgebung von Silistria verspricht viel bessere Aufschlüsse.

Auch am linken Donauufer lässt ein vor Jahren bei Pekia (Peko), vier Meilen nordwestlich von Galatz, bei einer tiefen Brunnengrabung gemachter Fund von denselben *Unio* Arten, die aus dem ungarischen Becken bekannt sind, interessante Verhältnisse der miocenen Süsswasserablagerungen vermuthen (Sammlungen des kais. Hof-Mineraliencab.). Zwischen diesem Punkte und Kertsch (Abich, im Bullet. soc. géol. 2. s. XXI, p. 268, scheint das als unteren noch nicht ganz sichergestelltes Vorkommen einer dickschaligen *Unio*-Art bei Odessa (ebenda p. 279) die Vermittelung herzustellen.

Auf die Thatsachen aus dem von mir durchreisten Gebiete mich beschränkend, habe ich zu dem bisher berichteten nur eine Bemerkung beizufügen. Sie betrifft den Steppenkalk.

Bevor ich noch das Trockenland der Dobrudscha betreten hatte, machte ich die nähere Bekanntschaft dieses charakteristischen Gesteins an der Küste von Sulina. Der Strand ist mit nuss- bis faustgrossen Geschieben davon bedeckt, obgleich der Meeresgrund von ½₀ bis zu mindestens einer ganzen Seemeile aus blaulichgrauem Donauschlamm ohne Gesteinsbrocken besteht. Ich nahm sie deshalb und, weil ich unter ihnen auch Geschiebe von ganz fremdem Massengesteinen gibt, für Überreste von Ballast, den die von verschiedenen Ländern herkommenden Schiffe am Strande ausgeworfen hätten. Bald darauf erhielt ich von Fidonisi (vgl. Lit. Nr. 14, p. 50; 19; 24, p. 236) ein mehr als kopfgrosses, längliches Geschiebe, welches von der Höhe der Plattform war aufgenommen worden. Etwas später als ich ein grosses Eckstück, welches Herr Welkum nächst der Ruine von Jenisoala abgeschlagen hatte. Als ich die Umgebung derselben untersuchte, war von anstehendem Steppenkalkstein weit und breit keine Spur zu entdecken, der Punkt, von dem das Stück herstammte (der Finder selbst führte mich dahin), war gerade eine der oben beschriebenen versteinerungsreichen Jurakalkbänke und das Mauerwerk der Ruine schien mir nichts von Steppenkalk zu enthalten. Das Stück rührte also offenbar auch von einem frei liegenden Brocken her, wahrscheinlich von einem uralten Geschiebe.

---

[1] Übrigens führt Abich aus den weissen Thonen von Kertsch, seinem Etage *e*, neben *Mactra* auch Steinkerne von *Cyrena* an

[2] Dass diese obere Abtheilung stellenweise auch in Österreich nicht nur gesondert, sondern als einziger Repräsentant der Stufe vorkomme, zeigt unter anderem die Schichtenfolge von Hidas (vgl. Suess l. c. p. 4;), in deren Deutung ich vor vier Jahren einen wesentlichen Fehler begangen hatte. Derselbe wäre vermieden worden, wenn die Arten der oben beschriebenen Kalksteine dort vertreten und nicht durch den „örtlich erhöhten Salzgehalt" (der noch über der *Mactra*-Schichte eine Austernbank bedingte), ebenso wären ferngehalten worden, wie umgekehrt mehrere an anderen Orten gewöhnliche (aber nicht sarmatische) Begleiter jener Arten mitten in der Zeit der „marinen Stufe" durch den periodisch und örtlich verminderten Salzgehalt bei Hidas ihr gutes Fortkommen fänden.

In allen drei Fällen war das Gestein ein bräunlichgraues, schwammähnlich poröses Haufwerk von einstigen *Tapes*-Schalen, die ihre Abdrücke auf dünnen Kalklamellen zurückgelassen hatten. Seiten, aber sehr deutlich, zeigten sich inzwischen Abdrücke von *Cerithium disjunctum* Sow., jedoch keine Spur von den *Mactra*, *Irescena* und *Cardium*, die den Steppenkalkstein von Odessa erfüllen. Mit den sarmatischen Kalksteinen von Küstendsche hat es in der Beschaffenheit der Kalkmasse nicht die mindeste Ähnlichkeit, auch sind die Millionen von *Tapes*-Schalen, aus denen es entstand, durchwegs viel kleiner, röhrer augenscheinlich nur von Brut- und Jugendexemplaren derselben Art her, die in jenen eine colossale Entwickelung erreicht hatte.

Ich lege auf diese Bemerkung aus mehreren Gründen einen besonderen Nachdruck.

Erstens handelt es sich darum, zu erklären, dass eine dem Steppenkalk überhaupt[1]) entsprechende Ablagerung an den Küsten der Dobrudscha nördlich von Kavara von mir gesucht aber **nicht gefunden** wurde, dass somit eine Stelle in dem Prachtwerke Tchihatchef's[2]) auf einen ungenauen Bericht beruhen müsse. Zweitens kann es gedacht werden, dass zwischen den festen Punkten des Delta- und Lagunengebietes Karabair und Jenisala einerseits, der Schlangeninsel (Fidonisi) andererseits wirklich eine Ablagerung von Steppenkalk bestand, die, ihrer Lössdecke entkleidet, jetzt den Grund der Donaualluvien und des Meeres bildet. Drittens lassen sich die Funde auf dem Felsplateau von Fidonisi, welches nach Taibout de Marigny 43 Mètres über den Seespiegel emporragt, und auf den Felsen von Jenisala, wo die besprochene Stelle eben so hoch liegt, in Verbindung bringen mit dem einstigen hohen Stand der See in postdiluvialer Zeit, der nach einer ganzen Reihe von Beobachtungen als geologische Thatsache nicht länger ignorirt werden darf und jene verhältnismässig kurze Periode zu bezeichnen scheint, in der die pontischen Gewässer unter wesentlich verschiedenen Niveauverhältnissen mit dem Mittelmeere in einer viel freieren Verbindung standen, wie der gesunkene und entsalzene Pontus der Gegenwart[3]).

Die Formen des Küstengebirges im Bereiche der Lagunen, sowie auch die Gestaltung der Bucht von Babadagh mit ihren abgeschwemmten Lössmassen und dem schroffen Absturze des Denistepe (vgl. I. Seite 116 und oben 167) sprechen sehr deutlich für einen hohen Stand des Meeres in postdiluvialer Zeit. Leider wurden hier wirkliche Ablagerungen aus dieser Periode nicht beobachtet. Sie könnten sich wohl auch nur in besonders geschützten Winkeln auf den mindest veränderten Überresten der alten Lössterrassen erhalten haben.

Um schliesslich noch einmal auf die sarmatischen Kalksteine des südlichen Landstriches zurückzukommen, erkläre ich mich auch in der Beziehung für die Auffassung von Suess, dass der ganze District, von dem die Dobrudscha ein Überrest ist, während der älteren Periode der Miocenzeit Festland gewesen sein müsse. Ja es hat sogar den Anschein, als ob er später und weniger tief als andere östliche Regionen unter den Spiegel des sarmatischen Meeres gesunken wäre. *Eschara lapidosa* Pall., *Eschara nobilis* Mich. und andere bezeichnende Formen des *Calcaire à bryozoaires*, der Schichte d von Abich (l. c. XXI., p. 264, 266), kommen hier nicht vor, obwohl die Natur der Küsten deren Ansiedelung ohne Zweifel begünstigt hätte. Diesen Bryozoen-Kalkstein aber, der nicht nur einen höheren Salzgehalt des Meeres, sondern auch eine grössere Tiefe verräth, glaube ich im Anschluss an die älteren Untersuchungen für das tiefste Gebilde des sarmatischen Meeres halten zu können, wogegen mir die Schichte a von Abich (von der Richtigkeit einiger Speciesnamen abgesehen), mehr den Charakter einer Anlagerung und Ausfüllung der auffallenden Terrainlücken am kimmerischen Bosphorus, als den einer untergelagerten (älteren) Bank zu haben scheint[4]).

In Rücksicht auf die südliche Grenze des sarmatischen Meeres will ich nur auf die bedeutende Ablagerung hinweisen, die uns Spratt an der westlichen Pontusküste bei Baldschik (Baljik) kennen gelehrt

---

[1]) Vgl. Barbot de Marny, l. c. p. 311.

[2]) Le Bosphore et Constantinople, Paris 1864, p. 540, wo es vom Steppenkalk heisst: Les dépôts, que l'on a constatés dans le Delta du Danube, occupent une partie de la région nommée Dobrodja...

[3]) Vgl. Spratt im Quart. journ. geol. soc. XIII, p. 81. Spratt folgert aus seinen Beobachtungen einen um 60 Fuss höheren Stand des Meeres.

Tchihatchef im Bullet. soc. géol. 2. s. XI, p. 366 und Le Bosphore et Constantinople p. 348 und 368. In Kleinasien, 2 Lieues von Samsun, auf der europäischen Seite Aghateldsj und Yacasly, 3—4 Klong. vom Meere entfernt.

Die Entdeckung Beyer's bei Odessa von 3—4 Hundert Mediterranspecies in einer sandigen Ablagerung über den dünnvialen Sanden und Thonen (cf. g von Abich, Bullet. soc. géol. 2. s. XXI, p. 268.

[4]) Im Bullet. soc. géol. 1. ser. VIII (1837) pag. 158 spricht sich de Verneuil in sehr interessanten, die Resultate späterer Forschungen gleichsam anticipirenden Worten aber die Verhältnisse der nordpontischen Miocenablagerungen aus.

(l. c. XIII, 77, 82), und die Suess gebührendermassen gewürdigt hat (l. c. 20). Sie gehört mit ihrer unteren Abtheilung unzweifelhaft dem sarmatischen Meere an. *Polystomella crispa* d'Orb., die auch den Kalkstein am Lom in der Nähe von Rustschuk erfüllt (mein Reisebor. p. 232), ist die herrschende Art. Nebenbei scheint es bemerkenswerth, dass die Herren Parker und Jones, die aus den Foraminiferen dieser Ablagerung den Charakter der Laminarienzone sofort erkannten (Quart. journ. XVI, p. 301), Formen darunter fanden, die sie mit Arten des rothen Meeres in directe Verbindung bringen.

Es wird nun alles darauf ankommen den Charakter der Miocenbildungen in Bulgarien und den rumänischen Ländern kennen zu lernen, um die Verhältnisse der sarmatischen Stufe in dem Bereiche zu erforschen, wo sie sich als Ausfüllungsmasse einer weiten Mulde in nächster Nachbarschaft der westlichen und südwestlichen Becken, bei sehr verschiedenem Salzgehalt in einzelnen Buchten und nächst der Mündung bedeutender Süsswässer, zudem in stark veränderlichen Tiefen, wechselvoll aber streckenweise unvermischt mit anderen Faunen, ausgeprägt haben kann[1].

Löss und Silt.

Wenn mein scharfblickender Vorgänger auf diesem Boden, Herr Cap. Spratt, die zu oberst, ja oft genug allein vorhandenen Thonmassen der 5—15 Klafter hohen Abstürze am Meere und an der Donau mit grossem Rückhalt gedeutet hat und an mehreren Stellen geneigt war, ihnen ein tertiäres Alter zuzuschreiben, so ist dies von einem zu Schiffe aus dem Nordwesten Europas in die ägäischen und pontischen Regionen gekommenen Beobachter vollkommen begreiflich. Ebenso natürlich ist es, dass Boué, der Begründer der physischen Geographie der Balkanländer, mein geehrter Freund, Herr Professor Szabó aus Pest, der die Orte Tschernawoda, Tultscha und Küstendsche zwei Jahre vor mir besuchte, und dass ich selbst, die wir beide einen grossen Theil unseres Lebens auf den gleichartigen Ablagerungen der österreichischen Becken zugebracht haben, die feinsandigen, in der Regel gleichförmig gelblichen, seltener braunen oder röthlichen Thone der hohen Terrassen sofort als unseren „Löss" und manche bläulich- oder bräunlichgraue Thonmassen, die niedere, nur 10—20 Fuss hohe Randablagerungen bilden, als gleichbedeutend mit unserem Alluviallehm oder „Silt" erkannten. Wir kamen ja von der mittleren Donau her und hatten während der Reise beständig die hohen Steilränder vor Augen, die in Bulgarien ganz dasselbe sind, wie zwischen Wien und Hainburg, Ofen und Basiasch, nur um so höher, je tiefer die Stromniederung in die älteren Gebilde eingesenkt ist. Ich hatte noch überdies Gelegenheit, bei Orschowa die mächtigen Lehm- und Schottermassen, zum Theile mit unverkennbaren Gletscherspuren, zu betrachten, die durch das Thal der Tscherna von den transsilvanischen Hochgebirgen an den Strom oberhalb seines Durchbruches (Eisernes Thor) herangetreten sind, und mich davon zu überzeugen, dass die imposanten, auf Jurakalkstein (mit *Diceras*) ruhenden Lehmmassen von Rustschuk zumeist dieselben Landschneckenarten enthalten, die unserem heimischen Löss eigen sind (vgl. Lit. Nr. 17, 18, 22, 24). Die Schalthiere des Silt unterscheiden sich vollends nicht von den Sumpfschnecken, die jeder mit der Donau zusammenhängende Tümpel, jede 4—5 Fuss über dem Strome liegende Lehm- oder Sandablagerung unserer Binnenbecken enthält.

Selbst einem Laien in der Geologie, der den österreichischen Boden kennt, würden die Formverhältnisse Bulgariens nicht fremdartig erscheinen.

Um so schwieriger dagegen wird es auch dem geübten Geologen, über jede einzelne Partie ins Klare zu kommen, zu entscheiden, ob manche zwischen 10 und 25 Fuss hohe Terrasse aus abgeschwemmtem Driftlehm oder aus ungewöhnlich hohem Silt bestehe. Dazu reichen die Funde einiger Land- und Sumpfschnecken, von denen mehrere beiden Zeitaltern gemeinsam sind, nicht aus, und leicht zu bestimmende Knochenreste, die vollen Aufschluss geben würden, sind doch allzu sparsam eingestreut, als dass der Reisende in wenig culti-

---

[1] Vgl. Boué, La Turquie, I, p. 314, 316. Es versteht sich, dass einzelne Partien der nördlichen Walachei in ihren Salzlagern und petroleumführenden Schichten mit dem Inneren von Siebenbürgen communicirt haben können, und die sarmatische Stufe entweder gar nicht oder älteren Gebilden aufgelagert enthalten.

virten Ländern auf sie zählen könnte. Die eben erwähnte Schwierigkeit in der Trennung des Löss von dem unter ihm liegenden miocenen Süsswasserthon kommt noch hinzu und lässt uns in den Fällen ungewöhnlicher Niveauverhältnisse conchylienloser Thone völlig rathlos über deren geologisches Alter. Die Entscheidung zwischen Silt und Löss einerseits, zwischen Löss und Congerienthon andererseits, wird deshalb in allen nicht deutlich abgemarkten Terrainstufen völlig problematisch bleiben.

So sind auch die Siltfelder des linken Donauufers, die ich auf meiner Karte ersichtlich gemacht habe, nicht nur willkürlich abgegrenzt, sondern auch bis auf das von Braila, wo ich vom Vorkommen einiger Hausthierknochen *(sus scrofa)* und Scherben sehr roh gearbeiteten Thongeschirres Kenntniss erhielt, ihrem geologischen Alter nach sehr zweifelhaft. Besser gelingt die Auffassung des Löss am rechten Ufer, wo die Tragweite einzelner Schneckenfunde durch die Betrachtung fortlaufender Niveaux unterstützt wird. Hier sind auch die bei Tuldscha und am Kara-Su eingezeichneten Siltpartien durch directe Beobachtungen sichergestellt.

Ein Blick auf die in den Lössfeldern der Karte eingeschriebenen Höhenzahlen zeigt, wie ausserordentlich gross der Abstand zwischen dem obersten Driftniveau und dem heutigen Wasserspiegel sei. Die Überrieselung der Festlandmassen des unteren (mösischen) Donaubeckens fand nahezu in derselben Horizontalebene statt. In der sich die Gewässer im mittleren (pannonischen) Becken verbreiteten. Doch nur einzelne Gegenden haben ihre ursprüngliche durch die tertiäre und posttertiäre Continentalhebung hervorgebrachte Hochlage nahezu unverändert bewahrt. Hieher gehören: das ostbulgarische Hochland im Allgemeinen, dessen Bestand nur durch die beim oberen Jura besprochenen Lorabsenkungen und Einstürze alterirt werden konnte, bis in die Nähe der Kara-Su-Linie, die nördlich von der Linie Topálo, Kanara gelegenen an den Grünsteingebirgsrand stossenden Hochebenen, der grosse Lösswall von Tuldscha und die Terrassen am Rande von Trestenik.

Eine ausnahmsweise Seehöhe von 158—170 Klaftern haben die fraglichen Lehmpartien von Atmadscha, Maidankiói und am Westgehänge des Znznjat mare bei Gretschi. Alle anderen Gegenden waren mehr oder weniger der Abschwemmung ausgesetzt. Einzelne von ihnen waren vielleicht während des höchsten Standes der Driftwässer von denselben unberührt geblieben und hatten erst die späteren Absätze eines tieferen Wasserspiegels empfangen.

Am intensivsten hat wohl die Abschwemmung in der Mulde (nördlich) von Babadagh gewirkt und in den Küstenstrichen im Bereiche der Lagunen. Gründe für einen Zusammenhang dieses Vorganges mit dem postdiluvialen Hochstand des Meeres (siehe oben Seite 198) werden sich vielleicht in Zukunft finden lassen.

Eine der wichtigsten Thatsachen, die ich an den hochliegenden Driftlehm der Dobrudscha beobachtet habe und durch die weiter unten mitgetheilten Listen einigermassen zu begründen suche, ist die, dass er durchwegs unserem mitteleuropäischen Löss mit Landschnecken gleicht, somit im Gegensatze steht zum bessarabischen (und moldanischen?) Driftlehm, in dem die landschneckenführenden Kieselabsätze mit ausgezeichnet limnischen Ablagerungen von grosser Ausdehnung derart wechseln, dass letztere in erstere gleichsam eingesenkt erscheinen (Reiseber. p. 243 u. ff.).

Ich habe bereits früher (I, Seite 124 u. ff.) das Verzeichniss der Schalthierreste des Lehms von Rabéle am Yalpuksee sammt einigen Bemerkungen zu den wichtigeren Arten mitgetheilt. Ich suchte gerade diese Stelle auf, weil sie bereits von Spratt (l. c. XVI, 287) sehr genau studirt wurde und eine wesentliche Stütze seiner Annahme eines riesigen Süsswassersees an Stelle der pontischen Gewässer bildet, einer Annahme, die auf der Zusammenfassung miocener und diluvialer Süsswasserablagerungen beruht und für die Miocenperiode ganz zutreffend, für die Driftperiode aber, der die Lehmmasse am Yalpuksee angehört, wie mir scheint, unrichtig ist. Je höher ich das Verdienst schätze, welches sich der ausgezeichnete Forscher durch seine Beobachtungen in Lycien, an den Dardanellen und den Küsten der Dobrudscha um die Erweiterung unserer Kenntniss von den Miocengebilden erwarb, um so mehr musste ich darauf bedacht sein, eine seiner schönsten Studien zur Aufklärung jener Formation zu verwerthen, der sie der Sache nach zukommt.

Der Yalpuksee ist, so wie seine beiderseitigen Nachbarn, eine wenig tiefe Ansammlung von Süsswasser in Mulden, welche in die grosse, 10—25 Klaftern über dem Meeresspiegel ausgedehnte Driftlehmtafel des südlichen Bessarabien gleichsam hineingestossen sind, in das Delta aber theils mit offenen Wasserspiegeln, theils durch Sumpfland hereingreifen. An das hohe Niveau des Driftlehms stossen donauseits stellenweise terrassenartig abgesetzte, stellenweise verschwommene Ablagerungen von Lehm und lehmigen Sand, die mit der Terrasse von Braila in ein Niveau fallen und deshalb von mir als Silt bezeichnet werden. Landschnecken scheinen darin sehr selten vorzukommen, wenigstens hat mir die sorgfältigste Durchsuchung der Abstürze um Ismail nichts davon, aber auch keine Sumpfschnecken geliefert. Auf die Configuration der Seebecken hat dieser muthmassliche Unterschied zwischen echten Driftlehm und vorgelagertem Silte keinen Einfluss. Sie haben steile Ränder, ja oft genug überhängende Abstürze bis an ihren Austritt in die Niederung des Deltas.

Das Wasser dieser Seen ist süss, d. h. es ist trinkbar und schmeckt ebenso wenig salzig wie das Wasser aus dem nächst besten Deltasumpfe. Doch habe ich mich gerade am Yalpukwasser davon überzeugt, dass es einen durch salpetersaures Silberoxyd deutlich nachweisbaren Chlorgehalt hat, und dass Convolute von *Dreissena polymorpha* und *Adacna edentula* aus dem See während zwölfstündigen Verweilens in destillirtem Wasser an dasselbe so viel Chlor abgeben, dass es (nach vorhergegangener Filtration) durch das Reagens opalisirend getrübt wird. Also völlig salzlos sind diese Seen nicht, aber im höchsten Grade ausgesüsst.

Am Lehmabsturz von Babéle, gerade unter der Kirche und in einzelnen Einrissen nächst derselben, beobachtete ich von unten nach aufwärts nachstehende Schichtenfolge (Fig. 29):

Fig. 29.

a Sand und Sandstein, dünngeplattet, braungrau, *b* grauer Thon, *c* ockergelber Sand, alle drei ohne Versteinerungen; wahrscheinlich miocen. Über einer Lage von bräunlich-grauem Thon *d* folgt *e* eine sandige Muschelbreccie aus *Dreissena polymorpha* und *Didacna crassa* mit Paludinen, *Lithoglyphus* und anderen kleinen Schnecken. Die Mächtigkeit dieser Schichte, die sich deutlich als einstiger Ufersand kundgibt, schwankt zwischen ½ und 1½ Fuss. *f* ist Thon, der vorzugsweise *Paludina Sadleri, Paludina fasciata*, letztere bei weitem häufiger, und eine von *Unio pictorum* nicht wohl zu unterscheidende Muschel enthält.

Darüber folgt *g* ein grau und ockerbraun gebänderter sandiger Lehm ohne Schalenreste und *h*, ein fetter, brauner Thon mit *Dreissena polym., Didacna crassa* selten, *Paludina fasciata, Paludina* sp., *Valvata piscinalis, Lithoglyphus naticoides, Hydrobia caspia* u. a. Diese Schichte geht allmählich in einen geschichteten bräunlichen Lehm *i* über, der stellenweise stark sandig ist und dieselben Arten, aber mehr zerstreut enthält. Die Schichte *k* ist ein mehr plastischer Lehm mit weniger deutlicher Schichtung. Obige Arten treten zurück, *Planorbis leucostoma* Mich. ist häufig, *Succinea* font. nicht selten, *Helis instabilis, Succinea oblonga* und *Bulimus tridens* kommen vor.

Profilskizze bei Babéle am Yalpukasee.

Die oberste Schichte *l* hat im Allgemeinen das Aussehen von gewöhnlichem Landschneckenlöss, doch eine merklich dunklere Farbe, eine minder fein mehlig-sandige Beschaffenheit, ja selbst lagenweise die Eigenschaft eines plastischen Thones.

Dreissena polymorpha und *Paludina fasciata* kommen in solchen Lagen häufig, in den anderen zerstreut mit seltenen Exemplaren von *Helix instabilis* gemischt vor. An einer der höchsten Stellen fand ich einen unzweifelhaft eingebetteten starken Zahn von *Equus caballus*, mit den gleichartigen Zähnen aus dem österreichischen Löss übereinstimmend. Die Mächtigkeit, die hier nur 12 Fuss beträgt, darf, den Kirchhügel mitgerechnet, auf 30 Fuss veranschlagt werden; an anderen Punkten des Ufers, weiter nördlich, wo die unteren Schichten zum Theile unter dem Seespiegel liegen, auf 36 bis 50 Fuss.

Auch eine Viertelmeile südlich vom Dorfe in der Nähe des Fischerplatzes, wo die in obiger Liste (l, Seite 121 u. ff.) sub VIII aufgezählten lebenden Arten gesammelt werden, bestehen nur zu unterst einige Lagen aus dem Paludinenlehm von Babéle, der übrige Absturz dagegen aus gewöhnlichem Löss mit *Helix instabilis, H. profuga* u. a. Die lössische Ablagerung, die *Spratt* auch vom oberen Ende des Sees beschrieben hat (l. c. p. 289), erstreckt sich also in nördlicher Richtung ziemlich weit, südlich jedoch scheint sie den Punkt Babéle nur wenig zu überschreiten. Der Gürtel von Landseen, der in der Driftperiode im unmittelbaren Anschluss an die niedere Süsswasserstufe in den unteren Donauländern existirt haben mag, dürfte also dem gegenwärtigen Laufe der Donau ziemlich ferne geblieben sein.

Über die Beziehungen der lebenden Fauna des Yalpuksees zur fossilen von Babéle habe ich mich schon im ersten Theile dieser Abhandlung ausgesprochen. Der Unterschied der letzteren liegt eben in ihren Anklängen an die Fauna der miocenen Congerienschichten - *Paludina Sadleri* und in den total verschiedenen Cardiaceen. Alles andere bleibt im Wesentlichen gleich. Auch die Varietäten der *Dreissena polym.* weichen nicht merklich von einander ab.

Ausser dem erwähnten Pferdezahn wurde von mir kein anderer Knochenrest bemerkt. Nach *Spratt* (p. 288) soll man am Grunde des Absturzes Knochen von einem sehr grossen Thiere gefunden haben, über dessen Natur er leider nichts Näheres erfuhr.

Übrigens sind Knochen von den gewöhnlichen Landsäugethieren der Diluvialzeit im bessarabischen Löss keineswegs seltene Erscheinungen. Ich hörte von Elephantenzähnen aus der Umgebung von Bolgrad und Ismail. Erst kürzlich sandte mir Herr Welkum eine Partie von Knochen und Zähnen, die er nächst Anadol (Anadolka), nordöstlich von Reni, am Rande eines zum Kagwsee gehörigen Sumpfes unter dem Absturze einer hohen Lössterrasse gesammelt hat. Sie kamen in einer zum Strassenbau aufgegrabenen Schotterbank von sehr dunkler Farbe vor und selbst tiefbraun gefärbt (März 1866).

Elephas primigenius, Cervus megaceros und ein starker Hirsch mit Stangengeweih liessen sich darunter erkennen.

Auch am jenseitigen Ufer unweit von Tuldscha wurden jüngst Elephantenzahntrümmer gefunden.

Doch bedarf es, wie mir scheint, nicht erst neuer, auf Umwegen beigebrachter Beweismittel für das Alter des limnischen Lehms von Babéle.

Wollte man ihn als eine Grenzschichte zwischen Miocen und Diluvial betrachten, so wäre im Grunde nicht viel dagegen einzuwenden. Doch glaube ich mich richtiger auszudrücken, indem ich sage: Als Landsee-gebilde der bessarabischen Diluvialformation stellt dieser Lehm eo ipso die Vermittelung zwischen der miocenen Süsswasserstufe und den Strom- oder Rieselabsätzen über derselben her, dazu den entschiedensten Beweis von dem hohen geologischen Alter der gegenwärtigen Weichthierfauna des Donaugebietes.

Die Beziehungen zur „Caspischen Formation" von Barbot de Marny müssen noch genauer nachgewiesen werden. Wahrscheinlich lässt sie sich in eine für die westasiatische Niederung als miocen zu deutende den österreichischen Conge-rienschichten parallele Stufe und in eine der osteuropäischen Diluvialformation, speciell dem Lehm am Yalpuksee, ent-sprechende Abtheilung zerfallen. Im Wesentlichen handelt es sich um die Continuität einiger Weichthierspecies, in zweiter Ordnung erst um die Unterscheidung der Hebungsverhältnisse, die zur Folge hatten, dass sich die verwandten Ablagerungen in einer Ländergruppe des grossen Bezirkes unmittelbar an die miocene Süsswasserstufe mit ihren zahlreichen nicht mehr lebenden Arten anschliessen, in anderen Ländern dagegen von der Drift nicht getrennt werden können.

Ein Blick auf die Landkarte genügt, um zu zeigen, wie günstig der von lang gestreckten Seen und Flüssen zerschlitzte Boden Bessarabiens Detailstudien über diesen hochwichtigen Gegenstand ist.

Ich stelle nun in Folgendem die an mehreren Orten im gewöhnlichen Löss und im Silt gefundenen Schalthiere in einer Liste zusammen.

   a. Löss südlich von Babéle, an der (auf der vorigen Seite erwähnten Fischercolonie, vom Orte und den Lössabsätzen mit der oben verzeichneten Fauna IX ungefähr ¼ deutsche Meile entfernt.

   b. Löss bei Isaktscha östlich von der Stadt.

   c. „ von Tuldscha, südöstlich von der Stadt[*].

   d. „ vom Steilgehänge des Dunavez, nächst dem gleichnamigen Dorfe.

   e. „ nordwestliche Seite der Poplu-Insel.

   f. „ zwischen Babadagh und Jenissala.

   g. „ von Küstendsche, Absturz gegen die nordöstliche Bucht.

   h. „ von Gjulpunar, östliches Gehänge.

   i. Brauner Lehm von Kalika im Norden der Lagune Rasim, 24—30 Fuss über dem Alluvialboden.

   k. Silt nächst Tuldscha, 19—21 Fuss über dem Nullpunkt des Pegels (Meeresniveau).

   l. „ zwischen Tuldscha und Kischla, Terrasse, ungefähr 35 Fuss über demselben Niveau.

   m. „ nächst dem Bahnhofe von Tschernawoda, Terrasse 20 Fuss über den Schienen, also 64 Fuss über dem Meere.

Name der Species.	a	b	c	d	e	f	g	h	i	k	l	m
Succinea oblonga Drap.					+					+	+	
Hyalina hydatina Rossm.					+							
Helix pulchella A. Schmidt (*H. costata* Ziegl. pars)				+	+							
„ *candicans* Ziegl. typ.		+										
„ *instabilis* Ziegl. typ.		+										
„ var. *major*												
„ *carthusana* Müll. (*H. carthusianella* Drap.)								+				
„ *austriaca* Mühlf.												
„ *pomatia* L.												
Bulimus tridens Müll.					+							
„ *subcylindrus* Parr.					+							
Pupa muscorum												
Clausilia pumilis Pfr.												
Planorbis corneus L.												
„ *marginatus* Drap.								+				
Paludina dextrorsum L.												
„ *fasciata* Müll.									+	+		
Unio pictorum L.												

Die Geringfügigkeit meiner Ausbeute an Lössschnecken hat nicht im Mangel an Aufmerksamkeit ihren Grund, denn an Localitäten wie *a, c, g* und anderen liess ich es wahrlich am Eifer im Nachspüren nicht fehlen, sondern in der wirklichen Armuth der Ablagerungen. Bei der Häufigkeit der xerophilen *Helix*-Arten (vgl. hierüber Albers, die Heliceen. Leipzig 1861,

---

[*] Die sub *c* aufgezählten Arten habe ich an verschiedenen Stellen gesammelt; allgemein verbreitet sind nur *H. profuga* und *B. tridens*. — In meinem Reisebericht I. c. Seite 245 wurde irrthümlich *Helix cornuoides* genannt.

Seite 104 u. ff., wie *H. pygaea* und *H. instabilis* und des äusserst trocken lebenden *Bulimus tridens* an einzelnen Punkten, wie *b* und *e* und in Anbetracht der ausgezeichnet limnischen Natur des Löss vom Dorfe Babéle (vgl. l Seite 124) fällt es auf, dass der Mangel (die Seltenheit) der ersteren an Orten wie *d. e* und zahllosen Punkten, wo ich gar nichts fand, in diesen Gebiete nicht gerade einige Sumpf- und Süsswassersee-schnecken ersetzt ist. Ich glaube darin wieder einen Beleg für die Ansicht zu finden, dass die reichbelebten Süsswasseransammlungen der Driftperiode von dem Trockenlande der Dobrudscha in der Regel weit abseits lagen, und dass deren Überreste durchwegs in dem grossen Lössgebiete von Rumänien und Bessarabien zu suchen seien.

Dagegen greift der limnische Silt an der Nordseite der Dobrudscha *d. h.* hart an die Gebirgsmassen und hohen Löss-terrassen heran. Bei Tschernawoda muss wieder ein Silt delta bestanden haben, da die ganz nahe am Ufer gelegene Terrasse *m* im Gegensatz zu den vorigen gar keine Sumpfschnecken enthält. Ich bemerke hier nebenbei, dass der Silt an dieser Stelle, 10—12 Fuss über der Schienenkehle, ziemlich viele Menschenknochen von gut fossilem Ansehn enthält. Leider fand ich davon nur eine *Tibia*, eine *Fibula* und einen *Metacarpus*, die, sämmtlich unverletzt, auf eine mittelmässige Statur hinweisen und sicherlich nicht von einem Begräbnissplatze aus den letzteren Jahrhunderten herrühren.

Grössere Hoffnungen setzte ich auf die Ablagerung *l*, denn da fand ich nebst den letztangeführten *Helix*-Arten, die hier wie in anderen Ländern, namentlich in Ungarn, den Silt im Gegensatze zum Löss charakterisiren, grosse Wirbel und andere Kno-chen von Siluroiden wohl von riesigen *Silurus glanis*, grosse rothe Topfscherben, jenen gleich, die in Ungarn so weit verbreitet sind, und deutliche Spuren von Feuerstellen. Auch die *Löss*-Schalen können bei völligem Mangel an Sumpf-schnecken nur durch Menschenhand herbeigeholt sein. Doch war die Ablag-rung zu nahe an der Oberfläche der Terrasse, und sind die Scherben bei dem Culturzustand des Landes in den letzten 8 Jahrhunderten zu wenig charakteristisch, als dass ich mit Sicherheit darin etwas anderes, als die Überreste einer einstigen Fischercolonie hätte erblicken können.

Um wieder zum Löss zurückzukehren, verweise ich ganz besonders auf den Punkt *g*, der nebst zweien unserer besten mitteleuropäischen Lössarten *Succinea oblonga* und *Pupa muscorum* gerade jene hier heimische Xerophile enthält, die nicht nur in Siebenbürgen, sondern auch in Galizien gemein ist. Bespült von den Wellen des Pontus und in einer Mächtigkeit von mehr als 25 Fuss so steil abgebrochen, als ob sie sich einst noch meilenweit ostwärts erstreckt hätte, ist diese so ausnehmend gut als „Löss" charakterisirte Lehmterrasse sehr beachtenswerth.

Dagegen prägt sich in *f* durch die griechisch-dalmatinischen Arten *H. pygaea* und *Bulimus retrostropus*, die sehr feucht lebende fruticole *H. carthusiana* und den sublimanischen Fleischfresser *Hyalina hydatina* der Charakter des Löss eines südöst-europäischen Landes ganz eigentlich aus.

Leider konnte ich den Löss südlich von Rassova und Tschernawoda nicht mit der nöthigen Aufmerksamkeit betrachten die von Spratt (l. c. Seite 289) erwähnte Cardiacee, die Herr Lefort bei Rassova gefunden hat, und die auf ähnliche Abla-gerung wie der Lehm von Babéle schliessen liess, habe ich mühsam genug gesucht, aber nichts gefunden, als die schon erwähnte *Cypris*-Schichte.

Schotterablagerungen sind in der Diluvialformation der Dobrudscha wenig verbreitet. Ich erinnere mich ausser jenem Localschotter von Kokerlenji (Seite 188) auf keine einzige bemerkenswerthe Stelle. Die beiderseitigen Wasserläufe der Gebirgsgruppen, die inmitten der diluvialen Niederung standen, waren auch viel zu kurz, um Erhebliches an Localschotter liefern zu können, und von weit her wurden nicht einmal gröbere Sandmassen hier abgelagert.

Ausser den besprochenen Lehmgebilden erregten noch gewisse auffallend **roth gefärbte** terrassenbildende Ablagerungen meine besondere Aufmerksamkeit.

Schon im Löss von Küstendsche zeigen sich einzelne rothe Lagen, die mit schnurförmigen Infiltrations-gebilden, wie ich deren von Kokerlenji erwähnte, nichts gemein haben. Die Färbung geht ziemlich gleichmässig durch die ganze Bank. Aber auch niedrige Terrassen in untergeordneten Thaleinschnitten zeigen dieselbe Erscheinung, am auffallendsten wohl die Terrasse von Beidaud, südsüdwestlich von Babadagh, die bei einer Höhe von 10—12 Fuss über der Thalsohle aus zwei ziemlich scharf getrennten Schichten besteht. Die untere ist gewöhnlicher Löss, die obere intensiv rother bröckeliger Lehm ohne greifbare Schalenreste. Durch Schlämmen legte ich ein recht deutliches Bruchstück von *Dreissena polymorpha* und eine Menge von kleinen Grünsteinbrocken blos, die von Mangandendriten überzogen waren. Im Lehm von Küstendsche fand ich nebst *Helix*-Scherben mehr und grössere Bröckeln von Jura- und Miocenkalkstein als von Grünstein, aber auch hier schien die rothe Färbung von Eisen- und Mangangehalte des Grünsteindetritus abhängig zu sein. Dergleichen rothe Thone sind somit nichts anderes als Localschwemmungen, zu denen die grünen Schiefer und Tuffe das hauptsächliche Materiale geliefert haben. Der Name „Locallehm", nachgebildet dem von Suess oft gebrauchten Ausdruck „Localschotter", würde sie nicht unpassend bezeichnen.

SCHLUSSWORT.

Die Breite dieser Abhandlung ist zumeist eine Folge ihrer Zweitheiligkeit. Angesichts eines Landes von ziemlich verwickeltem Baue und hoher Bedeutung für die physikalische Geographie des südöstlichen Europa's, so wie auch für dessen politische Zukunft, erachtete ich diese Theilung für nothwendig, um verschiedenartigen Interessen gerecht zu werden.

Ich wollte den Fachgenossen zur Anknüpfung weiterer Untersuchungen möglichst viele Einzelheiten mittheilen. Manche Thatsachen von grösserer Tragweite habe ich mir zu demselben Zwecke ausführlicher zu besprechen erlaubt und den Stoff zu mancherlei Notizen hier zusammengehalten. Im festen geographischen Rahmen dürfte auch ein lückenhaftes und sehr ungleichmässig ausgeführtes Bild der geologischen Verhältnisse eines wenig bekannten Districtes am meisten Aussicht auf eine nicht allzuferne erfolgreiche Umarbeitung haben.

Andeutungen zur Entwickelungsgeschichte dieses merkwürdigen Landes wurden in einzelnen Abschnitten des geologischen Theiles mehrfach gegeben.

Ein flüchtiger Rückblick auf einige derselben möge die zum Theile hypothetischen Ergebnisse der bisherigen Untersuchung unter dem Gesichtspunkte zeigen, welcher der geologischen und der geographischen Auffassung gemeinsam ist.

Das nördliche Dobrudschagebirge ist in seinen älteren und ältesten Bestandtheilen ein Ausläufer der transilvanischen Gebirgsmasse, gleichwie der serbisch-banater Höhenzug, aber im Gegensatz zu letzterem so weit abgeschnürt, dass sich ein 20 Meilen breites Terrassen- und Hügelland zwischen ihn und den Grundstock eingeschoben hat. Mit grösseren oder kleineren Partien desselben noch im Zusammenhange, scheint das jetzt isolirte Gebirge nicht nur Festlandgrenzen für mehrere Formationen mittleren Alters gebildet zu haben, sondern nach einer Facies paläolithischer Ablagerungen (den grünen Schiefern) ihre nördliche Grenzlinie vorzuzeichnen. Die nördlichen Meere der Kreidezeit fanden wahrscheinlich in zwei Perioden (mittlere und obere) in ihm einen festen, auffallend weit nach Südost vorspringenden Damm (oder eine grosse Insel, die Gewässer der alttertiären Formation und das mediterraneo-indische Meer der Miocenperiode einen Theil von einem ausgedehnten, aber in beiden Zeiträumen verschieden gestalteten Festland. Ja selbst für das sarmatische Meer ist es noch nicht erwiesen, ob es die nördliche Dobrudscha als eine halbinselförmige Verlängerung der ostkarpathischen Insel umfloss oder zwischen ihr und den walachisch-moldauischen Vorbergen einen schmalen Durchgang fand.

Wenig tief in die limnischen Gewässer der jüngsten Miocenperiode eingetaucht, obwohl vielleicht selber Sitz kleiner molluskenarmer Hochseen, tief dagegen versenkt inmitten der diluvialen Anschwemmungen, liegt der Überrest jenes Ausläufers als ein vielgliederiges Inselgebirge vor uns, dessen längster, nordwestlicher Sporn zusammen mit den hohen Lagen von Driftlehm zwischen dem Sereth und dem Pruth gewissermassen die Pforte des unteren Donaubeckens bildet.

So wie dieses Bergland als eine Insel dastand innerhalb der zusammenhängenden Süsswasserflächen der Miocenperiode, so sahen seine bewaldeten Gipfel nordwärts nach grossen Landseen der Diluvialzeit hinüber, die manche zählebige Weichthierart der ersteren beherbergten und für die moderne Fauna aufbewahrten. Bevor es der langsamen Hebung des Continents merklich folgen konnte, empfingen seine äussersten Ränder vielleicht noch einzelne Spuren jener Meeresüberfluthung, die das grosse Reservoir zwischen Südeuropa und Asien aufs Neue mit Salzwasser und mit der vielgestaltigen Weichthierwelt des jetzigen Mittelmeeres füllte.

Einst vom Pontus zur Hälfte umgeben und nach Möglichkeit feststehend zwischen ihm und dem andringenden Süsswasserstrom, musste es letztern endlich bis an das eigene Felsgerippe herankommen und es geschehen lassen, dass er die Meeresbuchten durch seine Sinkstoffe zum Theile ganz ausfüllte, zum anderen Theil in seichte Lagunen umwandelte.

Im Delta selbst ihren kräftigsten Arm am Steilrande hinführend, ihr trübstes Wasser in die Lagunen ergiessend, im Littoralstrom des angestauten Meeres unmerklich, aber stetig fortwirkend, arbeitet die Donau zusammen mit den Südoststürmen und Gewittergüssen — mehr vielleicht, als wir wissen können, durch kleine Erderschütterungen unterstützt — an der Aufzehrung des Landes, das einst eine Halbinsel des mächtigsten Gebirgsstockes innerhalb der wechselnden Meere war, jetzt aber in umgekehrter Richtung als Halbinsel in die strömenden Gewässer hereinragt. Doch was der Strom an der einen und der halben anderen Seite nimmt, das muss er mit reichlichen Zinsen dem übrigen Umfange zurückerstatten und hat dies in historischer Vergangenheit, vielleicht unterstützt durch locale Hebung des Meeresgrundes (?), scheinbar sehr ungleichmässig gethan, seit dem Mittelalter reichlicher und rascher am Küstenstriche der Lagunen als am freien Rande des Deltas. Gleichmässiger jetzt, wächst von Jahr zu Jahr die Mittelpartie des Deltas und das secundäre Delta des Kilia-Armes. Stets breiter wird der Saum der Lagunen und mit einiger Wahrscheinlichkeit liesse sich das Jahrtausend ermitteln, in dem Donau, Dniester und Dnieper zwischen Küstenseebe und Karadscha zu einem Riesendelta werden verschmolzen sein.

Doch für Zeiträume, die nicht jenseits der Grenzen liegen, innerhalb welcher menschliche Voraussicht die Werke der Cultur bestimmt, wird der Güterverkehr an der Wasserstrasse der Donau festhalten können, um so länger, je früher es möglich sein wird, alle Kunsthilfe an die natürliche Verlängerung des Hauptstromes, den St. Georgsarm zu wenden. Dann wird die nördliche Dobrudscha, vielleicht nebst dem Delta als neutrales Gebiet eines osteuropäischen Staatenbundes, nicht nur von Natur aus der Eckpfeiler sein, der den Wasserstrang festhält, der letzte „Aufhängepunkt“ des Stromes, sondern zugleich die ihn beherrschende Festung und der Boden, der, in einen gedeihlichen Culturzustand versetzt, der Technik und dem Güterverkehr alles nöthige Materiale zur Erhaltung der Wasserstrasse liefern kann.

Mögen die „Grundlinien“ zur Kenntniss dieses Landes, die ich in der vorstehenden Abhandlung zu ziehen versuchte, wo sie fehlerhaft sind, recht bald ihre Berichtigung, in jeder Hinsicht eine festere Begründung und weitere Ausführung erhalten!

Inhaltsverzeichniss.

I. Geographischer Theil.

II. Geologischer Theil.

Erklärung der Tafel II.

Peters   Dobrudscha